电子商务法
权威解读
系列

中华人民共和国
电子商务法
释义与原理

ZHONG HUA REN MIN GONG HE GUO
DIAN ZI SHANG WU FA SHI YI YU YUAN LI

赵旭东◎主编

中国法制出版社
CHINA LEGAL PUBLISHING HOUSE

前　言

电子商务是汹涌浩荡、席卷全球的商业大潮。随着互联网技术的运用和推广，我国的电子商务正在蓬勃和迅猛发展。中国虽然不是电子商务发展最早的国家，但却是发展最快、市场规模最大的国家，电子商务已经成为引领中国经济发展的重要引擎和最亮丽的风景，成为我国极具发展前景、优势以及国际竞争力的产业经营模式和发展方向。马云曾预测，未来电子商务将占据中国零售市场的半壁河山。

《中华人民共和国电子商务法》（以下简称《电子商务法》）是市场发展最为急迫的国家立法。这个新兴的市场，要实现长远、稳健的发展，既需要法律的促进，也需要法律的呵护，尤其是对于交易安全的维护，比传统线下市场有更高的要求。电子商务信息化、网络化和虚拟化的特点也伴生了一些突出的问题，如网络销售假冒伪劣产品、商业欺诈、侵犯知识产权和不正当竞争、市场诚信体系缺失等，影响了电子商务市场的交易秩序和诚信力；电子商务经营者，尤其是个人网店等经营者的定位难、追责难，危及消费者权益的保护等。这些问题对法律调整和市场监管提出了严肃的挑战，市场呼唤着商事立法的跟进和保障。为保障电子商务各方主体的合法权益、规范电子商务行为、维护市场秩序、促进电子商务持续健康发展，中国的《电子商务法》呼之而出，应运问世。

《电子商务法》又是法律制度的全新设计。中国可能是全球第一个制定以《电子商务法》命名的国家，既没有长期的立法经验，也缺少国际的立法先例，与民法、商法、经济法等传统法律部门不同，《电子商务法》是一个新的法律领域，不仅西方国家的民法典、商法典不存在电子商务的规则，就是现代各国的商事立法，也少有全面的、统一的《电子商务法》命名的法律，有的多是电子签名、电子合同、数据信息保护等专项法律问题的立法。就此而言，中国的《电子商务法》在世界各国商事立法中堪称史无前例的制度创新，无论是法律的体系结构，还是具体的内容规范，都需要进行开拓性的全面设计。中国的电子商务引领了世界电子商务的发展，也有理由期待，中国的《电子商务法》也将成为电子商务立法的代表，体现中国特色并为世界电子商务立法提供宝贵的先例。

《电子商务法》也是一个特定法律部门和法学领域。从现有法律部门的结构来看，《电子商务法》条款所涉内容既有商事主体法的规范，又有商事行为法的规范，还有商事促进法和监管法的规范，是一部跨越商法、民法、经济法等法律部门的综合性立法。但从其主要内容为商事主体规范和电子商务经营行为规范来看，其性质主要表现为商法的基本属性。在学理上，《电子商务法》的原理体系也正在逐渐的形成之中，在《电子商务法》颁布之前，已有的理论著述对此已有一定的研究阐述，《电子商务法》的颁布无疑为《电子商务法》理论体系的建构提供了最为重要的立法依据和支持，同时其也将成为《电子商务法》理论研究的重要对象。因此，《电子商务法》的颁布又是我国商法体系和商法理论又一次突破性的丰富和发展。对《电子商务法》的解读和阐述也将是未来一个时期商法学和其他学界面临的重要使命和任务。

立法机关对电子商务立法高度重视并进行了精心的立法组织和安排。在立法的前期调研阶段，由全国人大财经委员会牵头，组织有关部门分别进行若干专项的立法课题研究。在中期的草案起草阶段，安排相关部门和机构分别提出立法大纲和条款草案的建议。在后期立法审议阶段，又通过各种形式，广泛征询社会各界、包括法学界的意见。本人十分荣幸，有机会作为民商法学者，亲历见证和应邀参与了这一立法过程中的某些研究工作。其中包括作为项目课题组负责人，接受原国家工商管理总局法规司的委托，前期参与和承担“电子商务市场准入与退出”的专项研究课题，并参加了全国人大组织的立法调研。中期参与和承担“电子商务法立法大纲研究”，并先后完成并提交了专项研究报告和《电子商务法立法大纲及说明》及《电子商务法立法建议稿》。后期又多次参加立法机关和中国法学会、中国法学会商法学研究会等召集的立法草案征求意见座谈和专题研讨会，包括最后阶段、出席《电子商务法》审议通过前的立法评估会等。这些立法研究和活动使我获得了对中国电子商务法律制度的亲身感受，并对该法的立法过程和主要法律问题、尤其是颇具争议的一些问题有了较为直接、全面的了解和深入的思考，也为本书的编写提供了难得的条件，积累了丰富的资料，本书正是在这样的基础上得以完成。在此，我也代表项目课题组和本书作者对前国家工商管理总局法规司和有关立法机关给与我和课题组的信任致以诚挚的敬意和谢意。

《电子商务法》的立法一直受到社会各界的高度关注，可以预料，该法颁布后，社会各界将面临学习、宣传、施行的重要任务，本书正是为配合这一任务而组织编写。对法条逐一解读是本书首要的任务，本书十分用心的是尽可能对法律条款做出简明扼要、清晰、准确的解释。为使读者对法律条款的内容能够一目了然和便于查找和适用，本书除了专设【条文主旨】加以凝练概括外，还特别对每个法律条款加注了“条款标题”。需要特别说明的是，《电子商务法》是一部特别的综合性法律，虽然其法律条款有89条之多，但相对电子商务全面法律调整的需要，它还远远不够，许多问题《电子商务法》只有原则性或链接性规定，具体规范还需要援引其他相关法律、法规，《电子商务法》施行的特殊任务之一恰是与其他相关法律规定的衔接和协调，为此，本书特别设置了【相关立法与规定】

栏目。与之相应，《电子商务法》所涉法律原理也决不限于法律条款本身的内容，对该法全面、深入的理解和完整、准确的实施，必然需要借助法条文字规定之外的相关法律原理，为此，本书另设【相关原理】部分，对与法律条款最为密切的相关法律原理进行扩展性、深化性的介绍和阐述，这既是本书最为突出的内容和特点，也是本书取名《中华人民共和国电子商务法释义与原理》的原因。

本书力图以上述精心设计的结构内容和突出特色，最大限度地满足电子商务企业或电商经营者、消费者、国家机关、高校教师和学生等不同层面读者的广泛需求。

参加本书编写的作者有：赵旭东、吴京竞、徐一伦、李铭、董子衿、嵇姣龙、邹佺、童懿贤。前期参与立法项目研究、同时为本书编写做出基础性和辅助性工作的还有任可娜、罗玲芬、胡婕、李嘉慧、阎冰清、华忆昕等，在此一并向他们表示衷心的感谢。

主编　赵旭东

二零一八年九月

凡 例

为行文方便，本书中法律法规和部分规范性文件使用简称，具体如下：

1. 本书中的法律法规使用简称，例如《中华人民共和国民法总则》简称为《民法总则》，《中华人民共和国民事诉讼法》简称为《民事诉讼法》，《中华人民共和国刑法》简称为《刑法》，等等。

2. 本书中多次出现的相关文件简称如下：

文件名简称	发文号	文件名全称
《电子商务法》	中华人民共和国主席令第 7 号	《中华人民共和国电子商务法》
《反不正当竞争法》	中华人民共和国主席令第 77 号	《中华人民共和国反不正当竞争法》
《反垄断法》	中华人民共和国主席令第 68 号	《中华人民共和国反垄断法》
《行政诉讼法》	中华人民共和国主席令第 71 号	《中华人民共和国行政诉讼法》
《民法总则》	中华人民共和国主席令第 66 号	《中华人民共和国民法总则》
《消费者权益保护法》	中华人民共和国主席令第 7 号	《中华人民共和国消费者权益保护法》
《产品质量法》	中华人民共和国主席令第 18 号	《中华人民共和国产品质量法》
《企业所得税法》	中华人民共和国主席令第 64 号	《中华人民共和国企业所得税法》
《个人所得税法》	中华人民共和国主席令第 9 号	《中华人民共和国个人所得税法》

文件名简称	发文号	文件名全称
《涉外民事关系法律适用法》	中华人民共和国主席令第36号	《中华人民共和国涉外民事关系法律适用法》
《行政许可法》	中华人民共和国主席令第7号	《中华人民共和国行政许可法》
《合同法》	中华人民共和国主席令第15号	《中华人民共和国合同法》
《广告法》	中华人民共和国主席令第22号	《中华人民共和国广告法》
《物权法》	中华人民共和国主席令第62号	《中华人民共和国物权法》
《担保法》	中华人民共和国主席令第50号	《中华人民共和国担保法》
《网络安全法》	中华人民共和国主席令第53号	《中华人民共和国网络安全法》
《侵权责任法》	中华人民共和国主席令第21号	《中华人民共和国侵权责任法》
《证券法》	中华人民共和国主席令第14号	《中华人民共和国证券法》
《立法法》	中华人民共和国主席令第20号	《中华人民共和国立法法》
《电子签名法》	中华人民共和国主席令第24号	《中华人民共和国电子签名法》
《民事诉讼法》	中华人民共和国主席令第71号	《中华人民共和国民事诉讼法》
《商标法》	中华人民共和国主席令第6号	《中华人民共和国商标法》
《专利法》	中华人民共和国主席令第8号	《中华人民共和国专利法》
《著作权法》	中华人民共和国主席令第26号	《中华人民共和国著作权法》
《刑法》	中华人民共和国主席令第80号	《中华人民共和国刑法》
《治安管理处罚法》	中华人民共和国主席令第67号	《中华人民共和国治安管理处罚法》

目　录

第一章　总　则

第二章 电子商务经营者

第三章　电子商务合同的订立与履行

第四章　电子商务争议解决

第五章　电子商务促进

第六章 法律责任

第七章　附　　则

第一章 总 则

第一条 【电子商务法立法目的】

为了保障电子商务各方主体的合法权益，规范电子商务行为，维护市场秩序，促进电子商务持续健康发展，制定本法。

条文主旨

本条是关于《电子商务法》立法目的的规定。

条文释义

《电子商务法》是一部以问题为导向的综合性法律，既是一部主体法，也是一部行为法；既是一部监管法，也是一部促进法。《电子商务法》规定了电子商务主体的市场准入和退出条件及程序，规定了电子商务参与者在各个交易环节中的权利义务关系，同时还规定了电子商务的监管模式，以及国家促进电子商务发展的相关制度。《电子商务法》的立法目的是对其立法意图和立法目标的阐述，根据本条，《电子商务法》的立法目的是：

（一）保障电子商务活动中各方主体的合法权益

保护权益是法律的任务和使命，将保障权益作为《电子商务法》的首要目的是其应有之义。目前，我国电子商务发展迅速，但同时市场中也出现了大量违法违规行为，欺诈、仿冒、恶性竞争、隐私泄露等现象层出不穷。而一般性法律往往难以对电子商务这一特别领域中各方主体的合法权益提供充分保障，或是无法可依，或是保护力度不足。尤其是在电子商务市场中，相较于线下市场，消费者、知识产权权利人、一般公民均处于更加弱势的地位，其合法权益更容易受到侵害，更难得到法律的保护。《电子商务法》的出台就是针对电子商务市场中特有的，但一般法律没有涉及或是涉及不足的问题进行特别规定，通过明确各方主体的权利、义务、责任承担，保障各方主体的合法权益。

就主体而言，电子商务活动的各方主体均应得到保护。所谓各方主体，不仅包括经营者、消费者等电子商务活动的直接参与者；还包括虽未直接参与电子商务活动但电子商务活动会对其权益造成影响的相关主体，比如知识产权权利人可能并未直接参与电子商务活动，但电子商务经营者提供的商品或服务侵犯了其知识产权。作为电子商务领域的特别立法，除了大量消费者权益保护的条款外，《电子商务法》的规定还涉及其他多方主体，例如本法第4条、第22条通过明确禁止行政垄断行为、电子商务经营者滥用市场支配地位保障电子商务经营者的合法权益；第41条、第42条、第43条、第44条、第45条通过要求电子商务平台经营者建立知识产权保护规则、规定其对平台内经营者知识产权侵权行为的处理方式及具体程序等，实现对知识产权权利人合法权益的全方位保障。

就客体而言，消费者的人身财产安全、电子商务经营者公平竞争的权益、公民的个人信息及隐私、公民的环境利益等一切合法权益均应得到保障。以个人信息保护为例，本法第5条明确了电子商务经营者保护个人信息安全的义务，第23条、第24条对电子商务经营者收集、使用、查询、更正、删除、保存用户个人信息等一系列行为作出了具体规定，第25条通过规定电子商务经营者在特定情形下向国家部门提供信息的义务及有关部门对数据信息的安全保障义务，为个人信息安全提供全方位的法律保障。本法还对弱势主体的重要权益提供了相较于一般法律更有力的保护，比如第38条规定在电子商务平台内经营者提供商品或服务不符合人身、财产安全标准时，对此明知或应知且未采取必要措施的平台经营者应当承担连带责任，体现了本法对于消费者人身财产安全的倾向性保护。

（二）规范电子商务行为

除了部分主体规范外，《电子商务法》的大多数规定属于行为规范，涵盖电子商务行为的方方面面，涉及电子商务活动的各个环节，不仅包括电子商务经营主体的设立与终止行为、一般性的经营行为，还包括直接关系到具体民事行为效力、风险负担、责任承担的电子合同订立与履行行为、电子支付行为、物流交付行为，以及基于公民权利保障和国家监管需要而进行的信息披露行为、纳税缴税等各类行为。

区别于一般的民商事行为，电子商务的行为主体、行为内容、行为模式、行为后果均有其特殊性，而这种特殊性恰恰决定了需要不同的调整规则。一般性的民商事法律主要针对传统民商事行为，缺乏对于电子商务活动中特殊行为的针对性规定。因此，作为电子商务领域的专门立法，《电子商务法》通过总结电子商务行为的特点，根据一般法律的原则，对电子商务行为提出了更为特别和具体的要求，弥补已有法律的不足。比如，本法第50条特别规定了订立电子合同时，电子商务经营者应告知用户关键事项，保证用户阅览、下载，输入更正错误等义务；第51条具体规定了关于通过快递物流方式、在线传输方式交付合同标的的交付时间的判断规则，第52条还规定了快递物流服务提供者提示收货人当面查验的义务等等。

应当注意的是，电子商务行为的规范不能仅依靠《电子商务法》。为了避免与已有的法律产生冲突或重复，《电子商务法》仅针对电子商务领域中的特殊事项，对已有法律中没有涉及或是虽有涉及但不宜适用于电子商务领域的问题进行规定。因此，只有通过《电子商务法》和其他法律相互配合、共同作用，方能实现对电子商务行为的全面规范。比如《电子商务法》应与《合同法》《电子签名法》等相关法律法规共同完成对电子合同行为的规范，与《反不正当竞争法》《反垄断法》等相关法律法规共同完成对电子商务经营者经营竞争行为的规范等等。通过特别法律与一般法律的衔接配合，引导各方主体合法参与电子商务活动，全面规范电子商务行为，降低电子商务活动的风险，为电子商务各方主体的权益保护提供重要保障。

（三）维护市场秩序

电子商务是互联网科技与实体经济融合创新的产物，是我国近年来发展最为迅猛的一个产业。根据中国电子商务协会发布的《中国电子商务发展报告（2016—2017）》，2016年，我国电子商务交易额26.1万亿元人民币，其中网上零售额达51556亿元，同比增长26.2%。但是，作为一个崭新的市场，由于缺乏配套的法律法规与市场监管，电子商务的发展也产生了越来越多的问题，假冒伪劣产品横行、消费者与经营者纠纷不断、经营者恶性竞争事件层出不穷，严重扰乱了正常的市场秩序，甚至造成了电子商务市场无序、混乱的局面。

正是在这种背景下，《电子商务法》应运而出。从该法的作用来看，《电子商务法》既是一部促进之法，也是一部治乱之法，以问题为导向，重点解决电子商务市场的混乱与无序，维护电子商务的市场秩序。而良好的市场秩序不仅有利于保障各方主体的合法权益、规范电子商务行为，更是资源得到合理配置、电子商务活动持续健康发展的前提和保障。因此，基于电子商务市场的混乱现状与维护良好市场秩序的重要意义，《电子商务法》从权利义务划分、市场监管体系、责任承担等多个维度制定了维护电子商务市场秩序的相应条款，比如第 5 条规定了电子商务经营者从事经营活动应遵守的基本原则和承担的基本义务，第 7 条规定了建立由有关部门、电子商务行业组织、电子商务经营者、消费者等共同参与的市场治理体系，第六章规定了电子商务经营者违反本法规定时应承担的民事责任、行政责任。

（四）促进电子商务持续健康发展

我国的电子商务正处于蓬勃发展的时期，已成为经济发展新的增长点，未来也将在我国经济转型、扩大内需、促进就业等方面发挥重要作用。对于这一具有重要经济意义的新兴行业，促进其持续健康发展是贯穿《电子商务法》整个立法过程的重要目标，并且这一目标也在《电子商务法》中得到了充分体现。因此，《电子商务法》同时也是一部促进法。

首先，本法明确规定了电子商务促进的基本原则和相应措施。总则第 3 条、第 4 条明确了国家鼓励电子商务创新发展，营造有利于电子商务创新发展的市场环境，促进线上线下的融合发展的基本原则。第五章专章规定了“电子商务促进”，从电子商务发展的经济规划与产业政策、电子商务的绿色发展、电子商务与各产业的融合发展、农村电子商务的发展、电子商务数据的开发应用、电子商务信用评价体系的建立、跨境电子商务的发展等各个方面规定了国家促进电子商务发展，不仅涉及促进电子商务发展的政策规划，还包括促进相应基础设施和配套制度的建设，同时要求提高监管水平和监管效率，为电子商务的发展充分提供便利。

其次，促进电子商务发展的指导思想渗透在各个具体条款中。无论是主体规范，还是行为规范，抑或是监管体系均体现了促进电子商务发展的基本理念。比如就主体规范而言，尽管《电子商务法》第10条要求电子商务经营者应当依法办理市场主体登记，但相较于线下主体的登记，本法规定了最低的准入门槛、最简单的登记条件、最简易的登记程序、最小的登记成本。又如就行为规范而言，本法第48条肯定了电子商务当事人使用自动信息系统订立或者履行合同的法律效力，推定电子商务的当事人具有相应的民事能力，保障电子商务交易的便捷、有效。再如就监管规范而言，本法第72条明确规定国家进出口管理部门优化监管流程，建设综合服务和监管体系，跨境电子商务经营者可以凭借电子单证办理有关手续，尽可能地为电子商务行为提供便利。

特别需要注意的是，本法所规定的促进发展并非盲目、无序、阶段性的发展，而是健康、持续的发展，不仅要推动发展的进程，也要注重发展的质量；不仅要关注当前的发展，解决当下的问题，也要具有前瞻性，保障未来的发展。因此，在促进发展的同时，必须要有适度的监管，确保基本的交易安全。反之，如果缺乏必要的监管，完全放任电子商务任意发展，市场机制自发性、盲目性、滞后性的天然缺陷必然会导致市场失灵，劣币驱逐良币，这样的发展也只能是低质量的、阶段性的发展。由此可见，规范电子商务行为，维护市场秩序是电子商务健康发展的必然要求和基本前提，是电子商务持续发展的根本保障。当然，电子商务市场的规范与监管以必要为前提，以适度为界限，否则会抑制电子商务的发展活力，阻碍电子商务的长远发展。

相关原理

《电子商务法》的部门法归属

本条涉及《电子商务法》的部门法归属原理。该法不仅规定了平等商事主体之间的电子商务活动规则，也规定了电子商务环境下消费者权益保护、电子商务经营者平等竞争等规则，还涉及政府对电子商务活动的监管制度。因此，关于该法究竟属于商法、经济法、还是行政法的问题，不同部门法学学者有不同看法。但从《电子商务法》的调整范围、中国商法的特殊性质来看，《电子商务法》基本属于商法。

首先，《电子商务法》的调整对象属于商事关系。法律的调整对象，即所调整的社会关系的性质是我国部门法划分的基本标准。商法以商事关系为调整对象，所涉领域主要是公司法、票据法、保险法、破产法和海商法。但随着社会经济的发展，新的商事关系层出不穷，新的商法领域也在不断形成，中国商法的体系早已超越了传统商法的范围，证券法、投资基金法、信托法、期货法等先后成为商法体系的组成部分，而电子商务也是经济发展、产业创新过程中孕育出的新的商事关系。因此，从本质上看，《电子商务法》是针对电子商务这一特殊商事领域进行的立法。

其次，《电子商务法》集主体法、行为法、监管法为一体的结构也是中国商法在发展过程中形成的“诸法合体”的特殊体系。主体法侧重于商事主体关系的调整，行为法侧重于商事活动的调整，监管法则对商事监管中涉及的监管机关、监管内容、监管程序、监管责任等进行规定。在商法的基本体系中，不同商事单行法呈现出不同的规范构成。公司法主要表现出主体法的属性，票据法、海商法主要表现出行为法的属性。破产法既可定性为商事主体破产解散阶段的主体法规范，也可定性为关于破产解散与清算的特殊行为规范。保险法、证券法、信托法、期货法、运输法和银行法则表现出主体法、行为法与监管法三类规范融为一体的典型构成。《电子商务法》亦是如此，作为主体法，它规定了主体的市场准入和退出条件及程序，确保电子商务参与者的身份合法。作为行为法，它规定了电子商务参与者在各个交易环节中的权利义务关系，确保电子商务参与者的行为适当。作为监管法，它也规定了电子商务市场的监管模式和监管制度，确保监管行为有法可依、为促进电子商务发展提供政策支持。

事实上，对于商事监管法这一部分法律规范的性质，学术上存在着不同的解读，有的认为其属于行政法或经济法的规范，只是规定在商事单行法之中。① 但从商法角度观察，它也属于商法规范，与普通行政法和经济法规范不同，它是对特定商事主体和商事行为进行特别监管的法律规范，具有调整特定商事关系的针对性和特殊性，构成该领域整个法律制度体系不可分割的组成部分。“现代商法强制性规范最大的特征是所谓的‘商法公法化’”“私人强制机制的失灵不断严重，因此国家开始作为国家利益和社会利益的维护者，对商业发展进行监督管理。”“监督性商法强制性规范是现代商法的显著特征，显现了国家意志在商法规范中的新作用。”② “在商法范畴，其实不乏旨在实现宏观调控的法律规范。”③ 商法中特定监管规范与其他主体规范和行为规范的融合、这种三位一体或诸法合体的结构恰好成为中国商事单行法的典型构成，成为商法不同于其他许多法律部门的鲜明特点。例如，保险法中关于保险市场监管的规定，证券法中关于证券市场监管的规定、银行法中关于银行业监管的规定等。可以清楚地看到，中国商事单行法并非严格依照传统法律部门的分工和性质制定的，而是按照特定商事领域法律调整的需要构建的，易言之，商事单行法就是特定商事领域的法，规定和调整该领域的特定法律制度都属该商事法的范围。

综上，“诸法合体”是中国商法自然合成的特点，其本身就不是严格按照法律部门性质进行构造的，而是根据法律领域、根据每一个特定商事活动的领域来进行构造设计的。《电子商务法》是调整电子商务活动中形成的商事关系的法律，其调整对象是随着经济发展和产业创新所形成的新的商事关系，应当属于商法。

---

① 童列春、白莉莉：《商法的现代嬗变与误读》，载《武汉理工大学学报（社会科学版）》2005 年第 18 期，第 862 页。

② 姜燕：《商法强制性规范中的自由与强制》，载《社会科学战线》2016 年第 8 期，第 228 ~ 231 页。

③ 陈甦：《商法机制中政府与市场的功能定位》，载《中国法学》2014 年第 5 期，第 49 页。

第二条　【电子商务法适用范围】

中华人民共和国境内的电子商务活动，适用本法。

本法所称电子商务，是指通过互联网等信息网络销售商品或者提供服务的经营活动。

法律、行政法规对销售商品或者提供服务有规定的，适用其规定。金融类产品和服务，利用信息网络提供新闻信息、音视频节目、出版以及文化产品等内容方面的服务，不适用本法。

条文主旨

本条是关于《电子商务法》适用范围的规定。

条文释义

本条规定《电子商务法》的适用范围，是为了明确该部法律的效力范围，为其在实践中的具体适用提供依据。本条共有 3 款，第 1 款规定了《电子商务法》空间效力范围；第 2 款和第 3 款规定了《电子商务法》的客体适用范围，其中，第 2 款规定了电子商务的调整对象，第 3 款则对不适用本法调整的活动进行了排除性列举。

一、《电子商务法》适用的空间范围

本条第 1 款是关于《电子商务法》空间效力的规定。本条采纳了属地主义，《电子商务法》的效力及于境内的电子商务活动。也就是说，不论行为主体是中国主体还是外国主体，只要是境内的电子商务活动，就应受到本法的规制。反之，境外的电子商务活动，即使有中国主体的参与，也不在本法的调整范围内。

本条不包括跨境电子商务活动的法律适用规范。但电子商务活动从产生之初，便带有跨越国界的特点，在发展过程中也愈发呈现出国际化趋势，关于跨境电子商务活动的法律适用，在《电子商务法》没有进行规定的情况下，应适用《涉外民事关系法律适用法》中的相关规定。对于跨境电子商务活动，根据该法第 41 条，当事人可以协议选择合同适用的法律。当事人

没有选择的，适用履行义务最能体现该合同特征的一方当事人经常居所地法律或者其他与该合同有最密切联系的法律。在发生争议时，根据该法第8条，应首先根据法院地法律对涉外电子商务活动的法律关系进行定性，再对不同性质的法律关系适用不同的冲突指引规范。比如，就跨境电子商务产生的一般的侵权责任而言，根据该法第44条，以适用侵权行为地法律为基本原则，当事人有共同经常居所地的，适用共同经常居所地法律，同时法律也赋予当事人在侵权行为发生后协议适用法律的权利。就跨境电子商务活动知识产权侵权责任而言，一般适用被请求保护地法律，但当事人也可以在知识产权侵权行为发生后协议选择适用法院地法律。

二、《电子商务法》适用的客体范围

（一）《电子商务法》的调整对象

1. 电子商务的特征

《电子商务法》以电子商务为调整对象，只有明确了电子商务的概念，才能更好地对其进行调整和规范。根据本条，《电子商务法》规范的电子商务活动具有以下特征：

第一，就交易手段而言，必须是通过互联网等信息网络进行交易。这也是电子商务与传统商务活动相区别的根本特点。随着科技的发展，信息技术会不断创新发展，因此这里的“互联网等信息网络”应作最广义的理解，包括但不限于现有的因特网、电信网、广播电视网等信息网络。同时，也不限于现有的电脑、手机等移动终端，只要通过信息网络进行交易活动即可。

第二，就交易内容而言，以商品或服务为交易内容。商品交易，不仅包括有形的产品，也包括无形产品，如数字音乐、电子书等信息产品的交易。服务交易，涵盖众多门类，既包括商务信息服务、生活信息服务、旅游服务，也包括利用专业知识和专门知识为客户或消费者提供某一领域的特殊服务，如法律服务、咨询服务、设计服务、市场调查服务等服务种类。

应当注意的是，理论上服务交易可以细分为两种类型：一是交易对象本身即是服务的服务交易，如生活信息服务、法律咨询服务、在线教育服务等；二是支撑在线交易的相关活动①，这类活动是为电子商务提供支撑的媒介性服务交易，比如物流、支付平台等，其具有一定的附属性，目的是促成其服务的电子商务交易活动的顺利进行。本条在此处虽然没有明确第二种服务类型是否属于电子商务，但第 51 条、第 52 条、第 53 条等条款对于电子商务物流、支付服务提供者的权利义务进行了一定规定，因此，通过体系解释也应当认为第二类服务交易同样属于电子商务的范畴。

第三，就交易性质而言，必须是经营活动。所谓经营活动，首先，必须以取得利润为目的，不以取得利润为目的的以物易物活动或是公益捐款活动自然不属于经营活动。当然，以取得利润为目的，并不要求实际盈利结果的发生，也不要求所取得利润必须归电子商务主体所有，即使电子商务经营者没有获得利润或是最终将盈利捐赠，亦不能改变其经营活动的性质。其次，经营活动应具有一定的持续性业务活动，自然人偶然利用网络出售二手物品、闲置物品等，不以此为业，不具有持续性，不属于经营活动，属于自然人进行的民事活动，可通过合同法等相关法律进行调整。但为自然人提供上述活动的平台经营者通过扩大流量获取广告收入等，则属于从事经营活动。

2. 电子商务的内涵与外延

电子商务法是以调整电子商务为对象的法律，电子商务的内涵和外延是电子商务法的立法起点，必须首先予以明确。关于电子商务的内涵和外延，学界一直存在不同意见，但基本可概括为“广义说”与“狭义说”，具体如下：

就技术角度而言，广义的电子商务手段包括一切数据电文形式，根据联合国国际贸易法委员会制定的《电子商务示范法》，数据电文是指经由电子手段、光学手段或类似手段生成、储存或传递的信息，这些手段包括但不限于电子数据交换、电子邮件、电报、电传或传真；而狭义的电子交易手段则仅包括互联网等信息网络，如联合国经济合作和发展组织（OECD）《全球电子商务行动计划》规定：电子商务是指发生在开放网络上的包含企业之间、企业和消费者之间的商业交易；美国政府《全球电子商务纲要》将电

① 全国人大财政经济委员会电子商务法起草组编：《中国电子商务立法研究报告》，第 313 页。

子限定于“因特网”；商务部制定的《电子商务模式规范》中将“电子”表述为“依托网络”。我国的《电子商务法》最终采用了狭义的定义方式，将电子定义为“互联网等信息网络”。

就交易内容而言，广义说如《电子商务示范法》，认为“商务”包括不论是契约型或非契约型的一切商务性质的关系所引起的种种事项，包括但不限于下列交易：供应或交换货物的任何贸易交易；分销协议；商业代表或代理；客账代理；租赁；工厂建造；咨询；工程设计；许可贸易；投资；融资；银行业务；保险；开发特许协议；合营或其他形式的工业或商业合作；空中、海上、铁路或公路的客货运输。狭义说则将其限定于交易活动，基本包括产品交易和服务交易，有的还认为包括权利交易，同时涵盖交易的各个环节，从包括广告、销售、支付、服务和分配等全部交易过程以及为交易提供支撑的活动，如《全球电子商务纲要》中将其活动内容表述为“包括广告、交易、支付、服务等活动”。《电子商务法》基本采用了狭义说，认为包括商品交易和服务交易，但将权利交易排除在外，如知识产权交易不属于其调整范围。这是因为产权交易的进行与监管有其本身的特殊性，且在电子商务领域尚不具有普遍性，因而未将其规定在内。同时，根据该法第 2 条的规定，基于金融安全和文化安全的考量，将互联网金融类产品和互联网文化产品等排除在该法适用范围之外。

就交易性质而言，广义的电子商务不仅包括商事活动，还包括民事活动；狭义的电子商务则仅包括商事活动。不论是民商合一的观点还是民商分立的观点，都认为商事活动是一种特殊的民事活动，商法是民法的特别法，但本次立法将调整对象限定为“经营活动”，这是典型的商事活动，以营利为目的的持续性业务活动，将平等主体间的非经营性民事活动排除在外。如前所述，自然人偶然利用互联网出售闲置物品等不受《电子商务法》的调整。

关于电子商务的定义，本法在交易手段、交易内容、交易性质方面均采用了狭义的定义。电子商务立法的重点在于规范网络交易以及与之相配套的服务，电子商务的广义定义，虽然可以将所有与电子技术相关的民商事活动全都纳入法律调整的范围，但是却无法凸显电子商务经营活动的特点。同时，从相关文献资料对电子商务的界定可以看出，采用广义概念的文献资料多在2002年以前，采用狭义定义的文献资料多产生于2002年以后。2002年至今是网络商品和服务交易迅速发展的时期，网络商品服务交易已经逐渐成为互联网环境下重要的商务活动，而已有立法中缺少关于互联网商品和服务交易的相关规范。因此，《电子商务法》采用狭义说，将互联网商品和服务交易作为此次立法的调整对象。

（二）《电子商务法》适用的例外规定

首先，法律、行政法规对销售商品或者提供服务有规定的，适用其规定。这是因为电子商务活动在活动对象、内容上与传统电子商务活动具有极大的相似性，因此，为了避免与已有法律、行政法规重合交叉，本法主要着眼于电子商务领域特有的、但其他法律法规没有规定或规定不足的事项，一般性事项仍适用其他法律法规的规定。应当注意的是，这里的“适用其规定”应当仅指对于该法未作出规定而其他法律、行政法规作出规定的情况，而对于该法与其他法律、行政法规均作出规定的情况，则应根据“上位法优先于下位法”“新法优于旧法”“特别法优于一般法”的原则选择适用。

其次，涉及金融类产品和服务、利用信息网络提供新闻信息、音视频节目、出版以及文化产品等内容方面的服务，不适用《电子商务法》。并非所有利用网络进行的活动都应纳入《电子商务法》的调整范畴，本条特别将上述两类电子商务活动排除在《电子商务法》的适用范围之外。金融类产品和服务，比如支付宝、借贷宝、理财平台等，参与主体众多，涉及面广，交易金额巨大，交易风险极高，任何突发性事件都会对当事人的财产安全和国家的金融安全造成重大影响。对于这种关系到公民基本财产安全和国家基本经济秩序的商品和服务，其经营主体的设立、终止、经营活动的具体规则，尤其是相应的监管制度，都与一般商品服务有显著区别。利用信息网络提供新闻信息、音视频节目、网络出版、互联网文化产品等内容方面的服务，其商品交易和服务内容直接涉及对公民的思想教育和精神引导，关系到国家意识形态建设和文化安全，对整个国家和社会具有深远影响。有别于一般电子商务活动中当事人可以对活动内容意思自治、对商品和服务自由交易的规定，文化类商品交易和服务提供必须符合国家精神文化建设的基本理念和相关要求。对于上述两种活动，其特殊性质和重大影响决定了其不宜被纳入《电子商务法》的调整范围，应由专门性的法律法规予以规范，《电子商务法》应与其保持分工。目前，我国已有专门的法律法规对上述两类活动进行调整，并且形成了较为完备的体系。比如《非银行支付机构网络支付业务管理办法》《网络借贷信息中介机构业务活动管理暂行办法》是针对网络支付业务、网络借贷平台的专门规范，《网络出版服务管理规定》《互联网视听节目服务管理规定》是针对网络出版、互联网视听节目服务的专门规范。此外，本条还规定了“等内容”，说明被排除适用《电子商务法》的商品交易及相关服务包括但不限于上述列举内容，随着经济的发展和社会生活的服务，其他关系到国家安全或是基本制度的电子商务活动也有可能不适用《电子商务法》。

相关原理

法律位阶冲突规则原理

本条涉及法律位阶冲突规则的法理学原理。法律位阶的适用顺序，主要是指在对某一事项的调整存在着两个或两个以上不同的法律渊源时，应当适用哪个法律渊源的问题。法律位阶的冲突规则，是指不同法律位阶之间的法律渊源发生适用冲突时，应当适用哪个法律渊源的问题。[①] 法律位阶的冲突又可分为两种情况：一是不同位阶的法律渊源之间的冲突，二是同一位阶的法律渊源之间的冲突。

一、不同位阶的法律渊源冲突解决规则

不同位阶的法律渊源的冲突源于该法律规范制定机关的等级的不同，其效力取决于制定机关权威的等级。适用原则为在同一问题上，当下位法的规定与上位法的规定发生冲突时，上位法优先于下位法适用。《立法法》第 87 条、第 88 条、第 89 条就是按照效力标准来确定宪法、法律、行政法规、地方性法规的适用顺序的。

---

① 舒国滢：《法理学导论》，北京大学出版社 2006 年版，第 77 页。

应当注意的是，上位法优先于下位法的规定，以二者之间存在冲突为前提。所谓冲突，通常是指下位法的规定违反上位法的内容与精神。如果下位法本身并不违背上位法，其适用顺序应当是下位法优先，因为在通常情况下，下位法是为执行宪法或法律而制定的，其内容是对上位法更加明确的细化，有利于保证行为结果的安全性和可预测性，有利于抑制执法机关自由裁量权的滥用。

二、同一位阶的法律渊源冲突解决规则

同一位阶上产生的法律冲突又可分为两类：特殊法与一般法的冲突，后法与前法的冲突。根据《立法法》第 92 条①的规定，其解决原则为特别法优先适用于一般法，后法优先适用于前法。需要注意的是，上述原则仅适用于冲突的法律渊源属于同一位阶的情况，如果属于不同位阶，则首先应根据“上位法优先下位法”的原则进行判断。

所谓特别法优先于一般法，是指当特别法的规定与一般法的规定不一致时，应优先适用特别法。这是法律逻辑的自然选择。因为在针对同一事项的规定上，特别法是针对特别的关系、特别的地域、特别的事项等一般法没有考虑或者考虑不足的情况进行制定的，相较于较为原则性、笼统性、抽象性的一般法规定，特别法更具有针对性，因此，在二者发生冲突时，优先适用特别法。应当注意的是，一般法与特别法的划分并非一成不变，而是根据参照关系的不同而相对变化的。有时，一部法律相对于某些法律是特别法，但相对于某些法又是一般法。比如，合同法相对于民法属于特别法，但其相对于《电子商务法》而言，便是一般法。

所谓后法优于前法，则是指对同一立法主体而言，在同一问题上，后制定的法律优先于先制定的法律。这是因为新法的制定和颁布是由于旧法无法适应社会关系、具体情况的发展和变化，后制定的法律不仅在内容上与先制定的法律有很大的差别，而且更能适应新的形势要求，因此优先适用后法。②

---

① 《立法法》第 92 条规定：同一机关制定的法律、行政法规、地方性法规、自治条例和单行条例、规章，特别规定与一般规定不一致的，适用特别规定；新的规定与旧的规定不一致的，适用新的规定。

② 葛洪义：《法理学（第四版）》，中国人民大学出版社 2015 年版，第 251 页。

相关立法与规定

1. 中国人民银行《非金融机构支付服务管理办法》

第3条　非金融机构提供支付服务，应当依据本办法规定取得《支付业务许可证》，成为支付机构。

支付机构依法接受中国人民银行的监督管理。

未经中国人民银行批准，任何非金融机构和个人不得从事或变相从事支付业务。

2. 国家外汇管理局《支付机构跨境外汇支付业务试点指导意见》

第3条　支付机构开展跨境外汇支付业务应当接受国家外汇管理局及其分支机构（以下简称外汇局）的监督和管理，并按规定及时报送相关业务数据。

银行为支付机构办理业务，应合理尽责、严格审核支付机构主体资质和业务范围，对于存在异常的交易应予以拒办，并确保及时准确地录入相关数据信息。

境内机构和个人不得以虚构交易获取或转移外汇资金，不得以分拆等方式逃避外汇监管。从事跨境电子商务的主体还应遵守国家其他有关部门的法律法规。

3. 中国证券监督管理委员会《证券投资基金销售机构通过第三方电子商务平台开展业务管理暂行规定》

第1条　为了进一步拓宽公开募集证券投资基金（以下简称基金）的销售渠道，保障基金销售机构在第三方电子商务平台上基金销售活动的安全有序开展，维护基金投资人合法权益，根据《证券投资基金销售管理办法》等有关法律法规，制定本规定。

4. 中国保险监督管理委员会《互联网保险业务监管暂行办法》

第2条第1款　保险机构开展互联网保险业务，应遵守法律、行政法规以及本办法的有关规定，不得损害保险消费者合法权益和社会公共利益。

5. 国家新闻出版广电总局，工业和信息化部《网络出版服务管理规定》

第2条　在中华人民共和国境内从事网络出版服务，适用本规定。

本规定所称网络出版服务，是指通过信息网络向公众提供网络出版物。

本规定所称网络出版物，是指通过信息网络向公众提供的，具有编辑、制作、加工等出版特征的数字化作品，范围主要包括：

（一）文学、艺术、科学等领域内具有知识性、思想性的文字、图片、地图、游戏、动漫、音视频读物等原创数字化作品；

（二）与已出版的图书、报纸、期刊、音像制品、电子出版物等内容相一致的数字化作品；

（三）将上述作品通过选择、编排、汇集等方式形成的网络文献数据库等数字化作品；

（四）国家新闻出版广电总局认定的其他类型的数字化作品。

网络出版服务的具体业务分类另行制定。

6. 国家新闻出版广电总局、信息产业部《互联网视听节目服务管理规定》

第2条 在中华人民共和国境内向公众提供互联网（含移动互联网，以下简称互联网）视听节目服务活动，适用本规定。

本规定所称互联网视听节目服务，是指制作、编辑、集成并通过互联网向公众提供视音频节目，以及为他人提供上载传播视听节目服务的活动。

第三条 【电子商务的创新发展】

国家鼓励发展电子商务新业态，创新商业模式，促进电子商务技术研发和推广应用，推进电子商务诚信体系建设，营造有利于电子商务创新发展的市场环境，充分发挥电子商务在推动高质量发展、满足人民日益增长的美好生活需要、构建开放型经济方面的重要作用。

条文主旨

本条是关于国家鼓励电子商务创新发展的规定。

条文释义

电子商务作为全新的商业领域，正处于不断发展的过程中。根据我国电子商务的发展经验，参考国外电子商务的发展历程可知，电子商务的发展创新在经济发展、产业转型、扩大就业、提高人民生活水平等方面发挥着越来越重要的作用，尤其是在我国对外开放水平不断提高的背景下，其跨地域的特点对于推动高质量发展、构建开放型经济具有重要意义。电子商务的创新，有利于增强电子商务主体的活力和市场吸引力，是电子商务持续健康发展的动力。因此，国家应当为电子商务的创新提供制度保障和政策支持，故将国家鼓励创新规定为《电子商务法》的重要原则之一。

鼓励发展电子商务新业态、创新商业模式，促进电子商务技术研发和推广应用是营造有利于电子商务创新发展的市场环境的必要条件。目前，除了B2C（Business – to – Customer）的网络零售业模式、B2B（Business – to – Business）的企业商务交易模式、C2C（Customer – to – Customer）的消费者直接交易模式，还出现了将线下商务机会与互联网结合、形成产业链的O2O（Online – Offline）模式、根据消费者自身需求定制产品和价格的C2B（Customer – to – Business）模式、以及个人对个人的P2P（peer – to – peer）模式等众多电子商务商业模式。此外，近年来，大数据、云计算、人工智能、虚拟现实等电子商务技术的推广与应用为电子商务创造了丰富的应用场景，进一步催生电子商务的新业态和推动商业模式的创新，比如以共享单车为代表的共享经济新业态的发展，又如部分跨境电商物流服务企业，创新仓储物流模式，推出公共海外仓，成功解决了当前跨境电商B2C的物流问题，使得汽车配件等大体积商品的B2C出口成为可能。

推进电子商务诚信体系建设是营造有利于电子商务创新发展的市场环境的重要保障。市场经济既是法制经济，也是信用经济。推进电子商务领域诚信体系建设，着力解决电子商务交易各方信任缺失问题，有利于降低交易成本，为电子商务的创新发展提供信心和支持。因此，电子商务诚信体系的建设是《电子商务法》关注的重点之一。比如，关于于电子商务活动整体流程的诚信建设，本法第10条规定的主体登记制度、第39条规定的保障消费者行使评价权是落实电商务经营者责任承担、促进电子商务经营者诚信经营的制度原点；关于电子商务信用信息的共建共享机制，除了行政机关建立的信用信息共享平台，第70条还规定了国家支持信用评价机构为社会提供信用评价服务，拓展了信用评价的主体和方式。就电子商务活动的信用监督而言，本法第15条、第16条、第17条规定的电子商务经营者信息公示与信息披露义务、第86条关于电子商务经营者违法行为记入信用档案并予以公示的规定是实现电子商务活动有效的信用监督的基础和前提。

国家鼓励电子商务的创新，一方面要通过政策支持，鼓励创新电子商务的经营内容和经营方式，另一方面也要尽量给予电子商务自由发展的空间，为电子商务的创新破除制度障碍，减少不必要的行政干预，充分发挥市场的基础调节作用，尽量利用市场机制解决电子商务领域中存在的问题，实现适度监管与鼓励创新的有机结合，为电子商务创新营造良好的环境，充分发挥电子商务在推动高质量发展、满足人民日益增长的美好生活需要、构建开放型经济方面的重要作用。

第四条　【商务活动的线上线下平等】

国家平等对待线上线下商务活动，促进线上线下融合发展，各级人民政府和有关部门不得采取歧视性的政策措施，不得滥用行政权力排除、限制市场竞争。

条文主旨

本条是关于线上线下平等原则的规定。

条文释义

尽管电子商务活动与一般线下传统商务活动在商业模式等方面存在较大区别，但其根本区别在于交易手段的不同，在经营领域等方面并不具有显著差别，二者均属于市场经营活动，都应遵守市场经营的一般规范。同时，随着互联网时代的到来，电子商务活动与线下一般商务活动相互依存、相互促进，对整个市场的运行和发展都起到重要作用，均不可偏废。因此本条规定国家应平等对待线上线下活动，促进线上线下融合发展，禁止采取歧视性的政策措施，禁止滥用行政权力排除、限制市场竞争。

“国家平等对待线上线下商务活动”是指国家在法律和具体政策上保障线上线下主体地位平等、平等参与市场竞争、公平进行商事活动。首先，线上线下主体之间的法律地位是平等的，平等地享有权利、履行义务、承担责任，国家对合法的商务活动予以平等的保护，任何一方在受到侵害时都应平等地适用法律，获得平等的法律救济。其次，平等并不等于完全等同，而是指线上线下经营主体参与商事活动的机会和起点是公平的。国家保障所有线上线下主体都有公平参与市场竞争的机会，提供公平的待遇和市场竞争机会，营造公开、公平、公正的市场环境。

“促进线上线下商务活动融合发展”是指国家在法律和政策上支持建立适应融合发展的标准规范、竞争规则，以促进线上线下商务活动优势互补，促进线上线下商务活动共同发展。近年来，线上商务活动的发展对线下传统商业模式造成了巨大的冲击，线下传统商务活动面临一定的困境。事实上，线上线下商务活动均有其各自的优势，线下商务具有服务好、体验佳等优势，线上商务具有中间环节少、便捷、快速、信息数据多等优势。因此，通过线上线下商务的融合，可以充分提高资源配置的效率和水平。根据《国务院办公厅关于推动实体零售创新转型的意见》（国办发〔2016〕78 号），国家将建立适应融合发展的标准规范、竞争规则，引导实体零售企业逐步提高信息化水平，将线下物流、服务、体验等优势与线上商流、资金流、信息流融合，拓展智能化、网络化的全渠道布局。鼓励线上线下优势企业通过战略合作、交叉持股、并购重组等多种形式整合市场资源，培育线上线下融合发展的新型市场主体。建立社会化、市场化的数据应用机制，鼓励电子商务平台向实体零售企业有条件地开放数据资源，提高资源配置效率和经营决策水平。该份文件虽然仅指零售业，但服务业等商业领域也同样适用，国家通过法律和政策促进线上线下活动的融合是未来商务活动发展的方向和趋势。

“各级人民政府和有关部门不得采取歧视性的政策措施”是指对线上线下任何一方不得采取歧视性政策，线下商务活动应当遵守的相关规范，线上商务活动也应同样遵守，反之亦然。歧视是指没有合理理由的不平等对待，如果政府对线上或线下经营主体一方给予税收、劳动、行政许可等方面的歧视待遇，会使得其中一方获得法律或政策上的竞争优势，如果这种竞争优势明显而长期存在，可能会导致实体经济与电子商务经济发展的不均衡甚至是畸形，不利于整个市场持续稳定运行和发展，因此，该条明确规定应当平等对待线上线下活动，不得采取歧视性政策。

“不得滥用行政权力排除、限制市场竞争”是指国家禁止各级政府和有关部门滥用行政权力破坏市场竞争机制。该原则实际上来自经济法尤其是《反不正当竞争法》《反垄断法》中禁止滥用行政权力、排除限制竞争的基本原理，而本条则规定了在电子商务领域线上线下商务活动之间的公平竞争机制，体现出《电子商务法》跨部门法的特点，为保护电子商务领域的公平竞争提供了法律依据。该条对滥用行政权力排除、限制市场竞争作出原则性规定，但参考《反垄断法》第五章的相关规定及经济法的一般原理可知，滥用行政权力排除、限制竞争的行为有多种表现形式。从行为手段来看，既可能通过具体行政行为滥用行政权力排除、限制竞争，也包括针对不特定对象的抽象行政行为，即制定含有排除、限制竞争内容的政策文件；从涉及内容来看，既包括在税收方面的优惠，也包括在市场准入和经营领域方面设置不同门槛，还包括在产品质量检验、认证等方面制定不同标准等多种表现方式。因此，只要没有正当、必要的理由，且在实质上产生或造成了排除、限制竞争后果的行为即可认定为属于该条所禁止的行为。

相关原理

一、经济法上的行政性垄断原理

（一）行政性垄断的概念和危害

根据《反垄断法》第8条[①]的规定，所谓行政性垄断，是指行政机关和法律、法规授权的具有管理公共事务职能的组织滥用行政权力，排除、限制竞争的行为。行政垄断具有鲜明的强制性，是以行政权力为后盾，借助行政

① 《反垄断法》第8条规定：行政机关和法律、法规授权的具有管理公共事务职能的组织不得滥用行政权力，排除、限制竞争。

权力的权威不正当地干预特定市场上企业间的竞争。①

行政性垄断是一种比经济性垄断危害更广泛、更持久、更严重地排除和限制竞争的行为。② 对企业而言，行政性垄断通过具有强制性的行政权力实行差别待遇等手段，直接阻碍企业之间的自由和公平竞争，损害企业的竞争利益；对于消费者而言，行政性垄断破坏了正常优胜劣汰的市场竞争机制，可能损害消费者的正常选择权和长远利益；对于市场经济而言，行政性垄断将部门或地区的利益置于整体利益之上，将该不同地区和不同部门隔离开来，阻碍全国统一市场的形成。此外，行政性垄断的泛滥可能导致政府权力寻租空间的扩张，容易滋生腐败等现象。因此，我国《反垄断法》明确禁止行政性垄断。

（二）行政性垄断的类型

根据《反垄断法》第五章的规定，行政垄断包括下列垄断行为的类型：

1. 强制限定交易。《反垄断法》第 32 条规定：禁止行政机关和法律、法规授权的具有管理公共事务职能的组织限定或者变相限定单位或者个人经营、购买、使用其指定的经营者提供的商品。现实中，强制限定交易的行为主要表现为限定单位和个人只能经营购买本辖区内或者是行政机关挂靠企业、行政机关关系户、指定单位等提供的商品和服务。

2. 地区封锁。《反垄断法》第 33 条规定了地区封锁行为的类型：（1）对外地商品设定歧视性收费项目、实行歧视性收费标准，或者规定歧视性价格；（2）对外地商品规定与本地同类商品不同的技术要求、检验标准，或者对外地商品采取重复检验、重复认证等歧视性技术措施，限制外地商品进入本地市；（3）采取专门针对外地商品的行政许可，限制外地商品进入本地市场；（4）设置关卡或者采取其他手段，阻碍外地商品进入或者本地商品运出；（5）妨碍商品在地区之间自由流通的其他行为。

3. 排斥或者限制外地经营者参加招标投标的行为。《反垄断法》第 34 条规定了排斥或者限制外地经营者参加招标投标行为的主要表现形式有：

---

① 李曙光主编：《经济法学》，中国政法大学出版社 2007 年版，第 255 页。

② 刘继峰主编：《经济法》，高等教育出版社 2011 年版，第 106 页。

（1）设定歧视性的资质要求，即对外地经营者设定高于本地经营者资质方面的要求。（2）设定歧视性的评审标准。在投标评审时，对外地经营者的评审标准高于或严于本地经营者，由此得出的招标结果自然也不公平。[①]（3）不依法发布招投标信息。有效、及时地向所有潜在投标人发布信息，是投标人能够公平参与投标的前提。《招标投标法》第16条规定：招标人采用公开招标方式的，应当发布招标公告。依法必须进行招标的项目的招标公告，应当通过国家指定的报刊、信息网络或者其他媒介发布。招标公告应当载明招标人的名称和地址、招标项目的性质、数量、实施地点和时间以及获取招标文件的办法等事项。

4. 排斥或限制外地经营者在本地投资或设立分支机构的行为。经营者在外地进行投资或设立分支机构，一般是为了获取原材料、相对廉价的劳动力或者占领某地区的商品和服务，实现对当地市场的分享和控制。[②] 通常情况下，当地政府会积极招商引资，欢迎外来投资者。但由于地方保护主义或者小团体利益等原因，有些地方行政机关会阻挠外地经营者在本地的投资经营行为。常见的手段既包括直接通过与投资无关的资质要求、税费、烦琐程序等限制外地经营者，也包括通过行政程序、贷款支持、税费优惠等给予本地经营者特别优惠，从而间接限制外地经营者。

5. 强制经营者从事垄断行为。《反垄断法》第36条规定：禁止公权力机关利用行政权力强制经营者从事法律所禁止的垄断行为。现实中，部分行政机关为了达到某些目的，利用自己在市场管理方面的行政权力，强制经营者达成垄断协议、滥用市场支配地位或使经营者集中，干扰企业自主经营权，损害正常的市场竞争秩序。

6. 从事排除、限制竞争的抽象行政行为。《反垄断法》第37条规定：禁止行政机关滥用行政权力，制定含有排除、限制竞争内容的规定。与上述行政垄断行为不同的是，本条规定所禁止的是一种抽象性行政行为，即行政机关在行政管理中，针对不特定的人和事制定普遍适用的规范性文件的活

① 刘继峰主编：《经济法》，高等教育出版社2011年版，第110页。

② 刘继峰主编：《经济法》，高等教育出版社2011年版，第110页。

动。由于抽象性行政行为是针对不特定的经营者和经营活动，其效力具有普遍性，同时，根据《行政诉讼法》第 53 条的规定，规章以上（含规章）的规定不包含在行政诉讼附带性审查的范围之内，因此其危害更大，影响更广，故《反垄断法》明确禁止。

（三）行政性垄断的法律责任

行政性垄断属于违反法律的行为，行为人应当承担相应的法律责任。根据《反垄断法》第 51 条第 1 款的规定，行政机关和法律、法规授权的具有管理公共事务职能的组织滥用行政权力，实施排除、限制竞争行为的，由上级机关责令改正；对直接负责的主管人员和其他直接责任人员依法给予处分。反垄断执法机构可以向有关上级机关提出依法处理的建议。经营者还可以根据《行政诉讼法》第 12 条的规定对滥用行政权力、实施行政性垄断行为的行政机关提起行政诉讼。

二、经济法上的公平竞争原理

市场经济通过发挥竞争规律的作用对市场主体优胜劣汰，促进资源的合理配置和经济结构的优化，这是实现经济健康、有序发展的必然条件。然而由于市场主体的逐利性，现实中部分经营者采取虚假、欺诈或者其他违反商业道德的手段追求私利，破坏市场竞争秩序，损害竞争者、消费者、社会的合法利益。因此，我国将公平竞争的原则贯穿于竞争法、产业政策法、金融法等各法律规范中。

公平竞争的基本内涵主要表现在两方面：一是平等竞争，二是自由竞争和正当竞争。所谓平等竞争，旨在强调保证各市场竞争主体机会平等，站在同一个起跑线上，同时各经营者享有平等的法律地位，任何经营者不得享有特权否则必然扰乱市场竞争秩序。所谓自由竞争和正当竞争，旨在强调竞争的自愿、合理、适度和适当。经济法主要通过两方面的作用来实现这种目的：一方面是消极反对和禁止，即通过反对垄断和限制竞争，恢复和维护充分的自由竞争；通过反对不正当竞争，以使竞争合理、正当和适度。另一方面是积极引导和促进，即国家宏观调控政策和措施的决策、设计和实施，必须从有利于自由、正当竞争出发。① 比如，《电子商务法》中的电子商务促进法律条款，是“国家有意识地培育并扶持相对弱势的竞争主体，壮大其经济实力，以维持竞争主体的多元化，确保竞争的自由和正当”②。

相关立法与规定

1. **《反不正当竞争法》**

第 3 条第 1 款 各级人民政府应当采取措施，制止不正当竞争行为，为公平竞争创造良好的环境和条件。

2. **《反垄断法》**

第 32 条 行政机关和法律、法规授权的具有管理公共事务职能的组织不得滥用行政权力，限定或者变相限定单位或者个人经营、购买、使用其指定的经营者提供的商品。

第 33 条 行政机关和法律、法规授权的具有管理公共事务职能的组织不得滥用行政权力，实施下列行为，妨碍商品在地区之间的自由流通：

（一）对外地商品设定歧视性收费项目、实行歧视性收费标准，或者规定歧视性价格；

（二）对外地商品规定与本地同类商品不同的技术要求、检验标准，或者对外地商品采取重复检验、重复认证等歧视性技术措施，限制外地商品进入本地市场；

（三）采取专门针对外地商品的行政许可，限制外地商品进入本地市场；

（四）设置关卡或者采取其他手段，阻碍外地商品进入或者本地商品运出；

（五）妨碍商品在地区之间自由流通的其他行为。

第 34 条 行政机关和法律、法规授权的具有管理公共事务职能的组织不得滥用行政权力，以设定歧视性资质要求、评审标准或者不依法发布信息

---

① 李曙光主编：《经济法学》，中国政法大学出版社 2007 年版，第 52 页。

② 雷运龙：《经济法基本原则初探》，载《法制与经济》1998 年第 4 期，第 7 页。

等方式，排斥或者限制外地经营者参加本地的招标投标活动。

第35条　行政机关和法律、法规授权的具有管理公共事务职能的组织不得滥用行政权力，采取与本地经营者不平等待遇等方式，排斥或者限制外地经营者在本地投资或者设立分支机构。

第36条　行政机关和法律、法规授权的具有管理公共事务职能的组织不得滥用行政权力，强制经营者从事本法规定的垄断行为。

第37条　行政机关不得滥用行政权力，制定含有排除、限制竞争内容的规定。

3.**《行政诉讼法》**

第12条　人民法院受理公民、法人或者其他组织提起的下列诉讼：

……

（八）认为行政机关滥用行政权力排除或者限制竞争的；

……

第五条　【从事电子商务活动的法定原则和义务】

电子商务经营者从事经营活动，应当遵循自愿、平等、公平、诚信的原则，遵守法律和商业道德，公平参与市场竞争，履行消费者权益保护、环境保护、知识产权保护、网络安全与个人信息保护等方面的义务，承担产品和服务质量责任，接受政府和社会的监督。

条文主旨

本条是关于电子商务经营者从事经营活动时的法定原则和法定义务的规定。

条文释义

一、立法目的

互联网交易打破了时间和空间的界线，改变了传统面对面的直接交易模式，具有便捷、高效等优势，但较之线下交易，这种“看不见的交易”也使得交易风险增大，其特殊的经营方式使得这种交易容易发生经营者强制交易、欺诈等违反平等、公平、诚信原则的情况，也最容易发生侵犯知识产权的情况。同时，电子商务经营者所面对的对象主要是个人消费者，也容易发生个人信息泄露的情况。因此，自愿、平等、公平、诚信，消费者权益保护、环境保护、个人信息保护、知识产权保护这些要求对电子商务活动有序进行而言有特别意义。故为了更好地规范电子商务活动，维护电子商务交易安全和交易秩序，本条将自愿、平等、公平、诚信明确规定为电子商务经营者在从事经营活动时应当遵守的基本原则，并确立了电子商务经营者在消费者权益保护、环境保护等方面的义务。

二、基本内涵

电子商务经营者从事经营活动的原则和义务具体如下：

（一）自愿、平等、公平、诚信原则

自愿、平等、公平、诚信原则是《民法总则》中明确规定的民事主体从事民事活动的一般原则，电子商务经营者作为民事主体，在经营活动中当然也应遵守民事活动的基本原则。将该原则在《电子商务法》这一单行民商事法律中规定，与民事基本法相呼应使得法律的制度体系更具有系统性和完整性。同时，在单行法中规定一般民商事活动应遵循的基本法律原则，也是其他民商事单行法惯常的立法方式，如《合同法》《证券法》《保险法》等均在其总则中对自愿、公平和诚实信用原则有相应体现。

自愿原则是指电子商务经营者可以按照自己的意愿从事电子商务活动，按照自己的意思自主决定电子商务活动的内容及其设立、变更和终止，并承担相应的法律后果。

平等原则是指电子商务经营者在从事电子商务活动时应平等对待其他经营者、平等对待所有消费者、平等对待相关服务提供者等一切电子商务活动参与者。应当注意的是，本条规定的是电子商务经营者在从事经营活动时应遵循平等原则，第 5 条规定的是国家在对待线上、线下电子商务活动时应遵循平等原则，二者在内涵和外延上均有所不同。

公平原则是指电子商务经营者在从事电子商务活动时积极地追求交换正

义，在商事交易中遵循相互性、等值性、公平地确定风险负担，公平地确定利益承受。比如，电子商务经营者应合理从事经营活动，不得利用信息的不对称等优势订立显失公平的合同，电子商务平台经营者应当确定合理的盈利模式，制定公允的服务协议，不得利用其优势地位侵害平台内经营者和消费者的合法权益。

诚信原则是指电子商务经营者在电子商务经营活动中，在各个环节中都应当诚实守信，如实、客观地描述情况，不隐瞒真相、虚构事实不欺骗其他参与者，遵守约定。

（二）遵守法律和商业道德

电子商务经营者从事电子商务经营活动，在遵守法律的同时，还应遵守商业道德。虽然电子商务经营者的经营活动以营利为目的，但其经营活动必须在法律的框架内进行，且符合商业伦理。这是商事主体进行商事活动的基本原则，电子商务经营者作为商事主体中的一种，当然也应遵守上述原则。

商业道德是一个较为抽象的概念，不同于日常伦理道德及社会公德，也区别于行业惯例，是商事主体在商事活动中根据一般商事观念所应当遵守的基本道德。实践中，法院在部分裁判中将“商业道德”作为互联网案件中不正当竞争行为的认定标准之一。有学者主张在构建互联网领域公认的商业道德体系时，应立足于《反不正当竞争法》的立法宗旨，考量经营者利益、消费者利益及社会公益这三个因素。[①] 但商业道德的内涵和外延不仅止于此，诚实守信经营、与其他经营者正当竞争、保护消费者的合法权益、保护知识产权、维护社会公共利益都是其应有之义。

（三）公平参与市场竞争

随着信息技术的发展，电子商务领域垄断市场竞争以及不正当的竞争手段呈现出多样化的趋势，电子商务经营者可能利用技术手段实施有别于传统领域的不正当竞争行为，如通过插件技术，在未经搜索引擎经营者同意的情况下即恶意插入广告的行为，因此，有必要将商法、经济法中公平参与市场

---

① 李生龙：《互联网领域公认商业道德研究》，载《法律适用》2015 年第 9 期，第 61 页。

竞争的原理在电子商务领域中加以规定。

公平参与市场竞争，是指电子商务经营者应遵循法律法规的规定，不得垄断市场竞争，也不得以不正当的竞争手段从事电子商务活动和实施电子商务行为，损害其他线上经营者、线下经营者、消费者等利益相关者的合法权益。

（四）履行消费者权益保护、环境保护、知识产权保护、网络安全与个人信息保护等方面的义务

由于电子商务的虚拟性和开放性，网上产品或广告信息真假难辨；网络强大的数据整理与分析能力同样也为个人信息的非法获取与扩散产生了隐患。一些传统交易活动中并不常见的问题在电子商务中却日益突出。目前市场上存在着大量电子商务经营者利用网络技术侵犯消费者权益、破坏环境、侵害知识产权、危害网络安全与个人信息安全的行为。因此，本条规定了电子商务经营者在上述领域的法定义务。

电子商务经营者应当遵守本法、《消费者权益保护法》以及相关行政法规的规定，保障消费者的知情权与选择权，在侵害消费者权益时，依法承担责任。

电子商务经营者应当履行环境保护义务。线下经营者从事商事活动时，应当遵守《中华人民共和国环境保护法》等法律法规，节约水电资源，生产、销售符合国家环保标准的商品，线上经营者亦应如此。同时，相较于传统线下交易模式，电子商务在包装、仓储、物流等方面的更大需求决定了其更容易出现过度包装等浪费资源、污染环境的问题，因此，本条规定了电子商务经营者应当履行环境保护的义务。

电子商务经营者应当履行保护知识产权的义务，遵守《著作权法》《专利法》《商标法》等法律法规的规定，不得侵犯他人的知识产权。实践中电子商务经营者侵犯知识产权的行为主要集中在抢注、冒用他人商标、将他人商标抢注为域名、在网页链接中的商标侵权行为以及侵犯著作权方面，这些侵权行为只是借助电子商务这一新型形式，故《电子商务法》在总则中对其作原则性规定，与现有法律进行衔接，而未规定侵害知识产权的具体行为。

电子商务经营者应当履行网络安全义务与个人信息保护的义务。安全原则是商事活动的基本原则，除了在传统商务领域安全原则的一般要求，在电子商务领域还特别表现在网络安全与个人信息保护方面。

一方面，网络是电子商务活动的场所和媒介，网络安全直接关系到交易的安全性，只有安全的网络环境才能保障交易的安全进行，离开了安全的网络环境，消费者、经营者将失去对电子商务的信心和信赖，电子商务将无法获得长久的发展。另一方面，网络安全突破地域性的特点使得网络安全直接影响国家网络空间主权及社会信息安全，而电子商务经营者作为电子商务活动的主体，其行为直接影响网络安全。因此本条规定了电子商务经营者维护网络安全与个人信息保护义务。具体而言，电子商务经营者应遵守《网络安全法》等法律法规关于网络安全的规定，依法从事网络经营，不得利用信息技术从事危害网络安全的行为。特别是对于电子商务平台经营者而言，应当采取必要的安全维护措施，发现其平台或服务存在安全缺陷、漏洞等风险时，应当立即采取补救措施。此外，电子商务经营者还应遵守《网络安全法》《互联网信息服务管理办法》《电信和互联网用户个人信息保护规定》《消费者权益保护法》等法律法规的规定，依法收集、使用、存储、查询、删除用户个人信息。

（五）承担产品和服务质量责任

电子商务活动虽然具有虚拟性，但其实质上是传统商业活动在互联网领域中的拓展，根据线上线下平等的原则，其产品和服务质量仍应符合法律关于线下产品和服务的质量规定，如国家安全标准、相关质检标准以及其宣传说明。因此，本条规定了电子商务经营者承担质量责任的义务。

关于产品和服务质量的具体要求、判断标准及相应的责任承担，《电子商务法》未进行规定的，应适用《产品质量法》《消费者权益保护法》等法律、行政法规的详细规定。对于本条中规定的“质量责任”，就产品而言，应作广义理解，不仅包括产品质量瑕疵担保的违约责任，也包括因产品质量而产生的侵权责任，即产品责任。此外，《产品质量法》将承担产品质量责任主要分为生产者、销售者、供货者三类主体，而本条规定的“电子商务经营者”事实上涵盖了上述三类主体。相较于传统线下商务，电子商务的一大优势便是减少了中间环节，许多电子经营者同时承担着生产者、销售者、供货者的角色。对于上述经营者，其当然应遵守法律法规对于三种主体质量责任的全部规定。

（六）接受政府和社会的监督

电子商务经营者从事经营活动，不得损害社会公共利益，应当自觉接受政府和社会的监督。政府监督是指政府有关部门履行行政职责，监督电子商务经营者的活动。社会监督范围更加广泛，既包括工会、消费者协会、行业组织等社会团体组织的监督，也包括其他相关经营者、消费者等个人的监督，还包括舆论媒体的监督。政府和社会监督双管齐下，有利于促进电子商务经营者依法规范经营，形成良好的市场秩序，推动电子商务的长远发展。

相关原理

民事活动的一般原则——诚信原则

诚信原则是民法最为重要的基本原则，被称为民法的“帝王条款”，也是各国民法公认的基本原则。我国《民法总则》第 7 条将诚信原则确立为民事活动应遵循的一般原则：“民事主体从事民事活动，应当遵循诚信原则，秉持诚实，恪守承诺。”诚实信用原则是民法的一项基本原则，这就意味着诚信原则应适用于民法的整个领域，而不仅仅是某一个领域。[①] 在合同法领域、物权法领域、侵权法领域等领域，诚实信用原则均适用。例如，合同附随义务是根据诚实信用原则而产生的；物权法相邻权利人之间也应团结互助、善意公平地处理相邻关系；侵权法中的安全保障义务等皆是源于诚实信用原则。

通常认为，诚实信用原则要求民事主体从事民事活动应当讲诚实、守信用，以善意的方式行使权利、履行义务，言行一致，信守诺言。具体而言，民事主体应当从以下几个方面遵循诚信原则：在着手与他人开展民事活动时

① 王利明：《民法总则研究》，中国人民大学出版社 2012 年版，第 127 页。

即应遵循诚实信用原则，如实告知相应信息；在与他人建立民事法律关系后，应当信守承诺、恪守契约，按照双方之间的约定行使权利和履行义务；民事主体应本着善意原则，相互配合，保障对方的合理期待与信赖；民事主体应遵守法律的规定，尊重他人的合法权益，尊重社会公共利益等。民事主体从事任何民事活动，不论是行使自己的合法权利还是与他人建立民事法律关系，都必须始终贯彻诚信原则，按照诚信原则的要求善意行事。

将诚信原则确立为民事主体从事民事活动的一般原则，具有重要意义。诚信原则能够指引具体行为规则的确立；衡平民事主体之间具体利益的冲突；填补合同的法律漏洞；同时，也能指导司法裁判对民事法律作出更符合法律目的的解释。

相关立法与规定

1. **《民法总则》**

第4条　民事主体在民事活动中的法律地位一律平等。

第5条　民事主体从事民事活动，应当遵循自愿原则，按照自己的意思设立、变更、终止民事法律关系。

第6条　民事主体从事民事活动，应当遵循公平原则，合理确定各方的权利和义务。

第7条　民事主体从事民事活动，应当遵循诚信原则，秉持诚实，恪守承诺。

第8条　民事主体从事民事活动，不得违反法律，不得违背公序良俗。

2. **《反不正当竞争法》**

第2条第1款　经营者在生产经营活动中，应当遵循自愿、平等、公平、诚信的原则，遵守法律和商业道德。

3. **《反垄断法》**

第5条　经营者可以通过公平竞争、自愿联合，依法实施集中，扩大经营规模，提高市场竞争能力。

第6条　具有市场支配地位的经营者，不得滥用市场支配地位，排除、限制竞争。

4.《消费者权益保护法》

第4条 经营者与消费者进行交易，应当遵循自愿、平等、公平、诚实信用的原则。

第5条 国家保护消费者的合法权益不受侵害。

国家采取措施，保障消费者依法行使权利，维护消费者的合法权益。

国家倡导文明、健康、节约资源和保护环境的消费方式，反对浪费。

第6条 保护消费者的合法权益是全社会的共同责任。

国家鼓励、支持一切组织和个人对损害消费者合法权益的行为进行社会监督。

大众传播媒介应当做好维护消费者合法权益的宣传，对损害消费者合法权益的行为进行舆论监督。

第14条 消费者在购买、使用商品和接受服务时，享有人格尊严、民族风俗习惯得到尊重的权利，享有个人信息依法得到保护的权利。

第24条 经营者提供的商品或者服务不符合质量要求的，消费者可以依照国家规定、当事人约定退货，或者要求经营者履行更换、修理等义务。没有国家规定和当事人约定的，消费者可以自收到商品之日起七日内退货；七日后符合法定解除合同条件的，消费者可以及时退货，不符合法定解除合同条件的，可以要求经营者履行更换、修理等义务。

依照前款规定进行退货、更换、修理的，经营者应当承担运输等必要费用。

第29条 经营者收集、使用消费者个人信息，应当遵循合法、正当、必要的原则，明示收集、使用信息的目的、方式和范围，并经消费者同意。经营者收集、使用消费者个人信息，应当公开其收集、使用规则，不得违反法律、法规的规定和双方的约定收集、使用信息。

经营者及其工作人员对收集的消费者个人信息必须严格保密，不得泄露、出售或者非法向他人提供。经营者应当采取技术措施和其他必要措施，确保信息安全，防止消费者个人信息泄露、丢失。在发生或者可能发生信息泄露、丢失的情况时，应当立即采取补救措施。

经营者未经消费者同意或者请求，或者消费者明确表示拒绝的，不得向其发送商业性信息。

5.《产品质量法》

第26条　生产者应当对其生产的产品质量负责。

产品质量应当符合下列要求：

（一）不存在危及人身、财产安全的不合理的危险，有保障人体健康和人身、财产安全的国家标准、行业标准的，应当符合该标准；

（二）具备产品应当具备的使用性能，但是，对产品存在使用性能的瑕疵作出说明的除外；

（三）符合在产品或者其包装上注明采用的产品标准，符合以产品说明、实物样品等方式表明的质量状况。

第27条　产品或者其包装上的标识必须真实，并符合下列要求：

（一）有产品质量检验合格证明；

（二）有中文标明的产品名称、生产厂厂名和厂址；

（三）根据产品的特点和使用要求，需要标明产品规格、等级、所含主要成份的名称和含量的，用中文相应予以标明；需要事先让消费者知晓的，应当在外包装上标明，或者预先向消费者提供有关资料；

（四）限期使用的产品，应当在显著位置清晰地标明生产日期和安全使用期或者失效日期；

（五）使用不当，容易造成产品本身损坏或者可能危及人身、财产安全的产品，应当有警示标志或者中文警示说明。

裸装的食品和其他根据产品的特点难以附加标识的裸装产品，可以不附加产品标识。

第28条　易碎、易燃、易爆、有毒、有腐蚀性、有放射性等危险物品以及储运中不能倒置和其他有特殊要求的产品，其包装质量必须符合相应要求，依照国家有关规定作出警示标志或者中文警示说明，标明储运注意事项。

第29条　生产者不得生产国家明令淘汰的产品。

第30条 生产者不得伪造产地，不得伪造或者冒用他人的厂名、厂址。

第31条 生产者不得伪造或者冒用认证标志等质量标志。

第32条 生产者生产产品，不得掺杂、掺假，不得以假充真、以次充好，不得以不合格产品冒充合格产品。

第33条 销售者应当建立并执行进货检查验收制度，验明产品合格证明和其他标识。

第34条 销售者应当采取措施，保持销售产品的质量。

第35条 销售者不得销售国家明令淘汰并停止销售的产品和失效、变质的产品。

第36条 销售者销售的产品的标识应当符合本法第二十七条的规定。

第37条 销售者不得伪造产地，不得伪造或者冒用他人的厂名、厂址。

第38条 销售者不得伪造或者冒用认证标志等质量标志。

第39条 销售者销售产品，不得掺杂、掺假，不得以假充真、以次充好，不得以不合格产品冒充合格产品。

第40条 售出的产品有下列情形之一的，销售者应当负责修理、更换、退货；给购买产品的消费者造成损失的，销售者应当赔偿损失：

（一）不具备产品应当具备的使用性能而事先未作说明的；

（二）不符合在产品或者其包装上注明采用的产品标准的；

（三）不符合以产品说明、实物样品等方式表明的质量状况的。

销售者依照前款规定负责修理、更换、退货、赔偿损失后，属于生产者的责任或者属于向销售者提供产品的其他销售者（以下简称供货者）的责任的，销售者有权向生产者、供货者追偿。

销售者未按照第一款规定给予修理、更换、退货或者赔偿损失的，由产品质量监督部门或者工商行政管理部门责令改正。

生产者之间，销售者之间，生产者与销售者之间订立的买卖合同、承揽合同有不同约定的，合同当事人按照合同约定执行。

6. 国家工商行政管理总局《网络交易平台经营者履行社会责任指引》

第5条 网络交易平台经营者要坚持履行社会责任与诚信守法经营相结

合，认真遵守法律法规和规章，遵守社会公德和商业道德，严格自律，自觉接受政府相关部门和社会公众的监督。

第六条 【电子商务的部门监管】

国务院有关部门按照职责分工负责电子商务发展促进、监督管理等工作。县级以上地方各级人民政府可以根据本行政区域的实际情况，确定本行政区域内电子商务的部门职责划分。

条文主旨

本条是关于电子商务行政监管与职责划分的规定。

条文释义

科学的监管体制是电子商务持续健康发展的保障，是完善电子商务市场治理体系的首要问题。本条与第7条、第8条是对电子商务市场治理体系的系统规定。本条规定的是行政监管及部门职责划分的问题。

一、从中央到地方的多级监管

本条并未规定具体的监管部门与职责划分，仅是对此进行了一般性规定。从总体的制度设计上，电子商务领域行政监管实行从中央到地方的多级行政监管，各级政府根据行政层级确定监管职责。中央层面上，国务院有关部门按照职责分工对电子商务进行监督管理；地方层面上，本法规定县级以上的政府承担监管职责，即省、市、县政府承担行政管理的职责，同时，其行政监管的范围以其行政区域为限。

二、各部门分工监管

从具体的监管部门来看，电子商务领域的行政监管基本采用部门分工监管的体制，由国务院各个部门、地方政府各个部门根据其本身的职能对电子商务的不同问题进行监管，而非建立统一的监管部门对所有事项进行监管。

一方面，电子商务是各类商品、服务交易在互联网领域的延伸，不仅交易领域广泛，交易模式也在不断创新发展，同时还涉及电子合同、网上支付、物流快递、电子认证、数据服务、信息安全等诸多环节。因此，对电子商务的监督管理也涉及多个方面或领域，继而涉及多个政府部门的分工负责，不宜将各部门的监管职责剥离出来从而形成单独监管部门。

另一方面，虽然电子商务领域涉及面广，但目前各行业领域本身的监管范围就包括电子化交易。当前我国已经形成了从中央到地方较为完整的“分工监管”体系，这也是各国大多采取的监管模式。在此模式下，各部门利用自己在各领域的专业知识和丰富经验监管各自领域涉及的电子商务问题，符合行政管理专业化、精细化的要求，也有利于将线上电子商务市场与线下传统商务市场的监管有机结合，提高行政监管的水平和效率，形成科学合理的监管模式。因此，《电子商务法》规定了“分工监管”的基本模式。

此外，我国正在推进行政管理体制改革，从中央到地方很多政府部门的职能也在不断调整和变化，尚不具备在法律中具体规定行政监管部门职责分工的条件，在法律中对部门职能的划分只做原则性要求而非具体规定，有利于避免立法的强制规定与政府的职能改革发生冲突。

中央层面上，国务院各个部门就不同行业、不同领域负有相应的管理职能，承担电子商务在不同方面的监管职责，如国家发改委负责电子商务发展全局与发展方向的调控，质检总局负责电子商务领域产品质量监管等。

地方层面上，各级政府部门也按照职责分工分别承担监管职能。同时，本法还特别规定地方政府“可以根据本行政区域的实际情况”确定部门职责划分。这是因为我国幅员辽阔，各地实际情况千差万别，尤其在电子商务领域，各地方电子商务发展阶段、发展水平的不同决定其监管所要面对和解决的问题也不同，市场监管的难度和任务存在很大差异。因此，本法允许地方政府按照本区域情况，自主确定在电子商务领域监管职责的划分。

相关原理

多级政府部门分工监管的行政监管模式

本条涉及我国行政监管中多级政府分工监管的基本原理。根据《宪法》《国务院组织法》《地方各级人民代表大会和地方各级人民政府组织法》的规定，中央政府即国务院是最高国家行政机关，地方政府可分为省级政府（包括自治区、直辖市、省）、设区的市、县级政府（包括不设区的市、县）、乡级政府（包括乡、民族乡、镇）四级，地方各级政府对本级人民代表大会和上一级国家行政机关负责，服从其命令、执行其政策、接受其监督，中央到地方各级政府在各自管辖的行政区域内履行其职责。

就各级政府纵向的职能职权划分而言，县级以上各级政府所管理的行政领域基本一致，即各级政府分别管理本行政区域内的经济、教育、科学、文化、卫生、体育事业、财政、民政、公安等行政工作，但上级政府同时还监督管理下级政府的行政工作。有学者将此种政府纵向职能职权的划分方法定义为“权限分级模式”①，上级政府管理行政管理事项中最重要的事项，同时监督管理下级政府，下级政府负责行政管理事项中次重要的事项，同时负责贯彻上级政府的规章政策，执行上级政府的决定和命令。

就各级政府内部横向职能职权划分而言，我国政府在横向或纵向工作部门的构成上都具有极高的相似性，一方面是由政府所监管的行政领域的同质性决定的；另一方面是因为我国地方行政机关实行条块管理相结合的模式，地方工作部门不仅受本级政府的领导，还接受上级工作部门的领导和监督。但各地方部门职能划分也并不完全相同，根据《地方各级人民代表大会和地方各级人民政府组织法》第64条的规定，地方各级政府可设立必要的工作部门，各级政府工作部门的设立、增加、减少或合并，应经上级政府的批准。② 因此，地方政府对政府内工作部门的设立拥有一定的自治权限，可以根据本地区内的实际情况作出判断。

---

① 曹桂全：《多级政府分工模式与我国行政管理体制改革》，载《理论与现代化》2013年第3期。

② 《地方各级人民代表大会和地方各级人民政府组织法》第64条规定：地方各级人民政府根据工作需要和精干的原则，设立必要的工作部门。

县级以上的地方各级人民政府设立审计机关。地方各级审计机关依照法律规定独立行使审计监督权，对本级人民政府和上一级审计机关负责。

省、自治区、直辖市的人民政府的厅、局、委员会等工作部门的设立、增加、减少或者合并，由本级人民政府报请国务院批准，并报本级人民代表大会常务委员会备案。

自治州、县、自治县、市、市辖区的人民政府的局、科等工作部门的设立、增加、减少或者合并，由本级人民政府报请上一级人民政府批准，并报本级人民代表大会常务委员会备案。

相关立法与规定

1. 国家发展改革委、财政部、农业部、商务部、人民银行、海关总署、税务总局、工商总局、质检总局、林业局、旅游局、邮政局、国家标准委等部门《关于进一步促进电子商务健康快速发展有关工作的通知》

一、统筹推进电子商务发展环境建设。国家发展改革委会同相关部门进一步完善促进电子商务健康快速发展的跨部门工作协调机制，继续推进国家电子商务示范城市创建工作，支持相关部门和地方围绕完善电子商务法规政策环境开展试点工作，并对有关部门和地方推进电子商务示范城市建设，开展电子商务试点工作等进行咨询指导、监督与评价。

二、推动电子商务企业会计档案电子化试点工作。财政部会同有关部门，组织开展会计档案电子化管理试点工作，修订完善《会计档案管理办法》，研究完善电子会计档案管理制度，推进电子会计档案在电子商务领域中的应用，充分发挥电子会计档案在电子商务领域会计信息数据管理、利用等方面的作用，推动电子商务领域会计信息化，提高会计信息质量。

三、推进商贸流通领域电子商务创新发展。商务部会同相关部门进一步完善电子商务交易、物流配送、网络拍卖等领域电子商务应用的相关政策、管理制度及标准规范；研究制定电子商务统计指标相关标准，加快建立健全统一高效的商贸流通业统计体系和电子商务统计体系，推进信用监测体系建设；促进商品现货市场电子商务规范发展，鼓励综合性批发市场、旧货流通市场、专业化市场发展线上、线下协同的电子商务应用体系，支持外贸电子商务、农产品电子商务、社区电子商务发展，密切产销衔接，推进电子商务示范基地建设，加强电子商务人才培训。

四、完善跨境贸易电子商务通关服务。海关总署会同商务部、税务总局、工商总局、质检总局、邮政局、国家标准委等部门在已有工作基础上，进一步完善跨境贸易电子商务通关服务环境，共同研究制定相配套的管理制度及标准规范，推进外贸电子商务企业备案信息共享，探索多部门联合推动跨境贸易电子商务通关服务的综合试点工作。

五、加快网络（电子）发票推广与应用。财政部、税务总局负责研究跨境贸易电子商务适用的税收政策及相关管理制度和标准规范。税务总局会同财政部继续加强电子商务企业的税收管理制度研究，完善网络（电子）发票的管理制度和信息标准规范，建立与电子商务交易信息、在线支付信息、物流配送信息相符的网络（电子）发票开具等相关管理制度，促进电子商务税务管理与网络（电子）发票的衔接，继续推进网络（电子）发票应用试点工作，推广网络（电子）发票在各领域的应用。

六、深入推进电子商务可信交易环境建设工作。工商总局负责加强网络商品交易及有关服务行为的规制建设，会同有关部门研究建立网络经营者信用指标体系，推动网络经营者交易信用信息采集与管理服务，鼓励社会中介机构开展网络经营者信用评价活动，研究制定跨境贸易电子商务企业主体身份标识管理制度，推动电子商务市场主体、客体及交易过程基础信息的规范管理与服务，组织电子商务服务企业开展电子商务可信交易保障服务试点工作。

七、建立完善电子商务产品质量安全监督机制。质检总局会同工商总局等有关部门，研究推进电子商务产品质量诚信体系建设，研究建立电子商务交易产品基础信息规范化管理和基于统一产品编码体系的质量信息公开制度，推动以组织机构代码实名制为基础的企业质量信用档案在电子商务领域的应用；会同邮政局探索建立跨境贸易电子商务邮件快件的检验检疫监管模式；会同有关部门研究建立跨境贸易电子商务产品质量安全监督和溯源机制，支持跨境贸易电子商务发展。

八、推动移动电子商务支付创新发展。人民银行负责研究制定金融移动支付发展政策，推进金融移动支付安全可信服务管理体系建设，建立移动支付信息安全保障体系；引导商业银行、支付机构实施移动支付金融行业标准，推动移动支付联网通用、业务规范发展；以金融 IC 卡应用为基础开展移动支付技术创新应用试点工作，探索符合市场要求的移动支付技术方案、商业模式和产品形态，为产业发展提供示范效应，促进移动电子商务支付创新发展。

九、完善电子商务快递服务制度。邮政局负责探索建立重点地区快递准时率通报机制，健全旺季电子商务配送的保障措施，创新城市电子商务快递服务机制；配合海关总署、质检总局等部门推进完善跨境贸易电子商务邮件快件管理。

十、推进电子商务标准化工作。国家标准委会同相关部门改组电子商务标准化总体组，建立完善电子商务国家标准体系，协调电子商务标准制定，会同有关部门和地方依托国家电子商务示范城市建设和电子商务试点工作，开展电子商务主客体的信息描述、电子商务交易过程监管、电子商务支付等关键环节的标准研制、验证、完善和推广工作。

十一、促进农业电子商务发展。农业部负责研究制定农产品分类定级等标准规范，与相关部门共同研究探索推进以农业产业化龙头企业、农民专业合作社、家庭农场等新型农业经营主体为纽带的农产品质量安全追溯体系、诚信体系建设，加强农业电子商务模式研究，规范农业生产经营信息采集，推动供需双方网络化协作，完善农业电子商务体系，推进农业领域电子商务应用并开展相关试点工作。

十二、促进林业电子商务发展。林业局负责研究推进林业电子商务发展的相关政策，研究制定基于电子商务的森林资产评估、地区性的森林资源转让、林权交易等管理办法，依托电子商务拓展林产品销售，支撑林区、林场发展转型，促进农民增收；会同工商总局研究建立林产品交易诚信体系；制定林产品的分类定级、网络交易等标准规范，推进林产品、林权交易的规范化与网络化，开展林产品、林权交易电子商务试点工作。

十三、促进旅游电子商务发展。旅游局负责研究制定旅游电子商务管理办法及相关推进政策；建立旅游电子商务公共服务和监管机制，推动旅游在线服务模式创新；研究建立重点旅游景区游客流量等相关信息的在线发布机制；会同工商总局推动旅游电子商务可信交易体系建设及旅游服务电子合同应用，开展集游客流量预警发布、即时投诉服务、电子合同签订、游客在途在线即时服务等功能的旅游综合电子商务服务试点工作。

2. 国家工商行政管理总局《网络交易管理办法》

第45条 在网络商品交易及有关服务活动中违反工商行政管理法律法规规定，情节严重，需要采取措施制止违法网站继续从事违法活动的，工商行政管理部门可以依照有关规定，提请网站许可或者备案地通信管理部门依法责令暂时屏蔽或者停止该违法网站接入服务。

第46条　工商行政管理部门对网站违法行为作出行政处罚后，需要关闭该违法网站的，可以依照有关规定，提请网站许可或者备案地通信管理部门依法关闭该违法网站。

第47条　工商行政管理部门在对网络商品交易及有关服务活动的监督管理中发现应当由其他部门查处的违法行为的，应当依法移交相关部门。

第48条　县级以上工商行政管理部门应当建立网络商品交易及有关服务监管工作责任制度，依法履行职责。

3. 国家工商行政管理总局《网络交易平台合同格式条款规范指引》

第21条　国家工商行政管理总局将根据网络经济发展情况，适时发布相关领域合同格式条款规范指引。

4. 商务部《第三方电子商务交易平台服务规范》

9.3　政府监管

各级商务主管部门应当建立网上交易服务规范的监管责任制度和责任追究制度，依法对平台经营者及站内经营者的交易行为进行监督。

5. 信息产业部《互联网IP地址备案管理办法》

第5条　中华人民共和国信息产业部（以下简称“信息产业部”）对基础电信业务经营者、公益性互联网络单位和中国互联网络信息中心的IP地址备案实施监督管理。

各省、自治区、直辖市通信管理局（以下简称“省通信管理局”）对本行政区域内其他各级IP地址分配机构的IP地址备案活动实施监督管理。

6. 工业和信息化部《规范互联网信息服务市场秩序若干规定》

第3条　工业和信息化部和各省、自治区、直辖市通信管理局（以下统称“电信管理机构”）依法对互联网信息服务活动实施监督管理。

7. 人民银行《非金融机构支付服务管理办法》

第3条　非金融机构提供支付服务，应当依据本办法规定取得《支付业务许可证》，成为支付机构。

支付机构依法接受中国人民银行的监督管理。

未经中国人民银行批准，任何非金融机构和个人不得从事或变相从事支付业务。

8. 中国人民银行《非银行支付机构网络支付业务管理办法》

第39条 中国人民银行及其分支机构对照上述分类管理措施相应条件，动态确定支付机构适用的监管规定并持续监管。支付机构分类评定结果和支付账户实名比例不符合上述分类管理措施相应条件的，应严格按照第十条、第十一条、第十二条及第二十四条等相关规定执行。

中国人民银行及其分支机构可以根据社会经济发展情况和支付机构分类管理需要，对支付机构网络支付业务范围、模式、功能、限额及业务创新等相关管理措施进行适时调整。

9. 食品药品管理总局《互联网药品交易服务审批暂行规定》

第35条 （食品）药品监督管理部门应当对提供互联网药品交易服务的网站进行监督检查，并将检查情况向社会公告。

第36条 省、自治区、直辖市（食品）药品监督管理部门可根据本规定制定具体的审核要求和程序规定，并报国家食品药品监督管理局备案。

10. 保监会《互联网保险业务监管暂行办法》

第26条第1款 中国保监会统筹负责互联网保险业务的监管，各保监局负责辖区内互联网保险业务的日常监测与监管，并可根据中国保监会授权对有关保险机构开展监督检查。

第七条 【电子商务的协同监管】

国家建立符合电子商务特点的协同管理体系，推动形成有关部门、电子商务行业组织、电子商务经营者、消费者等共同参与的电子商务市场治理体系。

条文主旨

本条是关于国家建立电子商务协同管理体系的规定。

条文释义

本条规定了电子商务协同管理体系的建立。相对于传统线下市场，电子商务市场具有较大的虚拟性、复杂性和不确定性，这极大地增加了对电子商务市场监管和治理的难度。政府的适度监管虽然是必要的，但如果完全依靠行政管理部门实行监管和治理，一方面需要极高的行政管理和执法成本，且难以保障效率；另一方面即使增加行政监管投入，电子商务活动本身的特性也决定了政府部门在某些问题上难以形成有效的监管，反而有可能造成过度监管，阻碍电子商务活动的创新与发展。因此，面对电子商务这种新型业态，必须创新监管方式，建设市场治理体系。

电子商务市场是由多方主体共同参与的市场，电子商务市场治理体系的建设，必须充分发挥不同主体的不同作用。就消费者而言，消费者是电子商务活动的直接对象，最直接地参与电子商务活动，最了解电子商务市场中产生的问题。充分保障消费者的监督权，使消费者直接参与电子商务市场的治理，是电子商务市场治理体系中必不可少的外部他律机制。就行业组织而言，行业组织的监管是一种政府监管与社会监管之外的市场监管手段，本法第 8 条也特别规定了电子商务行业自律的形成。充分发挥行业组织在市场治理体系中的作用，利用其灵活、适时、民主的特点弥补行政监管的疏漏，同时与消费者的外部监管互相衔接、配合，实现行业自律与社会他律的有机结合。

应当特别注意的是，为了充分发挥市场在配置资源方面的决定性作用，《电子商务法》高度重视电子商务经营者在电子商务市场治理体系中的重要作用，充分利用电子商务平台经营者、一般经营者在其经营活动中形成的有利于维护市场秩序的内生机制。其中，平台经营者在市场治理体系中的定位和作用是本法的一大亮点，也是电子商务市场治理体系区别于传统商务活动市场治理体系的最大不同。平台经营者是交易信息和交易场所的提供者、广告发布者、信息收集者等多种角色的综合体，是维系电子商务市场交易秩序的重要力量。因此，本法特别将电子商务平台经营者作为经营者中的一种特殊类型，利用其对平台内经营者控制能力和监管能力，充分发挥其在市场监督管理方面的作用。以电子商务经营者的主体登记、信息核查为例，除了市场监管部门的行政监管外，本法第 27 条特别规定了平台经营者对平台内经营者的身份核验、登记义务，第 28 条规定了平台经营者向市场监管部门报送平台内经营者身份信息的义务，第 80 条规定了平台经营者违反上述规定应承担的行政责任。根据上述规定，监管部门和平台经营者共同负责，保证电子商务经营者信息的真实、完整，为维护电子商务市场的交易安全奠定基础。以平台经营者的责任承担为例，虽然其并非侵权行为的直接实施者，但由于其负有特殊的监管职责，在未履行监管职责或是职责履行不到位的情况下，也要承担一定的责任。比如第 38 条规定在平台经营者未尽到资质审核义务或者安全保障义务时，对消费者的损害承担相应责任；第 42 条规定平台经营者在接到知识产权权利人通知后未及时采取必要措施的，对损害的扩大部分承担连带责任。

通过建立电子商务的市场治理体系，充分发挥行业组织、电子商务经营者、消费者的力量，使行业自律和社会他律形成合力，让市场机制和利益导向共同生效，形成政府部门、行业协会、经营者和消费者的社会共治格局，有利于提高监管和治理的效率与水平，有助于形成规范的市场秩序，从而促进电子商务的持续健康发展。

相关原理

商事监管的社会共治模式

“政府不管它如何精明强干，也不能明察秋毫，不能依靠自己去了解一个大国生活的一切细节。它办不到这一点，因为这样的工作超过了人力之所及。”① 因此，市场主体多元化的趋势要求市场监管领域构建商事主体自我约束、行业自律、政府监管、社会共治的监管新格局。

商事监管社会共治格局的构建主要集中在以下几个方面：第一，完善商

① ［法］托克维尔：《论美国的民主》（上卷），商务印书馆 2013 年版，第 111 页。

事监管制度设计，实现政府与市场之间基本关系的转变。政府介入经济活动的目标应当定位于治理市场失灵、维护有效竞争以及减少社会风险。介入经济活动的方式从直接的市场干预转变为间接的政策调控，政府“简政放权、放管结合”，通过科学的法律纽带，管的更少，管得更好。第二，鼓励商事主体自我监管、自我约束，更多地体现监管的自愿性。第三，激活行业自律机制，充分发挥行业协会的自律功能。行业协会在行业准入、标准制定、行业规范等方面具有重要作用，其专业化程度在某种意义上超越了行政机关和司法机关。我国有大量的中介机构和行业协会，政府部门应当给予其更多支持，使其充分发挥其在维护市场公平竞争中的作用。第四，进一步激活社会监督机制，形成全社会的监管合力。可以通过听证、座谈会、公开质询会等方式，提高民众参与监管的热情；也可以发动舆论监督的力量，允许媒体通过新闻报道、调查、评论等多种方式，对商事主体违法行为进行监督。

第八条 【电子商务的行业自律】

电子商务行业组织按照本组织章程开展行业自律，建立健全行业规范，推动行业诚信建设，监督、引导本行业经营者公平参与市场竞争。

条文主旨

本条是关于电子商务行业自律的规定。

条文释义

行业组织是行业内成员基于共同的利益所组成的一种民间性、非营利性的社会团体。行业组织通过章程进行自我约束和自我规范，是一种政府监管与社会监管之外的市场监管手段。本条规定了电子商务行业组织开展行业自律的义务。

首先，电子商务形成行业自律符合其行业发展共同利益的要求。规范的行业秩序是行业健康持续发展的保障。如果电子商务行业无法营造诚信的商业环境，建立公平的市场秩序，则可能会出现“劣币驱逐良币”的现象，不仅损害其他经营者、消费者的利益，而且损害整个行业的商业信誉、创新活力及发展前景，危害整个电子商务行业的利益。因此，行业组织通过建立健全行业规范、推动行业诚信建设开展行业自律符合其共同利益的要求。

其次，电子商务的行业自律可以弥补行政监管的不足。电子商务活动分散、灵活，且依附于网络空间，外部监管难以做到面面俱到。同时，对于正在探索和发展中的电子商务行业，政府应当遵循最小干预原则，以必要为限，减少事前监管，给予电子商务自由创新的空间。与之相对的是，基于共识形成的行业规范具有更高的接受度与可行性，且行业组织可及时、充分地获得信息，随时调整相应规范，适应发展中的新情况、新问题。此外，行业组织在事前、事中、事后各个环节都可以规范行业活动，以较小的成本达到较高的管理水平。灵活、适时、民主的行业自律一方面可以弥补行政监管的疏漏；另一方面必须与权威、强制、独立的政府监管相结合，共同形成对电子商务活动的有效监管。

因此，电子商务行业组织应当履行行业自律义务，健全行业规范，通过建立行业内信用评价制度等措施建设行业诚信体系，引导经营者合法、有序、公平地参与市场竞争，同时配合行政机关的监督管理，与之形成联动合作机制，共同促进电子商务行业的持续健康发展。

第二章　电子商务经营者

第一节　一 般 规 定

第九条　【电子商务经营者的概念与种类】

本法所称电子商务经营者，是指通过互联网等信息网络从事销售商品或者提供服务的经营活动的自然人、法人和非法人组织，包括电子商务平台经营者、平台内经营者以及通过自建网站、其他网络服务销售商品或者提供服务的电子商务经营者。

本法所称电子商务平台经营者，是指在电子商务中为交易双方或者多方提供网络经营场所、交易撮合、信息发布等服务，供交易双方或者多方独立开展交易活动的法人或者非法人组织。

本法所称平台内经营者，是指通过电子商务平台销售商品或者提供服务的电子商务经营者。

条文主旨

本条是对电子商务经营者概念与种类的规定。

条文释义

电子商务经营者是电子商务法律关系中的主体，本条对电子商务经营者的概念进行了明确的界定。

一、电子商务经营者的概念与特征

根据《电子商务法》第10条规定，电子商务经营者是指通过互联网等信息网络销售商品或者提供服务的自然人、法人和非法人组织。由此，电子商务经营者具有如下的特征：

（一）互联网等信息网络是电子商务经营者从事经营行为的媒介

区别于传统的线下经营者，电子商务经营者最为显著的特征是其从事经营行为的媒介是互联网等信息网络。电子商务经营者以数字或者网页等数字化方式表现出来，并通过信息网络从事经营行为。其中，互联网是电子商务经营者从事经营行为的主要媒介，其媒介还包括移动网络和其他信息网络等。

（二）电子商务经营者的经营行为包括销售商品和提供服务

商务的语义意义是对一切和商业有关事务的总称。本条将电子商务活动的商务概念限定于销售商品和提供服务，则与该两类行为无关的商业活动应当不属于本法所规范的电子商务活动。同时，根据《电子商务法》第 2 条规定，涉及金融类产品和服务、利用信息网络播放音视频节目、网络出版以及互联网文化产品等内容方面的服务，不适用本法，亦不属于电子商务经营者提供的商品与服务的范畴。

（三）电子商务经营者包括自然人、法人和非法人组织

根据《民法总则》第 2 条规定，民事主体包括自然人、法人和非法人组织，电子商务经营者包括了民事主体所有的种类，本法并未对某一类别的民事主体成为电子商务经营者加以限制。除法律规定的特别情形外，包括自然人在内的所有民事主体，经过法定程序均可成为电子商务主体。

根据《民法总则》第 57 条规定，法人是具有民事权利能力和民事行为能力，依法独立享有民事权利和承担民事义务的组织。其中，法人分为营利性、非营利性法人和特别法人，营利性法人包括公司、其他企业法人等；非营利性法人包括事业单位、社会团体、基金会等。特别法人包括机关法人、农村集体经济组织法人、城镇农村的合作经济组织法人、基层群众性自治组织法人等。

而非法人组织是指不具有法人资格，但是能够依法以自己的名义从事民事活动的组织，包括个人独资企业、合伙企业、不具有法人资格的专业服务机构等。现实中，很多个人独资企业、合伙企业等非法人组织都在电子商务活动中起到非常重要和活跃的作用。

二、电子商务经营者的种类

如果按照传统民事主体类型进行分类，电子商务经营者分为自然人、公司、合伙企业等，在电子商务的市场准入、法律责任等方面均无特别意义。对于电子商务经营者而言，有意义的分类是根据电子商务经营者的经营方式、经营内容及其在交易中的角色为标准进行划分。因为不同的经营方式和经营内容意味着不同种类的电子商务经营者应当对消费者履行不同的义务，承担不同的责任。基于此，《电子商务法》第 10 条根据电子商务经营者的经营方式与内容的不同将电子商务经营者分为电子商务平台经营者、平台内电子商务经营者和通过自建网站、其他网络服务销售商品或提供服务的电子商务经营者。

（一）电子商务平台经营者

根据《电子商务法》第 9 条规定，电子商务平台经营者，是指在电子商务中为交易双方或者多方提供网页空间、虚拟经营场所、交易规则、交易撮合、信息发布等服务，供交易双方或者多方独立开展交易活动的法人或者非法人组织。电子商务平台经营者具有服务提供者和管理者的双重职能，其既要为入驻平台的平台内电子商务经营者提供交易平台服务，又要制定平台内部的管理规范。平台内部的管理规范包括对平台内经营商的身份及与经营有关的其他信息的审查、交易平台进入和退出机制、平台经营商和消费者之间的矛盾解决、违反平台规则的电子商务主体的追责机制，等等。以淘宝网为例，淘宝网不仅向淘宝商户提供交易平台，也是淘宝商户的管理者和监督者。淘宝网为了规范淘宝网上商家和消费者的交易行为，制定了《淘宝规则》。其中，对交易、市场管理、通用违规行为及违规处理等内容都进行了规定。

需要注意的是，从事电子商务平台经营的主体只能是法人或者非法人组织，自然人不能成为电子商务平台经营者。电子商务平台经营者区别于其他主体，不仅有更高的技术要求，亦要承担平台的管理职责，承担相应的法律责任。而自然人相较于登记设立的法人和非法人组织，其管理能力和担责能力都相对较弱。因此，《电子商务法》规定自然人不能成为电子商务平台经营者。

（二）平台内电子商务经营者

根据《电子商务法》第 9 条规定，平台内电子商务经营者是指通过电子商务平台销售商品或者提供服务的电子商务经营者。平台内经营商在我国实践中普遍存在，其以自然人、法人、合伙等各种形式从事经营活动。譬如近年来非常流行的网店，即属于在相应的平台内从事经营活动的电子商务经营者。平台内经营商依附于第三方交易平台开展电子商务经营活动，既要遵守相关的法律法规，也要遵守第三方交易平台的相关规则。

（三）通过自建网站、其他网络服务销售商品或提供服务的电子商务经营者

以上两个类别并不能将电子商务经营者完整地归类，现实生活中，电子商务平台经营者和平台内电子商务经营者外，亦存在其他的电子商务经营者。譬如近年来，许多经营者通过微信等软件进行电子商务活动，被统称为“微商”。近年来，微商的发展迅速，逐步成为电子商务活动中不可缺少的一股力量，知名的微商年营业额可达人民币千万元以上。但同时，由于缺乏必要的管制，微商销售假货、以次充好等违法现象亦经常发生。所以，本条通过规定“其他网络服务”将微商等类似主体纳入电子商务经营者的类别中，具有重要的意义。

需要说明的是，微商和个人网店有所不同，以微信为例，微信上亦有网购平台，若在网购平台上注册网店从事电子商务活动，则属于平台内电子商务经营者。而亦有些经营者只是通过微信的聊天功能与订阅号功能销售商品或提供服务，不属于平台内电子商务经营者，而是属于通过自建网站、其他网络服务销售商品或提供服务的电子商务经营者。

相关原理

一、电子商务经营者和电子商务主体的关系

《电子商务法》界定了电子商务经营者的概念，却没有对电子商务主体加以界定，亦没有对二者之间的关系加以说明，故在此予以厘清。对于电子商务主体的界定，有广义和狭义定义之分：

广义的电子商务主体包含电子商务法律关系的所有的参加者，即一切在电子商务法律关系中享有权利和承担义务的个人或组织。譬如有学者认为，“电子商务主体指电子商务法律关系的参加者，在电子商务法律关系中享有权利和承担义务的个人或者组织。”① 由此可见，广义的电子商务主体将消费者、政府采购人等非商事主体纳入其范畴。若采用广义定义，则电子商务经营者属于电子商务主体的一个类别。

狭义的电子商务主体则仅指电子商务中的商事主体，即电子商务经营者，二者为同一概念。中国工商行政管理学会课题组研究成果《电子商务主体及准入监管研究》一文中就采用了狭义的概念：“狭义的电子商务主体，仅指电子商务企业，本文讨论的电子商务主体，乃就狭义概念而言。”

本书认为，《电子商务法》颁布之后，对电子商务主体应采狭义概念，电子商务经营者即为电子商务主体。理由有二：

其一，采狭义的概念更符合《电子商务法》的立法体例，《电子商务法》只规定了电子商务经营者，并未对电子商务法律关系的其他参加者（政府采购人与消费者）予以规定，也没有对其设置准入与准出电子商务市场的门槛。由此观之，《电子商务法》将电子商务经营者与消费者、政府采购人等主体区别对待，只有前者属于电子商务市场的市场主体，后者则不属于电子商务市场的市场主体。

其二，采用狭义的概念更符合《电子商务法》的立法目标。只要具备民事权利能力和民事行为能力的民事主体都可以以消费者的身份自由地参加电子商务交易活动，然而《电子商务法》对电子商务经营者设立了准入门槛、法律责任等一系列规定。因此，电子商务主体采狭义的概念，可以将电子商务主体仅指向电子商务经营者，用以突出电子商务经营者在《电子商务法》中的地位，更加符合规范电子商务活动这一立法目标。

二、电子商务主体与传统民事主体、商事主体的关系

《电子商务法》并非在传统的民事主体之外另造一个电子商务主体，电

---

① 张楚主编：《电子商务法（第三版）》，中国人民大学出版社2011年版，第4~5页。

子商务主体与线下的民事主体具有完全的对应关系；而由于自然人这一特殊种类的电子商务经营者的存在，使得电子商务主体与线下的商事主体存在一定的差异，分别梳理如下：

（一）电子商务主体和线下民事主体具有完全对应关系

不论经营者在电子商务市场中以何种身份出现，任何一个电子商务主体均与传统线下市场主体具有唯一的对应关系。对于法人和非法人组织而言，从事电子商务的法人或其他组织一定也是线下的组织，一定也是依照不同法律的要求而设立、取得营业资格的组织。因为不论经营者在电子商务市场中以何种身份出现，其均与传统线下经营者具有唯一的对应关系。线上经营的公司与线下经营的公司并非两个民事主体，而是一个民事主体。对于自然人而言，线上开设网店的自然人与线下没有经营活动的自然人也是同一民事主体，即该自然人本身。由此，电子商务经营者并非在民事主体之外另设电子商务主体，而是线下民事主体在电子商务环境下的另一种法律身份。最为明显的体现即为，电子商务主体在从事电子商务经营活动时，同样是以线下民事主体的名义享受权利和承担义务。

（二）电子商务主体与线下商事主体有所不同

线下的商事主体，包括个人独资企业、合伙企业、公司等，需要具备法定条件并经一定的法律程序才能成为电子商务主体。但电子商务主体亦包括自然人，因此，电子商务主体并不一定是线下的商事主体。自然人从事电子商务活动并经过一定的法律程序，便可以成为电子商务主体，具有在线上进行经营活动的能力和资格，无须以注册为其他商主体为前提。但线下的商事主体中，并无自然人这一种类。一般意义上，自然人没有经营资格和能力，其只能以个体工商户的身份进行经营活动。

相关立法与规定

1. 商务部《第三方电子商务交易平台服务规范》

3.1 本规范所指的电子商务，系指交易当事人或参与人利用现代信息技术和计算机网络（包括互联网、移动网络和其他信息网络）所进行的各类商业活动，包括货物交易、服务交易和知识产权交易。

3.2 第三方电子商务交易平台（以下简称第三方交易平台）是指在电子商务活动中为交易双方或多方提供交易撮合及相关服务的信息网络系统总和。

3.3 第三方交易平台经营者（以下简称平台经营者）是指在工商行政管理部门登记注册并领取营业执照，从事第三方交易平台运营并为交易双方提供服务的自然人、法人和其他组织。

3.4 第三方交易平台站内经营者（以下简称站内经营者）是指在电子商务交易平台上从事交易及有关服务活动的自然人、法人和其他组织。

2. 《消费者权益保护法》

第3条　经营者为消费者提供其生产、销售的商品或者提供服务，应当遵守本法；本法未作规定的，应当遵守其他有关法律、法规。

3. 国家工商行政管理总局《网络交易管理办法》

第3条　本办法所称网络商品交易，是指通过互联网（含移动互联网）销售商品或者提供服务的经营活动。

本办法所称有关服务，是指为网络商品交易提供第三方交易平台、宣传推广、信用评价、支付结算、物流、快递、网络接入、服务器托管、虚拟空间租用、网站网页设计制作等营利性服务。

第十条　【电子商务经营者的市场登记义务与例外】

电子商务经营者应当依法办理市场主体登记。但是，个人销售自产农副产品、家庭手工业产品，个人利用自己的技能从事依法无须取得许可的便民劳务活动和零星小额交易活动，以及依照法律、行政法规不需要进行登记的除外。

条文主旨

本条是对电子商务经营者市场主体登记及其例外的规定。

条文释义

工商登记是否成为电子商务经营者的法定程序？电子商务经营者是否需要注册登记方能取得电子商务主体的身份或资格？在《电子商务法》出台之前，这就是一个理论与实践中都极富争议的问题。2014 年，原国家工商行政总局曾发布过《网络交易管理办法》，其第 7 条规定从事网络商品交易及有关服务的经营者，应当依法办理工商登记。但在第 7 条第 2 款中，规定从事网络商品交易的自然人，具备登记注册条件的，依法办理工商登记。在此办法中，对不具备登记条件的自然人经营者而言，工商登记并非其从事经营活动的前置程序。最终，《电子商务法》该条文对该问题予以肯定的答案：电子商务经营者应当依法办理工商登记。

一、工商登记的必要性

按照商事法律的基本要求，任何人，无论是法人还是自然人，在线下从事商事经营活动都需具有商事主体的经营资格，即必经法定的商事登记程序，否则即为无照经营或非法经营，此为商事主体制度的规则和秩序，是商事登记制度和商事公示制度的必然要求。在经营行为转移到线上即网络世界之后，这一基本法律规则是否就失去其合理性，尤其是个人的网上经营与商事登记是否存在天然的冲突？理性分析表明，电子商务的网络交易环境不仅不是排斥主体登记程序之理由，相反恰是支持主体登记程序之根据。[①] 电子商务经营者工商登记程序的必要性主要体现在以下四个方面：

（一）工商登记将被虚化的市场主体通过登记而实化

在电子商务这一虚拟市场上，电子商务经营者也被网络形象虚化了，不再表现为自然的、物理的存在，而是“以数字化、电子化的网页形式表现出来，其主体的真实情况不能直观地判断出来，……电子商务主体的资格能力、住所、资信状况等不易确定”。[②] 但是电子商务的交易却是实实在在的，所有的交易都要寻求如线下交易同样的效果，交易的权利义务还是要求实际

---

① 赵旭东：《电子商务注册登记之辩》，载《清华法学》2017 年第 4 期。

② 李长兵：《论电子商务主体的商法规制》，载《法制与经济》2009 年第 4 期。

享有和履行，表面上虚化的主体终究是要显露和实化为现实的主体。注册登记就是将虚化的网络经营主体予以实化的具体方式和途径，经由登记，电子商务经营者的身份和地位得以确定，法定的主体条件得以满足，行使权利和履行义务的能力得以保障，在权利救济和义务履行以及相应法律程序上极为重要和实用的法定住所、送达地址也得以明确。如此，电子商务主体的虚化就只是外观的形象，同时它也是现实的商事主体。

（二）虚拟的市场更依赖登记的信息

在这样的交易市场上，“任何有交易意向的商主体或自然人均可在网络中找到交易机会，这就造成了交易的双方可能完全不知道对方的真实情况如何只凭其在网络上描述就决定与之交易”。① 信息网络上的交易事实上也是以信息为媒介、为依托进行的交易，较之线下传统市场，它对交易信息存在更严重的依赖，无信息即无网上交易。线下交易可以通过人对人的直接接触了解对方，可以通过面对面的交流沟通作出判断，网上交易则主要根据获取的信息作出交易决策。关于交易主体的信息是寻找和选定交易对象的最基础的信息，而这种信息的关联性、真实性和准确性又至关重要，信息的不畅、芜杂、失真是最易发生、最难克服的缺陷。工商登记恰是弥补这一缺陷的有效手段和途径，依照商事主体法定条件进行的登记，本身就是对市场必需的、与主体相关的信息进行的收集、筛选和验证，其效用相当于政府登记机关提供的第三方信息服务。

（三）虚拟市场的交易安全更需要登记程序的保障

市场的虚拟不仅不会消解市场风险，反而会无限放大和蔓延市场的风险。“电子商务主体比起传统商事主体面临更多的市场机遇、市场风险、道德风险、违约陷阱与欺诈陷阱”，② 线下传统市场的有形性和地域性决定了市场风险的边界，市场的区隔也是风险的隔离。而网络市场的无形和地域的跨越，导致了隔离风险的防火墙的缺失，任何一个恶意经营者制造的市场风险都可能瞬间蔓延至其经营期间的整个交易系统，从一对一的交易风险演变

① 杨姝：《论电子商务主体资格准入制度》，载《科技信息》2006 年第 11 期。

② 赵德海、赵东桥：《电子商务主体研究》，载《物流科技》第 28 卷总第 122 期，第 84 页。

成一对十、一对百、一对千的风险。由此，电子商务市场其实是风险高危的市场，交易安全的形势比传统市场更为严峻。维护这一无形市场的安全和稳定需要多管齐下的综合防范，而主体的注册登记是最简单、最奏效的防控手段，作为市场准入的关口把控，它属于市场风险的前端控制。作为主体条件的审验，它又是最关键、最重要的环节。作为统一的登记方式，它还是投入成本最低、总体效用最高的控制手段。

（四）工商登记是政府行使行政监管、税收监督等行政职能的制度原点

电子商务市场是一个跨区域性的自由市场，市场调节机制应当得到充分的尊重，但任何无限度的自由无疑会造成对他人自由的戕害。近年来，电子商务市场蓬勃发展的同时，也存在消费者权益被侵害、逃漏税现象十分严重等隐患。这些隐患或许会被电子商务市场的繁荣景象所掩盖，但最终必然会成为阻碍电子商务市场发展的阻力。而电子商务市场由于其虚拟性，行政权力无从介入。以税收为例，大多数个人网商、网店都没有在工商与税务部门登记，也没有设置会计账簿的要求，更不可能对其进行税收监管。规定工商登记制度之后，其必须要在工商和税务部门进行登记，使得行政监管、税收监管成为可能。因此，工商登记是政府进行电子商务行业的规范、电子商务经营者纳税管理的基本制度，只有建立了登记制度，才能使得政府监管成为可能。

反对电子商务主体登记的观点虽然很多，但其根本出发点都为防范电子商务市场受到过多的行政干预而丧失其市场活力和行业特性，这无疑存在一定的合理性。然而，这种观点仅能论证政府的监管需要适度、行政权力对市场的干预需要进行约束，却不能足以成为反对电子商务工商登记制度的理由。

二、工商登记对不同种类电子商务经营者的意义

工商登记对不同种类的电子商务经营者的意义有所不同。按照传统的民事主体分类，电子商务经营者可以被分为自然人电子商务经营者和非自然人电子商务经营者：非自然人电子商务经营者包括公司、合伙企业、个人独资企业等，由于登记注册本就是这些民事主体取得主体资格的必备程序，民事主体意图从事电子商务经营之前，必须通过登记程序获得相关的主体资格，

因此，在《电子商务法》出台之前，此类电子商务经营者本就已经在工商登记；而由于我国目前并没有自然人登记的程序，自然人从事线下的经营活动必须设立个体工商户才能从事相关的营业活动。于是，在《电子商务法》出台之前，类似于个人网店、个人微商等自然人电子商务经营者从事电子商务活动，法律法规并未对此类经营者提出登记的强制要求。因此，对不同种类的电子商务经营者而言，本条的法律意义会有所不同，需要分类进行阐释：

（一）自然人电子商务经营者

自然人以传统方式在线下进行商事经营，必先通过注册登记成为个体工商户，并由此获得商事主体的经营资格和身份。电子商务不过是通过互联网进行的商事经营。既然线下的商事经营需要具备商事主体资格，网上的电子商务经营同样需要这样的资格。自然人在线下的商事主体身份是个体工商户，在网上的现实习惯称谓为个人网店或个人网商。从法律性质上而言，除线下与网上的不同经营方式外，个体工商户与个人网店在主体性质上并无根本的法律差异。从准入程序而言，根据本条的规定，和个体工商户一样，所有的电子商务经营者都必须登记。因此，实质上，个人网店就是从事网上经营的个体工商户。

毫无疑问，自然人电子商务经营者市场准入的条件和程序将被本条的规定改变。自此，个人网店或网商在网上作为电子商务经营者从事营业活动，不仅需要在平台电子商务经营者的平台上进行登记，也需要在工商部门进行登记。对于登记的条件和登记的程序，《电子商务法》并没有进行规定，后续的法律法规应当进行更为详尽的规定。总体而言，自然人电子商务者的登记条件和程序可以参照个体工商户登记的相关程序，参照《个体工商登记条例》的相关规定制定相关的法律法规。

（二）非自然人电子商务经营者

非自然人电子商务经营者包括公司电子商务经营者、合伙电子商务经营者等电子商务经营者，这一类电子商务经营者依据《公司法》《合伙企业法》等法律的规定，都必须经过商事登记程序才能获得主体资格。因此，与自然人电子商务经营者不同，对于此类电子商务经营者而言，其在从事电子商务活动时应当已经具备商事营业活动的主体资格。

对于已经注册登记的商事主体，欲进行电子商务经营，需要办理的是经营方式的变更登记，或者是原有营业执照的加注登记，即在原工商登记基础上，对经营方式的事项进行相应变更，增加电子商务的内容。否则，如果因商事主体从事电子商务就要再做一次商事主体的设立登记，就会形成同一主体的重复登记，实无必要。换言之，该主体并非因从事电子商务而蜕变或分立为线上和线下两个不同的主体，而只是原有主体进入了新的电子商务领域，是同一主体身处线上、线下两个不同的经营环境。① "线上经营者与线下经营者存在着实际对应的唯一性。不论经营者在电子商务领域中以何种面目出现，任何一个虚拟主体均与一个现实主体实际具有唯一的对应关系，也就是说，电子商务主体并非真正虚拟，是网络面纱的遮蔽使其呈现相对虚拟的状态。"② 对于以电子商务方式初始开展商事经营的商事主体，需要办理的则是商事主体的设立登记，同时直接将电子商务登记为其兼营或专营的经营方式。显然，原有主体的变更登记与新设主体的设立登记，无论在登记内容还是在登记程序上都有明显的不同。后者早有一整套的商事主体登记的法律规范可以适用，前者采取何种程序与原有的登记程序衔接，恰是新的制度设计应解决的问题，《电子商务法》虽然将工商登记作为获得电子商务经营资格的必经程序，但并未作出具体的制度设计，此后需要制定实施细则予以规定。

三、市场主体登记的例外

在《电子商务法》的制定过程中，曾有不少学者提出反对个人网店登记，在反对意见中，最易得到理解和认同的例证便是：个人将自己富余或弃用的物品拿到网上出售、个人偶尔从事某些畅销商品的网络交易等，这样的行为没有必要进行工商登记，这样的登记亦有过分阻碍和约束自然人基本的民事活动之嫌。这种见解是有一定道理的，因为此种行为与个人网店的经营

---

① 赵旭东：《电子商务注册登记之辩》，载《清华法学》2017 年第 4 期。

② 朱剑桥：《电子商务主体责任追溯制度探析》，载《北京工商大学学报（社会科学版）》2012 年第 5 期。

行为不可同日而语，前者只是非营利性的普通民事行为，后者则是营利性的商事行为，而营利性的商事行为通常又采取营业的形式，作为商事行为的营业具有其固有的法律特征："营业必须具有内容的确定性，即从事何种营业活动，必须预先明确规定……营业还必须具有连续性和稳定性，偶尔进行的营利性行为或活动，如通过买卖一批货物而营利不构成营业"。[①] 营业恰是商事主体的经营形式，商事主体的登记实际上也是营业的登记。同时，《无证无照经营查处办法》第 3 条亦规定，下列经营活动，不属于无证无照经营：（一）在县级以上地方人民政府指定的场所和时间，销售农副产品、日常生活用品，或者个人利用自己的技能从事依法无须取得许可的便民劳务活动；（二）依照法律、行政法规、国务院决定的规定，从事无须取得许可或者办理注册登记的经营活动。基于此，本条规定了电子商务经营必先登记的除外条款：销售自产农副产品、销售家庭手工业产品、个人利用自己的技能从事依法无须取得许可的便民劳务活动和零星小额交易活动以及依照法律、行政法规不需要进行工商登记的除外。这种除外规定使电子商务主体登记制度既有刚性的要求，又有弹性的空间，从而更能契合我国电子商务市场发展对法律制度的复杂需求，应该得到肯定。

需要说明的是零星小额交易活动的概念。虽然"零星小额"在行政法规、部门规章中使用较多，但截至目前，这是我国第一次在法律中使用"零星小额"的概念。与前文所说的销售自产农副产品、家庭手工业产品等相同，零星小额交易活动亦与营业行为所要求的持续性和稳定性的特征相悖，不属于营业行为，所以没有进行市场登记的必要。

《电子商务法》中并没有规定零星小额交易的判断标准，根据《企业所得税税前扣除凭证管理办法》第 9 条第 2 款规定，小额零星经营业务的判断标准是个人从事应税项目经营业务的销售额不超过增值税相关政策规定的起征点。由于设立市场登记制度很大程度是为配合税收部门征税的需要，所以，此规章判断小额零星的标准亦可为《电子商务法》所参考。

---

① 赵旭东主编：《公司法学》，高等教育出版社 2015 年版，第 2 页。

四、第三方平台经营者与工商登记职能的区分

在目前的电子商务市场上，以淘宝网为代表的第三方平台事实上已经担当着某种市场管理者的角色，其中包括对在其平台上从事经营的个人网店进行备案或登记。然而，第三方平台的市场管理虽然可以对行业管理起到辅助性的效果，却不能因此放弃个人网店的工商登记。二者在本质上存在极大的差异。

（一）利益冲突决定第三方平台无法替代监管机关

主体登记作为一种市场监管行为，应由与当事人无关的中立第三方实施，由此方能保障监管的中立性、客观性、公正性和有效性。第三方平台与个人网店属于同一电子商务市场上的参与者，它们来到电子商务市场，各有自身的经营优势和利益追求，一方是交易场所的提供者，一方是交易场所的使用者，二者构成民事法律关系双方当事人，因而也是互享权利、互负义务的利害关系人，它们之间不可避免地存在着天然的、固有的利益冲突，商事主体的自利性和趋利性决定任何一方都不可能在相互的交易关系中始终保持中立。调整它们之间利益关系的除了统一的法律规范，还有相互达成的协议，电子商务市场的特殊性在于这种协议通常是由第三方平台预先定制的标准合同或格式条款，而将对个人网店的管理事项规定其中的正是这种格式条款，个人网店在主动进人市场的同时也只能被动地接受这种附带的管理。由此至少两个方面的利益冲突已经蕴含其中：其一，作为网络经营空间的提供者和使用者，在类似租赁关系中的利益冲突；其二，作为格式合同的提供者和接受者，在格式合同关系中的利益冲突。在这种冲突中，任何一方均可向对方提出违约指控，作为格式合同的接受者更可对第三方平台对格式条款的滥用和效力提出诉求，此种指控和诉求直接反映和决定着双方民事权益的实现或减损。身处这样此消彼长的利害关系之中，寄望第三方平台超越凡夫的高度诚信和自律，让其泰然处之、不利用监管之权谋取一己私利并完全胜任监管者的角色，显然是无视商人本性的不切实际的幻想。其结果既不能完全实现对市场监管的良好期待，反而可能形成对个人网店正当商业权益的严重威胁和实际损害。

（二）社会经济组织不应具有国家的经济管理职能

主体登记作为一种市场监管手段是国家负有的社会管理职能，也是一种由国家强制力保障的特殊公共权力。这样的职能或权力对于国家责无旁贷，而对于其他社会组织则不具资格。虽然在某些特殊情况下，国家可以根据需要将某种职权授予某种社会组织，但这只应发生在极为特殊的情形之下，同时极为重要的是，被授权行使政府职能的应当是与该组织自身宗旨没有冲突的组织，这样的组织通常是政府性的公共组织或公益团体。对个人网店的市场监管是典型的行政职能，第三方平台是与个人网店直接发生市场行为的营利性商业组织，将这种职能交由第三方平台组织行使，明显背离国家职能授权的基本原则和要求。个人网店与第三方平台之间是彼此平等的法律主体，调整它们之间关系的是自愿签订的合同，而不是行政权力和行政机制，不存在一方对另一方的管制和臣服。个人网店是国家管理下的“子民”，而不是第三方平台治下的“臣属”。由第三方平台代行个人网店的登记职能，绝非政府简政放权性的无为而治，而是监管机关不作为的缺位和局外组织越俎代庖，政府之手不可伸得太长，亦不可缩得太短。

网络环境具有很强的虚拟性，交易相对人在面对电子商务经营者时，往往不能物理性地接触其实体的经营场所、交易的商品或服务。这些往往是通过代码、文字、图片等形式呈现的，这就造成了电子商务经营者经营的虚化，使得电子商务经营者的溯源、辨识、追责等法律风险较之线下经营者更大。而电子商务经营者的登记制度就是使得虚化的经营者实体化的颇为有效的途径。通过工商登记，工商等行政部门得以追溯到电子商务经营者背后的法人、自然人或是其他组织。其不仅在国家的税收、行政管理等方面具有重要的意义，更重要的是大大降低了交易的法律风险，对电子商务交易环境的改善具有重大的意义。

五、现行法律下市场准入条件与程序制度的缺失

电子商务经营者的市场准入制度分为市场准入的条件规范和市场准入的程序规范。条件规范规定电子商务经营者进入市场所需的条件；程序规范则规定电子商务经营者进入市场需要经过的法定程序。《电子商务法》第10

条虽然规定工商登记制度，但《电子商务法》并没有就电子商务经营者的准入条件与准入程序进行其他的规定，因此，就电子商务经营者的市场准入制度只能依照现行法律法规的规定，但现行立法存在以下问题：

1. 立法分散，层级较低。目前关于电子商务准入条件和程序的立法多为部门规章和地方性法规以及政府条例，此外还有个别条款散见于商事法律法规和专门行业规范中，没有一部专门针对此问题的行政法规级别以上的统一立法。

2. 没有明确区分条件规范和程序规范。现行立法大多没有明确规定电子商务市场的准入条件，也没有区分市场准入的条件和程序规范。条件规范和程序规范混同，使得条件规范不易被清晰识别，容易导致经营者的误认。譬如《电子商务模式规范》中5.2条规定："经营者必须是经过工商行政管理部门登记注册的法人，必须进行税务登记，且在网站首页下方刊登企业营业执照、税务登记证、特殊业务许可证、真实的企业经营地址、联系电话等信息。服务对象必须是经过工商行政管理部门和税务机关登记注册的法人。"其中"经营者必须是经过工商行政管理部门登记注册的法人""必须进行税务登记"是准入条件规则，而在"网页下方刊登……"则是程序性规范。

由此可见，现行法律制度对电子商务经营者的市场准入制度的确定存在一定的不足与缺陷。而《电子商务法》对于电子商务经营者的市场准入的条件和程序都没有进行规定。就条件规范而言，对平台经营者和平台内经营者等不同种类的电子商务经营者应当设置不同的准入规范；就程序规范而言，应当规定经营者获取市场准入资格的相关法定程序。这些规范都需要后续的实施细则予以进一步的系统规定。

相关原理

商事登记制度的意义

电子商务主体登记制度实则是商事主体登记制度项下的一个类别，在此对商事制度的意义予以阐释。商事主体登记制度要平衡三方主体的利益诉求：国家、登记申请人、第三人，同时商事主体登记制度又具有双重目的，实现私权保障及公法的控制，因此，我们或可以将三方利益需求与两种目的结合起来探索商事主体登记的价值。

（一）公示商主体经营状况和能力，确立商业信誉

商主体登记法律制度主要就是一个公示商主体信用状况的制度。这种信用公示不仅有利于商主体自身营业信用的展示，而且更有利于减少交易风险。具体而言，商主体的信用又表现在多个方面，主要有：资本状况；责任方式；组织形式；资产状况；经营者的人格信用等。交易相对人通过以上事项对有关商主体的信用状况进行了解和评价，从而确定交易风险的高低，进而作出是否与该商主体为交易的决定。

政府通过登记手段对商主体经营状况和能力的公示，保障了市场和整个社会经济运行的安全。来自登记制度的公示功能，保证了市场交易的微观安全，来自登记过程中的审查和准入制度，则侧重于国家对市场的全面监管与宏观经济安全。一方面，市场经济中的政府以保护交易相对方的微观安全为己任，保障交易相对人交易安全的功能是依托市场主体登记的商人商业信息公共服务功能和市场准入及异动监控功能实现的。通过登记制度的信息公共服务功能，可以较好地解决市场信息短缺和不对称的问题；通过市场准入和异动监控功能，可以有效地控制市场主体设立的瑕疵，监控市场异动，防止欺诈行为。相比西方国家的立法，我国登记制度更强调市场准入和异动监控功能，市场主体登记法律体系多为行政法规、行政规章和地方性法规等经济管理型立法，它们的第一位目标是控制市场准入和便于行政机关的领导。另一方面，保护交易相对方的微观安全是为了实现市场整体的安全稳定与国民经济的良好运行，这包括政府通过登记制度获取市场或产业中的各项统计信息，为宏观调控奠定基础，通过登记制度辅助相关执法部门的质量与安全监管，辅助国家进行税收征纳，为社会主义各项事业的建设提供税收支持。

（二）降低交易成本，增进交易安全，提高交易效率

效率与安全是现代商事登记制度的两大核心价值追求，而效率价值更直

接体现着登记制度对经济活动的应然促进作用，是以经济学的视角重新审视法律制度并对其加以完善。在现代商事交易中，大部分的交易是陌生人之间的交易。陌生人之间缺乏相互了解，也就缺乏相互信任。为了能够确保交易的安全，交易者总是要尽量多掌握交易相对人的情况。商事登记提供了交易相对人及社会公众低成本地了解商主体情况的途径。商事登记为交易相对人提供了合理信赖的客观基础，即商事登记具有公信力。交易第三人通过商事登记的事项而不需要通过其他方式即可获得交易所需要的信息。这极大地降低了商事交易的成本。商主体登记具有法律赋予的公信力。因此不管登记的事项与事实是否相符，交易相对人仍得以登记簿中的内容为合理依赖的客观基础，具有法律效力。这有助于当事人对交易主体资格和能力信息的了解，以便预测特定交易的风险，从而减少商事交易中风险发生的频率，提高交易安全度。

商事交易的效率主要通过两个方面来实现：商主体设立中的效率和商事交易过程中的效率。前者是指商主体得以较低的成本和最快的速度设立。后者主要是从交易第三人的角度来讲，是指交易相对人在选择交易和交易过程中通过商主体登记法律制度能比较低成本地获取有关商事交易的信息。现代多数国家要求商主体的设立不仅要强制登记，而且规定了一定的登记程序，登记机关在规定的时间内依照法律的规定完成特定的事项。这就使得当事人对商主体的设立过程有一个明确的把握和合理的预期。这样可以防止登记机关的故意拖延而加大当事人在经济利益和时间上的支出。在商事交易方面，交易相对人可以通过登记的事项获取自己所需的交易信息，从而尽快地作出交易决定。这既符合商法的外观主义，也符合商法的效率原则。

（三）便利国家对商主体的管理，维持商事经营秩序

商事登记制度通过确认商主体的基本权利，实现对商主体的管理，维护商事经营秩序。商主体的登记就是国家对商主体从事商业经营并取得财产权的认可。商事主体登记制度的首要价值正是对市场中各类主体进行“身份”确认，行政机关将商主体的名称、住所、法定代表人、注册资本、企业类型、经营范围等事项记载于商事登记簿并予以公示，从而确认商事主体的成

立、变更、终止，为商事主体进入市场交易提供合法的资格。商主体法定理论认为，取得合法的商人身份是进入市场开始交易的前提和基础，[①] 商主体进行登记之后才有可能实现信息公示、利益相关者的权益保护与国家对市场监管管理。进言之，我国商事主体登记制度与现代商事登记制度都是在对市场中经营主体确认的基础上通过信息公示等手段实现维持市场各个主体利益均衡的功能。这里涉及的利益主体包括登记申请人、公司股东、董事、经理、交易相对方、善意第三人，以及其他民商事主体和国家行政管理部门。商主体可以通过登记将自己与营业有关的信息进行公布，交易相对方和社会公众可以通过查询登记簿作出是否与商人交易的决定，以及与企业登记的代表人进行交易，公司的股东可以在公司具体种类得到登记之后获得有限责任的保护，善意第三人可以根据公示信息在法律的保护下大胆行动，行政部门因此也可以更加便利地实施市场管理。

综上所述，商事主体登记制度一方面肯定了交易者的经营自由与财产权，为其实施商行为提供了制度性的基础保障；另一方面也为国家介入市场管理提供了具有效率和技术性的途径。事实上，国家市场监管功能的出现是登记制度创立的初衷，也是经济史发展的必然结果，“市场失灵”的固有缺陷需要国家以登记制度为依托，通过市场准入、信息披露、事后行政制裁，以及宏观调控等手段实现公权力对市场效率与安全的双重追求。市场交易活动是商主体的活动，一系列商主体之间的商事交易构成了整个社会的经济秩序。所以，商主体反映着整个社会的经济运行情况。国家对于进行登记的商主体的分析，通过对商主体的税收、卫生等方面的经济管理和法律调整，以建立更有序的商事经营秩序。

---

① 商主体法定化，就是为了规范商主体，区分商主体与其他市场经济主体，以法律的形式将商主体的类型、取得和丧失主体资格的标准、程序等内容加以明确规定，以保障市场交易的迅捷和安全。商主体法定化是商法的一项基本原则，也被各国所普遍接受。参见郑在义：《论我国商主体的法定化》，载《国家检察官学院学报》2006 年 6 月第 3 期，第 141～143 页。

相关立法与规定

1. 国家工商行政管理总局《网络交易管理办法》

第7条 从事网络商品交易及有关服务的经营者，应当依法办理工商登记。

从事网络商品交易的自然人，应当通过第三方交易平台开展经营活动，并向第三方交易平台提交其姓名、地址、有效身份证明、有效联系方式等真实身份信息。具备登记注册条件的，依法办理工商登记。

从事网络商品交易及有关服务的经营者销售的商品或者提供的服务属于法律、行政法规或者国务院决定规定应当取得行政许可的，应当依法取得有关许可。

2. 国务院《无证无照经营查处办法》

第3条 下列经营活动，不属于无证无照经营：

（一）在县级以上地方人民政府指定的场所和时间，销售农副产品、日常生活用品，或者个人利用自己的技能从事依法无须取得许可的便民劳务活动；

（二）依照法律、行政法规、国务院决定的规定，从事无须取得许可或者办理注册登记的经营活动。

第5条 经营者未依法取得许可从事经营活动的，由法律、法规、国务院决定规定的部门予以查处；法律、法规、国务院决定没有规定或者规定不明确的，由省、自治区、直辖市人民政府确定的部门予以查处。

第6条 经营者未依法取得营业执照从事经营活动的，由履行工商行政管理职责的部门（以下称工商行政管理部门）予以查处。

3. 《电子商务模式规范》

5.2 经营者必须是经过工商行政管理部门登记注册的法人，必须进行税务登记，且在网站首页下方刊登企业营业执照、税务登记证、特殊业务许可证、真实的企业经营地址、联系电话等信息。服务对象必须是经过工商行政管理部门和税务机关登记注册的法人。

4. **国家税务总局《企业所得税税前扣除凭证管理办法》**

第9条　企业在境内发生的支出项目属于增值税应税项目（以下简称“应税项目”）的，对方为已办理税务登记的增值税纳税人，其支出以发票（包括按照规定由税务机关代开的发票）作为税前扣除凭证；对方为依法无需办理税务登记的单位或者从事小额零星经营业务的个人，其支出以税务机关代开的发票或者收款凭证及内部凭证作为税前扣除凭证，收款凭证应载明收款单位名称、个人姓名及身份证号、支出项目、收款金额等相关信息。

小额零星经营业务的判断标准是个人从事应税项目经营业务的销售额不超过增值税相关政策规定的起征点。

税务总局对应税项目开具发票另有规定的，以规定的发票或者票据作为税前扣除凭证。

第十一条　【电子商务经营者的纳税义务】

电子商务经营者应当依法履行纳税义务，并依法享受税收优惠。

依照前条规定不需要办理市场主体登记的电子商务经营者在首次纳税义务发生后，应当依照税收征收管理法律、行政法规的规定申请办理税务登记，并如实申报纳税。

条文主旨

本条是对电子商务经营者纳税义务以及税收优惠的规定。

条文释义

一、电子商务经营者的纳税义务

本条规定电子商务经营者依法履行纳税义务并依法享受税收优惠。电子商务经营者作为从事经营活动的主体，依法纳税本是其法定义务，然而在《电子商务法》颁布之前，大量的电子商务经营者都没有进行工商登记，对于没有工商登记的电子商务经营者，无法对其进行税收管理。在《电子商务法》颁布之后，工商登记成为电子商务经营者获得主体资格的必经程序，对电子商务管理者进行税收管理便也具有了可行性。

我国目前没有针对电子商务经营者体系性的税收体制，电子商务经营者的税收规定还是依从其线下民事主体的性质。倘若电子商务经营者为企业，则其适用《企业所得税法》及其相关法律法规；若为自然人、合伙企业、个体工商户等，则适用《个人所得税法》及其相关法律法规。虽然《电子商务法》第14条规定了电子商务经营者的纳税义务，但仅就本条规定并不会对现有的电子商务的税收征管体制产生影响。

电子商务经营者履行其税收义务，并依法享受税收优惠。我国目前并没有法律规定电子商务经营者可以统一地享有税收优惠，因此，此处所指的“依法享有税收优惠”，是指电子商务经营者依照其所从事的行业或其企业的特殊性质依法享有一定的税收优惠，举例如下：

1. 农产品各环节的税收优惠。根据《企业所得税法》第27条第1项规定，企业从事农、林、牧、渔业项目的所得可以免征、减征企业所得税。同时，财政部和国家税务总局也下达了大量的规范性文件规定农产品在生产、销售等各个环节的税收优惠，譬如《财政部、国家税务总局关于免征蔬菜流通环节增值税有关问题的通知》《财政部、国家税务总局关于发布享受企业所得税优惠政策的农产品初加工范围（试行）的通知》《财政部、国家税务总局关于享受企业所得税优惠的农产品初加工有关范围的补充通知》等。由此，根据线上线下平等对待原则，电子商务经营者在销售法律所规定的各类农产品时理应与线下的经营者享受到同等的税收优惠。

2. 小微企业、高新技术企业的税收优惠。根据《企业所得税法》第28条规定，符合条件的小型微利企业，减按20%的税率征收企业所得税；国家需要重点扶持的高新技术企业，减按15%的税率征收企业所得税。因此，如若电子商务经营者属于《企业所得税法》所规定的小微企业或是高新技术企业，也可以依法享受到税收优惠。至于如何认定小微企业、高新技术企业以及其税收优惠的具体实施办法，我国有大量的规范性文件予以规定，譬如《财政部、税务总局关于进一步扩大小型微利企业所得税优惠政策范围的通知》《财政部、国家税务总局、科技部关于企业委托境外研究开发费用税前加计扣除有关政策问题的通知》等。

本条亦规定“依照前条规定不需要办理市场主体登记的电子商务经营者在首次纳税义务发生后，应当依照税收征管法律、行政法规的规定申请办理税务登记，并如实申报纳税。”《电子商务法》第10条规定的不需要进行市场登记的情形包括：个人销售自产农副产品、销售家庭手工业产品、个人利用自己的技能从事依法无须取得许可的便民劳务活动和零星小额交易活动以及依照法律、行政法规不需要进行工商登记的。市场主体登记的豁免并不意味着税收的豁免，因为税收以利润作为标准而并非以主体作为标准。换言之，经登记的市场主体不一定都要实际纳税，纳税的也不一定都是经过登记的经营者。因此，本条规定，无须办理市场主体登记的电子商务经营者在首次纳税义务发生后，应当及时申请办理税务登记，并如实申报纳税。

二、电子商务经营者的税收现状

根据电子商务交易双方的性质，电子商务可以分为以下三类：企业与消费者之间的电子商务（Business to Consumer，B2C）；企业与企业之间的电子商务（Business to Business，B2B）；消费者与消费者之间的电子商务（Consumer to Consumer，C2C）。2017年年初，中央财经大学税收筹划与法律研究中心发布的电商税收研究报告显示，大型电商缴税较为规范，天猫、京东商城、苏宁易购等10余家第三方平台的B2C电商均已进行税务登记并实施正常纳税。只有个别商户会通过不开发票或虚开假发票进行避税。相比之下，C2C电商也就是个人开的网店不缴税或少缴税的情况比较普遍，在2012年至2016年期间，少缴的税收额呈现逐年增长趋势。①

在《电子商务法》出台之前，工商登记并非经营电子商务的前置程序，在没有工商登记的情况下，税收监管部门面对个人网店、个人代购等C2C交易模式可谓是有心无力。个人网店也因此成为了“避税者的天堂”，这也使得线下经营者的税负成本远大于线上经营者，进一步造成了线上线下经营者经营环境的不公平。而在工商登记之后，税收监管部门得以依照工商登记

① 中央财经大学税收筹划与法律研究中心：《电商税收流失测算和治理研究》2017年版。

信息对C2C交易模式的电子商务交易进行税收监管，在很大程度上解决了自然人电子商务经营者的逃税问题。由此，更能瞥见电子商务经营者工商登记的制度价值。

需要注意的是，登记制度虽然解决了电子商务经营者税收管理的最大难题，但由于电子商务交易种类繁多，技术复杂，经营者的偷税漏税手段较之线下经营者也更多，单靠登记制度并不能解决电子商务经营者的逃税问题。电子商务经营者的征税问题要想得到更好的解决需要更详细的法律规定与更细致的制度构造。

相关原理

商事主体与商事经营的纳税义务

《企业所得税法》第1条第1款规定：在中华人民共和国境内，企业和其他取得收入的组织（以下统称企业）为企业所得税的纳税人，依照本法的规定缴纳企业所得税；第2款规定：在中国境内有住所，或者无住所而在境内居住满一年的个人，从中国境内和境外取得的所得，依照本法规定缴纳个人所得税。在中国境内无住所又不居住或者无住所而在境内居住不满一年的个人，从中国境内取得的所得，依照本法规定缴纳个人所得税。由此可见，无论是作为企业的商事主体或是个体工商户等商事主体，都有依法纳税的义务。

商事交易活动中，商事主体为追求更大的利润，逃漏税款的现象时有发生。然而，税收制度正是市场得以存续、健康发展的基础，特别在商事交易中，税收制度对商事交易有不可磨灭的意义。可以说，税收制度是构造良好营商环境的制度基础。一个良好的营商环境是商事主体得以存续、发展的基础，实践中，工商部门为商事主体办理主体登记、公示信息、监管市场等；监管部门针对特定行业对违法商事行为进行监管；公安机关对公民的人身、财产安全提供保障；法院为商事交易中的争议提供解决方式；而以上部门的存续和维持的资金大都来源于税收制度。因此，税收制度决定了国家机器的运转，而国家机器的运转是商事主体能够存续发展的基础，因此，商事主体理应负有依法诚信纳税的义务。

相关立法与规定

1.《企业所得税法》

第27条 企业的下列所得，可以免征、减征企业所得税：

(一)从事农、林、牧、渔业项目的所得；

(二)从事国家重点扶持的公共基础设施项目投资经营的所得；

(三)从事符合条件的环境保护、节能节水项目的所得；

(四)符合条件的技术转让所得；

(五)本法第三条第三款规定的所得。

第28条 符合条件的小型微利企业，减按20%的税率征收企业所得税。

国家需要重点扶持的高新技术企业，减按15%的税率征收企业所得税。

2.《个人所得税法》

第3条 个人所得税的税率：

(一)综合所得，适用百分之三至百分之四十五的超额累进税率(税率表附后)；

(二)经营所得，适用百分之五至百分之三十五的超额累进税率(税率表附后)；

(三)利息、股息、红利所得，财产租赁所得，财产转让所得和偶然所得，适用比例税率，税率为百分之二十。

3.《财政部、税务总局关于进一步扩大小型微利企业所得税优惠政策范围的通知》

一、自2018年1月1日至2020年12月31日，将小型微利企业的年应纳税所得额上限由50万元提高至100万元，对年应纳税所得额低于100万元(含100万元)的小型微利企业，其所得减按50%计入应纳税所得额，按20%的税率缴纳企业所得税。

前款所称小型微利企业，是指从事国家非限制和禁止行业，并符合下列条件的企业：

(一)工业企业，年度应纳税所得额不超过100万元，从业人数不超过

100人，资产总额不超过3000万元；

（二）其他企业，年度应纳税所得额不超过100万元，从业人数不超过80人，资产总额不超过1000万元。

二、本通知第一条所称从业人数，包括与企业建立劳动关系的职工人数和企业接受的劳务派遣用工人数。

所称从业人数和资产总额指标，应按企业全年的季度平均值确定。具体计算公式如下：

季度平均值 =（季初值 + 季末值）÷2

全年季度平均值 = 全年各季度平均值之和 ÷4

年度中间开业或者终止经营活动的，以其实际经营期作为一个纳税年度确定上述相关指标。

4.《财政部、国家税务总局关于免征蔬菜流通环节增值税有关问题的通知》

一、对从事蔬菜批发、零售的纳税人销售的蔬菜免征增值税。

蔬菜是指可作副食的草本、木本植物，包括各种蔬菜、菌类植物和少数可作副食的木本植物。蔬菜的主要品种参照《蔬菜主要品种目录》（见附件）执行。

经挑选、清洗、切分、晾晒、包装、脱水、冷藏、冷冻等工序加工的蔬菜，属于本通知所述蔬菜的范围。

各种蔬菜罐头不属于本通知所述蔬菜的范围。蔬菜罐头是指蔬菜经处理、装罐、密封、杀菌或无菌包装而制成的食品。

第十二条　【电子商务活动与行政许可的关系】

电子商务经营者从事经营活动，依法需要取得相关行政许可的，应当依法取得行政许可。

条文主旨

本条是对电子商务经营者经营活动与行政许可关系的规定。

条文释义

所谓行政许可，即指行政机关根据公民、法人或者其他组织的申请，经依法审查，准予其从事特定活动的行为。任何民事主体未经行政许可不得从事法律规定的需要行政许可的特定事项。对于电子商务经营者而言，其从事经营活动自然应当取得相关的行政许可，本条属于宣示性条款，即使没有本条法律的规定，电子商务经营者从事特定经营活动仍应取得相关的行政许可。本条旨在强调电子商务经营者从事经营活动并无特权，需要取得相关行政许可的，仍应取得相关的行政许可。

长期以来，由于电子商务立法未系统化，电子商务经营者相较于线下经营者，一直缺少有效的监管。线上商户未经许可生产经营食品药品等现象层出不穷。行政许可通过为特定事项设置一定的前置审批程序，以维护特定的公共利益。因此，特定事项需要行政许可的这一法律要求并不会因为经营环境的不同而有所削弱，电子商务经营者从事特定事项必须获得相关的行政许可。根据《行政许可法》第 12 条规定，有权行政主体可以就下列事项设定行政许可：

“（一）直接涉及国家安全、公共安全、经济宏观调控、生态环境保护以及直接关系人身健康、生命财产安全等特定活动，需要按照法定条件予以批准的事项；

（二）有限自然资源开发利用、公共资源配置以及直接关系公共利益的特定行业的市场准入等，需要赋予特定权利的事项；

（三）提供公众服务并且直接关系公共利益的职业、行业，需要确定具备特殊信誉、特殊条件或者特殊技能等资格、资质的事项；

（四）直接关系公共安全、人身健康、生命财产安全的重要设备、设施、产品、物品，需要按照技术标准、技术规范，通过检验、检测、检疫等方式进行审定的事项；

（五）企业或者其他组织的设立等，需要确定主体资格的事项；

（六）法律、行政法规规定可以设定行政许可的其他事项。”

从法律性质而言，线下主体与线上主体属于同一民事主体。因此，若法律无特殊规定，线下的民事主体若已经取得相关事项的行政许可，该民事主体就可以以电子商务经营者的身份从事相关的经营活动，无须申请新的行政许可。

同时，行政许可的地域性与电子商务的跨域性之间的矛盾是本条没有解决的问题。根据《行政许可法》第14条和第15条规定，经常性行政许可的设定主体为全国人大及其常委会、国务院、省级与市级人大及其常委会；非经常性行政许可的设定主体为国务院与省级政府。由此可知，行政许可可以由省级或市级的人大或政府设立，这部分的行政许可数量较多，且体现出极强的地域性色彩。然而，电子商务的特征之一就是其具有极强的跨地域性，二者之间在现行法律构造下存在一定的矛盾。譬如，某一地区针对某一特定事项设置行政许可，而另一地区针对这一事项的标准可能有所不同。线下经营的商主体由于其经营具有一定的地域性限制，大部分主体的经营行为也都限定在某个地区，因此，其只要获得该地区的行政许可即可，行政许可的地域性对其而言并不会带来多少的不便。然而，跨区域性是电子商务的显著特征，绝大多数电子商务经营者的经营范围都具有跨区域性甚至全国性。若直接将现有的行政许可的法律体系适用于电子商务经营者，势必会对行业的发展产生一定的负面影响，也违背了《电子商务法》适度监管的原则。

因此，本书认为，如何妥善地处理行政许可的地域性与电子商务的跨区域性之间的矛盾，是《电子商务法》需要进一步解决的问题。简单直接地将现有的行政许可法律体系用于规制电子商务经营者并不可行，电子商务法需要更加精细的法律构造，譬如给电子商务经营者设计更简便的行政许可申请、不同区域之间行政许可的通行制度等。

相关原理

一、商事制度的先照后证改革

《国务院机构改革和职能转变方案》第6条明确规定工商登记的程序由“先证后照”改为“先照后证”，即对于需要取得行政许可的特殊行业，除涉及国家安全、公民生命财产安全外，主体可以先通过市场准入程序获得商事主体资格，再向有关部门申请许可。换言之，行政许可依旧是主体从事特定行业的前置程序，但行政许可将不再作为获得主体资格的前置程序，商事主体可以先获得营业执照，从而取得主体资格，再获得许可证进入特定行业。

商事制度的先照后证改革，对商事制度具有重要的意义，具体体现如下：

1. 先照后证更加符合市场的现实需求。特定的商主体并非仅仅从事一个领域的商事活动，往往一个商主体会从事多个领域的商事活动，而并非所有的商事活动都需要特许。先照后证是更加符合现实需求的选择，让这些企业得以先成立，给予了其从事不需要特许的行业的机会。

2. 先照后证降低了市场准入的门槛，有助于市场活力的提升。特许行业的审批程序往往比主体设立程序更加复杂、耗时，先证后照大大增加了商主体登记的成本。而先照后证使得行政许可不再作为主体设立的条件，大大降低了市场准入的门槛，有助于市场活力的提升。

3. 先照后证使得商主体的行业选择更加自由。商主体享有选择所从事行业的自由，在先照后证改革之后，商主体可以对其经营范围进行选择，若选择需要特许的行业，则到相关部门办理相应的审批程序；亦可以在获得主体资格之后，选择不再从事需要行政许可的特定行业，其对经营范围的选择变得更加自由。

当然，对于对国家利益、公民安全具有重大意义的行业，如金融等行业，仍然需要坚持先证后照，相关主体若没有取得许可证，亦无法取得商事主体资格。此种情形系出于公共利益需要的特殊需要，在绝大多数情形下，"先照后证"会作为商事主体登记的通用法则。

结合《电子商务法》第12条规定，本书认为，本条也已经体现出电子商务登记制度"先照后证"的立法态度。第12条的原文为"电子商务经营者从事经营活动，需要取得相关行政许可的，应当依法取得行政许可。"若依旧沿用"先证后照"的旧的法律规定，从事电子商务的主体在拿到相关行政许可之前，是不能登记成为电子商务经营者的，即行政许可是电子商务经营者取得主体资格的前置程序。而本条的表意为，电子商务经营者从事经营活动，应依法取得行政许可，因此，在取得行政许可之前，电子商务经营者已经具有主体资格，行政许可不再是电子商务主体取得主体资格的前置程序。

综上，是否取得行政许可与电子商务经营者的主体资格并无关系。实际上，电子商务经营者取得主体资格源于其登记成立的行为，经过登记方能取得主体资格，而行政许可则解决的是电子商务经营者的营业资格问题，对于特定的营业事项，电子商务经营者必须拿到相关行政许可才有相关的营业资格。行政许可是电子商务经营者取得相关营业资格的必经程序，而不是其获得主体资格的必经程序。

二、与商事活动相关的行政许可制度

（一）行政许可的概念与特点

所谓行政许可，是指具有许可职权的行政机关根据相对人的申请，以颁发书面证照等形式，经审查后决定是否解除法律的普遍禁止，并且赋予其从事某种活动的权利或资格的行为。行政许可作为一项行政行为，具有以下特点：

1. 行政许可是一种依申请的行政行为。非经申请，行政机关不会主动做出行政许可。

2. 行政许可是一种授益性行政行为。与负担行政行为相区别，行政许可赋予相对人某种权利或资格，属于授益性行政行为。

3. 行政许可是一种要式行政行为。行政许可必须按法定的程序和形式作出，我国主要有许可证、执照、准许证、通行证、特许证、护照、批准书、审批书等。

4. 行政许可是一种过程性、连续性的行政行为。行政许可不会在颁发许可证后就终止，而是贯穿于许可事项的全过程，如对被许可事项的监督、检查和管理等，都属于行政许可的范畴。

（二）与商事制度有关的行政许可

行政许可的种类有很多，包括普通类许可、特许、登记等。一般而言，与商事制度最为密切的行政许可为登记与特许。

所谓登记，涉及企业或者其他组织的设立等需要确定主体资格的事项，如工商登记、社团登记、民办非企业单位登记等。登记解决的是商事主体的主体资格问题。

所谓特许，即为特别许可，是指有限自然资源开发利用、公共资源配置以及直接关系公共利益的特定行业的市场准入，需要赋予特定权利的事项，如国有土地使用权出让许可、公用事业经营许可、出租车经营许可、排污许可等。特定行业的市场准入是解决商事主体在特定行业中的营业资格的问题，没有拿到相关行政许可而从事特定的营业行为为违法行为，要承担相应的法律责任。

相关立法与规定

1. **国家工商行政管理总局《网络交易管理办法》**

第7条第3款 从事网络商品交易及有关服务的经营者销售的商品或者提供的服务属于法律、行政法规或者国务院决定规定应当取得行政许可的，应当依法取得有关许可。

2. **《行政许可法》**

第2条 本法所称行政许可，是指行政机关根据公民、法人或者其他组织的申请，经依法审查，准予其从事特定活动的行为。

第3条第1款 行政许可的设定和实施，适用本法。

第十三条 【电子商务经营的合法性要求】

电子商务经营者销售的商品或者提供的服务应当符合保障人身、财产安全的要求和环境保护要求，不得销售或者提供法律、行政法规禁止交易的商品或者服务。

条文主旨

本条是对电子商务经营者的经营行为应当保障消费者人身、财产安全、环境保护以及交易合法性要求的规定。

条文释义

本条是《电子商务法》第5条所规定的“电子商务经营者从事经营活动应当遵守法律、行政法规”“履行消费者权益保护”原则的具体体现之一。不合格的商品和服务可能损害消费者的人身和财产安全，可能违反环境保护的要求，尤其是电子商务环境下，电子商务经营者本身缺乏有效的监督，近年来，电子商务经营者销售不合格的商品或服务的现象屡见不鲜。基于此，虽然《消费者权益保护法》对此问题已经予以规定，但《电子商务法》在此着重强调电子商务经营者经营行为的合法性。具体而言，本条对电子商务经营者的经营行为限定了三个义务，其一是保障消费者人身、财产安全的义务；其二是环境保护的义务；其三是保障交易合法性的义务。

一、保障消费者人身、财产安全的义务

《消费者权益保护法》第18条第1款规定经营者应当保证其提供的商品或者服务符合保障人身、财产安全的要求。因此，电子商务经营者销售或者提供商品或服务时，自然应当保障消费者人身、财产安全的要求。

《电子商务法》之所以在此强调电子商务经营者保障交易安全的义务，是因为电子商务交易具有虚拟性和不确定性，交易的技术、系统等风险相较于一般交易更大，因而需要电子商务经营者采取必要的措施对上述风险进行防范，保障电子商务交易的安全，进而促进交易的达成，保障交易相对人的合法权益。

二、环境保护的义务

自然环境是我们赖以生存的基础，近几年，虽然经济飞速发展，但自然环境亦遭到非常严重的破坏。自然环境一旦被破坏，修复就需要付出极高的代价，甚至很多破坏是不可逆转的。基于此，《民法总则》第9条规定，民事主体从事民事活动，应当有利于节约资源、保护生态环境。首次确立了环境保护原则。在此大背景之下，《电子商务法》亦对电子商务活动提出了环境保护的要求，这是绿色发展的理念在《电子商务法》中的直接体现。电子商务经营者在从事电子商务时，应当承担环境保护的义务，应当保护自然环境、

节约自然资源。

三、保障交易合法性的义务

《民法总则》第 8 条规定，民事主体从事民事活动，不得违反法律，不得违背公序良俗。对于经营者而言，合法经营应是所有经营者必须遵守的基本法律原则，电子商务经营者也不例外。由于电子商务的虚拟性和不确定性，更需要强调其交易的合法性，电子商务经营者应当恪守保障交易合法性的义务，不得销售或者提供法律、行政法规禁止交易的商品或服务。法律法规出于公共利益、国家安全或是公民安全的要求，需要对市场交易进行管制，避免市场上禁止流通物的出现和限制流通物的泛滥，侵害公共安全。具体而言，药物、毒品、枪支等都属于法律法规禁止或限制交易的商品的范畴。

本条法律规范具有重大的现实意义，目前的很多法律规范主要调整和规范的是线下实体市场的经营活动，而根据《电子商务法》第 4 条规定的线上线下公平竞争原则，一般情况下，法律、行政法规对线下经营内容的限制，同样适用于线上的经营活动，即法律法规所禁止交易的商品或服务，经营者不得在网上交易。

本条所指的法律、行政法规禁止交易的商品或者服务，主要是指禁止流通物和限制流通物，由于禁止流通物与限制流通物的种类繁杂，《电子商务法》在本条中仅仅做了概括性的规定，下面对此予以阐释：

（一）禁止流通物

所谓禁止流通物，是指依照法律的规定，禁止在民事主体之间流通的物。主要包括：（1）专属于国家所有的财产，如矿藏、水流等。这类财产不得买卖、出租、抵押或者以其他方式非法转让。公民和法人如需要利用国家专有财产，必须根据法律规定，取得采矿权、使用权等，才能合法占有、使用这类财产。（2）虽非国家专有但禁止转让的物。在中国，土地、森林、山岭、草原、荒地、滩涂、水面等自然资源，不得买卖、抵押或以其他形式非法转让。（3）武器、弹药等。为了维护公共安全和稳定社会秩序，中国法律禁止武器、弹药等流通。（4）淫秽书画、鸦片等。为了防止危害人们身心健康，法律规定禁止淫秽书画、鸦片等流通。

（二）限制流通物

所谓限制流通物，是指依照法律规定，在民事流通的范围或程度上受到不同限制的物。主要包括：（1）计划收购、供应的物资。在中国，某些重要的生产资料和消费资料，采取计划收购、供应的办法流转，使流转主体、品种、数量在方式上受到一定程度的限制。（2）金银。包括金银条、块、粉、金银铸币、金银制品等。在我国，金银都由中国人民银行统一管理。国家允许个人所有，但不得计价使用、流通，不得私相买卖和借贷、抵押。（3）文物。依据法律规定属于国家所有的文物，任何公民和单位不得私自挖掘，据为己有。（4）麻醉品、剧毒品、非军用猎枪等。它们的生产、流通、使用甚至保管都必须遵照有关法律规定，严加控制，不得自由进行。

相关原理

产品质量责任与产品责任

（一）产品质量责任

产品质量责任是指产品的生产者、销售者和其他对产品有直接责任的人违反产品质量法所规定的产品质量义务应当承担的法律后果。根据《产品质量法》，在下列三种情形下，一般可以判定相关主体应当承担产品质量责任。

1. 违反明示担保的义务

明示担保义务是指生产者、销售者以各种公开的方式，就产品质量向消费者所作的说明或者陈述，如签订合同、说明书、展示样品、广告等。一旦生产者、销售者以上述方式明确表示产品达到了相关的标准，就会产生对应的明示担保义务。如果产品质量没有达到相关的标准，就应当承担相应的法律责任。

2. 违反默示义务

默示义务是指法律、法规对产品质量所作出的强制性要求，即使当事人之间有合同的约定，也不能免除和限制这种义务。它要求生产、销售的产品应该具有基本的安全性和使用性，是法律法规对产品质量的基本要求。违反该项义务，无论是否对消费者造成损失，都应当承担产品责任。

3. 产品存在缺陷

产品缺陷是指产品存在危及人身、他人财产安全的不合理的危险；产品有保障人体健康、行业标准的，即指不符合该标准。

（二）产品责任

产品责任是指因产品存在缺陷造成人身、缺陷产品以外的其他财产损害的，生产者均应当承担赔偿责任。《产品质量法》针对生产者、销售者的产品责任做了不同的规定：

1. 生产者的严格责任。即产品存在缺陷造成人身、其他财产损害的，不论生产者是否存在过错，生产者都应当承担损害赔偿责任。同时，《产品质量法》亦规定下列情况下生产者可以免责：（1）未将产品投入流通的；（2）产品投入流通时，引起损害的缺陷尚不存在的；（3）投入流通时的科学技术水平尚不能发现缺陷存在的。

2. 销售者的过错责任。由于销售者的过错使得产品存在缺陷，造成人身、其他财产损害的，销售者应当承担赔偿责任，但销售者若能证明自己没有过错，则不必承担赔偿责任，由此可见，销售者的过错责任为过错推定责任。

（三）产品责任与产品质量责任辨析

产品质量责任和产品责任是两个相关但不同的责任，两者都是经营者违反产品质量法应承担的法律责任，但产品责任是指因产品缺陷引起的其他财产的赔偿责任，在此，对二者的不同予以梳理：

1. 责任性质和范围不同。产品质量责任包括产品瑕疵担保责任、产品侵权赔偿责任、行政责任、刑事责任等，可以是民事责任、行政责任、刑事责任。而产品责任仅指民事侵权赔偿责任。

2. 责任主体不同。产品质量责任的责任主体包括产品的生产者、销售者以及其他对产品质量负有责任的人，如《产品质量法》第61条规定的产品运输者、保管者、仓储者。而产品责任的责任主体一般仅限于产品的生产者与销售者。

3. 责任形式不同。产品质量责任的责任形式包括修理、重做、更换、减少价款或报酬、赔偿损失、罚款以及追究刑事责任等；而产品责任仅指赔偿损失。

4. 归责原则不同。产品责任的归责原则，对生产者适用严格责任原则，对销售者适用推定过错责任原则，且必须有损害事实。而产品质量责任不同责任形式的归责原则不同，如产品瑕疵担保责任，适用一般归责原则，且不以有损害事实为要件。

5. 免责事由不同。产品责任对生产者的免责事由，由《产品质量法》第41条第2款规定，一是未将产品投入流通；二是产品投入流通时，引起损害的缺陷尚不存在；三是将产品投入流通时的科学技术水平尚不能发现缺陷的存在。对销售者的免责条件，是其能够证明产品缺陷并非出于自己的过错，且能够指明缺陷产品的生产者或供货者。而产品质量责任免责事由不同，如产品瑕疵担保责任，不可抗力为免责事由。

6. 举证责任不同。产品责任的受侵害人不需证明加害人的过错，生产者也不能通过证明自己无过错而免责，受侵害人只需证明损害事实及因果关系。产品质量责任则不同，如产品瑕疵担保责任，一般是“谁主张，谁举证”。

相关案例

莫某健诉立行实业（淘宝店铺）网络购物合同纠纷案

（2016）粤5321民初588号

一、当事人信息

原告：莫某健。

被告：立行实业（淘宝店铺）（经营者：王丹）。

二、基本案情

被告立行实业为王丹经营的淘宝店铺名称，该店铺经营范围为加工、销售食品用烤炉，由佛山市广凌食品机械厂购买原材料进行加工。

2016年3月3日，原告在被告处购买了名为“自动旋转6排木炭越南摇滚烤鸡炉奥尔良烤鸡腿车烤箱烤鸡排烧烤炉”的烤炉一个，该烤炉价格为1150元，原告收到烤炉后，发现产品外包装上并无标注产品名称、生产厂厂名、检验合格证和产品执行标准。原告因此认为该产品属三无产品，且没有经过3C认证，于是就没有在淘宝交易平台上点击确认收货，并于2016年3月11日向被告申请退款。由于被告不同意退款，原告于2016年3月12日申请淘宝交易平台介入调解。2016年3月20日，被告方客服向原告表示可以退款，但不同意退运费。原告不同意被告该退款协议，遂于2016年3月27日在淘宝交易平台点击确认收货。2016年3月29日，原告再次向被告要求退款，之后原、被告双方在淘宝交易平台的调解下继续协商退款，但无果，涉案烤炉现仍在原告处。原告认为，被告销售的烤炉，无3C认证，属三无产品、伪劣产品，且销售中存在欺诈行为，违反了相关法律规定，被告依法应退还货款并赔偿原告三倍货款及相关损失。原告因要求被告退款、赔偿未果，遂于2016年5月4日起诉至法院，提出前述诉讼请求。

三、裁判结果

原告通过网络购物向被告购买涉案产品，双方之间形成网络购物合同关系。涉案产品并无产品质量检验合格证明、没有中文标明的产品名称、生产厂厂名和厂址，有原告提供的开箱视频及被告自认证实，事实清楚，证据充分，本院予以确认。原告以涉案烤炉为三无、不合格、伪劣产品，且被告在销售中存在欺诈为由要求被告退款并赔偿。对此，本院根据查明事实及原、被告双方提供的证据，研判如下：

首先，被告向原告交付的商品没有产品质量检验合格证明、没有中文标明的产品名称、生产厂厂名和厂址，违反了《中华人民共和国产品质量法》第27条第1款第2项关于产品包装标识的规定，导致消费者难以知悉到产品的真实情况，应予纠正。现原告要求被告退还货款合法合理，被告在庭审中也确认曾表示过同意退还货款，故本院对原告该诉请予以支持。原告在被告退还货款之后，由于缺乏支付购货之对价，根据公平等价原则，并为减少讼累，应将本案所购产品退还给被告。

其次，涉案产品不在3C认证范围内，且因该产品并无相关国家、企业标准，无法对该厂生产的烤炉实施质量检验；该产品只是欠缺了相应标识，违反了法律规定，存在标识瑕疵，应予整改。原告认为涉案产品材料并非不锈钢，构成了欺诈，根据《最高人民法院关于贯彻执行〈中华人民共和国民法通则〉若干问题的意见（试行）》第68条规定，一方当事人故意告知对方虚假情况，或者故意隐瞒真实情况，诱使对方当事人作出错误意思表示的，可以认定为欺诈行为。本案中，从原告提供的产品快照详情页视频可看出，被告在产品页面已说明产品碳盘采用厚铁板折边，且原告也没有提供其他证据证实涉案产品其他材质均非不锈钢。因此，原告现有证据无法证明被告在向其销售涉案产品时，存在故意告知虚假情况、故意隐瞒真实情况，诱使原告作出错误意思表示的情形，即并不符合前述法律规定关于“欺诈”的构成要件。综上，原告提供的现有证据无法证实涉案产品为不合格或伪劣产品，以及被告销售涉案产品对原告构成欺诈。故原告要求被告赔偿三倍价款的诉请，理据不足，本院不予支持。同理，对原告要求被告赔偿原告因本案支出的文印费100元，依法无据，本院亦不予支持。

鉴此，法院依照《中华人民共和国合同法》第135条，《中华人民共和国产品质量法》第27条第1款第（1）项、第（2）项，《中华人民共和国消费者权益保护法》第4条、第8条，判决被告立行实业（经营者王丹）退还货款1250元给原告莫某健；原告莫某健在收到退款五日内向被告立行实业（经营者王丹）退还所购的“自动旋转6排木炭越南摇滚烤鸡炉奥尔良烤鸡腿车烤箱烤鸡排烧烤炉”一个。

相关立法与规定

1. **《民法总则》**

第8条 民事主体从事民事活动，不得违反法律，不得违背公序良俗。

2. **《消费者权益保护法》**

第18条第1款 经营者应当保证其提供的商品或者服务符合保障人身、财产安全的要求。对可能危及人身、财产安全的商品和服务，应当向消费者作出真实的说明和明确的警示，并说明和标明正确使用商品或者接受服务的方法以及防止危害发生的方法。

3.《合同法》

第7条　当事人订立、履行合同，应当遵守法律、行政法规，尊重社会公德，不得扰乱社会经济秩序，损害社会公共利益。

4.《产品质量法》

第13条　可能危及人体健康和人身、财产安全的工业产品，必须符合保障人体健康和人身、财产安全的国家标准、行业标准；未制定国家标准、行业标准的，必须符合保障人体健康和人身、财产安全的要求。

禁止生产、销售不符合保障人体健康和人身、财产安全的标准和要求的工业产品。具体管理办法由国务院规定。

5.《关于处理侵害消费者权益行为的若干规定》

第2条　经营者发现其提供的商品或者服务存在严重缺陷，即使正确使用商品或者接受服务仍然可能对人身、财产安全造成危害的，应当立即停止销售尚未售出的商品或者停止提供服务，并报告工商行政管理等有关行政部门；对已经销售的商品或者已经提供的服务除报告工商行政管理等有关行政部门外，还应当及时通过公共媒体、店堂告示以及电话、传真、手机短信等有效方式告之消费者，并且收回该商品或者对已提供的服务采取相应的补救措施。

对经营者不履行前款规定的义务的行为，工商行政管理部门应当在职权范围内责令其改正，并在市场主体信用监管信息中予以记载。

第十四条　【电子商务经营者的发票提供义务】

电子商务经营者销售商品或者提供服务应当依法出具纸质发票或者电子发票等购货凭证或者服务单据。电子发票与纸质发票具有同等法律效力。

条文主旨

本条是对电子商务经营者经营活动应当提供发票以及电子发票的法律效力的规定。

条文释义

本条分为两个部分，第一部分规定了电子商务经营者销售商品或提供服务时出具发票等购物凭证或服务单据的义务；第二部分规定了电子发票的效力问题。

一、电子商务经营者出示单据的义务

发票等购物凭证或者服务单据，是经营者在履行合同义务后向消费者出具的证明合同履行的书面凭证，该类单据除了纸质与电子发票以外，表现形式还有收据、小票、门票等。

（一）发票

根据《发票管理办法》第3条规定，所谓发票，是指在购销商品、提供或者接受服务以及从事其他经营活动中，开具、收取的收付款凭证。在经济生活中，发票扮演着极为重要的角色，其具有以下法律意义：（1）证据作用。以普通的买卖合同为例，经营者向消费者提供发票，用以证明合同已经履行，经营者已经提供了商品，消费者已经支付了货款。由此观之，发票可以证明合同的存在和履行。（2）税务管理。根据《中华人民共和国税收征收管理法》的规定，发票是税收管理机关征税的主要凭证。实际上，我国的税务管理制度是以发票作为核心构建的。以增值税为例，一种货物从最初生产到最终消费之间的各个环节可以用增值税专用发票连接起来，依据专用发票上注明的税额，每个环节征税，每个环节扣税，让税款从上一个经营环节传递到下一个经营环节，一直到把商品或劳务供应给最终消费者，这样，各环节开具的增值税专用发票上注明的应纳税额之和，就是该商品或劳务的整体税负。(3）企业财务管理。在商事活动中，发票可以作为交易的凭证，在财务管理中，交易金额、纳税额的记录都是企业财务管理中重要的内容。

（二）收据、小票等

所谓收据，是指企事业单位在经济活动中使用的原始凭证，主要是指财政部门印制的盖有财政票据监制章的的收付款凭证，用于行政事业性收入，而非应税业务。收据、小票等购物凭证作为经营者与消费者合同关系最直接

的证明，当商品或服务出现质量问题时，其也是消费者主张权利最为重要的证据。同时，虽然其相对于发票而言，没有税务管理的作用，但在企业财务管理中，也是非常重要的凭证。

电子商务作为交易行为，买卖双方的权利义务需要凭证进行证明。《消费者权益保护法》第22条规定了经营者出示单据的义务：经营者提供商品或服务，应当按照国家有关规定或者商业惯例向消费者出具发票等购货凭证或者服务单据。电子商务经营者作为经营者，其也应当负有出示单据的义务，电子商务经营者不得以网络经营作为拒绝开具发票等单据的理由。事实上，电子商务经营者不提供发票的情形时有发生，一方面，电子商务经营者由于其经营行为的性质，提供发票确有难度，譬如《电子商务法》颁布之前的没有进行登记的个人电子商务者，其根本无法提供发票；但另一方面，更多的情况是电子商务经营者为偷漏税款，以网络经营为由主观上不愿意提供发票。这不仅会危害消费者的合法权益，也不利于国家的税收监管。因此，本条规定了电子商务经营者出示单据的法定义务。除本条规定外，我国的法律和规章对发票等购物凭证或服务单据的出具有更为具体的规定，譬如《发票管理办法》对发票的印制、领购、开具和保管等事项都进行了详细的规定，电子商务经营者在出具单据时应遵守这些法律法规的规定。

二、电子发票的法律效力

所谓电子发票，即以数据电文代替纸质来记载发票内容的发票。自《中华人民共和国国民经济和社会发展第十三个五年规划纲要》将推行电子发票作为税费改革的重要内容以来，电子发票发展迅速，对征税纳税产生了深远的影响。相较于传统的发票而言，电子发票提高了税务部门的效益并使得税务部门能及时掌握纳税人的发票用途、去向及相关明细，同时有利于消费者维权、有利于防范和杜绝发票的伪造情况、降低偷税漏税违法案件发生的频率、减少国家人力资源的占用和浪费。①

较之普通的线下经营者，电子发票对电子商务经营者的意义更大。因为

① 参见孙荣洲、付扬帆、刘木生：《关于全面推行电子发票的建议》，载《税务研究》2016年第12期。

电子商务经营者本身就是在线上运用互联网技术从事交易，很多情况下并不会和消费者进行线下接触，因此纸质发票往往需要另行快递送达，这无形中增加了其运营成本。电子发票的使用使得电子商务经营者能够在线上提供商品或服务的同时就出具电子发票，大大降低了电子商务经营者的运营成本，提高其运营效率。正因如此，本条特意强调了电子发票的法律效力。

电子发票与纸质发票具有相同的法律效力，电子发票与纸质发票最大的区别系为二者的载体不同，由此可能导致二者在格式、样式的要求上存在细微的差别，但二者的内在属性并无本质区别，因此，二者应当具有相同的法律效力。在私法上，电子发票和纸质发票均能证明合同关系的存在，当商品或服务出现质量问题时，二者都是消费者主张权利的证据且证明效力相同。需要说明的是，电子发票与纸质发票属于不同的证据种类，电子发票属于电子数据，而纸质发票属于书证。虽然二者属于不同的证据种类，但并不影响二者有同等的证明效力。在公法上，二者都属于税务管理部门认可的发票，税务管理部门依据电子发票或纸质发票对电子商务经营者应缴纳的税款进行认定。需要说明的是，电子发票都是以电子数据的形式存续和移转的，如果电子发票需要被打印出来，则打印出来的发票即为电子发票的打印件，与纸质发票的复印件相似，而并不是纸质版的电子发票或纸质发票。

三、消费者对单据样式的选择权

在《电子商务法草案工商总局课题组专家意见稿》中，对于电子商务经营者应当提供销售凭证的法律规定与最终的《电子商务法》第 14 条规定基本一致，但值得注意的是，《电子商务法草案工商总局课题组专家意见稿》中规定了以下两项内容：

（1）征得消费者同意的，可以电子化形式出具。

（2）消费者索要发票等购货凭证或服务单据的，电子商务经营者必须出具。

这两项规定最终没有被纳入《电子商务法》第 14 条规定中，第一项规定赋予了消费者对单据样式的选择权，即电子商务经营者若出具电子化形式的单据如电子发票等，需要经过消费者的同意。第二项规定则规定了在消费者索要发票时电子商务经营者必须出具的义务。

《消费者权益保护法》第22条已经规定，消费者索要发票等购货凭证或者服务单据的，经营者必须出具。电子商务经营者也应当履行《消费者权益保护法》规定的经营者的法定义务，因此，《电子商务法》在此没有进行重复的规定是合理的，即在消费者索要发票等购货凭证或服务单据时，电子商务经营者必须出具。而对于第一项规定，消费者对单据样式的选择权，《电子商务法》并没有采纳《征求意见稿》的规定，在此需要讨论。

虽然电子发票在现实中发展迅速，但是其数量与运用范围和纸质发票仍有一定的差距，对于电子商务经营者而言，由于电子商务交易本就通过互联网完成，大部分的电子商务经营者都熟知电子发票的操作流程，开具电子发票会降低其交易成本，提高交易效率，好处是显而易见的。然而对于消费者而言，不同的消费者可能对发票样式存在不同的需求，譬如很多单位用以记账报销的发票尚不接受电子发票的形式，此时倘若消费者要求纸质发票，而电子商务经营者因为自己的利益只能提供电子发票，便会引发争议与纠纷，消费者的权益将难以得到保障。由此可见，赋予消费者对单据样式的选择权是存在一定的现实需求的。

《电子商务法》第14条所规定的电子发票与纸质发票具有同等效力确实对于电子商务行业意义重大，但在电子发票迅速发展的同时，亦不能忽略不同的消费者对纸质发票的合理需求。在此，本书认为规定消费者对单据样式的选择权，让电子商务经营者在消费者同意时出具电子化形式单据，是具有一定的合理性和必要性的。

相关原理

提供单据义务的法律性质

无论是《电子商务法》或是《消费者权益保护法》都规定了经营者提供购物凭证和消费单据的义务，而此类义务在《合同法》上的法律性质究竟为何存在争论，在此予以阐释。

《合同法》上双方当事人的义务分为三项：主给付义务、从给付义务和附随义务。

所谓主给付义务是指合同关系中所固有、必备的、自始确定的，并能够决定合同类型的基本义务，如买卖合同中卖方的交付标的物、买方支付价款的义务。从给付义务是指本身不具有独立意义，仅具有辅助主给付义务的功能，其存在的目的不在于决定合同关系的类型，而是在于确保债权人的利益能够获得最大限度的满足。[①] 附随义务是指当事人应当遵循诚实信用原则，根据合同的性质、目的和交易习惯履行的通知、协助、保密等义务。由于主给付义务是决定合同类型的义务，而在绝大多数类型的合同中，当事人都负有出具发票等凭证的义务，因此提供单据的义务不可能是附随义务。

按照学界通说，区分从给付义务和附随义务最重要的标准为能否独立诉请求履行行为为标准，能够独立以诉请求的为从给付义务，不能以诉请求的为附随义务（德国通说）。[②] 换言之，从给付义务是可以请求履行的，与此不同，对于附随义务通常只发生请求损害赔偿之问题。[③] 由此观之，经营者若没有履行自己提供单据的义务，则消费者完全可以诉诸履行，提供单据的义务应当认定为从给付义务更妥。在我国审判实践中，也已经有法院判决经营者向消费者提供购货或服务单据。[④]

相关案例

福建奇信镍业有限公司与被告集安锰铁（安溪）有限公司合同纠纷上诉案

一审：(2011) 安民初字第 2442 号

二审：(2014) 泉民终字第 1129 号

一、当事人信息

原告：福建奇信镍业有限公司（以下简称奇信公司）。

---

① 王泽鉴：《债法原理》（第 1 册），中国政法大学 2001 年版，第 37 页。

② 王泽鉴：《债法原理》（第 1 册），中国政法大学 2001 年版，第 40 ~ 41 页。

③ 韩世远：《合同法总论》（第 3 册），法律出版社 2011 年版，第 247 页。

④ 林劲标：《佛山一用户换一手机无端被扣信息费，法院判通信公司提供话费清单》，载《人民法院报》2006 年 10 月 12 日，第 4 版。

被告：被告集安锰铁（安溪）有限公司（以下简称集安公司）。

二、基本案情

2007年3月9日，案外人奇信机械公司与集安公司签订了资产转让协议书一份，约定奇信机械公司以7250万元接受集安公司炼铁厂全部资产的转让。资产包括炼铁厂两幢宿舍楼、食堂以及219077平方米土地以及上述占地范围内炼铁厂的所有生产设备、配套设施、厂房、生产场地和闲置土地以及其他资产，其中生产设备包括120立方米高炉一座、24平方米环形烧结机等。双方约定了付款时间，还对资产转让前集安公司经营过程中发生的债权债务及其他事宜进行了约定。2007年4月1日，双方又签订补充协议书，约定集安公司转让铁厂、宿舍楼、食堂等建筑物的建设用地及附属土地合计219077平方米系划拨土地，在办理土地使用权转让手续时应缴交的土地出让补偿金等费用由奇信机械公司承担，办理建筑物所有权和土地使用权转让及相关资产转让过户的全部税费及其他费用由奇信机械公司承担，集安公司须提供便利并给予积极配合。上述两份合同签订后，2007年4月，集安公司将合同约定转让的资产交付给了奇信机械公司。

2007年5月，奇信机械公司的股东蒋锦源投资设立了原告奇信公司，由奇信公司接管了上述资产并进行生产。之后，双方就基本业务往来进行了多次对账结算，奇信公司也陆续付款，多次立下还款协议，有时利用货物互抵欠款。

2010年8月，集安公司以奇信公司尚欠其货款1792715.12元向安溪县人民法院提起诉讼。经安溪县人民法院（2010）安民初字第2403号判决后，泉州市中级人民法院二审调解结案，即（2011）泉民终字第1572号案。在此案审理中，双方均确认在平时的业务往来及对账结算时，均未对集安公司是否应当出具增值税专用发票作出明确的约定。

2010年9月30日，原告奇信公司以其已付款但被告集安公司未开具增值税专用发票，造成其损失1109232.06元为由向安溪县人民法院起诉，请求判令被告集安公司赔偿原告奇信公司因拒绝开具增值税专用发票的违法违约行为造成的经济损失1109232.06元。在本案的审理中，因该案须以泉州市中级人民法院正在审理的原告奇信机械公司与被告集安公司、第三人奇信公司买卖合同纠纷一案即（2011）泉民初字第309号案的审理结果为依据，故安溪县人民法院对本案作出中止审理裁定。2013年11月7日，鉴于（2011）泉民初字第309号案件已经二审结案，根据福建省高级人民法院（2013）闽民终字第504号民事判决书，鉴于涉案的争议焦点与本案并无关联，故安溪县人民法院恢复对本案的审理。

三、裁判结果

福建省安溪县人民法院经审理认为，出卖人向索取增值税专用发票的购买方开具增值税专用发票是出卖人的一项附随义务，但该附随义务的履行与否并不影响转移标的物与支付货款这一主合同义务的履行。向销售方索取增值税专用发票是付款方的权利，在原告向被告主张索取增值税专用发票时，被告即负有向原告开具增值税发票的法定义务。本案中，原告并无证据证明其已在付款的当时即向被告主张索取增值税专用发票，销售方不开具增值税发票系偷、漏、逃税收行为，应当受国家税法的调整，不应当属于人民法院民事纠纷案件的审理范围。原告的证据未能有效证明其因为被告未开具增值税专用发票的行为，导致了其税款抵扣等的实际损失，故原告的诉讼请求，法院不予支持。

福建省安溪县人民法院判决：驳回原告奇信公司的诉讼请求。

宣判后，奇信公司不服一审判决，向福建省泉州市中级人民法院提起上诉。

泉州市中级人民法院经审理认为，双方当事人共同确认在平时的业务往来及对账结算时，均未对集安公司是否应当出具增值税专用发票作出明确的约定，可见，奇信公司要求集安公司开具增值税专用发票，没有合同依据。另外，奇信公司据以主张赔偿的数额来源于福建中言律师事务所委托福建泉联税务师事务所出具的应交税费计算的报告书，但该份报告书中所列的数字前均加注有“可能造成”等字样。在其他事项说明一栏中，该报告同时明确：“上述计算是以贵所提供资料为基础，参照一般营利企业可能出现的情形得出的，但由于条件限制，我们未能对福建奇信镍业有限公司进行全面的审核，是否产生实质性的损失，应以实际为准。”可见，该份报告并非一份全面的、实际产生损失的报告，对于可能造成的损失，显然不能作为定案的依据。另外，如果集安公司在本案中存在偷漏税的行为，作为合同相对方的奇信公司完全有权利也有义务向税务机关举报；奇信公司因集安公司没有开具增值税专用发票所造成的损失，也应由税务稽查机关依职权作出认定。综上，奇信公司的诉讼主张依据不足，不予支持。

泉州市中级人民法院于2014年6月3日作出（2014）泉民终字第1129号民事判决书，判决驳回上诉，维持原判。

相关立法与规定

1.《消费者权益保护法》

第22条　经营者提供商品或服务，应当按照国家有关规定或者商业惯例向消费者出具发票等购货凭证或者服务单据；消费者索要发票等购货凭证或者服务单据的，经营者必须出具。

2.《发票管理办法》

第19条　销售商品、提供服务以及从事其他经营活动的单位和个人，对外发生经营业务收取款项，收款方应当向付款方开具发票；特殊情况下，由付款方向收款方开具发票。

第20条　所有单位和从事生产、经营活动的个人在购买商品、接受服务以及从事其他经营活动支付款项，应当向收款方取得发票。取得发票时，不得要求变更品名和金额。

3.《最高人民法院关于适用〈中华人民共和国民事诉讼法〉的解释》

第116条　视听资料包括录音资料和影像资料。

电子数据是指通过电子邮件、电子数据交换、网上聊天记录、博客、微博客、手机短信、电子签名、域名等形成或者存储在电子介质中的信息。

存储在电子介质中的录音资料和影像资料，适用电子数据的规定。

第十五条 【电子商务经营者的信息公示义务】

电子商务经营者应当在其首页显著位置，持续公示营业执照信息、与其经营业务有关的行政许可信息、属于依照本法第十条规定的不需要办理市场主体登记情形等信息，或者上述信息的链接标识。

前款规定的信息发生变更的，电子商务经营者应当及时更新公示信息。

条文主旨

本条是对电子商务经营者营业执照信息、行政许可信息公示的规定。

条文释义

随着电子商务的发展，大量从事电子商务经营活动的市场主体信息并没有得到公示，这加剧了电子商务市场主体信息的不对称性，不利于对电子商务主体进行监督，也不利于消费者合法权益的维护和保障。因此，《电子商务法》第15条与第16条对电子商务经营者公示义务作出规定，本条是对电子商务经营者营业执照信息、行政许可信息公示制度的规定。电子商务经营者的营业执照上所记载的信息属于其主体信息，其中记载了经营者的身份、住所、联系方式、税务登记等信息，上述信息的公示有利于交易对方充分了解特定经营者的合法经营资格以及其真实身份；与经营业务有关的行政许可信息则涉及电子商务经营者对特定行业的经营资格问题，关系到经营者是否依法从事相关的经营活动，其属于相对人在交易时应当知晓的信息。

一、本条所确立的公示内容

根据本条的规定，电子商务经营者应当公示的内容包括：

1. 营业执照信息。营业执照是证明法人资格最为重要的文件之一，营业执照上往往载有法定代表人姓名、注册资本、经营范围等关键信息。此类关键信息可作为消费者是否与电子商务经营者进行交易的重要参考。因此，本条规定，电子商务经营者应当公示营业执照信息。

2. 与其经营业务有关的行政许可信息。对于特定行业而言，市场准入的重要条件即为获得相关的行政许可。对消费者而言，其与经营者进行电子商务活动，经营者是否已经获得与其业务有关的行政许可亦为非常重要的参考依据。

3. 属于依照本法第 10 条规定的不需要办理市场主体登记情形等信息。本法第 10 条规定，如个人出售农副产品等非营业行为不需要进行主体登记。主体登记的豁免也意味着此类电子商务经营者与普通的电子商务经营者在管制层面存在一定的差异。譬如，经过登记的电子商务经营者必须在工商部门登记住所、法定代表人等重要信息，而主体登记豁免的经营者则无须登记此类信息。若这一信息消费者无从知晓，消费者便无法完整地了解与其交易的电子商务经营者的实际情况，无法切实保护消费者的权益。

4. 上述三类信息的链接标识。本条亦规定，电子商务经营者亦可以只公示以上三类信息的链接标识，供浏览人自行点开查询。一方面，现实交易中，并非所有的消费者都有观看营业执照信息和行政许可信息的现实需求；另一方面，首页亦为经营者吸引顾客、塑造形象的重要位置，在此加上营业执照信息和行政许可信息的法定义务未免过于苛刻。因此，本条在此规定，电子商务经营者可以进行选择，可以在首页公示相关信息，亦可以提供以上三类信息的链接标识。

二、本条所确立的公示规则

按照本条规定，对于营业执照信息和与其经营业务有关的行政许可信息或相关链接标识，其公示必须符合以下的法定要求：

1. 必须在首页上公示。现实中，部分电子商务经营者虽然在网站上公示信息，但没有在首页上公示，而在偏页上公示自己的相关信息，使得消费者不能在浏览的第一时间知悉其相关信息，这就违反了本条所确立的公示规则。

2. 必须在首页的显著位置公示。本条不仅要求电子商务经营者在首页公示，亦要求在显著位置公示，使得消费者在进入主页时即可关注到其营业执照信息和行政许可信息。

3. 必须持续地公示。所谓持续，即指在电子商务经营者从事电子商务活动的整个过程中，都必须时刻公示其信息。若信息公示不持续，则会导致部分消费者在电子商务活动中无从知晓其相关信息。因此，本条对电子商务经营者的信息公示提出了持续性的要求。

以上三个标准是形式标准，即电子商务经营者应当在主页的显著位置持续性地公示营业执照和行政许可信息，若没有达到其中任一标准，就应当被认定为没有尽到自己的公示义务，应当依照《电子商务法》第 76 条规定承担相应的法律责任。同时，本条的立法目的是通过公示信息使得交易相对人充分了解特定经营者的合法经营资格以及其真实身份，为了达到这一目的，则其公示需达到实质标准：其公示方式为一般的交易相对人能够简易地知悉其营业执照和行政许可信息。因为如果交易的相对人不能在其主页上轻易知晓相关的信息，则公示的立法目的就得不到实现。实质标准并非对三个形式标准的延伸，而是对形式标准的内在解读。显著位置公示应当达到什么样的显著标准？持续地公示需要达到什么持续性标准？本书认为此时应当采用实质标准进行判定，其标准就在于能让一般的交易相对人能够简易地知悉其营业执照和行政许可信息。

本条的第 2 款属于衍生条款，电子商务经营者的营业执照或是行政许可信息发生变更，则原来的信息就属于错误信息，会对交易的相对人产生误导，理应在相关信息变更时同时公示，因此，电子商务经营者的营业执照信息或者行政许可信息等发生变更的，应当及时公示。信息变更的公示要求同前款一致，应当在主页的显著位置持续性地公示。

本条亦存在一定的疑问。根据本条的规定，在营业与执照行政许可信息形成或是变更之日，电子商务经营者应当及时公示。然而，何为及时公示，本条并没规定明确的时间区间。公示时间是公示义务的重要部分，若经营者虽在主页的特定位置持续地公示相关信息，其公示时间却晚于法律的要求，会使得公示的意义被削弱，同时，经营者亦有可能承担《电子商务法》第 76 条所规定的法律责任。因此，在《电子商务法》没有对其进行规定的情况下，需要其他的法律、行政法规、司法解释进行详细的规定。

二、现行法律体系下电子商务经营者公示的内容与方式

在《电子商务法》出台之前，《企业信息公示暂行条例》已经对线下经营者的公示予以了规定。而本条的内容和企业普通的企业信息公示并不矛盾。二者存在两点不同：

1. 公示位置不同。企业信息公示的位置是国家企业信用信息公示系统，而本条要求电子商务经营者在自己的主页上公示。

2. 公示的内容不同。本条要求电子商务经营者公示其营业执照信息和行政许可信息，而企业信息公示不仅包括营业执照信息和行政许可信息，还包括股东信息、行政处罚信息、失信记录等。

应当说，网络环境使得商事行为在时间和空间上都得到了极大的扩展，而这种扩展也使得电子商务经营者的商事公示制度与传统的线下商事主体有所不同。结合《电子商务法》以及现有的法律体系，电子商务主体的公示具有以下的特点。

1. 第三方平台在电子商务商事公示中发挥重要作用。在电子商务市场中，根据社会共治的基本理念和原则以及《电子商务法》对第三方平台对平台内经营者的监督的要求，第三方交易平台经营商对于其平台内经营者具有一定的监督和管理职能，对于严重违反内部管理规则和法律法规有关规定的平台内经营者，第三方平台可以对其进行处罚。上述处罚信息能够比较真实地反映平台内经营者的实际经营情况，因而，《电子商务法》第35条也规定，电子商务平台经营者依据平台服务协议和交易规则对平台内经营者实施警示、暂停或者终止服务等措施的，应当及时公示。

2. 企业的公示和自然人的公示的制度设计有所区别。根据《企业信息公示暂行条例》的相关规定，在工商行政管理部门登记的企业从事生产经营活动过程中形成的信息，以及政府部门在履行职责过程中产生的能够反映企业状况的信息，需要在企业信用信息公示系统中进行公示。同时，企业应将其网站、从事经营活动的网店的名称、网址等信息进行公示。根据我国电子商务市场的现状，相当一部分电子商务经营者的信息已经在企业信用信息系统上进行了公示，因而，对上述电子商务经营者的信息公示通过企业信用

信息公示系统就能完成。

而电子商务经营者信息公示的特殊之处是自然人经营者的信用信息公示，目前我国并没有针对自然人的信用信息公示系统。因而，有必要建立自然人电子商务经营者的信用信息公示系统，实现对自然人电子商务主体的信息公示。

综上，电子商务的信息公示不仅只有《电子商务法》所规定的在网站首页上公示主体的营业信息和行政许可信息，还有通过特定的信用信息系统将电子商务主体进行公示的信息。《电子商务法》对后者并无进行特殊规定，需要其他法律法规予以规定，以建立电子商务主体信用信息公示平台。

相关原理

一、企业信用信息公示制度

所谓企业信息公示制度，即企业应当按年度在规定的期限内，通过市场主体信用信息公示系统向工商机关报送年度报告，并向社会公示，任何单位和个人均可查询。目前，主要依据的法规为《企业信息公示暂行条例》，此条例在 2014 年 7 月 23 日国务院第 57 次常务会议通过，现予公布，自 2014 年 10 月 1 日起施行。结合《企业信息公示暂行条例》的规定，在此对企业信用信息公示制度予以阐释。

（一）公示的内容

1. 工商行政管理部门公示的信息。根据《企业信息公示暂行条例》第 6 条规定，工商行政管理部门应当通过企业信用信息公示系统，公示其在履行职责过程中产生的下列企业信息：（1）注册登记、备案信息；（2）动产抵押登记信息；（3）股权出质登记信息；（4）行政处罚信息；（5）其他依法应当公示的信息。

2. 其他部门应当公示的信息。根据《企业信息公示暂行条例》第 7 条规定，工商行政管理部门以外的其他政府部门应当公示其在履行职责过程中产生的下列企业信息：（1）行政许可准予、变更、延续信息；（2）行政处罚信息；（3）其他依法应当公示的信息。

3. 企业应当报送年度报告，年度报告亦向社会公示。根据《企业信息公示条例》第9条规定，年度报告应当包括：（1）企业通信地址、邮政编码、联系电话、电子邮箱等信息；（2）企业开业、歇业、清算等存续状态信息；（3）企业投资设立企业、购买股权信息；（4）企业为有限责任公司或者股份有限公司的，其股东或者发起人认缴和实缴的出资额、出资时间、出资方式等信息；（5）有限责任公司股东股权转让等股权变更信息；（6）企业网站以及从事网络经营的网店的名称、网址等信息；（7）企业从业人数、资产总额、负债总额、对外提供保证担保、所有者权益合计、营业总收入、主营业务收入、利润总额、净利润、纳税总额信息。前款第1项至第6项规定的信息应当向社会公示，第7项规定的信息由企业选择是否向社会公示。

（二）公示信息的更正

公示信息的更正包括政府部门主动的更正和公民的举报两个途径。

1. 政府部门的主动更正。根据《企业信息公示暂行条例》第12条规定，政府部门发现其公示的信息不准确的，应当及时更正。公民、法人或者其他组织有证据证明政府部门公示的信息不准确的，有权要求该政府部门予以更正。企业发现其公示的信息不准确的，应当及时更正；但是，企业年度报告公示信息的更正应当在每年6月30日之前完成。更正前后的信息应当同时公示。

2. 公民、法人、其他组织的举报。根据《企业信息公示暂行条例》第13条规定，公民、法人或者其他组织发现企业公示的信息虚假的，可以向工商行政管理部门举报，接到举报的工商行政管理部门应当自接到举报材料之日起20个工作日内进行核查，予以处理，并将处理情况书面告知举报人。同时，公民、法人或者其他组织对依照本条例规定公示的企业信息有疑问的，可以向政府部门申请查询，收到查询申请的政府部门应当自收到申请之日起20个工作日内书面答复申请人。

（三）违法公示的法律责任

1. 违法公示的法律责任

若企业有下列情形之一，则由县级以上工商行政管理部门列入经营异常名录，通过企业信用信息公示系统向社会公示，提醒其履行公示义务：

（1）企业未按照本条例规定的期限公示年度报告或者未按照工商行政管理部门责令的期限公示有关企业信息的；

（2）企业公示信息隐瞒真实情况、弄虚作假的。

同时，情节严重的，由有关主管部门依照有关法律、行政法规规定给予行政处罚；造成他人损失的，依法承担赔偿责任；构成犯罪的，依法追究刑事责任。由此可见，经营者违法公示可能承担民事责任、行政责任和刑事责任。

2. 列入经营异常名录的企业的处理

（1）移除名录。被列入经营异常名录的企业依照本条例规定履行公示义务的，由县级以上工商行政管理部门移出经营异常名录。

（2）列入严重违法企业名单。满 3 年未依照本条例规定履行公示义务的，由国务院工商行政管理部门或者省、自治区、直辖市人民政府工商行政管理部门列入严重违法企业名单，并通过企业信用信息公示系统向社会公示。被列入严重违法企业名单的企业的法定代表人、负责人，3 年内不得担任其他企业的法定代表人、负责人；企业自被列入严重违法企业名单之日起满 5 年未再发生法律规定情形的，由国务院工商行政管理部门或者省、自治区、直辖市人民政府工商行政管理部门移出严重违法企业名单。

二、商事公示理论及其对电子商务的意义

商事公示作为商事交易的重要制度，其背后具有丰富的理论基础，集中体现为以下两点：第一，商事公示是政府经济职能的体现与要求。通过公示，商事主体可以知悉交易方的基本信息，从而降低交易风险，保障个体交易安全并进一步保障交易秩序的稳定，维护公共利益。个体的交易安全是整个社会经济交易安全的前提，而保障社会的经济交易安全亦是政府经济职能的集中体现。因此，商事公示制度通过保护个体的交易安全，从而保障社会的经济交易安全，后者是政府经济职能的体现与要求。第二，商事公示制度符合交易成本理论的要求。根据交易成本理论，“法律，特别是经济法、民商法、民事诉讼法，通过以效率为中心的制度改革和构建，为经济主体设定最有效率的交易模式和诉讼程序，保证人们以最可靠、最安全、最简便的手续，最少的时间、精力和物质消耗，达到预期的经济目标。”① 通过商事公示制度，交易方可以便捷、及时、准确地获取交易对方的相关信息，降低交易双方的信息不对称性，进而提供交易效率，节约交易成本。

对电子商务经营者而言，其作为商事主体之一，自然适用商事公示制度与理论。进一步来看，电子商务经营者由于其经营环境而具有虚拟性和不确定性，消费者无从获得特定经营者真实准确的主体信息和营业信息，导致交易安全大大降低。换个角度来看，线下主体往往都有实体经营的住所，而为交易安全的需要，其营业执照信息和行政许可信息都需要公示，而电子商务交易都是在线上进行，其交易的安全性更是无从保障。因此，电子商务急需有效的商事公示制度解决交易双方的信息不对称问题。近年来电子商务诈骗层出不穷，很重要的原因就是电子商务商事公示制度的不健全。《电子商务法》第15条对公示信息、公示要求进行了系统性的规定，为电子商务商事公示制度的建立奠定了良好的基础。但更全面、更完善的电子商务商事登记制度需要法律法规进一步更为详细地规定。

相关立法与规定

1. **《电子商务模式规范》**

5.5　网上商厦（B2C）的经营者必须通过合法的途径取得独立的固定网址，网站必须按照IP地址备案的要求以电子形式报备IP地址信息，并将备案信息刊登在网站首页下方。

2. **《网络交易平台经营者履行社会责任指引》**

第14条　网络交易平台经营者应对进驻平台的经营者进行审查和登记，建立登记档案并定期核实更新，记载的信息应真实、全面。平台内经营者信息从经营者在平台注销之日起保存不少于两年。

网络交易平台经营者对于法人、其他经济组织或者个体工商户，应在其从事经营活动的主页面醒目位置公开营业执照登载的信息或者其营业执照的电

---

① 王丹：《试论我国商事登记立法中的公示制度》，载《法制建设》2009年7月。

子链接标识；对于自然人，应在其从事经营活动的主页面醒目位置加载证明个人身份信息真实合法的标识，同时标明经营地址、电话邮箱等有效联系方式。

3. **国家工商行政管理总局《网络交易管理办法》**

第7条第1款、第2款 从事网络商品交易及有关服务的经营者，应当依法办理工商登记。

从事网络商品交易的自然人，应当通过第三方交易平台开展经营活动，并向第三方交易平台提交其姓名、地址、有效身份证明、有效联系方式等真实身份信息。具备登记注册条件的，依法办理工商登记。

第8条 已经工商行政管理部门登记注册并领取营业执照的法人、其他经济组织或者个体工商户，从事网络商品交易及有关服务的，应当在其网站首页或者从事经营活动的主页面醒目位置公开营业执照登载的信息或者其营业执照的电子链接标识。

4. **《企业信息公示暂行条例》**

第9条 企业年度报告内容包括：

（一）企业通信地址、邮政编码、联系电话、电子邮箱等信息；

（二）企业开业、歇业、清算等存续状态信息；

（三）企业投资设立企业、购买股权信息；

（四）企业为有限责任公司或者股份有限公司的，其股东或者发起人认缴和实缴的出资额、出资时间、出资方式等信息；

（五）有限责任公司股东股权转让等股权变更信息；

（六）企业网站以及从事网络经营的网店的名称、网址等信息；

（七）企业从业人数、资产总额、负债总额、对外提供保证担保、所有者权益合计、营业总收入、主营业务收入、利润总额、净利润、纳税总额信息。

前款第一项至第六项规定的信息应当向社会公示，第七项规定的信息由企业选择是否向社会公示。

经企业同意，公民、法人或者其他组织可以查询企业选择不公示的信息。

5.《消费者权益保护法》

第21条第1款　经营者应当标明其真实名称和标记。

第28条　采用网络、电视、电话、邮购等方式提供商品或者服务的经营者，以及提供证券、保险、银行等金融服务的经营者，应当向消费者提供经营地址、联系方式、商品或者服务的数量和质量、价款或者费用、履行期限和方式、安全注意事项和风险警示、售后服务、民事责任等信息。

第十六条　【电子商务经营者终止活动时的公示义务】

电子商务经营者自行终止从事电子商务的，应当提前三十日在首页显著位置持续公示有关信息。

条文主旨

本条是对电子商务经营者自行终止电子商务活动时公示义务的规定。

条文释义

电子商务经营者退出电子商务市场分为强制退出和自愿退出。所谓强制退出，即法律规定的情形出现时，主管机关撤销电子商务经营者的主体资格。譬如，法人等组织解散、以诈骗等非法经营目的从事电子商务经营等情形。而自行退出，是指没有出现法律规定情形，电子商务经营者依照自己的意愿终止从事电子商务活动。然而对于已经从事了一定电子商务活动的电子商务经营者而言，其退出市场不仅会影响该经营者一人的利益，债权人等人的利益也会因为电子商务经营者的退出而受到影响，因此，电子商务经营者的市场退出实则需要完善的退出机制。

一、电子商务经营者退出市场的公示义务

本条所规定的是在电子商务经营者自行退出电子商务市场时，其应当履行自己的公告义务。

以第三方平台经营者中进行的电子商务为例，它是以第三方平台、平台内经营者、消费者三方法律关系为核心的商业活动。平台经营者与平台内经营者存在合同关系，基于此关系平台内经营者对第三方交易平台经营者保有信赖利益，而第三方交易平台经营者作为一个长期的、稳定的、持续的交易场所，消费者自然也会对其产生信赖利益。可以说在通常情况下，任何一个理性的消费者在与平台内经营商进行交易的时候，都不会也不应当会考虑到交易平台会突然停止服务，这不属于消费者应有的合理预期范畴。所以，当第三方交易平台经营商拟终止服务时，因为事关合同相对人（平台内经营者）和第三人（消费者）的利益，故而应当提前作出公示，给予平台经营者充分的时间厘清与平台经营者、消费者之间的权利义务关系。基于此，本条规定电子商务经营者自行终止电子商务，应当提前30天在主页显著位置公示其信息。

需要说明的是，本条仅规定了电子商务经营者应当提前公示的义务，而没有限定公示期间电子商务主体的权利能力与行为能力。本条所指的30日的公告期，实际上是电子商务经营者在退出电子商务市场之前的“缓冲期”。该缓冲期有两个作用：

1. 留给经营者缓冲期以终结已经形成的法律关系。电子商务活动并不都是即时交易，很多电子商务活动往往需要长期的时间才能完成。所以，在经营者即将退出市场之前，需要时间对此类法律关系予以终结。其可以通过履行、赔偿等方式终结法律关系。

2. 让消费者在缓冲期内审慎考虑是否与经营者进行交易。在这个期间内，电子商务经营者仍然可以从事电子商务活动，但其必须通过公示的手段让交易相对人知悉其要于30日后终止经营活动，相对人在知悉这一情况后，应该自行考量交易的风险，做出是否交易的判断。交易双方在互相了解对方的情况后做出的交易判断属于市场自身调节的范畴，法律也不应以限制公示期间的权利能力和行为能力加以干涉。

二、电子商务经营者的退出机制

本次《电子商务法》并没有规定电子商务主体的退出机制，可谓是《电子商务法》的缺失。《电子商务法》仅在第17条规定了在电子商务经营者自行退出的情形下的公示义务，而自行退出只是电子商务经营者退出市场的一种方式，公示义务也仅仅是自行退出机制中经营者的义务之一，而更重要的债权债务的了结程序和退出程序，《电子商务法》却并没有予以规定。实际上，电子商务经营者的准入制度和退出制度一样重要，电子商务主体市场退出机制牵涉到电子商务经营者与债权人、消费者、行政主管部门以及其他电子商务经营者之间的权利义务关系，这种关系因为电子商务经营者主体资格即将终止而变得更为复杂和紧迫。宽松的市场准入制度可以活跃电子商务市场，而严格的市场退出制度才能保证电子商务市场持续健康地发展。因为市场退出时电子商务经营者存续的最后阶段和从事的最后行为关系到对主体违法行为的惩处，也关系到对消费者或债权人的保护，更关系到交易安全和市场秩序的维护，鉴于此，需要更科学的设计和更合理的安排。

在《电子商务法》并未规定电子商务经营者的市场退出机制的情况之下，电子商务经营者的市场退出机制只能依靠其他法律法规予以规范。电子商务市场退出制度分为电子商务经营者退出市场的的程序规定和法律责任。电子商务经营者退出市场的程序规定的立法现状具有法律规定较少、部门规章之间存在矛盾、可操作性不强的问题。特别是现有的立法对于公告通知完成后的程序并没有予以规定，应当被强制退出市场的法律情形、自行退出市场时的清算必要性、清算的程序以及其监管等诸多问题都没有相关的规定。电子商务退出市场的法律责任的规定较之市场退出的法律规定要丰富一些。《网络交易管理办法》等规定分别进行了规定，虽然规章制定较多，但仍有内容不够全面、操作性不够强等问题。

由于自然人电子商务经营者的存在和电子商务市场的特性，电子商务市场的准入和退出需要法律专门的规定，而不能直接适用线下商事主体的准入和退出机制。《电子商务法》并没有对电子商务经营者的市场退出机制加以规定，这一立法空白有待未来其他法律法规予以填充。

相关原理

一、公司终止的原理

（一）公司终止的含义

公司终止是指公司根据法定程序彻底结束经营活动并使公司的法人资格

归于消灭的事实状态和法律程序与结果。它既可以指消灭法人资格的一种最终结果，也可以指消灭法人资格的一系列法律过程。

公司终止法律制度是公司法律制度的重要部分。在市场经济中，必须遵从的一条基本原则便是竞争原则，竞争导致优胜劣汰。此外，公司也可能因为投资者的其他想法和安排而归于消灭，借以体现私权处分自由的原则。因此，企业的进入和退出机制是一个充分竞争市场和尊重当事人选择权的基础制度之一。在一个完善的市场经济法律体系中，市场主体的退出制度是不可或缺的。公司终止是关于公司退出市场并消灭主体资格的法律制度。其特征如下：

1. 公司终止的法律意义是使公司的法人资格和市场经营主体资格消灭。

2. 公司终止必须依据法定程序进行。公司作为多种社会经济关系的复杂综合体，它的消灭影响到债权人、公司员工、股东等各方面的利益，因此它的终止不可以随意进行，而必须按照法律规定的程序进行。只有在法律没有强制性规定的情况下，才可由公司章程或股东决定。

3. 公司终止必须要经过清算程序，只有在以公司财产对债务进行清偿并对剩余财产分配完毕之后，公司方可消灭。

公司是法人企业，而法人为法律拟制的人，不可能具有自然人出生、死亡的自然生理过程，其主体能力是由法律所赋予，因此，其产生和消灭需要依照法律规定程序进行并以法律规定的事由为标准。公司法人的权利能力和行为能力从公司登记成立时产生，至公司终止注销时消灭。因此，公司终止即公司的法人资格和市场经营主体资格消灭，原先形成的内外权利义务关系结束。

（二）公司终止的原因

各国对公司终止的原因所作的规定差别不是很大，概括起来有自愿解散、司法解散、倒闭或破产、行政机关命令解散四种情况。其中自愿解散是指由公司的权力机关因各种事由的发生而决议终止公司的存在，包括公司因合并、分立而发生的终止。司法解散主要是指公司得以继续存在的某种条件已经丧失，虽经努力而得不到恢复，由利害关系人向法院申请解散的情况。

公司倒闭一般是指公司经营出现严重困难，不得不结束营业的状况。公司破产是因公司不能清偿到期债务而经法院宣告破产而终止的状况。行政命令解散在大多数国家均有规定，是政府为维护社会秩序和公共利益对严重违反法律的公司企业的一种仅次于刑事处理的最严厉的处罚手段。

根据我国《公司法》的规定，公司终止的原因主要包括：

1. 破产

公司因不能清偿到期债务，被依法宣告破产并对其进行强制清算，最后终止公司。根据申请破产人的不同，破产包括由债权人申请破产和由公司自己申请破产两种。

2. 解散

解散即公司因发生法律或章程规定的解散事由而停止业务活动，并进行清算，最后使公司终止。根据我国《公司法》第180条规定，解散事由主要包括以下五种情形：（1）公司章程规定的营业期限届满或者公司章程规定的其他解散事由出现；（2）股东会或者股东大会决议解散；（3）因公司合并或者分立需要解散；（4）依法被吊销营业执照、责令关闭或者被撤销；（5）人民法院依照《公司法》第182条的规定予以解散，即根据股东请求而司法解散。①

二、企业清算制度

以公司为例，在此对企业的清算制度予以阐释。

（一）清算的概念

公司清算是指公司解散或被宣告破产后，依照一定程序了结公司事务，收回债权、清偿债务并分配财产，最终使公司终止消灭的程序。清算是公司终止的必要步骤。因为：

1. 公司往往并非由一人控制，其股东可能众多，并且，随着所有权与经营权分离，董事、经理开始掌握公司控制权，因此，为了防止实际控制公司的董事、经理或控股股东在公司终止之前私自处分公司财产或不公平地分配公司的财产，从而损害公司债权人和股东的利益，就需要以法定的程序对

① 赵旭东主编：《公司法学（第四版）》，高等教育出版社2014年版，第516页。

公司财产进行公平的清算，以保护债权人和股东的利益。此外，由于公司股东人数较多，如果每个公司终止前都需要股东对财产分配方式和程序形成决议，则不仅难以达成一致意见而且容易引发争议，所以仅从降低成本和提高效率的角度出发，也需要法律相对统一地规定一套普遍适用的清算制度。

2. 公司的股东对公司承担的是有限责任，以其投资额为限，股东不再对公司承担任何责任。公司的债务由公司的财产进行清偿，因而公司财产是公司债权人利益的保障。如果公司未经清算清偿而终止，消灭了主体资格，则债权人的债权将无法实现。因此，必须在公司终止前依法定的清算程序以公司的财产对债权人进行清偿，从而保障债权人的利益和经济秩序的稳定。为公司企业的终止而进行的清偿就是清算。

3. 公司的终止不仅影响股东和债权人的利益，还会影响许多利益相关人的利益，其中最重要的便是公司的职工。为了保障职工的利益，也必须通过法定程序分配公司剩余的财产。

（二）清算的法律意义

在进入清算程序后，公司便进入终止前的特殊阶段，其权利能力和行为能力均出现重大变化。清算的法律意义为：

1. 清算期间，公司仍具有法人资格。公司解散或被宣告破产后，公司法人资格和主体资格并未立即消灭。在清算期间，公司仍然存续，只是业务活动范围有所限制，即不得开展与清算无关的经营活动。

2. 清算期间，公司的代表机构为清算组织。公司的董事会不再依其职责代表公司，公司的财产、印章、财务文件等均由清算组织接管。清算组织负责处理公司未了结的事务，并代表公司对外进行诉讼。

3. 清算期间，公司的权利能力、行为能力有所限制。虽然公司仍具有法人资格，但清算前和清算期间的公司的主体能力有很大差异，有些国家将处于清算阶段的公司称为“清算法人”或“清算公司”。在清算期间，公司不得再进行新的经营活动，公司的全部活动应局限于清理公司已经发生但尚未了结的事务，包括清偿债务、实现债权以及处理公司内部事务。《公司法》第186条第3款明确规定，清算期间，公司存续，但不得开展与清算无关的经营活动。

4. 清算期间，公司财产在未按法定程序清偿前，不得分配给股东。公司财产必须先支付清算费用、职工工资和劳动保险费用、缴纳所欠税款、清偿公司债务，这之后如果还有剩余财产，才能对股东进行分配。

5. 公司清算的最终结果是导致公司法人资格消灭，公司终止。清算结束后，公司所有事务均已了结，债务清偿完毕，公司财产已全部被分配，这时，清算组织即可向公司登记机关申请公司注销，最终消灭公司全部权利义务关系，公司终止。①

相关立法与规定

1. 商务部《第三方电子商务交易平台服务规范》

5.9 第三方交易平台歇业或者其他自身原因终止经营的，应当提前一个月通知站内经营者，并与站内经营者结清财务及相关手续。

涉及行政许可的第三方交易平台终止营业的，平台经营者应当提前一个月向行政主管部门报告；并通过合同或其他方式，确保在合理期限内继续提供对消费者的售后服务。

2. 国家工商行政管理总局《网络交易管理办法》

第31条　第三方交易平台经营者拟终止提供第三方交易平台服务的，应当至少提前三个月在其网站主页面醒目位置予以公示并通知相关经营者和消费者，采取必要措施保障相关经营者和消费者的合法权益。

第十七条　【电子商务经营者对消费者知情权保障义务】

电子商务经营者应当全面、真实、准确、及时地披露商品或者服务信息，保障消费者的知情权和选择权。电子商务经营者不得以虚构交易、编造用户评价等方式进行虚假或者引人误解的商业宣传，欺骗、误导消费者。

---

① 赵旭东主编：《公司法学（第四版）》，高等教育出版社2014年版，第533页。

条文主旨

本条是对电子商务经营者保障消费者知情权和选择权的法律规定。

条文释义

消费者的知情权是《消费者权益保护法》中所规定的极为重要的消费者权利，在消费者知情权的保障下，消费者有权要求商品或服务的经营者提供有关商品或服务的真实情况，经营者亦有披露相关信息的义务。与传统的商务活动不同，电子商务活动中，交易双方从浏览样品、协商交易、确认订单到交付，都是在信息网络上进行的。整个过程中，消费者看到的样品很可能并非实物而是一张真假难辨的照片或是介绍，因此，很难掌握商品或服务真实可靠的信息。商品信息的不完整不真实、商品广告的虚假、编造虚假评价等都会导致消费者和电子商务经营者的信息严重不对称。在现实的电子商务交易中，电子商务经营者利用这种信息不对称侵犯消费者知情权的情形屡见不鲜。在此情况下，本条从积极义务和消极义务两个层面保障消费者的知情权，具有重大的意义。

本条是《电子商务法》保障电子商务消费者的知情权的直接体现。本条分为两个部分：第一部分规定了电子商务经营者应当尽到的信息披露义务；第二部分规定了电子商务经营者不得从事的侵害消费者知情权的情形。本条分别从积极义务和消极义务两个层面保障消费者的知情权和选择权。

一、积极义务：经营者应当全面、真实、准确、及时地披露商品或服务信息，保障消费者的知情权与选择权

消费者的知情权是指消费者在购买、使用商品或者接受服务时享有知悉商品或服务的全面真实情况的权利。所谓全面，是指经营者应当提供所有的消费者应当知悉的、与商品或服务相关的信息，不得对某些信息进行刻意的隐瞒。所谓真实，是指经营者应提供与商品或服务客观的信息，不得对产品或服务进行虚假的宣传或者容易造成消费者误解的陈述。所谓准确，是指经营者提供的信息能够完整精确地反映商品或服务。所谓及时，是指经营者应当在技术能力内第一时间发布信息，不得无故拖延时间，使得消费者无法知悉相关信息。

依据本条，电子商务经营者的信息披露义务应当是主动义务而非被动义务，其应当主动地在网页上全面、真实、准确、及时地披露商品或服务的信息，而不是在消费者要求其公布的时候才予以公布。现实中，很多的电子商务经营者都会刻意隐瞒产品的一些关键信息，等到售后服务阶段，消费者问询时才会告知，这就属于典型的侵害消费者知情权的情形。

全面、真实、准确、及时是对披露内容的要求，而具体披露的商品或服务信息应当包含什么内容是需要进一步界定的问题。法律不可能要求所有电子商务经营者将和商品和服务有关的所有信息都披露，既无必要也无可能。由于本条的立法目的在于保障消费者的知情权，进而确保消费者能够在全面、准确地了解商品或服务信息的情况下做出自己的消费选择。出于这一立法目的，电子商务经营者应当披露的信息应为可能会影响一般消费者的消费选择的信息。除此以外，个体消费者基于自身特殊的需求合理地要求电子商务经营者予以披露相关信息时，经营者也应当予以披露。

二、消极义务：电子商务经营者不得以虚构交易、编造用户评价等方式进行虚假或者引人误解的商业宣传，欺骗、误导消费者

为保障消费者的知情权，本款规定了电子商务经营者应当履行的消极义务，同时对其中的典型侵害行为进行了列举，包括：虚构交易与编造用户评价。

（一）虚构交易

所谓虚构交易，即电子商务经营者通过构造虚假的交易项目或虚高交易数量，致使消费者对其商品或服务产生误认的行为。虽在线下的经济生活中亦存在虚构交易的现象，但其在电子商务中更为普遍。在大众消费者的消费观念中，网络环境真假难辨，于是消费者很容易人云亦云。交易数量的多少（即成交量）便成为评判特定电子商务经营者的商品或是质量好坏的决定因素。在此情形下，许多电子商务经营者为获得更好的经营效果，通过虚报交易、自我交易、熟人交易或关联交易等方式虚构交易，以达到哗众取宠的营销效果。部分消费者无从知晓其交易量为虚构，便会基于对交易数量的信赖而选择其商品或服务，此行为严重侵害了消费者的知情权。因此，《电子商务法》在此予以规定，电子商务经营者不得虚构交易侵害消费者的知情权。

（二）编造用户评价

所谓编造用户评价，即电子商务经营者通过不正当的手段编造用户的评价，致使用户评价失去客观性和参考价值的行为。用户评价极强的交互性是电子商务特有的特征，互联网等信息网络使得用户与用户之间的交流变得更为简易。用户评价往往能体现出某一商户的用户满意度、物流速度、服务态度等信息，用户满意度较低的商家很容易被电子商务市场所淘汰。因此，消费者在选择是否进行交易之时，用户评价是其参考的重要指标。正因重要，在现实中，很多电子商务经营者会通过虚假评价、委托他人评价等不正当的方式伪造用户评价，使得用户评价丧失了其真实性和客观性。当消费者基于对用户评价的信赖而作出消费行为时，其对商品和服务的用户体验情况的知情权就已经受到了侵害。因此，《电子商务法》规定，电子商务经营者不得通过编造用户评价的方式侵害消费者的知情权。

由于《消费者权益保护法》并未规定不得编造用户评价这一制度，此项制度属于《电子商务法》的首创。在此 需要讨论如何认定编造用户评价。

认定行为是否属于编造用户评价最为核心的标准自然在于用户评价是否为消费者所作出。现实中，最为普遍的编造用户评价的方式便是电子商务经营者自己或是委托他人利用技术漏洞和信息不公示，假借消费者的名义发表用户评价。这些用户评价并非出自消费者，被认定为编造用户评价毫无疑问。然而现实中，某些商家通过给予“好评奖励”的方式诱导用户做出积极的用户评价，甚至通过电话骚扰等形式迫使用户修改负面评价，这些评价虽然属于消费者作出的评价，但能否认定为编造用户评价的行为则存在一定的疑问。因此，判断电子商务经营者的某一行为是否属于编造用户评价不能仅凭评价主体这单一标准。认定一个行为是否为编造用户评价，需要考量以下两个标准：

1. 评价主体是否为消费者。这是最为核心的标准，若评价主体并非消费者而是电子商务经营者，则该评价行为即属于编造用户评价侵害消费者知情权的行为。

2. 消费者是否基于自己的真实意愿作出评价。在满足第一个标准之后，则需要考量消费者作出评价是否基于自己的真实意愿。本书认为，若消费者系基于自身的意愿做出的，没有受到商家的干涉或是胁迫，则商家的行为就不应当被认定为编造用户评价。譬如，商家通过“好评优惠”等措施给予消费者以一定的优惠，使其做出积极的评价，这种行为并没有干涉到消费者的自身意愿，消费者出于对该条款或是对商家的好感做出积极评价，商家此种行为不应当被认定为编造用户评价。而若电子商务经营者通过电话骚扰等手段胁迫消费者做出积极的评价，就违背了消费者的真实意愿，应当被认定为编造客户信息。

综上，认定经营者的特定行为是否属于编造用户评价，需要综合考量评价主体和评价主体的真实意愿这两个标准。倘若经营者的某个行为导致评价主体并非消费者，或违背了消费者的真实意愿，就应当被认定为编造用户评价。

相关原理

消费者知情权和选择权

《民法总则》第 148 条规定：一方以欺诈手段，使对方在违背真实意思的情况下实施的民事法律行为，受欺诈方有权请求人民法院或者仲裁机构予以撤销。民法将因欺诈成立的法律行为规定为可撤销的法律行为。意思自治是私法自治的核心，也是法律行为的根本。因欺诈而成立的法律行为，虽然私人自治并没有受到暴力控制，但由于信息错误，实际上民事主体的私人自治依旧被裹挟了。

民法虽然保护意思表示的内容，却不保护意思自治的形成原因，即“动机无涉”，民法并不保护民事主体从事某个行为的动机。

民法已经对平等主体之间的交易行为予以了一定的规制。《消费者权益保护法》与《电子商务法》之所以要着重保护消费者的知情权和选择权，主要出于以下的原因：

1. 在经营者和消费者的交易关系中，消费者往往处于信息的弱势方。以货物买卖为例，经营者知晓其货物的质量、物流的快慢、惯常交易的习惯等，但作为普通的消费者，对此其根本无从知晓。相反，经营者在买卖交易中，未知的信息仅为消费者有消费能力。因此，一般情况下，二者的信息不对称极为严重。《消费者权益保护法》作为保护消费者最为重要的法律，需要对消费者的知情权和选择权予以强调。

2. 经济法实质正义的追求和民法形式正义的追求并行不悖。民法以形式正义为标尺，其立法宗旨主要是保护民事主体之间做出意思自治的自由，而不是意思表示的内容。但在现实生活中，民事主体虽然在法律上是平等的，但实际获取信息的能力差异非常大，如果只是从民法角度作出规制，则商家利用信息欺骗消费者的行为必将在社会上泛滥，将会大大影响社会秩序。因此，需要《消费者权益保护法》在民法体系之外保护实质正义。

3. 《消费者权益保护法》不仅保护消费者意思自治的内容，同时保护消费者的动机。前文提过，民法并不保护动机。但在经济生活中，商家往往会从消费者的动机入手进行欺诈，这就使得消费者处于不利的地位。因此，《消费者权益保护法》保护消费者的动机，如禁止一切虚假宣传、虚假广告等。

信息时代，消费者与经营者之间的信息不对称极有可能被进一步拉大，因此，法律对于消费者知情权和选择权的保护也需要跟上时代的发展。

相关案例

成都同德福合川桃片食品有限公司诉重庆市合川区同德福桃片有限公司、余某华侵害商标权及不正当竞争纠纷案

最高人民法院2016年指导案例第58号

一、当事人信息

原告：成都同德福合川桃片食品有限公司（以下简称成都同德福公司）

被告：余某华、重庆市合川区同德福桃片有限公司（以下简称重庆同

德福公司)

二、基本案情

原告(反诉被告)成都同德福合川桃片食品有限公司(以下简称成都同德福公司)诉称,成都同德福公司为“同德福TONGDEFU及图”商标权人,余某华先后成立的个体工商户和重庆市合川区同德福桃片有限公司(以下简称重庆同德福公司),在其字号及生产的桃片外包装上突出使用了“同德福”字样,侵害了原告享有的“同德福TONGDEFU及图”注册商标专用权并构成不正当竞争。请求法院判令重庆同德福公司、余某华停止使用并注销含有“同德福”字号的企业名称;停止侵犯原告商标专用权的行为,登报赔礼道歉、消除影响,赔偿原告经济、商誉损失50万元及合理开支5066.4元。

被告(反诉原告)重庆同德福公司、余某华共同答辩并反诉称,重庆同德福公司的前身为始创于1898年的同德福斋铺,虽然同德福斋铺因公私合营而停止生产,但未中断独特技艺的代代相传。“同德福”第四代传人余某华继承祖业先后注册了个体工商户和公司,规范使用其企业名称及字号,重庆同德福公司、余某华的注册行为是善意的,不构成侵权。成都同德福公司与老字号“同德福”并没有直接的历史渊源,但其将“同德福”商标与老字号“同德福”进行关联的宣传,属于虚假宣传。而且,成都同德福公司擅自使用“同德福”知名商品名称,构成不正当竞争。请求法院判令成都同德福公司停止虚假宣传,在全国性报纸上登报以消除影响;停止对“同德福”知名商品特有名称的侵权行为。

法院经审理查明:开业于1898年的同德福斋铺,在1916年至1956年期间,先后由余鸿春、余复光、余永祚三代人经营。在20世纪20年代至50年代期间,“同德福”商号享有较高知名度。1956年,由于公私合营,同德福斋铺停止经营。1998年,合川市桃片厂温江分厂获准注册了第1215206号“同德福TONGDEFU及图”商标,核定使用范围为第30类,即糕点、桃片(糕点)、可可产品、人造咖啡。2000年11月7日,前述商标的注册人名义经核准变更为成都同德福公司。成都同德福公司的多种产品外包装使用了

“老字号”“百年老牌”字样、“‘同德福牌’桃片简介：‘同德福牌’桃片创制于清乾隆年间（或1840年），有着悠久的历史文化”等字样。成都同德福公司网站中“公司简介”页面将《合川文史资料选辑（第二辑）》中关于同德福斋铺的历史用于其“同德福”牌合川桃片的宣传。

2002年1月4日，余永祚之子余某华注册个体工商户，字号名称为合川市老字号同德福桃片厂，经营范围为桃片、小食品自产自销。2007年，其字号名称变更为重庆市合川区同德福桃片厂，后注销。2011年5月6日，重庆同德福公司成立，法定代表人为余某华，经营范围为糕点（烘烤类糕点、熟粉类糕点）生产，该公司是第6626473号“余复光1898”图文商标、第7587928号“余某华”图文商标的注册商标专用权人。重庆同德福公司的多种产品外包装使用了“老字号【同德福】商号，始创于清光绪23年（1898年）历史悠久”等介绍同德福斋铺历史及获奖情况的内容，部分产品在该段文字后注明“以上文字内容摘自《合川县志》”“【同德福】颂：同德福，在合川，驰名远，开百年，做桃片，四代传，品质高，价亦廉，讲诚信，无欺言，买卖公，热情谈”“合川桃片”“重庆市合川区同德福桃片有限公司”等字样。

三、裁判结果

重庆市第一中级人民法院于2013年7月3日作出（2013）渝一中法民初字第00273号民事判决：一、成都同德福公司立即停止涉案的虚假宣传行为。二、成都同德福公司就其虚假宣传行为于本判决生效之日起连续五日在其网站刊登声明消除影响。三、驳回成都同德福公司的全部诉讼请求。四、驳回重庆同德福公司、余某华的其他反诉请求。一审宣判后，成都同德福公司不服，提起上诉。重庆市高级人民法院于2013年12月17日作出（2013）渝高法民终字00292号民事判决：驳回上诉，维持原判。

法院生效裁判认为：个体工商户余某华及重庆同德福公司与成都同德福公司经营范围相似，存在竞争关系；其字号中包含“同德福”三个字与成都同德福公司的“同德福TONGDEFU及图”注册商标的文字部分相同，与该商标构成近似。其登记字号的行为是否构成不正当竞争关键在于该行为是否违反诚实信用原则。成都同德福公司的证据不足以证明“同德福 TONG-DEFU 及图”商标已经具有相当知名度，即便他人将“同德福”登记为字号并规范使用，也不会引起相关公众误认，因而不能说明余某华将个体工商户字号注册为“同德福”具有“搭便车”的恶意。而且，在 20 世纪 20 年代至 50 年代期间，“同德福”商号享有较高商誉。同德福斋铺先后由余鸿春、余复光、余永祚三代人经营，尤其是在余复光经营期间，同德福斋铺生产的桃片获得了较多荣誉。余某华系余复光之孙、余永祚之子，基于同德福斋铺的商号曾经获得的知名度及其与同德福斋铺经营者之间的直系亲属关系，将个体工商户字号登记为“同德福”具有合理性。余某华登记个体工商户字号的行为是善意的，并未违反诚实信用原则，不构成不正当竞争。基于经营的延续性，其变更个体工商户字号的行为以及重庆同德福公司登记公司名称的行为亦不构成不正当竞争。

从重庆同德福公司产品的外包装来看，重庆同德福公司使用的是企业全称，标注于外包装正面底部，“同德福”三字位于企业全称之中，与整体保持一致，没有以简称等形式单独突出使用，也没有为突出显示而采取任何变化，且整体文字大小、字形、颜色与其他部分相比不突出。因此，重庆同德福公司在产品外包装上标注企业名称的行为系规范使用，不构成突出使用字号，也不构成侵犯商标权。就重庆同德福公司标注“同德福颂”的行为而言，“同德福颂”四字相对于其具体内容（三十六字打油诗）字体略大，但视觉上形成一个整体。其具体内容系根据史料记载的同德福斋铺曾经在商品外包装上使用过的一段类似文字改编，意在表明“同德福”商号的历史和经营理念，并非为突出“同德福”三个字。且重庆同德福公司的产品外包装使用了多项商业标识，其中“合川桃片”集体商标特别突出，其自有商标也比较明显，并同时标注了“合川桃片”的地理标志及重庆市非物质文化遗产，相对于这些标识来看，“同德福颂”及其具体内容仅属于普通描述性文字，明显不具有商业标识的形式，也不够突出醒目，客观上不容易使消费者对商品来源产生误认，亦不具备替代商标的功能。因此，重庆同德福公司标注“同德福颂”的行为不属于侵犯商标权意义上的“突出使用”，不构成侵犯商标权。

成都同德福公司的网站上登载的部分“同德福牌”桃片的历史及荣誉，与史料记载的同德福斋铺的历史及荣誉一致，且在其网站上标注了史料来源，但并未举证证明其与同德福斋铺存在何种联系。此外，成都同德福公司还在其产品外包装标明其为“百年老牌”“老字号”“始创于清朝乾隆年间”等字样，而其“同德福 TONGDEFU 及图”商标核准注册的时间是1998年，就其采取前述标注行为的依据，成都同德福公司亦未举证证明。成都同德福公司的前述行为与事实不符，容易使消费者对于其品牌的起源、历史及其与同德福斋铺的关系产生误解，进而取得竞争上的优势，构成虚假宣传，应承担相应的停止侵权、消除影响的民事责任。

相关立法与规定

1.《消费者权益保护法》

第8条 消费者享有知悉其购买、使用的商品或者接受的服务的真实情况的权利。

消费者有权根据商品或者服务的不同情况，要求经营者提供商品的价格、产地、生产者、用途、性能、规格、等级、主要成份、生产日期、有效期限、检验合格证明、使用方法说明书、售后服务，或者服务的内容、规格、费用等有关情况。

第20条 经营者向消费者提供有关商品或者服务的质量、性能、用途、有效期限等信息，应当真实、全面，不得作虚假或者引人误解的宣传。

经营者对消费者就其提供的商品或者服务的质量和使用方法等问题提出的询问，应当作出真实、明确的答复。

经营者提供商品或者服务应当明码标价。

2.《反不正当竞争法》

第8条 经营者不得对其商品的性能、功能、质量、销售状况、用户评价、曾获荣誉等作虚假或者引人误解的商业宣传，欺骗、误导消费者。

经营者不得通过组织虚假交易等方式，帮助其他经营者进行虚假或者引人误解的商业宣传。

3.《广告法》

第4条第1款　广告不得含有虚假或者引人误解的内容，不得欺骗、误导消费者。

4. 国家工商行政管理总局《网络交易管理办法》

第11条　网络商品经营者向消费者销售商品或者提供服务，应当向消费者提供经营地址、联系方式、商品或者服务的数量和质量、价款或者费用、履行期限和方式、支付形式、退换货方式、安全注意事项和风险警示、售后服务、民事责任等信息，采取安全保障措施确保交易安全可靠，并按照承诺提供商品或者服务。

第14条　网络商品经营者、有关服务经营者提供的商品或者服务信息应当真实准确，不得作虚假宣传和虚假表示。

5.《商务部关于规范网络购物促销行为的通知》

第3条　保护消费者合法权益。杜绝各种价格欺诈和虚假促销行为，严禁虚构原价打折、使用误导性标价形式或价格手段，欺骗、诱导消费者，不得降低促销商品（包括有奖销售的奖品、赠品）的售后服务水平，不得以促销为由拒绝退换货或者为消费者退换货设置障碍，不得以保留最终解释权为由，损害消费者的合法权益。

6.《电子商务模式规范》

3.10.2 电子商务经营者应当保证其提供的商品或者服务符合保障人身、财产安全的要求。对可能危及人身、财产安全的商品和服务，应当向消费者作出真实的说明和明确的警示，并说明和标明正确使用商品或者接受服务的方法以及防止危害发生的方法。经营者发现其提供的商品或者服务存在严重缺陷，即使正确使用商品或者接受服务仍然可能对人身、财产安全造成危害的，应当立即向有关行政部门报告和告知消费者，并采取防止危害发生的措施。电子商务经营者不得提供有质量瑕疵的商品或者服务、不得进行虚假宣传、不能违约和不可有侵权行为等。

第十八条 【电子商务经营者向消费者提供搜索结果和发送广告时的义务】

电子商务经营者根据消费者的兴趣爱好、消费习惯等特征向其提供商品或者服务的搜索结果的，应当同时向该消费者提供不针对其个人特征的选项，尊重和平等保护消费者合法权益。

电子商务经营者向消费者发送广告的，应当遵守《中华人民共和国广告法》的有关规定。

条文主旨

本条是关于电子商务经营者向消费者提供搜索结果和发送广告时的义务的规定。

条文释义

本条分为两款，分别规定了电子商务经营者根据消费者的兴趣爱好、消费习惯等特征向其提供搜索结果和发送广告时应当履行的义务。

一、电子商务经营者向消费者提供搜索结果时应履行的义务

在《电子商务法》制定过程中，大数据杀熟与大数据营销一直颇受关注。所谓大数据杀熟，是指利用大数据判断消费者是否具有议价和比价能力，进行价格歧视；所谓大数据营销，是指利用大数据分析消费者的消费需求和消费倾向，从而针对消费者个人进行营销。《电子商务法》在此对大数据营销进行规制，具有现实的必要性，体现如下：

其一，大数据杀熟与大数据营销的问题愈演愈烈。典型的大数据杀熟情形如，甲乙二人在同一平台搜索同一商品，甲先后搜索两次，乙先后搜索十次，当二人再同时搜索该商品时，出现不一样的价格。常见的大数据营销是我们刚在某购物平台上搜索某一商品或者服务后，浏览其他网页或者电子商务平台时就出现相似商品或者服务的推荐。大数据时代下，很多互联网企业一方面依赖大数据分析用户，从而不断地更新软件以满足用户需求；但另一方面，很多企业亦会滥用收集到的用户信息，做出侵害用户权益的经营行为。因此，《电子商务法》有必要对此加以规制。

其二，此问题是电子商务活动特有的问题。大数据杀熟与营销是电子商务环境下特有的问题。线下经营者所掌握的用户数据有限，根本不可能针对大量的用户进行比价能力与消费需求的分析。因此，规制电子商务活动的《电子商务法》必须对此问题进行规定。

其三，现行法律无法妥善地解决这两个问题。由于我国对“个人信息”权利范围没有明确的界定，类似于浏览记录、收藏记录等信息是否属于个人信息尚存在疑问与争议。而大数据杀熟与大数据营销，往往只需用户在平台内的浏览记录即可完成。因此，虽然《消费者权益保护法》《电子商务法》和《网络安全法》都规定了个人信息的保护规则，但仅凭此规定，很难切实地规制大数据杀熟和大数据营销。

部分人认为此条是对大数据杀熟和营销的双重规制，但就本条文义而言，应当只包括大数据营销。因为大数据杀熟的本质特征是价格歧视条款，而这条的规定则是从精准营销角度向用户提供更多的选择，并未涉及价格歧视的问题。

按照本条规定，电子商务经营者根据消费者的兴趣爱好、消费习惯向消费者推销商品或服务时，应当同时向该消费者提供不针对其个人特征的选项，尊重和平等保护消费者的合法权益。所谓应当提供不针对其个人特征的选项，意为电子商务经营者所推销的商品或服务不能仅仅是根据某个特定消费者的兴趣爱好、消费习惯等分析出来的选项。基于此，本条的规范意义有以下三点：

第一，本条肯定了营销行为的合法性以及电子商务经营者分析消费者兴趣爱好、消费习惯等信息的合法性。虽然本条未禁止电子商务经营者分析消费者的兴趣爱好、消费习惯等，但本法第 23 条亦确立了个人信息的保护规则，电子商务经营者不可将消费者的相关信息用于买卖、互易等商业用途。

第二，本条规定电子商务经营者根据消费者的兴趣爱好、消费习惯等特征向其提供商品或者服务的搜索结果时，应当同时向消费者提供不针对其个人特征的选项，这意味着提供个人特征的选项并不为《电子商务法》所禁止，只是提供个人特征选项时应当提供共性的选项。

第三，应当尊重和平等保护消费者的合法权益。所谓尊重，即应当尊重消费者的人格尊严和个人隐私。电子商务经营者不得营销和消费者隐私直接相关的私密物品，如向艾滋病人营销抗艾滋药物。所谓平等，是指电子商务经营者应当对所有消费者统一对待，不得依据消费能力、消费习惯等划分消费者群体，进行不同的营销。

二、电子商务经营者向消费者发送广告时应履行的义务

本条第二款规定，电子商务经营者向消费者发送广告，应当遵守《广告法》的规定。传统的广告一般通过展板、数字媒介等形式向消费者展现，一般都会经过相关部门的审核。由于电子商务活动在互联网上进行，经营者发布广告更为便捷，电子商务经营者往往在自己的网站或是软件中就能发布广告。因此，电子商务经营者发布广告，更应当自觉遵守《广告法》的规定。根据《广告法》，商品经营者或者服务提供者通过一定媒介和形式直接或者间接地介绍自己所推销的商品或者服务的商业广告活动，都要受到广告法的约束。

《广告法》对广告行为的约束主要体现在两个方面：

其一，是广告内容规范，即对广告中不能出现的内容进行了规定。譬如，出于对国家利益和社会公共利益的保护，《广告法》第 9 条规定了广告不得包含的内容。同时，对于烟酒、药品、保健品等特殊的产品或服务，《广告法》亦对其内容进行了特殊的规定。

其二，是广告行为规范，这是对广告经营者、广告发布者的行为要求。譬如《广告法》第 29 条规定，广播电台、电视台、报刊出版单位从事广告发布业务的，应当设有专门从事广告业务的机构，配备必要的人员，具有与发布广告相适应的场所、设备，并向县级以上地方工商行政管理部门办理广告发布登记。

相关原理

大数据时代下个人信息的保护

众所周知，随着互联网、人工智能等产业的不断发展，人类社会已经进入大数据时代。在传统行业中，经营者所掌握的用户数量与信息数量都相对有限，同时，经营者之间的交互性并不强，同一个用户信息在不同的经营者之间的流通渠道亦相对有限，所以经营者在收集、使用用户信息过程中暴露的法律问题并不十分明显。然而，在电子商务活动中，电子商务经营者出于支付、服务、物流等需要，轻而易举地掌握了用户数量巨大的、隐私性强的个人信息。由于行业管制的不规范，用户信息经常会被电子商务经营者用于其他用途，这就违背了电子商务经营者收集、使用个人信息需合法、正当、必要的基本原则，亦侵害了用户个人信息使用权。因此，保护用户个人信息显得尤为突出。

由上可知，用户个人信息的收集和使用存在巨大的法律风险，《电子商务法》第18条、第23条和第24条体现了保护用户个人信息的重要性。然而，在现有的法律体系下，该问题的解决尚有以下难题：

1. 消费者的个人信息保护意识不强。个人信息侵权事例往往体现出信息泄露易、侵权求偿难的特点，消费者在进行电子商务活动时对个人信息的保护意识不足，往往根据电子商务经营者的要求提供个人信息，但其中有些个人信息并非交易之必需。在信息给予阶段，消费者恰恰是风险最有效的控制者，而消费者个人信息保护意识不强徒增了个人信息的泄露风险。

2. 消费者受到侵害后举证困难。在现金的互联网时代，电子商务平台、网站、手机应用、网络支付，无处不需要消费者提供个人信息。当消费者发现自己信息被泄露之时，如收到骚扰电话、短信、收到试用品等，往往无从得知该信息泄露的源头为何，更不用说具体到哪一个电子商务经营者了。用户纵然能定位到某一电子商务经营者，也难以举证该个人信息就是从该电子商务经营者处泄露的。因此，消费者在维权时难以举证证明个人信息受到侵害和特定电子商务经营者的行为之间存在因果关系，极大地增加了维权成本。

3. 对电子商务经营者缺乏有效的行业监管体制。现阶段，虽然《消费者权益保护法》《网络安全法》规定了经营者收集、使用个人信息的基本原则，但并没有系统的监管机构与机制。电子商务经营者之间为商业目的互相交易用户的个人信息的情况屡见不鲜。

综上，《电子商务法》虽然在第 18 条规定了电子商务经营者进行大数据营销时的义务，在第 23 条也原则性地规定了电子商务经营者收集、使用个人信息应符合法律法规的规定。总体而言，在大数据背景下，个人信息仍然面临个人消费者举证困难、行业监管机制缺位等现象，用户个人信息仍然面临非常大的法律风险，因此，有待更为具体的法律、法规、规章对此予以细化规定。

相关立法与规定

1.《消费者权益保护法》

第 9 条 消费者享有自主选择商品或者服务的权利。

消费者有权自主选择提供商品或者服务的经营者，自主选择商品品种或者服务方式，自主决定购买或者不购买任何一种商品、接受或者不接受任何一项服务。

消费者在自主选择商品或者服务时，有权进行比较、鉴别和挑选。

第 14 条 消费者在购买、使用商品和接受服务时，享有人格尊严、民族风俗习惯得到尊重的权利，享有个人信息依法得到保护的权利。

2.《商务部关于规范网络购物促销行为的通知》

第 3 条 保护消费者合法权益。杜绝各种价格欺诈和虚假促销行为，严禁虚构原价打折、使用误导性标价形式或价格手段，欺骗、诱导消费者，不得降低促销商品（包括有奖销售的奖品、赠品）的售后服务水平，不得以促销为由拒绝退换货或者为消费者退换货设置障碍，不得以保留最终解释权为由，损害消费者的合法权益。第十九条电子商务经营者应当按照承诺或者与消费者约定的方式、时限向消费者交付商品或者服务，并承担商品运输中的风险和责任。但是，消费者与电子商务经营者约定另行选择快递物流服务提供者的除外。

第十九条　【电子商务经营者进行搭售时应当履行的义务】

电子商务经营者搭售商品或者服务，应当以显著方式提请消费者注意，不得将搭售商品或者服务作为默认同意的选项。

条文主旨

本条是关于电子商务经营者进行搭售时应当履行的义务的规定。

条文释义

2018年1月1日新施行的《反不正当竞争法》将原来的禁止搭售条款删除，即法律不再全盘否定搭售行为的效力，而是尊重商家的自主经营权和消费者的自主选择权，但搭售时不得侵害消费者的其他权益。

本条亦承认了电子商务经营者搭售商品或服务的合法性，但亦为电子商务经营者附加新的义务——应当以显著方式提醒消费者主体，不得将搭售商品或者服务作为默认同意的选项。

一、以显著方式提醒消费者

此项义务并非电子商务经营者独有。《消费者权益保护法》第9条第1款、第2款规定，消费者享有自主选择商品或者服务的权利。消费者有权自主选择提供商品或者服务的经营者，自主选择商品品种或者服务方式，自主决定购买或者不购买任何一种商品、接受或者不接受任何一项服务。搭售商品并不是纯粹地向消费者推销另一个商品，其是因消费者对某件商品的依赖，从而搭售另一件商品。因此，基于对消费者自主选择权的保障，商家必须以显著的方式提醒消费者其在搭售，消费者知情后自主选择的结果法律无涉，但法律必须保障消费者的知情权和选择权。

二、不得将搭售商品或服务作为默认同意的选项

此项义务系电子商务经营者独有之义务。在网上交易中，由于交易具有迅捷性和便利性，消费者往往很容易点击默认同意的选项，因此，如果电子商务经营者将搭售作为此选项，则消费者即使点击同意，亦难以确定为其真实的意思表示。出于对消费者自主选择权的严格保护，电子商务经营者除了要以显著方式提醒消费者以外，还不能将搭售商品或服务作为默认同意的选项。

相关立法与规定

《消费者权益保护法》

第9条 消费者享有自主选择商品或者服务的权利。

消费者有权自主选择提供商品或者服务的经营者，自主选择商品品种或者服务方式，自主决定购买或者不购买任何一种商品、接受或者不接受任何一项服务。

消费者在自主选择商品或者服务时，有权进行比较、鉴别和挑选。

第二十条 【电子商务经营者的交付义务与风险规则】

电子商务经营者应当按照承诺或者与消费者约定的方式、时限向消费者交付商品或者服务，并承担商品运输中的风险和责任。但是，消费者另行选择快递物流服务提供者的除外。

条文主旨

本条是对电子商务经营者的交付义务、风险负担的规则及例外情形的规定。

条文释义

根据《电子商务法》第9条的规定，对电子商务经营者而言，“商务”二字的核心内涵即为“提供商品或服务”。因此，在合同签订之后，电子商务经营者的给付义务主要表现为交付商品或提供服务。本条既对此义务进行了规定，亦规定了货物运输的风险和责任。

一、电子商务经营者的交付义务

《消费者权益保护法》第16条第2款规定：经营者和消费者有约定的，应当按照约定履行义务，但双方的约定不得违背法律、法规的规定。《消费者权益保护法》第16条所规定的交付义务与《电子商务法》第20条所规定的交付义务类似，二者都将双方的约定置于极为重要的地位。无论消费者面对的是电子商务经营者或是线下经营者，其法律关系的本质大都体现为平等主体之间签订的合同。《合同法》以意思自治为基本原则，交付义务是经营者在合同中的主给付义务，因而电子商务经营者向消费者交付商品或服务一般以双方约定的方式进行。

除了双方的约定以外，比照《消费者权益保护法》，《电子商务法》还规定了电子商务经营者应当按照承诺向消费者交付商品或服务。本书认为，此处的承诺并非指《合同法》上所规定的合同的成立方式，即“要约承诺”。因为无论是要约或是承诺中的意思表示，都属于双方约定的范畴，无须在双方的约定之外刻意强调。此处的承诺，应当理解为电子商务经营者向消费者做出的单方允诺。在现实中，电子商务经营者往往会在其网页或软件上向特定或不特定的消费者做出单方允诺，其中既包括对产品质量的承诺，亦包括对退款的承诺等。而大部分承诺并无法律、法规的强制要求，系电子商务经营者出于商业战略考虑而对消费者做出的单方允诺。基于合同信用的考量，双方若无相反的约定，电子商务经营者应当按照自己的承诺交付商品或提供货物。

在商事交易中，双方的约定内容可谓种类纷杂。但对于交付义务而言，《电子商务法》第20条所规定的方式、时限系为最为重要的内容，交付的方式包括：交付的地点、运输的方式等；交付的时限为交付的时间要求，电子商务经营者应当在时限内履行交付义务。

二、电子商务经营者的风险承担和但书条款

本条规定的另一内容为：电子商务经营者应承担商品运输中的风险和责任。但是，消费者与电子商务经营者约定另行选择快递物流服务提供者的除外。

风险负担并不是电子商务活动中独有的问题，而是任何买卖合同都存在的问题。因此，民法理论对此问题的讨论已经较为深入。在因不可抗力等因素导致合同不能正常履行的情形下，如果没有法律的规定，则当事人之间必将就此问题产生争议。因此，《电子商务法》亦在此规定了电子商务活动中风险负担的特殊规则。

我国合同法采“交付主义”，根据《合同法》第 142 条的规定：标的物毁损、灭失的风险，在标的物交付之前由出卖人承担，交付之后由买受人承担，但法律另有规定或者当事人另有约定的除外。与《合同法》第 142 条不同，《电子商务法》规定除双方另行约定快递物流外，风险一律由电子商务经营者承担。在电子商务活动中，电子商务经营者往往都有合作的物流服务提供者，甚至如京东等经营者，其自身就提供物流服务，无须借助第三方。因此，消费者往往对物流服务提供者无从选择。在此情况下，若依旧按照合同法的规定采用交付主义，对消费者而言并不公平。基于此，《电子商务法》对《合同法》的交付主义进行了特殊的规定，即在电子商务领域，除双方另行约定快递物流外，风险由电子商务经营者承担。

但书条款亦需要做进一步说明，“电子商务经营者如果和消费者约定另行选择快递物流服务提供者的除外”。本条规定的“除外”的意思需要进一步阐明。需要先厘清的是，该“除外”应当指向本条中风险负担的部分，而不是交付义务的部分。电子商务经营者依照双方的约定交付商品或提供服务，此项义务并不会对电子商务经营者的交付义务产生影响，无论是否选择其他承运人，电子商务经营者都需要依照双方的约定交付商品或提供服务。

基于此，“电子商务经营者如果和消费者约定另行选择快递物流服务提供者的除外”的正确理解应为：电子商务经营者如果和消费者约定另行选择快递物流服务提供者，则不再承担商品运输过程的风险和责任。此规定亦与《合同法》所确立的“货交第一承运人”规则一致。《合同法》第 141 条规定：“出卖人应当按照约定的地点交付标的物。当事人没有约定交付地点或者约定不明确，依照本法第六十一条的规定仍不能确定的，适用下列规定：（一）标的物需要运输的，出卖人应当将标的物交付给第一承运人以运交给买受人……”第 145 条规定，当事人没有约定交付地点或者约定不明确，依照本法第 141 条第 2 款第（1）项的规定标的物需要运输的，出卖人将标的物交付给第一承运人后，标的物毁损、灭失的风险由买受人承担。基于此规定，出卖人将货物交付给第一承运人时已经完成交付义务，则货物的风险亦随着出卖人交付第一承运人转移至买受人。

综上所述，《电子商务法》在《合同法》的基础上，对电子商务经营者在电子商务活动中的风险负担问题加以特别规定。当双方没有另行选择物流服务提供者时，标的毁损、灭失的风险一律由电子商务经营者承担；当双方协商第三方快递物流承担运输义务时，则风险自电子商务经营者交付给第一承运人时移转于消费者。

相关原理

民法上的风险负担理论

根据我国《合同法》第 142 条规定，“交付原则”是我国《合同法》所确定的标的物风险负担的基本原则。

风险负担的关键是如何确定风险转移的时间，除当事人在合同中自由约定外，法律应当确定一个基本原则，解决合同当事人对此问题未作约定或约定不明时，商品运输风险从何时起转移的问题。《电子商务法》与《合同法》保持一致，采取“交付原则”，因为在电子商业中，一般由出卖方即电子商务经营者负责商品的运输，交付时间为消费者签收时，故电子商务经营者应当承担商品运输中的风险。但是消费者与电子商务经营者另行选择快递物流服务的，根据我国《合同法》第 145 条规定，商品交付给第一承运人后，风险由买受人承担。

考察各国的规定，关于风险负担有两种通行的立法模式：一是“所有权原则”，指所有权转移时，风险也随之转移，如《英国货物买卖法》第 20 条和《法国民法典》第 1138 条；[①] 二是“交付原则”，指以标的物的交付时间来确定风险转移时间，即出卖人将标的物转移占有至买受人之前，风险由出卖人承担，在转移占有至买受人之后，无论所有权是否已经转移，均由买受人承担，一般认为“交付原则”起源于德国。[②] 所有权主义起源于罗马

---

① 《法国民法典》第 1138 条规定：“自物件交付之日起，即使尚未实现交付，债权人即成为所有人，并负担该物件受损的风险，但如交付人迟延交付，物件受损的风险由交付人负担。”

② 王立明：《合同法新问题研究》，中国社会科学出版社 2011 年版，第 91～92 页。

法，可以视为“利益之所在，风险之所在”的朴素社会正义观念在风险负担中的确立。但是现代社会的商事交易，尤其在电子商务中，所有权转移与标的物的交付可能会发生分离，如果仍选择“所有权原则”，在所有权人并不实际控制标的物的情况下，所有权人无法控制风险产生，也难以举证，对所有权人不公平。

相比之下，“交付原则”具有以下优点：第一，有利于风险控制。标的物占有人实际控制标的物更加有利于控制风险，即交付主义能够建立有效的风险控制激励制度，建立这一制度的关键在于将风险分配给能以最廉价、最有效的方式控制风险的一方。[①] 第二，方便实务操作。《美国统一商法典》的起草者卢埃林冶在解释采纳“交付原则”时认为货物风险转移不用所有权的概念可以使风险转移的规范变得清楚和明确，不会产生误解，便于司法判断与实务操作。[②] 第三，真正符合“权利义务相对等原则”，在标的物已经交付但是所有权并未转移的场合，没有转移所有权并不影响买受人对其管领力范围内的标的物，故应当让买受人对商品承担风险。《联合国国际货物销售合同公约》也采纳了“交付原则”的观点，这被认为代表了国际立法趋势。[③]

相关立法与规定

1. 《合同法》

第 135 条 出卖人应当履行向买受人交付标的物或者交付提取标的物的单证，并转移标的物所有权的义务。

第 141 条 出卖人应当按照约定的地点交付标的物。

当事人没有约定交付地点或者约定不明确，依照本法第六十一条的规定仍不能确定的，适用下列规定：

（一）标的物需要运输的，出卖人应当将标的物交付给第一承运人以运

① 余延满：《货物所有权的转移与风险负担的比较法研究》，武汉大学出版社 2002 年版，第 319 页。

② 参见王立明：《合同法新问题研究》，中国社会科学出版社 2011 年版，第 745 页。

③ 赵佳仪、陈华庭：《我国买卖合同中的“交付”与“风险转移”》，载《法商研究》2003 年第 2 期，第 73 ~ 79 页。

交给买受人；

（二）标的物不需要运输，出卖人和买受人订立合同时知道标的物在某一地点的，出卖人应当在该地点交付标的物；不知道标的物在某一地点的，应当在出卖人订立合同时的营业地交付标的物。

第142条　标的物毁损、灭失的风险，在标的物交付之前由出卖人承担，交付之后由买受人承担，但法律另有规定或者当事人另有约定的除外。

第145条　当事人没有约定交付地点或者约定不明确，依照本法第一百四十一条第二款第一项的规定标的物需要运输的，出卖人将标的物交付给第一承运人后，标的物毁损、灭失的风险由买受人承担。

2. **《消费者权益保护法》**

第16条　经营者向消费者提供商品或者服务，应当依照本法和其他有关法律、法规的规定履行义务。

经营者和消费者有约定的，应当按照约定履行义务，但双方的约定不得违背法律、法规的规定。

经营者向消费者提供商品或者服务，应当恪守社会公德，诚信经营，保障消费者的合法权益；不得设定不公平、不合理的交易条件，不得强制交易。

第二十一条　【电子商务经营者的押金退还义务】

电子商务经营者按照约定向消费者收取押金的，应当明示押金退还的方式、程序，不得对押金退还设置不合理条件。消费者申请退还押金，符合押金退还条件的，电子商务经营者应当及时退还。

条文主旨

本条是对电子商务经营者押金退还义务的规定。

条文释义

在现实交易中，押金起到重要的担保作用，因而在现实生活中广为运用。随着共享经济的崛起和流行，押金逐步成为电子商务活动中必不可少的手段。以共享单车为例，注册用户可能需要缴纳一定数额的押金，若用户在使用共享单车的过程中有车辆的损害或者其他违规行为，赔偿金等便从押金中扣除。用户退出时，经过相应的程序，可以申请退还押金。虽然共享经济中收取押金的问题一直陷入是否为非法集资的争论，但需要指出的是，信用的保障是共享经济能够运行的基础，收取押金这个行为本身系平等主体之间的交易行为，法律不应该有太多的干预。

然而，在现实中，很多经营者借押金之名，行集资之实，挪用用户押金，导致用户要求返还时缺乏返还能力。譬如，2018 年 3 月 15 日，央视“3·15”晚会报道，消费者反映向商家申请退还押金，而酷骑单车押金迟迟不退还。不仅如此，很多的电子商务经营者出于经营策略的考量，会增添用户押金返还的条件，限制用户押金返还的申请。因此，《电子商务法》在此规定电子商务经营者押金的退还义务具有重要的意义。

根据本条规定，只有基于双方的约定，电子商务经营者才可以向用户收取押金。同时，收取押金时，应当尽到以下义务：

1. 明示押金退还的程序。电子商务经营者需要明示退还押金的程序，即消费者申请退还押金的条件和步骤。消费者需要知悉退还的具体程序以及退还程序的复杂程度，便于其考虑是否做出缴纳押金继续交易的决定。

2. 明示押金退还的方式。电子商务经营者需要明示押金退还的方式，即押金以何种形式交付消费者。这使得消费者能够判断押金是否已退还、何时已退还，方便其安排自己的经济生活。

3. 不得对押金退还设置不合理条件。经营者必须明示押金退还的程序和条件是对押金退还的程序要求，至于押金退还的具体条件本条亦有规定——不得设置不合理的条件。在现实生活中，电子商务经营者出于利益的最大化，往往对押金的退还设置各种不合理的条件，如在手机上缴纳的押金却要求消费者到线下的实体店收取押金，此种条件即为不合理的条件。但现实的情况往往比较复杂，合理与否的标准较难定义。一般而言，违反交易习惯、交付押金和退还押金条件不对等都可以被认定为不合理。

同时，本条亦规定，在消费者申请退还押金时，符合押金退还条件的，电子商务经营者应当及时退还。消费者提出申请，若该申请和情形符合押金退还的条件，则电子商务经营者不得裁量，应当直接退还押金。但本条亦有疑问，何为及时在法条中并没有解答，按法条目的，“及时”应当理解为在技术上能达到的最快的时间内退还，电子商务经营者不得以任何理由拖延退还的时间。

相关原理

押金的法律性质

（一）概念

押金，通常又称为抵押金、担保金等，是指债务人或第三人在债务之外又交付一定数额的金钱，该特定数额金钱的得丧与债务履行与否直接联系在一起，债务履行时，返还押金或予以抵扣，债务不履行时，债权人得就该款项优先受偿。交付押金属于合同担保中的常用手段。押金担保会使当事人一方产生心理压力，从而促使其积极履行债务，保障债权得以实现。[①] 在电子商务中，押金通常由买受方即消费者缴纳，合同中约定特定条件成就时退还押金或条件未成就时不返还押金。

首先应当区别押金与定金这两个概念，押金担保与定金担保有着本质上的区别：第一，押金担保没有数额上的限制，可以突破定金20%的限制甚至超过主合同的标的额；第二，押金担保没有默示的定金罚则，双方需要在合同中约定押金的返还或抵扣方式。

由于押金担保转移的是金钱的所有权，因此与法律所规定的“流质契约”有相似之处，然而两者是不同的。在流质场合，抵押物的所有权转移是基于双方当事人的约定，而且这种转移是被担保人未履行债务之后才发生的；在押金担保场合，押金所有权的转移是基于金钱作为流通物所独有的特点——占有等于所有所发生的自然后果。因此押金担保并非“流质契约”，而是一种独立的非典型担保方式。[②]

---

① 参见崔建远：《合同法（第四版）》，法律出版社2007年版，第161页；汪传才：《押金初探》，载《政治与法律》1999年第2期，第24页。

② 李巍、朱西臣：《论押金担保》，载《政治与法律》2000年第4期，第33页。

（二）基本原则

民法及相关法律中并未对押金有明确的界定与规范，故对押金的约定应当遵循合同法的基本原则，押金担保主要涉及合同法的公平原则①——《合同法》第5条："当事人应当遵循公平原则确定各方的权利和义务。"如果电子商务经营者在合同中未明确押金退还的方式、程序，或者为押金退还设置不合理的条件，都属于利用自身优势为押金返还设置障碍，违背公平原则，甚至可能因违背《合同法》第54条重大误解或显示公平而可撤销。

电子商务中的押金合同通常为格式合同，当电子商务经营者依照约定向消费者收取押金时，应当在其格式合同中明确押金缴纳及退还的方式与程序，并且不得对押金退还设置不合理的条件。《消费者权益保护法》第26条第2款、第3款规定："经营者不得以格式条款、通知、声明、店堂告示等方式，作出排除或者限制消费者权利、减轻或者免除经营者责任、加重消费者责任等对消费者不公平、不合理的规定，不得利用格式条款并借助技术手段强制交易。格式条款、通知、声明、店堂告示等含有前款所列内容的，其内容无效。"《消费者权益保护法》中关于格式条款的规定同样适用于电子商务经营者所提供的押金问题。

（三）履行

电子商务经营者与消费者应当依照合同约定履行各自义务，例如，在合同中约定了押金退还的程序与方式，则应当在条件成就时应消费者请求及时退还押金，除合同中明确的情形外，不得以任何理由迟延退还押金。如果押金合同中约定了退还押金的期限，应当依照约定；未约定退还押金期限时，应当按照一般情况下电子商务经营者退还押金的期限及时退还。如果电子商务经营者延迟履行退还押金的义务，则应当依照约定或按照银行同期存款利息计算延迟履行违约金。

---

① 合同正义系属平均正义，强调一方给付与他方的对待给付之间，具有等值性，即追求实现当事人的给付之间的均衡，被学说称为"给付的均衡"法理。参见韩世远：《合同法总论（第三版）》，法律出版社2011年版，第39～40页。

相关立法与规定

1.《物权法》

第 208 条　为担保债务的履行，债务人或者第三人将其动产出质给债权人占有的，债务人不履行到期债务或者发生当事人约定的实现质权的情形，债权人有权就该动产优先受偿。

前款规定的债务人或者第三人为出质人，债权人为质权人，交付的动产为质押财产。

2.《担保法》

第 89 条　当事人可以约定一方向对方给付定金作为债权的担保。债务人履行债务后，定金应当抵作价款或者收回。给付定金的一方不履行约定的债务的，无权要求返还定金；收受定金的一方不履行约定的债务的，应当双倍返还定金。

第 90 条　定金应当以书面形式约定。当事人在定金合同中应当约定交付定金的期限。定金合同从实际交付定金之日起生效。

第 91 条　定金的数额由当事人约定，但不得超过主合同标的额的百分之二十。

3.《最高人民法院关于适用〈中华人民共和国担保法〉若干问题的解释》

第 118 条　当事人交付留置金、担保金、保证金、订约金、押金或者订金等，但没有约定定金性质的，当事人主张定金权利的，人民法院不予支持。

第二十二条　【电子商务经营者不得滥用市场支配地位】

电子商务经营者因其技术优势、用户数量、对相关行业的控制能力以及其他经营者对该电子商务经营者在交易上的依赖程度等因素而具有市场支配地位的，不得滥用市场支配地位，排除、限制竞争。

条文主旨

本条是对电子商务经营者市场支配地位的认定以及不得滥用市场支配地位的规定。

条文释义

一、市场支配地位的认定

根据《反垄断法》第 17 条第 2 款的规定，所谓市场支配地位，是指经营者在相关市场内具有能够控制商品价格、数量或者其他交易条件，或者能够阻碍、影响其他经营者进入相关市场能力的市场地位。市场支配地位实际上是一种经济现象，反映了企业在市场竞争中的地位，即拥有这种地位的企业不再受到相关市场内市场竞争的约束，不必考虑竞争者或交易对手就可以自由定价或者自由作出其他经营决策。近年来，电子商务聚拢了大量的社会资本，同时也造就了大批具有市场支配地位的电子商务经营者，为国家经济发展起到巨大推进作用的同时，法律亦要谨防具有垄断地位的经营者破坏市场竞争体系。

认定市场支配地位并不能仅凭某一单个要素而予以认定，《反垄断法》第 18 条规定了认定市场支配地位的因素："认定经营者具有市场支配地位，应当依据下列因素：（一）该经营者在相关市场的市场份额，以及相关市场的竞争状况；（二）该经营者控制销售市场或者原材料采购市场的能力；（三）该经营者的财力和技术条件；（四）其他经营者对该经营者在交易上的依赖程度；（五）其他经营者进入相关市场的难易程度；（六）与认定该经营者市场支配地位有关的其他因素。"

本条规定将上述条文在电子商务环境下进行了进一步阐释，并未脱离《反垄断法》的范畴，体现了较强的电子商务特色。根据本条规定，认定电子商务经营者市场支配的要素主要有：

1. 技术优势。《电子商务法》将技术优势列为第一项，电子商务经营者的横向和纵向的交易流程都需要以技术为依托，一旦某个电子商务经营者拥有某个环节的技术优势，无疑加大了其支配市场的可能性。

2. 用户数量。用户数量决定了电子商务经营者的市场份额和影响力，亦是考量支配地位的重要因素。

3. 对相关行业的控制能力。《反垄断法》第 18 条第 1 款第（2）项规定经营者控制销售市场或者原材料采购市场的能力是认定市场支配地位的因素之一，本条在《电子商务法》中的体现即为对相关行业的控制能力。

4. 其他经营者对该电子商务经营者在交易上的依赖程度。《反垄断法》第 18 条第 1 款第（4）项亦有此规定。

此外，《反垄断法》第 19 条规定了市场支配地位的推定，亦适用于电子商务经营者市场支配地位的认定。《反垄断法》第 19 条："有下列情形之一的，可以推定经营者具有市场支配地位：（一）一个经营者在相关市场的市场份额达到二分之一的；（二）两个经营者在相关市场的市场份额合计达到三分之二的；（三）三个经营者在相关市场的市场份额合计达到四分之三的。有前款第二项、第三项规定的情形，其中有的经营者市场份额不足十分之一的，不应当推定该经营者具有市场支配地位。被推定具有市场支配地位的经营者，有证据证明不具有市场支配地位的，不应当认定其具有市场支配地位。"

二、电子商务经营者不得滥用市场支配地位

市场支配地位是市场竞争的结果，并不被法律所禁止。但滥用市场支配地位会破坏市场的竞争体系，破坏市场平衡，因此无论是电子商务或是线下的市场交易，《反垄断法》都对滥用市场支配地位的行为进行了规制。同时，《反不正当竞争法》亦对不正当竞争的行为进行了规制，二者在行为上可能有重合之处，但《反垄断法》针对的是拥有市场支配地位的经营者，《反不正当竞争法》则针对的是所有经营者的不正当行为，二者存在差异。

按照《电子商务法》第 22 条的表述，本条所针对的主体是具有市场支配地位的电子商务经营者，其不得滥用市场支配地位，排除或者限制竞争。根据《反垄断法》第 17 条的规定，禁止具有市场支配地位的经营者从事下列滥用市场支配地位的行为有：（1）以不公平的高价销售商品或者以不公平的低价购买商品；(2) 没有正当理由，以低于成本的价格销售商品；(3) 没有正当理由，拒绝与交易相对人进行交易；(4) 没有正当理由，限定交易相对人只能与其进行交易或者只能与其指定的经营者进行交易；(5) 没有正当理由搭售商品，或者在交易时附加其他不合理的交易条件；(6) 没有正当理由，对条件相同的交易相对人在交易价格等交易条件上实行差别待遇；(7) 国务院反垄断执法机构认定的其他滥用市场支配地位的行为。

值得反思的是，《电子商务法》将排除、限制竞争的主体限定在具有滥用市场支配地位的电子商务经营者。但在实践中，认定市场支配地位具有较高的难度，此做法可能会导致无法规制没有市场支配地位的主体采取排除、限制竞争的行为。

相关原理

垄断与反垄断法

1. 垄断

垄断是所有自由竞争的市场必然会走向的结果。垄断具有较强的时效性、国别性和市场性，不同国家的不同市场，对垄断的定义往往都千差万别。经济发展至不同阶段时，会产生对市场结构的不同要求，因此各国法律所禁止之垄断也在不断变化。例如，美国1890年的《谢尔曼法》对垄断的认定采取了严格的“当然违法”的标准，于20世纪初期就放弃了对托拉斯严格的管制，目前，只要该垄断不排斥竞争，无害于社会公益，则不被法律所禁止。①

但应当说，现代法律一般不会将垄断与违法相等同，即“当然违法”标准已经为现代法律所摒弃。一方面，将垄断与违法相等同不符合市场经济的自然规律，会打击经营者的商业积极性，另一方面，这也难逃“主体管制”而非“行为管制”的追问。但问题的另一面，拥有垄断地位的经营者亦有可能为巩固自己的垄断地位，做出排除、限制竞争或者不正当竞争的行

① 杨紫烜主编：《经济法（第四版）》，北京大学出版社、高等教育出版社2009年版，第219页。

为，而与一般的经营者不同，其行为会对市场秩序产生举足轻重的影响。因此，法律虽然不禁止垄断，但一般各国法律都会对具有垄断地位的经营者予以特别关注，以达到保护市场秩序的目的。

2. 反垄断法

反垄断法是调整在反对垄断或者限制竞争过程中发生的市场监管关系的法律规范的总称。现代反垄断法产生的标志是美国1890年制定的《谢尔曼法》。在我国，最早提出反垄断任务的规范性文件是1980年国务院颁布的《关于开展和保护社会主义竞争的暂行规定》。此后，国务院及其有关部委又分别相继出台了一些规范反垄断行为的行政法规与部门规章。1993年制定的《反不正当竞争法》，也就一些限制竞争行为，尤其是行政垄断行为作出了规定。2007年8月，我国颁布了《反垄断法》。[①]

《反垄断法》主要预防和规制以下的垄断行为：

（1）经营者达成横向垄断协议或纵向垄断协议。横向垄断协议是指排除、限制竞争的协议、决定或者其他协同行为，其体现有固定或者变更商品价格、联合抵制交易等。纵向垄断协议是指在生产或者销售过程中处于不同阶段的经营者之间（如生产商和批发商之间、批发商和零售商之间）达成的协议，其体现有固定向第三人转售商品的价格等。垄断协议对市场的危害极为明显，不同经营者之间的竞争，实现了各种经济资源的自由流动和优化配置，而垄断协议会削弱甚至消除竞争。一些经营者结成同盟，会产生对其他经营者的排斥，也增加了潜在经营者进入市场的难度；而价格的固定和市场的划分，使得来自消费者的市场压力减轻，从而导致消费者权益的弱化。

（2）滥用市场支配地位。市场支配地位即为经营者具有控制相关市场的能力，即控制相关市场交易条件的能力或者障碍其他经营者进入该市场的能力。而滥用这种支配地位的体现亦有很多，前文已经阐释，不做赘述。

（3）经营者集中。经营者集中是指经营者通过合并、兼并及购买竞争对手股权或资产等方式进行的企业行为。经营者集中有利于提高企业的规模

---

① 杨紫烜主编：《经济法（第四版）》，北京大学出版社、高等教育出版社2009年版，第220页。

经济，促进企业间的人力、物力、财力以及技术方面的合作，从而有利于提高企业效率和竞争力。然而，如果允许企业无限制地并购，就不可避免地会消灭市场上的竞争者，形成垄断性的市场结构。

相关立法与规定

1.《反垄断法》

第17条 禁止具有市场支配地位的经营者从事下列滥用市场支配地位的行为：

（一）以不公平的高价销售商品或者以不公平的低价购买商品；

（二）没有正当理由，以低于成本的价格销售商品；

（三）没有正当理由，拒绝与交易相对人进行交易；

（四）没有正当理由，限定交易相对人只能与其进行交易或者只能与其指定的经营者进行交易；

（五）没有正当理由搭售商品，或者在交易时附加其他不合理的交易条件；

（六）没有正当理由，对条件相同的交易相对人在交易价格等交易条件上实行差别待遇；

（七）国务院反垄断执法机构认定的其他滥用市场支配地位的行为。

本法所称市场支配地位，是指经营者在相关市场内具有能够控制商品价格、数量或者其他交易条件，或者能够阻碍、影响其他经营者进入相关市场能力的市场地位。

第18条 认定经营者具有市场支配地位，应当依据下列因素：

（一）该经营者在相关市场的市场份额，以及相关市场的竞争状况；

（二）该经营者控制销售市场或者原材料采购市场的能力；

（三）该经营者的财力和技术条件；

（四）其他经营者对该经营者在交易上的依赖程度；

（五）其他经营者进入相关市场的难易程度；

（六）与认定该经营者市场支配地位有关的其他因素。

第19条　有下列情形之一的，可以推定经营者具有市场支配地位：

（一）一个经营者在相关市场的市场份额达到二分之一的；

（二）两个经营者在相关市场的市场份额合计达到三分之二的；

（三）三个经营者在相关市场的市场份额合计达到四分之三的。

有前款第二项、第三项规定的情形，其中有的经营者市场份额不足十分之一的，不应当推定该经营者具有市场支配地位。

被推定具有市场支配地位的经营者，有证据证明不具有市场支配地位的，不应当认定其具有市场支配地位。

2.《网络商品和服务集中促销活动管理暂行规定》

第11条　网络集中促销组织者不得违反《反垄断法》《反不正当竞争法》等法律、法规、规章的规定，限制、排斥平台内的网络集中促销经营者参加其他第三方交易平台组织的促销活动。

第二十三条　【电子商务经营者合法收集使用用户信息的义务】

电子商务经营者收集、使用其用户的个人信息，应当遵守法律、行政法规有关个人信息保护的规定。

条文主旨

本条是电子商务经营者收集、使用用户个人信息时对个人信息保护的规定。

条文释义

所谓个人信息，是指能够切实可行地单独或通过和其他信息结合识别特定个人身份的信息或信息集合，包括姓名、性别、职业、出生日期、身份证号码、地址信息、个人特征信息、电话号码、账号、密码、电子邮件地址等。在电子商务交易中，消费者往往需要向电子商务经营者提供其个人信息，如在网购过程中，消费者必须提供收货地址、联系方式等信息。因此，电子商务经营者往往掌握大量的用户个人信息。近年来，电子商务经营者滥用消费者个人信息、侵害消费者合法权益的现象屡见不鲜。基于此，《电子商务法》第 23 条规定，电子商务经营者负有对用户个人信息的保护义务，电子商务经营者收集使用用户个人信息必须遵守法律、行政法规的规定。

一般认为，个人信息的权利所包含的权能有以下四点：

第一，控制权，即消费者有权控制经营者收集、使用个人信息的行为。在电子商务交易过程中，电子商务经营者收集、使用个人信息必须征得消费者的同意。此项权能可谓是个人信息权利中最为重要的权能。在法律关系上，电子商务主体之间多为合同关系，合同双方当事人对自身的权利义务自然享有意思自治的空间。因此，消费者有权对自己的个人信息进行控制。当然，若特定信息是交易所必须的个人信息，则交易时消费者应当向经营者提供。进一步来看，此信息的提供并不是对消费者控制权的剥夺，而是消费者在选择进行交易的时候，便已经做出了给予该交易所必须的个人信息的意思表示。

第二，查询权，即消费者有权查询经营者收集的个人信息。经营者应以适当的技术手段保障消费者实现对其个人信息的查询，以及时发现与消费者个人实际情况不符的个人信息。

第三，修改权，即消费者通过行使查询权获知经营者收集的个人信息时，如经营者收集的个人信息与实际情况不符，消费者有权要求经营者修正、补充、完善相关信息。

第四，删除权，即消费者有权要求经营者删除其收集并保存的与消费者有关的个人信息。

本条属于参引性条款，其并没有对电子商务经营者的用户信息保护义务作出具体的规定，而是规定“应当遵守法律、行政法规有关个人信息保护的规定”。本条将规范性文件的层级限定为法律与行政法规，目前关于个人信息保护的法律主要包括：2013 年新修改的《消费者权益保护法》、2017 年实施的《网络安全法》等。

根据《网络安全法》第 41 条第 1 款的规定，网络运营者收集、使用个人信息，应当遵循合法、正当、必要的原则。

1. 合法原则。所谓合法，即指电子商务经营者收集、使用个人信息应当遵守法律、行政法规以及相关部门规章的规定。除了《网络安全法》《消费者权益保护法》以外，工业和信息化部制定的《电信和互联网用户个人信息保护规定》、原国家工商行政管理总局制定的《网络交易管理办法》等部门规章亦是电子商务经营者收集、适用个人信息时应当遵守的规定。

2. 正当原则。正当原则包括程序正当与目的正当。所谓程序正当，即指电子商务经营者收集、使用个人信息应当经消费者同意，不得通过不正当的程序收集、使用个人信息；所谓目的正当，即指电子商务经营者收集使用个人信息应当出于使得交易顺利进行的目的，不能出于营利或其他不正当目的收集、使用个人信息。

3. 必要原则。所谓必要，即指只有在确有必要的情形下，电子商务经营者才能收集、使用个人信息。此处的必要，应解释为若不收集、使用该个人信息，则交易无法顺利进行。必要原则对电子商务经营者提出了更高的要求：若该收集、使用特定信息非为交易之所必需，则不得收集、使用该特定信息。

《网络安全法》在规定原则以外，亦于第 41 条、第 42 条确立了个人信息的收集、使用规则：

1. 网络经营者收集、使用个人信息必须基于交易需要并经过消费者同意。网络运营者不得收集与其提供的服务无关的个人信息，不得违反法律、行政法规的规定和双方的约定收集、使用个人信息，并应当依照法律、行政法规的规定和与用户的约定，处理其保存的个人信息。

2. 网络经营者保证信息安全的义务。网络运营者不得泄露、篡改、毁损其收集的个人信息；未经被收集者同意，不得向他人提供个人信息。但是，经过处理无法识别特定个人且不能复原的除外。同时，网络运营者应当采取技术措施和其他必要措施，确保其收集的个人信息安全，防止信息泄露、毁损、丢失。在发生或者可能发生个人信息泄露、毁损、丢失的情况时，应当立即采取补救措施，按照规定及时告知用户并向有关主管部门报告。

相关原理

个人信息与隐私权的关系

《民法总则》第110条第1款规定："自然人享有生命权、身体权、健康权、姓名权、肖像权、名誉权、荣誉权、隐私权、婚姻自主权等权利。"《民法总则》将隐私权列为人格权中的一项，而所谓隐私权，即指自然人所享有的生活领域及私人信息不受侵扰的人格权。①

19世纪以来，在民法上，隐私权一直是人格权中非常重要的一项权利，是一项解释"人之所以为人"的基本权利。由于隐私权与《电子商务法》第23条所规定的用户个人信息在理论与实践中常有混淆，在此予以阐释。

1. 隐私权保护范围并不止于个人信息。根据前文对隐私权的定义，隐私权不仅保护自然人的私人信息，亦保护自然人所享有的生活领域。譬如，私人生活领域不受任何监视是隐私权权能的体现，但其不属于个人信息的范畴。隐私权保护的是自然人的个人隐私，而私人信息仅仅是隐私权所保护的一项内容。

2. 并非所有的个人信息都属于隐私权保护的范畴。当然，隐私权与个人信息之间亦不是包含关系，个人信息不一定都属于个人的隐私。譬如，个人的姓名、用户昵称等属于对外公示的对象，即不具有隐私性。但当非隐私的信息之间产生对应关系时，即又会被归类到隐私权的保护项之下。譬如，用户的真实姓名与网络昵称往往是属于现实生活与虚拟环境分别公示的个人信息，此个人信息并不属于隐私权的保护之列。然而，能使真实姓名与网络昵称相对应的这一信息却无疑属于隐私权保护的范畴。由于隐私权属于"一次性权利"，一经公开则不构成隐私。对于某一个人信息是否属于隐私，得结合其是否公开进行综合性的判断。

综上，隐私权中的隐私与个人信息之间系交叉关系，属于隐私的个人信息即为隐私权所保护，而不属于隐私的个人信息虽不为隐私权所保护，但受

---

① 江平主编：《民法学（第二版）》，中国政法大学2011年版，第60页。

《消费者权益保护法》与《网络安全法》等法律予以保护。同时，隐私权对个人信息的保护亦有非常重要的指导意义。隐私权的两个核心部分为私密领域和信息自主。[①] 因此，在个人信息的制度设计时亦应当注重当事人的选择权，即电子商务经营者收集、使用个人信息一定要经过当事人的同意。

相关立法与规定

1. **《消费者权益保护法》**

第14条　消费者在购买、使用商品和接受服务时，享有人格尊严、民族风俗习惯得到尊重的权利，享有个人信息依法得到保护的权利。

第29条　经营者收集、使用消费者个人信息，应当遵循合法、正当、必要的原则，明示收集、使用信息的目的、方式和范围，并经消费者同意。经营者收集、使用消费者个人信息，应当公开其收集、使用规则，不得违反法律、法规的规定和双方的约定收集、使用信息。

经营者及其工作人员对收集的消费者个人信息必须严格保密，不得泄露、出售或者非法向他人提供。经营者应当采取技术措施和其他必要措施，确保信息安全，防止消费者个人信息泄露、丢失。在发生或者可能发生信息泄露、丢失的情况时，应当立即采取补救措施。

经营者未经消费者同意或者请求，或者消费者明确表示拒绝的，不得向其发送商业性信息。

2. **《网络安全法》**

第40条　网络运营者应当对其收集的用户信息严格保密，并建立健全用户信息保护制度。

第41条　网络运营者收集、使用个人信息，应当遵循合法、正当、必要的原则，公开收集、使用规则，明示收集、使用信息的目的、方式和范围，并经被收集者同意。

网络运营者不得收集与其提供的服务无关的个人信息，不得违反法律、

---

① 王泽鉴：《人格权法》，北京大学出版社2013年版，第208页。

行政法规的规定和双方的约定收集、使用个人信息，并应当依照法律、行政法规的规定和与用户的约定，处理其保存的个人信息。

第42条第1款 网络运营者不得泄露、篡改、毁损其收集的个人信息；未经被收集者同意，不得向他人提供个人信息。但是，经过处理无法识别特定个人且不能复原的除外。

第44条 任何个人和组织不得窃取或者以其他非法方式获取个人信息，不得非法出售或者非法向他人提供个人信息。

3.《电信和互联网用户个人信息保护规定》

第5条 电信业务经营者、互联网信息服务提供者在提供服务的过程中收集、使用用户个人信息，应当遵循合法、正当、必要的原则。

第6条 电信业务经营者、互联网信息服务提供者对其在提供服务过程中收集、使用的用户个人信息的安全负责。

第7条 国家鼓励电信和互联网行业开展用户个人信息保护自律工作。

4. 国家工商行政管理总局《网络交易管理办法》

第18条 网络商品经营者、有关服务经营者在经营活动中收集、使用消费者或者经营者信息，应当遵循合法、正当、必要的原则，明示收集、使用信息的目的、方式和范围，并经被收集者同意。网络商品经营者、有关服务经营者收集、使用消费者或者经营者信息，应当公开其收集、使用规则，不得违反法律、法规的规定和双方的约定收集、使用信息。

网络商品经营者、有关服务经营者及其工作人员对收集的消费者个人信息或者经营者商业秘密的数据信息必须严格保密，不得泄露、出售或者非法向他人提供。网络商品经营者、有关服务经营者应当采取技术措施和其他必要措施，确保信息安全，防止信息泄露、丢失。在发生或者可能发生信息泄露、丢失的情况时，应当立即采取补救措施。

网络商品经营者、有关服务经营者未经消费者同意或者请求，或者消费者明确表示拒绝的，不得向其发送商业性电子信息。

5.《规范互联网信息服务市场秩序若干规定》

第11条 未经用户同意，互联网信息服务提供者不得收集与用户相关、能够单独或者与其他信息结合识别用户的信息（以下简称“用户个人信息”），不得将用户个人信息提供给他人，但是法律、行政法规另有规定的除外。

互联网信息服务提供者经用户同意收集用户个人信息的，应当明确告知用户收集和处理用户个人信息的方式、内容和用途，不得收集其提供服务所必需以外的信息，不得将用户个人信息用于其提供服务之外的目的。

第二十四条　【用户处置自身信息时电子商务经营者义务】

电子商务经营者应当明示用户信息查询、更正、删除以及用户注销的方式、程序，不得对用户信息查询、更正、删除以及用户注销设置不合理条件。

电子商务经营者收到用户信息查询或者更正、删除的申请的，应当在核实身份后及时提供查询或者更正、删除用户信息。用户注销的，电子商务经营者应当立即删除该用户的信息；依照法律、行政法规的规定或者双方约定保存的，依照其规定。

条文主旨

本条是对电子商务经营者关于用户信息查询、更正、删除以及用户注销的相关义务的规定。

条文释义

电子商务活动中，用户信息并非一成不变。随着电子商务活动的开展，用户往往需要对自己的用户信息进行修改、删除。同时，当用户选择结束与电子商务经营者之间的电子商务活动时，消费者往往有注销自己用户的需求。综合以上，《电子商务法》于第 24 条规定了电子商务经营者在用户信息查询、更正、删除以及用户注销方面的相关义务。

1. 本条第 1 款规定：电子商务经营者应当明示用户信息查询、更正、删除以及用户注销的方式和程序，不得对用户信息查询、更正、删除以及用户注销设置不合理条件。其中，前半句规定了电子商务经营者明示操作方式和程序的义务，即电子商务经营者必须将用户信息查询、更正、删除以及用户注销的方式和程序予以公开，便于用户知悉。后半句规定了电子商务经营者不得对此设置任何不合理的条件，即电子商务经营者须为用户在信息的查询、更正、删除以及注销方面提供最大的便利，不得通过设置条件的方式加以阻拦或为自身牟利。通常而言，电子商务经营者应当在自己的网站、应用程序等用户能直接操作的网络平台上设定用户信息查询、更正、删除以及用户注销的相关程序，方便用户随时查阅与操作，不得以任何形式为用户附加条件。譬如，某些电子商务经营者会在应用软件上将点击好评作为用户修改、删除个人信息的条件，这就是典型的违背“不得设置不合理条件”的行为。

2. 本条第 2 款规定：电子商务经营者收到用户信息查询或者更正、删除申请的，应当在核实身份后及时提供查询或者更正、删除用户信息。用户注销的，电子商务经营者应当删除该用户的信息；但是，依照法律、行政法规的规定或者双方约定保存的，依照其规定。本款规定了电子商务经营者的身份核实义务以及及时操作义务。

（1）身份核实义务。电子商务经营者收到用户的申请后，应当先行核实该操作是否为用户本人做出。由于电子商务网络具有虚拟性，常常会出现盗号等现象，对用户信息与账号进行操作的不一定是用户本人。因此，电子商务经营者可以通过绑定手机验证、身份证核实等方式，确定是否是用户本人对该账号进行操作。当然，由于电子商务经营者无法与本人进行线下的直接接触，若电子商务经营者已经尽到了基本审查义务，无法发现操作不是账号所有者本人所为，按照账号的要求更正、删除信息，则电子商务经营者虽然负有及时补救的义务，但不应当对此承担赔偿责任。

（2）及时操作义务。在核实身份之后，电子商务经营者需要及时按照用户的指令对用户信息进行查询、修改、删除或注销用户。同时，电子商务经营者亦不能以核实身份为由，不正当地拖延对用户信息和账户进行操作的时间。

于此同时，本款亦规定了但书条款：依照法律、行政法规的规定或双方的约定保存的，依照规定或者约定。某些用户信息涉及国家利益或者公共利益，即使用户本人申请对该信息予以更改、删除，电子商务经营者亦可以以法律、行政法规的规定为由拒绝对此进行操作。亦或是，由于某些交易的性质，双方在电子商务活动之初就已经约定对用户的信息权利施加了某些限制，那么在意思表示真实有效的前提下，此时应当尊重双方的意思表示。

相关原理

个人信息权利的法律制度

个人信息权利和隐私权在大数据时代下逐渐被现代法律所重视，在我国，除了《消费者权益保护法》和《电子商务法》对此问题进行了规定，《民法总则》《刑法》等法律亦对此加以规定，在此一并予以梳理。

1. 《民法总则》第110条第1款规定：自然人享有生命权、身体权、健康权、姓名权、肖像权、名誉权、荣誉权、隐私权、婚姻自主权等权利。民法总则虽然没有将个人信息单列为人格权，但与之有密切关联的隐私权无疑属于人格权的保护范围。根据《侵权责任法》第22条规定：侵害他人人身权益，造成他人严重精神损害的，被侵权人可以请求精神损害赔偿。由此，民事法律体系下，如果自己的隐私权被侵害，造成严重的精神损害，可以请求精神损害赔偿。

2. 《刑法》第253条之一规定：违反国家有关规定，向他人出售或者提供公民个人信息，情节严重的，处三年以下有期徒刑或者拘役，并处或者单处罚金；情节特别严重的，处三年以上七年以下有期徒刑，并处罚金。违反国家有关规定，将在履行职责或者提供服务过程中获得的公民个人信息，出售或者提供给他人的，依照前款的规定从重处罚。窃取或者以其他方法非法获取公民个人信息的，依照第一款的规定处罚。单位犯前三款罪的，对单位判处罚金，并对其直接负责的主管人员和其他直接责任人员，依照各该款的规定处罚。此条系为侵犯个人信息犯罪的规定，犯罪主体既包括个人也包括单位，对打击日渐猖獗的个人信息犯罪具有重要的意义。

前文提到，信息时代下个人信息的保护越发困难，虽然《消费者权益保护法》《网络安全法》《电子商务法》《刑法》等法律都规定了个人信息保护的条款，但近年来仍有学者提出要进一步加强个人信息保护的立法。

相关立法与规定

《网络安全法》

第43条 个人发现网络运营者违反法律、行政法规的规定或者双方的约定收集、使用其个人信息的，有权要求网络运营者删除其个人信息；发现网络运营者收集、存储的其个人信息有错误的，有权要求网络运营者予以更正。网络运营者应当采取措施予以删除或者更正。

第二十五条 【电子商务经营者向主管部门的信息提供义务】

有关主管部门依照法律、行政法规的规定要求电子商务经营者提供有关电子商务数据信息的，电子商务经营者应当提供。有关主管部门应当采取必要措施保护电子商务经营者提供的数据信息的安全，并对其中的个人信息、隐私和商业秘密严格保密，不得泄露、出售或者非法向他人提供。

条文主旨

本条是对电子商务经营者在特定情形下向国家部门提供信息的义务及有关部门对数据信息的安全保障义务的规定。

条文释义

一、本条的适用情形

电子商务活动中往往会伴随着大量的信息交流。虽然大部分电子商务活动都是平等主体之间的法律行为，但并不意味着电子商务活动中所有的信息都为双方当事人意思所管制。其中最为典型的体现即为，若国家有关部门出于公共利益的需要，要求电子商务经营者提供相应的数据信息，那不论该数据信息是消费者的个人信息还是电子商务经营者的信息，电子商务经营者都应当提供。

一般而言，本条的规定可能在以下的情形下适用：

1. 行政机关为公共利益的需要依法作出的具体行政行为，该具体行政行为要求公开相关的电子商务数据信息。

2. 司法机关依法作出的决定、裁定和判决。譬如，特定的电子商务数据信息可能作为司法裁判中关键的证据，此种情形下电子商务经营者应当提供相关的必要的数据信息。

3. 行政机关出于市场监管的需要。电子商务市场的秩序需要相关行政部门的监管，行政机关可能出于市场监管的需要要求电子商务经营者提供相关信息。

4. 出于税收征管的需要。税务部门在调查、征收税款时可能出于税收征管的需要，要求电子商务经营者提供信息。

5. 相关部门追究某些主体的违法责任。譬如，公安机关在调查网络犯罪时，可能出于收集证据的需要要求电子商务经营者提供相关的信息。

二、信息的范围与提供方式

本条并未对电子商务经营者应当提供给有关部门的信息范围进行限定。因此，原则上，有关部门出于其行政管理职能的需要，向电子商务经营者索取相关的信息，电子商务经营者应当全部提供。

本条亦未限定电子商务经营者提供信息的方式。信息的提供方式既包括例行的常规性的提供，譬如税务局要求电子商务经营者按月提供财务报表；亦包括专门性的临时的信息提供，譬如公安部门为收集犯罪证据而要求电子商务经营者提供数据信息。

三、国家机关负有的义务

国家机关在收集、使用相关信息时要遵守法定程序，不能随意地使用、收集相关信息。同时，根据本条的规定，国家机关要求电子商务经营者提供相关信息亦负有三项义务：（1）只有在法律、行政法规有规定的情形下才能要求电子商务经营者提供相关信息；（2）有关国家机关负有对该信息妥善的保管义务，不得随意修改、删除或是泄露相关的信息，对其中的个人信息、隐私和商业秘密严格保密；（3）信息应当妥善使用，只能在法律、行政法规规定的情形下使用该信息。本条规定，相关部门不得泄露、出售或者非法向他人提供该信息。本条列举了三种不正当使用的行为：泄露、出售和非法提供。此三个行为皆是对信息妥当使用义务的违反。

相关原理

私权的保护与限制

民法的一项基本原则即为私有财产不可侵犯原则，法谚有云："一个人的家，风能进，雨能进，国王不能进。"此条法谚即为强调政府部门不得对私人财产的使用和过分干预。实际上，市民社会有序运行的重要基础就是私权的稳定。

近年来，我国法律对公民私人财产的保护越发重视。总结而言，法律对私有财产的保护体现在两个方面：

1. 从正向肯定私有财产的不可侵犯性。《宪法》第 13 条前两款规定：公民的合法的私有财产不受侵犯。国家依照法律规定保护公民的私有财产权和继承权；《民法总则》第 3 条规定：民事主体的人身权利、财产权利以及其他合法权益受法律保护，任何组织或者个人不得侵犯。从宪法到民法总则，无不确认私有财产的合法性与不可侵犯性。

2. 强调征收征用的法定性：非出于法定目的和经过法定程序政府不得征收征用个人财产。《宪法》第 13 条第 3 款规定：国家为了公共利益的需要，可以依照法律规定对公民的私有财产实行征收或者征用并给予补偿；《国有土地上房屋征收和补偿条例》第 8 条规定：为了保障国家安全、促进国民经济和社会发展等公共利益的需要，有下列情形之一，确需要征收房屋的，由市、县级人民政府作出房屋征收决定：（一）国防和外交的需要；（二）由政府组织实施的能源、交通、水利等基础设施建设的需要；（三）由政府组织实施的科技、教育、文化、卫生、体育、环境和资源保护、防灾减灾、文物保护、社会福利、市政公用等公共事业的需要；（四）由政府组织实施的保障性安居工程建设的需要；（五）由政府依照城乡规划法有关规定组织实施的对危房集中、基础设施落后等地段进行旧城区改建的需要；

（六）法律、行政法规规定的其他公共利益的需要。由此可见，我国法律法规通过限定征收征用制度的程序，从另一个侧面规范了政府对私有财产的控制。

当然，社会并不只是权利人一个人的，所以私人权利的行使也会受到一定的限制，从法律上说，该限制主要体现在三个方面：

1. 合法性的限制。所有人行使权利都必须遵循法律的规定，不得侵害他人的权利，否则需要按照法律的规定承担民事、行政和刑事责任。

2. 禁止权利滥用原则的限制。行使自己的私人权利需要有边界，否则即使没有触犯法律的规定，亦可能构成权利的滥用。

3. 公共利益的限制。政府出于公共利益的需要，经过法定的程序，可能会对个人的财产实施征收征用，当然，政府亦需要给予一定的补偿。

第二十六条　【合法从事跨境电子商务义务】

电子商务经营者从事跨境电子商务，应当遵守进出口监督管理的法律、行政法规和国家有关规定。

条文主旨

本条是对电子商务经营者从事跨境电子商务的合法性义务的规定。

条文释义

随着电子商务的发展，电子商务经营者从事电子商务活动不再只是局限于国内，电子商务经营者亦会从事跨境的电子商务。在电子商务经营者从事跨境电子商务的过程中，货物与服务的进出口问题和税务问题等都必须遵守有关的法律法规。近年来，某些跨境电子商务经营者借电子商务的渠道，规避有关进出口监督管理的法律法规的现象时有发生。基于此，《电子商务法》第26条规定：电子商务经营者从事跨境电子商务应当遵守进出口监督管理的法律、行政法规和国家有关规定。

本条属于参引性条款，没有对跨境电子商务进行特别的法律规定，意在强调电子商务经营者从事跨境电子商务，并不会因为其电子商务的属性而具有法律上的特殊性。所有进出口监督管理的法律、行政法规和国家有关规定，电子商务经营者都需要遵守。

出于税收、防疫、国籍等问题管理的需要，我国有关进出口监督管理的法律、行政法规等规定种类繁多，电子商务经营者在进行跨境电子商务时需要对此类法律法规予以明确并遵守，若违反了相关法律法规，则需要和线下主体承担相同的法律责任。

同时，虽然本条将有关进出口监督管理的法律层级限定在法律与行政法规，但亦有许多关于进出口监督管理的部门规章。由于电子商务经营者亦是市场经济的主体，在从事跨境电子商务活动时亦要受到相关的管制。

相关立法与规定

1. **《海关法》**

第8条 进出境运输工具、货物、物品，必须通过设立海关的地点进境或者出境。在特殊情况下，需要经过未设立海关的地点临时进境或者出境的，必须经国务院或者国务院授权的机关批准，并依照本法规定办理海关手续。

第9条 进出口货物，除另有规定的外，可以由进出口货物收发货人自行办理报关纳税手续，也可以由进出口货物收发货人委托海关准予注册登记的报关企业办理报关纳税手续。

进出境物品的所有人可以自行办理报关纳税手续，也可以委托他人办理报关纳税手续。

第11条 进出口货物收发货人、报关企业办理报关手续，必须依法经海关注册登记。未依法经海关注册登记，不得从事报关业务。

报关企业和报关人员不得非法代理他人报关，或者超出其业务范围进行报关活动。

2. **《中华人民共和国进出口关税条例》**

第15条 进出口货物，应当适用海关接受该货物申报进口或者出口之日实施的税率。

进口货物到达前，经海关核准先行申报的，应当适用装载该货物的运输工具申报进境之日实施的税率。

转关运输货物税率的适用日期，由海关总署另行规定。

第16条 有下列情形之一，需缴纳税款的，应当适用海关接受申报办理纳税手续之日实施的税率：

（一）保税货物经批准不复运出境的；

（二）减免税货物经批准转让或者移作他用的；

（三）暂时进境货物经批准不复运出境，以及暂时出境货物经批准不复运进境的；

（四）租赁进口货物，分期缴纳税款的。

第二节 电子商务平台经营者

第二十七条 【平台经营者形式审查义务】

电子商务平台经营者应当要求申请进入平台销售商品或者提供服务的经营者提交其身份、地址、联系方式、行政许可等真实信息，进行核验、登记，建立登记档案，并定期核验更新。

电子商务平台经营者为进入平台销售商品或者提供服务的非经营用户提供服务，应当遵守本节有关规定。

条文主旨

本条规定了电子商务平台经营者对平台内经营者的身份核验、登记义务。

条文释义

一、立法理由

电子商务平台是指在电子商务活动中为交易双方或多方提供网页空间、虚拟经营场所、商品或服务推荐、交易规则、交易撮合、信息发布等服务，供交易双方或者多方独立开展交易活动的信息网络系统。① 电子商务平台经营者，是指经营网络交易平台业务的法人或非法人组织。关于电子商务平台的法律地位，有“卖家或合营说”“展位出租者或柜台出租者说”“居间人说”“特殊的租赁平台”等，② 学界尚未形成一致认识。实践中，电子商务平台经营者往往身兼信息提供者、交易场所提供者、广告发布者、信息收集者等多重身份，其法律地位具有多样性与层次性。与此对应，平台经营者也应承担特殊的职责，包括互联网信息服务提供者的责任、交易场所提供者的责任、广告发布者的责任以及个人信息收集着的责任。其中，作为电子商务市场监管的重要一环，电子商务平台经营者的监管职责是维系电子商务市场交易秩序的重要保障，是社会共治在电子商务领域的具体体现。

本条规定的信息收集、核验与登记是电子商务平台经营者进行监管的最基本方式。为了实现效率与安全的有机统一，本法规定由监管部门和平台经营者共同负责平台内经营者的身份审查，采取以监管部门为主，平台经营者为辅的形式（平台信息的提供和信息的核验是平台监管的体现）。其中，平台经营者负责平台内经营者身份信息的形式审查与登记，主要包括审查信息的完整性、注册与登记的信息是否匹配等。

二、内容解析

本条主要涉及两项内容：第一，平台经营者应当负责平台内经营者身份信息的形式审核，并建立登记制度；第二，平台经营者的形式审查义务。

（一）平台经营者的信息审查义务和登记义务的相关问题

本条第 1 款规定了平台经营者审查信息、建立档案并及时更新的义务。具体包括以下几项问题：

1. 审查信息的范围

根据该条款的规定，平台经营者应当要求申请进入平台的经营者提供三

---

① 全国人大财经委电子商务法起草组编：《中国电子商务立法研究报告》，中国财政经济出版社 2016 年版，第 31 页。

② 申屠彩芳：《论网络交易平台提供者商标权帮助侵权责任》，载《杭州电子科技大学学报（社会科学版）》2014 年第 4 期。

方面的信息，包括身份、联系方式和行政许可。其中，身份信息是指能够证明平台内经营者民事主体身份的信息。具体来看，自然人经营者需要提交姓名、经营地址、有效身份证明等信息。法人或其他组织经营者需要提供营业执照、经营地址和税务登记证等信息。[①] 联系方式信息是指能够保障平台经营者、消费者与提供商品或服务的平台内经营者保持及时、有效联络的各种联系方式。主要包括移动电话号码、电子邮箱以及网络即时聊天工具的账号（如微信、旺旺）等。行政许可信息主要包括平台内经营者的营业执照、获准经营的各类经营许可证等。

值得注意的是本条第 2 款规定，进入平台进行交易的非经营用户，也需要提交真实身份信息，与经营性用户一并录入平台档案。这一规定将通过平台进行交易的非经营性个体（如二手商品买卖用户）纳入《电子商务法》的监管范畴。此处应对照本法第 10 条规定的电子商务经营者登记制度进行理解。非经营性质的用户虽然不用进行登记，但同样应当受到平台及有关主管机构的监督。这是保障电子商务交易环境安全与稳定的具体要求。

2. 信息的真实性要求

本条款特别强调了平台内经营者提供信息的真实性。这是对电子商务经营主体信息提供义务最基本的要求。电子商务在极大程度上跨越了空间的局限，提高了交易效率，但是非接触的交易方式埋下了交易安全的重大隐患。为了维护交易安全便利相关部门、平台经营者进行监管，保障消费者合法权益，本法规定平台内经营者必须提交真实有效的身份信息、联系方式和相关营业许可等信息。

---

① 《第三方电子商务交易平台服务规范》第 6.1 条规定：“（1）通过第三方交易平台从事商品交易及有关服务行为的自然人，需要向平台经营者提出申请，提交身份证明文件或营业执照、经营地址及联系方式等必要信息。（2）通过第三方交易平台从事商品交易及有关服务行为的法人和其他组织，需要向平台经营者提出申请，提交营业执照或其他获准经营的证明文件、经营地址及联系方式等必要信息。（3）第三方电子商务交易平台应当核验站内经营者的营业执照、税务登记证和各类经营许可证。第三方电子商务交易平台对外是否显示站内经营者真实名称和姓名由平台经营者和站内经营者协商确定。（4）平台经营者应当每年定期对实名注册的站内经营者的注册信息进行验证，对无法验证的站内经营者应予以注明。……”

3. 平台经营者的核验义务

平台经营者的义务不仅包括收集相关信息，还包括审核相关信息的完整性与真实性。具体包含以下两方面内容：（1）检查平台内经营者提交的信息是否完整全面。对于未提交的信息，应要求平台内经营者补交完善。（2）审查平台内经营者提交的信息是否真实。此处的“真实”应解读为形式上的“真实”。平台经营者本质上属于经营主体，而非监管主体。本法在规定平台经营者负担的信息审查义务时也有所考量，平台经营者在其能力范围之内对平台内经营者提交的信息真实性进行审核，强调形式上“真实性”的审核，如联系方式是否有效等。但是对平台内经营者所提交信息的实质“真实性”，如经营者是否具备开展特种业务的资格条件等，应交由行政监管部门负责核查。

4. 平台经营者建立档案、定期更新档案的义务

本法规定，平台经营者在收集信息、审核信息过后，还应将上述信息进行登记整理、并定期更新。一方面便于消费者维权，另一方面也有利于平台管理其内部经营者。将收集的信息归档整合，建立数据库，与政府主管机构（工商登记、质检机构、税务部门）的数据库进行对接交换，能更好地履行平台监管义务。

（二）平台经营者的形式审查义务

本条款的理论基础是电子商务平台经营者的形式审查义务。

1. 形式审查义务的来源

电子商务平台经营者的形式审查义务，即电子商务交易平台经营者应当对申请进入平台销售商品或者提供服务的经营者的主体身份、行政许可等信息进行审查和登记，建立登记档案，并定期更新的义务。[①] 这一义务来源于《消费者权益法》第44条规定，即网络交易平台提供者不能提供销售者或者服务者的真实名称、地址和有效联系方式的，消费者也可以向网络交易平台提供者要求赔偿，平台经营者与平台内经营者承担连带责任。

---

① 全国人大财经委电子商务法起草组编：《中国电子商务立法研究报告》，中国财政经济出版社2016年版，第25页。

2. 形式审查义务的性质

从法理学层面分析，本条规定的形式审查义务区别于民事赔偿责任的义务，违反这一义务的电子商务平台经营者将承担独立的行政责任。这一点与《消费者权益保护法》不同，该法第44条规定了网络交易平台在未能提供有效信息时应连带承担的民事责任的问题。而本条则将形式审查义务进一步明确为平台经营者自身的义务，强调的是平台履行信息审核、进行信息登记的行为本身。结合本法第80条规定，不履行本法第27条第1款规定的平台内经营者身份核验、登记义务的，应责令其限期改正；逾期不改正的，应责令其停业整顿，并处2万元以上10万元以下的罚款；情节严重的，并处10万元以上50万元以下的罚款，可知，电子商务平台经营者如未履行形式审查义务，除去可能承担的民事责任外，还要承担相应的行政责任。

3. 形式审查义务的范围

形式审查义务的范围包括平台内经营者的身份、联系方式、行政许可等内容。与《消费者权益保护法》规定的真实姓名、有效联系方式等便于消费者维权的信息相较，本法将平台内经营者从事经营业务的行政许可也纳入了电子商务平台经营者审查义务的范围，体现出电子商务平台经营者在电子商务运行过程中协助监管的主体地位。

相关立法与规定

1. 《网络安全法》

第24条　网络运营者为用户办理网络接入、域名注册服务，办理固定电话、移动电话等入网手续，或者为用户提供信息发布、即时通讯等服务，在与用户签订协议或者确认提供服务时，应当要求用户提供真实身份信息。用户不提供真实身份信息的，网络运营者不得为其提供相关服务。

国家实施网络可信身份战略，支持研究开发安全、方便的电子身份认证技术，推动不同电子身份认证之间的互认。

2. 《消费者权益保护法》

第21条　经营者应当标明其真实名称和标记。

租赁他人柜台或者场地的经营者，应当标明其真实名称和标记。

第28条 采用网络、电视、电话、邮购等方式提供商品或者服务的经营者，以及提供证券、保险、银行等金融服务的经营者，应当向消费者提供经营地址、联系方式、商品或者服务的数量和质量、价款或者费用、履行期限和方式、安全注意事项和风险警示、售后服务、民事责任等信息。

第44条 消费者通过网络交易平台购买商品或者接受服务，其合法权益受到损害的，可以向销售者或者服务者要求赔偿。网络交易平台提供者不能提供销售者或者服务者的真实名称、地址和有效联系方式的，消费者也可以向网络交易平台提供者要求赔偿；网络交易平台提供者作出更有利于消费者的承诺的，应当履行承诺。网络交易平台提供者赔偿后，有权向销售者或者服务者追偿。

网络交易平台提供者明知或者应知销售者或者服务者利用其平台侵害消费者合法权益，未采取必要措施的，依法与该销售者或者服务者承担连带责任。

3.《杭州市网络交易管理暂行办法》

第8条 从事网络交易的经营者，应当依法办理工商登记。通过第三方网络交易平台开展经营的，应当向第三方网络交易平台提交工商登记信息。

尚不具备工商登记条件的自然人从事网络交易经营的，应当通过第三方网络交易平台进行，并向第三方网络交易平台提交身份证明、经营地址、联系方式等信息。未提交相关信息的，第三方网络交易平台不得提供平台服务。

通过第三方网络交易平台开展网络交易的经营者，其营业执照记载的登记事项或者自然人身份信息、经营地址、联系方式发生变更的，应当自变更之日起15日内向第三方网络交易平台提交变更后的信息。

第二十八条 【平台经营者协助监管义务】

电子商务平台经营者应当按照规定向市场监督管理部门报送平台内经营者的身份信息，提示未办理市场主体登记的经营者依法办理登记，并配合市场监督管理部门，针对电子商务的特点，为应当办理市场主体登记的经营者办理登记提供便利。

电子商务平台经营者应当依照税收征收管理法律、行政法规的规定，向税务部门报送平台内经营者的身份信息和与纳税有关的信息，并应当提示依照本法第十条规定不需要办理市场主体登记的电子商务经营者依照本法第十一条第二款的规定办理税务登记。

条文主旨

本条规定了电子商务平台经营者向市场监督管理部门和税务部门提供平台内经营者信息，并协助监管的义务。

条文释义

一、立法理由

电子商务平台是电子商务市场交易进行的主要场所，在获取平台内经营者身份信息和经营信息方面，平台经营者拥有技术上的便利。本法第 27 条也规定了平台经营者应承担收集、整理平台内经营者身份信息的义务。出于节约监管成本，提升监管效率的考量，本条规定电子商务平台应当向市场监管机构和税务机构报送平台内部经营者信息，并提示、帮助平台内经营者依法办理登记，缴纳税费。这一规定是电子商务领域社会共治原则的具体体现。

二、内容解析

本法条主要规定了以下三方面内容：

（一）平台经营者向监管部门提供信息的义务

本条第 1 款第 1 部分规定：“电子商务平台经营者应当按照规定向市场监督管理部门报送平台内经营者的身份信息。”本条涉及的主要内容有如下三点：

1. 平台报送信息义务的理论根据

本法设定平台经营者的信息报送义务，是在综合考虑平台经营者地位和电子商务实践的基础上所做出的合理决定。一方面，从效率角度分析，平台将自身收集的信息与监管部门共享，这一行为对平台经营者而言并未造成额外的负担；同时，通过信息比对能够最大限度保证平台内经营者身份的真实性，显著提升平台内电子交易的安全性。另一方面，从社会责任方面考量，协助有关部门进行合理有效监管、保障电子商务交易环境的安全性与稳定性也是平台经营者应当承担的社会责任。平台经营者通过电子商务活动获取利润，自然也应当为维护电子商务环境做出贡献，从长远来看，这也符合平台自身的发展利益。

2. 平台提供信息的范围

关于平台需要报送的信息范围，在电子商务法的立法进程中存在反复，二审稿规定平台应当提供的信息包括平台内经营者的身份信息和与经营信息。身份信息的范围与本法第 27 条第 1 款规定保持一致，在此不做赘述。经营信息存在两种解读：其一，参照《反不正当竞争法》，是指具有秘密性质的市场以及与市场密切相关的商业情报或信息。具体包括新产品的市场占有情况、如何开辟新市场、产品的社会购买力情况和企业的经营战略等；其二，将经营信息的内涵扩展为经营者在运营过程中各个方面的表现与情况。由于经营信息的范围过于宽泛，实践中难以界定，因此三审稿取消了经营信息的内容，将经营信息变更为与纳税相关的信息，并在此基础上规定了平台协助内部经营者合法纳税的义务，增强了法条的可操作性。

3. 有权接受报送信息的机构

本条款明确规定了接受身份信息部门为市场监督管理机构，通过与机构数据库对接，切实保障平台内经营者身份信息的真实性与准确性。值得注意的是，考虑到经营者身份信息的私密属性，本条款对有权获取身份信息的机关做出了限制性规定，只包括市场监督管理部门，其他国家机构不得要求平台报送用户的身份信息。这样的设置体现出国家对于公民身份信息安全的尊重与保护，在保障有效监管的同时，最大程度上保障了经营者个人身份信息的私密性。

（二）平台经营者为平台内经营者办理工商登记提供便利的义务

本条第 1 款第 2 部分规定：“（电子商务平台）提示未办理市场主体登记的经营者依法办理登记，并配合市场监督管理部门，针对电子商务的特点，为应当办理市场主体登记的经营者办理登记提供便利”，强调了平台经营者有义务为平台内经营者办理工商登记提供相关便利，属于调整平台经营者和平台内经营者关系的具体规范。在实务中，平台内经营者是通过第三方电子商务平台开展电子商务经营活动的，其进入电子商务市场是通过进入第三方电子商务平台来实现的。平台内经营者的电子证书由电子商务平台经营者负责申领。平台内经营者办理工商登记的时候，同样需要电子商务平台经营者提供便利。

（三）电子商务平台经营者应承担协助平台内经营者合法纳税的义务

依法纳税是经营者应尽的义务与责任。电子商务的出现为人们参与市场交易提供了便捷高效的渠道，降低了交易的准入门槛，时至今日，已经吸纳了大批已登记经营者和无须登记的个体经营者。然而，电子商务的活跃也对政府税务部门的税收工作提出了新的挑战，线上交易的非接触性与跨地域性导致税务机关凭借传统手段难以高效准确地获取经营者的交易信息，对税务工作的开展造成困难。而电子商务平台作为电子交易的发生场所，可以有效地获取平台内经营者交易记录、交易金额等与税收工作有关的信息。因此，本条款规定由电子商务平台经营者负责向税务部门报送平台内经营者的身份信息和与纳税有关的信息。旨在提升税收工作的效率。

值得注意的是，本条第 2 款最后一句规定平台应当提示依照本法第 10 条规定不需要办理市场主体登记的电子商务经营者依法办理税务登记，即平台应当提示下列用户进行纳税登记，具体包括：（1）销售自产农副产品、家庭手工业产品的个人用户；（2）利用自己的技能从事依法无须取得许可的便民劳务活动和零星小额交易活动的个人用户；（3）依照法律、行政法规不需要进行登记的用户。

相关立法与规定

国家工商行政管理总局《网络交易管理办法》

第7条第2款 从事网络商品交易的自然人，应当通过第三方交易平台开展经营活动，并向第三方交易平台提交其姓名、地址、有效身份证明、有效联系方式等真实身份信息。具备登记注册条件的，依法办理工商登记。

第二十九条 【平台经营者对违法经营的处置和报告】

电子商务平台经营者发现平台内的商品或者服务信息存在违反本法第十二条、第十三条规定情形的，应当依法采取必要的处置措施，并向有关主管部门报告。

条文主旨

本条规定了电子商务平台经营者对平台内经营者违法违规行为的处置义务和报告义务。

条文释义

一、立法理由

市场监管既是政府的职责，也是市场本身的责任。为实现对市场的有效监管，必须从宏观与微观两个层面进行监管。宏观监管即政府监管，而微观监管则指市场自身的监管。市场自身的监管比政府监管离交易者更近，具有实时动态反应市场动态，及时有效处理突发情况的优点，可以和政府监管相互补充。从经济学的角度看，市场监管应有三个环节：进入过程、生产过程、产品流通过程。而电子交易市场自身的监管，着力点在进入监管和流通监管。电子商务活动具有灵活性、效率性以及流动性，使得发现并及时处置违法违规行为变得更加困难，所以需要各类电子商务经营主体，特别是电子商务平台经营者对发现的违法行为进行主动记录。同时，电子商务平台经营者作为监督者，对于平台内发生的违法行为有权采取有限度的必要措施，阻止危害结果扩大，并在处置后及时向有关主管部门报告。这是电子商务领域市场自我监管的体现。

二、内容解析

本条规定了平台经营者对平台内无许可经营或进行违法违规交易的经营者可采取的措施，具体包括：（1）进行必要的处置；（2）报告有关部门。本条涉及的主要问题有如下几个方面：

（一）关于条款内容的解读

1. 本条款适用的范围

本条款适用的前提是平台内经营者违反本法第 12 条、第 13 条的规定。可以概括为如下三点：（1）经营活动应当取得行政许可但并未取得；（2）经营者提供的商品或服务不符合保障人身财产安全的要求；（3）经营者销售或提供法律法规禁止交易的商品、服务。有必要进一步释明本法第 12 条规定的行政许可的范围。行政许可，即“普遍禁止业务的例外性规定”。根据我国《行政许可法》第 2 条规定，行政许可是指行政机关根据公民、法人或者其他组织的申请，经依法审查，准予其从事特定活动的行为。法律并未明确规定行政许可的具体范围。目前理论界认为，行政许可应当包括以下两种：（1）允许经营者从事特定经营业务的许可。（2）允许经营者开展电子商务的许可。后一种行政许可可采用“电子证书”的形式，经营者在工商行政部门的官方网站在线提交真实身份信息、营业执照、网站地址等信息，工商部门在线上审核颁发“电子证书”。这样的设置既便于行政监管，也不会给管理部门和申请者带来过重的负担。

此外，本条款还涉及本法第 13 条规定的经营者的保障交易安全义务和保障交易合法义务。前文已做详细阐述，不再赘述。

2. 平台经营者可采取的处置措施

本条款规定平台经营者可以对具有三种违法违规情形的平台内经营者进行适当处置，但是并未列明平台可以采用的具体方式。考虑到平台经营者的私主体地位，法律不能赋予其行政或者刑事处罚的权力。因此，平台的处置措施应当以防止损失扩大为目的，以限制违法经营者继续参与电子商务活动为主。现行的《杭州市网络交易管理暂行办法》和由电子商务法协会、原国家工商总局提交的立法建议稿规定，平台经营者可以采取制止交易和终止服务等措施。制止交易是指平台终止存在违规行为的具体交易。这种处置措施程度较轻、具有时效性，并且只针对特定的具有违规行为的交易。接受处置的平台内经营者的其他合法交易不受影响。终止服务是指平台采取单方面措施，终止与违法违规平台内经营者之间的网络信息服务协议，不再为其提供交易场所、检索服务等协议约定的服务事项。这种处置措施更加严厉，直接取消了违规经营者在平台内部的交易资格。这种处置措施意味着双方之间网络信息服务合同的终止，在当事人未明确约定的情形下，这种情况是否属于《合同法》第 94 条合同解除条款规定的“其他法定情形”以及这种情况下双方的责任分配问题，需要留待司法解释或配套法规的进一步完善。

3. 向有关部门主管报告的义务

本条规定，平台经营者在采取处置措施外，还需承担将有关信息报送相关部门的义务。其目的在于帮助有关部门了解情况，调查取证。平台内经营者的交易信息需要通过平台进行发布，其交易记录等信息在平台上就有所记录，与此同时平台还掌握着经营者的身份信息。这些信息在监管部门和司法部门调查经营者违法违规行为时具有重要作用。

（二）平台经营者作为交易场所提供者的义务

平台经营者通过提供、处理、传输数据信息来进行运营，履行其与平台使用者之间的信息服务协议。作为交易场所的提供者，平台有义务维护其内部交易环境的安全和稳定，对平台内违法违规行为进行查处，保障内部交易秩序的公平合理，遵守反垄断法和反不正当竞争法的规定，不得以任何方式限制或排除合理竞争。

1. 审核平台内经营者的相关信息

平台经营者应当审查申请进入平台开展商品、服务交易的经营者的身份信息、联系方式与经营资质（登记与许可）。在内部经营者侵犯消费者权利时，平台应当向被侵权人提供侵权经营者信息，帮助其维权，如果无法提供，应当承担不真正连带责任。① 如果符合本法第38条第2款规定的，平台经营者依法承担相应的责任。

2. 处置平台内违法违规信息

平台经营者有义务自行搜索、清理平台内经营者在平台上发布的违反法律法规的交易信息。可设立举报机制，鼓励平台访问者举报违法违规信息，平台及时反馈处理。对于有关禁止流通交易的商品、服务的信息，平台有义务采取技术手段定期查找处理。可以通过信息过滤与人工查找相结合的方式，保障处置违法违规信息的效果。

3. 对平台内交易规则的公开公示

平台中的交易服务规则涉及平台自身、平台内经营者以及消费者等三方的利益。如不能进行有效公示，会导致大量纠纷，破坏网络交易环境。因此，法律规定平台经营者承担有效公示平台内部交易规则的义务。具体包括：（1）在主页显著位置持续公开公示平台服务协议和交易规则的有关信息，并保证经营者和消费者能够便利、完整地阅览和下载。（2）如需修改平台服务协议和交易规则，应当在其主页显著位置公开征求意见，采取合理措施确保有关各方能够及时充分表达意见，并提前公示修改内容。

4. 保障平台稳定运行，防范网络犯罪

安全是商业交易的前提和保障。维护平台稳定运行，保障网络安全是平台经营者开展业务的基本要求。平台经营者应当采取有效措施保证其网络安全，维持平台的稳定运行，防范网络违法犯罪活动，同时应制定针对网络安全事件的应急预案，发生网络安全事件时，应当立即启动应急预案，采取相应的补救措施，并向有关部门报告。

5. 平台对消费者用户的安全保障义务

电子商务平台作为电子交易的发生场所，与宾馆、商场、银行、车站、

① 《消费者权益保护法》第44条第1款规定："消费者通过网络交易平台购买商品或者接受服务，其合法权益受到损害的，可以向销售者或者服务者要求赔偿。网络交易平台提供者不能提供销售者或者服务者的真实名称、地址和有效联系方式的，消费者也可以向网络交易平台提供者要求赔偿；网络交易平台提供者作出更有利于消费者的承诺的，应当履行承诺。网络交易平台提供者赔偿后，有权向销售者或者服务者追偿。"

娱乐场所等线下公共场所一样，应当依法承担安全保障义务。平台有义务对用户的生命安全、财产安全以及其它合法权益进行保护。如果用户在交易过程中受到侵权损害，平台应当与直接侵权人承担连带责任或相应的责任。本法第38条对此进行了具体规定。

相关立法与规定

1. **《网络安全法》**

第22条 网络产品、服务应当符合相关国家标准的强制性要求。网络产品、服务的提供者不得设置恶意程序；发现其网络产品、服务存在安全缺陷、漏洞等风险时，应当立即采取补救措施，按照规定及时告知用户并向有关主管部门报告。

网络产品、服务的提供者应当为其产品、服务持续提供安全维护；在规定或者当事人约定的期限内，不得终止提供安全维护。

网络产品、服务具有收集用户信息功能的，其提供者应当向用户明示并取得同意；涉及用户个人信息的，还应当遵守本法和有关法律、行政法规关于个人信息保护的规定。

2. **《消费者权益保护法》**

第7条 消费者在购买、使用商品和接受服务时享有人身、财产安全不受损害的权利。

消费者有权要求经营者提供的商品和服务，符合保障人身、财产安全的要求。

3. **《杭州市网络交易管理暂行办法》**

第20条 第三方网络交易平台经营者应当对在平台内发布的商品和服务信息进行审核、监控，发现违法行为的，应当及时采取措施制止；采取制止措施后，仍不能消除违法行为危害的，应当立即向所在地有关行政管理部门报告。

第三十条　【平台经营者网络交易系统安全保障义务】

电子商务平台经营者应当采取技术措施和其他必要措施保证其网络安全、稳定运行，防范网络违法犯罪活动，有效应对网络安全事件，保障电子商务交易安全。

电子商务平台经营者应当制定网络安全事件应急预案，发生网络安全事件时，应当立即启动应急预案，采取相应的补救措施，并向有关主管部门报告。

条文主旨

本条规定了电子商务平台经营者保障交易系统安全、稳定运行的义务。

条文释义

一、立法理由

互联网安全是网络技术发展中需要面对的重要问题，与线下交易相比，由于网络空间的复杂性，致使网络空间内的安全保障需要投入更多人力物力。目前，网络安全事件对整个网络空间的高威胁性引发了行业和政府机构的高度关注。可以毫不夸张地说，解决好网络安全问题是维系网络空间良性有序发展的基础，也是电子商务能够真正进入公众生活的首要前提。考虑到实践中网络安全保障需要投入的高成本，因此本条款规定由交易平台承担平台内网络空间安全保障的义务。独立平台电子商务经营者和电子商务第三方平台服务提供者等网站经营者和网页所有者均有义务承担维护系统安全和账户安全的义务。同时，条款还规定，平台经营者应当按照国家有关信息安全的相关规定建设、运行、维护交易系统，建立健全安全保护技术措施，并制定应急预案，以保障交易的安全性。本法将电子商务交易领域的安全保障义务交由平台承担，是出于效率性与合理性的双重考量。一方面电子商务平台具有保障其经营领域内信息网络安全的经济能力与技术能力，与电子商务领域其它主体对比，能够实现以较少的投入获得更好的网络安全保障效果。另一方面，由电子商务平台承担网络安全保障义务也具有合理性，交易场所在其空间范围内承担保障交易安全的责任，这一点在《消费者权益保护法》《侵权责任法》和相关行政法规中可以找到类似规定。从这一角度理解，电子商务平台与传统线下交易承担安全保障义务的原因并无不同，并不是对平台经营者的苛责。

二、内容解析

随着互联网的不断普及，网络侵权、网络犯罪出现的频率日渐增加，国家对互联网安全问题的重视程度也逐步加深。2016 年颁布的《网络安全法》确立了我国由政府部门、网络运营者以及网络用户等多主体、全方位协力维护网络安全，惩治网络犯罪活动的理念。电子商务平台作为进行电子商务活动的重要场所，是网络安全事件的频发之地。因此，平台必须投入足够的资金用以保障自身网络的安全性与稳定性。本法条规定的平台经营者安全保障义务主要体现在如下两个方面：

（一）电子商务平台经营者应采取措施保障网络安全

本条第 1 款规定："电子商务平台经营者应当采取技术措施和其他必要措施保证其网络安全、稳定运行，防范网络违法犯罪活动，有效应对网络安全事件，保障电子商务交易安全。"条款规定的主要内容有以下几点：

1. 网络安全的定义和分类

"网络"一词涉及的范围很广，网络安全的定义具有高度的复杂性和跨学科性，包含网络空间、网络信息、网络主权、网络系统、网络秩序等多项内容。因此对网络安全的定义多是以某一方面作为切入点来具体表述。例如，上海社会科学院信息研究中心制定的《信息安全词典》中，将网络安全定义为网络信息安全，意指保障国家、机构、个人的信息空间、信息载体和信息资源不受来自内外各种形式的危险、威胁、侵害和误导的外在状态和方式及内在主体感受。[①] 有学者从保障利益种类的维度，将网络安全划分为个人网络安全、社会网络安全以及国家网络安全，将网络安全与国家安全联系起来。也有学者受此启发提出另一种划分，将网络安全包含的内容具体为

---

① 上海社会科学院信息研究所：《信息安全词典》，辞书出版社 2013 年版。

四个方面：网络系统安全、网络数据安全、网络主体秩序安全与网络信道安全。[①] 还有学者另辟蹊径，认为要用发展的眼光审视网络安全的范围，随着网络技术发展的日新月异，网络安全的定义也要与时俱进，根据网络安全对应的内容的不同将其划分为不同的阶段：第一阶段：包含系统安全、信息安全与应用安全；第二阶段：包含使用安全与内容安全；第三阶段：包含空间安全。

在实证法范畴，我国于2017年颁布的《网络安全法》并没有以法条直接概括网络安全的含义，而根据各章节的调整对象可以看出我国法律对网络安全涉及内容的解读，具体包括网络运行安全（包含关键信息基础设施的运行安全）与网络信息安全。因此，目前我国立法实践还是从治理能力和治理行为的角度来界定网络安全的范围。

综上，网络安全内容具有多样性与动态性，本质上是一个具有发展属性的不断升级的概念。具体到电子商务领域，应当参照我国《网络安全法》来理解网络安全的范围，即包含交易过程中的网络运行安全与交易信息安全两部分。

2. 稳定运行的含义

本条款中“稳定运行”的表述参考了《网络安全法》第10条的表述。[②] 与网络安全的高度复杂性内涵不同，稳定运行的定义内涵较为明确，包含了系统正常运行和系统安全运行两重含义。系统安全运行，是指通过平台经营线上交易不会给参与交易的双方带来明显或潜在的风险，这种风险包括交易账户安全、个人信息安全以及交易终端（手机、电脑）等的硬件安全和终端内部储存信息安全。系统正常运行，是指平台应保障交易页面、搜索引擎、服务器等与交易相关的技术支持的稳定无错误运行，在出现程序错误或

---

① 谢君泽：《关于〈网络安全法〉（草案）的几种重大问题》，来源网址：http：//info-law. fyfz. cn/b/860312。

② 《网络安全法》第10条规定：“建设、运营网络或者通过网络提供服务，应当依照法律、行政法规的规定和国家标准的强制性要求，采取技术措施和其他必要措施，保障网络安全、稳定运行，有效应对网络安全事件，防范网络违法犯罪活动，维护网络数据的完整性、保密性和可用性。

硬件问题时平台有能力进行及时修复，同时保障相关交易信息不会因为系统或硬件故障而丧失。

3. 防范网络犯罪

网络犯罪，是指行为人运用计算机技术，借助于网络对网络系统或信息进行攻击，破坏或利用网络进行其他犯罪的总称。具体包含两种类型：一种是以网络系统、数据为对象的犯罪，如我国刑法上规定的非法侵入计算机信息系统罪；破坏计算机信息系统罪。另一种是以计算机网络作为犯罪工具或手段的传统犯罪，如利用计算机网络实施金融诈骗、普通诈骗、盗窃罪；利用计算机网络窃取国家秘密罪；利用网络传播电子色情服务、发布虚假广告罪等。

网络犯罪的界定与惩治问题，应交由刑法、行政法等法律加以规定。但网络犯罪的防范任务，则应由全社会共同承担。在电子商务领域，电商平台对于防范网络犯罪发挥了极其重要的作用。实践中，电子商务领域的网络犯罪一般需要利用交易系统的安全漏洞与交易规则的制度漏洞。而针对上述漏洞的防范，平台均是直接责任人。与此同时，由于安全性问题是用户选择平台的核心考虑因素之一，保障网络安全运营、防止网络犯罪发生也是平台经营者最为迫切的需要。实践已经证明，如何有效防范网络犯罪是电子商务平台经营者需要思考的重要问题。为了保障自身的生存与良性发展，平台对于维护交易安全、打击网路犯罪具有极高的积极性。此外，平台从建立到投入运营起就在与网络犯罪进行对抗，一直处在预防与打击网络犯罪的第一线，积累了丰富的经验。《电子商务法》规定由电子商务平台经营者承担预防网络犯罪的职责，是合理且明智的。

（二）电子商务平台经营者应提前制定网络安全事件应对预案，事件发生时应妥善处理，并及时向有关部门报告

本条第2款规定："电子商务平台经营者应当制定网络安全事件应急预案，发生网络安全事件时，应当立即启动应急预案，采取相应的补救措施，并向有关主管部门报告。"条款规定的主要内容有以下几点：

1. 网络安全事件的概念及影响

网络安全事件，又称信息安全事件，是指由于人为原因、软硬件缺陷或

故障、自然灾害等情况对网络和信息系统或者其中的数据造成危害，对社会造成负面影响的网络安全事件。与网络犯罪相比，网络安全事件具有影响范围更广、危害程度更大的特点。依据《网络安全法》《GB/T 24363 – 2009 信息安全技信息安全应急响应计划规范》《GB/T 20984 – 2007 信息安全技术 信息安全风险评估规范》《GB/Z 20985 – 2007 信息安全技术 信息网络攻击事件管理指南》《GB/Z 20986 – 2007 信息安全技术—信息网络攻击事件分类分级指南》等多部文件，根据信息安全事件发生的原因、表现形式等，将信息安全事件分为网络攻击事件、有害程序事件、信息泄密事件和信息内容安全事件四大类。

依照《GB/Z 20985 – 2007 信息安全技术—信息网络攻击事件管理指南》《GB/Z 20986 – 2007 信息安全技术—信息网络攻击事件分类分级指南》等文件，根据信息密级、声誉影响、业务影响、资产损失等因素，可以将安全事件划分为：特别重大事件（Ⅰ级）、重大事件（Ⅱ级）、较大事件（Ⅲ级）和一般事件（Ⅳ级）四个级别。

随着电子商务在我国的逐渐普及，网络安全事件对电子商务安全性与稳定性的影响也日益增加。如何妥善预防网络事件的发生、如何有效降低乃至避免因网络事件造成的损失，是需要电子商务行业与有关部门通力协作、共同解决的难题。

2. 平台应提前制定网络安全应急预案，发生网络安全事件后应妥善处置

关于平台应当预先制定的紧急预案的内容，结合《网络安全法》有关规定，应当包含如下五个方面的内容：（1）制定内部安全管理制度和操作规程，确定网络安全负责人，落实网络安全保护责任；（2）采取防范计算机病毒和网络攻击、网络侵入等危害网络安全行为的技术措施；（3）采取监测、记录网络运行状态、网络安全事件的技术措施，并按照规定留存相关的网络日志不少于 6 个月；（4）采取数据分类、重要数据备份和加密等措施；（5）法律、行政法规规定的其他义务。

现今社会互联网安全事件频发。以计算机病毒、批量网络攻击、大规模

网络入侵为主要形式的安全事件往往具有突发性，这要求电子商务平台除采取有效措施预防网络安全事件发生外，还应防患于未然，提前制定应对不同安全事件的应急预案，在安全事件出现时能够及时有效应对。平台在采取措施自救的同时，也应及时向政府有关部门报告情况，必要时申请帮助，二力结合，防止危害升级，尽最大可能减少损失。事后，有关部门可以根据由平台提供的事件信息总结经验，制定更加完善的安全检测标准，提升全网安全保障力度。

相关原理

一、加强网络安全治理的意义

随着时代的发展，互联网已经在全球范围内普及。互联网技术更是在工作、娱乐、学习等各个方面影响、改变着人们的生活。截至 2017 年 6 月，我国互联网宽带接入端口数量达到 7. 39 亿个，固定宽带用户数量超过 3. 22 亿户，移动通信用户总规模超过 13. 6 亿户，其中 4G 用户达到 8. 9 亿户。我国域名注册数量达到 2061 万个，成为世界第一大顶级域名。[①] “互联网 +” 2016 年入选年度十大流行语，互联网技术已经成为科技创新的代名词。各行各业都在借助互联网技术的高效便捷实现创新发展。互联网技术的普遍运用切实提升了人民的生活水平，在购物、社交、出行、投资、就业、支付手段等各个方面便利了人民的生活。但是随着互联网应用的不断普及，网络安全事件发生的概率也越来越高。钓鱼网站大量出现，漏洞攻击、个人信息泄露事件频发。这些情况表明，为了维护互联网平台的正常运行，必须着重解决网络安全问题。

我国自 2014 年起就高度重视解决互联网安全问题，中央成立了网络安全和信息化领导小组，有效整合了各政府机构职能，实现了从信息内容到传播技术、数据上传到传播手段的全方位安全保障。同时，我国还积极推进网络安全立法进程，于 2016 年 11 月颁布《网络安全法》，将网络空间行为纳

① 中国互联网空间研究院：《中国互联网发展报告 2017 · 总论》，第 3 页。

入法律管控范围，实现了网络安全治理的制度化与法制化。

网络空间不是法外之地，互联网世界与现实世界一样，需要确立秩序来保证良性发展。网络需要自由，但是自由并不等于恣意妄为，如果行为超越了界限，侵犯了他人的合法权益，就应该用法律来约束。电子商务活动更是如此，只有实现自由创新与合理监管的有机统一，打造良好的运营环境，才能推动行业的发展与进步。

二、网络安全治理的基本原则

2015 年 12 月在我国召开的世界互联网大会上，习近平总书记提出了“尊重网络主权、维护和平安全、促进开放合作、构建良好秩序”四项互联网发展原则。具体内容如下：

第一，尊重网络主权。《联合国宪章》确立的主权平等原则是当代国际关系的基本准则，覆盖国与国交往的各个领域，其原则和精神也应该适用于网络空间。我们应该尊重各国自主选择网络发展道路、网络管理模式、互联网公共政策和平等参与国际网络空间治理的权利，不搞网络霸权，不干涉他国内政，不从事、纵容或支持危害他国国家安全的网络活动。

第二，维护和平安全。一个安全稳定繁荣的网络空间，对各国乃至世界都具有重大意义。在现实空间，战火硝烟仍未散去，恐怖主义阴霾难除，违法犯罪时有发生。网络空间，不应成为各国角力的战场，更不能成为违法犯罪的温床。各国应该共同努力，防范和反对利用网络空间进行的恐怖、淫秽、贩毒、洗钱、赌博等犯罪活动。不论是商业窃密，还是对政府网络发起黑客攻击，都应该根据相关法律和国际公约予以坚决打击。维护网络安全不应有双重标准，不能一个国家安全而其他国家不安全，一部分国家安全而另一部分国家不安全，更不能以牺牲别国安全谋求自身所谓的绝对安全。

第三，促进开放合作。“天下兼相爱则治，交相恶则乱。”完善全球互联网治理体系，维护网络空间秩序，必须坚持同舟共济、互信互利的理念，摈弃零和博弈、赢者通吃的旧观念。各国应该推进互联网领域开放合作，丰富开放内涵，提高开放水平，搭建更多沟通合作平台，创造更多利益契合点、合作增长点、共赢新亮点，推动彼此在网络空间优势互补、共同发展，让更多国家和人民搭乘信息时代的快车、共享互联网发展成果。

第四，构建良好秩序。网络空间同现实社会一样，既要提倡自由，也要保持秩序。自由是秩序的目的，秩序是自由的保障。我们既要尊重网民交流思想、表达意愿的权利，也要依法构建良好网络秩序，这有利于保障广大网民合法权益。网络空间不是“法外之地”。网络空间是虚拟的，但运用网络空间的主体是现实的，大家都应该遵守法律，明确各方权利义务。要坚持依法治网、依法办网、依法上网，让互联网在法治轨道上健康运行。同时，要加强网络伦理、网络文明建设，发挥道德教化引导作用，用人类文明优秀成果滋养网络空间、修复网络生态。①

三、《网络安全法》确立的我国互联网安全建设基本原则

2017 年 6 月 1 日，《网络安全法》正式生效实施。作为我国第一部全面规范网络空间安全管理方面问题的基础性法律，《网络安全法》对推进依法治网、保障网络交易安全、惩治网络安全犯罪具有重要的意义。其中，三项基本原则的确立对我国网络安全治理的研究具有较高的参考价值。

第一，网络空间主权原则。《网络安全法》第 1 条明确规定“维护网络空间主权”。网络空间主权是一国国家主权在网络空间中的自然延伸和表现。习近平总书记指出，《联合国宪章》确立的主权平等原则是当代国际关系的基本准则，其原则和精神也应该适用于网络空间。《网络安全法》第 2 条明确规定本法适用于我国境内网络以及网络安全的监督管理，规定我国享有国内网络空间的最高管辖权。

第二，网络安全与信息化发展并重原则。《网络安全法》第 3 条明确规定，国家坚持网络安全与信息化发展并重，遵循积极利用、科学发展、依法管理、确保安全的方针，推进网络基础设施建设和互联互通，鼓励网络技术创新和应用，支持培养网络安全人才，建立健全网络安全保障体系，提高网络安全保护能力。

第三，多边、民主、透明共同治理原则。《网络安全法》第 7 条规定：

---

① 摘自“习近平在第二届世界互联网大会开幕式上的讲话”。

“国家积极开展网络空间治理、网络技术研发和标准制定、打击网络违法犯罪等方面的国际交流与合作，推动构建和平、安全、开放、合作的网络空间，建立多边、民主、透明的网络治理体系。”网络空间安全仅仅依靠政府是无法实现的，而是需要政府有关部门、企业、社会组织、技术社群和公民等网络利益相关者的共同参与。《网络安全法》坚持共同治理原则，要求采取措施鼓励全社会共同参与，政府部门、网络建设者、网络运营者、网络服务提供者、网络行业相关组织、高等院校、职业学校、社会公众等都应根据各自的角色参与到网络安全治理工作中来。

相关立法与规定

1.《网络安全法》

第10条 建设、运营网络或者通过网络提供服务，应当依照法律、行政法规的规定和国家标准的强制性要求，采取技术措施和其他必要措施，保障网络安全、稳定运行，有效应对网络安全事件，防范网络违法犯罪活动，维护网络数据的完整性、保密性和可用性。

第21条 国家实行网络安全等级保护制度。网络运营者应当按照网络安全等级保护制度的要求，履行下列安全保护义务，保障网络免受干扰、破坏或者未经授权的访问，防止网络数据泄露或者被窃取、篡改：

（一）制定内部安全管理制度和操作规程，确定网络安全负责人，落实网络安全保护责任；

（二）采取防范计算机病毒和网络攻击、网络侵入等危害网络安全行为的技术措施；

（三）采取监测、记录网络运行状态、网络安全事件的技术措施，并按照规定留存相关的网络日志不少于六个月；

（四）采取数据分类、重要数据备份和加密等措施；

（五）法律、行政法规规定的其他义务。

第25条 网络运营者应当制定网络安全事件应急预案，及时处置系统漏洞、计算机病毒、网络攻击、网络侵入等安全风险；在发生危害网络安全的事件时，立即启动应急预案，采取相应的补救措施，并按照规定向有关主管部门报告。

2.《网络购物服务规范》

6.2.3 保证交易系统的稳定和安全

网络购物平台提供商应按照国家信息安全登记保护制度的有关规定和要求建设、运行、维护网络购物平台系统，落实互联网安全保护技术措施。

网络购物平台提供商应高度重视网络交易过程的稳定和安全，采取各种合理有力的措施保证交易系统稳定和安全地运行。

3. 商务部《第三方电子商务交易平台服务规范》

5.4 交易平台设施及运行环境维护

平台经营者应当保障交易平台内各类软硬件设施的正常运行，维护消防、卫生和安保等设施处于正常状态。

平台经营者应按照国家信息安全等级保护制度的有关规定和要求建设、运行、维护网上交易平台系统和辅助服务系统，落实互联网安全保护技术措施，依法实时监控交易系统运行状况，维护平台交易系统正常运行，及时处理网络安全事故。

日交易额1亿元人民币以上（含1亿元）的第三方电子商务交易平台应当设置异地灾难备份系统，建立灾难恢复体系和应急预案。

第三十一条 【平台经营者交易信息保存义务】

电子商务平台经营者应当记录、保存平台上发布的商品和服务信息、交易信息，并确保信息的完整性、保密性、可用性。商品和服务信息、交易信息保存时间自交易完成之日起不少于三年；法律、行政法规另有规定的，依照其规定。

条文主旨

本条规定了电子商务平台经营者的妥善保存商品和服务信息、交易信息的义务。

条文释义

一、立法理由

商品和服务信息、交易信息是双方从事交易活动的重要记载材料，对于在售后服务、纠纷中维护消费者合法权益具有重要意义。在电子交易中，交易双方通过网络媒介进行协商、邀约、承诺等交易流程，使得交易过程没有产生可以留存的纸质交易凭证。而电子商务平台为网络交易的发生场所，具有获取交易信息的便利，具备妥善保存交易信息的技术手段和资金实力。因此，本法规定，电子商务平台应当在后台对平台内进行的交易信息以第三人的身份进行真实、完整的保存，并确保数据安全。其他服务类辅助经营者也应当承担保存交易信息的义务，这样可以为交易信息安全配置双保险，确保上述信息的完整性、保密性和可用性，起到定分止争的效果。

保存交易信息制度是国外立法中已经确立的制度。在国内，《网络交易管理办法》中也对该项制度进行了规定。本法也参照其规定，并根据电子商务平台经营者的特殊性，制定本条款。

二、内容解读

本条款涉及平台经营者的妥善保存交易相关信息的义务。值得注意的问题有如下四点：

（一）需保存信息的范围

依照本条款规定，平台应保存的信息有如下两类：（1）在平台上发布的商品、服务的信息；（2）通过平台进行的交易信息。需要注意的是，本条款规定中的“信息”为商品、服务信息和交易信息，与本法第27条规定的经营者身份信息有所不同。

（二）保存信息的措施

本条款并未对平台经营者保存、保护交易信息的具体措施做出具体规定，这是互联网技术中立原则的具体体现。具体来看，平台经营者可以采用数据备份、数据迁移、电子签名等常用技术手段来保障数据信息的安全与完整。

（三）信息保存的时间

本条款对信息的保存时间的规制采取一般规定与特殊例外相结合的方式。一般情况下，商品和服务信息、交易信息应当自交易完成之日起开始保存，期限不少于三年。如果法律另有规定，可做例外情况采纳。

（四）保存信息的要求

法条要求对交易相关信息实现“妥善”保存，即平台应当保障交易相关信息的完整性、保密性和可用性。完整性要求每个平台内经营者的每一次交易信息都要实现完整记录。保密性要求平台经营者需采取有效措施建立信息数据库的安全防护机制，防止出现信息泄露的情况，保障平台内经营者经营信息的安全。可用性要求平台能够实现每一笔交易数据的检索查询。保障消费者和相关部门能够通过平台及时获取需要的交易信息，实现维护自身合法权益。

相关原理

技术中立原则

技术中立原则又称不偏重任何技术手段的原则，是目前世界各国和国际组织在电子商务立法中共同遵守的基本原则之一。技术中立原则是指，法律应当对交易使用的技术手段一视同仁，不应依照技术之外的其他因素对技术进行区分对待。对这一概念的理解有两个层次：第一，不应把对某一特定技术的理解作为法律规定的基础而歧视其他形式的技术。第二，各国和国际组织不得因为政治原因、地缘原因等非技术因素，对技术的发展和应用采取限制和打压的手段。既不能要求或采用某种特定的技术，亦不能阻碍未来技术的发展。

技术中立原则旨在不因技术造成贸易歧视，保证各成员根据其意愿采取适当的方式提供服务。这种中性原则具体包含两层含义：一方面要求各成员要保持对不同计算机技术的中立态度，不能区别对待各种电子商务信息技术。另一方面要求各成员对不同的通信媒体也要保持中立态度，对无线通信、有线通信、电视、广播以及网络应一视同仁，允许各种通信媒体技术相互融合促进。

这一原则的核心意义在于，保障电子信息技术的自由良性发展，排除不必要的司法、政策干预。具体到电子商务法领域，即不论电商经营者采用何种电子通信技术，其交易的法律效力都不应受到影响。电子形式的交易虽然离不开技术手段的支持，但是，电子商务立法绝不能认定某种特定手段的权威性，否则便会限制同类型技术的发展与革新，制造电子商务市场交易障碍。技术中立性原则在各国电子商务立法中均有所体现，有的国家的规定较为明确，而在另一些国家这一原则却妥协于具体的需要。

技术中立原则在电子商务中的一个重要表现就是广泛应用的电子签名，技术中立原则在电子签名中表现为，任何可确保资料在传输或储存过程中的完整性及鉴别使用者身份的技术皆可纳入使用，并不以数字签名为限，以免阻碍其它技术的应用发展。即任何电子技术制作的电子签名和文件，只要功能与签名与书面文件效力相当，都具有法律效力。

相关立法与规定

1.《网络安全法》

第40条　网络运营者应当对其收集的用户信息严格保密，并建立健全用户信息保护制度。

第41条　网络运营者收集、使用个人信息，应当遵循合法、正当、必要的原则，公开收集、使用规则，明示收集、使用信息的目的、方式和范围，并经被收集者同意。

网络运营者不得收集与其提供的服务无关的个人信息，不得违反法律、行政法规的规定和双方的约定收集、使用个人信息，并应当依照法律、行政法规的规定和与用户的约定，处理其保存的个人信息。

第42条　网络运营者不得泄露、篡改、毁损其收集的个人信息；未经被收集者同意，不得向他人提供个人信息。但是，经过处理无法识别特定个人且不能复原的除外。

网络运营者应当采取技术措施和其他必要措施，确保其收集的个人信息安全，防止信息泄露、毁损、丢失。在发生或者可能发生个人信息泄露、毁损、丢失的情况时，应当立即采取补救措施，按照规定及时告知用户并向有关主管部门报告。

2.《消费者权益保护法》

第29条 经营者收集、使用消费者个人信息，应当遵循合法、正当、必要的原则，明示收集、使用信息的目的、方式和范围，并经消费者同意。经营者收集、使用消费者个人信息，应当公开其收集、使用规则，不得违反法律、法规的规定和双方的约定收集、使用信息。

经营者及其工作人员对收集的消费者个人信息必须严格保密，不得泄露、出售或者非法向他人提供。经营者应当采取技术措施和其他必要措施，确保信息安全，防止消费者个人信息泄露、丢失。在发生或者可能发生信息泄露、丢失的情况时，应当立即采取补救措施。

经营者未经消费者同意或者请求，或者消费者明确表示拒绝的，不得向其发送商业性信息。

3.《杭州市网络交易管理暂行办法》

第24条 第三方网络交易平台经营者应当记录在平台上发布的商品和服务信息、发布时间以及交易记录等信息，保存期限自完成之日起不得少于2年。

第三方网络交易平台经营者应当按照国家规定的等级和标准保护交易网络系统的安全，并采取数据异地灾难备份、故障恢复等技术手段，保障网络交易数据和资料的完整性、真实性和安全性。

4. 国家工商行政管理总局《网络交易管理办法》

第30条 第三方交易平台经营者应当审查、记录、保存在其平台上发布的商品和服务信息内容及其发布时间。平台内经营者的营业执照或者个人真实身份信息记录保存时间从经营者在平台的登记注销之日起不少于两年，交易记录等其他信息记录备份保存时间从交易完成之日起不少于两年。

第三方交易平台经营者应当采取电子签名、数据备份、故障恢复等技术手段确保网络交易数据和资料的完整性和安全性，并应当保证原始数据的真实性。

5. 商务部《第三方电子商务交易平台服务规范》

5.5 平台经营者应当妥善保存在平台上发布的交易及服务的全部信息，

采取相应的技术手段保证上述资料的完整性、准确性和安全性。站内经营者和交易相对人的身份信息的保存时间自其最后一次登录之日起不少于两年；交易信息保存时间自发生之日起不少于两年。

站内经营者有权在保存期限内自助查询、下载或打印自己的交易信息。

鼓励第三方交易平台通过独立的数据服务机构对其信息进行异地备份及提供对外查询、下载或打印服务。

第三十二条　【平台经营者制定平台服务协议、交易规则的要求】

电子商务平台经营者应当遵循公开、公平、公正的原则，制定平台服务协议和交易规则，明确进入和退出平台、商品和服务质量保障、消费者权益保护、个人信息保护等方面的权利和义务。

条文主旨

本条是关于电子商务平台经营者制定平台服务协议、交易规则的具体要求。

条文释义

一、立法理由

电子商务平台经营者应当遵循公开、公正、公平的原则，制定平台服务协议和交易规则，明确进入和退出平台、商品和服务质量保障、消费者权益保护等方面的权利、义务和责任。平台在制定服务协议的过程中应当遵循公开、公正、公平的原则。这是因为随着平台在电子商务中发挥着越来越重要的作用，会产生自然垄断的现象。在这种情况下，电子商务平台经营者与电子商务经营者签订服务协议的时候，就必须公开其协议条件，并且公平对待所有的经营者，在没有正当理由的情况下，不应该采取差别待遇。就此而言，平台逐渐具有了准公共产品的特征。平台也不能滥用自己在交易中的优势地位，欺压中小电子商务经营者，而是必须依据公平原则来确定其与平台上经营者的权利、义务关系，特别是进入和退出平台的条件，不得设置不合理的限制。

二、内容解读

本条款是关于电子商务平台经营者制定内部规章制度的条款。在电子商务活动中，情况复杂且易变，一定情况下需要平台制定具体规则来维持交易活动的正常进行。因此，本法允许平台通过服务协议和一系列制度来制定平台内部的交易规则。

（一）平台服务协议

平台服务协议是指电子商务平台通过规定数据信息的发送、传输和处理方式来服务平台使用者的协议，属于信息服务合同。作为电子商务合同的一个分支，平台服务协议既具有传统合同的共性，也具有其自身的特殊性。

网络服务由网络服务提供商提供，主要可以分为三种：（1）信息发布，即接受他人委托在网站上发布面向公众的特定信息，这种信息既可以是商业信息、也可以是不具有商业价值的公共信息。（2）信息传输，将接受服务者的信息传递给特定的用户。信息传输与信息发布不同，其传输信息的受众具有特定性，如发送电子邮件、发送订购单等。（3）信息检索，即向用户提供其索取的信息，如产品信息、时事新闻的查询服务。在上述三项基本服务之外，还存在一个共性的网上信息服务，即信息储存服务，这是所有网络信息服务的基础和前提。

平台服务协议相较与一般的民事合同具有特殊性。首先，从性质上讲，平台服务协议属于格式合同。其一般由电子商务平台单方制定，采取公示的方式向潜在用户发出邀约，具有重复使用、提高交易效率的作用。

其次，从订立手段的角度分析，平台服务协议可以通过签订合同的方式建立，但更常见的情况是通过用户注册登记的方式建立的，即“点击合同”。一般而言，如果用户请求网站提供某种信息或者提供某种信息传输服务，首先需要进行注册登记，需要登记姓名、联系方式、电子邮箱、出生日期、证件号码、住址等个人信息。这种注册登记实质上是消费者和平台订立信息服务合同的一种方式。这种信息服务可能是有偿的，也可能是无偿的，但无论是否有偿，在网络服务提供者和用户之间都形成了一种信息服务合同关系。

但平台服务协议本质上仍是合同，网络服务提供者和用户之间的权利和义务应当接受《合同法》等有关规定的调整。作为一般规则，提供信息服务的网络平台的义务和责任应当依照服务合同确定，在没有明确规定时应当按照法律规定和行业交易习惯加以确定。目前，我国尚无关于信息服务或信息交易方面的专项立法，现行法对网络服务提供者的基本义务也没有明确的规范，实践中主要根据法律一般原则、行业习惯、网站经营者提供的格式合同，来确定双方的权利、义务和责任。此外，因为服务协议属于格式条款，平台经营者必须遵守《合同法》第39—41条的规定，合理提示格式合同的存在。如果格式合同中存在免除其责任、加重对方责任、排除对方主要权力的条款，应当认定该条款无效。

《消费者权益保护法》对“霸王条款”的限制规定同样适用于平台服务协议和规章制度。该法第26条第2款规定，经营者不得以格式条款、通知、声明、店堂告示等方式，作出排除或者限制消费者权利、减轻或者免除经营者责任、加重消费者责任等对消费者不公平、不合理的规定，不得利用格式条款并借助技术手段强制交易。可见，平台不得以不勾选“同意”不能进行注册等技术方式限制用户的合法权利。

（二）平台交易规则

1. 平台交易规则的内容

平台交易规则是指由电子商务平台依法制定的，以提供规范化的网络交易服务为目的的各项规章制度。电子商务产业发展到今天，电子商务平台已经成为商品、服务交易达成的主要媒介。为了保障交易活动的顺利进行，平台需制定包含用户注册、交易规范、消费者保护、广告发布、争端解决等内容在内的一系列制度。参照商务部发布的《网络购物服务规范》以及《第三方电子商务交易平台服务规范》，平台交易规则应当包含以下内容：（1）用户注册制度；（2）平台交易相关规则；（3）信息公示制度；（4）个人信息保护制度；（5）商业秘密保护制度；（6）消费者权益保护制度；（7）广告发布审核制度；（8）交易安全保障制度；（9）数据备份制度；（10）交易争端解决制度；（11）违法信息举报处理制度；（12）法律、法规规定的其他制度。

2. 平台交易规则的法律性质

在实践中，因交易规则由平台单方面制定，平台内经营者和消费者没有能力和条件与平台进行协商，因此应当将平台交易规则定义为格式条款。平台应遵照《合同法》通过显著的方式提示经营者和消费者，对免除或限制平台责任的条款，应当进行特别说明；对于免除平台主要义务和限制平台内经营者、消费者主要权利的条款，应认定无效；对交易规则的理解发生争议的，应按通常理解予以解释。如有两种以上解释的，应当作出不利于平台一方的解释。

3. 对平台交易规则的限制

本条款明确规定了平台在制定交易规则时的指导原则，要求平台遵守“公开、公正、公平”的原则。这是由平台在电子商务领域处于相对优势的地位决定的，为了避免平台利用优势地位将不合理的条款强加于用户，国家一方面制定《电子商务法》《网络购物服务规范》《第三方电子商务交易平台服务规范》等法律法规，对平台经营者应当制定的规则内容进行列举式规定，明确平台必须建立消费者权益保护规则、违法违规信息举报制度等保护平台使用者权益的制度，保障平台制定规则的合理性与公平性。另一方面，通过适用《合同法》中关于格式条款、《消费者权益保护法》中关于“霸王条款”的规定来限制或否定侵犯平台内用户（包括经营者与消费者）合法权益的条款，为被侵权的用户提供司法救济，依照《合同法》《消费者权益保护法》有关规定限制违法违规制度的法律效力，此外，对于符合《反垄断法》规定的具有市场支配地位的大型平台，还应遵守《反垄断法》“滥用市场支配地位”规定的限制。三力结合，共同保障平台交易规则公正与高效。

此外，在关于格式条款内容的规制问题上，除了《合同法》和《消费者权益保护法》提供的规制方法之外，也不应忽视行政规制和行业自治指引作用。在电子商务实践过程中，不公平的格式条款会对平台内经营者和消费者的权益造成严重影响。政府机构、行业自律组织也应当发挥自身的力量，尽量消除电子商务领域中不公平的格式条款，保障平台内经营者和消费者的合法权益。

目前，我国商务部等政府机构以及消协、网络交易行业协会等行业组织已经通过制定法规、发布指导意见等方式参与了电子商务的治理与监管。一方面，原国家工商行政管理总局根据电子商务领域的发展情况制定了《网络交易平台合同格式条款规范指引》，相关指引中对格式条款进行了全面规定；另一方面，行业组织对消费者权益保护、促进电子商务良性健康发展负有一定的职责，鼓励行业协会在格式条款规制方面发挥积极的指引作用，是实现互联网共同治理的重要途径。

相关原理

格式合同

《合同法》第39条第2款规定，格式条款是当事人为了重复使用而预先拟定，并在订立合同时未与对方协商的条款。格式合同即包含格式条款的合同。在格式合同中，非提供格式合同的一方只能选择“完全接受”或“不接受”的合同。格式合同常见于机构与个人之间，如银行业务、APP用户注册、软件使用等。市场经济的发展下，社会资本与市场资源会逐渐集中，市场主体的力量出现强弱对比，地位不再完全平等。伴随着垄断性企业的形成，经济高速发展下规模交易出现，格式合同成为现代化大生产下重复生产和交易的副产品。

一方面，格式合同具有高效的特点。与协商相比，它们有节省时间、减少纷争、减少交易成本等优点，大大提高了社会效率，且为日常生活带来便利。此外格式合同订立手续简便、程序快捷，使烦琐的合同制定过程成为简便的合同审查过程，有效地减少合同当事人之间进行订约磋商和合同签订的时间，降低合同当事人的签约成本，顺应了现代化生活的快节奏，适应现代社会发展的需要。

而另一方面，相对人没有缔结合同内容的自由，只能选择同意与否。表面上的当事人意思表示一致掩盖了事实上的意思表示不自由，形式上的缔约地位平等掩盖了事实上的地位不平等，突出表现为“免责条款”的存在。有学者认为，格式合同的最大特点在于相对方在订约中居于附从地位。相对方不参与协商过程，只能对一方制定的格式合同条款“要么全部接受，要么全部拒绝”，而不能就合同条款讨价还价，因此被认为对合同自由原则即契约自由起着贬损效果，饱受争议。国内主流意见认为应该对格式合同加以限制，其学理原因如下：

合同自由原则有两方面含义：一方面，合同基于双方合意，即要求意思表示一致。另一方面，合同的产生是自由选择的结果，没有外部妨碍，如政府或立法的干预。前者是实质自由，后者是形式自由。这两方面同时成立的基础是市场交易个体大致平等，而且交易中有互换性，因此国家可以采取放任的态度，让民事主体根据自己的自由意思，通过互相平等的协商，决定他们之间的权利义务关系。但是在合同当事人的地位显著不平等和没有互换性时，实质自由与形式自由就有可能产生背离。

在现代市场经济中，在企业主与劳动者的对立、生产者与消费者的对立中，劳动者与消费者是社会生活中的弱者，与企业主、生产者之间实质上是一种支配与被支配的关系。这时再一味倡导形式上的契约自由，不允许政府干预，其实是假自由之名行剥削、压迫之实。因此外部力量必须介入管理，加以限制。

我国立法对格式条款有明确的规定。《合同法》第39条第1款规定了格式合同条款使用人义务：“采用格式条款订立合同的，提供格式条款的一方应当遵循公平原则确定当事人之间的权利和义务，并采取合理的方式提请对方注意免除或者限制其责任的条款，按照对方的要求，对该条款予以说明。”第40条进而规定了格式条款无效的情况：“格式条款具有本法第五十二条和第五十三条规定情形的，或者提供格式条款一方免除其责任、加重对方责任、排除对方主要权利的，该条款无效。”对于格式合同的解释，第41条规定：“对格式条款的理解发生争议的，应当按照通常理解予以解释。对格式条款有两种以上解释的，应当作出不利于提供格式条款一方的解释。格式条款和非格式条款不一致的，应当采用非格式条款。”

从消费者保护的角度出发，《消费者权益保护法》第 26 条中明确规定，“经营者在经营活动中使用格式条款的，应当以显著方式提请消费者注意商品或者服务的数量和质量、价款或者费用、履行期限和方式、安全注意事项和风险警示、售后服务、民事责任等与消费者有重大利害关系的内容，并按照消费者的要求予以说明。经营者不得以格式条款、通知、声明、店堂告示等方式，作出排除或者限制消费者权利、减轻或者免除经营者责任、加重消费者责任等对消费者不公平、不合理的规定，不得利用格式条款并借助技术手段强制交易。格式条款、通知、声明、店堂告示等含有前款所列内容的，其内容无效。”法条对格式条款的内容范围作出了划定，并否认了合理范围外格式条款的合法性。

观察各国立法例，在国外往往通过行政手段、自律手段、法律手段构建格式合同的利益平衡机制，在强势主体的经济效率与弱势主体的权益保护中寻找合适的范围，并将格式合同限定在该范围中。

行政手段分为许可、认可、核准、监督四种方式。行政监管机关对一般格式合同条款之内容在其公开前先予审核，经核准后方可使用；专门的政府组织对正在实行的格式合同条款予以审查，对认为不合格的条款发布禁令禁止使用。

自律手段是指由各商业行会组织及消费者团体等民间组织对合同条款进行审查和受理投诉，从而取消或限制某些不公平条款的使用。

法律手段在立法、执法、司法环节共同作用。在立法环节，通过立法将某些条款作为不公平条款明确地写进法律当中，并规定其为无效。在执法环节，保证立法规则的具体实施。而在司法环节，则是由法官根据判例或法律的一般原则（如诚实信用原则）对合同加以解释，从而限制不公平条款订入合同。具体方法有，以民法典或民事一般法的形式规制格式合同、通过专门法对格式合同进行规制以及通过其他民事法和国际公约对格式合同进行规制。

相关案例

冯女士诉浙江淘宝网络有限公司假冒伪劣产品一案

淘宝用户冯女士以通过淘宝网购得10台手机是假冒伪劣产品为由，将浙江淘宝网络有限公司、销售方深圳市创想时代科技有限公司一并诉至法院。一审法院送达起诉状后，两被告提出管辖权异议。浙江淘宝网络有限公司认为冯女士与深圳市创想时代科技有限公司之间的买卖合同关系，与公司的电子商务服务合同关系，均应适用《淘宝网服务协议》及《支付宝服务协议》。两协议均明确约定合同管辖法院为浙江省杭州市西湖区人民法院。同时，深圳市创想时代科技有限公司亦提出管辖权异议，认为冯女士与公司在订单中未约定交货地点，货物系通过邮寄方式送达，故合同履行地应为广东省深圳市福田区。由于公司所在地及合同履行地都在福田区，故请求将案件移送至广东省深圳市福田区人民法院审理。一审法院裁定将案件移送浙江省杭州市西湖区人民法院管辖。一审法院裁定后，冯女士不服，向北京市第二中级人民法院提起上诉。北京市第二中级人民法院经审查认为，冯女士以买卖合同纠纷为由诉至法院，但其未提供证据证明各方当事人约定的货物履行地为本市通州区。冯女士与浙江淘宝网络有限公司签署的《淘宝网服务协议》中明确约定："本服务条款之解释与适用，以及与本服务条款有关的争议，以浙江省杭州市西湖区人民法院为第一审管辖法院。"而冯女士进行网上交易必须签署同意该服务协议。至此，双方协议选择了管辖法院，浙江省杭州市西湖区人民法院依法享有案件管辖权。北京市第二中级人民法院终审裁定，驳回冯女士上诉，维持原审裁定。

案例解析：《消费者权益保护法》和《合同法》规定的提示义务为总体的概括性提示义务，规定了提示的方式和说明的具体要求，但并不要求具体提示协议中的每一条款项，这是符合电子商务交易模式规定的。用户在注册登记时未对加粗、标红等具有提示性的内容进行阅读，不得主张平台未履行提示义务，用户在注册过程中未提出说明要求的，不得在注册后以未进行提示说明为由否认条款的效力。

相关立法与规定

1. **《消费者权益保护法》**

第10条　消费者享有公平交易的权利。

消费者在购买商品或者接受服务时，有权获得质量保障、价格合理、计量正确等公平交易条件，有权拒绝经营者的强制交易行为。

2. **《杭州市网络交易管理暂行办法》**

第19条　第三方网络交易平台经营者应当建立和公开平台交易规则和交易安全保障、消费者权益保护、不良信息处理等管理制度，并保证网络交易经营者和其他网络用户能够便利、完整地阅览和保存。

3. **《网络交易管理办法》**

第25条第1款　第三方交易平台经营者应当建立平台内交易规则、交易安全保障、消费者权益保护、不良信息处理等管理制度。各项管理制度应当在其网站显示，并从技术上保证用户能够便利、完整地阅览和保存。

4. **《网络购物服务规范》**

6.2.2　**拥有完善的规章制度**

网络购物平台提供商应提供规范化的网上交易服务，建立健全其规章制度，如：

(1) 用户注册制度；

(2) 平台交易规则；

(3) 信息披露与审核制度；

(4) 隐私权与商业秘密保护制度；

(5) 消费者权益保护制度；

(6) 广告发布审核制度；

(7) 交易安全保障与数据备份制度；

(8) 争议解决机制；

(9) 不良信息及垃圾邮件举报处理机制；

(10) 法律、法规规定的其他制度。

5. 商务部《第三方电子商务交易平台服务规范》

5.6　制订和实施平台交易管理制度

平台经营者应提供规范化的网上交易服务，建立和完善各项规章制度，包括但不限于下列制度：

（1）用户注册制度；

（2）平台交易规则；

（3）信息披露与审核制度；

（4）隐私权与商业秘密保护制度；

（5）消费者权益保护制度；

（6）广告发布审核制度；

（7）交易安全保障与数据备份制度；

（8）争议解决机制；

（9）不良信息及垃圾邮件举报处理机制；

（10）法律、法规规定的其他制度。

平台经营者应定期在本平台内组织检查网上交易管理制度的实施情况，并根据检查结果及时采取改善措施。

5.7　用户协议

平台经营者的用户协议及其修改应至少提前30日公示，涉及消费者权益的，应当抄送当地消费者权益保护机构。

用户协议应当包括但不限于以下内容：

（1）用户注册条件；

（2）交易规则；

（3）隐私及商业秘密的保护；

（4）用户协议的修改程序；

（5）争议解决方式；

（6）受我国法律管辖的约定及具体管辖地；

（7）有关责任条款。

平台经营者应采用技术等手段引导用户完整阅读用户协议，合理提示交易风险、责任限制和责任免除条款，但不得免除自身责任，加重用户义务，排除用户的法定权利。

第三十三条　【平台经营者公示平台服务协议、交易规则义务】

电子商务平台经营者应当在其首页显著位置持续公示平台服务协议和交易规则信息或者上述信息的链接标识，并保证经营者和消费者能够便利、完整地阅览和下载。

条文主旨

本条规定了电子商务平台经营者对平台服务协议和交易规则的公示及保证用户阅览、下载的义务。

条文释义

一、立法理由

平台的公示义务是本法“电子商务平台经营者”一节的重要内容，在电子商务领域具有重要意义。在具有非接触特性的电子商务交易领域，信息公示是传递、送达信息的最重要的方式与途径。服务协议和交易规则是平台开展服务、合法高效运营的基础，只有通过有效的公示，平台单方制定的服务协议和交易规则才能到达目标用户（包含消费者和经营者）。公示服务协议与管理规则是平台进入市场运营的前提条件，也是贯穿平台经营始终的必然要求。

此外，公示对保障消费者和平台内经营者的合法权益具有重要意义。对消费者而言，平台交易规则的公示是消费者获取交易信息的必要途径，是保障其权益的前提与基础。对平台内经营者而言，了解平台的交易规则的内容是决定是否入驻平台、是否订立网络信息服务合同的前提，是交易公平的重要保障。

二、内容解读

本条款是关于电子商务平台公示服务协议和交易规则的具体要求，体现出电子商务领域消费者权利保护与经营者义务设置的特殊性。

（一）平台公示服务协议和交易规则的具体要求

1. 平台应采取有效措施保障公示效果

平台服务协议和交易相关制度的有效公示是服务协议和交易规则对经营者和消费者产生拘束力的前提条件。作为由平台单方面制定的格式条款，服务协议和平台内部规章的效力受《合同法》的调整。根据《合同法》第 39 条第 1 款，提供服务协议和内部规章的平台，应当采取合理的方式提醒用户注意规定双方权利和义务的重要条款，并按照用户提出的要求，对条款进行说明。考虑到电子商务的客流量大、跨地域性强的特点，本条规定平台通过在其网站主页显著位置持续公示平台服务协议和交易规则等内容履行提示义务。这样既能保证良好的公示效果，也尽可能降低了平台的负担，实现了管理与效率的统一。

2. 平台应保证用户能够获取服务协议和交易规则

保障平台用户便利、完整地阅读和下载平台服务协议和交易规则是《消费者权益保护法》规定的消费者获取信息权的具体体现。平台经营者在履行公示义务的同时，也应采取有效的技术措施，保障消费者能够便利地阅读、下载、保存平台规则。一方面，可以保障作为网络信息服务合同相对方的消费者获取合同文本，查看合同内容的权利。另一方面，也有利于消费者加深对协议、规章内容的了解，鼓励消费者向平台提出合理建议，维护自身的合法权益。

（二）电子商务领域消费者权利保护问题

1. 电子商务消费者权利保护主旨与原则

制定《电子商务法》，必须重点解决电子商务消费者的权益保护问题。电子商务消费者权益保护具有特殊性，电子商务以网络为依托，而网络自身的匿名性、虚拟性、开放性和非直接接触性都给交易安全和消费者权益保护增加了难度。传统交易中的不公平格式条款、虚假促销、假冒伪劣等侵害消费者权益的现象在电子商务中演化出了更为复杂多样的形式，它们更频繁地发生。对于消费者来说，维权之路则更难走。在电子商务立法中为消费者权益提供充分的保护，有助于消费者树立对电子商务信心，为电子商务的健康发展搭建平台。基于上述考虑，电子商务消费者权益保护在明确立法宗旨、法律适用的基础上，制定了以下原则：

第一，诚实信用、平等、自愿。《民法总则》第 4 条、第 5 条、第 7 条分别将平等、自愿、诚信列为民法的基本原则。电子商务法也应遵循这三项原则，这是由电子商务法的基本属性决定的。这一系列原则的目的在于指导电子商务经营者和消费者的行为。一方面，经营者不得利用优势地位损害消费者的权益。另一方面，消费者不得滥用消费者权利，不得利用电子商务的开放性、交互性及可视性对所购商品和服务进行恶意评价以损害经营者商誉。此原则针对交易双方，为电子商务市场稳定、有序、健康发展提供保障。

第二，守法与公共利益原则。意思自治是私法自治的应有之义，但意思自治必须有其边界。电子商务活动的边界就在于法律法规和社会公共利益。这意味着，电子商务主体从事电子商务活动，不得违反法律法规，不得侵害社会公共利益。守法是基础，不违反法律法规是底线。维护社会公共利益是补充，当个人利益与社会公共利益冲突时，公共利益优先。这既是对经营者的限制，也是对消费者的要求。电子商务主体均应当遵循法律法规的规定，遵守互联网技术规范和安全规范，尊重社会公德和商业道德，不得损害社会公共利益。

第三，市场主导原则。市场是社会资源的主要配置者。具有中国特色的社会主义市场经济必须处理好市场与宏观调控的对立统一关系。在电子商务这一新兴行业中，应保证市场的主导地位，充分发挥市场统一联系、信息引导、市场调节、优胜劣汰等功能，建立良性的市场机制。应当让经营者良性竞争，尊重经营者在法律的限度内自由发展，鼓励技术创新，包容制度创新。

第四，国家保护原则。《消费者权益保护法》第 5 条第 1 款规定，国家保护消费者的合法权益不受侵害。即便是在电子商务的语境下，此项原则仍然尤为关键。消费者在传统交易与电子商务交易中均处于劣势，需要国家采取措施，保障消费者依法行使权利，维护消费者的合法权益。立法、行政监管、社会监督是对消费者进行特殊保护的三条可行路径。

2. 电子商务消费者权利

《电子商务法》并未对电子商务消费者享有的具体权利进行规定。参照《消费者权益保护法》，考虑到电子商务的特殊性，消费者享有的权利应该包括：安全保障权、知情权、自主选择权、公平交易权、获取便利权、验货权、无理由退货权、评价权、获得赔偿权、信息保护权、监督权。上述权利与《消费者权益保护法》具有如下区别：第一，知情权的对象不同，不仅包括商品和服务信息，还包括交易平台与合格经营者的真实信息。第二，自主选择权由接受和拒绝两方面构成，消费者不仅有权拒绝交易，还有权利拒绝接收推送信息。第三，电子商务经营者在运费、定价等环节有转移成本和变相涨价的可能性，公平交易权保护消费者拒绝不公平交易行为。第四，获取便利权贯穿电子商务的始终，要求电子商务经营者在支付、收发货、退货、退款等环节中为消费者提供便利，不得通过程序或技术手段变相剥夺消费者的权利。第五，由于电子商务具有延迟性、非当场性，又涉及第三方物流，因此法律应当赋予消费者验货的权利。第六，《消费者权益保护法》第25条赋予了消费者对通过网络、电视、电话、邮购的商品的无理由退货权。在电子商务领域，即使属于《消费者权益保护法》第25条列明的可不予退货的商品，只要经营者承诺退货，就必须履行。此外，为了使无理由退货权得到保障，第三方支付平台在法定退货期间内不得向经营者支付货款。第七，电子商务平台经营者建立健全信用评价制度，这是《电子商务法》对消费者评价权在电子商务领域的具体规定。保障消费者能够依据真实意愿对商品与服务进行评价，既是信用评价体系建立的重要条件，也是保护消费者的必要举措。第八，信息权的保护是电子商务的敏感问题，在电子商务中，消费者浏览、购买、邮寄的过程会产生大量数据，消费者的个人信息与隐私也面临暴露的危险，对消费者信息进行保护与合理利用是《电子商务法》需要解决的问题。第九，监督权既是对消费者自身的保护，也是国家管理电子商务交易的手段。面对庞大的交易数量，消费者能够主动监督、控告、举报，有利于规范网络交易，实现有效的监管。

（三）电子商务经营者义务

电子商务消费者权益与经营者义务是一体两面的问题，消费者权利需要通过经营者履行义务来实现。因此，对经营者义务的立法应当做到具体、可行。根据从事业务和在电子商务交易过程中扮演角色的不同，可以将电子商务经营者分为电子商务平台经营者和电子商务一般经营者两大类。两者的义务既有共同点，也有各自的特点。

1. 电子商务一般经营者和电子商务平台经营者的共同义务

电子商务一般经营者和电子商务平台经营者的共同义务主要包括：（1）经营者身份信息、交易信息等信息提供与信息保管义务；（2）制定、修改格式条款应尽的义务与限制；（3）收集、使用消费者个人信息的限制；（4）消费者个人信息保护义务；（5）可信交易系统提供义务；（6）交易系统与网络安全维护义务；（7）网络广告管理义务等。

经营者义务可以分为以下几类：第一，信息义务。其一，经营者应当向消费者公布真实、全面的经营者身份信息，欧盟《消费者权益保护指令2011/83/EU》第5条、第6条有类似的规定。其二，经营者要在法定合理期间内妥善保存交易信息，并保证其真实性、完整性。其三，经营者收集、使用消费者个人信息时应符合相关法律法规的规定，依法必须经消费者同意才可收集使用的信息应提前征得消费者同意。同时，要保护消费者的信息与隐私，避免泄露。第二，格式条款义务。为提高经济交往的效率，经营者往往在交易规则、用户协议、用户须知等合同中设置了格式条款。但也有大量经营者滥用格式条款，不合理限制消费者权利，逃避或降低经营者义务。因此，法律规定经营者在使用格式条款时，必须坚持公开合理的原则，遵守法律法规的规定，接受相关部门、协会的指导和监督，不得作出对消费者不公平、不合理的限制。第三，网络交易安全保障义务。经营者应当建设、运行、维护安全可靠的交易系统。国家有关部门根据现有技术水平和实践经验确定“安全可靠”的具体标准。第四，电子商务广告管理义务。电子商务广告依托网页、自媒体存在，其数量之大、形式之多、范围之广均非传统广告能及，且其常常具有较高的随意性和欺骗性，监管难度较大。结合《消费者权益保护法》与《广告法》的规定，包括广告主、广告经营者、广告发布者在内的广告主体均应承担相应的义务。例如，有偿获取搜索结果顺位的产品应注明“广告”，在微博、微信公众号等自媒体平台进行推广宣传、评论并收取酬劳的应披露其性质，避免消费者产生误解。为电子商务商品、服务进行推荐或者提供证明的，应当依据事实，合法进行推荐与提供证明。广告经营者、广告发布者和广告鉴证者还应当查验商品与服务的质量。

2. 电子商务经营者特有的义务

电子商务经营者负有一些特别的义务，主要包括：披露商品、服务信息的义务、保证商品质量的义务、出具购货与服务凭证的义务、告知无理由退货的义务、说明不适用无理由退货的义务等。

第一，披露商品、服务信息的义务。电子商务经营者应当将商品或服务的有关信息真实、详尽地提供给消费者，并为消费者提供查询的便利。促销商品应阐明促销规则，并提供原始价格供消费者参考，由消费者自行决定是否进行交易。对于商品、服务的信息，电子商务经营者应确保其真实、全面，避免欺骗性或混淆性宣传。对于消费者的询问与意见，电子商务经营者应作出真实、明确的答复。

第二，与退货相关的义务。法定或约定期间内无理由退货是电子商务消费者特殊的权利。这一权利对电子商务经营者提出了三点要求：接受无理由退货、提示无理由退货权、对不属于无理由退货的商品进行说明。未向消费者提供无理由退货权的相关信息，或未就不予退货的情形向消费者作出说明的，不得随意作出抗辩。

3. 网络交易平台经营者的特别义务

虽然网络交易平台与线下实体商场具有一定的相似性，但网络交易平台在电子商务中的核心媒介作用远大于实体商场在线下传统交易中的作用。电子商务是一片新开垦的土地，网络交易平台肩负着确立规则、管理维护等重要任务。因此，网络交易平台经营者有其特别的义务，主要包括：身份审查、信息保存、规则建立、纠纷解决协助、信用评价体系建设以及保证金制度的建立。

第一，网络交易平台经营者最基本的义务就是对一般经营者的身份进行审查。由于电子商务的非接触性与匿名性，消费者维权的成功有赖于平台对经营者进行合理谨慎的审查。这就要求交易平台获取、审查、保存经营者的身份信息，在消费者权益受到损害时确认侵权者身份。

第二，网络交易平台经营者应当遵循公开、公平、合理原则，建立平台交易规则。电子商务交易惯例正在形成过程中，需要网络交易平台牵头制定合理的交易规则。《电子商务法》在此问题上承担两项责任：一是鼓励与督促平台建立、实施规则；二是监督平台以合法、规范的方法建立平衡公平与效率的规则。交易规则如果以格式条款形式存在，应当作有利于消费者的考量与解释，其中的重要内容应要有明显标识。规则文件应当在网站或软件的显眼位置展出，以供消费者了解和随时查看。规则的修改需要符合严格的规定，避免损害消费者权益。对于不同意交易规则的消费者，应有妥善的处理方法。

第三，网络交易平台有协助解决纠纷的义务。无论是在传统交易还是电子商务中，交易纠纷在实践中的解决方法均以协商为主。网络交易平台是电子商务纠纷协商的重要参与者，应当设置便于消费者维权的程序，承担居中调解的职责，积极解决交易纠纷，不可置之事外。另外，对于需要通过其他方式如诉讼、仲裁等解决纠纷的消费者，网络交易平台有协助义务，应当提供其掌握的维权必要的信息，如经营者身份、消费记录等，协助消费者成功维权。

第四，网络交易平台有建设评价体系和设立保证金的义务。评价体系是消费者对经营者的反馈和对其他消费者的提示。通过评价体系，消费者可以加深了商品和服务的了解，有利于消费者评估交易风险，有利于平台经营者保障平台内电子商务活动的交易安全。因此，《电子商务法》鼓励和支持网络交易平台经营者之间共享网络商品经营者的信用信息，搭建全网经营者信用信息网络，便于国家监督管理、消费者自我选择、市场优胜劣汰。保证金是用于消费者权益保障的专用资金。关于保证金的设立主体和使用方式，学界存在一定的疑虑。有观点认为，作为约束经营者行为的重要手段，保证金应当由平台经营者和网络经营者协商设立，由电子商务主管部门监督运行。

相关原理

一、消费者权利

消费者是为生活消费需要购买、使用商品或者接受服务的人。区别于商品的生产者和销售者，消费者购买商品或服务的目的不是生产、经营，而是使用，即满足个人或家庭的需要。非商业性目的是消费者的本质特点。对于法人能否成为消费者，在理论上存在争议。有的国家法律认为，消费者具有自然人属性。例如，美国《布莱克法律词典》对自然人的定性为“个人”。《消费者权益保护法》没有规定消费者只能是自然人。因此，当法人或其他民事主体符合消费者的定义时，应该认为他们也具有消费者的身份。

生产者、经营者和消费者在交易中难以保持平等的地位，消费者往往处于弱势。为保证社会公平，法律明示了消费者在经济市场中的权利，这一系列权利被统称为“消费者权利”。消费者权利主要由《消费者权益保护法》第二章规定，包括安全权、知情权、自主选择权、公平交易权、求偿权、结社权、获知权、人格权、监督权，保障了消费者的物质经济利益和精神文化利益等多方面的利益。

安全权是指消费者在购买、使用商品和接受服务时享有人身、财产安全不受损害的权利。消费者有权要求经营者提供的商品和服务符合保障人身、财产安全的要求。安全权可以分为人身安全权和财产安全权。人身安全权包括消费者的生命权、身体权和健康权不受侵害。财产安全权是指除购买的商品外，消费者其他财产的安全。

知情权是指消费者享有知悉其购买、使用的商品或者接受的服务的真实情况的权利。消费者有权根据商品或者服务的不同情况，要求经营者提供商品的价格、产地、生产者、用途、性能、规格、等级、主要成分、生产日期、有效期限、检验合格证明、使用方法说明书、售后服务，或者服务的内容、规格、费用等有关情况。消费者在市场经济中处于弱势的重要表现之一就是信息的不对称。知情权是最基础的消费者权利之一，知情权的保障是消费者依据其真实的意愿进行交易的前提。

自主选择权是指消费者享有自主选择商品或者服务的权利。消费者有权自主选择提供商品或者服务的经营者，自主选择商品品种或者服务方式，自主决定购买或者不购买任何一种商品、接受或者不接受任何一项服务。消费者在自主选择商品或者服务时，有权进行比较、鉴别和挑选。消费行为本身是私法行为，遵循意思自治的基本原则。消费者作为契约一方，有权利根据自己真实的意思表示选择契约的相对方、是否签订契约、如何签订契约以及契约内容为何。由于现实中消费者意思自治受侵犯的现象大量存在，《消费者权益保护法》作为带有公法性质的法律，为达到公共利益与目的，在私法权利的基础上再次重申个人作为消费者所享有的此项权利。

公平交易权是指消费者享有公平交易的权利。消费者在购买商品或者接受服务时，有权获得质量保障、价格合理、计量正确等公平交易条件，有权拒绝经营者的强制交易行为。公平交易权是民法意思自治原则和诚实信用原则的延伸。

求偿权是指消费者因购买、使用商品或者接受服务受到人身、财产损害的，享有依法获得赔偿的权利。求偿权是派生权利、二次权利。当消费者的安全权受到损害时，享有依法求偿的权利。

结社权是指消费者享有依法成立维护自身合法权益的社会组织的权利。在我国，中国消费者协会和地方各级消费者协会对维护消费者权利起着重大的作用。例如，消费者协会可以代表消费者提起公益诉讼，维护多数消费者的权利。

获知权是指消费者享有获得有关消费和消费者权益保护方面的知识的权利。消费者应当努力掌握所需商品或者服务的知识和使用技能，正确使用商品，提高自我保护意识。消费者维权难的困境是由多重因素造成的，其中一点就是消费者维权意识和维权知识的缺乏。如果消费者对于自身享有哪些权利知之甚少，更不知如何实现权利，那么法律对维权制度设置得再完美也是形同虚设。

人格权是指消费者在购买、使用商品和接受服务时，享有人格尊严、民族风俗习惯得到尊重的权利，享有个人信息依法得到保护的权利。人格尊严是重要的民事权利，也是人权的重要组成部分。民族风俗关系到各民族平等、民族团结问题。个人信息是逐步浮出水面的重大问题，在现代网络科技高速发展的背景下，个人信息是隐私权的延伸，在未来会具有经济意义和国家安全意义。

监督权是指消费者享有对商品和服务以及保护消费者权益工作进行监督的权利。消费者有权检举、控告侵害消费者权益的行为和国家机关及其工作人员在保护消费者权益工作中的违法失职行为，有权对保护消费者权益工作提出批评、建议。监督权是消费者手中的利剑，检举、控告、批评和建议是最直接的维权方式。由身在交易第一线的消费者进行监督，才能在庞大的经济市场中找出问题所在。

二、经营者义务

经营活动是为消费者提供生产、销售的商品或者提供服务的营利性活动。经营者是从事经营活动的法人、其他经济组织和个人。权利与义务是一体两面的，经营者义务的履行是消费者权利保护的应有之义，所以《消费者权益保护法》既规定了消费者的权利，也在第三章规定了经营者的义务。

经营者的义务主要有三种来源：法律、法规的规定、消费者的约定、社会公德的要求。总体来看，经营者义务包括了听取意见、接受监督，保障人身和财产安全，提供真实信息，标明真实名称和标志，出具凭证、单据，保证质量，网购无理由退货，格式条款的提示和公平设置，不得侵犯人格权，非实体店的信息告知，合理收集、使用个人信息。

听取意见、接受监督的义务与消费者的监督权相对应，它指的是经营者应当听取消费者对其提供的商品或者服务的意见，接受消费者的监督。

保障人身、财产安全是为了保障消费者的安全权。经营者应当保证其提供的商品或者服务符合保障人身、财产安全的要求。对可能危及人身、财产安全的商品和服务，应当向消费者作出真实的说明和明确的警示，并说明和标明正确使用商品或者接受服务的方法以及防止危害发生的方法。宾馆、商场、餐馆、银行、机场、车站、港口、影剧院等经营场所的经营者，应当对消费者尽到安全保障义务。经营者发现其提供的商品或者服务存在缺陷，有危及人身、财产安全危险的，应当立即向有关行政部门报告和告知消费者，并采取停止销售、警示、召回、无害化处理、销毁、停止生产或者服务等措施。采取召回措施的，经营者应当承担消费者因商品被召回支出的必要费用。

提供真实信息、标明真实名称和标志是为了保障消费者的知情权。经营者向消费者提供有关商品或者服务的质量、性能、用途、有效期限等信息，应当真实、全面，不得作虚假或者引人误解的宣传。经营者对消费者就其提供的商品或者服务的质量和使用方法等问题提出的询问，应当作出真实、明确的答复。经营者提供商品或者服务应当明码标价。经营者应当标明其真实名称和标记。租赁他人柜台或者场地的经营者，应当标明其真实名称和标记。

出具凭证或单据的义务来自于《消费者权益保护法》第22条。经营者提供商品或者服务，应当按照国家有关规定或者商业惯例向消费者出具发票等购货凭证或者服务单据；消费者索要发票等购货凭证或者服务单据的，经营者必须出具。

保证质量的义务来自于《消费者权益保护法》第23条和第24条第1款。经营者应当保证在正常使用商品或者接受服务的情况下其提供的商品或者服务应当具有的质量、性能、用途和有效期限；但消费者在购买该商品或者接受该服务前已经知道其存在瑕疵，且存在该瑕疵不违反法律强制性规定的除外。经营者以广告、产品说明、实物样品或者其他方式表明商品或者服务的质量状况的，应当保证其提供的商品或者服务的实际质量与表明的质量状况相符。经营者提供的机动车、计算机、电视机、电冰箱、空调器、洗衣机等耐用商品或者装饰装修等服务，消费者自接受商品或者服务之日起6个月内发现瑕疵，发生争议的，由经营者承担有关瑕疵的举证责任。经营者提供的商品或者服务不符合质量要求的，消费者可以依照国家规定、当事人约定退货，或者要求经营者履行更换、修理等义务。没有国家规定和当事人约定的，消费者可以自收到商品之日起7日内退货；7日后符合法定解除合同条件的，消费者可以及时退货，不符合法定解除合同条件的，可以要求经营者履行更换、修理等义务。

网购的无理由退货义务具体规定于《消费者权益保护法》第25条。该义务是指经营者采用网络、电视、电话、邮购等方式销售商品，消费者有权自收到商品之日起 7 日内退货，且无需说明理由，但下列商品除外：（1）消费者定作的；（2）鲜活易腐的；（3）在线下载或者消费者拆封的音像制品、计算机软件等数字化商品；（4）交付的报纸、期刊。除前款所列商品外，其他根据商品性质并经消费者在购买时确认不宜退货的商品，不适用无理由退货。消费者退货的商品应当完好。经营者应当自收到退回商品之日起七日内返还消费者支付的商品价款。退回商品的运费由消费者承担；经营者和消费者另有约定的，按照约定。

格式条款的提示和公平设置义务，是指经营者在经营活动中使用格式条款的，应当以显著方式提请消费者注意商品或者服务的数量和质量、价款或者费用、履行期限和方式、安全注意事项和风险警示、售后服务、民事责任等与消费者有重大利害关系的内容，并按照消费者的要求予以说明。经营者不得以格式条款、通知、声明、店堂告示等方式，作出排除或者限制消费者权利、减轻或者免除经营者责任、加重消费者责任等对消费者不公平、不合理的规定，不得利用格式条款并借助技术手段强制交易。格式条款、通知、声明、店堂告示等含有前款所列内容的，其内容无效。

不得侵犯人格权是为了保障消费者的人格权，要求经营者不得对消费者进行侮辱、诽谤，不得搜查消费者的身体及其携带的物品，不得侵犯消费者的人身自由。

非实体店经营是指采用网络、电视、电话、邮购等方式提供商品或者服务，以及提供证券、保险、银行等金融服务。为了保障消费者的各项权利，落实维权渠道，要求非实体店经营者向消费者提供经营地址、联系方式、商品或者服务的数量和质量、价款或者费用、履行期限和方式、安全注意事项和风险警示、售后服务、民事责任等信息。

合理收集、使用信息的义务是为了保障消费者的人格和经济利益。经营者收集、使用消费者个人信息，应当遵循合法、正当、必要的原则，明示收集、使用信息的目的、方式和范围，并经消费者同意。经营者收集、使用消费者个人信息，应当公开其收集、使用规则，不得违反法律、法规的规定和双方的约定收集、使用信息。经营者及其工作人员对收集的消费者个人信息必须严格保密，不得泄露、出售或者非法向他人提供。经营者应当采取技术措施和其他必要措施，确保信息安全，防止消费者个人信息泄露、丢失。在发生或者可能发生信息泄露、丢失的情况时，应当立即采取补救措施。经营者未经消费者同意或者请求，或者消费者明确表示拒绝的，不得向其发送商业性信息。

相关立法与规定

1. **《消费者权益保护法》**

第8条　消费者享有知悉其购买、使用的商品或者接受的服务的真实情况的权利。

消费者有权根据商品或者服务的不同情况，要求经营者提供商品的价格、产地、生产者、用途、性能、规格、等级、主要成份、生产日期、有效期限、检验合格证明、使用方法说明书、售后服务，或者服务的内容、规格、费用等有关情况。

第13条　消费者享有获得有关消费和消费者权益保护方面的知识的权利。

消费者应当努力掌握所需商品或者服务的知识和使用技能，正确使用商品，提高自我保护意识。

第26条　经营者在经营活动中使用格式条款的，应当以显著方式提请消费者注意商品或者服务的数量和质量、价款或者费用、履行期限和方式、安全注意事项和风险警示、售后服务、民事责任等与消费者有重大利害关系的内容，并按照消费者的要求予以说明。

经营者不得以格式条款、通知、声明、店堂告示等方式，作出排除或者限制消费者权利、减轻或者免除经营者责任、加重消费者责任等对消费者不公平、不合理的规定，不得利用格式条款并借助技术手段强制交易。

格式条款、通知、声明、店堂告示等含有前款所列内容的，其内容无效。

2. **《合同法》**

第39条　采用格式条款订立合同的，提供格式条款的一方应当遵循公平原则确定当事人之间的权利和义务，并采取合理的方式提请对方注意免除或者限制其责任的条款，按照对方的要求，对该条款予以说明。

格式条款是当事人为了重复使用而预先拟定，并在订立合同时未与对方协商的条款。

3.《网络交易管理办法》

第25条第1款 第三方交易平台经营者应当建立平台内交易规则、交易安全保障、消费者权益保护、不良信息处理等管理制度。各项管理制度应当在其网站显示，并从技术上保证用户能够便利、完整地阅览和保存。

4. 商务部《第三方电子商务交易平台服务规范》

5.7 用户协议

平台经营者的用户协议及其修改应至少提前30日公示，涉及消费者权益的，应当抄送当地消费者权益保护机构。

用户协议应当包括但不限于以下内容：

（1）用户注册条件；

（2）交易规则；

（3）隐私及商业秘密的保护；

（4）用户协议的修改程序；

（5）争议解决方式；

（6）受我国法律管辖的约定及具体管辖地；

（7）有关责任条款。

平台经营者应采用技术等手段引导用户完整阅读用户协议，合理提示交易风险、责任限制和责任免除条款，但不得免除自身责任，加重用户义务，排除用户的法定权利。

5.《杭州市网络交易管理暂行办法》

第19条 第三方网络交易平台经营者应当建立和公开平台交易规则和交易安全保障、消费者权益保护、不良信息处理等管理制度，并保证网络交易经营者和其他网络用户能够便利、完整地阅览和保存。

第三十四条　【平台经营者修改平台服务协议、交易规则的要求】

电子商务平台经营者修改平台服务协议和交易规则，应当在其首页显著位置公开征求意见，采取合理措施确保有关各方能够及时充分表达意见。修改内容应当至少在实施前七日予以公示。

平台内经营者不接受修改内容，要求退出平台的，电子商务平台经营者不得阻止，并按照修改前的服务协议和交易规则承担相关责任。

条文主旨

本条是关于电子商务平台经营者修改平台服务协议和交易规则的规定。

条文释义

一、立法理由

为适应市场与政策的变化，电子商务平台的交易规则与服务协议往往需要与时俱进。因此平台对其修改具有一定的必要性和合理性。然而，平台对交易规与服务协议的修改同时也会影响平台内部经营者和消费者的预期利益，因此，参考民法中合同条款变更的相关原理，《电子商务法》对平台修改内部规则作出了一定的限制。根据本条，平台修改交易规则和服务协议应当公开征求相关主体的意见，并同时为其表达意见预留必要的时间，以充分保障内部经营者和消费者的合法权益。

二、内容解读

在电子商务活动中，为了适应具体的经营状况，平台有修改交易规则和服务协议的诉求。但是，由于平台内的经营者数量庞大，平台修改规则难以做到与每一个经营者平等商谈。在允许平台在一定条件下修改相关规则的同时，出于保护经营者的必要，本条规定了提前七日公示规则和经营者退出机制。

本条款具体规定了三方面的内容：（1）平台修改服务协议和交易规则等内部制度的具体要求；（2）平台修改服务协议和交易规则的准备期制度；

(3) 平台内经营者因不能接受修改内容的退出问题与责任承担问题。

(一) 平台修改服务协议和交易规则等内部制度的具体要求

平台修改服务协议和交易规则应公示并公开征求意见。类似平台指定服务协议和交易规则时的要求，其均应当遵守“公开、公平、公正”的原则。但是，在具体要求方面，二者具有显著不同。平台在制定服务协议和交易规则之时，并未实际运营，尚未与经营者和消费者签订网络信息服务合同，平台制定的服务协议和交易规则虽然应当遵守公平公开的原则，但其公开是一种宏观意义上的公开。因为并不存在受协议和规则拘束的相对人，平台自然无法采纳、收集相对人的建议。然而，在平台修改协议和规则的情况下，平台已经与用户（包括经营者和消费者）订立了网络信息服务合同，平台除要履行修改格式条款时的公示、公开义务，还应当遵循合同变更的规则。依照《合同法》第77条规定，只有在当事人协商一致的情况下，才可以变更合同。考虑到电子商务中用户众多、分布较广的现实情况，《电子商务法》规定采取意见反馈为主，协商为辅的模式。平台应在网站主页显著位置公开修改讯息、征求意见，并设置合理有效的技术措施保证用户及时表达意见，对于有沟通诉求的用户，平台应安排合理的线上、线下渠道，帮助实现双方协商交流。在修改内容通过、准备实施之前，应当提前公示，并设置合理的过渡周期，保障经营者和消费者的知情权和自主选择权。

(二) 准备期制度

准备期制度，是指电子商务平台在修改交易规则与服务协议后，针对不接受修改内容的内部经营者，允许其在一定期限内自由退出平台，终止服务协议的制度。准备期制度的设立目的在于保障内部经营者的缔约自由，避免平台利用修改交易规则的手段，侵害内部经营者的合法利益。其主要内容包括以下几个方面：

1. 关于准备期的界限

本法对于准备期的期限并未作具体规定。对此，学界存在两种意见：

(1) 准备期具有固定期限，超过规定期限后内部经营者不再享受自由退出交易平台的优惠条件，准备期限的长短应当交由平台方与内部经营者自行协商。具体可以采用多种方式：平台在最初制定服务协议时应当对准备期的时间长短作出规定，内部经营者在签订服务协议前可就准备期条款与平台方协商进行变更；也可以不事先约定，由平台方公示修改交易规则的公告中，附上准备期期限的条款。此种观点肯定了准备期的时效限制，同时赋予平台与用户约定的自由。（2）准备期不具有固定的期限，只要内部经营者因为不同意平台规则修改内容，均可自由退出交易平台。这种观点更加侧重于保障内部经营者的交易自由，同时也并未违反对本法条的文义解释。我们认为，第一种观点更贴近立法本意，实践中也更具有操作性。

2. 准备期内平台内经营者的自由退出和责任承担

平台内经营者若不满修改后服务协议和平台管理办法，可以自由退出平台。平台不得采取任何方式加以限制和阻拦。内部经营者在准备期内退出平台的行为，本质上是终止双方间的网络信息服务协议。同时，平台也应对内部经营者的损失负责。如果平台变更规则的行为给内部经营者造成损失，平台经营者应当承担违约责任，双方按照修改前的规则及有关法规确定赔偿数额。

3. 经营者在准备期内退出平台与经营者退出机制的差别

虽然电子商务主体退出某一平台也是退出的表现形式之一，但是因其保有市场主体资格并且随时有可能继续从事电子商务经营活动，所以这种退出并不具有彻底性和完全性。此外，这种退出是私主体之间行使法定或者约定解除权的结果，本着“法无禁止即自由”的精神，法律不应过多干涉。

（三）电子商务经营者的退出制度

1. 电子商务市场经营者退出制度的概念与意义

电子商务市场退出是指政府行政管理部门根据市场主体的主动申请，或因法律规定，或因行政命令、司法裁判等原因核准注销特定主体的电子商务市场经营主体资格的行为。

市场主体退出是价值规律发挥资源配置作用导致优胜劣汰的必然表现，也是国家运用行政权力对市场活动进行监管的重要内容。价值规律作为客观规律，发挥作用具有自发性和滞后性，当出现违法经营损害消费者合法权益和破坏市场秩序的行为时，需要政府管理部门及时介入，运用手中权力将不合格的市场主体清理出市场，保证市场交易活动在法律范围内进行。

电子商务主体市场退出机制是在安排好主体存续期间尚未完结的各类事项之后，对经营者主体资格的终止制度。它规定了电子商务主体退出市场时应当具备的条件和应当履行的程序以及在退出后可能承担的法律责任。与市场准入机制相比，电子商务主体市场退出机制牵涉到电子商务主体与债权人、消费者、行政主管部门以及其他电子商务主体之间的权利义务关系，这种关系因为电子商务主体资格即将终止而变得更为复杂和紧迫。宽松的市场准入制度可以活跃电子商务市场，而严格的市场退出制度才能保证电子商务持续健康有序发展。作为电子商务主体存续的最后阶段和从事的最后行为，市场退出关系到对主体违法行为的惩处，也关系到对消费者或债权人的保护，更关系到交易安全和市场秩序的维护。因此，必须对其进行更科学的设计和更合理的安排。

2. 电子商务市场经营者退出制度的原则与内容

构建电子商务主体市场退出机制应当坚持保护相关当事人合法权益原则。在确保主体退出时债权债务关系得到妥善处理，债权人合法权益得到保障的同时，还应当考虑实际情况，坚持区分治理的原则。除平台内自然人经营者外，多数电子商务主体具备线上线下双重经营者身份，在强制主体退出电子商务领域时，应当与其传统线下市场主体身份进行区分对待，避免过度处罚。同时还应坚持高效原则，充分考虑市场退出机制的可施行性和可操作性，确保退出机制能为人所用，避免由于理论与实践脱节而造成立法资源浪费。

电子商务主体退出市场的原因大致可分为两类：一类是出于经营策略改变或者经营不善导致的自愿退出，另一类则是因为违反法律规定被强制退出。后者是主体退出的主要原因并且情形复杂。例如，电子商务主体从事假冒伪劣产品销售、虚假宣传、侵犯他人知识产权等违法活动，严重扰乱市场秩序，应当取消其电子商务经营资格。再如，具有线下线上双重经营者资格的经营者因在线下市场中因违法经营被剥夺经营资格，其电子商务主体资格也将一并丧失。因为除平台内自然人经营商外，其他电子商务主体资格取得都是以实体商事主体资格为前提的，如果实体经营资格丧失，那么其电子商务主体资格的基础就不复存在，此时也应强制其退出电子商务市场。又如，在电子商务经营者资金匮乏，出现资不抵债时，应通过破产程序强制其退出市场，为市场主体的再生提供前提条件。需要指出的是，在完全退出电子商务领域的情况下，自然人一旦退出电子商务市场，那么将不再具备经营主体资格，而法人及其他组织，除非因为违法活动被强制吊销营业执照、注销主体身份，否则仍然可以继续从事线下商业活动。电子商务市场退出的条件设计，应当充分考虑电子商务自身特点。电子商务是一种商业模式的创新，其交易场所由线下延伸到线上，这种创新是信息、运输、仓储技术发展的必然结果。正是因为诸多新兴因素的参与，电子商务市场退出情形是不能与传统市场退出情形完全等同的，必须充分考虑电子商务虚拟性、跨地域性、广泛性的交易特点，制定与符合其交易特点的特别退出机制。

相关原理

一、合同变更制度

（一）合同变更的概念与意义

合同变更的概念，有广义和狭义两种解读方式，广义上的合同变更是指合同内部任一要素发生变化的情形，包括主体变更、客体变更与合同内容的变更。狭义的合同变更仅包含客体变更和合同内容变更。我国《合同法》第五章“合同的变更与转让”中规定的“合同变更”指代的是狭义的合同变更，而将合同的主体变更表述为“合同转让”。

合同变更制度的确立具有重要的现实意义，民商事交往中，当事人订立合同后可能因现实情况的变化，需要修改合同的部分内容。这种情况下，如果认定合同一经成立生效后无法变更，则当事人只能废弃原合同，重新订立新合同，这样无疑降低了交易效率，增加了交易成本。因此，合同法设立合同变更制度，允许当事人双方在协商一致的情况下，部分变更或全部变更已经生效的合同，这是契约自由的法律原则的具体体现。

（二）合同变更的内容

我国《合同法》对合同变更的内容并未进行具体规定，只是通过第77条、第78条规定了合同变更的条件与变更内容不明的处理方式。可见在合同变更领域，法律赋予相对人意思自治的高度自由。实践中，常见的合同变更形式包括：（1）合同客体的变更：标的物种类、数量、质量的变更；（2）合同履行的变更：合同的履行方式、履行期限、履行地点、支付方式等内容的变更；（3）合同其他内容的变更：包括违约责任条款、风险转移条款以及其他附带条款内容的变更。

（三）合同变更的效力

合同相对方达成合意时，合同变更产生法律效力，当事人双方受到变更后合同的约束。一般来讲，除非双方特别约定或法律规定，合同变更不具有溯及力，合同变更仅对尚未履行的合同内容产生效力。如当事人双方对合同变更的内容约定不明确时，推定合同未变更。

二、合同解除制度

（一）合同解除的概念

合同解除是指因当事人双方协商一致，或在出现法定情形，或者达成当事人双方事先约定的条件时，终止合同效力，将债权债务关系归于消灭的法律行为。学理意义上的合同解除有广义和狭义之分，广义上的合同解除制度包含议定解除和法定解除两种情形，狭义的合同解除仅代指后一种法定解除。根据《合同法》第93条、第94条可知，在我国合同解除制度应当采取广义的解读方式，既包含协议解除，也包含法定解除。合同解除是合同效力终止的原因行为之一。《合同法》第92条至第98条对此进行完整规定。

（二）合同解除的种类与成立条件

依照我国《合同法》第六章的规定，可以将合同解除分为以下两大类：

1. 双方合意解除

双方合意解除是指合同当事人双方约定终止合同效力的情形。合意解除是契约自由原则在合同规则领域的具体体现。合意解除的成立条件如下：（1）合同成立生效但未履行完毕；（2）当事人双方达成解除合意。合同解除后，当事人之间的权利义务关系即告终止，但当事人仍旧应当遵循诚实信用原则，根据交易习惯履行通知、协助、保密等义务。

2. 单方行使解除权

单方解除是指在符合约定或法定条件时，由一方当事人行使解除权解除合同，消灭权利义务关系的情形。分为法定解除和约定单方解除两种情形：

（1）法定单方解除

我国《合同法》第94条规定了法定单方解除的情形，具体包括：①因不可抗力致使不能实现合同目的；②在履行期限届满之前，当事人一方明确表示或者以自己的行为表明不履行主要债务；③当事人一方迟延履行主要债务，经催告后在合理期限内仍未履行；④当事人一方迟延履行债务或者有其他违约行为致使不能实现合同目的；⑤法律规定的其他情形。

（2）约定单方解除

我国《合同法》第93条第2款对约定单方解除的成立条件进行具体规定：①合同成立生效但未履行完毕；②合同成立时双方约定合同解除条件；③解除条件达成；④享有解除权的一方在期限范围内行使解除权。

（3）解除权的性质及效力

当约定和法定条件出现时，合同并未当然解除，而是赋予当事人合同解除权。解除权属于形成权的一种，只有当事人行使解除权后，合同才会解除。

合同解除权的行使属于有相对人的单方法律行为，当事人一方依照约定解除权或法定解除权主张解除合同的，合同自通知到达对方时解除。如果相对方有异议，可以通过诉讼或仲裁的方式确认合同效力。

需要注意的是，合同解除权作为形成权，受到除斥期间规则的限制，如果期间届满而当事人未行使，解除权即告消灭。

（三）合同解除的效力

合同解除具有溯及力，合同一旦解除，当事人即恢复到订立合同之前的状态。《合同法》第97条对合同解除的效力进行了明确的规定：合同解除后，尚未履行的，终止履行；已经履行的，根据履行情况和合同性质，当事人可以要求恢复原状、采取其他补救措施，并有权要求赔偿损失。

相关立法与规定

1.《杭州市网络交易管理暂行办法》

第22条 第三方网络交易平台经营者应当与进入平台交易的网络交易经营者签订协议，明确双方在进入和退出平台、商品质量安全保障、知识产权保护、消费者权益保护等方面的权利和义务。第三方网络交易平台经营者制定或者修改平台服务规则可能对网络用户的利益产生重大影响的，应当事前征求平台内网络用户的意见。征求意见的期限不得少于15日。

2. 商务部《第三方电子商务交易平台服务规范》

5.8 交易规则

平台经营者应制定并公布交易规则。交易规则的修改应当至少提前30日予以公示。用户不接受修改的，可以在修改公告之日起60日内书面通知退出。平台经营者应当按照原交易规则妥善处理用户退出事宜。

3.《网络交易管理办法》

第24条第2款 第三方交易平台经营者修改其与平台内经营者的协议、交易规则，应当遵循公开、连续、合理的原则，修改内容应当至少提前七日予以公示并通知相关经营者。平台内经营者不接受协议或者规则修改内容、申请退出平台的，第三方交易平台经营者应当允许其退出，并根据原协议或者交易规则承担相关责任。

第三十五条 【平台服务协议、交易规则内容的限制性规定】

电子商务平台经营者不得利用服务协议、交易规则以及技术等手段，对平台内经营者在平台内的交易、交易价格以及与其他经营者的交易等进行不合理限制或者附加不合理条件，或者向平台内经营者收取不合理费用。

条文主旨

本条是关于电子商务平台经营者平台服务协议和交易规则内容的限制性规定。

条文释义

一、立法理由

本条款属于强制性规范，是平台经营者正确利用平台服务协议和交易规则的反向条款，目的在于强调保护平台内经营者的合法权益。实践中，有的平台利用优势地位，制定不公平条款，严重损害消费者与平台内经营者的合法利益，本法特别针对这种不正常的行为作出限制性规定。受害人（经营者与消费者）可以依据此条款和《合同法》第40条、第52条、第53条规定主张不合理的服务协议与交易规则无效。

二、内容解析

本条款是关于平台内经营者权利保护的条款。主要规定禁止平台通过制定不合理、不公平的服务协议和交易规则或利用技术等手段，侵犯平台内经营者的合法权益。要理解这一问题，须注意以下几点：

（一）平台内经营者在电子商务活动中的三重身份

作为参与电子商务活动的三方主体之一。平台内经营者的地位具有多重性。一方面，作为商品或服务的提供者，平台内经营者与消费者之间确立了买卖合同关系。另一方面，作为信息发布、信息传递、信息储存等网络信息服务的接收者，平台内经营者与平台之间签订了具有格式条款性质的服务协议，确立了网络信息服务合同关系。与此同时，《电子商务法》还赋予平台监督和管理的职责，平台通过其自身制定的交易规则、争端解决规则、广告发布审核制度等管理条例，对平台内经营者进行监督与管理，必要时也可以采取制止交易和终止服务等惩罚措施。综上，平台经营者参与电子商务活动的过程中，同时具有经营者、格式条款相对人以及被监管者这三重身份。本条款是防止平台经营者滥用监管者地位而制定的。

（二）平台的优势地位

在网络信息服务关系中，作为网络信息服务的供应方，平台经营者对电子商务平台内经营者而言依然处于优势地位。第一，平台是网络信息服务格式条款的提供者。规定平台与其签约经营者之间的协议是由平台单方制定的。实践中可能存在平台通过格式条款减轻自身义务，限制经营者权利的情况。第二，在电子商务运营过程中，平台处于天然的优势地位。平台控制着信息发布、信息传输的渠道，拥有庞大的用户（消费者）群体。类似淘宝、京东等知名BTC平台的用户人数更是以千万计。绝大部分提供商品、服务交易活动的运营者只有通过与平台签约的方式才能进入电子商务市场。这种现实情况决定了电子商务平台经营者与一般经营者的不平等地位。第三，在签约注册之后，平台内经营者受到平台监管，平台有权对平台内经营者进行处理。这一规定虽有助于保障交易安全，却在客观上加剧了双方之间的不平等地位。

（三）条款内容的具体解读

从立法技术角度分析，本法条通过三个层面限制电子商务平台对平台内经营者合法权益的侵犯：其一，限制平台可以采用的手段方式；其二，限制平台可采取的具体措施；其三，对平台服务协议和交易规则等规定内容的限制。

1. 限制平台可以采用的具体手段

本法条明确禁止平台利用服务协议、交易规则以及其他技术手段限制平台内经营者的自由竞争与合法经营。

平台服务协议与交易规则是平台与其内部经营者之间网络信息服务协议的重要内容。理论上属于平等主体之间签订的契约，但实际上，平台经营者在电子商务领域具有监管者与经营者合一的特殊地位。平台经营者作为经营空间的实际掌控者，相对其内部的经营者而言具有明显的优势地位。在这种情况下，出于保障交易公平的考量，《电子商务法》在这一问题上突破了契约自治原则，对平台信息服务协议的具体内容进行了限制性规定，禁止平台利用服务协议、交易规则和技术等其他手段侵犯内部经营者的合法权益。并在本法第82条规定了违反上述规定的平台所应当承担的行政责任，明示了平台的违法成本，以实现保障电子商务市场公平有序运营的目的。

技术手段是进行电子交易的桥梁。在交易的过程中，技术的运用应当服务于交易双方，而不应该对任何一方造成阻碍和限制。这是技术中立原则在电子商务领域内的具体要求。平台经营者作为平台领域内最主要的技术服务提供者，应当遵循技术中立原则的要求，不应当利用技术手段干涉或限制平台内经营者的经营自由，包括定价自由、交易对象选择自由、是否进行交易的自由等。如违反这一规定，平台经营者应当承担法律责任。

2. 限制平台可采取的具体措施

法条明确禁止平台采用设置不合理限制、规定不合理条件，或者缴纳不合理费用等方式，对平台内经营者的交易价格或与其它经营者进行交易的行为进行限制。实践中，平台经营者之间的竞争十分激烈，有的平台为了获取价格优势，往往采取强迫内部交易者降低售价、在特定期限内强迫内部交易者打折促销等限制交易自由的手段，有的平台为了增加自身的竞争能力，对平台内经营者入驻其它平台经营进行不合理限制；有的平台则直接利用自己的优势地位，要求内部经营者对其缴纳不合理费用。上述行为严重侵犯了平台内经营者的交易自由。出于保护内部经营者的合法权益、建立公平透明的电子商务市场环境的目的，本法条列明了实践中常见的平台经营者干涉平台内部交易自由的手段，禁止平台经营者通过上述违规手段干涉内部经营者的交易自由。

3. 对平台服务协议和交易规则内容的限制

考虑到平台内经营者在电子商务平台系统内部的弱势地位，《电子商务法》首开先河，通过限制平台服务协议和交易规则内容的方式保护平台内经营者的合法权益。一方面，本法条禁止平台利用服务协议和交易规则对平台内经营者的交易、交易价格等进行不合理限制或者附加不合理条件。即平台应保障所有内部经营者之间的公平竞争，如果平台从事自营业务，也应保障自身和平台内经营者的公平竞争。另一方面，禁止平台收取不合理费用。防止平台利用监管地位侵害平台内经营者的合法权益。本法条的相关规定是公开、公平、公正原则①的具体体现，也符合我国《反不正当竞争法》的有关规定。

① 《电子商务法征求意见稿（草案二次审议稿）》第27条：电子商务平台经营者应当遵循公开、公平、公正的原则，制定平台服务协议和交易规则，明确进入和退出平台、商品和服务质量保障、消费者权益保护、个人信息保护等方面的权利和义务。

相关原理

反垄断法与公平交易

公平和效率常常是天平的两端，经营者和消费者的利益亦如是。市场竞争可以给消费者带来更低的价格、更好的质量和更大的物质进步。但企业的壮大意味着效率的提高、成本的降低和盈利可能性的增加。同时，二者又是相辅相成的关系，消费者的购买力是经营者收入的来源，而经营者的活力是消费者获得更优产品的原因。因此，如何在企业发展和消费者权益保护中找到平衡点，是法律需要解决的重点问题。

市场在社会主义国家宏观调控下对资源配置起基础性作用是社会主义市场经济的典型特征。在社会主义市场经济的背景下，市场经济主体应在遵循平等自愿、等价有偿、诚实信用的法律原则下展开公平竞争，进行公平交易。但正如亚当·斯密在其代表著作《国民财富的性质和原因的研究》中所指出的一样："同业中人甚至为了娱乐和消费也很少聚集在一起。但是他们一旦聚集在一起，交谈的内容便是商谈如何对付消费者，或以某些提价的花招为结局。"竞价者之间商定价格的行为被称为价格卡特尔，即两个或两个以上具有竞争关系的经营者为牟取超额利润，以合同、协议或其他方式，共同商定商品或服务价格，从而限制市场竞争的一种垄断联合。价格卡特尔排除、限制竞争，进而破坏了公平交易，损害了消费者的权益。

为了避免市场自身的局限性，《中华人民共和国反垄断法》第 1 条指出制定该法的目的是，为了预防和制止垄断行为，保护市场公平竞争，提高经济运行效率，维护消费者利益和社会公共利益，促进社会主义市场经济健康发展。为了达到该立法目的，该法将以下三种行为规定为垄断行为：经营者达成垄断协议；经营者滥用市场支配地位；具有或者可能具有排除、限制竞争效果的经营者集中。与之相对应的，经营者通过公平竞争、自愿联合，依法实施集中，扩大经营规模，提高市场竞争能力的行为则不构成垄断。

实现公平交易是反垄断的一种体现。例如，在认定滥用市场支配地位的行为中，多为非公平交易。《中华人民共和国反垄断法》第 17 条规定，"禁止具有市场支配地位的经营者从事下列滥用市场支配地位的行为：（一）以不公平的高价销售商品或者以不公平的低价购买商品；（二）没有正当理由，以低于成本的价格销售商品；（三）没有正当理由，拒绝与交易相对人进行交易；（四）没有正当理由，限定交易相对人只能与其进行交易或者只能与其指定的经营者进行交易；（五）没有正当理由搭售商品，或者在交易时附加其他不合理的交易条件；（六）没有正当理由，对条件相同的交易相对人在交易价格等交易条件上实行差别待遇；（七）国务院反垄断执法机构认定的其他滥用市场支配地位的行为”。

相关立法与规定

1. 《反不正当竞争法》

第 12 条　经营者利用网络从事生产经营活动，应当遵守本法的各项规定。

经营者不得利用技术手段，通过影响用户选择或者其他方式，实施下列妨碍、破坏其他经营者合法提供的网络产品或者服务正常运行的行为：

（一）未经其他经营者同意，在其合法提供的网络产品或者服务中，插入链接、强制进行目标跳转；

（二）误导、欺骗、强迫用户修改、关闭、卸载其他经营者合法提供的网络产品或者服务；

（三）恶意对其他经营者合法提供的网络产品或者服务实施不兼容；

（四）其他妨碍、破坏其他经营者合法提供的网络产品或者服务正常运行的行为。

2. 《反垄断法》

第 14 条　禁止经营者与交易相对人达成下列垄断协议：

（一）固定向第三人转售商品的价格；

（二）限定向第三人转售商品的最低价格；

（三）国务院反垄断执法机构认定的其他垄断协议。

第 17 条　禁止具有市场支配地位的经营者从事下列滥用市场支配地位的行为：

（一）以不公平的高价销售商品或者以不公平的低价购买商品；

（二）没有正当理由，以低于成本的价格销售商品；

（三）没有正当理由，拒绝与交易相对人进行交易；

（四）没有正当理由，限定交易相对人只能与其进行交易或者只能与其指定的经营者进行交易；

（五）没有正当理由搭售商品，或者在交易时附加其他不合理的交易条件；

（六）没有正当理由，对条件相同的交易相对人在交易价格等交易条件上实行差别待遇；

（七）国务院反垄断执法机构认定的其他滥用市场支配地位的行为。

本法所称市场支配地位，是指经营者在相关市场内具有能够控制商品价格、数量或者其他交易条件，或者能够阻碍、影响其他经营者进入相关市场能力的市场地位。

3.《国务院关于推进电子商务与快递物流协同发展的意见》

健全协同共治管理模式。发挥行业协会自律作用，推动出台行业自律公约，强化企业主体责任，鼓励签署自律承诺书，促进行业健康发展。引导电子商务、物流和快递等平台型企业健全平台服务协议、交易规则和信用评价制度，切实维护公平竞争秩序，保护消费者权益；鼓励开放数据、技术等资源，赋能上下游中小微企业，实现行业间、企业间开放合作、互利共赢。（商务部、交通运输部、国家邮政局会同相关部门负责）

第三十六条　【平台经营者对平台内经营者违规处罚的公示】

电子商务平台经营者依据平台服务协议和交易规则对平台内经营者违反法律、法规的行为实施警示、暂停或者终止服务等措施的，应当及时公示。

条文主旨

本条规定了电子商务平台经营者对违法、违规平台内经营者进行及时公示的义务。

条文释义

一、立法理由

电子商务交易以电子商务平台作为主要媒介，交易双方需要通过平台获取与交易有关的信息，公示便是平台经营者向交易双方提供信息的重要手段与方式之一。本条规定了电子商务平台经营者对违法违规的平台内经营者采取处置措施后的公示义务，具有防止损失扩大，稳定交易秩序，保护消费者的知情权，增强公众的监督的作用。

二、内容解读

本条主要包括以下三项内容：

（一）公示违法违规经营者的作用与意义

首先，公示违法违规的平台内经营者的首要目的是防止损失扩大，稳定交易秩序。违法违规的平台内经营者被采取处置措施后，其行为的危害性不一定立即消失，已购买其商品或者服务的消费者仍有遭受损失的可能。因此，在监管部门与电子商务平台完成调查，实施警示、暂停或者终止服务后，平台经营者应当及时公示相关信息，提醒消费者注意平台内经营者的违法违规行为。如消费者权益已受侵害的，可以于得知公告讯息后，立即寻求应有的法律救济，防止损害的扩大。

其次，公示违法违规的平台内经营者的根本目的在于保障消费者的知情权。电子商务交易中，非面对面接触的交易方式致使消费者无法直接对商品或者服务质量进行当面确认。此外，在交易过程中，消费者获知平台内经营者的经营情况、信用情况等关键信息需要付出较大的成本。其中，平台内经营者是否存在违法违规行为是消费者决定是否交易的关键因素。正常情况下，被电子商务平台经营者进行警示、暂停或者终止服务的平台内经营者大多存在违法违规经营的行为，严重的甚至涉及诈骗等刑事犯罪。在这种情况下，电子商务平台经营者有义务在知道发生足以影响消费者判断交易是否继续进行的行为时，按照法律规定，将因违法违规被处理的经营者身份、行为等必要信息进行公示，以帮助消费者了解整个交易行为与提供商品、服务的平台内经营者的真实情况，避免在信息不对称的情况下造成消费者利益的损失。

最后，公示违法违规的平台内经营者是将公众监督引入电子商务领域的重要方式。在电子商务领域，将违法违规之平台经营者行为公之于众是对其商业信誉的否决。本法通过赋予电子商务平台经营者以公示义务，有效地发挥了平台经营者监督的效力，保障了电子商务领域良好的交易环境与市场秩序。

（二）公示违法违规经营者的条件

法条明确规定了电子商务平台经营者依照本条款公示平台内经营者的前提条件，具体包括以下三项：

1. 平台内经营者实施了违反法律、法规的行为。其中“法律、法规”的解读不应仅限于《电子商务法》，还应当包含《合同法》《侵权责任法》《行政许可法》《网络安全法》等法律法规。在《电子商务法》内部，主要参照第 12 条、第 13 条进行解读，即当平台内经营者存在：①不具有相关行政许可而从事特定经营业务；②提供的商品与服务不符合保障人身、财产安全的要求和环境保护要求；③销售或者提供法律、行政法规禁止交易的商品或者服务这三种情况。

2. 电子商务平台经营者采取了相关措施。电子商务平台依照平台服务协议和交易规则对内部经营着采取必要措施是本法条适用的重要前提。平台经营者可采取的措施具体包括实施警示、暂停或终止服务等措施。

3. 平台依据违反平台服务协议和交易规则对平台内经营者的违法违规行为采取措施。平台经营者对违法违规的平台内经营者的处理只能依据平台服务协议和交易规则。对于平台服务协议和交易规则没有约定或者规定的违法违规行为，应当交由司法机关或行政机关进行处罚并依法公示。但如果协议和交易规则规定了平台有权对平台内经营者的一般违法违规行为采取本法所规定的一系列措施的，也应当及时进行公示。

（三）公示违法违规经营者的要求

1. 公示显著性的要求

显著性要求公示的信息可以被消费者轻易地发现并浏览信息。因为需要公示的信息（包括违法违规经营者的身份信息和处置措施等）内容较多，更新也十分频繁，不能像公示平台交易规则、管理制度一样采取首页公示的方式。平台经营者应当自行建立专用于公示违法违规经营者信息的平台，并采取在网站首页设置链接、滚动栏等方式，以便消费者登录系统并进行查阅。

2. 公示内容的要求

依照文义解释，公示应当包括违法违规的平台内部经营者的身份信息和对其采取的处置措施。关于平台内经营者身份信息的内容，根据其主体身份的不同而存在变化。如果平台内经营者是法人，应当公布的信息包括法人名称、法定代表人、联系方式等信息。如果平台内经营者是自然人，则可能会涉及对个人信息的保护问题。有观点认为应当公布自然人经营者的姓名电话、邮箱等身份信息和联系方式，便于权益受到侵害的消费者进行追偿。本书认为，上述内容涉及自然人经营者的个人信息，依法应当受到保护，不能因为经营者存在违法违规行为便采取公示个人信息的手段侵犯其合法权利，可以参照铁道部“黑名单”等失信名单公示方式，采取公示姓名并隐匿部分身份证号的方法来保障消费者追偿的权利。平台的客服或申诉渠道，在消费者提供初步侵权证据的情况下，可进一步向消费者私下提供其维权所需要的信息。

3. 公示及时性的要求

公示的及时性是实现警示消费者、防止损失扩大等立法目的的核心要求。条款中没有对及时性进行具体的时间要求。这是考虑到电子商务平台庞大的业务数量，需要信息处理和信息更新的时间。我们认为，平台经营者在作出处理措施决定并告知平台内经营者后，应当立即或在最短的数据更新期间内，公示违法违规平台内经营者的名称和对其采取的措施。

相关原理

电子商务消费者的知情权

（一）消费者知情权的概念与来源

消费者知情权源自《消费者权益保护法》，其核心定义与内容体现在该法第8条："消费者享有知悉其购买、使用的商品或者接受的服务的真实情况的权利。消费者有权根据商品或者服务的不同情况，要求经营者提供商品的价格、产地、生产者、用途、性能、规格、等级、主要成份、生产日期、有效期限、检验合格证明、使用方法说明书、售后服务，或者服务的内容、规格、费用等有关情况。"

然而，在电子商务交易过程中，普遍采取非实体接触的交易形式，消费者通过网络订购所需的商品或者服务，无法即时、立即就其提供的内容进行确认。消费者知情权的有效行使必须需要经营者的配合与帮助，当线上经营者不提供信息或不提供完整真实信息的情况时，消费者知情权就很难得到合法保障。基于此，《消费者权益保护法》第28条规定了电子商务经营者的商品信息和交易信息的告知提示义务，即采用网络方式提供商品或者服务的经营者应当向消费者提供经营地址、联系方式、商品或者服务的数量和质量、价款或者费用、履行期限和方式、安全注意事项和风险警示、售后服务、民事责任等信息。简单来讲，即通过网络销售商品、服务的经营者在其介绍或宣传商品时，应当提供《消费者保护法》中所规定消费者应当知情的全部内容，保障消费者在网络交易中知情权保障能够与传统面对面交易方式有相同的法律基础。

（二）电子商务消费者知情权保护的重要意义

由于网络环境的虚拟性，交易双方在电子商务交易平台上无法面对面地判断对方的真实身份、资信状况等，而是依靠平台上发布的各种信息进行交易必要的讯息确认与判断。交易平台上主体的真实性、信息的正确性在保障交易的安全性方面对于交易双方，尤其是消费者一方显得更为重要。因此，与传统线下交易方式相比，电子商务的虚拟性导致消费者的知情权更容易遭受侵犯。实践中，商品、服务信息的不完整与不真实、广告的虚假、夸张宣传等都导致了消费者和经营者之间的信息不对称，而切实有效地保障电子商务消费者的知情权是缓解矛盾、预防违法行为的有效方式。政府有关部门、行业协会和平台本身通过各种方式采取措施保障消费者知情权，在立法层面上，我国有关部门制定出《第三方电子商务交易平台服务规范》《网络交易管理办法》等行政法规，重点强调了消费者知情权的保护问题，《电子商务法》也针对这一问题进行了极为细致的规定，其中第33条、第34条、第36条、第37条和第40条分别规定了平台经营者应当向消费者公示的各种商品信息和交易信息，并且在第81条规定了平台不履行提供信息义务时应当承担的行政责任。通过健全经营者义务与违法责任体系，实现电子商务领域消费者知情权的有效保护。

相关立法与规定

1. **《消费者权益保护法》**

第8条　消费者享有知悉其购买、使用的商品或者接受的服务的真实情况的权利。

消费者有权根据商品或者服务的不同情况，要求经营者提供商品的价格、产地、生产者、用途、性能、规格、等级、主要成份、生产日期、有效期限、检验合格证明、使用方法说明书、售后服务，或者服务的内容、规格、费用等有关情况。

第15条　消费者享有对商品和服务以及保护消费者权益工作进行监督的权利。

消费者有权检举、控告侵害消费者权益的行为和国家机关及其工作人员在保护消费者权益工作中的违法失职行为，有权对保护消费者权益工作提出批评、建议。

2. **《网络交易管理办法》**

第31条　第三方交易平台经营者拟终止提供第三方交易平台服务的，应当至少提前三个月在其网站主页面醒目位置予以公示并通知相关经营者和消费者，采取必要措施保障相关经营者和消费者的合法权益。

3. **商务部《第三方电子商务交易平台服务规范》**

6.3　**站内经营者行为规范**

平台经营者应当通过合同或其他方式要求站内经营者遵守以下规范，督促站内经营者建立和实行各类商品信誉制度，方便消费者监督和投诉：

（1）站内经营者应合法经营，不得销售不符合国家标准或有毒有害的商品。对涉及违法经营的可以暂停或终止其交易。

（2）对涉及违法经营或侵犯消费者权益的站内经营者可以按照事先公布的程序在平台上进行公示。

（3）站内经营者应就在停止经营或撤柜前3个月告知平台经营者，并配合平台经营者处理好涉及消费者或第三方的事务。

（4）站内经营者应主动配合平台经营者就消费者投诉所进行的调查和协调。

第三十七条　【平台经营者从事自营业务的要求】

电子商务平台经营者在其平台上开展自营业务的，应当以显著方式区分标记自营业务和平台内经营者开展的业务，不得误导消费者。

电子商务平台经营者对其标记为自营的业务依法承担商品销售者或者服务提供者的民事责任。

条文主旨

本条是关于电子商务平台经营者从事自营业务的有关规定。

条文释义

一、立法理由

电子商务交易平台经营者在电子商务活动中可因提供不同种类的经营活动，而可能具有双重身份：第一重是平台经营者身份，第二重而是平台内销售产品或提供服务的经营者身份。

本条是针对平台经营者的第二重身份作出的规定。即平台经营者在开展自营业务时，应当承担和平台内其他经营者一样的经营者责任。

本条区分平台经营者身份与责任的核心目的是保护消费者的权益。如果在平台自营业务侵权中不加区分，一律适用平台责任，那么平台经营者应当依本法38条承担连带责任或补充责任。如果规定平台经营者承担经营者责任，则适用违约责任与产品责任的竞合，由平台经营者承担直接侵权责任或违约责任，适用无过错的归责原则。这样的责任设置更有利于对平台自营业务的监管和对消费者权益的保护。

二、内容解读

本条内容包括以下四点：

首先，三种电子商务平台的概念与义务

电子商务平台经营者依照从事业务种类的不同，可以区分为提供单一信息服务的平台、提供自营业务的混合平台、提供居间服务的平台三种。

（一）单一信息服务平台

1. 单一信息服务平台的特征

在电子商务中，单一型平台服务提供者为其用户（包括具体业务经营者和消费者）提供网络交易平台，仅提供网络信息服务，不参与具体交易，这种网络交易平台服务提供者是《电子商务法》中第二章第二节规定的“电子商务第三方平台”的主要组成部分。以淘宝网为例，在平台的电子交易中，买方与淘宝内网店订立买卖合同，通过第三方支付进行付款，卖方承担通过物流公司发货给买方的义务。在整个交易环节中，淘宝网既不是买方，也不是卖方，不参与具体的交易环节，仅为买卖双方缔约提供机会与信息。

从法律地位上看，单一型平台服务提供者提供的是一个电子交易市场。类似于线下交易中的百货商场，为店铺提供交易场所。单一型平台服务提供者，如淘宝网，自始至终在电子交易中仅为电子交易的双方提供一个平台，保护交易安全。由此可知，在电子交易中，单一型平台服务提供者并非买方和卖方，而是缔造一个电子交易市场（E－Marketplace），为买卖双方提供交易平台服务。

2. 单一信息服务平台的义务

单一信息服务平台应承担的义务具体包括以下六项：

（1）市场准入审查义务与登记义务（本法第27条）：平台经营者应当承担注册用户，尤其是经营者（卖家）的身份、联系方式、行政许可等信息形式上的核验义务，将上述信息登记、建立档案并定期更新，以保障消费者交易的安全与稳定。

（2）交易信息的安全保障义务（本法第31条）：平台经营者应当在合理期限内保存交易信息，并确保交易记录安全、完整与准确。

（3）保障交易环境安全稳定的义务（本法第30条）：平台经营者应当采取有效的技术措施，制定合理的交易规则与制度，确保平台交易的安全性和稳定性，为交易双方提供稳定的信息服务。

（4）信息公示义务（本法第32条、第33条、第34条、第36条、第40条）：电子商务平台应采取显著有效的方式，公示下列信息：

①平台内经营者信息：平台内经营者身份信息（公司、企业名称）；地址（包含营业地址与消费者维权地址）；有效联系方式（包含电话、电子邮箱、实时线上聊天工具账号等）；相关行政许可证明。

②平台服务协议与交易规则：平台准入与退出制度；平台内商品与服务质量保障要求；涉及个人信息保护的内容；交易争议解决制度（产品配送方式、退换货方式、损害赔偿标准、合同解除与合同变更方式、违约责任等）。

③消费者需要了解的其他信息：平台发布的广告与检索结果的区分；平台处置的违法违规内部经营者的名单等。

（5）平台内部交易监督义务：单一信息服务平台虽然不必承担销售者责任，但基于平台在电子商务领域的特殊地位，法律规定其承担监管责任。单一型平台服务提供者作为市场提供者，承担平台范围内的交易监管职责。具体包括：

①保证平台内网络服务不侵犯交易双方的合法利益；

②为交易双方进行交易提供便利；

③协助处理交易纠纷；

④采取合法必要措施，制止平台内违法违规行为，并向有关主管部门报告。

（6）个人信息保护义务：我国《民法总则》规定的个人信息保护规则

在电子商务领域一样适用。平台应当对交易双方在交易过程中的涉及的个人身份信息、联系方式、住址、行为信息等进行有效的保护，非本人和有权限的国家机关经过法定程序不得查阅。

除此之外，还应特别注意，单一信息服务平台不承担销售者责任，也不承担《消费者权益保护法》领域的销售者责任。

首先，从主体角度分析，单一信息服务平台不是销售者，不必承担销售者的责任。单一信息服务平台并未涉及买卖双方的交易契约，根据合同的相对性原则，平台并不直接对消费者（买方）承担合同责任和商品责任。其次，单一信息服务平台不承担《消费者权益保护法》和《产品质量法》上的销售者的责任，这是保障电子商务领域发展的前提和基础。每日通过平台达成的交易数量惊人，面对成千上万的消费者，如果买方均向平台经营者主张销售者责任，平台必然无法生存。但是这一针对平台经营者的保护性原则并不绝对，也存在例外规定，本法第 38 条便是对这一原则的突破，本法第 38 条规定，电子商务平台经营者知道或者应当知道平台内经营者销售的商品或者提供的服务不符合保障人身、财产安全的要求，或者有其他侵害消费者合法权益行为，未采取必要措施的，依法与该平台内经营者承担连带责任。对关系消费者生命健康的商品或者服务，电子商务平台经营者对平台内经营者的资质资格未尽到审核义务，或者对消费者未尽到安全保障义务，造成消费者损害的，依法承担相应的责任。

（二）混合服务的平台

1. 提供混合服务平台的概念与特征

混合服务平台，指既提供网络信息服务，又从事自营业务的平台经营者。目前，电子商务平台的混业经营是电子商务实践中重要的发展趋势，如京东、亚马逊大型电商平台均相继开展自营网店业务。从主体身份的角度分析，在交易过程中，混合型平台身兼两种身份：交易参与者和平台服务提供者。混合型平台服务提供者以平台为依托，既经营第三方网络信息服务业务，同时又在平台上从事自营交易业务。

从法律地位上看，混合型平台服务提供者也具有双重身份：既是销售商品或提供服务的电子商务经营者，同时也是平台经营者。与此对应，在交易过程中，混业经营平台与消费者之间存在两种法律关系，分别为自营业务的交易契约关系和平台网络服务协议关系。在司法实践中，应当注意甄别混业平台的主体身份，明确争议所涉及的法律关系，再进一步明确平台的义务与责任。

2. 混合服务平台义务的特殊性

混合服务平台作为平台服务提供者，其权利、义务与责任和单一平台经营者没有分别，适用《电子商务法》第二章“电子商务平台经营者”一节的规定。但是，如果混业平台作为交易的参与者，与消费者直接进行商品与服务交易，这种情形下平台还应当遵守《电子商务法》关于电子商务经营者的规定。混合型平台作为电子交易商家，在电子交易中是作为交易的一方（买方或卖方，多为卖方），它不仅为电子交易的双方提供了一个平台，也参与交易。在实践中，在京东自营网店购买产品，京东一方除承担交付商品的卖方义务外，也承担提供信息检索、物流、支付手段等平台服务。因此，混合型平台一方面要履行合同约定的契约义务，另一方面也要履行提供平台服务的义务。

除上述义务外，混合型平台还应承担经营者义务。我国《消费者权益保护法》第三章对经营者义务的规定，同样适用于混合型平台经营者。电子商务经营者进行电子商务活动，除民法规定的合同义务和单一型平台服务提供者的义务和责任外，还应承担特殊的信息披露义务，包含以下三个方面的信息：

（1）经营者信息。《电子商务法》第15条规定，电子商务经营者应采取有效方式公示自身营业执照信息和与其经营业务有关的行政许可信息。《消费者权益保护法》第28条规定，采用网络、电视、电话、邮购等方式提供商品或者服务的经营者，应当向消费者提供经营地址、联系方式等经营者身份信息。混合型平台自身作为交易的参与者，应当依照法律规定的方式向消费者提供自身的身份信息，具体包括营业许可证明、联系方式、营业地址和维权地址等。

（2）商品与服务信息。混合型平台作为自身的商品与服务提供者，应当向消费者提供所必需的商品、服务信息。《消费者权益保护法》第28条与《电子商务法》第17条明确规定这一义务。平台需要提供的信息包括：①产品生产地、产品的生产者、服务的提供者；②产品用途、性能、规格、主要成分；③生产日期和保质期；④质量合格证明；⑤使用说明；⑥售后服务相关事项，包括服务内容、期限、费用等；⑦针对具有危险的商品与服务的特别说明。

（3）完成交易需要的信息。根据《消费者权益保护法》与《合同法》的有关规定，混合平台应承担平台信息公示义务与商品服务提供者的说明义务，为了帮助消费者（商品、服务买受方）正确理解交易条件，确保交易的正常进行，混合型平台服务提供者还应该以有效方式提供下列信息：①交易的支付方式、支付时间；②商品的交货时间、服务的提供时间；③可选的交货方式、物流的费用承担、风险承担问题；④撤销认购及解除合约的期限、方法及相关事项；⑤交易条款效力的认定标准和争议解决方式（和格式条款的解释规则）；⑥消费者损害赔偿问题、消费者权益保护问题。

（三）提供居间服务的平台

1. 提供居间服务平台的特征

提供居间服务的平台具有双重身份：平台提供者和居间人。本质上讲，提供居间服务的平台与线下经营居间业务的企业没有本质差异，只是通过自建网络平台进行经营而已。以阿里巴巴平台为例，阿里巴巴为其用户提供发布供求交易信息、提供在线支付手段、提供公司信息介绍等居间服务。阿里巴巴通过供求信息发布和公司信息介绍，为会员提供推销公司和产品的机会，再通过信用凭证与保障机制，消除会员之间的资信障碍，帮助会员达成交易，从而收取居间费用。

关于居间型平台服务提供者的法律地位，以“阿里巴巴”平台为例，虽然“阿里巴巴”并不参与企业间的磋商过程，但是“阿里巴巴”的“诚信通”认证为双方的信赖关系起了关键性的作用。此外，阿里巴巴为企业提供订立合同的机会或者服务，并收取相关费用，这是“阿里巴巴”平台与

“淘宝”“京东”等信息服务平台之间最大的差别。依照上述分析，应当认定“阿里巴巴”平台的居间人地位，承担相关的义务与责任。

2. 居间服务平台的特殊义务

居间型平台服务提供者进行电子商务经营活动，除应承担单一型平台服务提供者的义务和责任外，还应当承担作为居间人的责任与义务。依照我国《合同法》第二十三章的规定，居间型平台服务提供者作为居间人应履行如下义务：

（1）提供媒介服务。居间关系中，居间人承担为委托人提供订立契约的机会、提供媒介服务的义务。这一义务也是居间人获取报酬的前提条件。

（2）居间人如实告知义务。《合同法》第 425 条第 1 款规定：“居间人应当就有关订立合同的事项向委托人如实报告。”

（3）忠实勤勉义务。居间人应当积极履行促进合同订立的义务，不得向委托方隐瞒重要事实或提供虚假情况。《合同法》第 425 条第 2 款规定：“居间人故意隐瞒与订立合同有关的重要事实或者提供虚假情况，损害委托人利益的，不得要求支付报酬并应当承担损害赔偿责任。“

（4）保密义务。居间人在从事居间活动中，应对了解到的当事人双方的信息进行保密。

其次，平台自营业务的概念

自营业务的概念源自金融行业，原本是指获得批准的证券公司利用自有资金和依法筹集的资金，用自己的名义开设的证券账户买卖有价证券，并获取盈利的业务。电子商务领域的自营业务是指电子商务平台经营者在自己经营的平台上从事的商品、服务交易业务。如“淘宝“、”京东“平台，开办的”淘宝天猫“和”京东自营“网店业务。电子商务平台从事自营业务，意味着其自身介入了商品与服务交易的法律关系之中，意味着平台经营者同时作为网络信息服务提供者与商品、服务交易的提供者，应当履行平台经营者和商品、服务销售者的双重义务。

再次，显著方式区分的要求

本法条第 1 款中特别规定，从事自营业务的电子商务平台应当采取“显著方式”，以区分“自营业务“与平台内“其他经营者”业务。这种设置的目的在于防止平台利用自身管理网站的便利，混淆自营业务与其他经营者的业务，对消费者进行误导。法条中并没有对显著区分进行细致化的规定，但根据立法目的分析，我们认为显著区分的要求应当体现在如下两个方面：

（1）显示方式的显著性：电子商务交易中，消费者通过浏览平台网页的方式进行购物选择，网页上关键内容往往通过字体、颜色、图片或者弹窗等方式来产生提示作用。本条要求平台经营者通过显著方式区分自营业务，即要求平台经营者采取上述方式，显著标记自营业务，提示消费者哪一部分属于经营者自营业务，以实现与其他经营者业务相区分的效果。

（2）显示位置的显著性：网页中内容的排版位置、显示页面的不同会显著影响信息被消费者获取的难易程度。根据这一原理，平台经营者可以采用首页设置链接、或者在引擎检索结果中单独显示等方式，区分平台自营业务与其他经营者业务。

最后，平台自营业务的责任承担

从事自营业务的电子商务平台经营者虽然具有双重身份，但是在从事自营业务时，应当以商品销售者或服务提供者的身份，分析其权利义务与法律责任。在从事自营商品业务与服务业务时，平台经营者直接与消费者用户进行交易，订立买卖合同。平台经营者的身份从信息服务提供者转化为商品、服务供应者，平台经营者与消费者之间的关系也由网络信息服务关系转化为买卖关系。此时，电子商务平台经营者与其他平台内经营者没有区别。此时，平台经营者适用本法关于提供商品、服务业务的经营者的规定，负有提供商品服务信息、保障商品服务质量、出具电子消费凭证、遵守期限内无理由退换货品等义务。如果消费者对电子商务平台经营者提起民事诉讼，平台经营者应当以商品销售者或服务提供者的身份承担赔偿责任。

相关原理

混业经营和分业经营原则

混业经营与分业经营的概念来自金融领域，对这组概念有三个层次的理解。第一层是对金融业与非金融业的关系的描述，分业经营是指金融业与非金融业的分离，混业经营则相反。第二层，从广义上来看，这组概念描述的是金融行业之间的经营关系。金融混业经营即银行、保险、证券、信托机构等金融机构都可以进入上述任一业务领域甚至非金融领域，进行业务多元化经营。与之相对，分业经营则是指银行、保险、证券、信托机构相互独立，从事本领域的金融业务，不得混合其他金融业务。在这一层次中，这组概念常常被特定化于银行业、证券业和保险业之间，指银行机构和证券机构是否可以进入对方领域进行业务交叉经营。第三层，从狭义上来看，这组概念可用于各金融行业内部。以银行业为例，混业经营与分业经营可以描述商业银行与投资银行的关系；以保险业为例，则是描述财产保险业务、人身保险业务和再保险业务之间的关系。

分业经营与混业经营作为金融发展的两种模式，各有利弊。分业经营有利于培养业务机构的专业技术和专业管理水平，为业务发展创造稳定而封闭的环境，避免内部协调和管理的困难。同时，分业经营的安全性更高，有利于抑制金融危机的产生。与分业经营相比，混业经营有两点特征：第一是业务的混合形成了规模经济和范围经济，得以降低成本、多渠道获利、分散亏损风险；第二是管理的混乱，混业之下金融机构内部管理成本上升，外部监管难度提高，隐藏了诸多风险。

在金融发展的早期阶段，银行与证券等金融领域呈现自然分离状态。随着证券市场在 19 世纪末 20 世纪初的繁荣和发展，经济活动活跃，商业银行和投资银行凭借其自身财力基础向对方领域扩展业务，形成了最初的混业经营。随后，美国 20 世纪初的十年经济危机则暴露了混业经营的弊端。于是美国在 1933 年通过了《格拉斯—斯蒂格尔法案》，限制商业银行和投资银行的混业经营，开始了分业经营制度。但随着科技进步和世界金融市场的不断发展，分业经营的条框限制了经济增长，在国际范围内又掀起了混业经营的浪潮，英国、德国等各国纷纷进行金融改革。20 世纪 90 年代后，金融创新活动增多，银行、证券、信托、保险的跨行业强强联合出现，达到优势互补的效果。美国也于 1999 年通过了《金融服务现代化法案》，取消商业银行和证券公司混业经营的限制。

我国自改革开放以来，经济水平经历数次飞跃，但也遭遇过房地产热和证券投资热导致的金融秩序混乱。自90年代证券市场形成以来，混业经营下的银行体系出现了较严重的资金运作问题。银行可以通过其全资或参股的证券公司、信托公司，挪用信贷资金和同业拆借资金，投放到证券市场甚至是房地产市场。这种情况下，银行经营风险增加、投机行为增多、泡沫经济兴起，也增大了金融监管和宏观调控的难度，无疑给金融危机埋下了不定时炸弹。

因此，我国对金融业的混业经营持严格态度，逐步颁布的单行法中不乏分业经营的规定。《商业银行法》第43条规定："商业银行在中华人民共和国境内不得从事信托投资和证券经营业务，不得向非自用不动产投资或者向非银行金融机构和企业投资，但国家另有规定的除外。"这意味着我国在金融领域采用了分业经营模式，商业银行与信托、证券分别经营，不得混业。

电子商务与传统金融存在重大差异，电子商务平台更像是一个虚拟化的大型超市。因此，在电子商务法领域存在混业经营的空间，电子商务平台既可经营自营业务，也可为第三方平台提供服务。电子商务领域的混业经营能使多种业务相互促进、相互支持，做到优势互补，提高交易便捷度。

相关立法与规定

1.《反不正当竞争法》

第6条　经营者不得实施下列混淆行为，引人误认为是他人商品或者与他人存在特定联系：

（一）擅自使用与他人有一定影响的商品名称、包装、装潢等相同或者近似的标识；

（二）擅自使用他人有一定影响的企业名称（包括简称、字号等）、社会组织名称（包括简称等）、姓名（包括笔名、艺名、译名等）；

（三）擅自使用他人有一定影响的域名主体部分、网站名称、网页等；

（四）其他足以引人误认为是他人商品或者与他人存在特定联系的混淆行为。

2.《杭州市网络交易管理暂行办法》

第23条 第三方网络交易平台经营者在平台上开展商品自营业务的，应当以显著方式对自营部分和平台内其他经营者经营部分进行区分并予标记。

3.《网络交易管理办法》

第29条 第三方交易平台经营者在平台上开展商品或者服务自营业务的，应当以显著方式对自营部分和平台内其他经营者经营部分进行区分和标记，避免消费者产生误解。

4. 商务部《第三方电子商务交易平台服务规范》

4.2 **业务隔离原则**

平台经营者若同时在平台上从事站内经营业务的，应当将平台服务与站内经营业务分开，并在自己的第三方交易平台上予以公示。

第三十八条 【平台经营者的民事侵权责任】

电子商务平台经营者知道或者应当知道平台内经营者销售的商品或者提供的服务不符合保障人身、财产安全的要求，或者有其他侵害消费者合法权益行为，未采取必要措施的，依法与该平台内经营者承担连带责任。

对关系消费者生命健康的商品或者服务，电子商务平台经营者对平台内经营者的资质资格未尽到审核义务，或者对消费者未尽到安全保障义务，造成消费者损害的，依法承担相应的责任。

条文主旨

本条规定的是电子商务平台经营者对平台内经营者侵权行为的责任承担方式。

条文释义

一、立法理由

保障消费者人身、财产安全是电子商务市场运营的基本要求，保证平台内经营者销售的商品或提供的服务安全无害是电子商务平台应当承担的基本职责。近年来，面对食品安全与产品质量事故频发的现状，立法机关一是加大立法力度，出台了《食品安全法》等专项性立法，以加强行业管控，提高质量标准；二是在食品安全、产品质量等重要领域内强化生产者、经营者的侵权责任，赋予具有公共安全保障职责主体的安全保障义务，以加强对消费者利益的切实维护。尤其是在电子商务领域中，立法既应在原则上强化电子商务平台经营者对于平台内经营者的资格资质审核义务、平台内产品或服务质量的保障义务及其对消费者的安全保障义务，又应在具体认定平台责任时全面考量电子商务平台经营者的主观意图、客观行为和行为后果等因素。基于此，本条系统规定了电子商务平台经营者对于平台内经营者侵权行为的责任承担方式，明确指出了电子商务平台经营者对于消费者的安全保障义务。其对于实现《电子商务法》对消费者、平台内经营者、平台经营者三方主体的均衡保障具有重要意义。

二、内容解读

本条款规定了平台经营者对平台内经营者侵权行为承担侵权责任的具体情形，其涉及对平台经营者、平台内经营者和消费者三方主体利益的平衡与协调。本条款的最终通过是综合各方意见和主张并合理平衡各方主体利益的结果。尤其是第 2 款，历经了从“连带责任”到“相应的补充责任”，再到最终被确定为“相应的责任”的变化，由此，对这一法律规定和条款的解读更为重要和复杂。从内容上看，本条由两个法律条款构成，分别规定了平台经营者对平台内经营者侵权行为承担侵权责任的两种情形：

（一）平台经营者未采取必要措施的民事责任

本条第 1 款规定了平台经营者对平台内经营者侵权行为承担连带责任的一般情形。在该情形下，平台经营者的行为构成不作为侵权，应当与平台内经营者承担连带责任。其具体责任要件分析如下：

1. 平台经营者未采取必要措施的行为性质

根据本条第一款的规定，平台经营者知道或者应当知道平台内经营者销售的商品或者提供的服务不符合保障人身、财产安全的要求，或者有其他侵害消费者合法权益行为时，负有采取必要措施的义务。当平台经营者未履行该义务时，其构成了不作为的违法行为；因消费者人身、财产利益造成的损害，造成了损害后果；平台经营者的不作为行为与消费者的人身、财产利益损害之间具有直接或间接的因果关系，构成了因果关系；平台经营者明知其不作为行为可能造成消费者人身、财产利益的损害，仍不采取必要措施。主观上属于希望或放任这种损害结果发生的故意，或出于疏忽大意、过于自信的心理而未能避免损害发生的过失。由此，平台经营者的行为符合侵权行为的构成要件，应承担不作为的侵权责任。

2. 平台经营者未采取必要措施的法律责任

根据本条第 1 款的规定，若平台经营者符合不作为侵权的构成要件，则其与平台内经营者应承担连带责任。这一规定与《侵权责任法》第 36 条第 3 款的规定是完全一致的，即“网络服务提供者知道网络用户利用其网络服务侵害他人民事权益，未采取必要措施的，与该网络用户承担连带责任”。需要指出的是，连带责任是指平台经营者对外承担的民事责任，而在其与平台内经营者之间，即两个责任主体内部，则应根据《侵权责任法》第 14 条的规定确定其各自承担的责任，即“连带责任人根据各自责任大小确定相应的赔偿数额；难以确定责任大小的，平均承担赔偿责任。支付超出自己赔偿数额的连带责任人，有权向其他连带责任人追偿”。因此，当消费者因平台经营者的一般侵权行为受到人身、财产利益损害，其既可以选择同时起诉平台经营者和平台内经营者，也可以选择起诉平台经营者或平台内经营者中的任意一方，由此降低了消费者的维权成本，提高了消费者权益保护的可能性；其次，在平台经营者和平台内经营者两者间的关系中，其应当遵守连带责任“对外连带，对内按份”的处理原则，确定平台经营者和平台内经营者的责任大小，并以此确定各自的赔偿数额。若责任大小难以确定，则双方平均承担赔偿责任；最后，无论是平台经营者还是平台内经营者，只要其已就侵权行为向消费者进行先行赔付，即有权就其超过自己赔偿数额的部分向另一方追偿。

（二）平台经营者未履行审核义务与安全保障义务的民事责任

本条第 2 款规定了平台经营者未履行对平台内经营者关系消费者生命健

康的商品或者服务的审核义务或安全保障义务所产生的民事责任。

1. 平台经营者未履行审核义务与安全保障义务的行为性质

依据《食品安全法》等法律、法规的规定，对关系消费者生命健康的商品或者服务，平台经营者负有对资质资格的审查义务及对消费者的安全保障义务。其中，资质资格审查义务是指依据本法 27 条对平台内经营者销售关系消费者生命健康的商品、提供关系消费者生命健康的服务的行政许可等资质资格信息进行核验的义务。对消费者的安全保障义务是指提供必要措施，对在其平台内进行交易的消费者的生命健康进行安全保障的义务。当平台经营者未履行上述两项义务，且其不履行行为与消费者生命健康权受到损害的损害事实间具有因果关系时，构成不作为的侵权行为。

2. 平台经营者应就其不作为侵权行为承担相应的民事责任

本条第 2 款规定：电子商务平台经营者因上述不作为侵权行为，"造成消费者损害的，应依法承担相应的责任"。关于这一民事责任的规定是《电子商务法》立法过程中最受关注、最为核心的法律问题。本条所谓"相应的责任"应做如下的理解：

（1）现行法律已有具体民事责任的规定时应遵守其规定。《电子商务法》是电子商务领域的一般法。关于电子商务平台民事侵权责任具体的规定，还散见于《食品安全法》《产品质量法》等特别法中。如果特别法中对平台经营者的责任承担方式已有明确规定时，根据"特殊法优先适用于一般法"的原则，应当依据单行法条款认定平台承担的责任类型。如平台经营者同时违反本法第 38 条和《食品安全法》第 131 条，应当优先适用《食品安全法》，认定平台经营者的连带责任。

（2）现行法律未有具体规定时，应根据具体事实和情况，在个案中确定平台经营者相应的民事责任，这里所谓相应的责任并非一种特定类型的民事责任，它既可能是连带责任，也可能是补充责任，究竟应承担何种责任，应具体情况具体认定，如有争议，则应由司法机关进行司法裁量。从我国现行法律规定看，未履行资质资格审核义务或安全保障义务应承担的责任，既可能是《食品安全法》第 131 条第 1 款所规定的连带责任，也可能是《侵权责任法》第37条第2款所规定的相应的补充责任，还可能是《侵权责任法》第12条所规定的按份责任。从这个意义上说，“相应的责任”一词几乎囊括了所有可能的侵权责任。因此，应参考本款的立法过程探寻法律的本意。在《电子商务法》一审稿和二审稿中，并无关于平台经营者对平台内经营者侵权行为承担侵权责任的相关规定，其寄希望以《消费者权益保护法》《食品安全法》《侵权责任法》等专门性立法中的相关条款对这一问题予以解决。然而，上述专门性立法对于这一问题的规定较为零散，并未形成一套完整的体系，导致司法实践中存在适用困难的情形。因此，在二审稿公布后，界定平台经营者的侵权责任受到了社会各界的广泛呼吁。在三审稿中，规定了平台经营者与平台内经营者承担连带责任。三审稿公布后，平台经营者提出，连带责任过于严格，因此在四审稿审议过程中，应相关公众、电商平台企业和法院人士建议，将连带责任修改为相应的补充责任。这一重要修改受到了有关方面和部分人大常委的异议。应该承认，电子商务平台经营者未履行资质资格审核义务和对消费者的安全保障义务的情况比较复杂，无论将其责任承担方式规定为连带责任还是补充责任，都具有一定的不合理性。若将其规定为连带责任，则可能对平台经营者苛以过重的责任；若将其规定为补充责任，则不利于保护总体上处于弱势一方的消费者的权益。因此，最终通过的《电子商务法》兼顾了平台经营者、平台内经营者和消费者三方的利益，采用了“相应的责任”这一折衷的规定。依此规定，当平台经营者就平台内经营者的侵权行为承担连带责任时，应按照“对外连带，对内按份”的原则处理；当平台经营者就平台内经营者的侵权行为承担相应的补充责任时，平台经营者只需依法就平台内经营者不能赔付的部分向消费者进行赔付。

在具体认定或裁量平台经营者应承担何种责任时，应特别考量以下情况或因素：第一，客观因素，即平台经营者不作为行为与损害后果间因果联系的紧密程度，或者说这种行为对损害后果发生所起的作用。法律之所以规定平台经营者就平台内经营者的侵权行为承担责任，是因为平台经营者的不作为行为与侵权损害结果的发生具有因果关系。在很多情况下，若平台能够积极履行资格资质审核义务或安全保障义务，损害后果极有可能避免。因此，在司法适用中，应将这种因果联系的紧密程度作为认定是连带责任还是补充责任的一个重要因素。若不作为行为与损害后果之间具有紧密联系的，可以适用连带责任。相反，若不作为行为与损害后果之间的联系较弱，则可适用补充责任。

第二，主观因素，即平台的过错大小。即根据平台的主观过错来确定其承担的责任，过错严重者，可考虑其承担连带责任，过错轻微者，则可考虑其承担补充责任。例如平台经营者如根本未审查平台内经营者的资格资质或未保障消费者的生命健康安全，应考虑其应承担连带责任；若平台经营者虽审核了平台内经营者的资格资质，但审核不到位，或平台经营者虽保障了消费者的生命健康权，但保障不到位，则可考虑其承担补充责任。

第三，对消费者或受害者保护的特殊需要。侵权者的民事责任的承担是一个十分复杂的法律问题，如果当事人能够协商解决，自觉承担应承担的责任，受害者是可以得到有效救济的。但如果发生争议，而且往往如此，那么民事责任的追究将不仅是一个复杂、而且可能是一个漫长的诉讼过程，如此，受害人将很难得到有效的法律救济，尤其是对于一些损害金额不大的争议，复杂的程序、较高诉讼成本和各种烦累将使受害者望而却步，放弃责任的追究。因此，对于电子商务行为的此种侵权责任的认定，还应适当地考虑对受害者予以简易、有效救济的特殊需要，如果受害者处于困境或存在紧迫需求，为了使其尽快地实现民事责任的追究和得到有效的法律救济可考虑平台承担连带责任，反之，如果不需要对受害者提供特殊保护和救济，则可考虑其承担补充责任。

相关原理

一、不作为侵权责任

（一）不作为侵权行为和不作为侵权责任的含义

民法上侵权行为分为作为行为与不作为行为两种。作为通常是指积极的有所为。不作为侵权行为又称消极的侵权行为，是行为人有能力履行但有意识地不为特定的作为义务，这种故意或过失的不作为与所导致他人损害的事实之间存在着因果关系，行为人应对损害结果负责的非表示行为。而不作为侵权责任是指行为人由于过错，没有实施或者没有完全实施其本应履行的作为义务，而导致他人的损害所应承担的责任后果。[①]

（二）不作为侵权责任的法理依据

权利义务为法律关系之内容，责任则是权利、义务实现的法律保证。民事权利、民事义务唯有与民事责任结合，民事权利才受到责任关系的保护[②]。无义务即无责任，民事责任的承担是以民事义务的存在为前提的，因而在探讨不作为侵权责任的承担问题时，必须以分析相关的义务为前提。正如王泽鉴先生所言："不作为之成立侵权行为，须以作为义务的存在为前提。"在侵权行为理论中，正是由于作为义务的存在，才使不作为有了侵权的可能。而不作为侵权以未履行作为义务为前提，追究不作为行为承担责任的根据在于不作为，是应为而不为，它违反了行为人应当负有的特定的作为义务。确定不作为侵权行为的前提是行为人负有作为义务，这些作为义务的来源很广泛，并非只是法律直接的或明确的规定，可以因为职业而产生，也可以因为合同关系而产生，也可能因为特定的身份关系而产生，也可能因为义务人的先前行为而产生，可能有时这种义务并无法律条文具体的明文规定，但却为民法的基本原则所肯定。根据我国的立法和司法实践，前述的作为义务一般来自于下面两种情形。

1. 契约义务

契约义务即约定义务，通常是指通过当事人约定而产生的作为义务，此种义务具有法律拘束力，违反该义务时即构成违约责任。在合同的违约责任和侵权责任竞合的前提下违反合同附随的保护义务同时也会成为一种侵权行为，因而违约行为可能成为侵权行为而成为损害后果的原因，即合同当事人的违约行为，同时侵犯了他人的其他合法权益。同一种行为，既违反了法律规定的强制性附随义务，例如保护、照顾、通知、忠实等义务，也违反了约

---

① 张新宝：《权责任法原理》，中国人民人学出版社 2005 年版，第 52 页。

② 梁慧星：《民法总论》，法律出版社 1996 版，第 122 页。

定义务，如商家出售有瑕疵的产品致人损害，这时违约行为就可能变成一种侵权行为的手段，所以违反合同附随义务的不作为行为，可能变成侵权行为，在此情况下，就产生侵权责任的问题。

2. 法定义务

法定义务即由法律的强制性规范、禁止性规范所设定的义务，是指由国家制定或认可并由国家强制力保证其实施的一切行为规范的总和。比如我国《公司法》明确规定了有限责任公司应当签发出资证明书、置备股东名册、办理公司登记机关的股东登记，如果公司拒绝履行前述义务，则违反了法定义务，构成不作为的侵权行为应当承担民事责任。

（三）不作为侵权的构成要件

在我国，对于不作为侵权责任的构成要件有两种观点，即四要件说与三要件说。传统的民法理论，对不作为侵权责任的构成，一般作四要件论述：损害后果的客观存在；不作为行为的违法性；不作为行为与损害后果之间存在因果关系；行为人主观上有过错。这种传统的理论简单地把一般侵权行为责任的四要件说套用于具有个性特征的不作为侵权理论。以上两种学说争论的焦点在于，行为的违法性是否能作为独立的构成要件。

无论根据理论还是根据法律的规定，行为的违法性都不应当作为独立的要件。从理论上说，“侵权行为”与“违法行为”二词同义，因此不作为行为的违法性是针对不作为侵权行为的总体描述，而不是构成侵权行为的具体要素，自然不是构成不作为侵权的具体要素。从法条上看，《民法通则》第106条第2款的规定是关于所有侵权责任的通用条款，自然也适用于不作为侵权行为。该条款将侵权行为责任要件表述为过错、损害及因果关系三项，并无违法性的规定，因此也适用于不作为侵权行为。因此，不作为侵权责任的构成要件应包括以下三个方面：

1. 不作为侵权行为人的过错

不作为侵权责任的构成要件是在一般的侵权行为的构成要件的基础上加以确定的，因此也是以过错责任作为归责原则，以作为义务为前提。根据《侵权责任法》第6条的规定，行为人因过错侵害他人民事权益，应当承担侵权责任。根据法律规定推定行为人有过错，行为人不能证明自己没有过错的，应当承担侵权责任。过错责任是指造成损害并不必然承担赔偿责任，必须要看行为人是否有过错，有过错即有责任，无过错无责任。在过错责任原则中，过错是确定行为人是否承担侵权责任的核心要件，也是人民法院审理侵权案件的主要考虑因素。一位著名的法学家曾说过："正如使蜡烛燃烧的是氧气，而不是光一样，使行为人承担侵权责任的不是其行为，而是其过错。"过错就是行为人行为时的一种受谴责的心理状态。正是由于这种应受谴责的心理状态，法律要对行为人所实施的行为作否定性评价，让其承担侵权责任。需要指出的是，过错仅适用于过错责任原则制度下的侵权责任，对于一些法律明确规定的特殊侵权责任，过错并非必要条件。过错又分为故意和过失。故意是指行为人预见到自己的行为会导致某一损害后果而希望或者放任该后果发生的一种主观心理状态。过失是指行为人因疏忽或者轻信而使自己未履行应有注意义务的一种心理状态，其是侵权责任法中最常见的过错形态。

2. 受害人的民事权益受到损害

损害是行为人的行为对受害人的民事权益造成的不利后果。根据《侵权责任法》第 2 条的规定，这里的民事权益包括生命权、健康权、姓名权、名誉权、荣誉权、肖像权、隐私权、婚姻自主权、监护权、所有权、用益物权、担保物权、著作权、专利权、商标专用权、发现权、股权、继承权等人身、财产权益。这里的"损害"是一个比较宽泛的概念，既包括现实的已经存在的"不利后果"（也叫现实损害），比如身体残疾、财产减少等，也包括构成现实威胁的"不利后果"，比如某人的房屋倾斜，如不采取防范措施，房屋将可能随时倒塌损害他人的人身和财产安全。在这种情形下，为了防止现实威胁转化为现实损害，行为人也应当承担侵权责任，这有利于保护受害人，体现了本法预防侵权行为的立法目的，也是现代侵权责任法的发展趋势。《侵权责任法》第 21 条规定的内容就包含了这层意思。根据该规定，侵权行为危及他人人身、财产安全的，被侵权人可以请求侵权人承担停止侵害、排除妨碍、消除危险等侵权责任。

3. 行为人的行为与受害人的损害之间有因果关系

因果关系是指行为人的行为作为原因，损害事实作为结果，但二者之间存在的前者导致后者发生的客观联系。因果关系是侵权责任的重要构成要件，在行为与损害之间确定存在因果关系的，就有可能构成侵权责任，没有因果关系就必然地不构成侵权责任。在不作为侵权责任中，是根据行为人对作为义务的履行情况来判断因果关系。如果全面正确履行了义务，不作为行为就不是侵权行为，也没有进行因果关系判断的事实和法律基础，行为人当然不应当承担民事责任。反之，倘若未履行或者未全面正确履行义务，就有法律意义上的不作为行为，给他人造成损害的，该行为与损害结果之间就产生因果关系，行为人应承担民事责任。①

（四）不作为侵权行为的法律后果

根据不同情况，不作为人承担的具体责任形式亦不相同。一般来说，不作为侵权责任的形态有两种：单独责任和连带责任。

1. 单独责任

以侵权人数量为标准，一个侵权人因其单独的侵权行为所承担的责任为单独责任。在没有其他因素介入的不作为侵权中，不作为者通常承担单独的侵权责任。其中，直接责任是最主要的单独责任形态。所谓直接责任指侵权行为人对自己实施的行为所造成的他人损害的后果承担赔偿责任的责任形态。就负有一定作为义务的人而言，如果这些人不作为造成义务相对人的人身或财产损害时，由这些人自己承担责任，这就是直接责任。

2. 连带责任

在不作为侵权中，如果介入了第三人的行为，则作为义务人和第三人可能要承担连带责任。《民法通则》第 130 条规定：二人以上共同侵权造成他人损害的，应当承担连带责任。实践中，数个作为义务人因共同过错侵害他人权益，或者作为义务人与介入的第三人可能因共同过错致人损害，或虽无共同过错，但作为义务人的不作为和第三人的行为直接结合在一起导致特定

---

① 范利平：《不作为侵权中的因果关系》，江西社会科学出版社 2004 版，第 16～19 页。

人同一损害时，数个作为义务人，或者作为义务人和第三人构成共同侵权，应当承担连带责任。连带责任在对外效力上体现为整体责任，任何一个侵权人都有义务向受害者赔偿全部损失，但在对内效力上则是按份责任，各个侵权人依其过错和行为的原因力等因素分担责任。

(五) 不作为侵权责任的履行方式

根据《侵权责任法》第15条的规定，承担侵权责任的方式主要有停止侵害、排除妨碍、消除危险、返还财产、恢复原状、赔偿损失、赔礼道歉、消除影响、恢复名誉。以上承担侵权责任的方式可以单独适用，也可以合并适用。行为人的行为构成侵权责任的，就应当承担具体的法律后果。英美法系的侵权责任方式主要是损害赔偿，受害人无论受到何种类型的损害，都可以采用损害赔偿的方式予以救济。大陆法系的侵权责任方式主要是恢复原状和损害赔偿。但是，随着社会的发展，人们的需求越来越多元化，这就需要侵权责任方式适应人们的需求。

二、民事责任中的连带责任

(一) 连带责任的概念

关于连带责任的概念，大陆法系国家和英美法系国家规定有所不同，如前所述，英美法系国家多从满足债权的角度定义连带责任，重点在解决因数人债务产生的诉讼问题，对连带责任性质和含义未予以阐述，这与英美法注重实用主义和经验主义的传统是一致的。大陆法系国家多从债务的角度将连带债分为连带债务、不可分债务、并存的债务承担等类别进行研究。关于其概念，学者意见不一。主要有“债务说”“责任说”“综合说”。

“债务说”认为，连带责任是基于连带债务而产生的。两个以上当事人分别对债务均需承担全部清偿的责任，即为连带责任。[①]“债务说”是一种传统的理论，从连带责任的最初形态定义之，但把连带债务看作连带责任的唯一发生原因，且未能将连带责任与不真正连带责任相区别。“责任说”认

① 尹田：《论民事连带责任》，载《法学杂志》1998年第4期。

为，根据法律规定和当事人约定，应当由两个以上的当事人分别承担共同责任，或者由两个以上当事人中的二人或数人对其他人的民事责任承担、分别或顺序承担的法律制度。[①]“责任说”只是从当事人如何承担责任作了规定，但对连带责任的法源基础责任与债务的关系未予以阐述，对连带责任的本质未予揭示。“综合说”认为，连带责任即由违反连带债务或共同侵权行为产生的民事责任[②]。“综合说”揭示了连带责任发生的两种原因，但对其本质还是未予阐述。

以上三种学说均有可取之处，也均有不足之处。学界将连带责任的本质和发生原因均容纳其中的概念为，连带责任是指在法律规定或者当事人约定的范围内基于特定法律关系的多数民事主体中的任何一人须承担违反法律义务的全部强制性法律后果的民事责任[③]。

（二）连带责任的形成原因

连带责任最大的法律特征在于“连带”。各国法律均规定形成连带责任的根据有当事人的约定和法律的规定[④]。在民法以个人责任为原则的理念下，如何解释连带责任将多个责任主体联系到一起。以下将从这两方面分别讨论连带关系的形成因素：

一是法律行为。连带责任作为一种他人责任和加重责任，是对个人权利的放弃，根据意思自治的理论，人的意志可以依其自身的法则去创设自己的权利义务，当事人的意志不仅是权利义务的渊源，而且是其发生根据[⑤]。因此基于意思自治原则，当事人选择不分彼此地对第三人承担责任，法律应予尊重。

二是法律规定。连带责任作为保障债权实现的有效方式，越来越广泛地

---

① 寇孟良：《论〈民法通则〉中的连带责任》，载《中国法学》1998 年第 8 期。

② 李由义：《民法学》，北京大学出版社 1998 年版，第 628 页。

③ 孔祥俊：《论连带责任》，载《法学研究》1992 年第 4 期。

④ 也有学者认为，此为连带义务的根据，连带责任的成因主要有连带债务、不可分债务、并存的债务承担、不真正连带债务、连带责任保证、共同保证、法律规定。参见戴孟勇：《连带责任制度论纲》，载《法制与社会发展》2000 年第 4 期。

⑤ 尹田著：《法国现代合同法》，法律出版社 1995 年版，第 12 页。

应用在民商法中。许多部门法规定了法定连带责任。从最早的共同侵权连带责任发展出因合伙关系、保证关系、代理关系、出资行为、雇佣关系、承包关系等产生的连带责任。其理论依据因不同的关系而有所不同，主要有以下几种：

1. “共同身份”。由身份关系引起的连带责任主要体现在古代法中。现代立法主要是体现在婚姻关系和监护关系中的连带关系。

2. “共同原因”。在连带责任制度的发展中，早期曾经有观点认为引起连带关系的原因在于各个债务的发生在事实上或着法律上存在着的共同的原因。也就是说，当存在多数债务人为给付时，要以债务人间的给付义务是否是根据同一个原因而发生的标准，如果具有同一原因，则构成连带关系，成立连带责任。该学说存在一定的不足，不能解释一些典型的连带关系的成因。例如在共同保证的情况下，各国普遍承认在数人共同为债权人提供担保的情况下，即使各保证人分别与债权人订立保证合同，并不知道对方的存在，各保证人之间仍然成立连带责任，如《德国民法典》第769条规定：“两人以上为同一债务做出保证的，即使他们不是共同承担保证，也作为连带债务人负责任”。因此，现今较少有观点采用此学说解释连带关系的产生。

3. “共同过错”。传统民法规范规定只有责任人在主观上有共同的故意的情况下，法律才可以规定在责任人之间构成连带关系。这主要体现在侵权行为领域，引起数个责任主体形成连带关系的条件为数个主体之间存在主观上共同的意思，即主观说。早期的德国和日本民法判例一般采取主观说，要求共同侵权行为人之间存在“必要的共谋”。“以意思联络为成立共同加害行为之必备要件，则数人之过失侵权行为将无成立共同加害行为之可能。因其行为既由于过失，自无通谋可言，而纵属认识之过失，亦无利用之余地也”①。因为数人既同心协力，损害必较单一的行为为重，故应使其负较重的责任②。正因为数人的共同谋划，使得数个人形成一个整体加害于受害

① 张新宝：《中国侵权行为法》，中国社会科学出版社1995年版，第86页。

② 王泽鉴：《民法学说与判例研究（一）》，中国政法大学出版社1998年版，第58页。

人，而且因侵害意思的共同性，使得法律无法在当事人间明确的分别划分责任。因此，在对受害人进行赔偿时，也应把这有意思联络的数人视为一个整体，认定其承担连带责任。

4. “共同行为”。在商法领域中的连带责任制度不再强调承担连带责任的当事人之间必须有共同的主观目的。使在一个团体中共同行为的个体或者共同从事行为的各团体之间形成连带关系，增加他们的责任范围，可以起到保护普通债权人和社会公共利益的目的，并且起到激励各方互相监督、审慎行为的作用。因此，共同行为也构成成立连带责任的原因之一。

5. “共同结果”。在近期的民法理论界和司法判例中，普遍承认在数个侵权人在没有意思联络时，也可以因其共同发生的损害结果而形成连带责任，客观说得到支持。该观点认为民法上之共同侵权行为与刑法上之共犯不同，苟各自之行为，客观的有关联共同，即为已足。盖数人之行为皆构成该违法行为之原因或条件，行为人虽无主观之联络，以使就其结果负连带责任为妥①。这也是从保护受害人的角度出发，在司法实践中对“共同”含义的修正，刑事法律以惩罚行为人为目的，而民事法律以补偿受害人的损失为目的，如加害人的行为与其他人的行为作用造成了共同损害结果，为了使受害人的损失能够得到合理的完全的补偿，不论加害人之间是否有意思联络，都应因其共同的损害结果而形成连带关系。

（三）连带责任的成立要件

连带责任，非有法律明文规定或当事人明示约定不得成立，故此，其构成要件当准确把握。一般而言，连带责任的构成要件分别有以下几个：

1. 有数个具有独立责任能力的民事主体对同一个债权人负担民事责任。首先应当明确的是，连带责任是共同责任，必然存在两个或以上的责任人，若责任人只为一个，尽可成立独立责任。另外，责任主体必须是具有独立责任能力者，依我国现行规定，无行为能力人不能为民事行为、限制行为能力人只能进行与其年龄、心智相符的民事行为，因此皆不可成为连带民事责任

① 史尚宽：《债法总论》，中国政法大学出版社2000年版，第173页。

承担者。关于责任能力的问题，在各国有不同的规定。在理论上，责任能力与行为能力并不必然一致，德国便规定了具备责任能力与行为能力不同的年龄标准。其中自然人的识别能力成为两者区分的标准，但这一理论在我国《民法总则》中并未体现。

2. 数责任人向债权人承担数个独立责任，数责任人皆负担内容为完全给付的责任。债权人可以选择向任何一个或数个或全部责任人主张给付，责任人不得以责任分担作为抗辩理由，也不得以责任人之间约定的责任份额为由而拒绝完全给付。《民法总则》第 178 条规定："二人以上依法承担连带责任的，权利人有权请求部分或者全部连带责任人承担责任。连带责任人的责任份额根据各自责任大小确定；难以确定责任大小的，平均承担责任。实际承担责任超过自己责任份额的连带责任人，有权向其他连带责任人追偿。连带责任，由法律规定或者当事人约定。"

3. 数个责任人之给付责任需为同一目的，即确保同一债权的满足。这也是连带责任与不真正连带责任的最大区别。各责任人在承担部分或全部责任的同时，其效果及于其他责任人，债权人的债权满足限于一次，无权要求其他责任人就已受给付部分再次承担责任。这种自己行为可以替代他人责任的性质也是连带责任的特点之一。所谓的同一目的，也仅指在客观上责任承担的效果一致，即客观上消灭债权的效果，而非责任人之间必须以共同的意思联络为给付行为。明确此点就能解释，在共同危险行为情况下责任人也需承担连带责任的原因。

（四）连带责任的法律效力

连带责任的法律效力涉及两方面：债权人与全体责任人之间的法律关系的总和被称为外部效力；连带债务人之间的法律关系被称为内部效力。具体分为三方面内容：

1. 债权人的权利

连带债务人之债权人得对于债务人中之一人或数人或其全体，同时或先后请求全部或一部之给付，对于连带债务人中之一人为全部或一部之请求时，被请求之债务人不得主张其分担之利益，即不得拒绝超过自己负担部分之给付。[1] 德国、瑞典、日本和我国台湾地区民法均有类似规定。

债务人破产时债权人之权利：数人就同一给付各负全部履行之责任者，其全体或其中数人受破产宣告时，债权人得就其债权之总额对各破产财团行使其权利。[2]

2. 连带责任人中一人所生事项对其他责任人的效力

连带责任外部效力的一个重要问题是，一个债务人与债权人之间法律关系的变更是否会影响到其他的债务人权利义务的变化。就一债务人行为产生的事项，对其他的债务人也产生相同的效力的，称之为绝对效力事项；对其他债务人不产生影响的，称之为相对效力事项。绝对效力和相对效力的划分标准在各个国家之间存在不同的观点，近代立法中，法国民法扩大绝对效力范围，日本民法模仿法国民法，而德国民法则大大缩小其范围[3]，我国台湾地区立法跟德国的最为接近。绝对效力事项与相对效力事项的区分标准是，凡满足债权人请求权这一债务的共同目的之事项为绝对效力事项，反之为相对效力事项。

（1）绝对效力事项

清偿。清偿为依照债的本旨实现债务内容的给付行为。既然连带债务的目的为满足债权人的债权，当债务人中的一人为清偿行为时，债权得到满足，目的达到，债权消灭，其他债务人应该一样免除债务责任；同理，如果是部分清偿，其他债务人则免除部分责任。因此，各国民法都承认清偿是发生绝对效力的事项之一。

抵销。抵销是指当二人互负债务时，各以其债权充当债务的清偿，而使其债务与对方的债务在对等额内相互消灭的行为[4]。抵销是债务消灭的一种方式，连带责任制度目的达到，债务人共同免责。但是当债权人享有债权的债务人不主张抵销时，其他的债务人能否代位主张？这个问题在日本民法和

① 史尚宽：《债权总论》，中国政法大学出版社 2000 年版，第 648 页。
② 史尚宽：《债权总论》，中国政法大学出版社 2000 年版，第 649 页。
③ ［日］於保不二雄：《日本民法债权总论》，五南图书出版 1987 年版，第 217 页。
④ 江平主编：《民法学》，中国政法大学出版社 2007 年版，第 521 页。

我国台湾地区民法中都允许其他债务人以该债务人应分担部分代位行使抵销权，认为这样做可以行实际之便利，简化求偿关系；而德国和法国的民法都禁止他人代位抵销，认为抵销是对债权的处分，不能干涉他人行使处分的权利，且连带债务人之负担部分为债务人间的内部关系，对于债权人，各债务人应负全部给付的义务。

提存。提存是债务人转移交付不能的标的物于法定机构，以代替向债权人交付从而消灭债务的行为①。提存是引起债的消灭的原因之一，在效果上与清偿具有相同的效力。当连带债务人中有人为提存行为时，效果上债权得到满足，其他债务人得共同免责。因此，提存也属于绝对效力事项。

债务免除。免除是指债权人为消灭债而向债务人作出的抛弃债权的意思表示。② 须注意的是，免除有全部免除和部分免除的情况，应该分别对待。一般认为，当债权人为全部债务免除时，不论是对全体债务人表示还是对个别债务人表示，连带责任之债被完全消灭，目的达到，当然对全体债务人生效。当债权人对一债务人的债务为免除时，一种观点认为，其他债务人应当就该债务人承担的限额内免除责任，对其他部分仍应承担连带责任。这样可以简化当事人间的法律关系，避免循环求偿。但也有观点认为这样会减弱对债权的担保力，应当依各债务人的分担比例共同对免除份额免除责任。

混同。混同是指债权债务同归一人的情形。包括所有权与其他物权同归一人时，其他物权消灭和主债务和保证债务同归一人保证债务消灭。混同是否发生绝对效力，各国的规定不一。德国民法规定，混同发生相对效力，发生混同之债务人可以向其他债务人行使债权请求权；日本民法和我国台湾地区民法认为这样规定会在债务人间产生循环求偿，手续繁琐，为简化债务关系，认为混同发生绝对效力，但这样规定，债权请求权变成了连带责任求偿权，就丧失了连带责任对债权的担保效力，对混同的债务人不利。法国民法典的规定，以债务人负担为限发生绝对效力，较为合理。

时效届满。连带债务的发生原因不同，构成连带债务的各个债务的时效

---

① 江平主编：《民法学》，中国政法大学出版社 2007 年版，第 520 页。

② 江平主编：《民法学》，中国政法大学出版社 2007 年版，第 523 页。

起算点和期间有所不同，所以时效中断在各债务人中发生相对效力。一债务人时效届满是否对其他债务人产生影响，法国未予规定，德国民法从罗马法通说，基于时效届满债权并未获得满足，认为属相对效力事项。德国的规定会产生一个问题，债权人仍旧可以向其他债务人主张全部债务，已清偿的债务人得向完成时效债务人行使求偿权，如此一来，债务人就不能享受时效完成的利益，有违公平原则，而且造成循环求偿，法律关系复杂，考虑到这些因素，日本和我国台湾地区民法典规定时效届满产生绝对效力，值得赞同。

受领迟延。非惟各债务人均有单独清偿全部债务之义务，而他债务人亦皆得因一债务人之清偿而同免责任。因之一债务人提出给付而债权人受领迟延时，则不仅该债务人之义务未能消灭，他债务人亦必同受其累，故债务人之受领迟延，应生绝对效力①。

（2）相对效力事项

债务不履行。连带债务人之一不能履行义务，不论是给付迟延、给付不能还是瑕疵给付，其他债务人都不因此而免除责任。

连带的免除。连带的免除不同于连带责任的免除，它并不免除各债务人的债务，只是免除债务人之间的连带关系。当对所有债务人都免除连带关系时，连带责任就不存在，变为可分的债务；当仅对个别债务人免除连带时，此债务人仅须对他所负担的债务承担责任，其他债务人对该数额之外的债务仍须承担连带责任。

时效中断、中止。对时效的效力问题，各国规定不一，德国民法规定所有引起时效中止、中断的事由都发生相对效力，法国民法规定，起诉、债权人请求以及承认生绝对效力，其他为相对效力。总的来说，引起时效中止、中断的事由应以发生相对效力为原则。

债权让与。《合同法》第 79 条规定了债权让与制度，债权人若将所有债权都转让与第三人，对于债权让与通知应生相对效力；债权人将对某一债务人的债权转让给第三人，也仅生相对效力，即受让人仅对该债务人行使债

---

① 郑玉波著，陈荣隆修订：《民法债编总论》（修订第二版），中国政法大学出版社 2004 年版，第 398 页。

权，原债权人对其余所有债务人拥有连带债权。

债务承担。第三人如果承担了所有的连带债务，此时全部连带债务关系因而消灭。另外一种情况是第三人承担了个别债务人的债务，此行为并未使债权获得满足，因此仅发生相对效力。

3. 连带债务人相互间的关系——求偿权

连带债务人，因清偿或其他行为，使其他债务人免除责任的，可以向其他债务人请求偿还其各自应负担的部分。这就形成了连带责任的内部求偿关系问题。

求偿权起源于罗马法时代。在罗马法，只有在债务人之间具有合伙、委任或无因管理等关系时，才发生求偿权。近代法律继承了日耳曼法，一般承认连带债务人间有求偿权。但对求偿权的法律依据，学者的意见不一。有的观点认为基于公平原则。“有谓各连带债务人非无义务而为他人清偿或为其他行为，其不属于无因管理，甚为明显。他债务人因一债务人之为清偿或其他行为而免其债务，乃基于法律上之原因，其免责亦非不当得利。故求偿权之发生，非理论之问题，乃由于法律使各债务人为公平负担之政策之规定”①。有的观点认为基于不当得利。在连带责任各债务人就外部关系，固各负全部给付义务，但对于内部关系，则仍各有其分担部分，因而一债务人之给付如超过其应分担之部分，致他债务人同免其责任时，法律上自应使该债务人对他债务人，依其各自应分担之部分，请求偿还。求偿权乃不当得利返还请求权之别一形态。② 有的观点认为基于连带债务关系之本身。“有谓各债务人就其与债权人之间关系，虽负全部给付义务，然在其对于他债务人之关系，惟各就其负担部分负其债务，超过自己负担部分而为清偿或其他行为之债务人，对于他债务人之关系，乃为他债务人债务之清偿，从而理论上当然发生求偿权”③。法国民法认为，连带债务人间有合伙关系，德国民法

① 史尚宽：《债权总论》，中国政法大学出版社 2000 年版，第 664 页。

② 郑玉波著，陈荣隆修订：《民法债编总论》（修订第二版），中国政法大学出版社 2004 年版，第 401 页。

③ 史尚宽：《债权总论》，中国政法大学出版社 2000 年版，第 664 页。

认为，连带债务人间有共同利益的关系，各债务人有协力履行债务的义务，即各债务人有义务履行自己的义务，使其他债务人不再超出其负担部分履行其义务。

关于因共同侵权行为负连带责任的债务人之间是否有求偿权，意见不一。在德国普通法时代认为，共同侵权连带责任的债务人之间没有求偿权，也有观点认为只有在故意时有求偿权。法国民法德国民法和我国台湾民法均规定，不问故意或者过失，都有求偿权。瑞士债务法认为，由法院决定共同侵权行为者间有无求偿权。

三、民事责任中的补充责任

（一）补充责任的概念与特征

1. 补充责任的概念

关于补充责任的概念，学界一直未有统一观点或形成通说的概念，甚至其是否成立一种独立的责任形式亦存在争论。我国有些法律法规或司法解释使用了这一概念，但其仅仅直接规定了某些情况下行为人的补充赔偿责任，而未对补充赔偿责任的法律定义加以说明。学者们在对补充赔偿责任进行定义时，因将其个人观点的不同而对这一概念的定位也有不同，不同学者的定义也反映出了其各自对于补充责任的看法。如魏振瀛教授认为："在责任人的财产不足以承担其应负的民事责任时，由有关的人对不足部分依法予以补充的责任[①]"，即为补充责任。本书认为，这样的定义虽贵在简单扼要，却难以概括补充责任的全部要素以及其区别于其他责任的地方。张新宝教授认为，补充责任的含义是在能够确定加害人时，由加害人或其他负有责任的人（如加害人的雇主、监护人）承担责任，安全保障义务人不承担责任；只有在加害人无法确定时，由安全保障义务人承担全部责任；如果能够确认加害人，但是加害人或者对损害负有赔偿责任的人的资力不足以承担全部责任时，则先由加害人或者对损害负有赔偿责任的人尽力承担责任，剩余部分由负有安全保障义务的人承担。安全保障义务人对此承担的是推定的过错责

① 魏振瀛：《民法》，北京大学出版社、高等教育出版社2000年版，第48页。

任：如果能证明自己没有过错则不承担责任。此外，在承担了补充责任之后，安全保障义务人获得对加害人或者其他赔偿义务人的追偿权①。其实，与其称以上文字为定义，倒不如说是对补充责任的一种全面性解释较为准确，且张教授针对安全保障义务所作概括，难以囊括所有补充责任的特点。杨立新教授认为，侵权补充责任是指多数行为人就基于不同发生原因而产生的同一给付内容的数个责任，各个负担全部履行义务，并因行为人之一的履行行为而使全体行为人的责任均归于消灭的侵权责任形态。② 此一定义实乃对不真正连带责任的定义，其与杨教授认为补充责任属于不真正连带责任的一种有关。且该定义将补充责任限制于侵权责任范围，无法在外延上涵盖所有补充责任类型。

2. 补充责任的特征

通过以上定义总结，本书认为，补充责任的特征在于：（1）存在区分主责任人与补充责任人的多数责任人。（2）因主责任人与债权人之间的明示合同约定或符合法律明文规定的特殊关系引起。此处多指侵权或合同关系，分别对应法定义务的违反与约定义务的违反。（3）主责任人未能承担全部责任。此处体现出补充责任人的责任顺序问题。一般而言，权利人不能直接要求补充责任人承担责任，仅得在主责任人无法承担全部责任或下落不明时才能对补充责任人主张，但如果权利人直接向补充责任人主张，补充责任人未提出抗辩而自愿承担时，权利人亦可正当接受。（4）补充责任人不承担终局性责任，即补充责任人在承担责任之后可以获得对主责任人的追偿权，此亦“补充”二字含义之另一体现。如《侵权责任法》第 34 条规定：“用人单位的工作人员因执行工作任务造成他人损害的，由用人单位承担侵权责任。劳务派遣期间，被派遣的工作人员因执行工作任务造成他人损害的，由接受劳务派遣的用工单位承担侵权责任；劳务派遣单位有过错的，承担相应的补充责任。”

---

① 张新宝，唐青林：《经营者对服务场所的安全保障义务》，载《法学研究》2003 年 3 月刊。

② 杨立新：《侵权责任形态研究》，载《河南省政法管理干部学院学报》2004 年 1 月刊。

3. 补充责任与相关概念的区别

国内对于补充责任的讨论颇多，但意见分歧也较大。有观点认为，补充责任属于不真正连带责任的一种，应当作为其一种表现形式加以对待。如杨立新教授认为："共同责任形态分为连带责任、按份责任和补充责任……如果数人的行为构成不真正连带责任，则成立补充责任……侵权补充责任的性质属于不真正连带责任。"①但我们以为，补充责任区别于不真正连带责任，也与传统的按份责任与连带责任差异较大，应独立成为一种责任类型。补充责任与相关概念的区别如下：

（1）补充责任与按份责任

补充责任与按份责任的区别在于，补充责任的各责任人之间有其先后承担责任的顺序，按份责任人之间依一定的原因而按比例承担责任份额；补充责任人与主责任人之间却未有对责任进行份额划分；补充责任人不承担终局性的责任，在其承担责任之后取得对主责任人的追偿权。

（2）补充责任与连带责任

首先，补充责任与连带责任在产生方式上有一定差异，补充责任的产生是因为数个不同的行为，甚至不同性质的行为导致，而连带责任则多出于连带债务或共同侵权等一个行为或数个有牵连的行为。其次，补充责任的责任人在责任承担上有先后顺序，而连带责任则无顺序先后可言，权利人可以就该责任向任一或多个责任人主张部分或全部承担。再次，连带责任人内部之间为按份责任关系，而补充责任各责任人之间并非按份，而是由主责任人承担全部终局性的责任。

（3）补充责任与不真正连带责任

二者之间的区别在于：第一，补充责任各责任人之间有先后承担顺序，不真正连带责任分配比照连带责任关系适用，无责任人先后次序；第二，补充责任中补充责任人不承担终局性责任，因此必然在承担责任后取得对主责任人的追偿权，而在不真正连带责任中责任人之间则并不一定存在追偿权一

① 杨立新：《侵权责任形态研究》，载《河南省政法管理干部学院学报》2004年1月刊。

说，在无终局性责任人的情况下，各不真正连带责任人中任一人承担了全部责任也不可向其他责任人追偿；第三，在诉讼规则上，补充责任人一般有先诉抗辩权，可以要求权利人先行向主责任人主张权利，仅在主权利人下落不明或无法完全承担责任时才向权利人承担责任，而在不真正连带责任，各责任人无先诉抗辩权，权利人可以选择起诉一个责任人，也可以起诉全体责任人。

综上所述，补充责任在法律特征上，具备了成为一种独立责任类型的条件。

4. 补充责任作为独立责任形态的意义

民事责任形态的区分体现了不同的法律保护倾向。民法遵循自己对自己行为负责的原则，以按份责任为常态，以连带责任为例外。在连带责任，实质上是以各责任人财产对权利人所作的足额保证，在加重责任人责任的同时，追求的是对权利人最全面的保护，对权利人利益的最安全考量。而不真正连带责任却是从防止权利人获得损失外利益的角度考虑，规定其中任何一人承担责任对全体责任发生效力，确保权利人只在自己实际损失之内受到补偿。同时，补充责任还有其独到之处，不仅以补充责任人的形式保证了权利人的利益，也使补充责任人的责任承担行为效力及于主责任人，防止了权利人获得多重补偿。此外，补充责任人的追偿权，还使真正作出损害行为的主责任人终局性的承担由其造成的损失。

以实践中违反安全保障义务的责任为例，经营者和实际侵权人之间不可能有事先约定的责任份额，强行迫使他们承担按份责任不仅会危及权利人应得补偿的权利，补偿份额也难以确定，执行由法院强行决定的份额有失之公允之嫌。然而，由经营者和侵权人承担连带责任或不真正连带责任，则事实上使经营者承担与侵权人同样大小的责任，与经营者自身的过错比例相比，无疑责任过重。补充责任此时便可很好的协调各方当事人的利益，发挥其独到的功能。

（二）补充责任的责任承担规则

1. 主责任人承担全部责任的，补充责任人的责任消灭。一般认为，补充责任的法理根据在于请求权的竞合，目的在于对权利人利益的补充保证。当权利人的受损利益获得全部赔偿之后，补充责任人自无需多作填补，避免双重获利。

2. 在主责任人未能承担全部责任或下落不明的情况下，补充责任人的责任范围需视情况而定。若补充责任人的补充责任事先未因法律规定或当事人约定作范围限定，则其责任范围为主责任人承担之后仍未受到赔偿的责任份额，若主责任人完全未做赔偿，则补充责任人应就全部责任进行承担。如《侵权责任法》第37条规定："宾馆、商场、银行、车站、娱乐场所等公共场所的管理人或者群众性活动的组织者，未尽到安全保障义务，造成他人损害的，应当承担侵权责任。因第三人的行为造成他人损害的，由第三人承担侵权责任；管理人或者组织者未尽到安全保障义务的，承担相应的补充责任。"即属此类。反之，若补充责任人因法律的规定或当事人约定而限定了自己的责任范围，如本条解释中"在代垫资金范围内"的规定即是，则补充责任人负担最大不超过限定范围的责任份额。质言之，若主责任人作出赔偿之后剩余责任份额若小于该限定范围则补充责任人承担剩余责任，若大于该限定范围则只在限定范围内承担责任。同时，补充责任人在其承担的责任范围内取得相应追偿权。

3. 权利人免除主责任人债务的情况在补充责任中应当做细致区分。当补充责任人的责任范围未因法律规定或当事人约定而有所限定时，权利人免除主责任人债务的效果应当及于补充责任人。当补充责任人的责任范围被限定时，则要分情况讨论，若主责任人被免除全部债务，则效果依然及于补充责任人，补充责任人无需再承担任何责任；若仅免除部分债务，则需再次分类，如主责任人在被免除债务后所剩下之责任份额大于补充责任人所限定之责任范围，则该免除效果不及于补充责任人，如免除后所剩下责任份额小于该补充责任所限定之责任范围，则补充责任人的责任范围缩减至该剩余范围。上述规则，看似繁琐，实际只为了满足一个条件，即在保证补充责任人的追偿权不被侵犯的同时，最大程度保护权利人的受偿可能。一般而言，责任的大小决定于债务的大小，责任即是对债务不履行的第二次义务，而在补充责任的终局承担者并非补充责任人，因此，在权利人免除主责任人债务的情况，如果其效果不及于补充责任人，则补充责任人在补充承担责任之后将无法合理行使追偿权。如果部分免除债务的效果当然及于补充责任人时，又有危及权利人受到剩余补偿的可能。因此，在免除债务的效果是否及于补充责任人需视是否妨碍其追偿权的行使，如果不妨碍，则是否及于并无影响，因为补充责任人最终取得追偿权而不负担终局责任。如上述补充责任人有其限定责任范围时，若主责任人被免除债务之后剩余份额大于该限定范围，则即使该免除效果不及于补充责任人，其也只是在限定范围内承担责任，并可取得全部的追偿权。然而在免除后的剩余份额小于该限定范围的情况，如果该免除效果不及于补充责任人，则其可能被权利人要求在限定范围内承担全部责任，且之后无法取得完全的追偿权，因此该类情况下补充责任人的责任范围缩减至免除后的责任范围即可在保证追偿权的同时最大保障权利人的利益。

相关立法与规定

1.《消费者权益保护法》

第 44 条 消费者通过网络交易平台购买商品或者接受服务，其合法权益受到损害的，可以向销售者或者服务者要求赔偿。网络交易平台提供者不能提供销售者或者服务者的真实名称、地址和有效联系方式的，消费者也可以向网络交易平台提供者要求赔偿；网络交易平台提供者作出更有利于消费者的承诺的，应当履行承诺。网络交易平台提供者赔偿后，有权向销售者或者服务者追偿。

网络交易平台提供者明知或者应知销售者或者服务者利用其平台侵害消费者合法权益，未采取必要措施的，依法与该销售者或者服务者承担连带责任。

第 45 条 消费者因经营者利用虚假广告或者其他虚假宣传方式提供商品或者服务，其合法权益受到损害的，可以向经营者要求赔偿。广告经营者、发布者发布虚假广告的，消费者可以请求行政主管部门予以惩处。广告经营者、发布者不能提供经营者的真实名称、地址和有效联系方式的，应当承担赔偿责任。

广告经营者、发布者设计、制作、发布关系消费者生命健康商品或者服务的虚假广告，造成消费者损害的，应当与提供该商品或者服务的经营者承担连带责任。

社会团体或者其他组织、个人在关系消费者生命健康商品或者服务的虚假广告或者其他虚假宣传中向消费者推荐商品或者服务，造成消费者损害的，应当与提供该商品或者服务的经营者承担连带责任。

2.《侵权责任法》

第14条　连带责任人根据各自责任大小确定相应的赔偿数额；难以确定责任大小的，平均承担赔偿责任。

支付超出自己赔偿数额的连带责任人，有权向其他连带责任人追偿。

第36条　网络用户、网络服务提供者利用网络侵害他人民事权益的，应当承担侵权责任。

网络用户利用网络服务实施侵权行为的，被侵权人有权通知网络服务提供者采取删除、屏蔽、断开链接等必要措施。网络服务提供者接到通知后未及时采取必要措施的，对损害的扩大部分与该网络用户承担连带责任。

网络服务提供者知道网络用户利用其网络服务侵害他人民事权益，未采取必要措施的，与该网络用户承担连带责任。

第37条　宾馆、商场、银行、车站、娱乐场所等公共场所的管理人或者群众性活动的组织者，未尽到安全保障义务，造成他人损害的，应当承担侵权责任。

因第三人的行为造成他人损害的，由第三人承担侵权责任；管理人或者组织者未尽到安全保障义务的，承担相应的补充责任。

3.《食品安全法》

第131条　违反本法规定，网络食品交易第三方平台提供者未对入网食品经营者进行实名登记、审查许可证，或者未履行报告、停止提供网络交易平台服务等义务的，由县级以上人民政府食品药品监督管理部门责令改正，没收违法所得，并处五万元以上二十万元以下罚款；造成严重后果的，责令停业，直至由原发证部门吊销许可证；使消费者的合法权益受到损害的，应当与食品经营者承担连带责任。

消费者通过网络食品交易第三方平台购买食品，其合法权益受到损害的，可以向入网食品经营者或者食品生产者要求赔偿。网络食品交易第三方平台提供者不能提供入网食品经营者的真实名称、地址和有效联系方式的，由网络食品交易第三方平台提供者赔偿。网络食品交易第三方平台提供者赔偿后，有权向入网食品经营者或者食品生产者追偿。网络食品交易第三方平台提供者作出更有利于消费者承诺的，应当履行其承诺。

4.《产品质量法》

第43条 因产品存在缺陷造成人身、他人财产损害的，受害人可以向产品的生产者要求赔偿，也可以向产品的销售者要求赔偿。属于产品的生产者的责任，产品的销售者赔偿的，产品的销售者有权向产品的生产者追偿。属于产品的销售者的责任，产品的生产者赔偿的，产品的生产者有权向产品的销售者追偿。

第三十九条 【平台经营者建立健全信用评价制度义务】

电子商务平台经营者应当建立健全信用评价制度，公示信用评价规则，为消费者提供对平台内销售的商品或者提供的服务进行评价的途径。

电子商务平台经营者不得删除消费者对其平台内销售的商品或者提供的服务的评价。

条文主旨

本条规定了电子商务平台经营者设立信用评价体系和保障消费者行使评价权利的义务。

条文释义

一、立法理由

电子商务的产生以信用为基础，电子商务市场的信用状况能够在很大程度上影响电子商务产业发展的可持续性。通过建立电子商务信用评价、信用管理和交易评估制度，可以为电子商务信用体系建设打下坚实的基础，进而维护电子商务交易安全和市场秩序，促进电子商务蓬勃健康发展。可以说，建立电子商务信用体系具有深远的战略意义。因此，应当在立法层面上确立鼓励电子商务信用体系建设的法律政策，建立健全信用评价等具体制度。电子商务交易中买卖双方之间的线下联系并不是十分频繁，对于交易方的了解实为有限，所以信用评价和公开对于电子商务尤为重要。第三方平台作为电子商务的重要媒介，法律专门规定其应当建立信用评价体系制度，用以反映交易双方的诚信状况，来达到减少纠纷，解决矛盾的目的。

二、内容解读

本条款包含以下两个方面内容：

（一）电子商务平台信用评价制度

广义上，信用评价是指专业的机构或部门采用公正、科学、权威的资信考核标准，综合考量企业的基本素质、经营水平、财务状况、盈利能力、管理水平和发展前景，测定企业履行各种契约的能力和可信任程度，并采取通用的技术符号向社会公布。

电子商务平台信用评价制度，主要包含消费者评价系统和平台信用评定系统。消费者评价系统是平台采用技术手段建立的，收集消费者对平台内经营者提供商品、服务的质量、履约情况、服务态度、售后保障等事项做出的主观评价，进行公示并实时更新的系统。平台信用评定系统是指平台根据自身设置的科学、公平的资信评定标准，通过参考消费者评价信息和自身掌握的经营者交易信息，对平台内经营者做出的合理、直观的信用等级评价体系。

建立完善可靠的信用评价机制是保障电子商务稳定发展，推动电子商务高速发展的重要条件。与传统线下交易不同，电子商务消费者在购物时无法即时接触到商品，不能通过检验商品质量、试用商品等方式获取商品信息。虽然经营者通过提供图片、文字介绍、规则参数等方式提供了商品的核心数据，但是其宣传广告的目的明显，难免对产品进行美化，不利于消费者了解到真实情况。为了解决这一矛盾，在电子商务发展的过程中，逐步建立起以消费者评价为基础的信用评价机制。由电子商务平台经营者负责建立评价系统，采取技术措施保障并鼓励购买过商品或服务的消费者对交易过程和商品质量做出真实的评价，并将上述评价及时在网站公示，以供其他消费者参考。同时，平台经营者还应当根据自身掌握的交易信息，如经营者履约情况、消费者投诉比例等，并结合消费者的评价，对平台内经营者的信用进行科学合理的评价，建立诸如“淘宝网信用评价制度”等面向平台内经营者的信用评价体系。实现保障电子商务的良性发展，维护消费者的合法权益的目的。

（二）电子商务消费者的评价权

1. 消费者评价权的概念与意义

电子商务消费者评价权是指电子商务消费者根据平台内经营者提供的商品、服务质量、售后保障水平、交易信用等情况，对平台内经营者作出评价，并要求电子商务平台经营者通过有效方式公示评价的权利。电子商务消费者评价权起源于商业实践，实践中，国内外电子商务平台普遍基于消费者评价设立经营者信誉评价管理系统。评价权在电子商务领域具有重要意义，一方面，评价权及评价制度的设立为电子商务消费者选购商品与服务提供了参考信息。在电子商务交易进行的过程中，消费者无法切实接触到产品，无法通过试用、试穿等线下常见手段来判断商品与服务的质量，此时，已经购买并实际使用这一产品的其他消费者对于产品和平台内经营者服务质量的评价便成为消费者选购商品的重要参考。调查显示，我国消费者在进行网上消费时，更加关注“其他消费者评价”的人远远多于更加关注“销量排序”和“商品推荐”等因素的人。另一方面，电子商务消费者评价权的设立是电子商务领域建设信用评价体系的基础，消费者评价是电子商务经营者信用评价的重要组成部分。评价权作为电子商务领域内消费者的特殊权利，已经引起立法者与学界的广泛关注。

消费者评价权除具有保护消费者合法权益的意义外，还具有促进行业良性发展，帮助平台及国家机关了解市场宏观运行情况的作用。众多消费者评价汇总形成规模，电子商务平台经营者和有权获取信息的国家机关便可以运用大数据分析的方法整理、提炼出所需的宏观经济信息。电子商务平台经营者可以掌握不同年龄层次、不同地域、不同收入水平人群的消费偏好，这为平台进行精准营销、决定发展方向、制定经营战略提供了有力支持。事实上，这也是电子商务平台经营者建立、完善并不断推广消费者评价系统的重要原因。对于国家监管部门来讲，上述经济信息是研究电子商务市场运行规律，制定市场运行规则，实现宏观调控目的的重要依据，是实现高效监管、正确监管的基本条件。

2. 消费者评价权的行使

电子商务领域的信誉评价管理系统的具体运行方式为：一笔交易完成后，设立渠道让交易双方根据交易过程中的情形互相对对方的信用行为进行评价，由平台收集评价信息并通过信用评价系统给交易双方的信用状态评级打分，再由平台将原始评价和得出的信用评级分数在平台上公示，以供其他用户作交易决策时参考。

信用评价体系建立的前提是收集足够数量的消费者评价，而如何培养消费者购物后的评价习惯便成为电子商务平台经营者需要考虑的问题。实践中，电子商务平台经营者往往采取提示和奖励这两种方式来达到目的。一方面，平台在交易过程结束后（即消费者确认收货后）采用弹窗、链接等显著方式提示消费者进行评价。如消费者有尚未进行评价的历史交易记录，平台也会定期提示。另一方面，平台也会采取设立积分奖励、兑换购物优惠卷等方式，给进行评价的用户发放福利，以此方式培养、鼓励消费者养成及时评价的习惯。

虽然，完整意义上的电子商务信用评价系统应当同时包含买方信用与卖方信用，但实践中，受到关注较多的是买方（消费者）对卖方（电子商务经营者）的信用评价系统。网店的“好评率”是影响销量的重要因素，平台内经营者需要通过获取消费者的“好评”来提高自己的信誉等级。这一制度促使平台内经营者提高服务质量，以获得消费者的认可，获取更好的评价，进一步吸引潜在客源。电子商务信用评价系统对实现电子商务市场良性发展具有重要作用。目前看来，这一体系还是存在一些弊端，主要包括：

(1) 消费者的真实评价无法公示，平台内经营者与平台达成秘密协议，支付一定对价让平台方删除或屏蔽对其不利的评论。(2) “刷好评”“刷差评”情况泛滥，“刷评价”的现象也是对电子商务信用评价体系的破坏，平台内部经营者雇用“刷客”进行不真实交易，为商户刷取大量好评，以此误导消费者。部分消费者也存在以刷差评的手段威胁经营者获取不正当利益的情况。(3) 平台内经营者利诱消费者，赚取好评，这种情况在电子商务领域最为常见。电子商务经营者往往采取承诺降价、赠送礼品的方式，诱使消费者给出高分评价。

3. 消费者评价权的内容

消费者的评价按照其影响，可以划分为正面评价和负面评价。

正面评价是指消费者对平台内经营者服务过程中的优点进行的积极评价，常见的正面评价有客服态度良好、发货及时、售后保障良好、沟通顺畅、产品质量上佳等。获取消费者正面评价有助于平台内经营者提高商誉，提高信用等级。平台内经营者的信用等级越高，越容易吸引消费者，业绩越好。

负面评价是指消费者因不满交易过程中的平台内经营者行为，对其作出的消极评价常见的负面评价有服务态度差、产品质量与样品差别过大、发货不及时、包装质量不佳导致货物受损等。负面评价对经营者的影响体现在三个方面。首先，较低的信用评级分数会拉低平台内经营者整体信用得分，对电子商务平台经营者的商誉与信用评价也会造成负面影响。其次，实践中对在一段时间内获得差评次数达到一定数量的平台内经营者，电子商务平台经营者会采取整顿措施。最后，通过平台渠道公示的负面评价会被浏览该商户网店的潜在消费者看到，造成消费者对该平台内经营者的不信任，极大地降低了该平台内经营者缔结新的交易协议的概率。如此看来，任何一条负面评价都有可能导致电子商务经营者蒙受巨大损失，甚至退出市场。

值得注意的是，负面评价的影响要远高于正面评价，对于负面评价的内容，消费者宁可信其有，因而电子商务经营者更加关注如何消除负面评价对其造成的不良影响。从长远看，消除负面影响的方式就是平台内经营者改进商品质量，提高服务水平，提升消费者的服务体验，用获取更多好评来减轻差评的负面影响。但是实践中，有些平台内经营者却铤而走险，采取与电子商务平台经营者签订修改评价协议、雇用刷单等违规手段，试图消除负面评价造成的影响。本法条针对这一现象设置了规制手段，规定平台经营者应当如实公示消费者评价信息，不得擅自删改消费者评价，否则将承担行政责任。在利用司法手段进行规制的同时，还应当倡导业界不断完善信用评价体系，充分考虑电子商务高度依赖评价信息的特点，合理设立评价标准，赋予经营者改正的机会。双管齐下，保障电子商务平台信用评价体系的有效运行。

4. 电子商务消费者评价权的行使与限制

评价权是具有互联网经济特色的消费者权利，其实质上是我国《消费者权益保护法》规定的消费者获取信息权、公平交易权、监督权等传统消费者权益在电子商务领域的体现。评价权有助于帮助消费者反应自身诉求，并为其他消费者提供参考。因此，消费者的评价对平台内经营者的商誉影响极大，消费者评价系统以及以此为基础建立的网络平台信用评级系统，在电子商务领域的影响力越发增强。然而，消费者评价具有较高的主观性，缺乏统一的判断标准，消费者恶意诋毁平台内经营者的情况时有发生。对此，本法对电子商务消费者行使评价权做出合理的限制：一方面，原则性保障消费者评价的完整性与真实性，电子商务平台经营者不得随意删除，更不能进行篡改。另一方面，虽然《电子商务法》最终删去了“电子商务平台经营者有权删除涉及侮辱、诽谤和内容明显不实的评价”规定。但是从保障消费者评价制度合理运行的角度分析，电子商务平台经营者应当有权删除消费者带有明显主观恶意的评价，以维持电子商务交易环境的公正、和谐。

相关原理

商事信用

商事信用是商事交易的基础，体现商法最基本的原则。真正的市场经济应该是信用经济，信用是市场经济运作的基础，是市场有序化的基本保障。商事信用在现在市场经济的运行过程中发挥着巨大的作用，众多学者也纷纷开始关注商事信用的研究，为此早在2002年中国法学会商法学研究会就特意以“健全信用机制的商法保障”作为年会主题进行了研讨。经过讨论，与会学者一致认为，信用是一个内涵多样化的概念。将信用作为商法问题来研究时，必须要限定信用一词的具体内涵和使用范围。归纳起来，对于商事信用概念的界定主要有以下几种观点：

（一）评价说，目前大多数民商法学者都持此说。商事信用即对商事主体的评价，这种评价的内容包括两方面：一是关于信用主体履约能力的评价，即反映商事主体客观上是否具有履约所必需的物质基础，这是信用产生的基础性或前提性要素。二是关于信用主体履约品质的评价，即反映信用主体主观上是否具有信守合约、如期履行的品质的描述，这种品质评定主要根据该主体一贯的交易表现以及其他综合因素来判断。

（二）行为说，在《法学大辞典》中，对信用的解释为“以偿还为条件而由单方面先期付出商品或货币的行为”。

（三）关系说，即商事信用是市场主体之间发生的一种合理期待或信赖关系。

（四）制度说，即商事信用是保障人与人之间进行交易活动正常进行的行为规则。商事信用制度的目的是追求交易安全，让各种市场信息能够比较客观地反映经济生活的现实，为商事主体作出合理决策提供依据。以此为商事主体创造一个自由有序的良好发展环境，最大限度地避免市场的消极性和投机性。

相关案例

李某杰破坏计算机信息系统案

——行为人冒用淘宝买家身份，骗取淘宝客服认证并进行密码重置进入淘宝评价系统，对商家的“差评”进行删除修改行为性质的认定

案情简介

2011年5月至2012年12月，被告人李某杰在位于滨江区滨盛路1505号银丰大厦杭州畅唐科技有限公司及自己家中，单独或伙同张学林（另案

处理）等人通过QQ聊天工具联系需要修改中差评的淘宝卖家，并从黄福权处购买需要修改的淘宝买家个人信息330余条，冒用淘宝买家身份骗取淘宝账号并进行密码重置后，非法登录淘宝评价系统删除、修改淘宝买家的中差评347个，从中获利9万余元。2012年12月11日，被告人李某杰被公安机关抓获归案。

浙江省杭州市滨江区人民检察院以被告人李某杰犯破坏计算机信息系统罪提起公诉，另有被告人胡榕涉嫌出售公民个人信息罪、被告人董伟、黄福权、王凤昭涉嫌非法获取公民个人信息罪与本案并案处理。

审判结果

浙江省杭州市滨江区人民法院经审理认为，被告人李某杰违反国家规定，单独或伙同他人对计算机信息系统中存储的数据进行删除修改操作，违法所得9万余元，后果特别严重，其行为已构成破坏计算机信息系统罪，且部分系共同犯罪。鉴于被告人归案后能如实供述自己的罪行，系初犯，已退还违法所得等情节，故对其从轻处罚。依照《中华人民共和国刑法》第286条第2款、第25条第1款、第52条、第53条、第67条第3款、第64条及《最高人民法院、最高人民检察院关于办理危害计算机信息系统安全刑事案件应用法律若干问题的解释》第4条第2款第（1）项的规定，判决被告人李某杰犯破坏计算机信息系统罪，判处有期徒刑五年。

一审判决宣判后同案被告人董伟以量刑过重为由上诉，杭州市中级人民法院2015年4月23日裁定维持原判，判决现已发生法律效力。

相关立法与规定

1.《杭州市网络交易管理暂行办法》

第15条　通过网络社交载体提供宣传推广服务、评论商品并因此获取酬劳的，应当如实披露其性质，避免消费者产生误解。

第30条　网络交易经营者不得以任何方式骚扰或者威胁消费者，迫使其违背意愿作出、修改商品或者服务评价。

第37条　鼓励第三方网络交易平台经营者为交易当事人提供公平、公正的信用评价服务，对平台内网络交易经营者的信用情况客观、公正地进行采集与记录，建立信用评价体系、信用披露制度、交易风险警示制度。

鼓励第三方网络交易平台经营者在平台页面或者平台内网络交易经营者页面上公示经营者违法失信行为记录。

2.《网络交易管理办法》

第19条 网络商品经营者、有关服务经营者销售商品或者服务，应当遵守《反不正当竞争法》等法律的规定，不得以不正当竞争方式损害其他经营者的合法权益、扰乱社会经济秩序。同时，不得利用网络技术手段或者载体等方式，从事下列不正当竞争行为：

（一）擅自使用知名网站特有的域名、名称、标识或者使用与知名网站近似的域名、名称、标识，与他人知名网站相混淆，造成消费者误认；

（二）擅自使用、伪造政府部门或者社会团体电子标识，进行引人误解的虚假宣传；

（三）以虚拟物品为奖品进行抽奖式的有奖销售，虚拟物品在网络市场约定金额超过法律法规允许的限额；

（四）以虚构交易、删除不利评价等形式，为自己或他人提升商业信誉；

（五）以交易达成后违背事实的恶意评价损害竞争对手的商业信誉；

（六）法律、法规规定的其他不正当竞争行为。

第32条 鼓励第三方交易平台经营者为交易当事人提供公平、公正的信用评价服务，对经营者的信用情况客观、公正地进行采集与记录，建立信用评价体系、信用披露制度以警示交易风险。

第36条 为网络商品交易提供信用评价服务的有关服务经营者，应当通过合法途径采集信用信息，坚持中立、公正、客观原则，不得任意调整用户的信用级别或者相关信息，不得将收集的信用信息用于任何非法用途。

3.《第三方电子商务服务交易平台服务规范》

4.3 **鼓励与促进原则**

鼓励依法设立和经营第三方交易平台，鼓励构建有利于平台发展的技术支撑体系。

鼓励平台经营者、行业协会和相关组织探索电子商务信用评价体系、交易安全制度，以及便捷的小额争议解决机制，保障交易的公平与安全。

6.5　交易秩序维护　第1款

平台经营者应当采取合理措施，保证网上交易平台的正常运行，提供安全可靠的交易环境和公平、公正、公开的交易服务，维护交易秩序，建立并完善网上交易的信用评价体系和交易风险警示机制。

第四十条　【平台经营者的搜索结果显示义务和竞价排名的提示义务】

电子商务平台经营者应当根据商品或者服务的价格、销量、信用等以多种方式向消费者显示商品或者服务的搜索结果；对于竞价排名的商品或者服务，应当显著标明“广告”。

条文主旨

本条为平台经营设置了搜索结果以多种方式显示的义务和将竞价排名的商品或者服务显著标明“广告”的提示义务。

条文释义

一、立法理由

在电子商务实践中，为帮助消费者节约时间成本，提高交易效率。电子商务经营者往往在其平台网站首页设置搜索引擎，消费者在输入关键词后，即可浏览平台内提供的与关键词相关的目标商品的搜索结果。搜索结果的排列顺序会对消费者的选择产生重要影响，检索结果中顺序在先的商品被购买的可能性更高。而平台经营者可以通过技术手段控制搜索结果的排序方式，从而间接影响消费者的选择。实践中也出现了平台经营者采取竞价排名等方式与部分平台内经营者进行交易，通过技术手段将部分商品“置顶”，帮助其提高销量与影响。这种行为已经具有广告性质，如不加以规范，会影响平台内的公平交易环境，侵犯消费者的知情权。出于上述考量，《电子商务法》作出规定，设置平台经营者的搜索结果多种方式的显示义务和竞价排名的披露提示义务。

二、内容解读

本条款是极具电子商务领域特色的规定，体现出电子信息技术对交易公平性的影响以及公平交易在电子商务领域的具体要求。

1. 平台经营者负有搜索结果的多方式显示义务

搜索结果是指根据一定的策略、运用特定的计算机程序根据用户的需求在特定数据库内搜集信息，按照一定的标准整理信息，并最终将整理排列好的信息。在电子商务领域，由平台经营者提供的搜索结果是消费者在平台中查找商品、服务信息的主要途径。搜索结果很大程度上能够影响消费者的最终选择。因此，为了维护平台内经营者之间的公平竞争关系、保障平台内消费者不被错误诱导，《电子商务法》对平台搜索引擎反馈给用户的排序方式做出了细致的规定。要求平台根据商品或者服务的价格、销量、信用高低等方式对搜索结果进行排序，并且可以由消费者根据选定的方式自由查询，平台不得任意篡改数据，影响排序结果。

2. 竞价排名的性质是广告，应被显著标明“广告”字样

《电子商务法》规定了平台经营者在显示竞价排名的商品或服务信息时，应当显著标明“广告”。目的在于明确竞价排名的广告性质以及防止消费者混淆平台提供的商品基本信息与广告信息，进行错误交易。但与此同时，这一规定等同于承认了“竞价排名”行为在电子商务领域存在的合法性。法律仅要求平台进行有效提示，避免对消费者产生误导。从本质上讲，商品和服务的排名是平台内经营者商事信用一种体现。如果平台内经营者可以仅依靠竞价高低获得不实的搜索排名，对消费者进行了欺诈，从而获得暴利，本质上是一种不正当竞争的手段。在这一点上，我们认为应当在今后出具相关立法性文件，对竞价排名的方式与标准进行进一步解读。

整体上讲，本条规定考虑到了平台身兼网络信息服务提供者和广告服务提供者的双重身份，起到了防止平台利用其身份的特殊性误导消费者，保障平台内部经营者的公平竞争的作用。

3. 平台经营者提供竞价排名服务需具备相应资质

电子商务平台除提供网络信息服务业务外，还可以在符合相关资质的条件下提供广告业务。《广告法》第44条第1款规定："利用互联网从事广告活动，适用本法的各项规定。"可知平台发布广告的资质条件、内容的要求与其他媒体相同。平台对产品进行推荐、通过竞价排名等方法发布商品和服务广告时，应当取得相应资质，按照国家有关规定建立、健全广告业务的承接登记、审核、档案管理制度，依据法律行政法规查验有关证明文件，核对广告内容。

4. 电子商务平台作为广告发布者的责任承担

依照《消费者权益保护法》《广告法》有关规定，电子商务平台违法发布广告，除依法承担行政责任和刑事责任外，如果购买商品或者接受服务的消费者的合法权益受到损害，平台不能提供广告主的真实名称、地址和有效联系方式的，消费者可以要求平台先行赔偿；关系消费者生命健康的商品或者服务的虚假广告，造成消费者损害的，平台与广告经营者、广告代言人、广告主承担连带责任。其他类型的商品或者服务的虚假广告，造成消费者损害的，平台明知或者应知广告虚假仍发布的，与广告主承担连带责任。

相关原理

一、广告的法律性质

广义的广告包括商业广告、公益广告和悬赏广告。狭义的广告是指商业广告，商业广告活动是指商品经营者或者服务者通过一定媒介和形式直接或者间接地介绍自己所推销的商品或者服务。在中华人民共和国境内的商业广告活动，受《中华人民共和国广告法》的调整。

现行《广告法》并未揭示商业广告的法律性质，但根据民法理论通说和《合同法》的规定，除悬赏广告外，商业广告的性质一般为要约邀请。《合同法》第14条第1款规定："要约邀请是希望他人向自己发出要约的意思表示。寄送的价目表、拍卖公告、招标公告、招股说明书、商业广告等为要约邀请。"第2款为声明性规定："商业广告的内容符合要约规定的，视为要约。"

运用体系性解释可知要约的定义。《合同法》第15条规定："要约是希望和他人订立合同的意思表示，该意思表示应当符合下列规定：（一）内容具体确定；（二）表明经受要约人承诺，要约人即受该意思表示约束。”

因此可以认为，一般商业广告的法律性质为要约邀请。但当商业广告的内容具体确定，表明了广告主经受要约人承诺，即受该意思表示约束，那么此时商业广告的性质为要约。

二、与广告相关主体承担的责任

与商业广告相关的主体为广告主、广告经营者、广告发布者、广告代言人。根据《广告法》第2条的规定，广告主是指为推销商品或者服务，自行或者委托他人设计、制作、发布广告的自然人、法人或者其他组织。广告经营者是指接受委托提供广告设计、制作、代理服务的自然人、法人或者其他组织。广告发布者，是指为广告主或者广告主委托的广告经营者发布广告的自然人、法人或者其他组织。广告代言人，是指广告主以外的，在广告中以自己的名义或者形象对商品、服务作推荐、证明的自然人、法人或者其他组织。

《广告法》第一章的部分规定构成了以上主体的义务：（1）广告应当真实、合法，以健康的表现形式表达广告内容，符合社会主义精神文明建设和弘扬中华民族优秀传统文化的要求。（2）广告不得含有虚假或者引人误解的内容，不得欺骗、误导消费者。真实性由广告主承担。（3）从事广告活动，应当遵守法律、法规，诚实信用，公平竞争。

对于药品、保健食品、农药、饲料、烟酒、教育培训、招商、房地产、农作物种子、林木种子、草种子、种畜禽、水产苗种和种养殖、母婴产品等产品或服务的广告内容，《广告法》进行了规定，进而也构成了广告相关主体的义务。

根据《广告法》，对于发布虚假广告的，由广告主承担责任，广告经营者、广告发布者明知或者应知广告虚假仍设计、制作、代理、发布的需要承担责任。发布虚假广告使消费者合法权益受到损害的，由广告主承担民事责任，广告经营者、广告发布者不能提供广告主的真实名称、地址和有效联系方式的，消费者可以要求广告经营者、广告发布者先行赔偿。关系消费者生命健康的商品或者服务的虚假广告，造成消费者损害的，其广告经营者、广告发布者、广告代言人应当与广告主承担连带责任。除关系消费者生命健康以外的商品或者服务的虚假广告，造成消费者损害的，其广告经营者、广告发布者、广告代言人，明知或者应知广告虚假仍设计、制作、代理、发布或者作推荐、证明的，应当与广告主承担连带责任。对于违反广告内容规定的广告，《广告法》也根据其品类和程度的不同，规定了不同级别的罚款甚至是吊销营业执照。

依照《消费者权益保护法》《广告法》有关规定，电子商务平台违法发布广告，除依法承担行政责任和刑事责任外，如果购买商品或者接受服务的消费者的合法权益受到损害，平台不能提供广告主的真实名称、地址和有效联系方式的，消费者可以要求平台先行赔偿；关系消费者生命健康的商品或者服务的虚假广告，造成消费者损害的，平台与广告经营者、广告代言人、广告主承担连带责任，其他类型的商品或者服务的虚假广告，造成消费者损害的，平台明知或者应知广告虚假仍发布的，与广告主承担连带责任。

相关立法与规定

1. **《广告法》**

第44条 利用互联网从事广告活动，适用本法的各项规定。

利用互联网发布、发送广告，不得影响用户正常使用网络。在互联网页面以弹出等形式发布的广告，应当显著标明关闭标志，确保一键关闭。

2. **《互联网广告管理暂行办法》**

第7条 互联网广告应当具有可识别性，显著标明“广告”，使消费者能够辨明其为广告。

付费搜索广告应当与自然搜索结果明显区分。

3. **《消费者权益保护法》**

第45条 消费者因经营者利用虚假广告或者其他虚假宣传方式提供商品或者服务，其合法权益受到损害的，可以向经营者要求赔偿。广告经营者、发布者发布虚假广告的，消费者可以请求行政主管部门予以惩处。广告经营者、发布者不能提供经营者的真实名称、地址和有效联系方式的，应当承担赔偿责任。

广告经营者、发布者设计、制作、发布关系消费者生命健康商品或者服务的虚假广告，造成消费者损害的，应当与提供该商品或者服务的经营者承担连带责任。

社会团体或者其他组织、个人在关系消费者生命健康商品或者服务的虚假广告或者其他虚假宣传中向消费者推荐商品或者服务，造成消费者损害的，应当与提供该商品或者服务的经营者承担连带责任。

4.《反不正当竞争法》

第7条 经营者不得采用财物或者其他手段贿赂下列单位或者个人，以谋取交易机会或者竞争优势：

（一）交易相对方的工作人员；

（二）受交易相对方委托办理相关事务的单位或者个人；

（三）利用职权或者影响力影响交易的单位或者个人。

经营者在交易活动中，可以以明示方式向交易相对方支付折扣，或者向中间人支付佣金。经营者向交易相对方支付折扣、向中间人支付佣金的，应当如实入账。接受折扣、佣金的经营者也应当如实入账。

经营者的工作人员进行贿赂的，应当认定为经营者的行为；但是，经营者有证据证明该工作人员的行为与为经营者谋取交易机会或者竞争优势无关的除外。

第8条 经营者不得对其商品的性能、功能、质量、销售状况、用户评价、曾获荣誉等作虚假或者引人误解的商业宣传，欺骗、误导消费者。

经营者不得通过组织虚假交易等方式，帮助其他经营者进行虚假或者引人误解的商业宣传。

第12条 经营者利用网络从事生产经营活动，应当遵守本法的各项规定。

经营者不得利用技术手段，通过影响用户选择或者其他方式，实施下列妨碍、破坏其他经营者合法提供的网络产品或者服务正常运行的行为：

（一）未经其他经营者同意，在其合法提供的网络产品或者服务中，插入链接、强制进行目标跳转；

（二）误导、欺骗、强迫用户修改、关闭、卸载其他经营者合法提供的网络产品或者服务；

（三）恶意对其他经营者合法提供的网络产品或者服务实施不兼容；

（四）其他妨碍、破坏其他经营者合法提供的网络产品或者服务正常运行的行为。

5.《网络购物服务规范》

7.2.2　拥有完善的规章制度

网络购物平台提供商应提供规范化的网上交易服务，建立健全其规章制度，如：

(1) 用户注册制度；

(2) 平台交易规则；

(3) 信息披露与审核制度；

(4) 隐私权与商业秘密保护制度；

(5) 消费者权益保护制度；

(6) 广告发布审核制度；

(7) 交易安全保障与数据备份制度；

(8) 争议解决机制；

(9) 不良信息及垃圾邮件举报处理机制；

(10) 法律、法规规定的其他制度。

6. 商务部《第三方电子商务交易平台服务规范》

5.6　制订和实施平台交易管理制度

平台经营者应提供规范化的网上交易服务，建立和完善各项规章制度，包括但不限于下列制度：

(1) 用户注册制度；

(2) 平台交易规则；

(3) 信息披露与审核制度；

(4) 隐私权与商业秘密保护制度；

(5) 消费者权益保护制度；

(6) 广告发布审核制度；

(7) 交易安全保障与数据备份制度；

(8) 争议解决机制；

(9) 不良信息及垃圾邮件举报处理机制；

(10) 法律、法规规定的其他制度。

平台经营者应定期在本平台内组织检查网上交易管理制度的实施情况，并根据检查结果及时采取改善措施。

8.3 **广告发布**

平台经营者对平台内被投诉的广告信息，应当依据广告法律规定进行删除或转交广告行政主管机构处理。

第三方交易平台应约束站内经营者不得发布虚假的广告信息，不得发送垃圾邮件。

对于国家明令禁止交易的商品或服务，提供搜索服务的第三方交易平台在搜索结果展示页面应对其名称予以屏蔽或限制访问。

第四十一条　【平台经营者保护知识产权义务】

电子商务平台经营者应当建立知识产权保护规则，与知识产权权利人加强合作，依法保护知识产权。

条文主旨

本条是对于电子商务平台经营者保护知识产权义务的规定。

条文释义

一、立法理由

本条规定的义务主体是电子商务平台经营者。

在电子商务领域，最容易发生侵犯知识产权的情况，而且该种侵权行为具有广泛性、普遍性和严重性。而电子商务平台经营者是最有能力保护知识产权的主体。因为电子商务平台经营者直接控制着平台，平台内经营者需要服从平台经营者的管理以便完成交易。当平台内经营者不遵从平台经营者的管理时，平台经营者可以采取强制终止交易、指令其下架等一系列强制手段予以控制和制裁。正是因为平台经营者的特殊地位及其足以进行有效管理的能力，所以法律使电子商务平台经营者承担了保护知识产权的义务。

二、内容解析

这一条规定的是电子商务平台经营者的法定义务，并且存在具体内容，不是一般性的、号召性的义务。电子商务平台经营者既然利用平台营利就要承担平台上侵权的责任，这也体现了权利和义务相统一的基本法理。

为了达到有效保护知识产权这一目的，需要电子商务平台经营者与知识产权权利人加强合作，共同抵制侵犯知识产权的行为。合作的方式包括但不限于建立有效的投诉与沟通渠道，加强与知识产权权利人的联系；设计鼓励权利人举报侵权的奖励机制等。

电子商务平台经营者不仅具有一般的保护知识产权的义务，还有义务通过制定具体规则保护知识产权人的权利。这种具体的规则不是指向个别主体，而是面对平台上所有的主体。这种规则的制定不仅可以起到震慑作用，还可以起到指导、引导和规范性作用，并且可以为依法管理和处罚提供依据。

制定规则不仅是一种义务，平台经营者也因此享有据此制裁侵权行为的权利。当然这种权利也并非没有边界。在制定规则和执行制裁的过程中应该依据法律，不能超越法律的规定，不然轻则订立的规则无效，重则该平台经营者也要受到相应的制裁。

知识产权是指民事主体对其创造性的智力劳动成果、商业标志及其他具有商业价值的信息依法所享有的专有权利。该条中所指的知识产权应当包括《民法总则》第123条所规定的著作权、专利权、商标权以及对于地理标志、商业秘密、集成电路布图设计、植物新品种等一系列客体的专有权利。

相关原理

一、权利义务相统一原理

权利和义务是一对相互依存的概念，现代民法虽然强调权利，但如果没有义务这一概念，权利也便无从实现。权利与义务的一致性还体现在如下的几个方面：

第一，权利和义务针对的是同一行为。只不过对一方当事人来讲是权利，对另一方当事人来讲则是义务。如买卖合同中交付货物的行为，对于卖方来说是义务，而受领该货物对于买方来说则是权利。所以二者的内容是统一的，其指向的客体也是一致的。

第二，任何主体都同时是权利主体和义务主体。享受权利的同时，应当承担相应的义务。例如，任何人在行使权利的时候都不能超过法律规定的界限，否则将会导致承担侵权责任等法律后果；同时承担义务的主体在履行义务的同时也享有相应的权利。例如，违法者有义务承担相应的法律责任，但是他也有权利对于法律责任的判定提起复议或再审。换言之，权利人在行使自己权利的时候必须承担一定的义务，而义务人在履行自己义务的同时也享受一定的权利。

第三，权利的行使有一定的界限，不能滥用权利。这一点其实是第二点的自然延伸。根据诚实信用原则，权利人在行使权利的时候不得违背他人权利，不得影响社会秩序和公序良俗。这一点在我国众多规定之中都有所体现。例如，我国《物权法》第 7 条规定："物权的取得和行使，应当遵守法律，尊重社会公德，不得损害公共利益和他人合法权益。"我国《宪法》第 51 条规定："中华人民共和国公民在行使自由和权利的时候，不得损害国家的、社会的、集体的利益和其他公民的合法的自由和权利。"

二、效益比较的责任承担原理

此处的责任承担并非是对于损失后果的承担，而是在讨论谁有义务采取措施预防损害后果的发生。对于这一问题可以借鉴 Kaldor - Hicks 理论。Kaldor - Hicks 理论是经济学和法学上关于效益比较的学说，这一学说的核心内容有三层：第一，一个人或一家企业，面对可能发生的损害，是否投入资金去防止这种可能的发生，是由投入与产出的比例关系所决定的，只有在所防止的损失大于其所支出时，他才会进行投入，也才可以称之为一种有效的投入；第二，在若干个相关人中间，其中一人对损失发生的防止拥有独特的技能，这种防止损失发生的责任应当由他来承担；第三，在若干个技能相当的关系人中间，谁处在防止损失最有利的位置，或者说，谁可以以最小的代价去防止损失的发生，谁就应当承担起防止这一损失发生的责任。

相关案例

不二家（杭州）食品有限公司与钱某某、浙江淘宝网络有限公司侵害商标权纠纷案

株式会社不二家是“不二家”“POKO”“Peko”等商标的权利人。该公司许可不二家（杭州）食品有限公司（以下简称不二家公司）使用上述注册商标，并授权其以自己的名义进行维权。不二家公司认为钱某某未经许可将其公司生产的糖果擅自分装到带有涉案商标的三种规格包装盒，并在实体店以及浙江淘宝网络有限公司（以下简称淘宝公司）开设的网店销售的行为，侵害其商标权，遂诉至法院，请求判令：钱某某赔偿经济损失 150000 元及合理开支 15000 元；淘宝公司对上述赔偿责任承担连带赔偿责任。

杭州市余杭区人民法院经审理认为：商标具有识别商品来源的基本功能，也具有质量保障、信誉承载等衍生功能。商标的功能是商标赖以存在的基础，对于商标的侵害足以达到损害其功能的程度的，不论是否具有市场混淆的后果，均可以直接认定构成商标侵权行为。本案中，虽然钱某某分装、销售的三种规格的涉案产品中的糖果本身系来源于不二家公司，且其使用的三种规格的外包装上也附着了与涉案商标相同或相近似的标识，从相关公众的角度来看，并未产生商品来源混淆的直接后果，但是商品的外包装除发挥保护与承载商品的基本功能外，还发挥着美化商品、宣传商品、提升商品价值等重要功能，而钱某某未经不二家公司许可擅自将不二家公司的商品分装到不同包装盒，且该些包装盒与不二家公司对包装盒的要求有明显差异，因此，钱某某的分装行为会降低涉案商标所指向的商品信誉，从而损害涉案商标的信誉承载功能，属于《商标法》第 57 条第（七）项规定的“给他人的注册商标专用权造成其他损害的”行为，构成商标侵权。钱某某通过淘宝网发布的涉案商品信息并不存在明显违法或侵权的情形，不二家公司也未就涉案商品链接向淘宝公司发起投诉，故淘宝公司不存在明知或应知侵权行为

而不及时采取措施的情形，不构成帮助侵权。遂于2015年11月10日判决：钱某某赔偿不二家公司经济损失（含合理费用）30000元。

相关立法与规定

商务部《第三方电子商务交易平台服务规范》

6.8　知识产权保护

平台经营者应当建立适当的工作机制，依法保护知识产权。对于权利人附有证据并通知具体地址的侵权页面、文件或链接，平台经营者应通知被投诉人，同时采取必要措施保护权利人合法权益。法律法规另有规定的除外。

第四十二条　【知识产权侵权中权利人的救济程序】

知识产权权利人认为其知识产权受到侵害的，有权通知电子商务平台经营者采取删除、屏蔽、断开链接、终止交易和服务等必要措施。通知应当包括构成侵权的初步证据。

电子商务平台经营者接到通知后，应当及时采取必要措施，并将该通知转送平台内经营者；未及时采取必要措施的，对损害的扩大部分与平台内经营者承担连带责任。

因通知错误造成平台内经营者损害的，依法承担民事责任。恶意发出错误通知，造成平台内经营者损失的，加倍承担赔偿责任。

条文主旨

本条规定的是知识产权人认为其权利受到侵犯情况下要求电子商务平台经营者采取救济措施的程序。

条文释义

一、主体规定

本条规定的两个主体是知识产权的权利人和电子商务平台经营者。此处的知识产权权利人包括著作权人、专利权人、商标权人等，因为种类太多，所以此处并未一一予以列明。而是将这些权利人统称为知识产权权利人。当然知识产权权利人有各种类型，甚至可以包括还没有登记的受让人。

二、知识产权权利人的义务和措施

知识产权权利人有权向电子商务平台经营者发出通知，可以要求采取的必要措施有如下几种，即采取删除、屏蔽、断开链接、终止交易和服务等。应当认为这些手段足以及时制止可能的侵权行为即可，并不一定要采用全部的手段，如果权利人提出的要求超过这一程度，电子商务平台经营者可以选择其所采取的必要手段。因为这些必要手段仅是避免侵犯知识产权的预防手段，此时的侵权行为尚未确定，仅处于一种可能的状态，因此不能苛责电子商务平台经营者承担更高的义务。

当然知识产权权利人在提出采取必要措施要求时，有义务提供证明侵权行为存在的初步证据。因为电子商务平台经营者所采取的必要措施将严重影响平台内经营者的正常经营活动，因此需要有确切的证据，不能仅根据一方的主张，甚至让人恶意利用这一制度影响他人经营。这就要求知识产权权利人在采取必要措施前必须在通知中提供依据。但是这种初步证据的要求不能过高，并非是足以定案的全部依据，否则将影响权利的救济和侵权行为的遏制。由于这种充分性的标准不能过高也不能过低，因此法条将其表述为初步的证据。

三、平台经营者的义务和措施

对电子商务平台经营者而言，在接到知识产权权利人的通知之后，首先应当审查通知之中所包含的初步证据，并以这种初步证据为依据决定是否采取必要措施。当主张侵权的权利人没有列出初步证据证明侵权行为存在的可能性时，电子商务平台经营者有理由拒绝权利人的要求。这也是为了维护电子商务平台正常的交易秩序，兼顾双方当事人的利益。

当权利人提出的初步证据足以证明存在侵权行为的可能时。电子商务平台经营者有义务及时地采取必要措施制止可能的侵权行为并通知相应平台内经营者。通知平台内经营者一方面是因为其可能是侵犯知识产权的直接当事人，另一方面只有平台内经营者收到通知之后才有进行回应的可能，这也兼顾了平台内经营者提出抗辩的权利。

四、知识产权权利人和平台经营者的责任

要求电子商务平台经营者采取必要措施是知识产权权利人的权利，但在享有权利的同时权利人也应承担错误通知的责任。此种错误通知的责任，因知识产权权利人主观心态的不同，分为一般错误通知的责任和恶意发出错误通知的责任。

首先，在一般错误通知的情形下，知识产权权利人并非故意追求通过错误通知损害平台内经营者，此时，知识产权权利人之所以要承担错误通知的责任，原因在于上述的必要措施将影响电子商务平台内经营者正常经营，一旦通知错误将损害平台内经营者的合法利益，对此损失发出错误通知的权利人理应承担赔偿责任。该责任应理解为一种无过错责任，即只要出现了错误通知的行为并造成损失的结果权利人就应当承担损害赔偿责任。但是本法只规定了权利人对于电子商务平台内经营者的责任，对于电子商务平台经营者的损失则没有规定，鉴于无过错责任都源于法律的明文规定，对于可能出现的电子商务平台经营者的损失应按照一般侵权责任法的规定，由权利人承担过错责任。

其次，对于恶意通知的行为，知识产权权利人要承担惩罚性赔偿责任，加倍赔偿平台内经营者受到的损失。所谓加倍赔偿，是指知识产权权利人除赔偿平台内经营者所受损失之外，还要向平台内经营者承担相同数额的惩罚性赔偿责任。惩罚性赔偿责任在民商事法律中并非常态，知识产权权利人之所以要承担如此严厉的责任，本书认为，有两点理由，第一，是为了维护电子商务市场的秩序，有效遏制不正当竞争行为。2017 年 11 月 4 日修订的《反不正当竞争法》中新增并规制了网络经营者“妨碍、破坏其他经营者合法提供的网络产品或者服务正常运行”的不正当竞争行为，以保护电子商务市场的秩序。回到本条，如果其他经营者指使、串通知识产权权利人实施恶意通知的行为，便构成此种不正当竞争行为，将严重侵害市场秩序。并且，更为特殊的是，知识产权权利人的违法门槛相当低，而效果相当显著，只需要提供初步证据，便可给平台内受害经营者造成重大打击，在一段较长时间内使平台内受害经营者的经营活动完全瘫痪，结合本法第 43 条可知，这段时间短则十五天，长则直至案件审结或者投诉决定作出后。电子商务市场瞬息万变，如此长时间的瘫痪，轻则会给平台内受害经营者造成巨大损失，重则会造成平台内受害经营者解散、破产等无可挽回的后果；而加害经营者与知识产权权利人便可借此机会占领市场，获得巨额利润以及长期利益。可见，由于成本低收益高，普通的补偿性赔偿根本无法遏制此种侵权行为，若不进行有效的威慑，恶意通知行为便可能层出不穷，电子商务市场的秩序将受到严重损害。在此种考量下，惩罚性赔偿便成为了应有之义。第二，这是知识产权本身的特殊性所决定的。知识产权中，专利与商标若闲置不用，本身就是对社会公共利益的损害。在《商标法》与《专利法》中均规定，如果知识产权权利人在一定期限内不实施或者不充分实施专利或不使用商标，就有可能导致专利的强制许可、商标可被撤销以及商标侵权人不承担赔偿责任等不利后果，那么，举轻以明重，当知识产权权利人不仅是闲置，反而恶意阻碍他人合法实施或使用，就更加应当受到法律的制裁，惩罚性赔偿便是其体现。

对电子商务平台经营者而言，如果及时采取了必要措施，则不承担责任，这也是所谓的“避风港原则”。如果没有及时采取必要措施，则推定电子商务平台经营者具有过错，并应承担损害赔偿责任，但其并非需要就全部的损失与平台内经营者承担连带责任，仅需要就损害扩大的这一部分承担连带责任。原因在于电子商务平台经营者在收到通知之前，推定其对于侵权行为并不知情。而在收到通知之后，电子商务平台经营者对于侵权行为的存在处于明知的状态。此时如果再不采取必要措施，客观上为侵权人的侵权行为提供了便利，主观上对于侵权行为存在过错，构成了帮助侵权，因此应当在电子商务平台经营者收到通知之后，对于随后出现的损失承担连带责任。

此处损害的扩大部分不是指通知之后出现的扩大损害，而是通知之后合理时间经过后出现的扩大损害。因为电子商务平台经营者不可能只要收到通知就必须遵循该通知的要求。毕竟电子商务平台经营者可能要核实通知发出者的真实身份，或者在发出的通知不具备构成侵权的初步证据时，电子商务平台经营者也有权要求其加以补充。这些程序所需要的时间都属于合理的时间，不能让电子商务平台经营者对这段时间内产生的扩大损失负责，这也是兼顾双方利益的选择。本法第 43 条同时规定电子商务平台经营者接到平台内经营者的声明后，应当及时终止所采取的措施。既然收到声明之后不再采取必要措施是法律的许可，则对此之后产生的扩大损失，平台经营者也无须再承担。可见损害扩大的部分的判断时间始于通知以后合理时间经过之后，终于平台经营者收到平台内经营者声明之时。

相关原理

一、避风港原则

避风港原则源于 1998 年美国颁布的《千禧年数字版权法》第 512 条第（c）款的规定，实质上是网络服务提供者的一个免责条款，其免责的条件是：（1）网络服务提供者在主观不知道材料，或者在系统或网络上使用材料的行为是侵犯了著作权的；在缺乏实际知晓的状态时，也没能意识到可以从中推出侵权行为的事实或情况；网络服务提供者在已经知道或意识到侵权行为后，立即移除侵权材料或者屏蔽可访问之链接；（2）在网络服务提供者有能力和权利控制侵权行为时，并没有直接从侵权行为中获得经济收益；（3）在收到著作权人声明的侵权通知后，立即移除被指称侵权材料或者屏蔽可访问之链接。

“避风港”原则的核心在于其中的“通知与删除”规则。该规则的前提是网络服务提供者是善意的，即对侵权行为不知情。只要善意的网络服务提供者在接到知悉侵权行为之后及时采取措施，就可以免于承担责任。这种规定极大降低了网络服务提供者的经营风险，避免其承担过重的责任，可以促使其积极拓展运营业务而不担心因此承受侵权责任，进而促进整个互联网产业的发展。

但是“避风港”原则不能免除网络服务提供者的审查义务，否则无法证明自己是善意的。问题是面对海量的电子信息，要求网络服务提供者对服务内容进行全面的审查，是不现实的，这将会极大地增加网络服务提供者的运营成本，不利于电子服务行业的发展。同时，对于具体内容是否侵犯了著作权的判断也不是易事，即使对于专业的法官和律师来说有时也难以决断，这种情况下要求企业对其进行判断显然是不现实的。所以不能苛责企业尽到高度的注意义务，只要承担一定程度上的注意义务即可，为明确网络服务提供者注意义务的程度，“红旗标准”应运而生。

“红旗标准”是对“避风港”原则的补充，是指“如果侵权行为非常明显，像一面鲜亮的红色旗帜在网络服务提供商面前公然地飘扬，以至于一个相同情况下合理的人都能够意识到侵权行为的存在，则即使受害人没有就侵权的事实通知网络服务提供商，网络服务提供商也可能因过失没有发现和制止侵权行为而承担责任”[①] 此原则确立了网络服务提供者对第三方侵权所应尽到注意义务的标准，如果超过了这一标准，则不再处于“避风港”原则的保护范围，应当承担侵权责任。“红旗标准”表面上是在为判断网络服务提供者的注意义务程度提供参考，实质上是为了保护网络服务提供者的利益而技术性的提高了其构成侵权责任主体的门槛，只有在网络服务提供者未能尽到一般注意义务即达到重大过失的标准时，才有可能被认定为是网络侵权纠纷的责任承担者。

二、过错责任

过错责任，即依据行为人是否有过错来确定是否需要对某一损失承担责任。只有在损害是因行为人之故意或过失所致时，该行为人才应负赔偿责任。过错又可以分为故意和过失两种。故意是指行为人明知自己行为的不良后果，并且希望或者放任这种结果发生。而行为人应当预见自己的行为可能发生不良后果而没有预见，或者已经预见而轻信能够避免，称为过失。前者又被称为疏忽大意的过失，后者又被称为过于自信的过失。由于当事人的主观状态存在于当事人的内心之中，难以直接判断，所以在判断主观状态时一般采用客观标准，即通过社会的一般常识等客观因素来推定一个人的主观状态。在判断一个人是否存在过错时，应当首先将这个人假定为一般理性人，

① 王迁：《网络著作权法》，中国人民大学出版社2008年版，第140页。

通过比较该主体的行为是否违背了一般理性人在一般条件之下将会采取的选择来推定该主体是否存在过错。当然，在一些特殊情况下还需要特殊考量。在有行业标准的情况下，违反该行业标准即为存在过错。在行为人具有专业技能和素养的情况下，如律师、医生等，更应该提高该行为人的注意义务标准。

过错即是具有道德上的可受非难性，故过错责任原则体现了道德观念。也就是说，人们具有选择如何行为的自由，同时，也应对其选择的结果负责。如果其行为选择遵守了法律规定的共同规则，即被认为无过错，也不受道德责难。但如果超出了这个界限，即违反了法律规定的注意标准，就会被认为具有过错，同时也会受到道德的责难。一个人就自己的过失行为所致的损害负责，在重视理性的年代，系属自明之理，无须证明。此项原则的反面，即行为非出于过失者，不必负赔偿责任，在逻辑上也具有同样的说服力。

过错责任原则的出现有两大主要贡献。首先，扩大了侵权行为法的适用范围。早期的侵权行为法采取结果责任原则，侵权行为趋于类型化。过错责任原则的适用打破了此种限制。因为该原则的出现，使得侵权责任的承担有了一般化的判断标准。其次，协调了自由与安全之间的关系。在现代社会中需要承认个人自由，经济的宏观效率以及民主政治的发展都要求赋予公民一定的自由。但是如果个人自由没有节制。必然会引起纠纷和冲突，而这种纠纷和冲突不仅在政治上会引起秩序的混乱，而且经济成本也十分高，故最好的方式就是制定一套大家共同遵守的规则，在承认个人权利和自由的前提下，在避免冲突之需求的限度内，限制个人自由与权利。过错责任原则体现了这种共同规则。在过错责任原则中，这种共同规则就是过错的范围界点，也就是法律规定的注意义务。也就是说，只要人们尽到法律规定的注意义务，就可以大胆地行为和追求个人利益，而不会受到追究。“无过错即无责任”被认为是符合自然理性的法则。法律正是通过这种模式来控制人们的行为符合社会利益，以达到个人利益与社会利益的统一。

三、惩罚性赔偿原理

所谓惩罚性赔偿，是指在弥补实际损害之外，根据法律规定，另行主张的赔偿责任。从适用情形上看，民商事法律中的赔偿，原则上是补偿性赔偿，适用填平规则，适用惩罚性赔偿须法律明文规定。之前，在我国目前法律的规定中，规定损害赔偿的主要有《侵权责任法》第 47 条，《消费者权益保护法》第 55 条，《食品安全法》第 148 条以及《商品房买卖合同解释》第 8 条、第 9 条、第 14 条。在知识产权法中，主要是《商标法》第 63 条规定了惩罚性赔偿。本法第 42 条第 3 款的出现，在知识产权法、商法、侵权责任法、经济法交界的地带，确立了一个新的惩罚性赔偿规则。总体而言，惩罚性赔偿适用的情形都有一个共同的特点，行为人即不仅侵害私人利益，还可能侵害社会公共利益，比如扰乱市场秩序，或者侵害众多消费者利益等等。从功能上看。惩罚性赔偿具有超损失赔偿功能、对不法行为人的惩罚功能以及对不法行为的遏制功能。

相关案例

刘某胜诉搜狐爱特信信息技术（北京）有限公司侵犯著作权纠纷案

原告刘某胜在 1995 年发表了其翻译的译著《唐吉诃德》。2000 年 10 月，刘某胜在上网访问搜狐网站时发现，通过点击该网站首页上“文学”栏目下的“小说”并继续点击“外国小说@（5064）”“经典作品（86）”“唐吉诃德——［西班牙］塞万提斯”“译本序言”后，可在页面上看到其翻译的作品《唐吉诃德》。刘某胜诉称：被告搜狐爱特信公司开办的搜狐网站在未经许可的情况下，擅自将其 1995 年出版的译著《唐吉诃德》以三种版式在网上登出，供人阅读下载。该行为侵害了其享有的著作权，故向法院起诉。搜狐爱特信公司辩称：该公司从未将原告的作品在网上登载，网上确有原告作品的三个版式，但是都登载于不同的网站，搜狐网站只是与这些网站有链接关系。法律并未规定链接是一种侵权行为，因此，原告的指控没有事实依据和法律依据，应依法驳回其请求。

北京市第二中级人民法院认为本案争议的焦点是搜狐网站对其上述链接行为所产生的结果是否应当承担法律责任。

首先，被告这种链接行为本身是否构成侵权。链接是在互联网上实现快捷的传递和获取各种信息的一种技术手段，是互联网的重要功能。网站的经营者利用这个技术，将网站甚至是各网站的信息内容连接在一起，以实现信息资源共享的目的，极大地方便了上网用户。本案被告开办的网站是以提供信息内容为主的网站，他通过设置搜索引擎，建立与其他网站的连接，使上到其网站的用户可以快捷地搜索并进入其他网站获取信息。本案双方当事人提交的公证文件载明，当显示器上出现"《唐吉诃德》[西班牙] 塞万提斯 刘某胜译"页面时，该页面的地址栏中并不是搜狐网站的地址，而是其他网站的地址，这一事实证明，被告提供的只是分类搜索引擎链接服务。被告网站仅是利用这种链接技术，将用户引导到提供信息内容服务的网站。从直观的表象上看，访问者是通过被告网站上网，并浏览到信息，被告是信息提供者。但是从技术角度讲，被告网站仅是提供了搜索服务的工具，引导用户利用这个工具到其他网站或网页上去浏览相关的信息。此时这些信息并未存储在被告的服务器上，而是在上网用户自己的计算机内，临时生成被链接网站所载信息内容的临时复制件。因此，被告提供链接服务并不是将原告作品直接上载的复制的行为，也不是传播。此外，由于在互联网上网站之间具有互联性、开放性，网上的各类信息内容庞杂，数量巨大，要求网络服务商对所链接的全部信息和信息内容是否存在权利上的瑕疵先行作出判断和筛选是不客观的，网上的信息内容有权利上的瑕疵时，主要应由信息提供者或传播者承担法律责任，仅提供网络技术或设施的服务商，一般不应承担赔偿责任。因此，本案被告设置链接的行为不侵害原告人的著作权。

其次，原告明确提出停止链接被侵权的作品后，出链接者未积极作为，是否应承担侵权责任。本院认为：本案原告对 1995 年漓江出版社出版的译著《唐吉诃德》所享有的著作权，应当受到法律保护。未经著作权人许可使用其作品，是对其著作权的侵害。当得知侵权行为发生或可能发生时，任何与该侵权行为或结果发生关系的人，都有义务必须采取积极的措施，防止侵权行为结果扩大。本案原告在发现自己的作品被网站上载后，于 2000 年 10 月 24 日向被告提出侵权指控，被告理应在向原告作出解释的同时积极采取措施，停止与非法上载原告作品的网站链接，但被告却以法律并未规定链接是一种侵权行为为由，继续与上载原告作品的网站维持链接，直到11月30日才停止了链接。应指出：被告虽难以对其网站链接的信息内容加以控制，但完全有技术能力控制其网站与其他网站或网页的链接。在原告提出其链接的网页上有未经权利人许可上载的作品的指控时，被告有责任及时地采取技术措施，停止链接，抑止侵权。但被告在得知原告的权利被侵害后，仍未积极地采取措施，致使侵权状态得以延续，这种结果对权利人是不公平的，有悖于民事主体的合法权利不受侵害的法律原则，被告应对其过错承担相应的法律责任。

最终北京市第二中级人民法院判决被告承担赔礼道歉和支付赔偿金3000元。

相关立法与规定

1. **《侵权责任法》**

第36条 网络用户、网络服务提供者利用网络侵害他人民事权益的，应当承担侵权责任。

网络用户利用网络服务实施侵权行为的，被侵权人有权通知网络服务提供者采取删除、屏蔽、断开链接等必要措施。网络服务提供者接到通知后未及时采取必要措施的，对损害的扩大部分与该网络用户承担连带责任。

网络服务提供者知道网络用户利用其网络服务侵害他人民事权益，未采取必要措施的，与该网络用户承担连带责任。

2. **《信息网络传播权保护条例》**

第14条 对提供信息存储空间或者提供搜索、链接服务的网络服务提供者，权利人认为其服务所涉及的作品、表演、录音录像制品，侵犯自己的信息网络传播权或者被删除、改变了自己的权利管理电子信息的，可以向该网络服务提供者提交书面通知，要求网络服务提供者删除该作品、表演、录音录像制品，或者断开与该作品、表演、录音录像制品的链接。通知书应当包含下列内容：

（一）权利人的姓名（名称）、联系方式和地址；

（二）要求删除或者断开链接的侵权作品、表演、录音录像制品的名称和网络地址；

（三）构成侵权的初步证明材料。

权利人应当对通知书的真实性负责。

第15条 网络服务提供者接到权利人的通知书后，应当立即删除涉嫌侵权的作品、表演、录音录像制品，或者断开与涉嫌侵权的作品、表演、录音录像制品的链接，并同时将通知书转送提供作品、表演、录音录像制品的服务对象；服务对象网络地址不明、无法转送的，应当将通知书的内容同时在信息网络上公告。

第24条 因权利人的通知导致网络服务提供者错误删除作品、表演、录音录像制品，或者错误断开与作品、表演、录音录像制品的链接，给服务对象造成损失的，权利人应当承担赔偿责任。

3.《网络交易管理办法》

第27条 第三方交易平台经营者应当采取必要手段保护注册商标专用权、企业名称权等权利，对权利人有证据证明平台内的经营者实施侵犯其注册商标专用权、企业名称权等权利的行为或者实施损害其合法权益的其他不正当竞争行为的，应当依照《侵权责任法》采取必要措施。

4.《互联网著作权行政保护办法》

第5条 著作权人发现互联网传播的内容侵犯其著作权，向互联网信息服务提供者或者其委托的其他机构（以下统称“互联网信息服务提供者”）发出通知后，互联网信息服务提供者应当立即采取措施移除相关内容，并保留著作权人的通知6个月。

第6条 互联网信息服务提供者收到著作权人的通知后，应当记录提供的信息内容及其发布的时间、互联网地址或者域名。互联网接入服务提供者应当记录互联网内容提供者的接入时间、用户帐号、互联网地址或者域名、主叫电话号码等信息。

前款所称记录应当保存60日，并在著作权行政管理部门查询时予以提供。

第 8 条　著作权人的通知应当包含以下内容：

（一）涉嫌侵权内容所侵犯的著作权权属证明；

（二）明确的身份证明、住址、联系方式；

（三）涉嫌侵权内容在信息网络上的位置；

（四）侵犯著作权的相关证据；

（五）通知内容的真实性声明。

第四十三条　【平台内经营者的声明权利及处理程序】

平台内经营者接到转送的通知后，可以向电子商务平台经营者提交不存在侵权行为的声明。声明应当包括不存在侵权行为的初步证据。

电子商务平台经营者接到声明后，应当将该声明转送发出通知的知识产权权利人，并告知其可以向有关主管部门投诉或者向人民法院起诉。电子商务平台经营者在转送声明到达知识产权权利人后十五日内，未收到权利人已经投诉或者起诉通知的，应当及时终止所采取的措施。

条文主旨

本条规定的是平台内经营者不存在侵权行为的声明及平台经营者对此应采取措施的规定。

条文释义

一、立法目的

本条规定了电子商务知识产权纠纷中的声明机制，是平台内经营者用以对抗的权利。平台内经营者可以通过保证侵权行为的不存在而对抗平台经营者采取的必要措施。根据之前的草案中的本条规定，平台经营者在收到声明之后就应当及时终止所采取的必要措施。这是考虑到当权利人指控平台内经营者侵权时，这种指控可能是真实的也可能是不真实的，如果电子商务平台经营者收到通知之后采取了必要的制止措施，很有可能损害平台内经营者的合法权益，因此需要建立对经营者的保护机制。但是现在的条文将之修改为平台经营者只有在没有收到权利人投诉或者起诉的通知的情况下才可以终止必要措施，明显是更倾向于保护权利人的权益。

二、内容解析

提交声明是平台内经营者的权利，其可以选择不提交。这种声明需要包含不构成侵权的初步证据，否则不足以引发后续转送程序，更不足以解除之前的必要措施。这就像是知识产权权利人进行指控时需要提供证据一样，平台内经营者提供保证的时候也需要提供初步的证据，否则法律规定的遏制知识产权侵权行为的法律目的就会落空。这种证据同样不是充分确凿的，提供的也是和本阶段相应的初步证据。

在收到声明之后，平台经营者有三项义务。第一个是立即将平台内经营者的声明转送给相关知识产权的权利人。这是因为除非平台内经营者予以承认，侵权行为的认定一般应由法院作出最终的具有法律效力的判决。在平台内经营者提交声明，证明其不承认侵权行为的存在时，需要及时通知权利人，使其能及早安排日后对策。平台经营者第二个义务是在通知中明确告知权利人有权进行投诉或起诉。投诉和起诉的效果略有不同。通过向法院提起诉讼可以最终确定侵权行为是否存在并确定赔偿损失等民事责任。而通过向相关主管部门投诉可以及时制止侵权行为、确定侵权者应承担的行政责任或者宣告无效。该条特意强调在进行投诉时应当向主管部门进行投诉，这就意味着对权利人的投诉行为有一定限制，不能任意进行投诉。此外对于侵犯专利权的，权利人可以向专利复审委员会申请宣告专利无效，商标权人可以向商标评审委员会申请商标无效。第三个是在 15 天内没有收到权利人投诉或者起诉的通知后及时解除之前采取的必要措施。这也意味着，如果收到相关通知，只有在不构成侵权的决定或者判决作出之后才可以终止之前采取的必要措施。

从这一条的规定也可以看出，电子商务平台经营者在知识产权纠纷之中起到的只是有限的阶段性的作用。平台仅作为一种中转的媒介，沟通知识产权权利人与平台的经营者。平台所采取的都是暂时性的措施，而且双方提供的也都只是初步性证据。这种制度设计的原因在于，平台经营者的主要权力是通过建立制度和机制来保护知识产权，其无权对实体性权益做出定夺。一旦双方的实体权利产生对抗时，则交由司法机关和行政机关予以解决。

相关原理

一、民事诉讼举证责任的分配

（一）举证责任

举证责任这一概念是由日本传入我国的①。到目前为止，我国民事诉讼法学理论上，对举证责任含义的理解仍未形成共识，主要存在“行为意思举证责任说”、“结果责任举证责任说”和“行为和结果双重举证责任说”三种观点。在我国立法上，《民事诉讼法》第 64 条第 1 款规定：“当事人对自己提出的主张，有责任提供据。”《证据规则》第 2 条规定：“当事人对自己提出的诉讼请求所依据的事实或者反驳对方诉讼请求所依据的事实有责任提供证据加以证明。没有证据或者证据不足以证明当事人的事实主张的，由负有举证责任的当事人承担不利后果。”综上，举证责任应当包括行为意义的举证责任和结果意义的举证责任。前者是指当事人对其主张的事实需要提供证据并证明其真实性的责任，后者是指待证事实处于真伪不明状态时，主张该事实的当事人所应承担的不利后果。行为意义的举证责任强调的是当事人举证的行为，结果意义的举证责任强调的是当裁判基础的事实处于真伪不明时，人民法院如何裁判的问题。两者都是举证责任含义的有机组成部分。

---

① “举证”最早出现在罗马法学家的著作中，早期主要是从当事人举证行为，即从主观角度来理解举证责任的。这一直持续到 18 世纪 90 年代，德国法学家尤利乌斯·格拉查首次提出了客观举证责任的概念。他认为，“举证责任”可以从“实质上的举证责任”和“诉讼上的举证责任”两方面来理解，这一观点后来经莱昂哈特和罗森贝克等人倡导，逐渐成为德国的通说，即对于德文中的 beiweislast 一词从主观举证责任和客观举证责任两个角度来理解，并以后者为核心。法国和日本在举证责任的划分上与德国基本一致。与大陆法系国家相似，英美国家在证据学发展的最初阶段也没有对举证责任的加以划分。直至 1890 年，美国学者塞耶在其论文《证明责任论》中指出举证责任的两重含义，即“说服责任”和“提出证据的责任”。现在英美法系仍是在这两种含义上使用 Burden of proof 的。

（二）举证责任分配

关于举证责任分配，存在着诸多不同学说，包括传统的“待证事实说”、“法规分类说”，和后续出现的一些新兴学说，如“危险领域说”、“盖然性说”和“损害归属说”等。在我国，举证责任分配制度即是指在诉讼开始、进行和庭审结束后的整个过程中，依法在当事人之间分配举证责任的制度。举证责任分配制度具有重要的意义，它不仅解决了裁决结果在当事人之间的分配问题，而且也确定了多项判决作出前的诉讼程序。

英美法系国家与大陆法系国家在举证责任分配问题上的规定，存在诸多一致的基本原则。如当事人都可以提出对自己有利的主张，并对该主张负举证责任。同时，由于举证责任分配问题本身极其复杂，两大法系立法中的决定举证责任分配的因素也都表现为多元化而非单一化。在英美法系国家，虽然以原告主张和被告肯定性抗辩界定做为分配举证责任的基础上，但是，同时也在相关判例和法律条文中规定了决定举证责任分配的其他因素，或者称特殊因素，包括被告的抗辩不被支持或赞成、被告接近证据有较好途径、抗辩是如此罕见以至于由原告去否定证明会造成时间浪费、政策、公平和盖然性等。而在大陆法系国家，以德国为例，虽然确立了法定要件分类说基础上的举证责任分配制度，即主张权利存在的当事人对权利发生的法律事实负举证责任，主张权利不存在的当事人对权利消灭、妨碍或者限制权利的法律事实负举证责任。但除此之外，通常还存在着决定举证责任分配的其他因素，包括公平、证据距离说、危险领域说、盖然说和范围责任说等。近年来又有“危险领域说”、“盖然性说”、“损害归属说”等新标准陆续出现，试图取代“法律要件说”。“危险领域说”认为在损害赔偿案件中，若损害原因出自仅加害人有能力控制的危险领域范围，则应由加害人就发生损害之主客观要件不存在的事实举证。“盖然性说”则根据待证事实发生的可能性作为举证责任分配的依据。如果根据统计资料或人们的生活经验，某一待证明事实发生的盖然性高，则主张该事实发生的一方不负举证责任，而由对方当事人对该事实未发生承担举证责任。反之亦然。“损害归属说”认为责任归属或损害归属的原则就是举证责任分配的原则，哪一方当事人应当承担实体法上的法律责任在诉讼程序中就应该承担举证责任。

举证责任与举证责任分配相互联系又相互区别。一方面，举证责任分配制度是在举证责任制度基础上构建起来的；另一方面，举证责任侧重于当事人对其提出的主张负担提供证据并加以证明的责任，而举证责任分配则侧重于以公平合理的标准在当事人之间配置举证责任。

（三）我国民事诉讼中举证责任分配

1. 举证责任分配的一般规则

我国民事诉讼中举证责任分配的原则一般表现为以下几个方面：

首先，主张存在权利或法律事实的当事人应当对其主张负担举证责任，但无须对不存在权利妨碍要件承担举证责任。

其次，主张权利或法律关系存在或应当变更或消灭的当事人，和主张阻碍权利变更或法律关系消灭的事实不存在的当事人，应当对其主张负担举证责任。

第三，主张权利受限制的当事人，应当对排除权利行使的事实负证明责任。

此外，我国最高人民法院出台的《证据规定》中对合同案件、劳动争议案件证明责任分配做了具体的规定。如《证据规定》第5条第1、2、3款规定："在合同纠纷案件中，主张合同关系成立并生效的一方当事人对合同订立和生效的事实承担证明责任；主张合同关系变更、解除、终止、撤销的一方当事人对引起合同关系变动的事实承担证明责任。对合同是否履行发生争议的，由负有履行义务的当事人承担证明责任。对代理权发生争议的，由主张有代理权的一方当事人承担证明责任。"同时，《证据规定》第6条规定："在劳动争议纠纷案件中，因用人单位作出开除、除名、辞退、解除劳动合同、减少劳动报酬、计算劳动者工作年限等决定而发生劳动争议的，由用人单位负证明责任。"

2. 举证责任倒置

举证责任分配一般法律规则在通常情况下都可以达到公平合理的分配目标，但在某些特殊情况下，也可能产生不公平的结果。因此，为了防止不公平现象的发生，法律在制度设计上又加入了举证责任倒置的法律制度。

举证责任倒置，是指根据法律的明文规定，在双方当事人之间分配举证责任时，原本应该由一方当事人负担的举证责任，改由另一方当事人负担的情形。具体来讲，一方面，举证责任倒置是以法律要件分类说作为分配举证责任的标准为前提的，属于对该学说的局部修正；另一方面，举证责任的倒置属于举证责任分配范畴，因此，举证责任倒置的对象是败诉风险，即被倒置的是结果责任而不是行为责任。此外，举证责任倒置只能发生在有明确的法律确定的前提下。我国民事诉讼中同样存在着法定的举证责任倒置的情形，包括因新产品制造方法发明专利引起的专利侵权诉讼中由制造同样产品的单位或个人对其产品制造方法不同于专利方法承担举证责任，因环境污染引起的损害赔偿诉讼法中由加害人就法律规定的免责事由及其行为与损害结果之间不存在因果关系承担举证责任，因医疗行为引起的侵权诉讼中由医疗机构就医疗行为与损害结果之间不存在因果关系及不存在医疗过错承担举证责任，等等。

3. 举证责任的免除

举证责任的免除，又称之为免于证明的事项、毋庸证明的事项。其基本精神就是对于这类事项，当事人在诉讼中不需要提供证据加以证明，法院在当事人没有提供证据的情况下，也可以或者必须将此类事项所表达的事实作为裁断案件的基础。《证据规则》第 8 条第 1、4 款规定：“诉讼过程中，一方当事人对另一方当事人陈述的案件事实明确表示承认的，另一方当事人无需举证。但涉及身份关系的案件除外。……当事人在法庭辩论终结前撤回承认并经过对方当事人同意，或者有充分证据证明其承认行为是在受胁迫或者重大误解情况下作出且与事实不符的，不能免除对方当事人的举证责任。”同时，第 9 条又有规定：“下列事实，当事人无需举证证明：（一）众所周知的事实；（二）自然规律及定理；（三）根据法律规定或者已知事实和日常生活经验法则，能推定出的另一事实；（四）已为人民法院发生法律效力的裁判所确认的事实；（五）已为仲裁机构的生效裁决所确认的事实；（六）已为有效公证文书所证明的事实。前款（一）、（三）、（四）、（五）、（六）

项，当事人有相反证据足以推翻的除外。”

4. 民事诉讼举证责任分配中的司法裁量权

尽管在绝大多数案件中，依据举证责任分配的相关法律明文规定可以公平合理地分配举证责任，但是，由于立法自身具有滞后性的特点，立法者不可能预见到所有的现实情况，随着法律的发展，总会不断有新的法律关系出现。当某些新出现的情况具有特殊性且法律未明文规定时，就无法根据法定分配举证责任。于是，我国《证据规定》据此在第 7 条中赋予了法官分配举证责任的司法裁量权，即“在法律没有具体规定，依本规定及其他司法解释无法确定证明责任承担时，人民法院可以根据公平原则和诚实信用原则，综合当事人举证能力等因素确定证明责任的承担。”当然，作为一种权利，举证责任中的司法裁量权同样不是绝对的，而是在限定的司法裁量范围内依法行使，不得逾越。

二、民事诉讼证明标准

证明标准指的是为了避免遭到于己不利的裁判，负有承担证明和提供证据责任的一方当事人，对其主张的事实予以证明应达到的程度。不同法系的国家和不同类型的诉讼所采取的证明标准各异。就民事诉讼而言，英美法系国家一般采用“盖然性居上或占优势”或称“优势证据”标准。它是指某一待证事实在证据上存在占优势的盖然性，即存在的可能性要大于不存在的可能性时，那么此项事实主张就被认定为真实。大陆法系国家一般采取高度可能性的标准，即法院经审理并结合相关事实，确认待证事实的存在具有高度可能性的，那这一待证事实即为真实。

最高人民法院颁布的《证据规定》第 73 条规定：“双方当事人对同一事实分别举出相反的证据，但都没有足够的依据否定对方证据的，人民法院应当结合案件情况，判断一方提供证据的证明力是否明显大于另一方提供证据的证明力，并对证明力较大的证据予以确认。因证据的证明力无法判断导致争议事实难以认定的，人民法院应当依据举证责任分配的规则作出裁判。”该条规定用了“明显大于”的表述，表明我国民事诉讼中采取的是“高度盖然性”的证明标准。在一方提供的证据的证明力明显大于另一方提供的证据的证明力时，证明力较大的证据得到确认。在一方提供证据的证明力不能明显大于另一方提供证据的证明力时，法官必须根据举证责任的分配规则作出裁判，决定由哪一方承担不利后果。

“初步证据”又称表面证据，是指在没有相反证据的情况下可具有最终说服力的证据。也就是说，初步证据可以被充分的相反证据所推翻。可以看出，初步证据的重要特点是不能对待证事项提供充分的证明力，只有在没有相反证据出现的情况下，初步证据才能产生证明力。从证明标准的角度来看，用初步证据证明待证事项也意味着降低了待证事项的证明标准，即不用达到高度盖然性的标准。我国法律中关于“初步证据”的明确规定见于《海商法》第75条与第77条的规定中，即承运人或者代其签发提单的人签发的提单，是承运人已经按照提单所载状况收到货物或者货物已经装船的初步证据，如果承运人能够提出相反的证据，则可以推翻提单的记载。除此之外，对于申请保全、提出执行异议中需要提供的证据也都属于初步证据。

相关立法与规定

1.《信息网络传播权保护条例》

第16条 服务对象接到网络服务提供者转送的通知书后，认为其提供的作品、表演、录音录像制品未侵犯他人权利的，可以向网络服务提供者提交书面说明，要求恢复被删除的作品、表演、录音录像制品，或者恢复与被断开的作品、表演、录音录像制品的链接。书面说明应当包含下列内容：

（一）服务对象的姓名（名称）、联系方式和地址；

（二）要求恢复的作品、表演、录音录像制品的名称和网络地址；

（三）不构成侵权的初步证明材料。

服务对象应当对书面说明的真实性负责。

第17条 网络服务提供者接到服务对象的书面说明后，应当立即恢复被删除的作品、表演、录音录像制品，或者可以恢复与被断开的作品、表演、录音录像制品的链接，同时将服务对象的书面说明转送权利人。权利人不得再通知网络服务提供者删除该作品、表演、录音录像制品，或者断开与该作品、表演、录音录像制品的链接。

2.《互联网著作权行政保护办法》

第 7 条　互联网信息服务提供者根据著作权人的通知移除相关内容的，互联网内容提供者可以向互联网信息服务提供者和著作权人一并发出说明被移除内容不侵犯著作权的反通知。反通知发出后，互联网信息服务提供者即可恢复被移除的内容，且对该恢复行为不承担行政法律责任。

第 9 条　互联网内容提供者的反通知应当包含以下内容：

（一）明确的身份证明、住址、联系方式；

（二）被移除内容的合法性证明；

（三）被移除内容在互联网上的位置；

（四）反通知内容的真实性声明。

第 10 条　著作权人的通知和互联网内容提供者的反通知应当采取书面形式。

著作权人的通知和互联网内容提供者的反通知不具备本办法第八条、第九条所规定内容的，视为未发出。

第四十四条　【平台经营者公示相关侵权信息的义务】

电子商务平台经营者应当及时公示收到的本法第四十二条、第四十三条规定的通知、声明及处理结果。

条文主旨

本条规定的是电子商务平台经营者对知识产权侵权中收到的通知、声明及处理结果进行公示的义务。

条文释义

一、立法理由

本条是在我国《侵权责任法》和《信息网络传播权保护条例》等相关规定之外额外增加的内容。本条规定了电子商务平台经营者的对其收到的通知、声明及处理结果的公示义务，为的是保护消费者的知情权，增强公众的监督，同时促进商事信用体系建设。

消费者的知情权是保障消费者权益的一个前提性的权利。消费者只有在全面地了解商家的各种信息之后，才能对交易作出正确的判断。知识产权纠纷可以直接反映一个经营者的商业信誉、技术水平以及运营风险等多方面因素。对于消费者而言，其发生和处理的全过程，尤其是处理结果，将对消费者的判断产生极其重要的影响。因此本法单独用一个条文规定了电子商务平台经营者对于知识产权侵权行为的相关信息必须进行公示的义务。

对于平台内经营者而言，通过这种方式可以加强社会各界对其经营活动的监督。特别是在电子商务之中，经营者的信誉直接影响其经营业绩。例如，在淘宝网购买商品时，商业信誉最好、评分最高的商家会出现在搜索列表的靠前位置，大多数消费者都会参考平台对于其服务质量、快递速度等方面的评分。这是因为商业信用与收益直接挂钩，经营者才会更加重视社会监督。通过公示的方式让群众更方便地对经营者进行监督，将对经营者的经营活动提供有力约束。

这种公示的手段也是社会信用制度建设的重要一环。对于违法行为的及时公示，再配合社会舆论以及黑名单记录的方式惩戒违法经营者，可以预防类似行为的发生，进而完善信用制度建设和改善市场交易环境和风气。

二、内容解析

电子商务平台经营者的公示义务包括三个内容。一是第 42 条规定的收到的权利人的通知，二是第 43 条规定的平台内经营者对此回应的声明。这两个内容可以及时让消费者了解必要的信息，提醒消费者予以适当地注意。平台经营者应公示的第三个内容是处理的结果，应当包括法院对此作出的判决、相关部门决定的内容以及平台后续的处理措施等。以上三项公示内容一方面让消费者和其他经营者及时了解事件的动向和结果。另一方面，如果认为没有构成侵权，公示该结果可以为相关平台内经营者正名，让其他主体可以与之放心交易；如果构成侵权，公示该结果可以为日后与该经营者交易的相对人提供参考，这也构成了对该经营者信用评价的一部分。

本条中的及时指的是动态公示，要求平台经营者一有消息就马上公示。如果等最终的处理结果形成再对整个事件进行公示，就失去了该公示机制的预警作用。对于知识产权纠纷的公示，不仅可以惩戒违法经营者，而且可以为潜在的交易对象提供信息，为消费者的选择提供参考。知识产权纠纷往往涉及的标的金额极大，影响范围较广，因此需要对潜在交易者和消费者进行及时有效的提醒。同时在电子商务领域，由于交易手续的便捷化，交易时间被大大缩短，只有及时地进行公示才能有效地避免后续的损失扩大。

相关原理

商事公示的内容和效力

商事公示制度是指商事主体依照法律的规定将依法应当公示的事项通过法定或约定的方式加以公示的行为。包括商事登记、商事公告都属于商事公示制度的具体组成部分。

根据公示的内容，商事公示主要可以分为六类，即主体公示、行为公示、事实公示、通知公示、更正公示、提示公示。

1. 主体公示

主体公示是指内容关于商事主体设立、变更和终止的公示，也就是关于商事主体自身组织事项的公示，其中包括商事主体合并、分立、解散、注销等事项。根据《公司法》第 173 条规定，“公司应当自作出合并决议之日起十日内通知债权人，并于三十日内在报纸上公告”。可见，主体公示不仅影响商事主体自身，也影响不特定第三人。究其根本，是因为商事主体设立、变更和终止事项影响其对外与第三人形成的法律关系。

2. 行为公示

行为公示是指商事主体依照法律的规定对其重大商事行为所作出的公示，其不仅涉及商事主体的重大损益，事关第三人的利益，而且涉及公开募集股份、对外担保等商事行为。根据《公司法》第 85 条规定，“发起人向社会公开募集股份，必须公告招股说明书，并制作认股书”。商事主体从事特定的商事行为必须公示，这不仅是法律法规的要求，也是商事主体从事的商事行为有一定的社会影响力的缘故。

3. 事实公示

事实公示是指公示内容为已经存在的事实，该事实可能对第三人的利益产生影响，因此商事主体应当依照法律的规定予以公示。此时公示的作用是确认已经存在的事实。根据《公司法》第165条第2款规定："股份有限公司的财务会计报告应当在召开股东大会年会的二十日前置备于本公司，供股东查阅；公开发行股票的股份有限公司必须公告其财务会计报告。"此处须明确的是，财务会计报告并不是设立、变更、终止法律关系的法律事实，其仅是确认法律事实的法律文件，这也揭示了公示的内容可以是已经确定的事实。

4. 通知公示

通知公示指依照法律规定、章程约定或当事人约定的程序，公示事项内容尚未发生，但对股东或第三人可能有利害关系，因此商事主体应当按照法律规定或约定进行公示。根据《公司法》第90条第1款规定："发起人应当在创立大会召开十五日前将会议日期通知各认股人或者予以公告。创立大会应有代表股份总数过半数的发起人、认股人出席，方可举行。"与事实公示不同，通知公示的内容为未发生的事实，此时通知公示并不仅是一个程序，其有可能成为商事主体法律行为撤销的原因。例如，《公司法》第22条第2款规定"股东会或者股东大会、董事会的会议召集程序、表决方式违反法律、行政法规或者公司章程，或者决议内容违反公司章程的，股东可以自决议作出之日起六十日内，请求人民法院撤销。"若没有通知相关股东关于召开股东会的事宜，根据《公司法》第22条，股东可以请求法院撤销该决议，此时通知公示便成为商事主体法律行为撤销的原因。

5. 更正公示

更正公示是指公示内容是对以往公示内容的更改，因对第三人有利害关系，所以按照法律规定进行更改公示。其中既包括商事主体对以往自己公示的内容进行更改，也包括行政部门对自己公示的内容进行更改。这类公示体现在《上海证券交易所股票上市规则》2.12条，"定期报告和临时报告出现任何错误、遗漏或者误导的，本所可以要求公司作出说明并公告，公司应当按照本所的要求办理”。由此可知，公示内容不仅可以确认现有事实，而且可以更改以往的公示事实，体现了公示内容的多样性。

6. 提示公示

提示公示是指公示的内容对商事主体有利害关系且提示商事主体履行相应义务，商事主体应当按照公示内容履行相应义务。提示公示也可指公示为商事主体提示相关风险。根据《企业经营异常名录管理暂行办法》第 15 条规定：“工商行政管理部门应当在企业被列入经营异常名录届满 3 年前 60 日内，通过企业信用信息公示系统以公示方式提示其履行相关义务……”这里的提示公示在一定程度上体现了行政强制力对商事主体行为的影响，也是行政行为干预私法关系的例证，但因商事公示并非为以意思自治为核心的法律行为，最重要的是依法公示，因此，以公示来提示商事主体履行相关义务有利于维护市场秩序，也有助于保护不特定第三人的利益。

需注意的是，公示不仅可以提示商事主体履行相关义务，而且可以提示相关风险。根据相关法律法规，如《上海证券交易所股票上市规则》11.12.6 规定：“公司除应当及时披露外，还应当按下列要求披露相关风险提示公告：……（二）中国证监会、本所或公司董事会认为必要时，披露公司股票可能被暂停上市和终止上市的风险提示公告。”可见，提示公示便于让商事主体更好地注意相关风险与问题，也是保护不特定第三人的利益，维护股票交易市场的稳定的措施。

商事公示的法律效力根据法律法规的规定和不同的公示事项的性质与要求确定，概括来说，公示的效力类型可分为公信效力、对抗效力、生效效力、送达效力。

（1）公示具有公信效力

公信效力是指依照法律规定，依法公示的事实，第三人可就该公示事项向商事主体主张该公示事项的法律效力。公示后，其公示内容产生可信赖的外观，第三人有权主张因信赖该外观而与商事主体进行交易，该法律关系应是有效的，这是对于第三人信赖利益保护的体现。更进一步地说，一且公示，即使存在公示事项与实际情况不一致的情况，善意信赖公示事项的第三人也可以依照公示事项向有过错的商事主体主张该公示事项的法律效力。

（2）公示具有对抗效力

对抗效力是指依照法律规定，以公示为对抗要件，未经公示不得对抗善意第三人的法律效力。商事主体可依商事公示而向与之发生交易的第三人主张其知悉已正确公示事项的法律效力，即依法必须进行商事公示的事项一经公示，在法律上推定该事项已经为与商事主体发生交易的第三人所知悉，第三人如不能举证在其不知悉公示事项具有正当的理由时，第三人应当承受其应知悉该公示事项的法律后果。

（3）公示具有生效效力

生效效力是指依照法律规定，以公示为生效要件的，该事项依法公示后生效。公示是公示事项生效的要件，这有利于维护与公示事项有利害关系的第三人的利益，避免因商事主体操之过急而损害第三人的利益。另外，公示作为一种形式要求，实际上便于第三人在争讼中关于公示事项上的举证，法院也可根据是否进行公示而确定公示事项的法律效力。

（4）公示具有送达效力

送达效力是指依照法律规定，以公示作为送达方式，自公示之日起发生送达的法律效果经公示方式送达与其他方式送达具有同等效力，而且第一次公示刊登日为送达日期。根据《上市公司章程指引（2016 年修订）》第 168 条规定："公司通知以专人送出的，由被送达人在送达回执上签名（或盖章），被送达人签收日期为送达日期；公司通知以邮件送出的，自交付邮局之日起第【天数】个工作日为送达日期；公司通知以公告方式送出的，第一次公告刊登日为送达日期。"可知，公示不仅是法律文书送达的方式之一，而且公示能达到送达至指定目的人导致目的人知晓的送达目的。

尽管公示具有不同的法律效力，但须承认的是，部分商事法律法规规定公示是基于行政管理的需要。此时公示并不具有能够确定商事主体权利义务的作用，而是满足行政机关履行行政职能的需要。

相关案例

浙江淘宝网络有限公司与衣念（上海）时装贸易有限公司侵犯商标权纠纷案

被告淘宝公司是淘宝网（网址：www.taobao.com）的经营管理者，淘宝公司为用户提供网络交易平台服务。

原告衣念公司认为淘宝网有大量卖家发布侵权商品信息。衣念公司利用淘宝网提供的搜索功能，通过关键字搜索涉嫌侵权的商品，再对搜索结果进行人工筛查，并通过电子邮件将侵权商品信息的网址发送给淘宝公司，同时衣念公司向淘宝公司发送书面通知函及相关的商标权属证明材料，要求淘宝公司删除侵权商品信息并提供卖家真实信息。淘宝公司收到衣念公司的投诉后，对衣念公司提交的商标权属证明进行核实，对衣念公司投诉的商品信息逐条进行人工审核，删除其中淘宝公司认为构成侵权的商品信息，并告知衣念公司发布侵权商品信息的卖家的身份信息。因衣念公司认定的淘宝网上的侵权商品信息非常多，其几乎在每个工作日都向淘宝公司投诉，每天投诉的商品信息少则数千条，多则达数万条。根据统计，自2009年9月29日至2009年11月18日，衣念公司向淘宝公司投诉的侵权商品信息有131261条，淘宝公司经审核后删除了其中的117861条。2010年2月23日至2010年4月12日，衣念公司向淘宝公司投诉的商品信息有153277条，淘宝公司经审核后删除了其中的124742条。淘宝公司删除的商品信息数量约占衣念公司投诉总量的85%。衣念公司的投诉涉及TEENIE WEENIE、Eland等十四个商标。淘宝公司根据衣念公司的投诉删除商品信息后，有的卖家会向淘宝公司提出异议，并提供其销售的商品具有合法来源的初步证据。淘宝公司会将卖家的异议转交给衣念公司。衣念公司有时会撤回投诉，撤回投诉的原因，有的确实属于因错误投诉而撤回投诉，有时则是由于其暂时无法判断是否侵权而撤回投诉。上述投诉中，包含了衣念公司于2009年9月29日至2009年11月11日期间针对原审被告杜国发的7次投诉，其中有3次涉及TEENIE WEENIE商标，4次涉及依兰德有限公司的另一个注册商标SCAT。淘宝公司接到衣念公司投诉后即删除了杜国发发布的商品信息，杜国发并未就此向衣念公司及淘宝公司提出异议，淘宝公司也未对杜国发采取处罚措施。直至2010年9月，淘宝公司才对杜国发进行扣分等处罚。

淘宝公司制定并发布了《淘宝网服务协议》《商品发布管理规则》《淘宝网用户行为管理规则》等规则，这些规则多次提到禁止用户发布侵犯他人知识产权的商品信息，并制定了相关处罚措施。2009年9月15日生效的《淘宝网用户行为管理规则（非商城）》规定：淘宝网用户在商品名、商品介绍等信息或载体中侵犯他人知识产权属于违规行为；侵犯他人知识产权的违规行为包括所有违反《禁止及限制交易物品管理规则》内有关条款或商标法、著作权法、专利法等法律法规的行为。此外，该规则还规定了相应的处罚措施：淘宝网用户有商标侵权、专利侵权等违规行为，将受到限制发布商品14天、下架所有商品信息、公示处罚（警告）14天的处罚，同时记6分。淘宝网用户违规行为记分是为了记录用户在淘宝网违规行为的一种方式。违规行为记分按每一自然年为周期（1月1日至12月31日）。违规记分扣满12分，淘宝公司将对账户做冻结处理，用户只有通过考核后，淘宝公司才会解除冻结。用户在学习期后才可以参加考核，学习期按记分周期内的冻结次数乘以3计算，如首次冻结1×3=3天，第二次冻结2×3=6天。账户冻结后该用户可以登录淘宝网，但限制发布商品信息，下架用户的所有商品信息。对于情节特别严重的违规行为，淘宝公司有权对用户作永久封号处理。2010年6月10日，淘宝公司发布了同时适用商城和非商城的《淘宝网用户行为管理规则（修订版）》，对淘宝网用户的违规行为进行了细化，并调整了处罚措施。其中对侵犯他人知识产权的违规行为规定了三级处罚措施，一级为有确切证据证明卖家出售假冒商品且情节特别严重的，扣48分；二级为有确切证据证明卖家出售假冒商品的，扣12分；三级为所发布或使用的商品、图片、店铺名等店铺内容侵犯商标权、著作权、专利权，或者存在误导消费者情况的，扣4分。当扣分达到或超过12分但未到24分时，会员将被同时处以店铺屏蔽、限制发布商品、限制发送站内信、限制社区所有功能及公示警告7天；当扣分达到或超过24分但未到48分时，会员将被同时处以店铺屏蔽、限制发布商品、限制发送站内信、限制社区所有功能及公示警告14天；当扣分达到或超过36分但未到48分时，会员将被处下架所有商品，且同时并处限制发布商品、限制发送站内信、限制社区所有功能、关闭店铺及公示警告21天；当扣分达到或超过48分时，会员将被处永久封号。

上海浦东新区人民法院认为：网络用户利用网络实施侵权行为的，被侵权人有权通知网络服务提供者采取删除、屏蔽、断开链接等必要措施。在2009年9月29日至2009年11月11日期间，衣念公司发现杜国发通过淘宝网销售侵权商品后，先后7次向淘宝公司发送侵权通知函，淘宝公司审核后先后7次删除了杜国发发布的商品信息。淘宝公司认为，其已经采取了必要的措施。本院认为，网络服务提供者接到通知后及时删除侵权信息是其免于承担赔偿责任的条件之一，但并非是充分条件。网络服务提供者删除信息后，如果网络用户仍然利用其提供的网络服务继续实施侵权行为，网络服务提供者则应当进一步采取必要的措施以制止继续侵权。哪些措施属于必要的措施，应当根据网络服务的类型、技术可行性、成本、侵权情节等因素确定。具体到网络交易平台服务提供商，这些措施可以是对网络用户进行公开警告、降低信用评级、限制发布商品信息直至关闭该网络用户的账户等。淘宝公司作为国内最大的网络交易平台服务提供商，完全有能力对网络用户的违规行为进行管理。淘宝公司也实际制定并发布了一系列的网络用户行为规则，也曾对一些网络用户违规行为进行处罚。淘宝公司若能够严格根据其制定的规则对违规行为进行处理，虽不能完全杜绝网络用户的侵权行为，但可增加网络用户侵权的难度，从而达到减少侵权的目的。就本案而言，淘宝公司接到衣念公司的投诉通知后，对投诉的内容进行了审核并删除了杜国发发布的商品信息。根据淘宝网当时有效的用户行为管理规则，其在接到衣念公司的投诉并经核实后还应对杜国发采取限制发布商品信息、扣分、直至冻结账户等处罚措施，但淘宝公司除删除商品信息外没有采取其他任何处罚措施。在7次有效投诉的情况下，淘宝公司应当知道杜国发利用其网络交易平台销售侵权商品，但淘宝公司对此未采取必要措施以制止侵权，杜国发仍可不受限制地发布侵权商品信息。据上，本院认为，淘宝公司有条件、有能力针对特定侵权人杜国发采取措施，淘宝公司在知道杜国发多次发布侵权商品信息的情况下，未严格执行其管理规则，依然为杜国发提供网络服务，此是对杜国发继续实施侵权行为的放任、纵容。其故意为杜国发销售侵权商品提供便利条件，构成帮助侵权，具有主观过错，应承担连带赔偿责任。

相关立法与规定

商务部《第三方电子商务交易平台服务规范》

5.3 平台经营者信息公示

平台经营者应当在其网站主页面或者从事经营活动的网页显著位置公示以下信息：

（1）营业执照、组织机构代码证、税务登记证以及各类经营许可证；

（2）互联网信息服务许可登记或经备案的电子验证标识；

（3）经营地址、邮政编码、电话号码、电子信箱等联系信息及法律文书送达地址；

（4）监管部门或消费者投诉机构的联系方式。

（5）法律、法规规定其他应披露的信息。

6.3 站内经营者行为规范

平台经营者应当通过合同或其他方式要求站内经营者遵守以下规范，督促站内经营者建立和实行各类商品信誉制度，方便消费者监督和投诉：

（1）站内经营者应合法经营，不得销售不符合国家标准或有毒有害的商品。对涉及违法经营的可以暂停或终止其交易。

（2）对涉及违法经营或侵犯消费者权益的站内经营者可以按照事先公布的程序在平台上进行公示。

（3）站内经营者应就在停止经营或撤柜前3个月告知平台经营者，并配合平台经营者处理好涉及消费者或第三方的事务。

（4）站内经营者应主动配合平台经营者就消费者投诉所进行的调查和协调。

第四十五条 【平台经营者对侵权行为明知时的义务及责任】

电子商务平台经营者知道或者应当知道平台内经营者侵犯知识产权的，应当采取删除、屏蔽、断开链接、终止交易和服务等必要措施；未采取必要措施的，与侵权人承担连带责任。

条文主旨

本条规定是对知识产权侵权行为知情的电子平台经营者应主动采取必要措施的义务和责任。

条文释义

一、立法理由

第42条和第43条的规定是电子商务平台经营者对侵权行为不知情的情况，而本条与之不同，规定的是电子商务平台经营者对此知情的情况。在前者情况中，平台经营者是被动地采取措施，本条规定的是主动采取义务。之所以规定对侵权行为知情的平台经营者应主动采取必要措施主要出于如下几点原因。首先，取决于平台经营者受益人身份。平台经营者通过平台盈利，享受着平台运营为其带来的利益，也当然有义务对平台中可能出现的违法行为进行有效管理，这同样也是权利和义务相统一原则的体现。其次，本法第41条也规定了平台经营者知识产权保护的一般义务，这种一般性的义务既包括建立规则，也包括在发现侵权的情况下主动地采取措施。最后，这也是完善群众监督的重要一环。当知识产权权利人之外的第三人进行公众监督举报时，最有条件受理并采取相应措施的就是平台经营者。依据该条的规定，平台经营者通过接受举报而对侵权行为知情时，应当主动采取必要措施，只有这样才能让群众监督真正发挥实效。如果知识产权的权利人有证据证明电子商务平台经营者对侵权行为知情却没有采取必要措施的，可以直接适用本条让其承担责任，只有在没有证据证明的情况下才需要按照第37条的规定进行通知。

二、内容解析

对侵权行为知情的平台经营者有及时采取必要措施制止侵权行为的义

务，法条虽然没有明确指出及时，但是及时采取措施也是该条规定的应有之意，否则该条的规定将会失去意义。此处的必要措施包括删除、屏蔽、断开链接、终止交易和服务等可以制止进一步侵害的所有必要措施。未采取必要措施的平台经营者具有过错，将被视为共同侵权者而与侵犯知识产权的平台内经营者承担连带责任。

在电子商务领域。对于平台内经营者“知道或应当知道”的判断应考虑以下因素：

第一个是提供的网络服务的类型。服务类型不同决定了服务提供者对侵权行为的预见能力也有所不同，判断知道与否的标准也有差异。例如，在认定提供接入传输服务、搜索引擎服务等服务提供者是否知道侵权行为时，标准通常比较严格。因为这类服务的提供者可能根据用户的请求访问整个互联网中没有被禁止访问的任何网络终点，但其不可能一一审查用户所访问到的内容，因此服务提供者对于用户访问的内容基本上不具有预见能力和控制能力。所以实践中，被侵权人只有有足够的证据证明这类服务提供者明知侵权行为的存在，法院才会认定其应承担侵权责任。然而，对于提供链接服务、存储服务的服务提供者而言，实践中判断其知情的标准就相对比较宽松。

第二个是生活常识和被公众知晓的事实。根据一般的生活常识，如果某些侵权行为足够明显，网络服务提供者对此完全可以从常理的角度认识到，则应认为网络服务提供者主观上为明知或应知。这也体现了“红旗原则”的内容。例如，非法上传正在上映的热门电影，很难说网站对此不知情。下文【相关案例】中的案例就说明了这一点。

第三个是侵权时间的长短。对于服务提供者而言，不能苛责其在每种侵权行为的一开始就对此知情。但是，随着时间的增长，服务提供者知道的可能性也会随之提升。如果该侵权行为持续得足够长并且影响足够大并为公众知悉时，就应当认为网络服务提供者有极大的可能对此知情。

第四个是网络服务提供者的规模大小。规模越大的网络服务提供者影响力就越大，造成侵权的后果就越严重，有必要赋予其更高的注意义务。而且规模越大就越应该有能力对可能出现的侵权行为进行筛查。司法实践中，法院对于大型的门户网站，如新浪网、搜狐网等，往往会提出更高的注意义务的要求。

此外《最高人民法院关于审理利用信息网络侵害人身权益民事纠纷案件适用法律若干问题的规定》对于判断“知道或应当知道”有较为具体的规定。虽然该司法解释适用的范围是侵害人身权益的案件，但是其判断标准可以在侵害知识产权的案件中借鉴。该法第 9 条规定：“人民法院依据侵权责任法第三十六条第三款认定网络服务提供者是否‘知道’，应当综合考虑下列因素：（一）网络服务提供者是否以人工或者自动方式对侵权网络信息以推荐、排名、选择、编辑、整理、修改等方式作出处理；（二）网络服务提供者应当具备的管理信息的能力，以及所提供服务的性质、方式及其引发侵权的可能性大小；（三）该网络信息侵害人身权益的类型及明显程度；（四）该网络信息的社会影响程度或者一定时间内的浏览量；（五）网络服务提供者采取预防侵权措施的技术可能性及其是否采取了相应的合理措施；（六）网络服务提供者是否针对同一网络用户的重复侵权行为或者同一侵权信息采取了相应的合理措施；（七）与本案相关的其他因素。”

相关原理

民法中的帮助侵权

电子商务平台经营者知道平台内经营者存在侵权行为时，其承担连带责任的原因是因为构成了帮助侵权行为。帮助侵权指一方帮助他方实施侵权行为致人损害而应承担侵权责任的行为。其中帮助行为又称“视为的共同侵权行为”。在帮助他人实施侵权行为的案件中，帮助人并未直接参与实施加害行为，受害人要证明帮助人的行为与损害之间的因果关系和原因力的大小比较困难。为更好地保护受害人的合法权益，侵权法上规定帮助人也被视为共同加害行为人，与直接加害人一起就受害人的全部损害承担连带责任。此一规定使受害人无须证明帮助人的行为与损害的因果关系，而只要证明帮助行为的存在，即可使得帮助人与直接侵权人一起承担连带责任。

根据我国《侵权责任法》第 9 条，帮助行为又分为帮助完全民事行为能力人和帮助不完全民事行为能力人两种。对于前一种情况，帮助人应当与行为人承担连带责任。对于第二种情况帮助人应当承担侵权责任，未尽到监护责任的监护人应当根据过错对受害人承担相应的责任，并非与帮助人承担连带责任。

帮助行为的构成要件如下：

1. 存在数个行为人

帮助行为中至少有两个行为人：一是帮助行为之人，即帮助人；二是实施直接侵权行为之人，即行为人。帮助人可以是完全民事行为能力人，也可以不是完全民事行为能力人，对于后者由其监护人承担责任即可。

2. 行为人的侵权行为成立

帮助人责任的成立以被帮助人即行为人的行为构成完整的侵权行为为前提，否则帮助人不会承担任何责任，这就与刑法中的教唆犯不同。完整的侵权行为意味着行为人的行为满足侵权责任法中规定的加害行为、过错、因果关系和损害结果等构成要件，行为人自己应对侵权行为承担责任。

3. 存在帮助行为

帮助行为是指给予他人帮助，如提供工具或者传授方法，为他人实施侵权行为提供了便利。帮助行为并不要求帮助人的行为是导致行为人实施侵权行为的原因，只要帮助行为在客观上使加害行为易于实施即可。

4. 存在共同过错

首先，帮助人需要有帮助他人实施侵权行为的故意，如果对于帮助行为不具有故意而是过失，则帮助人只能因此承担一般的侵权责任而非与行为人承担连带责任。其次，对于帮助人的帮助行为，行为人也是知道或应当知道的，否则只能按照无意思联络的多数人侵权处理。

相关案例

上海全土豆网络科技有限公司与新传在线（北京）信息技术有限公司侵犯著作财产权纠纷上诉案

在本案中上诉人（原审被告）“土豆网”的注册用户在电影《疯狂的石头》热播的档期内将该电影的视频片段上传至“土豆网”供公众在线播放。

为此，享有该电影信息网络传播权的被上诉人（原审原告）北京新传时代广告有限公司向法院提起诉讼，主张“土豆网”与该注册用户构成了共同侵权，应立即删除相关视频并赔偿损失。本案经二审法院上海市高级人民法院审理，现已终结。

二审法院认为，一方面，从技术角度分析，网络环境中任何侵犯著作权行为的发生，都必须以一定的网络平台为前提。换言之，在本案中，离开了上诉人提供的网络存储空间和平台，本案中直接实施上传行为的用户就无从上传涉案侵权作品。另一方面，基于网络技术的特殊性，不能仅因为网站存储或出现了侵权作品，就认定提供了存储空间的该网络服务提供者要承担侵权责任。本案的关键在于判断上诉人作为提供网络存储空间的视频分享网站，对其用户通过土豆网上传涉案作品的侵权行为是否具有主观过错，也就是说，上诉人只有在主观具有明知或应知状态下对用户的侵权行为才承担共同侵权的法律责任。根据本案查证的事实，上诉人虽然没有直接实施上传侵权视频的行为，但其在应知网络用户涉案侵权行为存在的情况下予以放任，属于通过网络帮助他人实施侵犯著作权行为，主观上具有过错，应当承担相应的侵权民事法律责任。理由为：第一，上诉人是经营视频分享网站的网络服务提供者，其承担的注意义务应当与其具体服务可能带来的侵权风险相对应。上诉人在土豆网专门设立不同频道，供用户根据作品不同类别进行上传，方便了用户较容易地在上述分类频道中或通过“站内搜索”功能找到该部作品，并通过点击播放实现在线收看，从而大大方便了侵权作品在网络的传播。需要指出的是，上诉人特意将“原创”作品与其他“娱乐”“影视”“音乐”等作品分设在不同频道的行为本身，也说明上诉人除了对广大网络用户将自拍的家庭生活或娱乐片断等原创作品上传之外，还可能将其他未经许可的热门电影和电视剧等上传至网站从而招致可能的侵权风险的情况是知晓的。第二，根据常理可知，目前没有任何一家中外著名电影制片公司许可过任何网站或个人免费提供其摄制的热门电影供网络用户下载。上诉人作为一家专门从事包含影视、音乐等在内的多媒体娱乐视频共享平台的专业网站，在日常网站维护中，应当知晓当时在大陆热播的电影作品之一的

《疯狂的石头》的上传是未经许可的。本院注意到，根据土豆网制定的用户上传作品的流程介绍，土豆网实行的是上传视频的事前审查机制，即通过设置“审片组”由其工作人员负责对视频内容合法性进行判断，再决定是否准许在网站上传播，用户提供的视频信息只有经过“审片组”审核后才会在12小时后得以向公众发布。尽管上诉人辩称，其只是对反动、色情、暴力等视频内容进行审查，但如前所述，由于涉案作品《疯狂的石头》在当时是大陆热播的影片，上诉人在审片过程中不可能不注意到该影片的上传属于未经许可的侵权行为。此外，通过审核后公布在土豆网上的视频作品的视频框左上角均由上诉人加注“土豆网和其域名”字样的事实本身，也再次证明了上诉人对用户上传视频的审核行为的认可。由此可见，上诉人在具备合理理由知晓侵权行为存在的情况下，不仅不采取合理措施防止侵权行为的发生，还采取了视而不见、予以放任的态度，其主观上具有过错，应当承担相应的侵权民事法律责任。

本案一审法院判决被告立即删除侵权视频并赔偿原告损失及合理费用5万元。二审法院维持原判。

相关立法与规定

1.《侵权责任法》

第9条 教唆、帮助他人实施侵权行为的，应当与行为人承担连带责任。

教唆、帮助无民事行为能力人、限制民事行为能力人实施侵权行为的，应当承担侵权责任；该无民事行为能力人、限制民事行为能力人的监护人未尽到监护责任的，应当承担相应的责任。

2.《信息网络传播权保护条例》

第23条 网络服务提供者为服务对象提供搜索或者链接服务，在接到权利人的通知书后，根据本条例规定断开与侵权的作品、表演、录音录像制品的链接的，不承担赔偿责任；但是，明知或者应知所链接的作品、表演、录音录像制品侵权的，应当承担共同侵权责任。

第四十六条　【平台经营者服务种类及交易方式的限定】

除本法第九条第二款规定的服务外，电子商务平台经营者可以按照平台服务协议和交易规则，为经营者之间的电子商务提供仓储、物流、支付结算、交收等服务。电子商务平台经营者为经营者之间的电子商务提供服务，应当遵守法律、行政法规和国家有关规定，不得采取集中竞价、做市商等集中交易方式进行交易，不得进行标准化合约交易。

条文主旨

本条是对电子商务平台经营者允许提供的服务以及禁止采取的交易方式的规定。

条文释义

一、立法理由

依据本法第9条第2款的规定，电子商务平台经营者提供的服务包括提供虚拟经营场所、交易撮合、信息发布等。但是随着电子商务的不断发展，越来越多的平台已经发展为结合多种服务为一体的超级平台。例如，淘宝网在消费者购物的时候提供支付结算功能，京东网同时也负责快递配送。这种一体化的发展模式自然有其优势，可以整合资源，简化购物流程，提升购物体验。但是同时也会带来一系列的问题。例如，通过控制上下游产业而达到垄断地位，或者利用对市场的支配地位侵犯其他经营者的利益。因本条一方面肯定了电子商务平台多元发展的做法。另一方面又对其提出了一定的限制，即要遵守服务协议和交易规则以及法律法规，同时也对交易的方式和手段进行了一定的限制。

二、内容解析

（一）平台经营者可以提供的商品交易或服务交易

依据该条的规定，平台经营者可以提供的服务包括仓储、物流、支付结算、交收等。平台经营者需要在平台服务协议和交易规则中将其所提供的服务类型明确列明，并依此提供服务，使得消费者和其他平台内经营者明确知悉其服务内容。

平台经营者在提供上述服务时应当遵守法律、行政法规和国家有关规定，如在提供仓储服务时需要遵守《仓库防火安全管理规则》《常用化学危险品贮存通则》以及《消防法》等，提供物流服务时要遵守《邮政法》《汽车货物运输规则》《道路货物运输服务业管理办法》《铁路货物运输规程》《铁路货物运输管理规则》《航空货物运合同实施细则》《水路输管理条例》等以及《物流中心作业通用规范》《第三方物流服务质量要求》等，在提供支付结算服务时，《非金融业机构支付服务管理办法》《电子支付指引》《非银行支付机构网络支付业务管理办法》等。

本条还规定了平台可以提供交收服务。所谓的交收服务即提供代为交付和代为受领的服务。由平台代为交付和受理之后，货物风险就可转移，同时也可以避免受领迟延等一系列问题。

（二）平台不得采取的交易方式

平台经营者不同于实体商品交易场所或证券交易所，不得采取集中竞价、做市商等集中交易方式进行交易，不得进行标准化合约交易。

集中竞价制度一般是证券交易所撮合证券交易时使用的交易方式。在集中竞价时，交易系统同时接收所有的买方和卖方的申报价格和单数，最终由多个参与者提出的买卖价格共同决定一个单一价格进行买卖的制度。集中竞价又可以分为集合竞价和连续竞价两种。在集合竞价过程中，系统会将买卖双方的价格由低到高排序，并找到一个可以达成成交量最大的价格作为成交价。买入价高于成交价以及卖出价低于成交价的申报都可以成交。集合竞价阶段没有成功交易的申报会进入连续交易阶段。在连续交易阶段，系统会不断接受新的申报。新的买入申报价格如果高于最低的卖出价，则以最低的卖出价作为成交价成交。例如，卖出申报价格和数量分别为 15.60 元和 1000 股、15.50 元和 800 股、15.35 元和 100 股。若此时该股票有一笔买入申报进入交易系统，价格为 15.50 元，数量为 600 股，则应以 15.35 元成交 100 股、15.50 元成交 500 股。之所以有两个成交价格是因为最低卖出价 15.35 元的申报只有 100 股，当这 100 股交易完成之后，新的最低卖出价为 15.50

元。此时以15.50元的价格再次交易500股之后刚好可以使全部的买入申报成功交易。15.50元剩下的300股将和15.60元的1000股一起继续进行连续交易。新的卖出申报也遵循同理进行交易，当新的卖出申报价格如果低于最高的买入价，则以最高的买入价作为成交价成交。

所谓做市商的方式是指由具备一定实力和信誉的特定法人作为特许交易商，不断地以较低价格买入一定的有价证券或商品，再以较高的价格卖出，在买卖的价差之中获取利润的一种交易方式。做市商以特定法人自身的资金实力为持续性的买卖提供保障，并通过这种不断买卖的方式来维持市场的流动性。

标准化合约交易是指使用统一制定的合约开展交易，合约会将标的资产（基础资产）的交易价格、交易时间、资产特征、交易方式等交易内容进行事先标准化的规定。最典型的标准化合约交易即期货交易，期货交易中的标准化合约一般由期货交易所统一制定。

上述交易方式涉及国家宏观经济调控，关系到国家经济秩序的稳定。每一种交易方式都有特定的法规进行规制，其交易主体也有特定的资格限制。而且，当下电子商务领域的众多平台资金实力雄厚，社会影响极其广泛，如果任意从事上述交易，将完全突破现有的金融管理秩序，给国家的经济秩序造成隐患。因此，本条规定不允许电子商务平台任意使用上述方式进行交易。

相关原理

宏观调控与宏观调控法

在经济学意义上，宏观调控是一国政府对国民经济的总体管理。它是国家在经济运行中，政府运用财政、货币或者税收等调节手段对社会经济总体进行调节与控制，以实现资源优化配置，市场经济得到正常运行和均衡发展的过程。在经济学中，政府为平稳经济运行，促进经济发展而采取的一系列措施都属于宏观调控手段。为给这些宏观调控手段提供合理性依据，同时限制政府的过度介入，使政府的宏观调控规范化、标准化，在法律法规之中需要有相应的制度设计。这种经由法律规范确定的对国民经济和社会所进行总体调节和控制的制度设计和安排就是法学意义上的宏观调控。

政府对国民经济运行进行宏观调控的理论依据主要有四个。第一个是市场失灵理论。由于市场存在着外部性以及信息不对称等弊端，单纯依赖市场进行资源配置会引发冲突问题。最直接的就是导致垄断的出现，收入分配的两极分化，公共产品供给不足，所以需要使用其他手段对经济运行进行调控。第二个是国家干预理论。该理论由凯恩斯系统化。为了解决大萧条时期出现的经济萎靡，失业率高等一系列问题，该理论主张通过政府采取积极的财政政策，调整分配秩序，来实现扩大内需，刺激生产，充分就业。第三个是政府失灵理论。政府在进行宏观调控时也有其局限性。由于政府的调控手段并不能每次都完全符合经济发展的客观规律。因此不合理的宏观调控反而会破坏经济运行的稳定秩序，甚至对经济发展造成严重阻碍。同时，随着政府规模的逐渐庞大，也会产生机构冗杂效力低下等一系列问题。第四个是国家适度干预理论。适度干预理论综合了上述理论的内容。该理论认为完全的自由放任和完全的政府干预都不是一种理想的发展模式，二者应该是相互补充的关系。在市场机制失效时，国家有必要加强干预。而当市场机制功能恢复时，国家干预则需递减。只有这样才能克服市场调节的弊端以及政府调控的失灵，以达到促进经济平稳运行的目的。最后一种理论是学界普遍接受的理论，并成为国家进行经济调控的正当性理由之一。

宏观调控法是反映国家宏观调控政策，规范宏观调控手段的法律规范的总称。宏观调控法调整的是宏观调控关系。宏观调控关系包括宏观调控的主体、客体和内容三个要素。

宏观调控关系的主体是指依法拥有宏观调控权力，依法执行宏观调控职责的法定主体以及社会机构。例如，中国人民银行、国家发展和改革委员会、财政部、商务部、政策性银行、政府采购中心等。其中社会机构有明确的资格限制，从属于政府，受政府监管，代为行使政府的部分职能。

宏观调控关系的客体是国民经济活动，包括国民经济与社会发展计划、财政税收关系、货币信贷关系、投资关系、涉外经济管理关系等直接影响国民经济整体运行和社会稳定的问题。当然，这些调控客体之间并不是相互独立的。只有有效协调各客体之间的关系，才能实现社会整体经济的平稳运行。

宏观调控关系的内容指的是国家为配置资源，调整国民经济发展所运用的经济计划、经济政策以及各种调节手段。经济计划分为国民经济与社会发展的总体规划和对经济运行中某些重要经济活动进行调节的计划；经济政策主要是宏观经济政策，包括财政政策、货币政策，以及建立和完善适应市场经济发展的制度、收入分配制度和税收征管制度等；宏观调控手段主要指政府利用价格杠杆、税收杠杆、信贷杠杆和资本杠杆等调节国民收入的分配和再分配。

相关立法与规定

1. **《国务院关于清理整顿各类交易场所切实防范金融风险的决定》**

三、健全管理制度，严格管理程序

自本决定下发之日起，除依法设立的证券交易所或国务院批准的从事金融产品交易的交易场所外，任何交易场所均不得将任何权益拆分为均等份额公开发行，不得采取集中竞价、做市商等集中交易方式进行交易；不得将权益按照标准化交易单位持续挂牌交易，任何投资者买入后卖出或卖出后买入同一交易品种的时间间隔不得少于5个交易日；除法律、行政法规另有规定外，权益持有人累计不得超过200人。

除依法经国务院或国务院期货监管机构批准设立从事期货交易的交易场所外，任何单位一律不得以集中竞价、电子撮合、匿名交易、做市商等集中交易方式进行标准化合约交易。

……

2. **《证监会、发展改革委、工业和信息化部等关于禁止以电子商务名义开展标准化合约交易活动的通知》**

第1段 ……但是，目前部分公司以电子商务名义，采取集合竞价、连续竞价、电子撮合、匿名交易、做市商等集中交易方式进行标准化合约交易，存在较大风险隐患。各地区、各部门要高度重视，认真开展清理整顿工作，切实防范化解金融风险，维护经济社会稳定。

3. **《证券法》**

第40条 证券在证券交易所上市交易，应当采用公开的集中交易方式或者国务院证券监督管理机构批准的其他方式。

4. **《上海证券交易所交易规则》**

1.5 证券交易采用无纸化的集中交易或经中国证券监督管理委员会（以下简称“证监会”）批准的其他方式。

3.5.1 证券竞价交易采用集合竞价和连续竞价两种方式。

集合竞价是指在规定时间内接受的买卖申报一次性集中撮合的竞价方式。

连续竞价是指对买卖申报逐笔连续撮合的竞价方式。

3.5.2 集合竞价期间未成交的买卖申报，自动进入连续竞价。

5. **《全国银行间债券市场做市商管理规定》**

第2条 本规定所称做市商是指经中国人民银行批准在银行间市场开展做市业务，享有规定权利并承担相应义务的金融机构。

做市业务是指做市商在银行间市场按照有关要求连续报出做市券种的现券买、卖双边价格，并按其报价与其他市场参与者达成交易的行为。

第3条 在中华人民共和国境内依法设立的金融机构申请成为做市商，应当具备以下条件：

（一）注册资本或净资本不少于12亿元人民币；

（二）市场表现活跃，提交申请时上一年度的现券交易量排名前80位；

（三）提交申请前，已在银行间市场尝试做市业务，具备必要的经验和能力；

（四）具有完善的内部管理制度、操作规程和健全的内部风险控制机制、激励考核机制；

（五）有较强的债券市场研究和分析能力；

（六）相关业务部门有5人以上的合格债券从业人员，岗位设置合理、职责明确；

（七）提交申请前2年没有违法和重大违规行为；

（八）中国人民银行规定的其他条件。

6.《期货交易管理条例》

第2条　任何单位和个人从事期货交易及其相关活动，应当遵守本条例。

本条例所称期货交易，是指采用公开的集中交易方式或者国务院期货监督管理机构批准的其他方式进行的以期货合约或者期权合约为交易标的的交易活动。

本条例所称期货合约，是指期货交易场所统一制定的、规定在将来某一特定的时间和地点交割一定数量标的物的标准化合约。期货合约包括商品期货合约和金融期货合约及其他期货合约。

本条例所称期权合约，是指期货交易场所统一制定的、规定买方有权在将来某一时间以特定价格买入或者卖出约定标的物（包括期货合约）的标准化合约。

第4条　期货交易应当在依照本条例第六条第一款规定设立的期货交易所、国务院批准的或者国务院期货监督管理机构批准的其他期货交易场所进行。

禁止在前款规定的期货交易场所之外进行期货交易。

第三章 电子商务合同的订立与履行

第四十七条 【电子商务合同的法律适用】

电子商务当事人订立和履行合同，适用本章和《中华人民共和国民法总则》《中华人民共和国合同法》《中华人民共和国电子签名法》等法律的规定。

条文主旨

本条是对电子合同法律适用的规定。

条文释义

一、立法理由

电子商务法草案对合同问题曾经有比较系统、完整的规定，但是确实与现行民法有比较大的重合，后来做了比较大的调整。在立法技术上，为避免重复立法，《电子商务法》中有关合同的规定被大幅压缩，本法只对合同法中没有规定的和电子商务合同特别的内容进行了规定。这种做法虽然可以精简立法体例，但是使合同部分的条文过于零碎，不成系统。本法中规定的几个条文并不能解决电子商务合同中出现的全部问题，需要补充适用其他规定。本条的作用就是对本法与其他相关法律的适用作出立法的衔接。

二、内容解析

1. 电子商务合同概念

电子商务当事人以数据电文形式订立的合同即电子商务合同。电子商务合同是电子合同的一个重要类型。参照《联合国贸易法委员会电子商业示范法》第 2 条第（a）款以及《电子签名法》第 2 条第 2 款的相关条款，电子合同即以数据电文的形式订立的合同。至于数据电文的概念，在《电子签名法》中已有规定，数据电文是指经由电子手段、电磁手段、光学手段或类似手段生成、发送、接收或存储的信息。这一规定也与国际上的立法一致。由此可见，电子合同强调订立合同时使用的方式，即不论合同内容和当事人，只要使用数据电文形式订立就符合电子合同的定义。因此严格来说，电子合同不限于电子商务合同，前者是后者的上位概念。

2. 与一般合同的区别

电子合同与一般的合同相比只是在订立手段上存在不同，不能因为采用电子的形式就否定其合同的本质，因此也能适用《合同法》的规定。电子合同中的签名属于电子签名，可以适用一般合同签名的规定。

3. 法律适用

本法是专门调整电子商务这一商事法律关系的法律制度，但是电子合同并非电子商务专用，在民事关系领域也可以通过电子形式订立合同。纯粹民事内容的电子合同可否适用本法的相关规则，还需要研究。因此，本条对适用的范围进行了限定，即从事电子商务活动的当事人订立的电子合同，适用本法。

对于电子商务合同，本条规定可以适用本法以及《民法总则》《合同法》《电子签名法》等法律的规定。当对同一事项上述各法律之间规定的内容不存在冲突的情况下，上述法律规定同时适用、共同调整。存在冲突的情况下就存在适用的顺序问题。我国 1999 年制定的《合同法》和 2004 年制定的《电子签名法》已经对数据电文的效力、法律原则、要求、发送、接收、电子签名效力及认证管理制度作出了规定。电子合同属于一种特殊形式的合同，按照特别法与一般法关系的原理，应优先于《合同法》和《电子签名法》适用本法的规定。同理，二者也优先于《民法总则》适用。

相关原理

一、法律位阶的适用顺序和冲突规则

法律位阶是指正式法律渊源的效力位阶。法律渊源是指被承认具有法的效力、法的权威性或具有法律意义并作为法官审理案件之依据的规范或准则来源，根据是否能够直接作为法官审理案件的依据可以将法源分为正式法源

和非正式法源两种。我国正式法源包括宪法、法律、行政法规等成文法。根据制定主体的不同，不同正式法源也有不同的效力等级，从上至下依次是宪法—法律—行政法规—规章等，这种效力等级即法律渊源的效力位阶。

法律位阶的适用顺序，主要是指在对某一事项的调整存在着两个或两个以上不同的法律渊源时，哪个法律渊源优先适用的问题。比如，“下位法优先适用于上位法”，当上、下位阶法律对相同事项调整并无冲突时，除非缺乏适当的下位阶规则可资适用，否则应优先适用下位阶法而非上位阶法。

法律位阶的冲突规则是指当不同法律渊源之间对于同一事项的规定产生冲突时，确定适用哪个法律渊源的规则。规定内容的冲突从逻辑学上可以包括包含、相交和分离三种类型。包含指的是其中一个的规定是另外一个的限缩规定。相交指的是两个法律渊源的规定有部分相同的内容，也有部分规定不同。分离指的是二者对同一事项的规定完全不一样。发生冲突的情形主要包括两种情况，一是不同位阶的法律渊源之间的冲突，二是同一位阶的法律渊源之间的冲突。对于不同位阶的法律渊源之间的冲突，应依照“上位法优先适用于下位法”的原则。当同一位阶的法律渊源之间发生冲突时，则适用“特别法优先适用于普通法”和“后法优先适用于前法”的原则。

《电子商务法》属于法律，与《民法总则》《合同法》和《电子签名法》等属于同一效力位阶。不同于之前的《网络交易管理办法》《电子认证服务管理办法》和《国务院办公厅关于加快电子商务发展的若干意见》等部门规章，《电子商务法》在法律层级上要高于这些部门规章。在厘定《电子商务法》的法律位阶之后，就可以确定较为清楚的适用顺序。例如，我国《合同法》规定，如果没有约定检验期间，买受人在收到标的物之后应及时检验。而《电子商务法》第 52 条规定的是当面查验，在日后审判实践中就应以买受人是否当面查验作为其是否及时验货的判断标准。

二、电子商务合同的特殊法律规则

本法只规定了合同成立、格式合同和合同履行的部分内容，与最开始的草案相比缺乏系统性。因为电子合同本质上也是合同，准用合同法的规定，可以参照合同的体系构建电子合同的理论框架。所以，电子合同的理论框架大致应包含合同的订立、合同效力、合同的履行、合同的权利义务终止以及违约责任这几个部分的内容。每一部分中都应当包含有一定自身特殊性的内容，列举如下：

（一）合同的订立

这一部分应当包括要约承诺规则、合同成立的其他方式、合同形式、合同成立的时间地点等内容。就电子商务合同的特殊内容而言，合同的订立部分虽然本法对要约效力（第49条）、输入错误的更正和格式条款的提示义务（第50条）做了规定，但是仍不完整。除此之外，还应包括合同当事人的确认、数据电文形式的要约和承诺的判定，数据电文的生效时间、撤回、撤销以及确认收讫制度。

合同当事人确认的问题将在第48条的相关原理中论述，要约和承诺的判定、数据电文的生效时间、撤回、撤销将在第49条的条文释解和相关原理中展开，此处只讨论确认收讫制度。

确认收讫是指接收人在收到数据电文之后，通过一定方式通知发出人，对收到数据电文进行确认的行为。确认收讫制度有两方面的意义。一是降低不确定性。由于互联网技术的复杂性，没有人能保证发出的数据电文可以有效完整地传递。确认收悉的制度应运而生，通过这一制度可以及时确认数据电文的传递状态以及是否出现错误和遗漏，以减少数据电文发出之后的不确定性。二是降低交易风险和成本。及时确认数据电文是否有效完整传递就可以缩短等待时间，降低等待的机会成本，避免交易风险。例如，当要约人通过数据电文发出一个附期限的要约时，如果受要约人没有接收成功，而是在期限将要届满之时请求延长考虑时间，则之前的等待时间对于要约人而言就是一种浪费，很有可能因此错过更好的商业机会。再如，受要约人发出承诺之后即着手准备履行合同，但实际上承诺并未有效传递。要约人可能因为没有收到要约而放弃交易或者没有足够的准备时间在履行期届满前履行合同，这都会致使受要约人受到不必要的损失。通过确认收讫的制度可以有效避免这类不必要成本和风险的发生。

确认收讫的形式包括四种，即法定收讫、约定收讫、推定收讫和事后要求收讫。第一种法定收讫是出于法律的明文规定，交易当事人必须确认收讫。例如，欧盟的《电子商务指令》第 11 条第 1 款要求，一般情况下服务提供者应当通过电子手段，且不得不合理地延误对服务接受者发出的定单进行收悉确认（及时确认收到服务接受者发出的定单）。第二种是约定收讫，即数据电文的发出人与接收人事先就收讫事项进行约定，收件人必须在接到数据电文之后向发件人表明确认收讫，收件人接受数据电文之后，没有做出表示的，该数据电文视为确已收讫。我国《合同法》第 33 条规定：当事人采用信件、数据电文等形式订立合同的，可以在合同成立之前要求签订确认书。签订确认书时合同成立。第三种是推定的收讫，即双方当事人对数据电文的收讫并未事先约定，但是，从收件人的行为中可以推知该数据电文已被收件人收讫。比如，收件人采取向发件人发货的形式进行承诺的，就可以推定收件人已经收讫，《联合国电子商业示范法》第 14 条第 2 款有相关规定。第四种是事后要求的收讫，即双方当事人并未事先对是否需要确认收讫做出约定，在数据电文发出之后，收件人的行为也并未表明其是否对收到数据电文的，发件人可以在特定的时间内，要求收件人明确是否收讫该数据电文，《联合国电子商业示范法》第 14 条第 4 款有相关规定。

确认收讫的效力仅在于向对方证实收到数据电文，并不代表着接收方对数据电文的内容有任何评价。从比较法角度来看，参照《联合国电子商业示范法》的第 14 条、美国《统一计算机信息交易法》第 215 条、我国《电子签名法》第 10 条、韩国《电子商务基本法》第 12 条，当事人可以约定确认收讫的效力，如双方约定，没有经确认收讫的数据电文视为未发送。

需要说明的是确认收讫制度并不是合同订立环节中的必经环节，当事人可以选择是否适用确认收讫制度。有观点认为鉴于电子合同的特殊性以及维护电子商务安全的必要性，有关立法需要对一些特殊的网上交易行为的确认收讫做强制性规定，当事人点击成交之后只是形成了初步协议，合同最终应当以当事人确认书的签订而宣告成立。[①] 这一制度具有可行性，随着电子商

① 王利明：《民商法研究（第五辑）》，法律出版社 2001 年版，第 296 页。

务的发展，确认收讫变得更加简便易行，有些确认收讫的通知都是系统自动回复的，不会增加当事人的交易成本。但是民商法领域的强制性规范应慎重制定，应当留下允许当事人意思自治的制度接口，不宜盲目扩大强制确认收讫的适用范围，以此方能尊重当事人的意思自治，尊重确认收讫制度的权利属性。除必须确认收讫外，当事人对于确认收讫的内容也可以进行约定。例如，使用合同办法进行通知、确认收讫的期限、约定时间外收到确认收讫的通知应如何处理等。这些问题都没有法律的明确规定，需要交易当事人在协议中加以约定。

（二）合同的效力

合同效力部分应当包括合同的有效、无效、可撤销、效力待定以及无效或被撤销的后果等。就电子商务合同的特殊内容而言，本法规定了自动交易系统订立合同的效力、当事人行为能力的推定规则（第 48 条），除此之外还应包含出现错误时可撤销的电子合同的相关规定以及匿名交易对合同效力的影响。匿名交易实际上仍涉及合同成立的部分内容，但是为了避免将同一问题拆分得过于零散，匿名交易问题将在有关合同效力的第 48 条中一并讨论。

（三）合同的履行

合同的履行制度应当包括履行的原则、主体、内容、方法、受领与拒绝、抵充、履行的抗辩等。本法第 51 条规定了交付时间，第 52 条规定了快递这一交付方式及其服务提供者的义务和权限，第 53 条至第 57 条规定了支付相关的制度。除此之外，对于电子商务合同而言，还应当包括风险承担规则以及特殊的同时履行抗辩权。风险承担规则将在第 51 条的相关原理中阐述，此处只介绍电子商务合同中特殊的同时履行抗辩权。

同时履行抗辩权通常是指双务合同的一方当事人，在对方当事人未为对待给付以前，可拒绝履行自己债务的权利。由于电子合同本身的特殊性质，电子合同中的同时履行抗辩权还有别于一般的合同，主要是拒绝履行债务的方式特殊。从实践的经验总结和国外相关立法的先进经验来看，对于以提供网络服务为主合同义务的电子合同，提供服务一方当事人在行使同时履行抗辩权时，可以采取中止访问、停止使用等方式，拒绝提供或者继续提供相应的网络服务。

（四）合同的权利义务终止

合同终止的原因很多，因为违约而终止、履行完毕而终止是其中最常见的，除此之外还有合同双方约定解除合同或者因不可抗力导致合同无法实现等，所以这一部分应当包括权利义务终止的各种具体情形以及后果。对于这一部分的内容，本法未做规定。但是部分电子商务交易的标的物为信息、技术使用权等无形产品，鉴于这类合同终止后当事人的权利义务仍有一些特殊性，电子商务合同部分应包含相关的内容。

首先是产品使用者的继续使用及限制。部分电子商务交易的标的物为信息、技术使用权等无形产品，一般情形中在合同终止之后，就无权继续行使合同上的权利，如与中国知网数据库的使用合同到期之后，使用者不能继续下载数据库中的文章。特殊情形中，使用者可能有权继续使用。一种情况是相关的数据已经和其他信息融为一体，退还已无可能，或者可能因为停止使用没有必要，自然不必禁止被许可方继续使用。但是此时的继续使用应有所限制，不能超出合同有效时的使用目的和范围。如中国知网数据库使用合同到期之后，虽然下载的论文等数据不需要返还，但是不能利用下载的海量论文进行商业交易。当然，因为合同的终止，继续使用者也不享有原合同生效时的其他权利，如信息产品升级、维护等权利。另一种情况是当产品出卖方违约，使用者合法解除合同时，为减少损失而采取的必要措施。例如，快递公司购买使用了一家文字识别公司提供的文字识别系统来识别快递订单中的手写地址以便自动分配货物，但是安装使用后发现该系统的识别速度与合同约定的速度不相符，于是依约解除合同。合同终止之后快递公司自然就失去使用该软件系统的权利。但是，一旦停用该软件系统，整个快递智能分配系统将陷入瘫痪，大量快递的积压，所以为避免更大的损失，在快递公司安装使用新的软件之前，可以继续使用该系统。当然，这种使用同样有一定的限制：第一，使用者继续使用的，不得违反原合同的使用目的和范围，如不得将文字识别系统用于纸质文件电子化存档；第二，仅在防止损失扩大化的范围内合理使用，包括继续使用是避免损失扩大的合理措施，在使用时间上也不得超出必要限度，有替代性救济措施之后应及时停止使用相关产品；第三，不违反许可方在解除合同后的处理办法或者双方达成的协议；第四，继续使用应支付合理的使用费。

其次是产品使用者的协助义务。合同终止并非意味当事人之间彻底失去牵连，相反仍有一系列的后续事宜需要双方的相互协助才能成功了结，特别是无形产品的使用者应按照约定或交易习惯采取合理措施协助完成有关事项。例如，使用者应按产品提供者的指示，退还标的及相关的材料、文件、记录、复制件或其他有关资料或者销毁有关的复制件等。使用者不得在合同终止后，违反约定继续持有信息或其复制件，或采取破解等技术手段继续非法使用。此外，在合同终止后，产品的提供者有权采用注销用户账号等手段防止被非法利用。根据我国法律的规定，当事人还应履行通知义务和保密义务等。

（五）违约责任

这一部分的内容应当包括违约的具体类型、免责事由和救济方式，对此，本法同样没有规定。可以说违约的形态以及违约的救济手段可以直接适用我国《合同法》的规定，并无过多值得强调的地方。但是对于违约的免责事由，电子合同有一些独有的情况，需要进行说明。合同的免责事由是指当一方违约时，不需要承担损害赔偿责任或与之相当责任（如违约金）的事由。合同违约的免责事由包括不可抗力、法律的特殊规定和约定的免责事由等。所谓不可抗力，根据我国《合同法》第 117 条的规定，是指不能预见、不能避免并不能克服的客观情况。因不可抗力不能履行合同或者造成他人损害的，不承担民事责任。在电子合同中，下述情形可认为是不可抗力：

1. 文件感染病毒。文件可能因为遭到恶意攻击或意外被电脑病毒感染，在这种情况下当事人可以免责。免责的前提是合同当事人采取了合理与必要的措施防止文件遭受攻击，只有这样，文件被病毒感染这一客观结果才属于不能避免的事由，如给自己的网站安装了符合标准或业界认可的保护设备，有专人定期检查防火墙等安全设备，但是仍被攻击，导致该文件不能使用或无法下载，此时当事人不承担违约责任。换言之，许可方尽到了合理注意的义务后，不承担责任。但是不可抗力仅仅可以免除损害赔偿或与之相当的责任，这并不排除当事人返还价款或者提供替代产品的责任。

2. 非因自己原因的网络中断。网络传输中断可因传输线路的物理损害引起，如海底地震导致海底电缆断裂，也可由病毒或攻击造成。如果当事人对此无法预见和控制，则应属于不可抗力。因上述原因造成的网络传输中断，而无法访问或下载当事人约定提供的信息的，合同当事人可以免除损害赔偿责任，但有义务在损害发生时及时采取补救措施。

3. 非因自己原因造成的电子错误。例如，消费者通过电子支付的方式向商家付款，但由于信息系统的错误未能将价款转移到商家的账户。此时商家因为没有收到货款而不实际履行合同的也不应承担损害赔偿责任。

约定免责，指当事人在合同中约定的，旨在限制或免除其将来可能发生的违约责任的条款。免责条款是当今电子商家、互联网服务商降低法律风险的最有效手段。实践中，免责条款都作为电子合同中格式合同的一部分出现，不能违反合同条款以及格式条款的一般规定，包括不得违反法律和社会公共利益，不得排除对方基本义务、加重对方责任或排除造成对方人身伤害以及因故意或者重大过失造成对方财产损失的责任等。

相关案例

赖某与浙江淘宝网络有限公司
确认合同无效纠纷上诉案

赖某于2008年7月19日申请注册成为淘宝网会员，会员名为laifan811，赖某一直正常使用该账户。赖某注册时，点击同意2007年6月21日版《淘宝网服务协议》。该协议约定："本服务协议内容包括协议正文及所有淘宝已经发布的或将来可能发布的各类规则。所有规则为协议不可分割的一部分，与协议正文具有同等法律效力""用户在使用淘宝提供的各项服务的同时，承诺接受并遵守各项相关规则的规定，淘宝有权根据需要不时地制定、修改本协议或各类规则，如本协议有任何变更，淘宝将在网站上刊载公告，通知用户。如用户不同意相关变更，必须停止使用‘服务’。一经修订的协议，经在淘宝网公布后，立即自动生效。各类规则会在发布后生效，亦成为本协议的一部分。登录或继续使用‘服务’将表示用户接受经修订的协议。除另行明确声明外，任何使‘服务’范围扩大或功能增强的新内容均受本协议约束。”另查明，淘宝网目前使用的是2015年4月24日版《淘宝平台服务协议》。

赖某认为双方签订的2007年6月21日版《淘宝网服务协议》中“本服务协议内容包括协议正文及所有淘宝已经发布的或将来可能发布的各类规则。所有规则为协议不可分割的一部分，与协议正文具有同等法律效力”无效以及双方签订的2007年6月21日版《淘宝网服务协议》中“用户在使用淘宝提供的各项服务的同时，承诺接受并遵守各项相关规则的规定，淘宝有权根据需要不时地制定、修改本协议或各类规则，如本协议有任何变更，淘宝将在网站上刊载公告，通知用户。如用户不同意相关变更，必须停止使用‘服务’。一经修订的协议，经在淘宝网公布后，立即自动生效。各类规则会在发布后生效，亦成为本协议的一部分。登录或继续使用‘服务’将表示用户接受经修订的协议。除另行明确声明外，任何使‘服务’范围扩大或功能增强的新内容均受本协议约束”无效，起诉至人民法院。

原审法院认为：赖某在注册成为淘宝网用户时，点击同意浙江淘宝网络有限公司在网站页面向用户展示的2007年6月21日版的《淘宝网服务协议》，故应认定双方之间的网络交易平台服务合同成立并生效。《淘宝网服务协议》对双方当事人均具有法律约束力。《淘宝网服务协议》约定“本服务协议内容包括协议正文及所有淘宝已经发布的或将来可能发布的各类规则。所有规则为协议不可分割的一部分，与协议正文具有同等法律效力”“用户在使用淘宝提供的各项服务的同时，承诺接受并遵守各项相关规则的规定，淘宝有权根据需要不时地制定、修改本协议或各类规则，如本协议有任何变更，淘宝将在网站上刊载公告，通知用户。如用户不同意相关变更，必须停止使用‘服务’。经修订的协议，一经在淘宝网公布后，立即自动生效。各类规则会在发布后生效，亦成为本协议的一部分。登录或继续使用

‘服务’将表示用户接受经修订的协议。除另行明确声明外，任何使‘服务’范围扩大或功能增强的新内容均受本协议约束。”现赖某以违反《合同法》第40条排除对方主要权利的格式条款、第52条第4款损害社会公共利益、第52条第5款违反法律、行政法规的强制性规定（第5条公平原则、第13条签订合同应采取要约、承诺方式）为由主张上述两个条款无效。对此原审法院认为，《淘宝网服务协议》系浙江淘宝网络有限公司为了重复使用而单方预先拟定，订立合同时并未与用户进行协商，其条款属于格式条款。网络交易平台服务合同具有长期性，而互联网的高速发展，又决定了当事人无法做到在订立合同时就能对未来发生的事件以及其对合同的影响均作出准确的判断。合同存续期间越长，发生各种情势变更的可能性就越大。即便当事人在订立合同时确定了十分详尽的合同条款，仍然不能保证符合未来发展的需要。网络交易平台经营者需要根据法律、行政法规和规章规定，结合平台交易发展的实际情况，对服务协议或各类规则不断地加以修订完善。当网络交易平台经营者确有需要对合同条款进行变更时，对用户逐个通知并征得其同意成本过高，且不具有现实可操作性。浙江淘宝网络有限公司作为网络交易平台经营者在《淘宝网服务协议》中约定采取在网站上刊载公告的形式通知用户变更后的条款符合法律规定，而且上述条款给予了用户对是否接受变更后条款的选择权，用户可以接受新的服务条款，继续原合同关系，亦可拒绝接受，解除服务合同关系。赖某在服务协议条款变更后仍继续使用其淘宝账户，应视为其对变更后条款的认可。上述两个条款虽然属于格式条款，但并不存在损害社会公共利益，违反法律、行政法规强制性规定之情形，亦未免除义务人的责任、加重权利人的责任、排除权利人的主要权利。故赖某主张上述两个条款无效的诉请依据不足，原审法院不予支持。当然，这并不意味着网络交易平台经营者可以随意变更网络平台服务合同，其对合同内容的变更应当遵循公开、连续、合理的原则，符合法律、法规、规章的规定，按照公平原则确定交易双方的权利与义务。综上，依照《合同法》第39条、第40条、第52条，《民事诉讼法》第64条第1款之规定，判决驳回赖某的诉讼请求。

宣判后，赖某不服，上诉称：上诉人于2007年或2008年间在淘宝网上注册账号，注册时点击同意《淘宝网服务协议》，即为浙江淘宝网络有限公司2007年6月21日版《淘宝网服务协议》。该协议中1. “本服务协议内容包括协议正文及所有淘宝已经发布的或将来可能发布的各类规则。所有规则为协议不可分割的一部分，与协议正文具有同等法律效力”无效。以及“用户在使用淘宝提供的各项服务的同时，承诺接受并遵守各项相关规则的规定，淘宝有权根据需要不时地制定、修改本协议或各类规则，如本协议有任何变更，淘宝将在网站上刊载公告，通知用户。如用户不同意相关变更，必须停止使用‘服务’。一经修订的协议，经在淘宝网公布后，立即自动生效。各类规则会在发布后生效，亦成为本协议的一部分。登录或继续使用‘服务’将表示用户接受经修订的协议。除另行明确声明外，任何使‘服务’范围扩大或功能增强的新内容均受本协议约束”无效。上述未来条款和通知条款违反我国《合同法》第3条，将浙江淘宝网络有限公司意志强加给赖某，违反《合同法》第5条，未能公平对待赖某，违背社会公德，违反《合同法》第13关于订立合同需要采取邀约、承诺方式。损害公共利益。上述条款也违背了合同法的自愿原则、公平原则和平等原则。一、原审法院判决自相矛盾。判决及认为淘宝网可以随时变更合同内容，对将来制定的合同条款也可以要求合同相对方提前予以承诺，同时也认为合同内容变更应当遵循公开、连续、合理的原则。明显存在矛盾。二、原审法院认定淘宝公司可以随时修改合同条款，并认定未来条款有效，可以推断法院在假定淘宝公司道德水平已经达到圣人境界，绝不会去赚任何便宜，但“资本来到世间，每个毛孔都滴着血和肮脏的东西”。三、合同订立需要要约和承诺两个阶段，而将来条款不存在，则没有要约，更谈不上承诺，故不存在成立生效和有效之说。四、上诉人仍然坚持一审观点，主张该两个合同条款无效的其他观点，包括但不限于该条款违反公平原则，损害社会公共利益等。被上诉人浙江淘宝网络有限公司二审口头答辩称：一、淘宝平台经营者兼有服务提供者和用户会员管理者双重身份。(1) 作为网络交易平台服务经营者，相关服务均以网络方式提供，其服务对象数量极大，不受地域限制，且对象不特定，传统的面对面协商签合同已经无法适应这种全球化、多元化的电子商务活动，对合同订立必须采取高效率、低成本方式的需求。于是点击合同成为网络服务领域最佳选择。(2) 根据《网络交易管理办法》的相关规定，网络交易平台经营者在提供网络服务同时还承担着维护网络交易秩序的管理者责任。平台经营者必须建立平台交易规则、保障交易安全、消费者权益保护、不良信息处理等管理制度，约束规制用户行为。这种身份要求平台经营者必须根据法律法规，结合平台交易活动情况，及时调整、增加各种规则，完善平台网络交易秩序。二、上诉人主张的2007年6月21日版《淘宝网服务协议》条款约定内容合法有效，未违反《合同法》自愿、公平、平等原则，也不违反订立合同要约承诺的规定，更未违反法律法规强制性规定。1. 上诉人对于其注册时点击同意《淘宝网服务协议》事实是确认的，即上诉人与被上诉人之间网络服务合同成立并生效。2. 用户注册成功后，《淘宝网服务协议》第一条约定如用户不同意相关变更，应当停止使用“服务”，即用户享有是否接受协议变更的选择权，协议第5条约定用户有权随时注销账户即终止服务协议，即享有是否继续履行服务协议的选择权。该用户选择权的约定体现了《合同法》规定的自愿、公平、平等等基本原则，并未将意志强加给上诉人。3. 《合同法》对于合同成立生效后的内容变更，并未强制要求采取要约、承诺方式，如合同对于内容变更方式有约定，应当按照合同约定执行。事实上，协议约定合同内容单方变更权在实践中广泛存在，如约定某一方享有价格调整权。上诉人主张无效的《淘宝网服务协议》“通知条款”正是合同内容变更方式的具体约定，据此，平台经营者有权按合同约定对协议内容包括平台规则进行变更，但必须履行变更通知义务，如用户不同意变更，有权终止服务协议。该约定完全符合《网络交易管理办法》第24条关于协议内容变更的规定，不违反合同订立方式的规定，同时公告通知方式也符合网络平台运营的特点。4. 上诉人主张的“未来条款”即协议生效后变更的条款，只要符合协议约定方式进行变更，当然为协议组成部分，与一般合同对于合同变更内容成为组成部分的约定并无本质区别，并未将意志强加给上诉人，也谈不上违反强制性规定。协议已约定变更内容应当以公告方式通知用户，履行通知义务。5. 上诉人主张涉案条款违背社会公德，损害社会公共利益明显无事实依据。本案仅涉及淘宝网平台与会员之间的权利义务，系平等民事主体之间的民事纠纷，与社会公德或公共利益无关。6. 上诉人称“原审判决观点自相矛盾”系其自身理解错误。原审判决认定涉案条款有效，淘宝网平台有权按约定变更合同内容，解决的是合同变更权问题，而“并不意味着可以随意变更服务合同，变更应当遵循公开、连续、合理的原则”之论述是对具体变更合同的限制性约束，系《网络交易管理办法》的规定内容，与变更权本身是两个完全独立的问题。三、上诉人主张无效的原《淘宝网服务协议》条款内容，之后平台经营者均已按约定方式进行变更，该条款早已因变更而失效，双方之间目前有效协议应为 2015 年 4 月 24 日生效的《淘宝平台服务协议》，上诉人主张确认已经失效的条款无效，违背基本逻辑，缺乏事实基础。且上诉人在一审时已经确认，其是一直在使用这个平台。综上，即使案涉合同条款未失效，其约定内容完全合法，上诉人主张其无效无法律依据，应予驳回。

二审法院认为：浙江淘宝网络有限公司作为淘宝平台的经营和维护者，基于其服务对象数量巨大且不特定，亦不受地域限制等特点，在订立合同时采用高效率、低成本的点击合同文本确认的方式与网络用户达成服务协议，亦是成立合同的一种方式，未违反《合同法》自愿、公平、平等原则，也不违反订立合同要约承诺的规定，更未违反法律法规强制性规定。即便上述条款属于格式条款，也并不必然导致无效。相反，浙江淘宝网络有限公司作为网络交易平台的经营者和管理者，在提供长期服务的同时，随着互联网行业的高速发展及相关管理规定的变迁，需要对上述服务协议的内容作出变更不可避免，但逐个通知、逐个协商条款变更显然不合实际，故浙江淘宝网络有限公司通过与用户以事先约定的方式来变更相关合同条款并无不当。况且，上述协议约定还提供了退出条款，对不能接受变更后条款的用户，双方可解除合同关系，故也不存在损害社会公共利益的情形。

相关立法与规定

1.《立法法》

第88条 法律的效力高于行政法规、地方性法规、规章。

行政法规的效力高于地方性法规、规章。

第92条 同一机关制定的法律、行政法规、地方性法规、自治条例和单行条例、规章，特别规定与一般规定不一致的，适用特别规定；新的规定与旧的规定不一致的，适用新的规定。

2.《合同法》

第123条 其他法律对合同另有规定的，依照其规定。

第124条 本法分则或者其他法律没有明文规定的合同，适用本法总则的规定，并可以参照本法分则或者其他法律最相类似的规定。

第四十八条 【使用自动信息系统的效力与当事人行为能力推定规则】

电子商务当事人使用自动信息系统订立或者履行合同的行为对使用该系统的当事人具有法律效力。

在电子商务中推定当事人具有相应的民事行为能力。但是，有相反证据足以推翻的除外。

条文主旨

本条是使用自动信息系统效力的规定以及当事人行为能力的推定规则。

条文释义

一、自动信息系统

（一）自动信息系统的概念

本条的第1款规定了使用自动信息系统订立或履行合同的效力。所谓自动信息系统又称“自动电文系统”“电子代理人”或“电子自动交易”。所谓自动信息系统是指不需要人的审查或操作，而能够独立地发出、接收、处理数据电文，以及部分或全部地履行合同的计算机程序、电子手段或其他自动化手段。现实生活中，自动信息系统已经应用到电子商务的方方面面和合同的各个阶段。在合同的订立阶段，很多平台适用自动竞价交易的方式订立合同，如在淘宝上下单或者通过网络证券买卖系统购买金融产品等。在合同的履行阶段也经常使用，如火车票的抢票软件，在消费者与抢票平台订立服务合同之后，软件会自动监控、刷新、付款、订票，全程不需要人工参与即可完成抢票任务。

（二）使用自动信息系统的效力

对于使用自动信息系统订立的合同，本书认为应当承认其效力，其法律根据在于使用自动信息系统订立的合同符合要约和承诺的一般原理。不论是自然人与自动信息系统之间还是两个自动信息系统之间订立的合同，都包含要约和承诺两个方向的意思表示。稍有特殊的是自动竞价交易系统中形成的合同，在该系统中，成交的双方当事人都向系统发出要约，而系统仅仅是居间撮合，并没有一方主体进行承诺，这实际上是通过交叉要约的形式订立的合同。所谓交叉要约是指合同当事人采取非直接对话的方式，相互提出两个独立但内容一致的意思表示。对于交叉要约是否能成立一个有效的合同各国有不同的规定，学理上的观点也不甚统一，但是应当采取肯定说为宜。首先，两个意思表示的内容相同，也就是说双方当事人之间已经达成意思上的合致，承认合同的成立符合当事人双方的意思。其次，承认交叉要约的效力符合当下电子商务便捷化的需求，有承认其效力的必要。因此，即使在没有承诺的集中竞价系统中，所成立的合同也应当承认其效力。此外，承认自动信息系统订立合同的效力也是国外立法例的选择，美国的《统一电子交易法案》《统一计算机信息交易法》以及《联合国国际合同使用电子通信公约》都承认适用自动信息系统订立合同具有法律效力。

（三）自动信息系统的效力归属

使用自动信息系统订立合同和履行合同的效力归属于使用该信息系统的当事人。自动信息系统在运行的过程中不需要人工参与，独立运行，但是这并不代表其成为了一个具有独立法律人格的主体。虽然自动信息系统可以成为“电子代理人”，但是其与代理人的法律地位有着本质的区别。代理人是独立的第三方主体，在与相对人从事法律活动时有自由决定的空间，可以根据自己独立的意志从事活动；而自动信息系统的任何反应和反馈都是由用户预先设定的，只能属于交易的工具，是使用自动信息系统一方当事人意思的延伸，而且在运行过程中使用者也能随时进行干预，使其运行符合自己的意志。可见，自动信息系统实际上全面反映了使用一方当事人的意思，是使用者的化身，其行为就是使用者自己的行为，因此自动信息系统产生的法律效果也自然归属于其使用者。例如，自动信息系统出现故障造成错误时，自动信息系统的使用者也不能以此为由主张合同不成立，只能在符合可撤销要件的情况下主张撤销合同，这对使用者来说就意味着更高的论证和程序成本。此外，国外法中还规定了使用者的告知义务。让使用者承担法律效果和责任一方面是因为自动信息系统是使用者意志的反映，另一方面也是因为系统自身缺乏承担责任的能力。不排除在未来出现具有独立意识的高级人工智能形式，但是因为第二个理由的存在，使用者还是应该作为法律效果和责任的主要承担者。

二、电子商务合同中的推定规则

本条第 2 款是电子商务中当事人行为能力以及意思表示的推定规则，即除非有相反的证据，则推定电子合同的当事人具备完全行为能力，并且意思表示真实。这一条的规定涉及合同的效力问题。我国《民法总则》第 143 条规定：具备下列条件的民事法律行为有效：（一）行为人具有相应的民事行为能力；（二）意思表示真实；（三）不违反法律、行政法规的强制性规定，不违背公序良俗。可见对于作为一种民事法律行为的电子合同而言，合同当事人具有完全的行为能力以及意思表示真实属于合同的生效要素。本款的规定将当事人具备行为能力的这一生效要素推定为具备，目的是保护电子商务交易的快捷性，通过推定的方式降低合同的生效成本进而促使交易达成。

（一）行为能力的推定规则

对于当事人的行为能力，本法采取推定规则。推定的法律事实可以用相反的证据予以推翻，然而认定的法律事实则不能。其规定为如果通过实名认证等形式表明当事人具备完全的行为能力，则以其名义发出数据电文的发出者视为具备相应的民事行为能力，反之则不具备相应的民事行为能力。如果当事人未通过实名认证等其他形式表明行为能力的，应按照真实的行为能力适用于《民法总则》对于当事人行为能力的规定。合同相对方对发件人具备行为能力有明确要求而发件人不具备行为能力的，由发件人的监护人承担相应的责任。这种规定遵循了商事外观主义原则，将具备相应外观的当事人视为具备完全的行为能力，解决了真实当事人与名义上的当事人不一致的情形，减轻了合同相对方的审查义务，一定程度上也维护了电子商务便捷性与效率性的特点。现行法对于当事人行为能力的规定更为彻底，在不需要任何外观的情况下一律推定为有效，除非有相反的证据存在。相反的证据就可以包括实名认证的个人信息中有关年龄的部分。

（二）行为能力对合同效力的影响

基于电子合同种类的不同，行为能力对合同效力的影响应分为两种情形进行讨论：

（1）对于在网上订立一般合同进行交易的当事人，其缔约能力应适用《民法总则》以及《合同法》的相关规定。因为电子合同的特殊性并没有改变民事法律行为的本质，民法中对交易当事人缔约能力的要求自然应当适用。

（2）对于接受公共信息服务的当事人，不论其年龄或精神状态如何均应视为完全民事行为人。对于这一问题我国台湾地区已有相关的立法，如“邮政法”第12条规定：无行为能力人或限制行为能力人，关于邮政事务对中华邮政公司所为之行为，视为有行为能力人之行为。行为能力制度是为保护民事活动当事人的合法利益，以免因为其理解能力等方面的不成熟造成自身的利益的损失。但是在电子商务领域，交易的便捷化也是需要兼顾的内容之一。尤其是当今电子商务的使用日益频繁，与人民群众的生活联系日益紧密，应当在制度构建上为电子商务的发展以及当事人参与电子商务提供便利。鉴于我国《民法总则》将无民事行为能力人的年龄规定为8岁以内，又规定该类民事主体从事的民事行为一律无效，在电子商务领域更应该借鉴这种观点，针对电子商务自身的特点完善立法。

（三）意思表示的推定规则

对于意思表示的真实性也同样适用推定规则，这也是考虑到电子商务涉及的商品及服务交易具有频繁、快速、海量的特点，为了提高交易的效率，本法在规定电子商务主体具备完全民事行为能力的同时还规定了当事人的意思表示也推定为真实性。这种规定有着重要的指导意义。推定一项法律事实的重要意义在于确定举证责任的承担，对于推定的事实，持有相反主张的人应承担举证责任。因此法律规定电子商务主体的意思表示推定为真实之后，主张不真实的当事人应当承担举证责任。但是依照民法的一般原理，对于有相对人的意思表示一般适用表示主义，同样是主张意思表示不真实的当事人承担举证责任，所以这一条规定看似没有必要。实际上，这一条体现着一种肯定和促进电子商务发展的立法精神。这一条的存在将加大降低电子合同等活动的成立成本，如果意思表示推定为有效，则在一些复杂的金融产品交易中，就不用每一步都需要用短信等方式向合同的相对人进行确认，这样势必会有效缩短交易过程，降低交易成本。当然出于交易安全的考量，这种做法无疑是更为稳妥的，但是当意思表示推定为真实的情况下，当事人就有了更大的自由空间去决定是否进行确认。强调交易安全并对交易加大监管和强调意思表示推定为真实代表着两种不一样的立法态度，显然交易当事人自由选择的权利界限在这两种立法模式下是不同的。

相关原理

一、民法中意思表示的形式

内心形成的意思表示只有向外做出表示行为之后才可发生效力。表示行为依其表示方式之不同可以分为明示与默示两种。依据通说观点，明示指以口头或书面的话语形式明确表达意思之行为。反之则是默示的表示行为，如将硬币投入自动售货机、用手势比画价格、使用双方约定的暗号密码等。就法律效果而言，明示默示之区分意义不大，因为无论是明示还是默示都可以有效传递意思，使法律行为成立。但是在某些情况下，法律规定意思表示须以明示的方式作出，如《合同法》第 19 条第 1 项，不可撤销的要约要以明示的方式表明。未以明示方式表明的，只有在满足其他条件时方为不可撤销要约。

与默示的意思表示相近的两个概念为单纯的沉默和意思实现。法律中的沉默比日常用语中的沉默在概念外延上更小。仅仅没有作出口头或书面表达不一定构成沉默，因为当事人可能以其他方式特别是不作为的方式表达意思表示。因此，法律上的沉默，指的是未以任何形式作出任何意思表示。至于单纯的沉默，原则上并不具有意思表示的意义，不构成承诺，亦不意味着拒绝。《民法总则》第 140 条第 2 款规定："沉默只有在有法律规定、当事人约定或者符合当事人之间的交易习惯时，才可以视为意思表示。"例如《合同法》第 236 条："租赁期间届满，承租人继续使用租赁物，出租人没有提出异议的，原租赁合同继续有效，但租赁期限为不定期。"出租人没有提出异议即是一种法律意义上的沉默，法律将这种沉默规定为与同意延期租赁具有一样的法律效果。上述是法律规定情况，沉默的效果还出现在双方有约定的情况下。但要注意的是，若仅是一方告知若不反对即为同意，届时相对人的沉默不具有任何法律效力，因为这个告知并未建立在双方意思合致的基础上。

就意思实现和默示的承诺而言，二者最大的区别在于是否需经受领。默示的承诺欲发生效力，须使该"承诺的行为"的通知到达要约人。而意思实现在"承诺的行为"作出时合同成立，无须另行对要约人作出通知。成立时间的不同直接影响价金风险的产生时间以及缔约过失责任和违约责任的区分判断等问题。意思实现有如下两个构成要素。首先，根据交易习惯或者要约的要求，承诺不需要通知。其次，受要约人要作出具有承诺意思的表示行为，即不需要明示，但是可以以行为表明自己接受要约的行为。例如，在接到要约之后按照行业惯例着手准备履行，又如在收到商品之后实际使用等。

二、合同的生效要件

合同生效是指已经成立的合同具有法律约束力。由于合同的种类多样，一些特殊的合同在生效时需要满足其他的法律要件。例如，在附条件和附期限的合同中需要满足条件，期限届满。在一些死因合同中，合同当事人的死亡为合同生效的要件。但是不论何种合同，在生效时都需要满足一般的生效要件。即行为人具有相应的缔约能力、意思表示真实、不违反法律或者社会公共利益。

缔约能力，是指合同行为主体据以缔结合同的法律资格。《合同法》第9条第1款规定："当事人订立合同，应当具有相应的民事权利能力和民事行为能力。"因此，缔约能力包括权利能力和行为能力两个方面。

意思表示真实是法律行为的生效要件，所有能影响法律行为效力的意思表示的瑕疵都属于不真实。意思表示不真实可以分为两类，一类是内心意思与表示不一致，另一类是意思表示不自由。第一类内心意思与表示不一致的类型又分为故意的不一致和无意的不一致两种。故意的不一致包括真意保留、戏谑表示、虚伪表示和隐藏行为。无意的不一致又分为错误和误传两种。所谓真意保留，指表意人故意隐匿其真意，而表示与其真意不同之意思表示，又称单独虚伪表示。真意保留的效力，原则上为有效，当相对人明知真意与表示不一致时应无效；戏谑表示是指表意人作出的希望对方了解真意的不真实意思表示，现实生活中的玩笑话即属此类，戏谑表示应属无效，表意人有义务及时澄清。在我国的民法中，真意保留和戏谑表示都没有相应的规定。虚伪表示是指表意人与相对人通谋而为的虚假的意思表示，虚伪表示的效力，原则上应无效，但不得以其无效对抗善意第三人。隐藏行为是指隐藏于虚伪表示中依其真意所欲发生的法律行为，隐藏行为是否有效，应结合相关的法律进行单独判断，不因虚伪表示的无效而一概无效。当然如果合同中掩盖的隐藏行为是非法的，则因为属于以合法形式掩盖非法目的而无效。错误是指表意人因误认或不知导致的表示与意思不一样的情形。误传是指因传达人或传达机关的失误导致的表示与意思不一样的情形。在我国，上述无意的不一致的两种情形都属于重大误解。实际上错误不同于误解，错误是指表意人产生的错误，而误解是指相对人对于意思表示内容的理解存在错误。但是在我国，不论是错误、误解还是误传，都被纳入到了重大误解的范畴之中，都可以作为法律行为可撤销的事由。

另一类意思表示的瑕疵是意思表示不自由，包括欺诈和胁迫两种。欺诈是指故意欺骗他人或者隐瞒真实的情况，使其陷入错误的认识，并基于此错误认识作出意思表示的行为。欺诈的效力比较复杂，分为有无第三人两种情况。当没有第三人时，一方实施欺诈行为，则相对方可以主张撤销。若第三人实施欺诈行为，当且仅当相对人知道或者应当知道该欺诈行为时，受欺诈人方有权主张撤销。例如，债权人受债务人的欺诈将债权让与给他人，在债权的让与合同中，债权人是受欺诈人，该受让方是受欺诈人的相对人，债务人是第三人。当且仅当该受让人知道或者应当知道债务人实施欺诈行为时，债务人方能主张撤销该债权让与合同。当然，因欺诈而撤销的意思表示不能对抗善意的第三人。胁迫是指故意通过不法的方法相要挟，使受胁迫人产生恐惧心理，并基于该恐惧心理作出有违真意的意思表示的行为。受胁迫而产生的意思表示，受胁迫方可以主张撤销，并且可以以此对抗善意第三人。在电子商务领域，如果没有相反的证据，上述的内心意思与表示不一致和意思表示不自由这两类意思表示不真实的情形都视为不存在。

合同的第三个生效要件为不违反法律、行政法规的强制性规定，不损害国家或社会公共利益。民法理论上所称的合同不违反法律，不损害国家和社会公共利益，既指合同的目的，又指合同的内容，如目的违法如租赁房屋以开赌场或妓院，内容违法如设立流质条款、委托生产毒品等。合同因违反法律而归于无效，是为各国民事立法通例，我国《合同法》第 52 条第 5 项也有相同的规定。应当注意的是，这里的强制性规定仅指效力性强制性规定。合同不损害国家利益和社会公共利益，是各国的立法通例。公共利益是一个抽象的概念，凡我国社会生活的政治基础、社会秩序、道德准则和风俗习惯等，均可列入其中，类似于国外立法中的公共秩序和善良风俗的总称。

三、法律推定的原理

推定是一种由法律规定或法官按照经验法则来确立的权利、状态或事实的技术。例如，《物权法》规定的占有人的占有推定为自主占有。

法律上的推定有四个特点。第一，在推定中存在两个或两组事物，一个为基础事实，另一个为推定事实；第二，基础事实有时是推定事实的充分条件，有时不是；第三，根据一般的常态化的逻辑关系认定基础事实是推定事实的充分条件；第四，推论结论很有可能与客观实际不符，受到不利影响的一方当事人有反驳该推定的机会。也就是说，任何推定都是可以反驳的，不可反驳的不是推定。

推定技术在诉讼证明中发挥着极为重要的作用。第一，法律推定能够改变证明责任的分配。法律推定通过改变证明责任的分配，就可以缓解某些当事人的证明困难。第二，推定能够提高诉讼效率，尽快稳定社会关系。推定技术除了能通过降低举证难度、推动诉讼的进行之外；还能通过不利证据推定促使持有证据的当事人及时提供证据，避免诉讼迟延；还能打破僵局，尽快确立权利义务关系，稳定社会秩序。第三，推定能够提高判决的公正性，提高当事人对判决的信服度。由于推定建立在高度盖然性的基础上，推定事实与客观事实相符的可能性极大。因而基于推定事实做出的判决比较公正，当事人自然也乐意信服此类判决。

四、电子合同主体的确认

电子合同的主体确认制度是电子合同理论框架的重要内容。确认主体的过程就是判断数据电文所产生的效果归属问题。在电子商务中，电子合同的制定往往通过承载意思表示的数据电文订立，合同当事人之间可能从始至终不曾谋面甚至身份不明，再加上自动信息系统的使用，有必要在电子商务中对合同主体的确认作出一般的规定。确认主体的一般原则是：电子合同的主体是数据电文的发出者及其代理人；使用自动信息系统发出数据电文的，电子合同的主体是发出者。

对此，我国《电子签名法》第9条规定：数据电文有下列情形之一的，视为发件人发送：（一）经发件人授权发送的；（二）发件人的信息系统自动发送的；（三）收件人按照发件人认可的方法对数据电文进行验证后结果相符的。当事人对前款规定的事项另有约定的，从其约定。可见该条在规定上述一般原则之后又额外规定了推定发出者发出数据电文的规则，即通过约定的验证方法进行验证并相符的，可确认由发出人发出。

五、匿名交易对合同效力的影响

在适用电子合同进行交易时，当事人一般以虚拟身份出现。在实践中，合同的当事人经常需要使用账号登录之后进行交易，如登录淘宝账号进行网购等。这就会经常出现登录的身份和真实的身份不一致的情形，这种情形下，对于合同的成立和生效的影响就需要进行讨论了。有观点认为，使用虚拟身份进行交易应当分两种情况进行讨论：一是使用编造的身份进行交易。在这种情况下，当事人使用的账号信息完全是虚构的，不会对应现实生活中的任何个人。在这种情况下，应查明虚拟账号的使用者，如果能够查明使用者的真实身份，则合同可以成立；但是如果不能查明虚拟账号的使用者是谁，则该合同会因为仅具有一方当事人而不能成立。二是冒用他人名义进行交易，在这种情况下，当事人使用的账号信息是真实的，但该信息不是本人的信息，如使用他人的淘宝账号购买商品。在此情况下，适用无权代理的一般规定，合同的相对人可以进行催告或撤销合同，被冒名的当事人可以选择追认或不追认，如果不追认，相对人有权要求冒名人承担责任。①

其中第一种情况可能对合同的成立和生效都有影响。对于编造身份是否会影响合同的成立，应当结合具体的身份信息类型进行判断，仅合同目的实现起决定作用的信息会对合同的成立有影响。在现实中，并不是所有的交易信息都必须真实，这是出于以下几个方面的考虑。第一，现实生活中，并非所有的交易都看重真实身份。例如，去超市购物、去看电影或者去餐厅吃饭，商家在意的是收取货款或者服务费，这些都不必建立在了解真实身份的基础上。如果在电子商务中要求商家必须查明所有交易主体的真实身份，无疑会极大增加交易的成本，也并不符合生活常识。第二，真实身份在消费者后续的维权活动中也并非必要。假设消费者在购买商品之后发现商品存在质量问题，此时消费者只需要持有证明交易确实存在的发票就可以据此主张退换货等服务，并不需要证明自己的真实身份之后才可以维护自己的权益。在电子商务中同样如此，只要拥有商家开具的电子单据或者交易记录就可以向

① 王利明：《民商法研究（第五辑）》，法律出版社 2001 年版，第 284 页。

商家主张权利。在这一过程中，为了使消费者明确维权的对象，商家的实名认证是很有必要的，而消费者的真实身份并不如此重要。第三，交易当事人的部分个人信息属于隐私，当事人有权利不告知。当事人往往不愿意透露自己的真实身份，尤其是在购买特定的敏感商品时更是如此。如果强行要求透露真实身份，反而会阻碍人们在网上进行交易，不利于电子商务的发展。尽管并非全部的身份信息都是合同成立的必备要件，但是一个合同的成立确实以当事人的存在为前提，交易相对人确实必须知道对方的部分信息才能达成交易，因此需要部分身份信息真实有效，而这类信息仅需达到足以实现合同目的的程度即可。例如，在电子商务中，当事人的真实姓名、性别等信息与交易的实现无关，这类身份信息的缺失不会影响合同的成立，但是如果送货地址或者联系方式都不真实，交易的相对人将无法履行合同，此时可以认定合同并未成立。可见，在判断编造的身份对于合同成立的影响时，判断的标准是身份信息是否会影响合同目的的实现。如果合同目的可以实现，即使不知道交易相对人的真实身份，合同一样可以成立，反之则不成立。至于影响合同目的实现的身份信息都包含哪些，则需要结合具体的交易类型加以判断。

对于编造身份是否会影响合同的生效还涉及交易当事人的年龄这一问题。本法第 41 条规定推定电子商务主体具备完全的行为能力，因此在交易中是否需要透露真实年龄并不是合同生效的要件，但会涉及其他问题。即使出现相反证据，该相反证据的内容仅仅是表明当事人不具备完全的行为能力。此时就会出现判断相反证据真假的问题。如果该证据和实际情况相符，则法律行为的效力自然按照限制行为能力人订立合同的规定处理；如不相符，证明当事人具备完全的行为能力，合同自然有效。因此，本处不再讨论有相反证据的情况，仅讨论在推定具备完全行为能力的情况下是否透露真实年龄涉及的两个问题。第一个是交易安全问题。如果和一个未成年人进行交易之后，很可能涉及其法定代理人不予追认并拒绝履行合同的问题。此时电子商务主体出于对合同有效的信赖势必会为合同的履行做准备甚至实际履行，一旦出现法律纠纷无疑会增加交易成本，造成不必要的损失。出于这方面的考虑，最稳妥的做法还是建立用户年龄审查机制。第二个是责任的承担问题。我国《民法总则》第157条规定："民事法律行为无效、被撤销或者确定不发生效力后，行为人因该行为取得的财产，应当予以返还；不能返还或者没有必要返还的，应当折价补偿。有过错的一方应当赔偿对方由此所受到的损失；各方都有过错的，应当各自承担相应的责任。法律另有规定的，依照其规定。"可见，一旦合同没有正常生效，当事人应当依照过错承担责任。是否事先询问交易相对人的年龄可以被用作判断商家过错的标准之一。虽然电子商务主体推定具备行为能力，但是若在交易之前没有任何的形式上的调查，也没有电话或短信等确认环节，如此随意的做法很难让法官认定没有过错。为了避免因此承担损害赔偿的责任，电子商务主体在进行交易时还是事前确认对方的年龄信息为好。但是，上述两方面的影响都不是对合同效力的影响，可以说在无相反证据的情况下编造身份进行交易不会影响合同生效。

对于第二种情况，即冒用他人名义进行交易的情形。因为能确定对应的当事人，所以只需要考虑对于合同效力的影响。对于冒名行为的效力有两种主要观点，传统观点是根据交易相对人的主观意思判断，如果交易的相对人不看重对方的身份，则交易有效。如果对于该笔交易，交易的相对人对交易主体的身份有明确要求，则类推适用无权代理的规定，由名义上的当事人决定是否追认。还有观点认为应当根据冒名人的主观意思判断，如果该冒名人有意将交易的效果归属于被冒名人，则类推适用无权代理的规定，被冒名人决定是否追认。如果冒名人没有这一意思，则认为是冒名人自己的行为。上述两种观点都是将当事人是否有意将交易效果归属于第三人作为是否准用无权代理规定的判断依据，只不过该意图的产生主体不同。实际上这两种情况不是绝对排斥的，可以在交易相对人或者冒名人任意一方意图将交易效果归属于第三人时准用无权代理的规定，在这两种情况都不存在时，直接认定合同有效。

相关立法与规定

第一款关于订立和履行的相关立法与规定：

1.《电子签名法》

第3条 民事活动中的合同或者其他文件、单证等文书，当事人可以约定使用或者不使用电子签名、数据电文。

当事人约定使用电子签名、数据电文的文书，不得仅因为其采用电子签名、数据电文的形式而否定其法律效力。

前款规定不适用下列文书：

（一）涉及婚姻、收养、继承等人身关系的；

（二）涉及土地、房屋等不动产权益转让的；

（三）涉及停止供水、供热、供气、供电等公用事业服务的；

（四）法律、行政法规规定的不适用电子文书的其他情形。

2.《合同法》

第10条 当事人订立合同，有书面形式、口头形式和其他形式。

法律、行政法规规定采用书面形式的，应当采用书面形式。当事人约定采用书面形式的，应当采用书面形式。

第11条 书面形式是指合同书、信件和数据电文（包括电报、电传、传真、电子数据交换和电子邮件）等可以有形地表现所载内容的形式。

第二款关于行为能力和意思表示推定规则的相关立法与规定：

3.《民法总则》

第18条 成年人为完全民事行为能力人，可以独立实施民事法律行为。

十六周岁以上的未成年人，以自己的劳动收入为主要生活来源的，视为完全民事行为能力人。

第19条 八周岁以上的未成年人为限制民事行为能力人，实施民事法律行为由其法定代理人代理或者经其法定代理人同意、追认，但是可以独立实施纯获利益的民事法律行为或者与其年龄、智力相适应的民事法律行为。

第20条 不满八周岁的未成年人为无民事行为能力人，由其法定代理人代理实施民事法律行为。

第21条 不能辨认自己行为的成年人为无民事行为能力人，由其法定代理人代理实施民事法律行为。

八周岁以上的未成年人不能辨认自己行为的，适用前款规定。

第22条 不能完全辨认自己行为的成年人为限制民事行为能力人，实施民事法律行为由其法定代理人代理或者经其法定代理人同意、追认，但是可以独立实施纯获利益的民事法律行为或者与其智力、精神健康状况相适应的民事法律行为。

第144条 无民事行为能力人实施的民事法律行为无效。

第145条 限制民事行为能力人实施的纯获利益的民事法律行为或者与其年龄、智力、精神健康状况相适应的民事法律行为有效；实施的其他民事法律行为经法定代理人同意或者追认后有效。

相对人可以催告法定代理人自收到通知之日起一个月内予以追认。法定代理人未作表示的，视为拒绝追认。民事法律行为被追认前，善意相对人有撤销的权利。撤销应当以通知的方式作出。

第146条 行为人与相对人以虚假的意思表示实施的民事法律行为无效。

以虚假的意思表示隐藏的民事法律行为的效力，依照有关法律规定处理。

第147条 基于重大误解实施的民事法律行为，行为人有权请求人民法院或者仲裁机构予以撤销。

第148条 一方以欺诈手段，使对方在违背真实意思的情况下实施的民事法律行为，受欺诈方有权请求人民法院或者仲裁机构予以撤销。

第149条 第三人实施欺诈行为，使一方在违背真实意思的情况下实施的民事法律行为，对方知道或者应当知道该欺诈行为的，受欺诈方有权请求人民法院或者仲裁机构予以撤销。

第150条 一方或者第三人以胁迫手段，使对方在违背真实意思的情况下实施的民事法律行为，受胁迫方有权请求人民法院或者仲裁机构予以撤销。

4.《合同法》

第9条 当事人订立合同，应当具有相应的民事权利能力和民事行为能力。

当事人依法可以委托代理人订立合同。

第47条 限制民事行为能力人订立的合同，经法定代理人追认后，该合同有效，但纯获利益的合同或者与其年龄、智力、精神健康状况相适应而订立的合同，不必经法定代理人追认。

相对人可以催告法定代理人在一个月内予以追认。法定代理人未作表示的，视为拒绝追认。合同被追认之前，善意相对人有撤销的权利。撤销应当以通知的方式作出。

第52条 有下列情形之一的，合同无效：

（一）一方以欺诈、胁迫的手段订立合同，损害国家利益；

（二）恶意串通，损害国家、集体或者第三人利益；

（三）以合法形式掩盖非法目的；

（四）损害社会公共利益；

（五）违反法律、行政法规的强制性规定。

第54条 下列合同，当事人一方有权请求人民法院或者仲裁机构变更或者撤销：

（一）因重大误解订立的；

（二）在订立合同时显失公平的。

一方以欺诈、胁迫的手段或者乘人之危，使对方在违背真实意思的情况下订立的合同，受损害方有权请求人民法院或者仲裁机构变更或者撤销。

当事人请求变更的，人民法院或者仲裁机构不得撤销。

第四十九条 【电子商务合同的订立与成立】

电子商务经营者发布的商品或者服务信息符合要约条件的，用户选择该商品或者服务并提交订单成功，合同成立。当事人另有约定的，从其约定。

电子商务经营者不得以格式条款等方式约定消费者支付价款后合同不成立；格式条款等含有该内容的，其内容无效。

条文主旨

本条是对电子合同订立与成立的规定。

条文释义

电子商务合同属于合同的一种，需要当事人双方要约和承诺达成一致时方可成立。在理解本条第 1 款时需要注意四个方面的问题。

一、电子要约的效力

本条规定只要符合要约条件的信息即具有要约性质，相当于间接肯定了通过数据电文形式发布要约的效力。电子形式的要约不同于传统形式使用纸质与口头形式发出的要约，通过法律明确规定的方式承认这种要约的法律效力是所有电子合同制度的法律基础。对于要约性质的数据电文效力的承认实际上是对通过数据电文传递的意思表示即电子意思效力的承认。各国政府和国际组织在立法时都承认电子意思表示的法律效力，但在具体的规定上存在部分差异。

国际上对于电子意思表示的立法承认可以分为两类，一类是没有前提限制的承认，另一类是有前提的承认。第一类以联合国制定的示范法和公约为代表。《联合国国际合同使用电子通信公约》和《联合国电子商业示范法》都直接承认通过数据电文形式传递意思表示的有效性而没有一般性的前提限制，仅在特别的情况下排除适用。而第二类以美国为代表，其主张电子意思表示仅仅为意思表示的一种特例，只有在当事人约定使用时才产生法律效力。美国统一商法典认为“当事人同意”既可以是事先表示的明确同意，也可以是通过行为可推知的默示同意，但无论如何都始终认为“当事人同意”是电子意思表示生效的前提。[①] 我国《电子签名法》也采取了相同的立法，将当事人的约定作为数据电文具备法律效力的形式，仅在当事人约定的情况下才不能否认数据电文的效力。实际上，第二类做法一定程度上限制了电子合同的订立，在电子商务领域，有些合同完全是通过数据电文的形式订立的，如果对于这种方式的使用附加一定限制的话，无疑会增加合同成立的时间和成本。数据电文便捷廉价的特点也会受到限制。因此，无条件地承认数据电文的效力，仅在特定条件下排除反而是更符合电子商务的交易要求。

本条为此特意规定，满足要约条件的数据电文一概具备要约的效力，仅在当事人有约定的情况下依其约定适用，这与《电子签名法》相比无疑是立法上的进步，在适用上根据后法优先的原理也应当优先适用本法的规定。

二、要约的构成要件

本条没有规定要约的构成要件，应当参照《合同法》以及一般法理来判断电子商务经营者发布的信息是否属于要约。只有对符合要约条件的信息进行选择并提交订单之后才构成承诺，所以判定一个信息是否属于要约是判断合同是否成立的第一步。要约是希望和他人订立合同的意思表示，根据我国《合同法》第 14 条规定，一个要约需要满足如下五点的要求。

第一，必须是由特定人发出。只有要约人特定，受要约人方能对其进行承诺，否则合同无法成立。

第二，要约必须向相对人发出。一项要约必须向相对人表示方可有效，否则相对人无法获知要约进而作出承诺。与要约人不同，受要约人不须特定，向不特定人发出的要约也可有效。

第三，要约的内容必须具体明确。一旦要约被受要约人承诺便可成立具有约束力的合同。因此，一个要约必须具备成立合同的最低限度的内容。对于合同成立的最低要件需要结合具体的合同类型和商业惯例进行分析。《最高人民法院关于适用〈中华人民共和国合同法〉若干问题的解释（二）》（《合同法司法解释二）》第 1 条规定：当事人对合同是否成立存在争议，人

---

① 参见齐爱民：《电子商务法原论》，武汉大学出版社 2010 年版，第 141 页。

民法院能够确定当事人名称或者姓名、标的和数量的，一般应当认定合同成立。但法律另有规定或者当事人另有约定的除外。此外具体明确只需要根据一定方式可确定即可，并不要求明确载明。

第四，要约必须含有要约人受约束的意旨。即要约包含只要经受要约人的承诺，要约人即依照有效的承诺与受要约人成立合同的意思。

第五，要约必须以订立合同为目的。凡不具有订立合同的目的，即使满足上述的所有条件也不属于合同订立过程中的要约。

三、承诺的判定标准

本条明确规定了当事人的何种行为属于承诺，即选择该商品或者服务并提交订单成功即构成承诺，合同经承诺后即告成立。

对于有效承诺的判定虽有明确的标准，但是并没有法律明确的类型化规定，因此在实践中一直有很大的争议，不同的主张也代表着不同的利益诉求。一般认为对于符合要约条件的信息的回应属于承诺。例如，有些网站对于商品型号、功能、价格、库存等都有详细的介绍，并附有付款后预计多长时间送达的字样，表明一旦下单则会根据订单配货，这些信息满足《合同法》第 14 条对于要约的要求。因此消费者选择商品、填写并确认发送订单的行为即构成承诺。但是实践中还存在将上述行为视为要约，而将发货作为最终承诺的情况。例如，京东商城的《京东用户注册协议》第 6.2 条明确规定："本站上销售方展示的商品和价格等信息仅仅是交易信息的发布……系统生成的订单信息是计算机信息系统根据您填写的内容自动生成的数据，仅是您向销售方发出的交易诉求；销售方收到您的订单信息后只有在销售方将您在订单中订购的商品从仓库实际直接向您发出时（以商品出库为标志），方视为您与销售方之间就实际直接向您发出的商品建立了交易关系。"再如，亚马逊在《注册用户使用条件（2016 版）》中规定："如果您通过本网站订购商品，那么本网站上展示的商品和价格等信息仅仅是要约邀请，您的订单将成为订购商品的要约。收到您的订单后，我们将向您发送一电子邮件或短信确认我们已收到您的订单，其中载明订单的细节，但该确认不代表我们接受您的订单。只有当我们向您发出发货确认的电子邮件或短信，通知您我们已将您订购的商品发出时，才构成我们对您的订单的接受，我们和您之间的订购合同才成立。”

现实生活中，各大电商为在竞争中占得优势，争相进行大力度促销活动。消费者据此下单并付款后，却被告知缺货或价格标错并被取消订单的案件常有发生。如果将发货视为承诺的话，在发货之前，交易合同尚未成立。那么，卖家在此期间取消订单或者修改相应优惠条件就不会受到尚未成立之合同的约束，这对于消费者是非常不利的。虽然在这一过程中，如果商家具有过错导致合同不成立，则可以依据缔约过失责任让商家赔偿消费者损失。但是缔约过失责任的适用以商家具有过错为前提，这就不如适用严格责任主义的违约责任。而且缔约过失责任一般赔偿的是信赖利益，即出于信赖合同成立而产生的损失，如缔约费用、准备履行的费用等，而违约责任赔偿的损失包括履行利益，即合同成立之后预期的可得利益。可见后者更能有效填补消费者的损失。而将消费者提交订单的行为视为承诺的话，此时合同已经成立，除在特殊情况下法律另有规定的外，合同一经成立即刻生效，一旦商家单方取消合同或者修改优惠信息则属于违约行为。通过上述违约责任和缔约过失责任的对比可以看出，这种做法无疑更有利于保护消费者的权益。本条将成功提交订单的行为规定为承诺无疑有着极大的实践指导意义。

四、本条规定的任意性

本条的规定可以交由当事人自由约定。可约定的内容包括但不限于何种信息属于要约和承诺、要约和承诺的作出方式为何、承诺之后是否还需要其他程序合同才能成立等。这条体现电子合同规则的任意性，属于任意性规范，当事人都可以在法律规定之外另作规定。虽然当事人的约定可以完全作出对该条相反的约定，但是并不代表本条的规定毫无意义。首先，本条可以在当事人未做规定的情况下填补合同漏洞。其次，本条体现着保护消费者的立法精神，并且可以作为消费者维权的依据。例如，实践中有关要约和承诺的条款都以格式条款出现。对于格式条款我国《消费者权益保护法》规定：“经营者不得以格式条款、通知、声明、店堂告示等方式，作出排除或者限制消费者权利、减轻或者免除经营者责任、加重消费者责任等对消费者不公平、不合理的规定，不得利用格式条款并借助技术手段强制交易。格式条款、通知、声明、店堂告示等含有前款所列内容的，其内容无效。”本法出台之后，此处不公平不合理的规定就可以结合本条的规定根据具体情况判断。

本条第2款规定了格式条款的效力问题。所谓格式合同是指当事人为了重复使用而预先拟定，并在订立合同时未就其内容与对方协商的合同。其中未经协商预先拟定的条款为格式条款。因为格式条款的内容在制定过程中只取决于一方主体的意志。所以需要对格式条款的使用进行特别的限制以保护合同的相对方。根据我国《合同法》第40条的规定，提供格式条款一方免除其责任、加重对方责任、排除对方主要权利的，该条款无效。但并非只要出现上述情况该格式条款即归无效，只有其达到不正当、不合理的程度时方可使条款无效。在我国对于无效的格式条款并没有太多类型化的规定。本条即为对于无效格式条款的一种类型化规定。依据该条第2款的规定，规定消费者支付价款后合同不成立的格式条款无效。在电子商务中，消费者在合同成立之后有义务支付价款。也有一些交易以消费者支付价款为合同成立的条件。总之，依照本条规定在消费者支付价格时，合同一定处于成立的状态。此时宣告合同不成立，则剥夺了消费者可以依照合同享有的合同权利。同时以格式条款的方式进行规定，相当于赋予了经营者任意反悔的权利，默认经营者无须承担违约责任。这种排除消费者主要权利，免除自己责任的条款已经达到了不正当、不合理的程度，属于一种无效的格式条款。当然，根据第2款的规定，以格式条款之外的其他方式约定相同的内容，同样会导致该约定无效，其依据是对诚信原则的违反。

相关原理

一、要约与要约邀请

所谓要约邀请又称要约引诱，是指希望他人向自己发出要约的意思表示。《联合国国际合同使用电子通信公约》第11条规定，要约邀请是指：“通过一项或多项电子通信提出的订立合同提议，凡不是向一个或多个特定当事人提出，而是可供使用信息系统的当事人一般查询的，包括使用交互式应用程序通过这类信息系统发出订单的提议，应当视作要约邀请，但明确指明提议的当事人打算在提议获承诺时受其约束的除外。”在实践中，寄送的价目表、拍卖公告、招标公告、招股说明书、商业广告等一般为要约邀请。

要约与要约邀请有如下的几个区别。第一要约是要约人希望订立合同的意思表示，而电子要约邀请是希望他人向自己发出要约的意思表示。第二要约的内容对要约人有法律约束力，一旦受要约人承诺则自然成立合同，而要约邀请则无此约束力。第三要约的内容必须明确具体，具备合同的必备条款，而对于要约邀请的内容没有要求，无须具备详细和完整的合同内容。

结合以上要约与要约邀请区分特点，二者有如下几个区分方法：（1）根据法律规定。法律明确规定为要约邀请的应当是要约邀请。（2）根据内容来确定。内容具体明确，包含合同成立的必备条款的是要约，否则是要约邀请。（3）根据意思表示发出者的意图来确定。发出者有受意思表示内容约束意思的是要约，不能推断出该意思或者明确表明不受约束的是要约邀请。（4）根据交易惯例来确定。这就要根据特定地域的交易实践具体分析。

在电子商务领域，要约和要约邀请虽然在原理上并无二致，但表现形式上不同于传统形式，因此在这里对几种常见的情况进行分析。

第一种是通过电子交易形式交易实物。这种交易模式相当于将超市中货架上陈列的商品陈列于电子平台之上。在超市中陈列的商品一般认为明码标价的商品属于要约，选择该商品并付款是承诺。但是在电子商务领域，网页上展示的商品并非超市中可触碰的真实商品。真实商品可以直观地反映剩余数量，但是网页上的商品有时不会显示余量。即使在有余量显示的情况下，由于存在多人同时点击购买的可能性，在网络出现刷新延迟的情况下很有可能造成重复购买的情况，在“双十一”抢购时由于点击量集中，这种情况则更为常见。所以多数学者认为网页展示商品的行为是要约邀请。当然如果这类商品本身明码标价又有保证有存货或者保证规定时限内送达等表明受约束的意思，则属于要约。《电子商务法》的第49条也规定，电子商务经营者发布的信息只有符合要约条件的经承诺才发生效力。

第二种是通过电子交易形式交易信息产品的情况。信息产品是不具有实体的数据信息产品，由于可以被无限地复制下载，所以不存在售罄的问题。因此在电子平台上进行明码标价的信息产品可以被认定是要约。

第三种是通过第三方平台进行的交易。对于这一种情况，一般应根据平台自己的规定。交易平台会通过用户须知、知情条款等格式条款规定自己平台中要约与要约邀请的判断方法。如果不属于无效的格式条款则视为当事人双方之间的约定从而优先适用。本法第 49 条也做了相同的规定。

二、承诺的概念和要件

承诺是受要约人同意要约的意思表示。一个有效的承诺需满足以下四个要件：

第一，由受要约人作出。唯有受要约人才有作出承诺的资格。除此之外的任何第三人作出的同意要约的意思表示都不能视为承诺。

第二，需要向要约人作出。要约人为合同成立后的一方当事人，只有承诺到达使其知悉之后才能达到成立合同的目的。

第三，承诺需与要约的实质内容一致。所谓实质内容是要约的主要内容，根据我国《合同法》第 30 条，有关合同标的、数量、质量、价款或者报酬、履行期限、履行地点和方式、违约责任和解决争议方法等内容属于实质内容，承诺对于上述内容的变更属于新要约而非承诺。对于除此之外的其他非实质内容允许在承诺中予以变更。对于作出非实质性变更的承诺，除要约人及时表示反对或者要约表明承诺不得对要约的内容作出任何变更外，该承诺有效，合同的内容以承诺的内容为准。

第四，承诺要在期限内到达要约人。如果要约中有明确的承诺期限的，承诺应在承诺期限内到达要约人。如果没有约定的，依据我国《合同法》第 23 条规定，要约以对话方式作出的，应当即时作出承诺；要约以非对话方式作出的，承诺应当在合理期限内到达。对于承诺期限的起算日期，我国《合同法》第 24 条规定："要约以信件或者电报作出的，承诺期限自信件载明的日期或者电报交发之日开始计算。信件未载明日期的，自投寄该信件的邮戳日期开始计算。要约以电话、传真等快速通讯方式作出的，承诺期限自要约到达受要约人时开始计算。”对于没有在规定时间内到达要约人的承诺，可以分为两种，一种叫作迟到的承诺，另一种叫作迟发的承诺。迟到的承诺指的是受要约人在承诺期限内发出承诺，按照通常情形能够及时到达要约人，但因其他原因承诺到达要约人时超过承诺期限。对于这种承诺，除要约人及时通知受要约人因承诺超过期限不接受该承诺外，该承诺有效。而迟发的承诺是指并未在承诺期限内发出最终导致承诺到达要约人时超出承诺期限的承诺。对于这种承诺，一般认为除要约人及时通知受要约人接受该承诺外，该承诺无效。但实际上这种承诺作为一种新要约处理即可。

三、合同成立与合同生效

在罗马法中不区分合同的成立与生效，在现实生活中。大部分的合同也是成立之后即刻生效。但是合同的成立和生效仍是两个完全不同的概念，有必要加以区分。所谓合同成立是指当事人的合意符合一定的要件而被法律认为是客观存在的事实。在法律上合同成立是一种客观存在，而这种客观存在必须具备法定或者约定的构成要件，否则将认为合同不存在。合同的成立是当事人双方为订立一个合同而进行磋商的最终结果。合同成立的构成要件一般包括：双方当事人和意思表示合致。双方不是强调当事人的人数，而是强调当事人间的地位存在一对相互对应的关系。意思表示的合致是对于合同的主要条款达成合意，此时合同方可成立。对于合同的标的而言，可以包含于意思表示的内容之中，可以不视为一个独立的构成要件。

合同生效是指经过法律的评价，合同发生法律效力，对合同当事人及第三人产生强制性的约束力。这种约束力表现为：合同当事人依据合同而产生的权利和利益受法律保护；当事人必须履行合同义务，否则将依法承担违约责任；对第三人而言，第三人不得违反公序良俗干预和侵害合同权利。

在逻辑上，合同的成立发生在合同生效之前。只有一个合同首先客观存在之后，才涉及是否具有法律上的效力的问题。在合同成立后符合生效条件的合同才能具有效力。二者的区分有如下几个方面：

1. 二者解决的问题不同

合同成立解决的是合同是否发生、存在的问题，合同生效解决的是合同的法律效力问题，体现的是国家对业已成立的合同关系的肯定或否定的评价。

2. 国家参与的程度不同

一个合同是否成立体现的是合同当事人的意志，国家对此不进行干预。而对于合同的效力而言，由于一个有效的合同往往涉及国家集体和他人的利益，因此国家对此要进行干预。

3. 效力形态不同

对于一项合同只有成立与不成立两种结果，但是对于合同的效力而言，可能是有效、未生效、无效、效力待定或者是可撤销。需要说明的是，未生效不同于无效，未生效的原因可能是没有履行批准登记等先合同义务导致的未生效，也可能是未满足条件或者未到期限而致使合同未生效，这与《合同法》第 52 条规定的无效事由不同。

4. 法律效果不同

合同成立以后，合同的约束力主要体现在当事人不得对自己的要约和承诺随意撤销，但是在此阶段的合同尚无履行的必要，也不涉及违约责任。因过错导致合同不成立的应承担缔约过失责任；合同生效后，当事人必须按照合同约定履行，如果违反约定则应承担违约责任。合同无效或未生效后，当事人应当承担返还原物、按过错承担损失或者缔约过失等民事责任。

5. 能否补救不同

对于合同成立而言，是否成立是一种客观的判断，不成立之后没有可补救的手段。但是部分合同效力上的瑕疵，允许当事人采取补救办法，如限制行为能力人订立合同之后取得法定代理人的追认等。

四、数据电文的生效时间

对于数据电文的生效时间应区分要约和承诺以及不同法系。需要说明的是，要约和承诺的生效时间并不等同于二者的生效要件，此处的生效时间仅指一个具备全部生效要件的要约或承诺最终生效的时间节点。对于要约，不论是大陆法系还是英美法系都采用“到达主义”的原则，即要约自到达受要约人时生效。而对于承诺而言，大陆法系同样主张“到达主义”，而英美法系主张“发信主义”，即当受要约人发出之时承诺生效，因此对于英美法系国家而言，数据电文的发出时间就显得尤为重要。虽然我国对于要约和承诺的生效都采用“到达主义”，但是这并不意味着在我国，数据电文的发出时间毫无意义，如在发生不可抗力的情况下，不能履行合同义务的债务人应当及时通知债权人并提供相应的证明，以减轻债权人的损失。如果没有尽到提示义务的，应当根据过错对债权人的损失承担部分责任。如果债务人以数据电文的形式发出通知，但是由于计算机故障相对人没有接收成功，此时就应当根据发出时间来判断债务人是否尽到了及时通知的义务，是否需要对债权人损失的扩大承担责任，此时数据电文发出时间的判断就显得十分重要了。实际上，数据电文所包含的内容比要约和承诺更为广泛，它可以包含一切形式的具有一定意思表示的电子信息，同时鉴于这种意思表示的形式不同于传统的意思表示，因此有必要对其发出时间做特殊的规定。我国的《电子签名法》也对数据电文的发出和接收时间分别进行了规定。

对于数据电文的发出和接收时间可以参照《联合国国际贸易法委员会电子商业示范法》（以下简称《联合国电子商业示范法》）第 15 条的前两款。第 1 款规定：除非发端人与收件人另有协议，一项数据电文的发出时间以它进入发端人或代表发端人发送数据电文的人控制范围之外的某一信息系统的时间为准。第 2 款规定：除非发端人与收件人另有协议，数据电文的收到时间按下述办法确定：（a）如收件人为接收数据电文而指定了某一信息系统：（i）以数据电文进入该指定信息系统的时间为收到时间；或（ii）如数据电文发给了收件人的一个信息系统但不是指定的信息系统，则以收件人检索到该数据电文的时间为收到时间；（b）如收件人并未指定某一信息系统，则以数据电文进入收件人的任一信息系统的时间为收到时间。

《联合国国际合同使用电子通信公约》第 10 条的前 2 款也对此做出了规定。其中第 1 款规定电子通信的发出时间是其离开发件人或代表发件人发送电子通信的当事人控制范围之内的信息系统的时间，或者如果电子通信尚未离开发件人或代表发件人发送电子通信的当事人控制范围之内的信息系统，则为电子通信被收到的时间。第 2 款规定电子通信的收到时间是其能够由收件人在该收件人指定的电子地址检索的时间。电子通信在收件人的另一电子地址的收到时间是其能够由该收件人在该地址检索并且该收件人了解到该电子通信已发送到该地址的时间。当电子通信抵达收件人的电子地址时，即应推定收件人能够检索该电子通信。可见该公约在发出问题上规定得更为详细，将当事人分为同一信息系统之内当事人之间的电子通信和不处于同一信息系统当事人之间的电子通信。前者以电子通信被收到的时间为发出时间。后者以离开电子信息发出人控制的信息系统为发出时间。对于接收时间，该公约使用了检索这一概念，但是并没有解释其具体内涵。

在我国，数据电文的接收时间意味着其生效时间，是否能被检索决定了接收时间也就是决定了生效时间，因此必须对检索二字作出符合国情的解读。本书认为，应当根据数据电文的性质对检索这一概念进行解读。在要约性质的数据电文中检索应做扩张解释。现实中，往往因为系统不兼容、电子故障等原因导致信息无法被识别，从而无法针对要约作出承诺。所以规定单纯收到电文即为接收对接收人过于苛刻。应当在数据电文到达接收人系统并且接收人可以有效识别内容时方谓接收成功。其原理同以对话方式作出的要约，该种要约发出与到达是同时的，与数据电文一致，但是到达并非等同于了解。对于有客观障碍的受要约人，这种即时要约虽然到达但是并未生效。同理对于数据电文形式的要约而言，应当以接收人可以有效识别数据电文内容的时间作为接收时间。

对于承诺性质的数据电文，各国法律仅在发出生效还是到达生效的层面有所不同，但是没有讨论要约人是否了解承诺的问题。因为要约本身就包含要约人受约束的意思，受要约人给出的承诺可以直接由此发生效力。承诺生效之后，如果不同意要约，则合同自然不成立；如果同意要约，则合同自然成立，至于何时知悉承诺开始着手准备，是否要根据承诺的非实质性变更对自己的行为做出调整则属于合同成立之后合同履行阶段的事宜，与合同的成立属于两个层面的问题。因此要约人对于承诺内容是否了解并不会影响承诺的效力。承诺性质的数据电文的生效时间为纯粹的到达时间。

对于其他内容的数据电文理论上也不需当事人了解其内容。例如，需要限制行为能力人的法定代表人追认的情况下，如果合同相对人以数据电文的形式进行催告，即使法定代理人并未有效识别电文内容，一个月的时限经过，也自动视为拒绝追认。因为催告的通知属于准法律行为，虽然催告的通知包含着一定的意思表示，但是应严格按照法律规定的内容发生法律效果。催告制度关注的重点并非法定代理人的意思自治，而是保护相对人的利益，尽快使得效力待定的法律关系得以确定，因此法定代理人是否能够依据催告的内容及时作出意思表示在所不论。同理，在不可抗力的通知中，非因债务人的原因致使债权人不能知悉通知的内容，仅需让债权人承担相应的不利法律后果，不能以此主张通知未生效而让无过错的债务人赔偿损失。实际上不可抗力的通知也属于准法律行为的一种，应按照法律的规定发生效力，法律只是在形式上规定一个避免损失扩大的制度设计，而并不能通过这一制度完全避免实际损失。

综上，只有在要约性质的数据电文中，检索的概念才包括有效识别，以有效识别的时间作为接收并生效的时间。而对于承诺性质和其他内容的数据电文而言，到达即意味着可被检索，数据电文的生效时间与到达时间一致。

五、数据电文的撤回和撤销

撤销与撤回制度是阻止数据电文形式的意思表示发生法律效果的制度。对于其他内容的数据电文如果属于意思表示，因为生效后表意人即受约束，一般应允许撤回但不允许撤销，如果不属于意思表示一般也不去讨论撤回与撤销的问题，因此不在此讨论。以下将主要讨论电子合同中最重要的要约性质数据电文的撤销和撤回以及承诺性质数据电文的撤销制度。

撤回是在要约或承诺到达相对人之前，发出人取消之前作出的意思表示使之不产生法律效果的行为。在取消时，要求要约或者承诺的发出人以另一个在前到达或同时到达的意思表示取消之前的要约或承诺。电子商务中要约和承诺的撤回有其特殊性。因为数据电文往往可以瞬时到达，所以并没有传输时间以便发出人撤回，所以在交易实践很少有适用的空间。但是这并不可以完全否定撤回制度的存在价值进而适用英美法系的“发信主义”。实践中，使用数据电文进行交易的过程中也可能存在撤回的适用空间。例如，用电子邮件交易时，电子邮件在互联网上的传输受客观条件影响较大，要约和承诺的撤回并不是不可能。一些客观条件，如线路故障、网络病毒等因素都可能使得要约、承诺不能够及时到达。而在这短时间内，如果发出方发现市场有重大变化或者发出的信息有错误，想撤回要约或承诺，则还是可以使一份撤回通知先于或者同时到达相对人以保护其利益。如果法律不承认撤回制度则不能有效保护发出人的利益，此外撤回一项意思表示属于一项固有的权利，不应该随意被剥夺，权利有某些情形下不能行使或者行使的困难并不影响权利本身的存在。

对于撤销制度，传统的观点是只能撤销要约而非承诺。要约的撤销是指在要约生效后，溯及地取消要约使要约失效的行为。我国《合同法》第18条规定："要约可以撤销。撤销要约的通知应当在受要约人发出承诺通知之前到达受要约人。"因此，一个生效要约能否被取消取决于受要约人的承诺是否发出。实践中，不同电子商务的交易模式中要约能否被撤销也不同，如果当事人采用电子自动交易系统从事电子商务，承诺的做出是即刻的，要约人没有机会撤销要约；如果当事人在网上协商或者通过电子邮件发出要约，要约的到达与受要约人发出承诺之间有时间间隔的，要约人在受要约人发出承诺前可以撤销已作出的要约。

还有学者提出承诺的撤销问题。在电子商务中，当事人往往采取点击成交的方式，点击过程非常短暂，甚至是在瞬间完成的，因此点击时当事人可能并没有经过周全的考虑，也可能在点击环节出现点击上的错误，不能真实反映当事人的真实意思。以重大误解为由请求撤销合同需要经过复杂的诉讼程序而且费用较大，不利于保护当事人的权益。为此许多学者认为，对于消费者而言，建议在点击成交以后，给消费者一段考虑时间，如果在该期限内，消费者不愿成交同样可以撤销承诺；如果愿意成交，则不必再作出任何表示。但是，这种做法会使网络经营者承担极大的风险，因为网络经营者在点击成交以后，将要从事一些履约的准备，如准备货物，如果允许消费者在一段相当长的时间内撤销承诺，则网络经营者承担的风险太大。所以，为衡平双方的利益，该观点认为，可以确立较为短暂的撤销期限，在该期限内，消费者可以不必付款，而经营者也不负有任何履约的义务。这种观点看似合理，但是有如下几处欠缺。第一，违反合同成立的法理。对于一个合同而言，承诺生效之后即意味着整个合同的成立。如果在承诺之后双方都不必履行合同内容或为之做准备，那承诺也就失去了原有的意义和重要地位。这也有违交易快捷化的要求。第二，对消费者予以了过多的保护。我国《消费者权益保护法》第25条已经规定，对于采用网络、电视、电话、邮购等方式销售的商品，消费者可以在七天之内无理由退货。如果在合同的订立阶段也给予消费者无理由撤销承诺的权利，则会对消费者保护过度，反而没有平衡合同双方利益。第三，允许任意反悔将会让消费者在进行电子商务交易时更加不理性。如果承诺之后当事人双方就要严格受合同的约束，则消费者在订立合同之时就会更加谨慎，避免出现不必要的错误，对涉及自己重大利益的条款尽到更高的注意义务。虽然点击的行为可以瞬时完成，但是点击之前的决定是可以通过慎重考虑作出的。不能将点击时间短暂作为不对合同条款进行仔细的思考的借口。

但是在电子商务之中，确实会出现各种错误。比如，当事人可能在大量文字或者数额的信息输入中出现错误，或者因为技术问题造成的错误。如果出现这类错误，则应当适用电子合同的撤销制度进行救济。

相关案例

薛某明与北京京东叁佰陆拾度电子商务有限公司买卖合同纠纷案

被告（反诉原告）京东公司系京东商城网站（原域名为：www.360buy.com，现域名为 www.JD.com）所有者。2012年6月30日，用户名为“et008”的京东商城用户在网站上提交订单购买系争金币1枚。该金币由中国人民银行发行，面额为1万元。该订单详情显示订单金额48500元，支付方式为在线支付。订购时商品网页信息显示，系争金币市场价72750元，京东价48500元，同时该网页还显示如下内容：“库存：送至上海（现货），下单后立即由诺曼诺兰发货”“本商品发票由诺曼诺兰提供，由京东商城负责配送”等。其后，原告（反诉被告）薛某明通过其妻沈某名下的中国农业银行卡进行了48500元的网上支付；同日9时53分52秒，京东商城网站电脑系统确认“订单汇款成功”；其邮箱也收到发件人京东网上商城发送的确认收到订单款项的邮件。2012年7月18日，沈某名下的中国农业银行卡账户因“退货”原因收到款项48500元。2012年7月19日，et008用户名下订单网页显示，该订单已于2012年7月17日取消。此时京东商城网站上的系争金币商品网页信息显示市场价为129万元。同日，薛某明致电京东商城投诉部门，就系争金币订单取消及相应补偿一事进行协商。通话中，京东商城投诉部门工作人员确认系因被告工作人员工作失误导致商品信息上传错误，薛某明坚持其未曾取消订单。最终，双方在通话中未能就订单取消及补偿一事达成一致。

被告京东公司在庭审中主张买卖合同尚未成立：京东商城用户购买商品需要先在网站进行注册，根据京东商城网站用户注册协议第6条第2款的规定，只有京东商城向用户发货、货物到达用户处之后，买卖合同才成立，而之前用户的付款行为仅为要约。在原告（反诉被告）收到的确认付款邮件的重要位置上也提示了上述合同成立要件条款，故本案系争金币的买卖合同并未成立。

法院审理查明：京东商城网站的用户注册页面下方有“同意以下协议，提交”按钮，按钮下方显示有“京东商城网站用户注册协议”等字样的文本框，通过连续下拉文本框右侧的滚动条，可显示“京东商城网站用户注册协议”的全部内容。其中，第6条第2款内容为：“除法律另有强制性规定外，双方约定如下：本站上销售方展示的商品和价格等信息仅仅是要约邀请，系统生成的订单信息是计算机信息系统根据您填写的内容自动生成的数据，仅是您向销售方发出的合同要约；销售方收到该订单信息后，已将货物实际直接向您发出时，方视为您与销售方之间就发出的货物建立了合同关系；如果您在一份订单里订购了多种商品并且销售方只给您发出了部分商品时，您与销售方之间仅就实际向您发出的商品建立了合同关系。”原告（反诉被告）薛某明在收到的京东网上商城发送的确认邮件中，亦有“重要声明：

本邮件仅表明销售方已收到您提交的订单；销售方收到您的订单信息后，只有在销售方将您在订单中订购的商品从仓库实际直接向您发出时（以商品出库为标识），方视为您与销售方之间就实际直接向您发出的商品建立了合同关系；如果您在一份订单里订购了多种商品并且销售方只给您发出了部分商品时，您与销售方之间仅就实际直接向您发出的商品建立了合同关系；只有在销售方实际直接向您发出了订单中订购的其他商品时，您和销售方之间就订单中该其他已实际直接向您发出的商品才成立合同关系”等内容。

法院经审理认为，根据法律规定和一般交易观念，京东公司将系争金币的名称、外观、规格、型号、售价、库存状态等详细商品信息公布于其网站之上，内容明确具体，网站用户可根据上述商品信息自由选择购买，故京东公司在网站上公布系争金币商品信息的行为已符合要约的特性。网站用户在选择购买商品、填写送货、付款等订单信息、完成付款之后确认订单，应当视为进行了承诺。虽然关于买卖合同的成立要件，京东公司在京东商城网站用户注册协议第6条第2款中规定：“只有京东商城向用户发货、货物到达用户处之后，买卖合同才成立，而之前用户的付款行为仅为要约”，但该条款系京东公司反复使用、预先拟定、未与网站用户协商内容的格式条款。格式条款固然具有降低交易成本、提高交易效率等特点，但由于格式条款由一方当事人预先拟定，相对人无法参与条款的制订过程，故格式条款的合意性相对较弱。为确保合同当事人之间的利益平衡，防止格式条款的拟定方利用其优势地位而设置减轻或免除其自身合同责任的条款，法律对于此类格式条款进行了相应的规制，规定格式条款的提供方应当遵循公平原则确定合同当事人之间的权利和义务，并采取合理方式提请对方注意免除或者限制其责任的条款，按照对方的要求对该条款予以说明。京东商城网站用户注册协议第6条第2款关于合同成立要件的相关内容，与上述依法律规定和一般交易观念关于合同成立要件的理解有所不同，该第6条第2款实质上赋予了京东公司在网站用户已提交订单并完成付款义务后，仍有权单方决定是否发货并免除了京东公司不予发货的违约责任。故对这一减免京东公司法律责任、严重影响网站用户权益的格式条款，京东公司应尽到特别说明的义务。但关于该格式条款，京东公司仅在网站用户注册协议及在用户提交订单后向用户发出的订单确认邮件中加以提示。而京东商城网站的用户注册协议条款众多、内容繁复，网站用户需通过连续下拉文本框滚动条的方式才能阅读注册协议的全部内容；对注册协议第6条第2款这一对网站用户权益将产生重大影响的合同成立要件内容，京东公司并未在网站显要位置充分提示用户加以注意。虽然京东公司在2012年6月30日向薛某明发送的确认邮件中，以“重要声明”方式重申了网站用户注册协议第6条第2款内容，但该邮件系在薛某明成功提交订单并完成付款后发出，已无法起到提示消费者注意并判断决定是否订立合同的作用。由此，本院认为，因京东公司未就合同成立要件的格式条款以合理的方式提请网站用户注意，尤其是没有在网站用户提交订单之前予以明确提示，故京东公司关于合同成立要件的相关格式条款不发生法律效力。本院认为，根据法律规定及一般交易观念，本案中，被告（反诉原告）京东公司已在京东商城网站上发出销售系争金币的要约，原告（反诉被告）薛某明已通过在网站上付款、提交订单等方式完成对京东公司要约的承诺，京东公司与薛某明之间就系争金币订立的买卖合同已经成立。

相关立法与规定

关于电子意思效力的相关立法与规定

1.《电子签名法》

第3条　民事活动中的合同或者其他文件、单证等文书，当事人可以约定使用或者不使用电子签名、数据电文。

当事人约定使用电子签名、数据电文的文书，不得仅因为其采用电子签名、数据电文的形式而否定其法律效力。

前款规定不适用下列文书：

（一）涉及婚姻、收养、继承等人身关系的；

（二）涉及土地、房屋等不动产权益转让的；

（三）涉及停止供水、供热、供气、供电等公用事业服务的；

（四）法律、行政法规规定的不适用电子文书的其他情形。

关于要约与承诺的相关立法与规定

2.《合同法》

第13条 当事人订立合同，采取要约、承诺方式。

第14条 要约是希望和他人订立合同的意思表示，该意思表示应当符合下列规定：

（一）内容具体确定；

（二）表明经受要约人承诺，要约人即受该意思表示约束。

第15条 要约邀请是希望他人向自己发出要约的意思表示。寄送的价目表、拍卖公告、招标公告、招股说明书、商业广告等为要约邀请。

商业广告的内容符合要约规定的，视为要约。

第16条 要约到达受要约人时生效。

采用数据电文形式订立合同，收件人指定特定系统接收数据电文的，该数据电文进入该特定系统的时间，视为到达时间；未指定特定系统的，该数据电文进入收件人的任何系统的首次时间，视为到达时间。

第17条 要约可以撤回。撤回要约的通知应当在要约到达受要约人之前或者与要约同时到达受要约人。

第18条 要约可以撤销。撤销要约的通知应当在受要约人发出承诺通知之前到达受要约人。

第19条 有下列情形之一的，要约不得撤销：

（一）要约人确定了承诺期限或者以其他形式明示要约不可撤销；

（二）受要约人有理由认为要约是不可撤销的，并已经为履行合同作了准备工作。

第20条 有下列情形之一的，要约失效：

（一）拒绝要约的通知到达要约人；

（二）要约人依法撤销要约；

（三）承诺期限届满，受要约人未作出承诺；

（四）受要约人对要约的内容作出实质性变更。

第21条 承诺是受要约人同意要约的意思表示。

第 22 条　承诺应当以通知的方式作出，但根据交易习惯或者要约表明可以通过行为作出承诺的除外。

第 23 条　承诺应当在要约确定的期限内到达要约人。

要约没有确定承诺期限的，承诺应当依照下列规定到达：

（一）要约以对话方式作出的，应当即时作出承诺，但当事人另有约定的除外；

（二）要约以非对话方式作出的，承诺应当在合理期限内到达。

第 24 条　要约以信件或者电报作出的，承诺期限自信件载明的日期或者电报交发之日开始计算。信件未载明日期的，自投寄该信件的邮戳日期开始计算。要约以电话、传真等快速通讯方式作出的，承诺期限自要约到达受要约人时开始计算。

第 25 条　承诺生效时合同成立。

第 26 条　承诺通知到达要约人时生效。承诺不需要通知的，根据交易习惯或者要约的要求作出承诺的行为时生效。

采用数据电文形式订立合同的，承诺到达的时间适用本法第十六条第二款的规定。

第 27 条　承诺可以撤回。撤回承诺的通知应当在承诺通知到达要约人之前或者与承诺通知同时到达要约人。

第 28 条　受要约人超过承诺期限发出承诺的，除要约人及时通知受要约人该承诺有效的以外，为新要约。

第 29 条　受要约人在承诺期限内发出承诺，按照通常情形能够及时到达要约人，但因其他原因承诺到达要约人时超过承诺期限的，除要约人及时通知受要约人因承诺超过期限不接受该承诺的以外，该承诺有效。

第 30 条　承诺的内容应当与要约的内容一致。受要约人对要约的内容作出实质性变更的，为新要约。有关合同标的、数量、质量、价款或者报酬、履行期限、履行地点和方式、违约责任和解决争议方法等的变更，是对要约内容的实质性变更。

第 31 条　承诺对要约的内容作出非实质性变更的，除要约人及时表示反对或者要约表明承诺不得对要约的内容作出任何变更的以外，该承诺有效，合同的内容以承诺的内容为准。

关于格式合同效力的相关立法与规定

3.《合同法》

第40条 格式条款具有本法第五十二条和第五十三条规定情形的，或者提供格式条款一方免除其责任、加重对方责任、排除对方主要权利的，该条款无效。

第五十条 【经营者的告知义务及保证义务】

电子商务经营者应当清晰、全面、明确地告知用户订立合同的步骤、注意事项、下载方法等事项，并保证用户能够便利、完整地阅览和下载。

电子商务经营者应当保证用户在提交订单前可以更正输入错误。

条文主旨

本条规定的是电子商务经营者对电子合同订立特别事项的告知义务以及对用户阅览、下载、更正的保证义务。

条文释义

一、立法理由

在电子商务领域，订立的合同大多属于格式合同。一般而言，电子商务经营者在制定电子合同时对其内容起决定作用，而用户则处于只能选择接受与否的被动地位，为此本条特意规定了电子商务经营者在订立合同时应当遵守的两项义务。

二、内容解析

（一）告知及保障阅读下载的义务

第一个义务是订立电子合同的特别事项的告知义务。与其他法律规定相比，本条的规定不仅要求电子商务经营者就合同的内容履行告知义务，还需要告知其订立合同的步骤和下载方法。这是因为考虑到电子合同的特殊性，部分当事人可能在操作上存在一定的障碍，为了保证合同的顺利订立，需要经营者提供必要的引导。此外在实践中，经常出现电子合同不能下载或者找不到下载界面的情况，为此本条也要求电子商务经营者告知电子合同的下载方法。

对于告知义务，本条规定了三个原则性的要求，即清楚、全面、明确地告知。所谓清楚即使用一般用户可以理解的方式进行说明。例如，对一般知识背景的用户使用过于复杂、专业的名词则不能称其为清楚地进行了告知。对于清楚这一程度的判断应当根据客观理性人的一般理解作出。如果只是面向特定的用户，应当根据该特定用户群体的一般知识背景判断。同时，清楚还意味着用一般人可以注意到的方式进行提醒，有大量的电子合同的重要注意事项仅用一行小字列明，且字体的颜色还与背景色相似，极其容易混淆。更有甚者，有些电子商务经营者在其他的小程序或者推送中添加授权事项，并将同意的按键设计成“开始活动”“参与抽奖”等外观形式。当用户以参与活动或者浏览内容的目的进行点击的时候，实质上却进行了授权。这些都是违反了清楚原则的做法。所谓全面是指不能有所保留，对订立合同有必要说明的事项都要进行告知，尤其是涉及用户重大切身利益的内容。所谓明确是指不能有不确定的内容，对于各自的权利义务以及当事人可以选择的范围和每种选择对应的结果等内容都要明确说明。

除了对相关事项进行告知之外，电子商务经营者还需要保证用户能够便利、完整地阅览和下载电子合同。这也是履行告知义务，保障用户知情权的方式之一。实践中，阅读一份电子合同的内容经常需要打开各种链接并阅读极长的条款，其中还会夹杂着广告等很多不必要的信息。为了做到确保用户便利完整地阅读，经营者有义务做到保证链接打开的成功率、对重点内容进行提醒甚至对合同内容进行简单的总结。对于下载而言，是否可以下载合同对于维护用户权益至关重要，下载之后的合同可以有效确定当事人之间的权利义务，防止经营者任意的更改，成为日后维权的凭证。但是实践中也经常出现下载程序过于复杂或者只能下载部分内容的情况，因此本条也要求经营者确保用户可以便利、完整地下载电子合同以保护用户的合法权益。

（二）保证更正输入错误的义务

电子商务经营的第二个义务是保证用户更正输入错误的义务。所谓输入错误是指因为当事人在操作电子系统时因为自己的原因而产生的错误。输入错误在电子商务领域经常发生，因为电子合同的订立往往十分简单，只需要填写少量必要信息，经过几次鼠标点击即可完成。出于点击惯性、思考时间短等原因，在操作中很有可能出现点错或者输入错误等情况。又因为数据电文的传输速度极快，几乎可以瞬时将信息传递给相对人并使合同成立，这就使得这种错误的影响十分严重。为了避免这类错误的影响，有必要在提交订单之前给当事人一个检测并更正错误的合理方法。对于电子商务的经营者而言，一般其使用的信息处理系统都是根据自己的判断购买或者定制的，其对该系统的流程和内容享有控制和管理的权利。采取什么样的流程、重点提示哪些信息甚至是否提供最后的检查和确认的机会都是由经营者自己决定的，消费者并没有预先选择并确定的机会。这就有必要赋予电子商务经营者一种特殊义务，即提供检测与更正错误的合理方法，最大可能地避免输入错误的出现，更好地保护消费者的利益。本条第 2 款规定了电子商务经营者应保证用户具有更正错误的权利，在理解上应当认为更正错误是以可以重新检查输入内容为前提的，所以本条中的“更正”应当也包含保证用户检查的权利。实践中，设置密码时两次输入同样的密码方能设置成功，提供确认页让用户检查所填信息等都是确保用户得以更正输入错误的方法。

本条只规定了电子商务经营者保证用户更正输入错误的权利，但是并没有规定电子商务经营者不履行这项义务时的法律后果。在国外的立法中，因为没有提供更正机会而产生的输入错误在一定条件下是允许相对人撤销的，具体的规定见下文【相关原理】中电子错误与可撤销合同的部分。

相关原理

一、电子错误与可撤销合同

在使用数据电文传输信息的过程中，往往收件人可以迅速反应并回复，甚至是通过自动电文系统瞬时回复的，发件人发出的信息通常在短时间内即可得到确认或同意。因此，普通合同法中传统的要约的撤回和撤销制度难以直接适用。又因为电子合同中经常会出现各种错误，有些可能是因为点击错误，有些可能是因为电子故障，使用一般的诉讼和仲裁的方法撤销一个合同的成本过大，不适用于电子合同领域。这就需要为发件人提供一种弥补错误的特殊规则，以便保障合同关系的稳定存续并平衡双方当事人的利益。

所谓电子错误是在电子合同订立过程中出现的合同内容与内心真意不一致的瑕疵。电子错误主要有客观瑕疵和主观瑕疵两种，主观瑕疵主要是发出一方的输入错误。客观瑕疵是由于信息系统在生成、发送、接收或存储信息时仍可能发生难以预测和控制的技术故障，使得在信息到达前或到达后，都可能发生错误或丢失等风险。对于包含上述两种电子错误的合同一般被认为属于可撤销的合同，应在一定条件下允许当事人撤销。

对于主观瑕疵，也就是输入错误，可以借鉴的规则是《联合国国际合同使用电子通信公约》。公约的第 14 条规定如下：

1. 一自然人在与另一方当事人的自动电文系统往来的电子通信中发生输入错误，而该自动电文系统未给该人提供更正错误的机会，在同时满足以下两种条件的情况下，该人或其所代表的当事人有权撤回电子通信中发生输入错误的部分：（1）该自然人或其所代表的当事人在发现错误后尽可能立即将该错误通知另一方当事人，并指出其在电子通信中发生了错误；（2）该自然人或其所代表的当事人既没有使用可能从另一方当事人收到的任何货物或服务所产生的任何重大利益或价值，也没有从中受益。

2. 本条中的规定不影响其他关于错误的后果的法律规则的适用。可见，在主观瑕疵中，撤销权的存在以自动电文系统未提供更正机会为前提。同时，还要满足额外的两个条件，即立即通知对方当事人，同时没有从合同中获得任何利益。

对于客观瑕疵，也即不可归责于当事人的客观技术问题造成的错误，可参照的规则是美国的《统一计算机信息交易法》。其中第 214 条规定了消费者对于电子错误的抗辩权：

1. 在本款中，“电子错误”指在没有提供检测并纠正或避免错误的合理方法的情况下，消费者在使用一个信息处理系统时产生的电子讯息中的错误。

2. 在一个自动交易中，对于消费者无意接受，并且是由于电子错误产生的电子讯息，如消费者采取了下列行为，即不受其约束：（1）于获知该错误时，立即：①将错误通知另一方；以及②将所有的信息拷贝交付另一方，或，按照从另一方收取的合理指示，将所有的信息拷贝交付第三人，或销毁所有的信息拷贝；且（2）未曾使用该信息，或从该信息中获得任何利益，也未曾使信息可为第三方获得。③如②款不适用，电子错误的法律效果由其它法所决定。

虽然该条规定的是消费者的抗辩权，但是并不妨碍在设计撤销制度时予以参考。根据上述条文可知，这种抗辩权产生的条件同主观瑕疵类似，即没有提供检测并纠正或避免错误的合理方法，同时消费者没有从中获利并及时通知，额外的条件是消费者必须按要求处理持有的信息。与《联合国国际合同使用电子通信公约》相比，该法的规定有两方面的不同：第一，该法规定的是合同一方当事人已经交付“计算机信息产品”的情形，因此才有“将所有信息拷贝交付对方当事人，或遵守了来自对方当事人的合理指示，或向第三人交付了信息拷贝或销毁了所有信息拷贝”的规定，而联合国公约则无此限制。第二，该法的适用主体为消费者，而联合国公约的适用范围是任何“自然人在与另一方当事人的自动电文系统往来的电子通信”，并不限于消费者。

在构建我国的电子合同撤销制度的时候，可以借鉴上述的规定，但是不能完全照搬。首先，上述规定的对象是一切的数据电文，但是在我国，要约和承诺性质的数据电文有其自己的适用规则。对于要约的撤回和撤销以及承诺的撤回而言，没有上述的诸多条件，只有时间上的要求，可以说是更可取、更易行的方法，没有必要适用上述规定。对于承诺而言，前文也讨论了其可撤销的不合理性。其次，上述的规定有自己的局限性。例如，美国《统一计算机信息交易法》只适用于消费者，而联合国公约的规定使用的是“撤回”，与国内法撤回和撤销的概念体系不符。有很多的学者在讨论电子错误的问题时没有考虑国内法的体系，将电子错误适用于一切数据电文，其实这种做法是不可取的。事实上，电子错误只应当作为合同可撤销的条件，作为要约承诺没有及时撤回或撤销致使合同消灭之后的兜底性救济措施。而对于要约和承诺性质的数据电文以及其他内容的数据电文而言，还应适用于我国的原有的相关规定。

在我国，对于出现电子错误而可撤销的合同应当满足如下几个条件：第一，出现电子错误，不论是主观瑕疵还是客观瑕疵；第二，当事人所使用的信息系统未给当事人提供更正错误的机会；第三，主张撤销的一方在发现错误后立即通知合同相对方；第四，主张撤销的一方没有从合同中获得任何利益或者及时返还、处理获取的利益。如果主张撤销的是合同中的某一条款，则可撤销的条件是主张撤销的一方没有从该错误条款中获得任何利益或及时返还、处理获取的利益。在满足上述规定的四项条件之后，存在错误的合同或条款自相对人收到通知之时失去效力。我国现有的规定是只要存在重大误解即可主张撤销，之所以在电子合同中规定更为严格的适用条件是因为对于该种错误的撤销并不需要经过诉讼或仲裁程序，通过提高实体条件降低程序要求的办法可以兼顾交易双方的利益。可以说，出现电子错误的合同是一种较为特殊的可撤销的合同类型，因此法律加以特殊规定，但是这种规定并不会否定电子合同的一般属性，当上述特殊的撤销要件不能满足时，仍可以适用民法中有关合同撤销的规定。

二、点击合同

点击合同是指通过计算机程序预先设定合同条款的全部或一部分，相对人必须以点击形式表示同意才能订立的合同。点击合同是电子商务中格式合同的一种。点击合同从拆封合同发展而来，所谓拆封合同是指合同提供人将其与不特定消费者之间权利义务关系的相关条款印在产品的包装上面，在合同中声明只要消费者购买后拆开包装即视为接受的格式合同。拆封合同最早用于计算机软件的销售，为的是避免产品被盗版。在传统的交易中，拆封是使用前的必经阶段，但是随着交易电子化，很多信息产品可以直接从网上下载并使用，不再具有传统的包装形式，为此拆封合同也随之演变为点击合同。很多软件在安装之前，都需要用户阅读一个协议或者授权书，用户必须在点击同意之后才可以安装并使用软件，这就是一种典型的点击合同。随着实践的发展，点击合同的适用范围极大地被拓展，应用到了电子商务的方方面面，不仅局限于电子软件的使用同意协议，还被用于网上购物订立的合同、授权许可、网站会员注册等领域。

点击合同具有以下特点：第一，合同具有部分可选择性。虽然点击合同是格式条款的一种，有标准的格式，但是并不排除点击合同的某些内容可供相对人选择，相对人的不同选择会对应不同的权利义务关系。第二，点击合同具有互动性。随着技术的发展，自动信息系统的智能化程度逐渐提高，可以根据不同的情况生成不同的合同内容。例如，一些外卖合同，系统可以根据订单金额的数量决定优惠的程度。在一些团购合同中，系统可能根据不同的参与人数计算价格，这就明显不同于传统僵化的格式合同。

电子合同的出现适应了电子商务的发展趋势，降低了交易成本，极大地提高了交易的效率，促进了电子商务的发展。但是由于点击合同往往是经营者一方制定的合同，可能限制当事人意思自治的权利，使消费者在订立合同的过程中处于弱势的地位，为此有必要作出特殊的限制。

点击合同的条款需要满足如下的几个原则。

1. 不允许适用类推解释。这就要求，交易的所有内容均需要以点击合同的记载为准。如果点击合同没有记载则不能进行任何类推解释，否则将使消费者处于更加不利的地位。我国《合同法》第 41 条规定："对格式条款的理解发生争议的，应当按照通常理解予以解释。对格式条款有两种以上解释的，应当作出不利于提供格式条款一方的解释。格式条款和非格式条款不一致的，应当采用非格式条款。"

2. 以显著方式提供。在点击合同中，拟订方应以醒目和显著的方式提醒相对人注意点击合同中的格式条款。如果有些格式条款不易为人所察觉，如字体过小、含义过于模糊或者可以作出多种解释，或者内容之间相互冲突，则不属于醒目和显著的方式，不能对相对人产生约束力。判断是否达到醒目标准，应从以下三个方面入手：第一是合同的外在表现形式。即点击合同的条款应当具备合同条款的外观，使相对人认识到是规定当事人权利义务的合同条款。第二是提起相对人注意的行为必须是在合同订立之前。第三是提请注意需达到一定程度，即必须能够引起一般相对人的注意。根据我国《合同法》第39条之规定，提供格式条款的一方应采取合理的方式提请对方注意免除或者限制其责任的条款。

3. 相对人有审查条款内容的机会。因为点击合同是一方事先拟订好的，则更要保障合同的相对人审查和阅读的机会，否则谈不上相对人的行为构成缔结合同。当然，只要保证相对人有此机会即可。美国的《统一计算机信息交易法》就相对人的审查机会作出了详细的规定。其中第112条第5款规定："（1）只有某一记录或条款以能引起一个常人注意并进行审查的形式提供的，才构成对该记录或条款审查的机会。（2）只有某一记录或条款以能够使合理设置的电子代理人对其作出反应的方式提供的，才构成电子代理人对该记录或条款审查的机会。（3）如果记录或条款的提供发生在当事人负有付款义务或开始履行合同之后，则仅在该人因拒绝记录而可以享有返还权时，才能认为该人有审查的机会。但在下列情况下，可以不考虑返还权：①为修改合同或规定第305条'具体履行事项'而做的记录；或②主要履行义务不是交付或接受拷贝，协议不是大量市场交易，以及当事人在缔约时有理由知道记录或条款的提供仅发生在履行、适用或可以访问信息之后。"

4. 不具备无效的事由。合同条款显失公平是点击合同无效的常见事由。各国对于合同的不公平条款都有所规定。欧盟的《关于消费者合同中不公平条款的指令》在附件的第1条中明确列举了16种不公平条款的情形，并在正文的第6条中规定了不公平条款的后果，即"成员国应当采取必要措施，确保消费者跟经营者签订的合同中不公平条款对消费者不产生约束力，并就此进行国内法规定"。美国的《统一计算机信息交易法》第111条第（1）款规定："如果一个法院按照法律的规定发现一个合同或其中的某一条款于制定时有失公平，则法院可以拒绝执行该合同，或执行该合同中除去有失公平条款之外的其余条款，或限制该有失公平条款的适用以避免造成有失公平的结果。"我国《合同法》第40条规定，提供格式条款一方免除其责任、加重对方责任、排除对方主要权利的格式条款无效。

相关案例

夏某诉亚马逊公司合同纠纷案

2012年9月，亚马逊举办“名表新品折上最高立减500元”促销活动。9月5日，原告夏某以396元的价格订购了2块依波表、1块海鸥表，下单时约定货到支付余款。当天上午，他就收到亚马逊公司的订单确认邮件。几天后，夏某被告知3块手表不能采购到货，已支付的款项将会尽快退款，被告亚马逊公司将单方取消3个订单。9月11日，亚马逊再次发出邮件，告知夏先生购买的商品因货源有限造成缺货，为表歉意特提供10元礼品卡。但夏某发现这3块手表仍在网上销售，每块价格1000多元。据此，他怀疑亚马逊虚假促销，故向朝阳区人民法院提起诉讼，要求对方继续履行合同并赔礼道歉。

被告亚马逊公司辩称，根据该公司在网站上公布的“使用条件”，亚马逊与客户之间的合同只有在亚马逊向用户发出送货电子邮件时才成立，故双方之间的买卖合同并未成立，亚马逊取消订单具有合理性。对于订单的取消，该公司已经在邮件中致歉并赠送了10元礼品卡，目前夏先生订购的3款手表已无法采购，故不同意其诉讼请求。

法院认为，亚马逊网站的“使用条件”中关于合同成立时间的规定，对消费者的合同利益会产生实质的影响，对此应当作出合理充分的提示，提醒消费者注意该项特别约定，并判断选择是否从事此项交易。但亚马逊目前的注册程序和页面设计，未就“使用条件”的格式条款以合理的方式提请消费者注意，特别是没有在消费者提交订单之前予以明确提示，故该条款应视为没有订入合同，当然也不应对消费者发生效力。根据合同成立的一般规则，消费者提交确认订单，即应视为承诺，双方合同即告成立。亚马逊未就该商品已不能采购到货提交证据，故法院对于其目前无法采购到货的答辩意见没有采信。

最终朝阳法院一审认定亚马逊撤单行为无效，向夏先生交付3块手表，夏先生同时支付价款396元。

全国首例在线交易输入错误案

2002年9月28日，上海浦东新区人民法院就开庭审理了全国首例在线交易纠纷案，涉及电子合同缔结、ISP（网络服务提供者）责任和电子错误问题。该案的原告韩先生为易趣网的注册用户，他在易趣网上浏览有关轿车的竞拍信息时，发现一辆二手帕萨特轿车正在进行无底价拍卖，其起始价仅为10元，便出价116元参与竞拍。结果，该笔拍卖以116元的价格成交，原告韩某也收到了易趣的成交确认信，而拍卖的委托人——上海永达二手机动车经营有限公司却不承认这笔交易。为此，原告韩某就将永达公司告上了法院，要求被告继续履行合同，以116元的对价交付价值16.4万元的帕萨特轿车。而永达公司则以合同法和拍卖法为依据提出该电子合同显失公平，并以工作人员在输入数据时存在重大误解为由，反诉合同不成立。

据查，永达公司员工在输入轿车价款时由于疏忽将起始价定为10元，而易趣网也没有提供确认或纠错的途径，因此拍卖的起始价才显示为10元。但是不可否认的是本案中的电子合同在电子代理人自动确认韩先生拍得该轿车时即告成立，易趣网的公开确认和成交确认信即为证明。至于显失公平和重大误解则属于合同成立之后电子合同的可撤销事由。

事实上，因为易趣网没有提供信息输入确认机会或错误操作的纠正机会，该错误可以说是"在没有提供检测并纠正或避免错误的合理方法的情况下，自动电文系统使用者在使用这一信息系统时产生的电子错误"，属于《联合国国际合同使用电子通信公约》规定的电子错误的范畴。但是被告永达公司没有及时通知韩某有关电子错误的任何信息，并又将该轿车出售给了其他人。对此，尽管我国是该公约的缔约国，被告也无权根据该公约主张撤销。

最终由于我国还没有对电子错误问题进行立法，法院没有根据重大误解撤销该合同，也没有以出现电子错误为由撤销合同，而只是通过裁定方式准予原告撤回起诉，准予反诉原告撤回反诉。同时，法院给易趣网出具了一份司法建议书，要求其进一步改善系统设置，完善电子代理人的纠错功能。原、被告双方经协商也达成了和解协议，由被告永达公司给予原告韩先生若干数额的经济补偿。

相关立法与规定

1.《合同法》

第39条 采用格式条款订立合同的，提供格式条款的一方应当遵循公平原则确定当事人之间的权利和义务，并采取合理的方式提请对方注意免除或者限制其责任的条款，按照对方的要求，对该条款予以说明。

格式条款是当事人为了重复使用而预先拟定，并在订立合同时未与对方协商的条款。

2.《消费者权益保护法》

第26条 经营者在经营活动中使用格式条款的，应当以显著方式提请消费者注意商品或者服务的数量和质量、价款或者费用、履行期限和方式、安全注意事项和风险警示、售后服务、民事责任等与消费者有重大利害关系的内容，并按照消费者的要求予以说明。

经营者不得以格式条款、通知、声明、店堂告示等方式，作出排除或者限制消费者权利、减轻或者免除经营者责任、加重消费者责任等对消费者不公平、不合理的规定，不得利用格式条款并借助技术手段强制交易。

格式条款、通知、声明、店堂告示等含有前款所列内容的，其内容无效。

3.《最高人民法院关于适用〈中华人民共和国合同法〉若干问题的解释（二）》

第9条 提供格式条款的一方当事人违反合同法第三十九条第一款关于提示和说明义务的规定，导致对方没有注意免除或者限制其责任的条款，对方当事人申请撤销该格式条款的，人民法院应当支持。

4.《网络交易管理办法》

第17条 网络商品经营者、有关服务经营者在经营活动中使用合同格式条款的，应当符合法律、法规、规章的规定，按照公平原则确定交易双方的权利与义务，采用显著的方式提请消费者注意与消费者有重大利害关系的条款，并按照消费者的要求予以说明。

网络商品经营者、有关服务经营者不得以合同格式条款等方式作出排除或者限制消费者权利、减轻或者免除经营者责任、加重消费者责任等对消费者不公平、不合理的规定，不得利用合同格式条款并借助技术手段强制交易。

第五十一条　【电子商务合同的交付时间】

合同标的为交付商品并采用快递物流方式交付的，收货人签收时间为交付时间。合同标的为提供服务的，生成的电子凭证或者实物凭证中载明的时间为交付时间；前述凭证没有载明时间或者载明时间与实际提供服务时间不一致的，实际提供服务的时间为交付时间。

合同标的为采用在线传输方式交付的，合同标的进入对方当事人指定的特定系统并且能够检索识别的时间为交付时间。

合同当事人对交付方式、交付时间另有约定的，从其约定。

条文主旨

本条是对电子合同交付时间的规定。

条文释义

一、立法理由

交付在合同中意义重大，涉及风险的转移（《合同法》第142条）、所有权的转移（《合同法》第133条）、标的物孳息的归属（《合同法》第163条）和执行何种政府定价或者政府指导价（《合同法》第63条）等问题，对于合同的履行和争议解决具有重要的意义。尤其是电子商务领域，由于交付的商品种类复杂多样，线上产品等无形产品交付方式有别于传统实体商品的交付。因此，电子商务领域的交付存在着一定的特殊性，法律有必要对交付时间进行特殊规定。

二、内容解析

（一）交付时间的概念

合同法中的交付制度是合同履行制度的重要一环，涉及交付的期限、地点、时间等问题。本条对交付时间进行了特别规定。交付时间与交付期限不同。交付期限是指债务人需要完成交付义务的截止期限，该期限可能是一段时间也可能是一个时间节点。而本条规定的交付时间是交付义务履行的时间点，是对债权人何时完成交付义务这一结果的客观判断，该时间只能是一个时间点。

（二）交付时间的确定

我国的《合同法》中关于交付时间的规定只有一条，即第 140 条，该法条规定："标的物在订立合同之前已为买受人占有的，合同生效的时间为交付时间。"对于其他情况下标的物的交付，原则上以债务人按照约定或法定的方式完成交付的时间点为交付时间。所以，交付时间的确定取决于债务人何时满足规定的条件，而这些条件大部分都是当事人约定的。但是本条通过法律的规定，明确规定了以快递方式交付商品、交付服务产品以及交付在线数字产品的交付时间。

1. 以快递方式交付商品的合同的交付时间

对于以快递方式交付的商品，一般由卖方承担送货或寄送义务，在收货方签收前，货物处于卖方或物流公司的控制之下，收货方无法实际控制商品，因此规定以买方签收时间为交付商品的时间。这里应该注意的是，学理上只要商品由收货方或者承运人占有即完成了交付，签收不是交付的必要环节。在学理上即使合同约定要在目的地完成交付的，通过快递方式交付的时间也是收货人实际占有商品的时间，但是本条将交付完成时间延后至签收的时间，这明显是为了保护消费者的利益。根据《合同法》第 145 条的规定，当事人没有约定交付地点或者约定不明确，标的物又需要运输的，出卖人将标的物交付给第一承运人后，即完成了交付。在日后的实践中，如果电子商务当事人对于需要快递运输的标的物没有约定交付时间的，应当按本条的规定确定交付时间。

然而这就造成了一种问题，那就是收货人恶意只收货不签字时应如何处理？首先，实践中收货人取走快递之后系统会自动显示签收，不存在收货人恶意不签收的问题。其次，根据《合同法》第 146 条之规定，出卖人按照约定或法定的内容将标的物置于交付地点，买受人违反约定没有收取的，标的物毁损、灭失的风险自违反约定之日起由买受人承担。也就是说，即使收货人不签字，也会承担风险。况且，标的物的所有权自交付之日起转移，在收货人没有签字之前，即取得不了标的物的所有权又需要承担风险。出于对自身利益的考量，收货人也会选择及时签字收货。

此外，既然以签收为完成交付的标志，实践中还可能出现标的物在实际交付之前被快递公司签收，而收货人根本没有收到货物的情况；或者收货人收到货但没有签字（针对极少数情况），谎称没有收到商品并要求出卖人或者快递公司赔偿的情况。这些问题的产生都是因为签收这一形式标准往往和实际交付的完成情况相分离。所以在理解本条中的签收时应当认识到，签收仅仅是完成交付的形式要件。如果能有其他证据证明实际交付且该交付时间与之不一致的，则以实际交付的时间为准。

本法第 51 条第 1 款后半句规定："前述凭证没有载明时间或者载明时间与实际提供服务时间不一致的，实际提供服务的时间为交付时间。"从法条的字面解释来看，该规定只适用于标的为提供服务的合同。但是如果反面推导认为标的为使用快递方式交付货物的合同不适用这一规定，会产生十分不合理的结果。所以，应当根据目的解释和体系解释，在标的为使用快递方式交付货物的合同中，实际交付时间与签收时间不一致的，也应该以实际交付时间为准。

2. 标的为提供服务的合同的交付时间

对于标的为提供服务的合同，从严格意义上来讲这类合同仅包含提供一定服务产品的服务合同。其服务产品的交付时间为电子或者实物凭证中所载明的时间。此类合同没有标的物，根本不涉及交付问题，也不涉及标的物损毁灭失的风险承担问题，因此在单纯提供服务的合同中讨论交付时间没有任何意义。但是本法条中的这类合同指代更加宽泛，还包含着单纯提供服务的合同。实际上，这种单纯提供服务的合同属于雇佣合同，该种合同是指双方当事人约定，一方在一定期间内向他方提供劳务，另一方给付报酬的合同。雇佣合同与承揽合同不同，承揽合同中提供劳务不是目的而是达到目的的手段，交付工作成果才是合同最终的目的。而雇佣合同以提供劳务为直接目的，劳务是雇佣合同的主给付行为。在雇佣合同中没有交付的问题，所谓的是否完成交付仅在于判断合同是否履行完毕、当事人是否违约。对于服务合同而言，不论是交付服务产品的时间还是提供服务的时间，和通过快递方式交付商品的合同一样都属于形式上的交付时间，当这一时间与实际交付时间不一致或者记载不明时应当以实际交付时间为准。

3. 以在线传输数字产品为标的的合同的交付时间

以在线传输数字产品为标的的合同不同于传统的合同，其标的物是无形的信息产品，合同当事人通过网络传输相应的数据信息完成交付。例如，在线影视、音乐、游戏道具、各类软件等。因为标的物的特殊性，这类合同在交付时间方面也应当有特殊的规定，不应当以实物交付或签收时间为准，而应当以发送的信息产品进入买方的特定系统且能够为买方检索识别时为准。对于信息产品的交付时间，《最高人民法院关于审理买卖合同纠纷案件适用法律问题的解释》第5条规定，买受人收到约定的电子信息产品或者权利凭证即为交付。在以后的裁判实践中应当以本条的规定为准。本条规定合同标的进入特定系统的时间为交付时间，但从严格意义上而言，此处的标的指的是标的物。合同的标的是给付行为本身，而标的物是合同权利和义务指向的对象，只有标的物才有进入特定系统的可能。本条强调的特定系统必须是经当事人指定后的特殊系统地址，并非处于其控制下的任意系统地址。能检索识别就意味着当事人可以明确地认出交付的信息产品并能看到完整的内容。信息产品的交付方式在下文相关原理部分还有具体的叙述。

当然，本条不属于强制性条款，允许当事人作出不同的约定。例如，当事人可以约定在指定地点将标的物交给承运人的时间为交付时间，或者即使标的物需要运输，其交付时间仍可约定为到达买受人所在地并交付买受人之时，或者约定自标的物到达收货人所在辖区派送员处的时间即交付时间，不需要当事人签收等。

相关原理

一、合同的履行和交付

合同的履行，指债务人或第三人做出作为债务内容的给付，使债权目的达到而归于消灭。合同的履行，是合同法律制度的核心，合同法中一切的制度构建都是围绕着合同得以顺利履行而设计的。合同履行中的给付可以有多种方式，有的需要债务人积极为一定行为，有的需要其消极地不作为。其中交付一定标的物是合同给付中极为重要的一种类型。

所谓交付是指将标的物或提取标的物的单证的占有转移。而所谓占有是指占有人对物有控制与支配的管领力的事实状态，该种状态需要结合生活中的一般常识进行判断。占有的转移需要满足如下两个要素。一是标的物的占有客观上发生移转，即由交付的一方移转给另一方。在判断何时发生了客观上占有的转移应当结合社会的一般观念、空间关系、时间关系和法律关系来进行判断。二是受让人必须有占有的意思。这里所谓有占有的意思并不等于主观上接受标的物，而是意识自己已经实际占有了货物。因此，如果交付一方将标的物置放于受让人控制的范围内但未作通知，受让人在主观上并没有占有的意思，就不能构成交付。当然，根据交易习惯和交易惯例，部分情况下只要将标的物置于另一方控制范围内而未做通知也构成交付，如将信件投置于收信人的邮箱。

在我国《物权法》中也有交付的概念，但是与合同中交付的概念不尽相同。

第一，从交付的本质来看，《合同法》中的交付是合同履行环节的一部分，完成交付是为了履行合同；而《物权法》中的交付是一种物权变动的公示方法。第二，从交付的侧重点来看，《合同法》中的交付注重过程，注重对交付瑕疵的法律调整；而《物权法》注重的是交付的结果，即完成交付就符合物权公示的要求，物权得以变动。第三，可以约定的程度不同。在履行一个合同时，当事人可以任意约定交付的方式、效果。但是在《物权法》中，交付是为了完成物权变动，必须通过法定的方式交付才能产生相应的效果。例如，当事人不能在合同中约定，在设定质押时，可将某物交付质押合同当事人以外的任何人，否则将不产生相应的法律效果。

二、合同履行中的风险承担规则

所谓风险承担规则即在合同生效之后，履行完毕之前，因不可归责于双方当事人的事由致使标的物毁损或灭失时，确定由哪一方当事人承担价金风险的规则。对于风险承担问题的分析，应当先确定标的物的存在，如居间合同、技术服务合同等就不存在风险负担的问题。在存在风险负担的合同类型当中，再依照不同的合同类型确定相应的风险承担规则。我国《合同法》规定，在买卖合同中标的物风险的承担原则上采交付主义，即交付之前风险由出卖人承担，交付之后风险由买受人承担。在其他类型的合同中，有的采所有主义，即由谁所有谁就要承担标的物毁损的风险，如租赁合同、质押合同、抵押合同等；有的同样涉及交付主义，如承揽合同中对于工作成果毁损灭失之后的风险承担问题。标的物由谁所有比较易于判断，探讨的重点一般在完成交付的判断上。在信息产品合同中，有形载体的信息产品交付时间易于确定，而在线交付信息产品的时间略有特殊，需要专门澄清。

采用电子邮件方式交付信息产品的，自接收方收到该电子邮件时交付完成，风险责任发生转移；采用许可下载的方式交付的，应在被许可方下载完毕后交付完成，风险责任转移给被许可方。此处的下载完毕应当指全部信息产品下载完毕。在下载的过程中，不论出现何种原因造成中断，交付都不算完成，风险都不发生转移；如果该信息产品为第三方所持有，需要通过授权的方式使得被授权人可以访问第三方资源从而完成交付，则当被授权人获得访问该资源的授权凭证或权限时，如获得账号及密码时，风险责任转移给被许可方。

风险承担规则适用的前提是信息产品发生毁损或灭失，通过比较毁损灭失的节点发生在交付之前还是交付之后可以判断出由谁承担价金损失。毁损灭失发生在交付之前的，则出卖人或许可方不得向合同相对人主张支付价款；如果毁损灭失发生在交付之后的，则由买受人或被许可方承担遭受破坏的损失。尽管买受人不能继续使用信息产品，但仍应当向合同的相对人支付价款。但是，有时毁损灭失发生的时间节点并不能清楚判断。例如，在信息产品下载完成之后，发现感染病毒无法正常打开使用，此时很难确定染毒时间。因此有必要确立以下风险承担原则：被许可方能证明其信息系统具有符合标准的安全防护措施或者信息产品存在明显的安全漏洞或未采用安全的传输方式的，则推定灭失或破坏发生在交付之前，由出卖人或者许可方承担毁损灭失的责任。这里的安全标准指相关法律和法规规定的标准，没有法律、法规规定标准的，根据行业的一般标准或商业惯例来确定。

此外，我国《合同法》的第143条至第148条还规定了五种特殊的风险承担规则，规定了标的物尚未交付风险即转移以及即使标的物交付之后风险也不转移的情形。分别是：

1. 因买受人的原因致使标的物不能按照约定的期限交付的，买受人应当自违反约定之日起承担标的物毁损、灭失的风险。

2. 出卖人出卖交由承运人运输在途的标的物，除当事人另有约定外，毁损、灭失的风险自合同成立时起由买受人承担。

3. 出卖人按照约定或者法律的规定将标的物置于交付地点，买受人违反约定没有收取的，标的物毁损、灭失的风险自违反约定之日起由买受人承担。

4. 出卖人未按照约定交付有关标的物的单证，但已交付标的物或提取标的物单证的，仍发生风险负担的转移的效果。即出卖人未履行从合同义务的，不影响风险责任的转移。

5. 因标的物质量不符合质量要求，致使不能实现合同目的，买受人拒绝接受标的物或者解除合同的，标的物毁损、灭失的风险由出卖人承担。

相关立法与规定

《合同法》

第140条　标的物在订立合同之前已为买受人占有的，合同生效的时间为交付时间。

第五十二条 【快递物流交付方式和服务规定】

电子商务当事人可以约定采用快递物流方式交付商品。

快递物流服务提供者为电子商务提供快递物流服务，应当遵守法律、行政法规，并应当符合承诺的服务规范和时限。快递物流服务提供者在交付商品时，应当提示收货人当面查验；交由他人代收的，应当经收货人同意。

快递物流服务提供者应当按照规定使用环保包装材料，实现包装材料的减量化和再利用。

快递物流服务提供者在提供快递物流服务的同时，可以接受电子商务经营者的委托提供代收货款服务。

条文主旨

本条是关于快递物流交付方式和服务的法律规定。

条文释义

一、立法理由

快递是现代物流的一种重要形式。根据国家标准《物流术语》第3.2条之规定，物流是指“物品从供应地向接收地的实体流动过程。根据实际需要，将运输、储存、装卸、搬运、包装、流通加工、配送、信息处理等基本功能实施有机结合”。可见物流可能包含运输、储存、搬运等基本功能的一种或几种，如有些长途货运服务只负责在收到货物之后将其运送到指定地点交付于指定人，不具备存储、装卸等职能。而快递是具备特定几项功能的现代物流的一种重要形式。

在电子商务领域，快递服务不同于传统商务模式下的物流模式，而更多地体现出信息化和网络化的特征。电子商务领域的快递服务一般由物流系统和信息系统两部分组成。前者是指运输、仓储、装卸、配送等一系列作业。后者是指记载并显示订货、进货、库存、出货、配送等信息的系统。现代快递中大量使用机器人包装、分拣并进行信息录入，极大地提升了配送效率。

快递服务是实现电子商务交易的关键环节。只有通过快递，将商品真正转移到消费者手中，电子商务交易活动才得以终结。实际上快递活动直接决定着电子合同是否能得到履行，没有现代化的物流系统的支持，电子商务就难以得到有效的发展。在我国，高效便捷的快递物流服务极大促进了电子商务的发展，根据中国电子商务研究中心发布的《2016 年度中国网络零售市场数据监测报告》，快递企业超过七成的业务量来源于网络购物，2016 年中国规模以上快递企业营收为 4005 亿元，与 2015 年的 2769.6 亿元相比，同比增长 44.6%，同时 2016 年中国网络零售市场交易规模达 53288 亿元，相比 2015 年增长 39.1%，可见快递行业的发达是电子商务实现爆发式发展的前提与保障。

考虑到快递服务对电子商务发展的重要性，本条特意规定电子商务当事人可以选择使用快递物流的方式交付商品，并在随后的第 2 款和第 3 款中对快递服务提供者的义务和权限作出了规定。

二、内容解析

（一）快递物流服务提供者的义务

1. 尊重法规和承诺的义务

本条的第 2 款规定了快递物流服务提供者的两个义务。第一个义务是遵守法律、行政法规，并应当符合承诺的服务规范和时限。我国《邮政法》第六章对快递业务进行了专门规定。我国还有《物流中心作业通用规范》《第三方物流服务质量要求》等国家标准为物流服务的提供者规定了相应的服务规范和标准。除此之外，与快递运输有关的规定还散见于各个法律之中。涉及公路运输的法律法规有《中华人民共和国公路法》《汽车货物运输规则》《道路货物运输服务业管理办法》《道路零担货物运输管理办法》等；涉及铁路运输的有《铁路货物运输杂费管理办法》《铁路货物运输规程》《铁路货物运输管理规则》等；关于航空运输的立法包括《中华人民共和国民用航空法》《航空货物运合同实施细则》《国务院关于开办民用航空运输企业审批权限的暂行规定》《民航局关于航空运输服务方面罚款的暂行规定》等；关于水路运输的法律规范有《中华人民共和国海商法》《中华人民共和国水路输管理条例》及《中华人民共和国国际海运条例》等。

快递服务的提供者在遵守法律规定的同时，还应当遵守承诺的内容，保证服务行为符合承诺的服务规范，并在规定的时限内送达。按时送达对于快递服务而言是最重要的义务。因此，本条第 2 款将其单独列出。除此之外，快递服务提供者的服务规范应当包含如下基本内容：第一，准确收发货品，并及时录入处理信息，科学有序地处理货品；第二，不得野蛮分拣，抛扔、踩踏或者以其他危险方法处理货品；第三，不得私自泄露货品上的寄件人和收件人信息，包括但不限于身份信息、联系方式、家庭住址、购买记录等；第四，不得私自拆卸货品，倒卖货品，侵占货品和货款。违反上述规范造成民事损害的，快递服务提供者应承担相应的民事责任。如果触犯刑法规定的，还应承担刑事责任。

2. 当面提示查验的义务

快递物流服务提供者的第二个义务是在交付商品时，当面提示收货人查验商品的义务。

收货人当面查验商品且无异议的，收货人应当签收。查验对于电子商务经营者和快递服务提供者均具有重要的意义。合同的相对方只有通过对标的物进行查验确认，才能确定电子商务经营者的义务是否履行完毕，才能确认快递物流的提供者是否完全履行了配送的义务。现实生活中，许多收货人没有当面检查商品的习惯，这也使本应发现的问题不能及时的发现，从而使得合同当事人间的关系长期处于不确定的状态。为此，本条规定，快递服务提供者有当面提示收货人查验商品的义务，为的就是提早确定合同的履行情况，及时发现可能存在的问题，以此维护收货人的利益。当然，在这种情况下的查验对象仅为商品的表面瑕疵，对于商品的隐蔽瑕疵，允许收货人在收货后的合理时间内进行查验。

本条还规定了他人代收应当经过收货人同意。为此，快递服务提供者有义务核实收货人同意的真实性，在没有收到真实同意致使商品被冒领的情况下，快递服务提供者应当承担相应责任。

除上述两项义务之外，本条第三款还规定了快递物流服务提供者使用环保包装材料的义务。本款的规定契合了《民法总则》中绿色原则所反映的总体的立法理念，直接针对当下快递商品数量急剧增加而导致的各种环保问题。本款规定的义务虽然是快递物流服务提供者的法定义务，但缺乏直接对应的法律责任，难以在裁判中直接适用，因此有待日后相关制度的完善和配合。

（二）快递物流服务提供者的权限

除了上述规定的两项义务之外，本条第 4 款还赋予了快递物流服务提供者的一个权限，即可以接受电子商务经营者的委托提供代收货款服务。所谓代收货款服务，是指物流企业利用服务网络和资源，在提供电子商务递送服务的同时，为寄件人代收货款并结算的递送增值业务。鉴于物流企业广阔的递送网络以及与收件人直接接触的便利性，部分电子商务卖家倾向于由物流企业代收货款，而越来越多的物流企业也依托自己的优势，开发代收货款服务。代收货款服务为当事人提供更多便利，有利于促进电子商务发展。因此，需要通过法律形式予以承认。

但是因为技术和管理等原因，代收货款也存在诸多风险，因此需要立法加以规定。物流企业应当与作为寄件人的电子商务经营者签订协议，明确资金结算周期、收费标准、争议处理等方面的权利义务。只有这样才能更好地规范双方行为，妥善解决纠纷，建立良好的代收货款业务秩序。

目前代收货款方式主要分为两种，非现金支付方式和现金支付方式。不同的方式对物流企业的行为要求也不同。第一，以非现金支付的，物流企业应寻求具有合法资质和必要条件的支付机构提供技术支持，和支付机构之间明确资金收取结算的相关规则，并约定双方对代收货款服务的权利义务，保障交易信息安全和资金安全。第二，以现金支付的，物流企业要建立完善的现金管理制度。

代收货款使物流企业参与资金支付和结算，关系金融安全，对物流企业货款的管理需要明确的监管机构和完备的监管制度。现有电子支付监管模式是以中国人民银行为主，会同银监会及其他相关部门对电子支付机构和业务进行监管。由中国人民银行负责电子支付业务规则和标准的制定，对非金融支付机构从事电子支付业务进行准入许可及日常监管。为了保障监管的统一和立法的稳定，与电子支付一章的法律规定相衔接，物流企业应同其他非金融支付机构一样，接受中国人民银行的监管。同时，作为货运服务企业，物流企业提供代收货款服务也同样要受到来自邮政部门的监管。

相关原理

一、快递服务合同的性质及法律适用

快递服务合同是指快递服务提供者根据客户的指示，为客户配送特定商品，客户向其支付配送费的合同。其中快递服务的客户可以是销售合同中的卖方，也可以是买方。快递服务提供者一般是独立于买卖双方的第三方物流企业，近年来也逐渐出现直接隶属于卖方的快递服务提供者。快递配送活动的内容涉及装卸、搬运、包装、分拣、保管、配货、运输等一系列的服务，是一个综合性的活动，因此快递服务合同也不单纯属于运输合同或仓储合同等具体的一种类型，而是具有仓储合同、运输合同、买卖合同、加工承揽合同和委托合同的某些特征的混合合同。

所谓混合合同即由数个典型（或非典型）合同的部分而构成的合同。而混合合同又可以分为典型合同附有其他种类的从给付义务、类型结合合同、双种典型合同以及类型融合合同四种。[①] 快递服务合同属于其中的第一种，其主要内容仍是按客户指示送达特定标的物，属于运输合同的内容，其他的合同内容都围绕这一主要目的订立并为之服务。对于混合合同的法律适用，学界又有三种学说，即吸收说、结合说和类推适用说。对于混合合同中的第一种类型，应主要采用吸收说的观点，即将混合合同的构成部分分为主要部分与非主要部分，合同整体适用主要部分对应的合同类型的规定，非主要部分则被主要部分吸收。但是实践中不能完全采用上述观点，还应结合当事人约定、诚实信用原则、交易惯例和交易习惯等，进行综合判断，确定适用的法律。

---

① 参见韩世远：《合同法总论》，法律出版社2011年版，第51页。

二、合同履行中的受领

收货人的签收行为实际上属于受领行为，属于买受人的义务。受领行为可以分为事实上的受领与法律上的受领两种。

事实上的受领，或称接收，是指债权人收到债务人的履行的客观事实，接收强调受领的实然状态。比如，债务人送货上门，债权人将货物收下。接收与交付紧密相连，如果标的物需要交付给债权人，接收意味着债权人客观受领标的物的状态，实际上就意味着交付的完成，至于交付的标的物是否符合条件则属于是否违约的判断。但是，并不是所有的接收都与交付同时完成，在货交第一承运人以及在指定地点货交承运人等情况下，如果该承运人并非债权人的代理人或者职员等，现实交付完成之后还需要一段时间的运输之后，债权人才能接收货物。法律上的受领，或称接受，是指债权人认可债务的履行情况，从而发生债权债务归于消灭的法律后果，这种受领强调受领的法律效果。

在一个电子合同的履行阶段，只有事实上的受领转化为法律上的受领，合同的目的才能实现，当事人的履行义务才算完成，而这种转化需要经债权人对履行结果查验认可后方可实现。比如，买受人购书一册，后经查发现新书缺页，买受人主张退换，便是事实上的受领尚未转化为法律上的受领的表现。可见，当事人的拒绝受领可以阻止事实上的受领转化为法律上的受领，但是拒绝受领不仅仅包括拒绝法律上的受领这一种，参照受领的种类，拒绝受领也可以分为拒绝事实上的受领（拒绝“接收”）和拒绝法律上的受领（拒绝“接受”）两种。

“接收”与“接受”为明显不同的两个概念，在我国《合同法》的条文中即可以看出。《合同法》第 146 条的条文题目为“买受人不履行接收标的物义务的风险承担”，此处特意用到了“接收”这一概念。而该条规定的内容是，当出卖人按规定交付标的物后，买受人违反约定没有收取的，由买受人承担相应风险。无论是从条文中“收取”的措辞还是从整体内容的理解来看，本条规定的都是买受人没有在客观上受领货物的情况。可见，法律条文本身有意用“接收”指代一种客观状态。而《合同法》第 148 条规定如果标的物质量不符合质量要求，致使合同目的不能实现的，买受人可以拒绝接受标的物。在本条的条文释义中明确说明："这里的'接受'指的是买受人对货物的认可。"① 可见在买受人拒绝接受标的物的情况下，买受人已经客观上接收了标的物，只是主观上不认可合同的履行。综上，接收与接受是两个不同的概念，分别代表客观的受领和主观的认可这两种意义。相对应的，拒绝接收指的是债权人拒绝受领债务人提供的履行，而拒绝接受是指债权人拒绝认可债务人的履行符合要求。

我国《合同法》中规定的拒绝受领的情形有四种。分别是第 71 条规定的提前履行、第 72 条规定的部分履行、第 148 条规定的标的物不符合质量要求和第 162 条规定的超量履行。其中，前两种情况的条文表述中没有出现"接收"或"接受"的字样，可以理解为在这两种情况下既可以拒绝"接收"也可以拒绝"接受"，区分二者的标准是债权人是否有暂行接管的必要，如果债权人不能即刻返还标的物，则其只能选择先"接收"标的物之后再主张拒绝"接受"。第 148 条条文表述使用的是"接受"，第 162 条使用的是"接收"。虽然两个概念存在区别，但并不意味着上述两个条款限定了这两种情况下拒绝受领的方式。根据私法"法无禁止即自由"的原则，在这两种情况下也同时存在拒绝"接收"和拒绝"接受"两种情况，区分的标准还是看是否有暂行接管的必要。上述条款存在的意义在于限定拒绝受领的行使条件。对于第 71 条、第 72 条规定的情况，债权人仅在自身利益受影响的情况下可以拒绝受领。第 148 条规定过的情形中，仅在因标的物质量不符合要求致使不能实现合同目的的情况下方可拒绝。在第 162 条规定的情形中，当事人也负有立即通知的义务。需要特殊说明的是，虽然第 162 条同时使用了"接收"和"通知"的字样，规定拒绝"接收"之后需要发出"通知"，似乎意味着拒绝"接收"情况下也不能立即返还，但是在解释上应当认为该条中使用的"接收"实为"接受"的概念，毕竟仅在拒绝"接受"多交标的物的情况下需要通知，在可以立即返还多交部分的情况下，

① 参见北大法宝对该条的条文释义。

当事人根本不用另行通知。

拒绝受领有如下几种效力，其中前四个是拒绝“接收”和拒绝“接受”两种情况都具备的效果，而最后一个是拒绝“接受”这种情况下独有的。

1. 拒绝受领仅具备一时地阻止债务人的履行发生清偿的效力，如果债权人没有解除合同，则债权债务关系仍然存在，债务人可以再次提供履行。

2. 债务人构成违约，应当按照当事人的约定承担违约责任。对违约责任没有约定或者约定不明确，依照《合同法》第 61 条的规定仍不能确定的，根据《合同法》第 111 条之规定，债权人可以合理选择要求对方承担修理、更换、重作、退货、减少价款或者报酬等违约责任。根据第 94 条第 1 项之规定，如果导致合同目的无法实现的，债权人可以解除合同。

3. 在债权人正当地行使拒绝受领权的场合，不发生债权人受领迟延的问题。

4. 标的物毁损、灭失的风险由债务人承担。换言之，只要债权人行使拒绝权的理由正当，则不适用风险移转的一般规则，即使已经交付，但风险仍由债务人承担。

5. 拒绝“接受”需要返还的标的物时，债权人负有保管的义务。虽然没有明文规定，但如果需要返还标的物的，在返还之前标的物处于债权人的控制之下，根据诚实信用原则，债权人应有保管标的物的义务，各国法律也都有类似规定。保管义务存在的唯一条件是债权人不能在“接收”标的物之后立即返还给债务人或其代理人等。例如，通过快递交付标的物的情况下，虽然标的物在派送给收货人之后，交付已经完成，收货人也已经“接收”，但是此时拒绝“接受”的话当事人可以立即以快递的方式寄回，此时收货人就没有保管义务。但是如果恰巧在想要寄回时快递站点结束营业，则至明日快递站点营业开始前，收货人承担保管义务。履行保管义务的还体现为当债权人自身没有保管能力时委托有能力保管的第三方代为保管或者在紧急情况下变卖标的物等行为。总之债权人此时应基于善良的动机，尽到如同保管自己物品一样的注意义务。对于保管所支付的必要费用，债务人有义务补偿。如果债权人没有尽到此种保管义务，致使标的物毁损灭失的，由于债权人具有可归责性，不属于不可归责于当事人的风险，故应由债权人承担赔偿责任。

三、合同法上的验收义务

验收指的是买受人在收到货物后在规定时间内检验货物是否存在瑕疵并通知出卖人的义务。这种义务属于一种不真正义务。根据德国和国内的法学通说见解，对于不真正义务，相对人通常不得请求履行。当事人违反不真正义务亦不发生损害赔偿责任，仅使负担此义务者遭受权利减损或丧失等不利益。就验货义务而言，买受人在规定时间内没有验货，买受人不会因此对出卖人承担赔偿责任，出卖人也无须再就货物瑕疵负责，后者即为买受人承担的不利影响。

验货的目的是发现标的物是否存在瑕疵，并以验货的结果去判断合同相对人是否完全履行了合同义务，是否需要承担违约责任等。标的物的瑕疵分为表面瑕疵和隐蔽瑕疵两种，表面瑕疵是存在于标的物表面，从其外观或者按照通常方法能够发现的质量缺陷，也称外观瑕疵、外在瑕疵。隐蔽瑕疵是存在于标的物内部，无法直观识别，必须经过使用或者专门的技术检测才能发现的质量缺陷，也称内在瑕疵，如玻璃桌面抗压能力差、电脑配置不符合约定等。对于前一种瑕疵，收货人完全可以在签收之前的查验中发现，并拒绝签收。即使收货人在能验货的同时或之前，商品已经被签收的，经当面提醒收货人也能通过当面查验及时发现商品的表面瑕疵，以便尽快维护自身的权益。

买受人对标的物的瑕疵进行检验并通知出卖人的时限，即验货义务的时限，也称检验通知期间。该时限为除斥期间，超过该时限没有通知的，买受人则丧失就标的物瑕疵向出卖人主张违约责任的权利，出卖人自愿承担的除外。验货义务的时限同样也是拒绝受领的时限，时限经过之后视为买受人接受履行，不得再主张拒绝受领。

根据《最高人民法院关于审理买卖合同纠纷案件适用法律问题的解释》第15条、第17条、第18条的规定以及《合同法》第158条的规定，买受人的检验通知期间如下：

如果当事人约定了检验通知期间，买受人必须在约定的检验通知期间内将标的物的瑕疵通知出卖人，但是如果约定的检验通知期间过于短暂，依照标的物的性质和交易习惯，买受人在检验期间内难以完成全面检验的，应当认定该约定期间为买受人对表面瑕疵提出异议的期间。对于隐蔽瑕疵不能适用该约定期间，如果约定的检验期间短于法律、行政法规规定的检验期间，以法律、行政法规规定的检验期间为准。

如果当事人没有约定检验通知期间，对于表面瑕疵，买受人应当在收货的同时检验并通知。对于隐蔽瑕疵，买受人的检验通知义务受到双重除斥期间的限制。第一重是买受人应当在发现或者应当发现瑕疵之日起的合理期间内通知出卖人。此处的“合理期间”的长度由法院根据买卖合同的具体情况合理确定。第二重是买受人还应当自收到标的物之日起 2 年内通知出卖人。但是，对标的物有质量保证期的，适用质量保证期，不适用该 2 年的规定。约定的质量保证期间短于法律、行政法规规定的质量保证期间的，以法律、行政法规规定的质量保证期间为准。

除了上述的检验通知时限外，买受人还受诉讼时效的限制，在将标的物瑕疵通知出卖人之后，买受人请求出卖人承担违约责任的债权仍受到三年诉讼时效的限制。《民法总则》生效之前，按照《民法通则》的规定，出售质量不合格的商品未声明的，诉讼时效为 1 年。现《民法总则》将诉讼时效统一为 3 年。

此外，根据《合同法》第 158 条第 3 款的规定，出卖人知道或者应当知道提供的标的物不符合约定的，买受人不受检验通知期间的限制。但买受人请求出卖人承担违约责任的诉讼时效期间不受此影响，仍为 3 年。

相关立法与规定

《合同法》

关于签收的相关立法与规定

第 146 条　出卖人按照约定或者依照本法第一百四十一条第二款第二项的规定将标的物置于交付地点，买受人违反约定没有收取的，标的物毁损、灭失的风险自违反约定之日起由买受人承担。

第148条 因标的物质量不符合质量要求，致使不能实现合同目的的，买受人可以拒绝接受标的物或者解除合同。买受人拒绝接受标的物或者解除合同的，标的物毁损、灭失的风险由出卖人承担。

第162条 出卖人多交标的物的，买受人可以接收或者拒绝接收多交的部分。买受人接收多交部分的，按照合同的价格支付价款；买受人拒绝接收多交部分的，应当及时通知出卖人。

关于验货的相关立法与规定

第157条 买受人收到标的物时应当在约定的检验期间内检验。没有约定检验期间的，应当及时检验。

第158条 当事人约定检验期间的，买受人应当在检验期间内将标的物的数量或者质量不符合约定的情形通知出卖人。买受人怠于通知的，视为标的物的数量或者质量符合约定。

当事人没有约定检验期间的，买受人应当在发现或者应当发现标的物的数量或者质量不符合约定的合理期间内通知出卖人。买受人在合理期间内未通知或者自标的物收到之日起两年内未通知出卖人的，视为标的物的数量或者质量符合约定，但对标的物有质量保证期的，适用质量保证期，不适用该两年的规定。

出卖人知道或者应当知道提供的标的物不符合约定的，买受人不受前两款规定的通知时间的限制。

第310条 收货人提货时应当按照约定的期限检验货物。对检验货物的期限没有约定或者约定不明确，依照本法第六十一条的规定仍不能确定的，应当在合理期限内检验货物。收货人在约定的期限或者合理期限内对货物的数量、毁损等未提出异议的，视为承运人已经按照运输单证的记载交付的初步证据。

第五十三条　【电子支付服务提供者的义务】

电子商务当事人可以约定采用电子支付方式支付价款。

电子支付服务提供者为电子商务提供电子支付服务，应当遵守国家规定，告知用户电子支付服务的功能、使用方法、注意事项、相关风险和收费标准等事项，不得附加不合理交易条件。电子支付服务提供者应当确保电子支付指令的完整性、一致性、可跟踪稽核和不可篡改。

电子支付服务提供者应当向用户免费提供对账服务以及最近三年的交易记录。

条文主旨

本条是关于电子支付和电子支付服务提供者义务的规定。

条文释义

一、概念

电子支付是指付款人与收款人为电子商务活动的需要，通过电子形式的支付指令实现货币资金转移的行为。电子支付服务提供者是指依法提供电子支付服务的商业银行和非银行支付机构，非银行支付机构是指依法取得《支付业务许可证》，获准办理互联网支付、移动电话支付、固定电话支付、数字电视支付等网络支付业务的非银行机构。

二、电子支付的特征和立法意义

与传统的支付方式相比，电子支付的特征十分鲜明。

1. 信息传输数字化。不同于传统支付方式通过现金的流转、票据的转让及银行的汇兑等物理实体的流转来完成款项支付，在电子支付中，纸质的货币或票据被无形的电子信息取代，通过数字流转来传输信息，电子信息的流转就是资金货币的流转。

2. 支付系统开放性。电子支付是在网络环境中运作的，需要有连接网络的计算机或智能移动终端、相关的软件和其他配套设施。互联网是一个开放的系统平台，这使得支付不受支付对象、双方距离、资金信息等因素的限制。当然，在专用网络（银行 POS、ATM）上的电子支付的开放性较弱些。

3. 支付工具种类多。电子支付所使用的工具是电子终端，即电子通信设备，不仅包括计算机和智能移动终端，还包括销售点终端、自动柜员机和电话等。

4. 便捷高效优势多。电子支付方便快捷，用户只需在销售点终端、自动柜员机、计算机、电话或者手机等设备上操作，便可在很短的时间内完成支付。电子支付所花费的时间、资金与传统支付相比，微乎其微，高效且经济。

电子支付的特殊性对当事人的支付行为、电子支付行业的管理提出了特别要求，本条规定具有重要的现实意义。明确电子支付方式是电子商务的支付方式之一，但并不限制其他支付方式，电子商务当事人可以任意约定。当事人一旦约定支付方式为电子支付，电子支付服务提供者应当承担五大义务，以确保用户的支付安全和交易公平。

三、条款的含义

电子支付服务提供者的主要权利义务应当遵循法律法规的规定，本条重点规定了其他法律法规中尚未规定的电子支付服务提供者的义务。电子支付服务提供者的义务如下：

第一，遵守国家规定的义务。遵守国家规定毋庸置疑是每一民事主体都应当履行的义务，在此规定是进一步强调电子支付服务提供者必须依法设立、合法经营。商业银行和非金融支付机构从事电子支付业务，应当适用《电子签名法》《中国人民银行法》《商业银行法》《银行业监督管理法》《电子支付指引（第一号）》《电子银行业务管理办法》《非金融业机构支付服务管理办法》《非金融业机构支付服务管理办法实施细则》《支付机构客户备付金存管办法》《中国人民银行关于建立支付机构客户备付金信息核对校验机制的通知》《支付机构预付卡业务管理办法》《银行卡收单业务管理办法》《非银行支付机构网络支付业务管理办法》等法律规范的规定。例如，《电子支付指引（第一号）》规定银行应当与客户约定适当的认证方式，认证方式的约定和使用应当遵守《电子签名法》等法律法规的规定；非金融机构欲提供支付服务的，应当遵守《非金融业机构支付服务管理办法》的规定，申请《支付业务许可证》，接受监督和管理。

第二，对用户的告知义务。电子支付具有技术性，电子支付服务提供者应当以适当的方式告知用户电子支付服务的功能、使用方法、注意事项、相关风险和收费标准等。电子支付服务的功能会因电子支付平台的不同而有较大变化，如《支付宝服务协议》中收付款项服务的功能有充值、提现、转账、支付宝中介服务（支付宝担保交易）、即时到账服务和后付服务，网上银行的主要功能一般有账户信息查询和维护、账户转账（汇款）、代缴费、投资理财、信用卡管理。电子支付服务提供者应当全面告知用户电子支付账户的注册、使用和注销三方面的内容，其中各种功能如何使用应当详细描述。为有效保障用户使用电子支付服务时的合法权益，电子支付服务提供者须提醒用户注意特别事项，包括身份验证、特殊情况下对账户暂停或终止提供服务，或对余额进行止付，且可能限制用户所使用的产品或服务功能（如对账户名下的款项和在途交易采取止付、取消交易、调账等限制措施）。电子支付相较传统支付方式，多了风险性，所以电子支付服务提供者应当告知用户电子支付存在的潜在风险和不法分子利用电子支付进行作案的手段，提高客户的安全意识和防范能力。电子支付服务的收费标准通常由电子支付服务提供者制定和调整，并向公众公开，具体服务费用以用户使用服务时产品网站或页面上所列的收费方式或双方达成的其他书面协议为准。

第三，提供服务时不得附加不合理交易条件的义务。电子支付方便快捷，愈发成为人们生活中不可缺少的一种支付方式，有些交易更是必须使用电子支付，比如网上购物、海外购物，增加了使用电子支付的不可替代性。因此，为了避免电子支付服务提供者利用电子支付的不可替代性、服务提供者的强势地位，打破交易双方的平等，侵犯用户的合法利益，法律必须明确禁止电子支付服务提供者在交易中附加不合理的条件。具体来讲，电子支付服务提供者应当给予用户选择支付方式的机会，不得以任何形式诱导、强迫用户使用服务者自己提供的支付业务，不得搭售其他商品或服务。

第四，管理电子支付指令的义务。电子支付是由电子支付指令开启的，支付指令对电子支付的准确和完成起到至关重要的作用，因此电子支付服务提供者应当承担确保电子支付指令的完整性、一致性、可跟踪稽核和不可篡改的义务。

第五，保存、免费提供交易记录的义务。电子商务活动主体因财务管理、诉讼、日常交往等事务，需要提供相关电子支付的交易记录。通常，电子支付服务提供者会保存电子支付交易记录的数据，详细备案登记电子支付业务的差错，记录内容应包括差错时间、差错内容与处理部门及人员姓名、客户资料、差错影响或损失、差错原因、处理结果等。既然其向用户提供电子支付服务，就应当承担免费提供交易记录的附随义务。同时，保存、提供交易记录会增加电子支付服务提供者的经营成本，因此，所提供的交易记录的期限不能太长，以防电子支付服务提供者难以承受；也不能太短，否则难以实现便利电子商务活动主体的目的。因此，电子支付服务提供者应当能够向客户提供纸质或电子交易回单，同时形成日志文件等记录，至少保存至交易后三年，采取必要措施保护电子支付交易数据的完整性和可靠性，在用户需要之时，向其免费提供对账服务和交易记录。

相关原理

一、电子支付的概念

电子支付，也称电子资金划拨①，是信息技术在支付领域应用而创造出的新型支付方式，电子支付的产生给交易带来了极大的便利，也极大地刺激着商业的发展和创新。

美国1952年对外公布的《统一商法典》规定，支付命令指发送人以口头方式、电子方式或者书面形式向接受银行传送的，请求支付或者使另一家银行支付固定或可确定的货币金额给受益人的指令。《统一商法典》首次提出“支付命令”，即电子支付指令这一概念，但没有给电子支付下定义。美

---

① 齐爱民：《电子商务法原论》，武汉大学出版社2010年版，第141页。

国 1978 年《电子资金划拨法》规定了“电子资金划拨”的概念：除支票、汇票或类似的纸质工具的交易以外的，通过电子终端、电话、计算机或者磁盘命令、指令、委托金融机构借记或贷记账户的任何资金的划拨。

联合国国际贸易法委员会 1987 年制定的《联合国国际贸易法委员会电子处理资金划拨法律指南草案》规定，电子处理资金划拨是指在处理资金划拨过程中，有些程序以电子技术代替传统的以票据为依据的技术的一种资金划拨方式。其中最明显、最重要的是，涉及资金划拨的银行以发送电子信息来传递指示和用电算机处理借贷划拨指示，而不是实际传送以票据为依据的借贷划拨指示。

澳大利亚 2002 年《电子资金划拨指导法》规定，电子资金划拨是通过电子设备、适用某种存取方式向账户机构直接或间接发出指令，对该账户机构所维持的账户进行借记或贷记的资金划拨。

近年来，我国的电子支付快速发展，电子支付工具和技术更新换代，支付交易量呈现跳跃式增长，但总体仍处于创新发展阶段，支付效率问题和支付安全问题时常出现。这就要求我们创造更为宽松的支付环境，以期进一步提高电子支付效率、保障电子支付安全，因而多个行政法规应运而生。也正因为我国电子支付的许多法律制度处于探索阶段，所以未急于制定有关电子支付的基本法，以求“在发展中规范，以规范促进发展”。中国人民银行 2005 年颁布的《电子支付指引（第一号）》（以下简称《电子支付指引》）可被认为是关于电子支付的最全面的指导性行政法规。《电子支付指引》明确规定了电子支付的概念：“电子支付是指单位、个人直接或授权他人通过电子终端发出支付指令，实现货币支付与资金转移的行为。”这一定义清晰地指出电子支付的主体、目的、支付媒介、支付行为和支付工具，但是在这一定义下，支付行为过于具体而不够全面，并且货币支付和资金转移存在交叉重合。

考虑到电子技术的发展和资金流动的频繁，我们应当从广义和狭义两个角度去认识电子支付。广义的电子支付是指一切以电子方式进行的债权债务的清算和资金转账结算，不论资金流动是基于何种原因。狭义的电子支付是仅从电子商务角度而言的，是指为电子商务交易之需要，付款人将资金通过电子设备转移给收款人以履行价款交付义务的电子支付。也就是说，狭义的电子支付仅指电子交易主体履行义务时所为的货币支付或资金转移行为，不包括非以商品交易为基础的货币支付或资金转移，如甲乙二人之间为偿还借款而通过网上银行转账就不属于狭义的电子支付。从《电子商务法》的立法需要出发，我们应从狭义上理解电子支付的含义，如此一来，立法目的更明确、调整范围更集中。

我们可以从银行电子支付的五个发展阶段看出电子支付的发展：第一阶段是银行间采用安全的专用网络进行电子资金转账，即利用通讯网络进行账户交易信息的电子传输，办理结算。电子资金转账的好处包括减少了管理费用，提高了效率，简化了簿记并且更加安全。第二阶段是银行计算机与其他机构计算机之间资金的结算，如代发工资，代交水费、电费、煤气费、电话费等业务。第三阶段是利用网络终端向用户提供各项银行服务，如用户在自动柜员机上进行取、存款操作。它是由计算机控制的持卡人自我服务的金融专用设备，自动柜员机可以向持卡人提供提款、存款、查询余额、更改密码等功能。第四阶段是利用银行销售点终端向用户提供自动扣款服务，金融销售点终端系统是由银行计算机与商业网点、收费网点、金融网点之间通过公用电话线或网络进行联机业务处理的银行计算机网络系统。第五阶段是最新发展阶段，电子支付可随时随地通过互联网络进行直接转账结算，这一阶段的电子支付称为网上支付。目前，国际通行的网上支付工具主要有电子信用卡、电子借记卡，电子支票和电子现金等。

二、电子支付的类型

电子支付按照不同的分类标准可以分为不同的类型，主要的分类如下：

1. 根据支付指令发起方式，电子支付可以分为网上支付、电话支付、移动支付、销售点终端交易、自动柜员机交易和其他电子支付，《电子支付指引》即采用此分类方式。网上支付是以互联网为基础，利用电子支付服务提供者所支持的数学金融工具，发生在购买者和销售者之间的货币资金转移。电话支付是指消费者通过拨打或接听电话，使银行将其账户内的货币资金转移到收款人账户的支付方式。移动支付是利用手机、掌上电脑

（PDA）、移动电脑（PC）等移动设备通过无线方式完成支付的方式。销售点终端交易是通过安装在特约商户和受理网点的销售点转账终端机，实现电子资金自动转账的支付方式。自动柜员机交易是通过银行的自动柜员机进行操作而实现金融交易的支付方式。

2. 根据支付金额的大小及用户对象范围，电子支付可以分为小额电子支付（消费性电子支付）和大额电子支付（商业性电子支付）。小额电子支付主要应用于B2C电子商务中频繁发生的小额交易，用户范围主要是广大的个人消费者、从事商品和劳务交换的工商企业①。大额电子支付主要应用于B2B电子商务中发生的大额交易，此类交易不如前者频繁，但支付的资金较大。大额电子支付的用户主要是货币、黄金、外汇、商品市场的经纪商和交易商，在金融市场从事交易活动的商业银行，以及从事国际贸易的工商企业。小额电子支付和大额电子支付分别属于小额支付业务和大额支付业务。根据中国人民银行2003年颁布的《大额支付系统业务处理办法（试行）》，大额支付系统运行的业务范围是银行发起的异地跨行贷记支付业务，包括了人民银行会计营业部门、国库部门发起的贷记支付业务及内部转账业务和同城范围内各银行的跨行贷记支付业务、行内异地汇划业务。根据2005年中国人民银行颁布的《小额支付系统业务处理办法（试行）》，小额支付系统处理同城、异地的借记支付业务以及金额在规定起点下的贷记支付业务，涉及的业务种类有普通贷记、普通借记、定期贷记、定期借记、实时贷记、实时借记、支票截留、支票圈存、通存通兑、清算组织发起的代收付业务、国库业务、同城轧差净额清算业务、信息服务业务。

3. 根据支付工具是否为银行卡，电子支付分为银行卡支付和非银行卡支付，银行卡支付又可以根据支付系统处理划拨的类型将电子支付分为贷记划拨和借记划拨。贷记划拨是指债务人对银行发出向债权人付款的支付指令的划拨方式，债务人银行借记债务人账户，使在同一银行或另一银行中的收款人账户得到贷记。借记划拨是指债权人对银行发出向债务人收款的支付指

① 刘颖：《电子资金划拨法律问题研究》，法律出版社2001年版，第63页。

令的划拨方式。非银行卡支付所使用的工具主要包括电子票据和预付卡。电子票据将实物票据电子化，电子票据可以如同实物票据一样转让、贴现、质押、托收等。预付卡是指由发行机构发行的，可在商业服务业领域使用的债权凭证，具体表现为购物券或消费卡，体现了持卡（券）人作为消费者对发行机构享有的债权。

4. 根据支付账户的性质，电子支付可以分为银行卡支付、电子票据支付和电子货币支付。此分类中的银行卡支付的范围要广于上一分类中的银行卡支付，不仅包括上一分类中所指的以银行卡为工具在银行卡账户之间进行资金转移，也包括适用电子银行在银行卡账户之间进行资金转移。现行国内外立法中，欧盟2000/46/EC指令中对电子货币的定义较为准确，指令定义电子货币是一种存储于电子设备上的货币价值，它表现为对发行人所享有的请求权，具有三个特征：货币价值存储于某一电子设备上；发行人在发行电子货币时已经接受了不低于所发行数额的货币价值；可以向发行人之外的实体支付。全国人大财政经济委员会起草组综合考虑国内外立法情况及我国电子支付发展现状，认为电子货币可以定义为：电子货币是指通过技术方法和电子设备，实现数字化存储的具有预付价值的货币。该定义明确了电子货币的几个基本特征：(1) 电子货币是货币；(2) 电子货币是支付工具；(3) 电子货币以现金等实体货币的价值为前提或担保，具有预付价值，它没有改变价值的尺度功能，只是形态上的变化；(4) 电子货币的表现形式是数字化的，其载体可以多样化；(5) 电子货币是非封闭的储值系统。据此，电子货币的门槛很高，单用途的预付卡、虚拟货币，如交通卡、电话卡、Q币，因为无法作为一般等价物进行流通而不是电子货币；可以流通的比特币因为没有发行主体而不是电子货币。

5. 根据支付工具的线下、线上，电子支付可以分为POS机、ATM机和网络支付。2016年实行的《非银行支付机构网络支付业务管理办法》第2条第3款规定，"网络支付业务，是指收款人或付款人通过计算机、移动终端等电子设备，依托公共网络信息系统远程发起支付指令，且付款人电子设备不与收款人特定专属设备交互，由支付机构为收付款人提供货币资金转移服务的活动”。网络支付又可以根据网络类型分为互联网支付和移动网络支付，根据2010年《非金融机构支付服务管理办法》的规定，网络支付包括货币汇兑、互联网支付、移动电话支付、固定电话支付和数字电视支付等。

6. 根据是否存在支付中介，电子支付可以分为电子银行直接支付和第三方机构支付。网上银行直接支付是银行利用互联网技术，通过网上银行在银行账户间直接进行货币资金转移的支付方式，网上银行是在互联网上的虚拟银行柜台。第三方机构支付是指在第三方机构的账户或者通过第三方机构在银行账户之间进行货币资金转移的支付方式，比较常见的第三方机构支付有支付宝支付和微信支付。

7. 根据电子支付手段，电子支付可以分为网上银行在线支付、第三方转账支付、电话银行支付、IP账号支付等。网上银行在线支付，简称网银支付，是指用户事先开通银行卡的网银支付功能，之后在网上商城提交购物订单后，在银行网银页面输入银行卡信息并验证支付密码，从而将费用直接转入商家对应银行的账户中的支付方式。网银支付是银联最为成熟的在线支付功能之一，也是国内电子商务企业提供在线交易服务不可或缺的功能之一。第三方转账支付是大型电子商务平台首选的支付模式，买家和卖家同在一个电子商务平台，买家通过平台在各个银行的接口，将购买商品的价款转入平台的账户，平台程序在收到银行到款通知后，将信息发送给卖家，卖家在收到平台发送的确认信息后，按照买家的地址发货，买家确认收货后发送信息到平台，平台再将买家的货款转入卖家的账户。电话银行通过电话把用户与银行紧密相连，用户只要通过拨通电话银行的电话号码，就能够得到电话银行提供的付款、转账、信息查询等服务。IP账号支付是将支付费用和上网费用捆绑，一般由电信运营商采用。

在以上七种分类中，后四种分类与《电子商务法》的联系更为紧密，值得特别注意。

三、电子支付系统

电子支付系统是指由电子支付的参与主体、电子信息技术手段、计算机网络以及管理货币转移的法规共同组成的，以实现货币资金转移的系统。电子支付系统是支持电子支付的必要条件，是电子交易顺利进行的重要社会基础设施，也是社会经济良好发展的催化剂。

在经济活动中，人们根据不同的电子支付类型，设计了不同的电子支付系统。最典型的是以所处理的金额大小和服务对象范围为标准而划分的两种电子支付系统，大额电子支付系统和小额电子支付系统。本书简单介绍这两种电子支付系统以及中国国家现代化支付系统。

（一）大额电子支付系统

大额电子支付系统主要处理银行间大额资金转账，通常电子支付的发起方和接收方都是商业银行或在中央银行开设账户的金融机构。大额电子支付系统在一国电子支付体系中处于核心地位，不仅服务于本国市场，而且与其他系统共同为多种币的跨国市场提供最终的结算服务，为国际货币买卖和国际金融交易支付款项和转移货币资金。大额电子支付系统采用实时全额支付系统模式①，对支付交易可做实时处理，但要在日终进行净额资金清算。大额系统处理的支付业务量较少，但资金额却很大。

大额电子支付系统通常是由中央银行运行，也有少部分大额电子支付系统是由私营部门运行的。全球几种主要的大额电子支付系统有：环球银行间金融电信协会、联储电化系统、清算所银行间支付系统、欧洲间实施全额自动清算系统和英国自动化清算所支付系统。其中，清算所银行间支付系统是由纽约清算所协会经营管理的同业支付系统，是全球最大的私营支付清算系统之一。

（二）小额电子支付系统

小额电子支付主要处理用户之间小额资金转账，是业务量最大的电子支付类型，充满了人们的日常生活，网上购物、刷卡消费、缴纳水电费等。小额电子支付系统比大额电子支付系统简单，主要有自动柜员机、销售点终端系统和家庭银行等。

1. 自动柜员机

自动柜员机（Automatic Teller Machine，简称 ATM），是一种高度精密的

---

① 实时全额支付系统（Real Time Gross Settlement），是按照国际标准建立的跨银行电子转账系统，专门处理付款人开户银行主动发起的跨银行转账业务。

机电一体化装置，利用磁性代码卡或智能卡，通过专用通信线路与银行计算机主机相连，实现金融交易的智能终端。自动柜员机代替银行柜面人员的工作，为客户提供存款、取款、转账、小额借贷、查询金融信息、查询账户信息、投资咨询等银行服务。自动柜员机的支付高效且安全，其支付速度是人工处理速度的5倍左右，其严格的数据入口检查、数据处理保密措施和自我检测防护措施提高了安全性能，保障用户顺利通过自动柜员机完成金融交易。

2. 销售点终端系统

销售点终端系统（Point of Sales，简称POS），是一种多功能终端系统，将安装在特约商户和受理网点的销售点转账终端机与计算机联成网络，并与银行的主机联网，就能实现电子资金自动转账。POS主要有两种类型：消费POS，具有消费、预授权、查询止付名单等功能，主要用于特约商户受理银行卡消费；转账POS，具有财务转账和卡卡转账等功能，主要用于单位财务部门。顾客消费后，可将银行卡插入商户的消费POS中，输入金额和密码后，即可将顾客银行卡里的相应金额转存入商户账户，完成付款。销售点终端系统不仅可以转账支付，还具有预授权、余额查询和实时信息提供等功能，使用起来安全、快捷、可靠，同时减少现金流通，加速资金流转。

3. 家庭银行

家庭银行是指金融机构的零售业务用户利用安装的电话、电视、终端或个人计算机，作为与金融机构的计算机中心进行电讯联接的手段，进行各种小额的银行业务活动。家庭银行可以提供的金融服务包括开户、付款、转账、委托支付各种账单和账户余额查询等，使用户足不出户即可完成相应活动，便捷高效。

（三）中国国家现代化支付系统

中国国家现代化支付系统（China National Advanced Payment System，简称CNAPS），是中国人民银行为适应我国市场经济发展的要求，充分利用现代计算机技术和通信网络技术自主开发的，高效、安全地处理各银行办理的异地、同城各种支付业务及其资金清算和货币市场交易资金清算的应用系统。为适应各类支付业务处理的需要，正在建设的现代化支付系统由大额实时支付子系统、小额批量支付子系统、中央银行会计集中核算系统、全国支票影像交换系统、银行业金融机构行内支付系统、银行卡支付系统六大应用系统组成。

1. 大额实时支付子系统实行逐笔实时处理，全额清算资金。该系统处理同城和异地、商业银行跨行和行内的大额贷记及紧急的小额贷记支付业务，处理人民银行系统的贷记支付业务。大额实时支付子系统为各银行、单位以及金融市场提供快速、高效、安全、可靠的支付清算服务，防范支付风险，同时有助于中央银行更加灵活、有效地实施货币政策。

2. 小额批量支付子系统在一定时间内对多笔支付业务进行轧差处理，净额清算资金。该系统处理同城和异地纸凭证截留的商业银行跨行之间的定期借记和定期贷记支付业务，中央银行会计营业部门和国库部门办理的借记支付业务，以及每笔金额在规定起点以下的小额贷记支付业务。小额批量支付系统为社会提供低成本、大业务量的支付清算服务，支撑各种支付业务的使用，满足社会各种经济活动的需要。

3. 中央银行会计集中核算系统是以中国人民银行地市以上机构为基本核心单位，运用计算机网络和电子通信技术，遵循会计基本原理、准则和特定方法进行设计的，集中核算、反映和管理中国人民银行各类会计业务的电算化系统。该系统提供资金最终结算服务，是中国人民银行现代化支付系统的运行基础，是中国人民银行履行各项职能的核心支付系统。

4. 全国支票影像交换系统是运用影像技术将实物支票截留，转换为支票影像信息，通过计算机网络将支票影像信息传递至出票人开户银行提示付款的业务处理系统。

5. 银行业金融机构行内支付系统作为银行业金融机构综合业务处理系统的重要组成部分，是其内部资金往来与资金清算的渠道，是其拓展支付服务市场，提升市场竞争能力的重要实施，在支付系统中居于基础地位。

6. 银行卡支付系统由银行卡跨行支付系统及发卡行内银行卡支付系统组成，专门处理银行卡跨行交易信息转接和交易清算业务。

中国人民银行建设中国国家现代化支付系统，逐步形成了一个以中国现代化支付系统为核心、商业银行行内系统为基础，票据交换系统和其他支付系统并存，支撑多种支付工具的应用和满足社会各种经济活动支付需要的中国支付清算体系，提高了中国金融服务水平。

四、电子支付协议

（一）电子支付协议的概念

从法律和技术两个角度看，电子支付协议有不同的概念。技术领域的电子协议是为实现电子交易过程中正确、安全、保密地传输各方支付信息而对技术规范所为的约定。一方面，这些协议仅涉及电子支付中的技术问题，如电子支付安全套接层协议（Secure Sockets Layer，简称 SSL）和安全电子交易协议（Secure Electronic Transaction，简称 SET）。另一方面，对应不同的支付工具，有不同的协议，对应 TCP/IP 协议的各层也有不同的安全协议。从法律角度观之，电子支付协议是指电子支付服务提供者和用户为实施电子支付而签订的，以支付中形成的权利和义务关系为内容的协议。电子支付协议是实施电子支付的前提条件，我国《电子支付指引》明确要求客户申请电子支付业务，必须与银行签订电子支付协议。签订电子支付协议，可以使用户充分了解电子支付的注意事项和基本内容，确定电子支付相关主体的权利义务，以便于减少和解决纠纷。本书中所说的电子支付协议如无特别说明，均指法律意义上的电子支付协议。

（二）电子支付协议的主要内容

电子支付协议以电子支付服务提供者和用户的权利义务为内容，是电子支付主体的行为规范。《电子支付指引》第 13 条规定了银行和用户之间的电子支付协议应当包含的内容：1. 客户指定办理电子支付业务的账户名称和账号；2. 客户应保证办理电子支付业务账户的支付能力；3. 双方约定的电子支付类型、交易规则、认证方式等；4. 银行对客户提供的申请资料和其他信息的保密义务；5. 银行根据客户要求提供交易记录的时间和方式；6. 争议、差错处理和损害赔偿责任。

为了降低成本、追求高效，电子支付协议一般是格式合同。随着网上签约的普及和交易模式的创新，通过网上签订的电子支付协议逐渐演变为点击合同。点击合同是指由一方当事人为重复使用而预先拟定，一般条款定型化，特殊条款可供相对人选择的合同。如当我们网上购物或申请注册会员时，网站要求我们填写有关信息，并点击“我同意”或者“同意”后才可以进行相关活动，这种必须点击进行选择的合同就是点击合同。点击相对人的意思具有附和性，相对人选择不同，权利义务关系就有所不同。点击合同的特殊性要求在判断电子支付合同的效力时，应当综合衡量格式合同和点击合同的相关规定。

五、电子支付法律关系

电子支付法律关系是指在电子商务活动中，因采用电子支付而产生的电子支付主体之间的法律关系。电子支付法律关系中存在多个主体，因而包含多种类型的法律关系。电子支付法律关系具备主体、客体和内容，本部分主要从这三个方面来简述电子支付法律关系。

（一）电子支付法律关系的主体

电子支付法律关系的主体是指在电子支付法律关系中依法享有权利和承担义务的自然人、法人或其他组织，包括付款人、收款人和完成电子支付必须依靠的两个重要第三方主体——电子支付服务提供者和电子认证服务机构。各个主体之间都可能存在各种各样的法律关系，其中以电子支付服务提供者和付款人、收款人之间的关系为前提和基础。

1. 电子支付的用户：收款人和付款人

电子支付的用户，从电子支付的角度，可以分为付款人和收款人。付款人是指电子商务交易中直接或者授权他人通过电子终端发出资金支付指令的人，通常是消费者或者其他产品或服务的买方。收款人是指在电子商务交易中依据付款人的支付指令而收取资金的人，通常是从事产品销售、劳务交换的个体和工商企业。

2. 电子支付服务提供者

我国电子支付服务提供者的类型主要有商业银行和非金融支付机构。商业银行提供各种金融服务，想要从事电子支付业务必须经中国银行业监督管理机构批准。付款人银行可称为发起行，是指接受客户委托发出电子支付指令的银行。收款人银行可称为接收行，是指电子支付指令接收人的开户银行。非金融支付机构经中国人民银行的批准，可以依法从事电子支付业务，重点在于为用户提供便捷、安全、高效的电子支付业务，必须遵守我国法律规范，不得从事或者变相从事信贷、理财、融资担保、货币兑换等业务。未经许可的任何单位和个人，都不得经营电子支付业务。

电子支付涉及第三人资金安全问题，需要严格监管，因此对电子支付服务者应当设立支付许可证制度。现《非银行支付机构网络支付业务管理办法》规定了政府颁发支付许可证的制度，但设置行政许可必须有法律依据，而支付许可证制度目前没有法律依据。因此，在《电子商务法》中有必要将这一规定通过立法的方式予以确认。

3. 电子认证服务机构

电子认证服务机构也称为电子认证服务提供者，根据2009年公布的《电子认证服务管理办法》，是指为需要第三方认证的电子签名提供认证服务的机构。具体而言，电子认证服务机构是经国家信息产业主管部门批准许可的一种权威、可信赖、公正的第三方认证机构，负责审核用户的身份，在确保用户身份真实的情况下，向用户发放电子签名认证证书，是发放和管理该证书的专业部门，为电子政务、电子商务等应用提供网上身份认证、电子签名等证书认证安全服务。

（二）电子支付法律关系的客体

电子支付法律关系的客体是电子支付行为，收款人和付款人通过与银行或者非金融支付机构所提供的电子支付业务，实现货币资金在双方账户之间的转移。

（三）电子支付法律关系的性质和内容

电子支付流程较为复杂，众多当事人之间都存在特定的法律关系，法律关系所指向的权利义务共同构成了电子支付法律关系的内容。电子支付中是否有第三方支付机构会导致电子支付法律关系的不同，为了更清晰地展示电子支付法律关系，本部分将先厘清与第三方支付机构无关的法律关系，再单独讨论与第三方电子支付有关的法律关系和法律规范。

1. 付款人与收款人之间存在债权债务关系

在电子支付中，付款人与收款人之间存在基于电子商务而产生的基础法律关系——债权债务关系，可能是买卖合同、租赁合同、服务合同等合同关系。

具体来说，在电子支付中，付款人与收款人之间存在特定的基础合同关系，而这种基础法律关系所确定的内容之一是付款人负有向收款人支付一定款项的义务，即收款人享有请求付款人支付一定款项的权利。付款人向收款人转移货币资金是其履行债务的行为，收款人不能基于电子支付行为直接向发起行或者接收行主张权利，电子支付法律关系的这一特征与票据支付法律关系相似。收款人在收到款项之后应当立即告知付款人，如需发出货物的，应按照约定的时间发出并通知付款人收货和查验货物。如果付款人告知已通过电子支付方式完成付款程序但收款人并未收到款项，收款人负有及时通知付款人的义务。

货币占有即所有，收款人和付款人之间法律关系是否存在或者其效力如何，不影响货币资金是否完成转移。此外，电子支付不像双方直接交付货币资金那样具有即时性，需要经历多个步骤，因此付款人的债务履行完成的时间，不是其发出支付指令或资金从其账户中划拨出之时，而是收款人收到且可以使用相应款项之时。

2. 用户与银行之间存在金融服务合同关系

《电子支付指引》第 4 条规定："客户办理电子支付业务应在银行开立银行结算账户（以下简称账户），账户的开立和使用应符合《人民币银行结算账户管理办法》、《境内外汇账户管理规定》等规定。"因此，付款人想要通过发出支付指令将货币资金从其银行账户转移至收款人的银行账户，前提条件是用户和银行之间事先就存在有效的关于电子支付的合同关系，也就是用户在银行开立银行结算账户，与之签订一系列作为开户条件的标准合同，这种标准合同内容包含大多数基础性的金融业务。对于特殊的金融业务，比如电子支付业务，一般需要用户和银行另外签订协议。《电子支付指引》要求客户申请电子支付业务，必须与银行签订电子支付协议。尽管协议类型繁多，内容不一，但都属于金融服务合同，因而可以将这些法律关系概括为金融服务合同关系。从具体的电子支付行为来看，付款人及其银行之间的权利义务和收款人及其银行之间的权利义务不同，且具体的权利义务还应当区分电子支付是否有第三方支付机构的参与。

付款人有权要求接受支付指令的发起行按照支付指令的时间及时将特定数额的资金转移至收款人，发起行如果未按照指令完成货币资金的转移，就要向付款人承担违约责任，给付款人造成损失的应当予以赔偿。同时，付款人也负有一定的义务，其应当正确发出支付指令，并按照金融机构的程序检查支付指令，若已发出的支付指令存在错误或者歧义，则有义务发出修正指令、修改指令。发起行接收支付指令后，应当按照支付指令从付款人指定账户付款。

接收行在收到付款人银行传递过来的资金划拨指令时，应该按照其与收款人间的服务协议立即、无误地接收所划拨过来的资金，并妥善置于收款人账户中以待使用。在无第三方支付机构参与的电子支付中，资金直接从付款人的银行账户转移至收款人的银行账户。在有第三方支付机构参与的电子支付中，银行的权利义务有所改变，但其与用户之间仍然是金融服务合同关系。

3. 银行与银行之间存在资金划拨法律关系

发起行和接收行可能是同一银行，也可能是不同银行。银行是资金划拨的执行者，参与同一支付的银行，往往是某个系统的成员。在系统内部，有系统的规章和银行之间的合同对银行之间的行为进行约束和调整。①

4. 电子认证服务机构和其他主体之间存在身份验证服务关系

电子认证服务机构为电子支付法律关系主体中的各方提供相应的认证证书，像桥梁一样在各方之间建立信任，同时对整个电子商务的交易秩序负责。同时，其他主体有义务接受电子认证服务机构的监督管理，尤其是电子

① 齐爱民：《电子商务法原论》，武汉大学出版社2010年版，第159页。

支付的用户，在电子支付过程中，在符合商业惯例的情况下，应当接收认证机构的认证，不得设置容易被他人识别的个人识别码或者其他密码，以减少密码被盗用、篡改的风险。根据《电子认证服务管理办法》的规定，电子认证服务机构对其他主体所享有的权利和负有的义务如下：

（1）电子认证服务机构的主要权利有：

①审查申请人的资料。电子认证是采用电子技术检验用户合法性的操作，所以在向申请人发放电子签名认证证书前，电子认证服务机构要先对申请人进行详尽的审查。申请人可能是自然人，也可能是法人等单位，二者需要审查的资料不尽相同。对于自然人申请人，电子认证服务机构审查的资料包括申请人的姓名、证件号、联系电话、住所地、邮政编码、电子邮箱等，有时候还需要进行人像采集。对于单位申请人，电子认证服务机构有权审查单位的名称、营业执照、组织机构代码、工商税号、住所地、联系方式、单位电子邮箱、传真、单位所属行业类别等信息。

②发放电子签名认证证书。申请人通过资格审查的，电子认证服务机构有权向其发放电子签名认证证书。《电子认证服务管理办法》第28条规定："电子签名认证证书应当准确载明下列内容：（一）签发电子签名认证证书的电子认证服务机构名称。（二）证书持有人名称。（三）证书序列号。（四）证书有效期。（五）证书持有人的电子签名验证数据。（六）电子认证服务机构的电子签名。（七）工业和信息化部规定的其他内容。"

③撤销电子签名认证证书。《电子认证服务管理办法》第29条规定："有下列情况之一的，电子认证服务机构可以撤销其签发的电子签名认证证书：（一）证书持有人申请撤销证书。（二）证书持有人提供的信息不真实。（三）证书持有人没有履行双方合同规定的义务。（四）证书的安全性不能得到保证。（五）法律、行政法规规定的其他情况。"

（2）电子认证服务机构应当履行主要义务有：

①申请电子认证服务许可和登记。《电子认证服务管理办法》第6条规定："申请电子认证服务许可的，应当向工业和信息化部提交下列材料：（一）书面申请。（二）人员证明。（三）企业法人营业执照副本及复印件。

（四）经营场所证明。（五）国家有关认证检测机构出具的技术、设备、物理环境符合国家有关安全标准的凭证。（六）国家密码管理机构同意使用密码的证明文件。”《电子认证服务管理办法》第13条规定：“电子认证服务机构在《电子认证服务许可证》的有效期内变更公司名称、住所、法定代表人、注册资本的，应当在完成工商变更登记之日起15日内办理《电子认证服务许可证》变更手续。”

②公布从业资格等重要信息。《电子认证服务管理办法》第12条规定：“取得认证资格的电子认证服务机构，在提供电子认证服务之前，应当通过互联网公布下列信息：（一）机构名称和法定代表人。（二）机构住所和联系办法。（三）《电子认证服务许可证》编号。（四）发证机关和发证日期。（五）《电子认证服务许可证》有效期的起止时间。”对于延续《电子认证服务许可证》有效期的规定还有该办法第14条的规定：“《电子认证服务许可证》的有效期届满需要延续的，电子认证服务机构应当在许可证有效期届满三十日前向工业和信息化部申请办理延续手续，并自办结之日起五日内按照本办法第十二条的规定公布相关信息。”根据该办法第15条的规定需要公布的重要信息还包括《电子认证业务规则规范》等要求：“电子认证服务机构应当按照工业和信息化部公布的《电子认证业务规则规范》等要求，制定本机构的电子认证业务规则和相应的证书策略，在提供电子认证服务前予以公布，并向工业和信息化部备案。电子认证业务规则和证书策略发生变更的，电子认证服务机构应当予以公布，并自公布之日起三十日内向工业和信息化部备案。”

③担保电子签名认证证书所载内容。电子认证服务机构将电子签名认证证书颁发给申请人，就意味着应当保证证书内容在有效期内完整、准确，保证电子签名依赖方能够证实或者了解电子签名认证证书所载内容及其他有关事项。

④保密。根据《电子认证服务管理办法》第18条、第20条的规定，电子认证服务机构应当妥善保存与电子认证服务相关的信息，遵守国家的保密规定，建立完善的保密制度。电子认证服务机构对电子签名人和电子签名依

赖方的资料，负有保密的义务。

⑤妥善保管电子认证服务机构私钥。用户向电子认证服务机构提出电子签名认证证书的申请后，电子认证服务机构审核用户的身份资料，使用自身的私钥为用户签发数字证书，为他分配一个公钥，并且电子认证服务机构将该公钥与用户的身份信息绑在一起，并为之签字后，便形成证书发给申请者。一旦私钥泄露，电子业务将无法正常运行，使用该私钥签发的所有证书都将作废。因而，电子认证服务机构必须妥善保管私钥，遵循国家相关规定，使用可信赖的、安全性高的系统。

5. 网络服务提供商或者通讯服务提供商与银行或者第三方支付机构之间存在网络服务合同关系

因为电子支付必须在网络环境中操作，所以银行或者第三方支付机构必须与网络服务提供商或者通讯服务提供商订立网络服务合同，由服务商提供必要的互联网网络和移动网络。

（四）第三方电子支付

第三方电子支付是指有第三方支付机构参与的电子支付，是目前主流的电子支付方式。[①] 第三方支付机构利用计算机和智能移动设备等通信媒介，连接商业银行等金融机构、卖家和买家，确保货币资金在三者之间安全高效地移转。具体来说，第三方支付机构首先要与各大商业银行等金融机构以及不同类型的商家进行合作，并连接银行支付结算系统的接口。其次第三方支付机构需要设立网络账户等支付工具，通过让客户开立虚拟的网络账户的方式，来为客户提供资金划转、支付结算等不同类型的服务。根据第三方支付机构在电子支付中的作用，可将其分为第三方支付机构作为支付网关参与的电子支付和第三方支付机构作为中介参与的电子支付。

1. 第三方电子支付的主要四个功能

第三方支付机构最核心的功能是为客户提供资金清算服务，资金清算的流程主要包括：第一，第三方支付机构在商业银行开设一个账户，存放一定

---

① 2005年，阿里巴巴主要创始人之一马云在瑞士达沃斯世界经济论坛上首先提出第三方支付平台的概念，这一年通常被认为是中国电子支付元年。

数量的备付金以备后续结算使用。当买家选购商品、支付价款后，支付机构随即将买家支付的款项从买家的账号扣除。第二，第三方支付机构会在预先开设的中间账户存入这笔资金，同时通知卖家进行发货。第三，当买家收到卖家发出的商品、确认收货后，第三方支付机构立即通知卖家，并将货款转入卖家账户。在此种资金清算业务中，买卖双方并未直接发生款项往来，而是由第三方支付机构作为一个中间媒介来牵线搭桥，从而为客户提供专业化的服务，提高支付效率，方便用户的网上交易。

由电子支付功能派生出来的功能是信息服务。电子支付使大量的信息汇聚在第三方支付行业，第三方支付机构对信息进行科学化、多样化的处理，既可以获取利润，又可以细化用户的消费需求，对商品进行分类，进一步提供人性化的服务。

第三方支付行业独有的功能是信用担保。电子商务中，买卖双方的交易过程并不像传统交易那样买家和卖家一手交钱一手交货，而是第三方支付机构作为中间人，整个过程将买卖双方隔离开，相当于在两者之间充当资金托管人的角色，当交易完成后，将资金划至卖方账户或者当买家要求退货后将资金重新转入买家账号。由此可见第三方支付机构为买卖双方的交易提供了信用担保。

另一种派生功能是资金增值。在买家支付价款和确认收货之间，资金会聚集在第三方支付机构的系统内，第三方支付机构可以在不影响客户交易过程中资金结算的前提下，使用这部分资金适当地投资，从而提供合理收益化的资本增值服务。例如第三方支付机构中的行业巨头支付宝推出的余额宝服务。支付宝用户可以用余额宝中的资金购买基金，获得投资收益。

2. 第三方支付的优势

在网络交易环境下，传统的支付方式缺乏有效的信用体系，不能对交易双方进行约束和监督，支付方式比较单一，并且在整个交易过程中，货物质量、交易诚信、退换要求等方面无法得到可靠的保障，交易欺诈时常发生。第三方支付在一定程度上解决了这些问题，也表现出了其他优势。

第三方支付能够有效地约束和监督交易双方的行为。支付平台作为第三方，地位中立，与被服务商家在业务上不存在竞争，能够做到利益中立，尽可能平衡交易双方的利益，建立有效的信用担保机制。商家通过第三方支付机构可以规避无法收到买家货款、买家随意退货换货的风险；买家可以规避无法收到货物的风险，货物质量有保障，支付担保业务也可以在很大程度上保障付款人的利益，增强客户网上交易的信心。第三方支付模式有效地保障交易各方的利益，约束和监督交易双方的行为，为整个交易的顺利进行提供支持。

第三方支付能够降低商家、银行的成本。第三方支付为无法与银行网关建立接口的中小企业提供了便捷的支付平台，支付平台集中了大量的电子小额交易，形成规模效应。不仅降低商家直连银行的成本，为企业发展互联网经济、完善在线业务的收付款程序提供条件，还为银行节省了为中小企业提供网关接口的开发和维护费用。

第三方支付能够提供个性化服务。这是创新服务的体现，即第三方支付机构可以根据被服务商家的市场竞争与业务发展所创新的商业模式，同步定制个性化的支付结算服务。对商家而言，通过第三方支付为客户提供多样化的支付工具，有利于扩展业务范畴。对支付者而言，他所面对的是友好的界面，不必考虑背后复杂的技术操作过程。

第三方支付能够保护付款人和收款人的信息安全。付款人和收款人的信用卡信息或账户信息仅需要告知支付中介，而无须告诉每一个交易相对人，大大减少了信用卡信息和账户信息失密的风险，信息安全得以保障。

3. 第三方支付亟待解决的问题

（1）风险问题。在电子支付流程中，付款人支付的资金都会在第三方支付机构处滞留，即出现所谓的资金沉淀，如果第三方支付机构缺乏有效的流动性管理，则可能存在资金安全和支付风险。同时，第三方支付机构开立支付结算账户，先代收买家的款项，然后付款给卖家，这实际已突破了现有的诸多特许经营的限制，它们可能为非法转移资金和套现提供便利，因此形成潜在的金融风险。

（2）电子支付经营资格的认知、保护和发展问题。第三方支付结算属于支付清算组织提供的非银行类金融业务，中国人民银行将以申请许可牌照的形式提高门槛。因此。对于那些从事金融业务的第三方支付机构来说，面临的挑战不仅仅是如何赢利，摆在首位的是能否拿到第三方支付业务牌照。

（3）业务革新问题。因为支付服务客观上提供了金融业务扩展和金融增值服务，其业务范围必须明确并且要大胆推行革新。到目前为止，全球拥有手机的人多于拥有电脑的人，相对于单纯的网上支付，移动支付领域将有更大的作为。所以第三方支付能否借此机遇改进自己的业务模式，将决定第三方支付最终能否走出困境，获得发展。

（4）恶性竞争问题。电子支付行业存在损害支付服务甚至给电子商务行业发展带来负面冲击的恶意竞争的问题。国内的专业电子支付公司已经超过40家，而且多数支付公司与银行之间采用纯技术网关接入服务，这种支付网关模式容易造成市场严重同质化，也挑起了支付公司之间激烈的价格战。由此直接导致了这一行业“利润削减快过市场增长”，在中国，惯用的价格营销策略让电子支付行业吞下了利润被摊薄的苦果。

（5）法律、法规支持问题。电子支付是支付业务的新兴事物，第三方电子支付是第三方支付业务的新兴事物，所以它对传统的法律制度产生冲击，需要构建新的法律制度加以规范。目前，现行《非金融机构支付服务管理办法》《非金融业机构支付服务管理办法实施细则》和《非银行支付机构网络支付业务管理办法》规定了第三方支付的申请资质、许可牌照以及第三方支付业务的监督与管理，但仍有许多方面需要完善，包括电子支付立法的基本原则和目标、电子支付业务的监管框架、电子支付服务提供者的定位、电子支付服务协议与主要参与主体的权利义务、电子支付账户的定位和实名制要求、备付金问题、电子支付指令法律地位、电子支付服务提供者与用户之间的责任划分和客户个人信息保护。

4. 第三方支付机构与其他主体之间的法律关系

（1）第三方支付机构作为支付网关参与的电子支付（不涉及虚拟账户）

①第三方支付机构与用户之间存在双方允诺的代理关系。

②第三方支付机构与银行之间存在双方允诺的代理关系。

（2）第三方支付机构作为中介参与的电子支付

①第三方支付机构与用户之间主要涉及委托和保管法律关系，但不属于存款法律关系，主要发生在小额支付环节。第三方支付机构作为用户的代理人和资金保管人，对用户的个人信息、账户信息负有保密义务，保证电子支付的安全和畅通，一般不能将资金用于公司的其他目的。

②第三方支付机构与银行之间主要涉及资金划拨的法律关系，发生在大额支付环节。第三方支付机构不是银行，是非金融支付机构，法律规范对其行为的限制较多，因而其必须依靠银行来完善自己的服务框架。第三方支付机构和各大银行之间会签订服务协议，来明确各自的权利义务和争议解决。

相关立法与规定

1.《电子支付指引（第一号）》

第2条 电子支付是指单位、个人（以下简称客户）直接或授权他人通过电子终端发出支付指令，实现货币支付与资金转移的行为。

电子支付的类型按电子支付指令发起方式分为网上支付、电话支付、移动支付、销售点终端交易、自动柜员机交易和其他电子支付。

境内银行业金融机构（以下简称银行）开展电子支付业务，适用本指引。

第12条 客户可以在其已开立的银行结算账户中指定办理电子支付业务的账户。该账户也可用于办理其他支付结算业务。

客户未指定的银行结算账户不得办理电子支付业务。

第13条 客户与银行签订的电子支付协议应包括以下内容：

（一）客户指定办理电子支付业务的账户名称和账号；

（二）客户应保证办理电子支付业务账户的支付能力；

（三）双方约定的电子支付类型、交易规则、认证方式等；

（四）银行对客户提供的申请资料和其他信息的保密义务；

（五）银行根据客户要求提供交易记录的时间和方式；

（六）争议、差错处理和损害赔偿责任。

2.《非金融机构支付服务管理办法》

第2条　本办法所称非金融机构支付服务，是指非金融机构在收付款人之间作为中介机构提供下列部分或全部货币资金转移服务：

（一）网络支付；

（二）预付卡的发行与受理；

（三）银行卡收单；

（四）中国人民银行确定的其他支付服务。

本办法所称网络支付，是指依托公共网络或专用网络在收付款人之间转移货币资金的行为，包括货币汇兑、互联网支付、移动电话支付、固定电话支付、数字电视支付等。

本办法所称预付卡，是指以营利为目的发行的、在发行机构之外购买商品或服务的预付价值，包括采取磁条、芯片等技术以卡片、密码等形式发行的预付卡。

本办法所称银行卡收单，是指通过销售点（POS）终端等为银行卡特约商户代收货币资金的行为。

第3条　非金融机构提供支付服务，应当依据本办法规定取得《支付业务许可证》，成为支付机构。

支付机构依法接受中国人民银行的监督管理。

未经中国人民银行批准，任何非金融机构和个人不得从事或变相从事支付业务。

第7条　中国人民银行负责《支付业务许可证》的颁发和管理。

申请《支付业务许可证》的，需经所在地中国人民银行分支机构审查后，报中国人民银行批准。

本办法所称中国人民银行分支机构，是指中国人民银行副省级城市中心支行以上的分支机构。

第五十四条 【电子支付安全】

电子支付服务提供者提供电子支付服务不符合国家有关支付安全管理要求，造成用户损失的，应当承担赔偿责任。

条文主旨

本条是关于电子支付服务提供者违反国家支付安全管理要求应承担赔偿责任的规定。

条文释义

一、国家支付安全管理要求的概述

自电子支付方式出现以来，我国十分重视电子支付安全，颁布实施了许多针对电子支付安全保护的法律规范，包括：国务院1994年颁布实施并于2011年修订的《中华人民共和国计算机信息系统安全保护条例》；1997年公安部发布后于2011年修订的《计算机信息网络国际互联网安全保护管理办法》；2005年中国电子商务行业协会发布的《网络交易平台服务规范》；2006年实施的由中华人民共和国公安部2005年发布的《互联网安全保护技术措施规定》，2006年施行的由中国银行业监督管理委员会2005年发布的《电子银行安全评估指引》；2009年中国人民共和国工业和信息化部出台的《电子认证服务管理办法》。

我国现行法规严格规定了电子支付服务提供者必须遵循国家支付安全管理要求的责任。电子支付服务提供者开展电子支付业务采用的信息安全标准、技术标准、业务标准等均应当符合有关规定。电子支付服务提供者应当针对与电子支付业务活动有关的风险，建立有效的管理制度；应当确保电子支付业务处理系统的安全性，保证重要交易数据的不可抵赖性、数据存储的完整性、客户身份的真实性，并妥善管理在电子支付业务中适用的密码、密钥等认证数据；应当建立电子支付业务运作重大事项报告制度，及时向监管部门报告电子支付业务经营过程中发生的危及安全的事项。具体的安全管理要求很多，散见于法律规范中，不再赘述。

本条规定的是电子支付服务提供者违反国家支付安全管理要求，造成用户损失的，应当承担赔偿责任的情形。

二、责任的构成要件

1. 电子支付服务提供者提供电子支付服务不符合国家有关支付安全管理要求。电子支付服务提供者的行为是否符合国家有关支付安全管理要求，应根据其客观行为进行判断，不考虑其主观心态。

2. 用户遭受损失。如果电子支付服务提供者的行为不符合国家有关支付安全管理要求，但并未对用户造成损失，则不用承担这一民事责任。

3. 电子支付服务提供者违反国家支付安全管理要求的行为和用户遭受损失之间存在因果关系。

4. 电子支付服务提供者存在过错。电子支付服务提供者是否具有过错，一般通过客观行为判断主观心态，只要电子支付服务提供者的客观行为不符合国家有关支付安全管理要求，即判断其主观上有过错，有相反证据证明其不具有过错的除外。本条虽然要求电子支付服务提供者提供电子支付服务不符合国家有关支付安全管理要求，即存在过错，适用过错责任原则，但过错责任原则根据适用方法分为过错责任原则和过错推定原则两种，具体适用何者是本条没有解决的问题。

对于这个问题，学界和实务中均有不同观点。过错责任原则是指行为人因过错侵害他人民事权益，应当承担民事责任，受害人应当举证证明行为人的过错。支持过错责任原则的认为过错责任原则是民法最基本、最广泛的归责原则，因而电子交易中的法律责任应当首先考虑过错责任原则。过错推定原则是指根据法律推定行为人有过错，行为人不能证明自己没有过错的，应当承担民事责任。过错推定原则本质上是过错责任原则，只是在受害人难以举证的几种法定情况下，在适用方法上采取举证责任倒置方式，由行为人证明自己没有过错，无法证明或者证明能力不足的要承担责任。本书认为，电子支付中许多信息都是数字化、无形的，由电子支付服务提供者保存，电子支付服务提供者在技术上也处于绝对优势地位，为了避免受害人无法举证，从公平和效率的角度看，应当适用过错推定原则。具体而言，以电子支付指令的发出作为确定客户与电子支付服务提供者责任的时点，用户仅需对发出支付指令前的错误负责，用户仅须证明其所受损失，无须证明电子支付服务提供者违反国家支付安全管理要求。也就是说，只要用户正确地发出支付指令，电子支付服务提供者无法证明其未违反国家支付安全管理要求，就应当对用户的损失承担赔偿责任。

相关原理

一、电子支付的基本原则

电子支付的基本原则主要有公平交易原则、准确及时原则、安全原则、效率原则。

（一）公平交易原则

公平交易原则，是指在电子支付中，所有当事人一律平等，任何一方均不得享有凭借技术和经济实力凌驾于另一方之上的特权。FINE[①] 认为，公平交易的实质是建立一个基于对话、透明及相互尊重的贸易活动伙伴关系，志在追求更大的公平性。在电子支付中，作为电子支付服务提供者的商业银行和其他经济主体毫无疑问更具有技术和经济实力，有些甚至具有垄断地位，用户自然处于弱势。《电子支付指引》第 3 条规定："银行开展电子支付业务应当遵守国家有关法律、行政法规的规定，不得损害客户和社会公共利益。银行与其他机构合作开展电子支付业务的，其合作机构的资质要求应符合有关法规制度的规定，银行要根据公平交易的原则，签订书面协议并建立相应的监督机制。"

在电子支付中，公平交易原则的主要内容如下。

1. 保护弱者是公平交易的一种价值取向，强有力地保护消费者权益。

2. 用户有权知晓有关电子支付所有环节的详细情况，包括用户的个人

---

① FINE 是四个公平交易组织成立的非正式组织形式，其名称来自四个公平交易组织的第一个首字母的缩写。这四个组织是国际公平交易标签组织（Fairtrade Labelling Organizations International）、国际公平交易协会（International Fair Trade Association）、欧洲世界商店连线（Network of European Worldshops）及欧洲公平交易协会（European Fair Trade Association）。

信息，电子支付服务提供者都应该保留并对用户透明。

3. 当电子支付服务提供者在电子支付过程中出现偏差和错误时，应当使其承担相应责任，建立责任承担机制以便于归责。

4. 电子支付服务提供者不得强制用户使用其所提供的电子支付。

（二）准确及时原则

准确及时原则，是指在电子支付中，各方当事人应当准确及时地行使权利和履行义务。电子支付的程序复杂，存在泄露客户信息、侵害支付安全的风险，因而要求电子支付服务提供者、用户和第三方支付机构都做到准确及时。

根据《电子支付指引》的规定，在下列情况中电子支付服务提供者应当遵循准确及时原则：发起行、接收行之间应按照协议规定及时发送、接收和执行电子支付指令，并回复确认（第 21 条）。在电子支付进行中，银行应与客户约定，及时或定期向客户提供交易记录、资金余额和账户状态等信息（第 28 条）。为了有效落实金融监管，银行应建立电子支付业务运作重大事项报告制度，及时向监管部门报告电子支付业务经营过程中发生的危及安全的事项（第 37 条）。对于由银行保管、使用的个人信息，被泄露或篡改的，银行应采取有效措施防止因此造成客户损失，并及时通知和协助客户补救（第 41 条）。当出现支付差错，电子支付业务的差错处理应遵守据实、准确和及时的原则（第 38 条）。接收行由于自身系统或内控制度等原因对电子支付指令未执行、未适当执行或迟延执行致使客户款项未准确入账的，应及时纠正（第 43 条）。

根据《电子支付指引》的规定，在下列情况中电子支付的用户应当遵循准确及时原则：客户发出电子支付指令前，应对指令的准确性和完整性进行确认（第 18 条）。有以下情形之一的，客户应及时向银行提出电子或书面申请：（1）终止电子支付协议的；（2）客户基本资料发生变更的；（3）约定的认证方式需要变更的；（4）有关电子支付业务资料、存取工具被盗或遗失的；（5）客户与银行约定的其他情形（第 14 条）。

（三）安全原则

安全原则，是指应当对电子支付系统各种风险进行的有效控制，即控制影响电子支付、传送和通信系统、清算和结算安排中可能发生的各种风险。电子支付中的风险可以分为金融性风险与非金融性风险：金融性风险则主要指的是信用风险、流动性风险与系统性风险，非金融性风险包括伪造、偷窃、欺诈和差错等。《电子支付指引》和《电子商务法》中都有很多有关支付安全的规定。

（四）效率原则

电子支付的产生和普及本身就体现了商业交易对效率的追求。现代生活中，各类交易主体都在进行着大量的交易活动，高效和安全是各类交易的生命线。信息技术在电子商务中的应用，即新式的电子支付方式，极大促进了交易效率的提高和资金的快速流转。因此，电子支付必须遵循效率原则。

二、电子支付主体承担法律责任的方式

在电子支付中，发生支付障碍，无法完成电子支付或者给某方造成损害后，由于主体众多，法律关系会变得更为复杂，很难确定责任承担。为了确保电子支付安全有效，各方主体或多或少地承担着安全保障义务，在电子支付发生错误时，相应主体要承担特定的法律责任，具体的责任方式有返还财产、恢复原状、赔偿损失、支付违约金、继续履行和采取补救措施等。

具体而言，不同的电子支付主体会适用到不同的责任承担方式。

（一）用户的责任承担方式

1. 终止不当行为，采取补救措施。当用户的支付工具丢失等存在被盗用的可能，或者发出错误指令、提供错误信息时，用户负有及时通知电子支付服务提供者或电子认证服务机构的责任，从而使多方采取防范措施，以避免损失的产生。

2. 及时通知，防止损失扩大。当用户发现电子支付服务提供者在资金划拨过程中出错或电子认证服务机构发布的用户信息错误或证书不完善时，用户负有立即终止交易、通知电子支付服务提供者或电子认证服务机构的不真正义务。如果用户未履行这一义务，造成损失扩大，就可能承担相应的责任。前一个责任承担方式与这一责任承担方式都要求用户及时通知电子支付

服务提供者或电子认证服务机构，两种通知行为的主要区别在于：前者是责任，后者是义务；前者适用于用户有过错时，后者适用于电子支付服务提供者或电子认证服务机构有过错时。

3. 赔偿损失。电子支付的用户可能因为自身原因导致错误支付、未经授权支付等未成功支付的结果，比如支付密码丢失或泄露、错误地发出支付指令、故意提供错误信息等。用户自身原因导致的错误支付给电子支付服务提供者或其他主体造成损失的，应当在合理范围内予以赔偿。

（二）电子支付服务提供者的责任承担方式

电子支付服务提供者的责任承担方式在条文释解部分已分析，此处不再赘述。

（三）电子认证服务机构的责任承担方式

1. 继续履行。电子认证服务机构出现CA系统和设备问题，如停机、终止、信息丢失等，而导致认证操作出现问题、发布失效信息或证书发布不完善的，电子认证服务机构在修复CA系统和设备后，应立即发布正确、有效、完整的认证证书，以正确履行其与用户之间的合同。

2. 采取相应措施进行补救。如果电子认证服务机构出现管理漏洞、CA方密钥泄露、用户注册信息泄露等问题，应立即采取有效措施，及时更正、修补出现问题的环节，避免引发进一步的损失。

3. 赔偿损失。因为电子认证服务机构的过错导致用户或电子支付服务提供者遭受损失的，认证机构应当在合理范围内予以赔偿。

三、安全控制制度

安全控制制度是指电子支付服务提供者应当积极采取技术和制度措施，保障电子支付安全的法律制度。由于起初国家只允许商业银行提供电子支付业务，所以2005年的《电子支付指引》中的规定都是针对银行的。随着第三方支付机构的兴起和发展，其提供的电子支付业务因为成本低、适用方便、安全有保障，而逐渐成为主流。尽管中国人民银行先后为第三方支付机构制定了许多管理办法，但更侧重于第三方支付机构的许可设立和监督管理，有关安全控制制度，还是《电子支付指引》规定得较为详细。《电子支付指引》关于安全控制制度的规定主要涉及以下三个方面。

（一）安全标准

《电子支付指引》第23条规定：“银行开展电子支付业务采用的信息安全标准、技术标准、业务标准等应当符合有关规定。”电子支付适用信息传输，技术要求和安全要求十分严格，银行需要使用严密的加密技术和措施，对用户的身份和授权进行审查和判断，还需要保证数据的保密性、真实完整性和交易的不可否认性。此外，只要是通过网络进行交易，就不可能是密不可侵的，因而银行应当采取有效措施以防电子支付系统遭受计算机病毒的侵袭。技术标准的选择和采用，反映了电子支付服务提供者与计算机网络通信系统之间的关系。参与电子支付的电子支付服务提供者与计算机网络通信系统之间也是合同关系。计算机网络通信系统的义务主要有：按照约定以正确的模式传递信息；采取防止信息传递失误的安全措施；确保信息被传递到接收人处；保证信息的机密性和安全性。

（二）安全管理

《电子支付指引》第24条规定：“银行应针对与电子支付业务活动相关的风险，建立有效的管理制度。”第31条规定银行应确保对电子支付业务处理系统的操作人员、管理人员以及系统服务商有合理的授权控制，第33条第2款规定银行应与开展电子支付业务相关的专业化服务机构签订协议，并确立一套综合性、持续性的程序，以管理其外包关系。例如，银行制定系统运行考核指标，对业务交易系统进行测试，查看系统的运行状态，及时发现并解决安全隐患。这些安全管理制度相互配合，共同保证电子支付的安全。

（三）支付金额限制

《电子支付指引》第25条规定：“银行应根据审慎性原则并针对不同客户，在电子支付类型、单笔支付金额和每日累计支付金额等方面做出合理限制。银行通过互联网为个人客户办理电子支付业务，除采用数字证书、电子签名等安全认证方式外，单笔金额不应超过1000元人民币，每日累计金额不应超过5000元人民币。银行为客户办理电子支付业务，单位客户从其银行结算账户支付给个人银行结算账户的款项，其单笔金额不得超过5万元人民币，但银行与客户通过协议约定，能够事先提供有效付款依据的除外。银行应在客户的信用卡授信额度内，设定用于网上支付交易的额度供客户选择，但该额度不得超过信用卡的预借现金额度。”

此外，我国关于电子支付的法律规范还强调了电子签名的应用和个人信息的保密等制度。电子支付服务提供者在提供电子支付服务时，应当严格遵照法律规范的要求，以保证电子支付的安全。

相关立法与规定

1.《电子银行业务管理办法》

第89条　金融机构在提供电子银行服务时，因电子银行系统存在安全隐患、金融机构内部违规操作和其他非客户原因等造成损失的，金融机构应当承担相应责任。

因客户有意泄漏交易密码，或者未按照服务协议尽到应尽的安全防范与保密义务造成损失的，金融机构可以根据服务协议的约定免于承担相应责任，但法律法规另有规定的除外。

第91条　金融机构已经按照有关法律法规和行政规章的要求，尽到了电子银行风险管理和安全管理的相应职责，但因其他金融机构或者其他金融机构的外包服务商失职等原因，造成客户损失的，由其他金融机构承担相应责任，但提供电子银行服务的金融机构有义务协助其客户处理有关事宜。

第92条　金融机构开展电子银行业务违反审慎经营规则但尚不构成违法违规，并导致电子银行系统存在较大安全隐患的，中国银监会将责令限期改正；逾期未改正，或者其安全隐患在短时间难以解决的，中国银监会可以区别情形，采取下列措施：

（一）暂停批准增加新的电子银行业务类型；

（二）责令金融机构限制发展新的电子银行客户；

（三）责令调整电子银行管理部门负责人。

2.《非金融机构支付服务管理办法》

第18条　支付机构应当按照审慎经营的要求，制订支付业务办法及客户权益保障措施，建立健全风险管理和内部控制制度，并报所在地中国人民银行分支机构备案。

第29条 备付金存管银行应当对存放在本机构的客户备付金的使用情况进行监督，并按规定向备付金存管银行所在地中国人民银行分支机构及备付金存管银行的法人机构报送客户备付金的存管或使用情况等信息资料。

对支付机构违反第二十五条至第二十八条相关规定使用客户备付金的申请或指令，备付金存管银行应当予以拒绝；发现客户备付金被违法使用或有其他异常情况的，应当立即向备付金存管银行所在地中国人民银行分支机构及备付金存管银行的法人机构报告。

第32条 支付机构应当具备必要的技术手段，确保支付指令的完整性、一致性和不可抵赖性，支付业务处理的及时性、准确性和支付业务的安全性；具备灾难恢复处理能力和应急处理能力，确保支付业务的连续性。

第五十五条 【支付指令的核对和发生错误的责任】

用户在发出支付指令前，应当核对支付指令所包含的金额、收款人等完整信息。

支付指令发生错误的，电子支付服务提供者应当及时查找原因，并采取相关措施予以纠正。造成用户损失的，电子支付服务提供者应当承担赔偿责任，但能够证明支付错误非自身原因造成的除外。

条文主旨

本条是关于核对支付指令及支付指令发生错误的规定。

条文释义

一、支付指令

支付指令是指付款人向电子支付服务提供者发出的将固定的或者可确定的货币金额交由收款人的无条件指令。支付指令的本质是合同法和电子签名法所规定的“数据电文”的一种，在完整记载收付款人的真实名称、交易金额、支付指令发起日期等事项，并经用户确认后，具有法律效力，可以认为是用户发起资金划拨的真实意思表达。支付指令按照业务规则发出后，用户不得要求变更或者撤销，但双方另有约定的除外。因此，用户在确认支付指令之前，必须认真核对支付指令所包含的金额、收款人等信息，确保其正确性。此外，用户授权他人发出的电子支付指令是有效指令。

支付指令流程的安全性要求电子支付服务提供者完善业务规则，在接收支付指令时应当对支付指令的信息进行验证。对于较大数额或者特定时段的支付指令，电子支付服务提供者可以与用户约定进行多因素验证；发生支付指令可疑时，应当在取得用户确认后再进行安全的资金划拨。对于小微数额的电子支付指令，电子支付服务提供者可以与用户约定采用便捷的验证方式。

二、支付指令错误

支付指令错误是指在支付指令传递过程中出现支付指令所载内容与指令发出人内心真意不一致的瑕疵。包括支付命令表述错误、错误的支付命令、支付命令的错误执行等。支付指令错误主要有客观瑕疵和主观瑕疵两种，主观瑕疵主要是指令发出人的输入错误。客观瑕疵是由于信息系统在生成、发送、接收或存储信息时仍可能发生难以预测和控制的技术故障，使得在支付指令到达前或到达后，都可能发生错误或丢失等风险。

由本条第 2 款可知，在支付指令错误导致的错误交易中，对电子支付服务提供者的归责原则是过错责任原则，并适用过错推定的归责方式。适用过错推定原是考虑到电子支付技术性较强，用户面临技术障碍，较难证明支付指令错误是由电子支付服务提供者造成的。由电子支付服务提供者对支付指令错误的原因承担举证责任更为合理，如果其不能证明支付错误非自身原因造成，就要承担赔偿责任。为避免损害扩大，电子支付服务提供者发现支付指令发生错误的，应当及时查找原因，通知用户，并采取相关措施予以纠正。用户发现支付指令错误，应当及时通知电子支付服务提供者，电子支付服务提供者应当在收到通知后及时查找原因、采取措施，并将处理结果告知用户。

三、电子支付服务提供者的赔偿责任

支付指令的错误，可分为支付指令生成错误和支付指令执行错误。因指令生成错误而造成损害，最终的损害仍是在执行阶段。因此，本书对支付指令执行造成损害，电子支付服务提供者所应承担的赔偿责任的方式进行划分：一是返还资金，如果划拨的资金金额大于支付指令所载金额，或者原资金划拨未能及时到账或者到账资金未能及时通知用户，电子支付服务提供者应当返还付款人本金，这是最常见的责任承担方式。二是补充差额，如果接收资金的银行或者非金融支付机构到位的资金金额小于支付指令所载金额，则银行或者非金融支付机构应当补足差额。三是赔偿应偿利息的损失，电子支付服务提供者违反国家支付安全管理要求，使用户的资金未得到合理使用、损害利息利益，应当按照原定利率赔偿利息损失。

相关原理

一、支付指令

在电子支付中，支付指令中必须记载的事项有付款人名称、确定的金额、收款人名称、付款人的开户银行名称或支付机构名称、收款人的开户银行名称或支付机构名称、支付指令的发起日期。客户通过银行结算账户进行支付的，支付机构还应当记载相应的银行结算账号。客户通过非银行结算账户进行支付的，支付机构还应当记载客户有效身份证件上的名称和号码。

二、电子支付中的安全程序制度

支付指令不仅包括向他方付款的支付指令，还包括撤销支付指令和变更支付指令。支付指令通常是用户直接或者授权他人通过输入账户和支付密码，或者授权指纹密码，以电子的形式作出的。尽管电子支付服务提供者和用户都在为增强电子支付的安全性而做出很多努力和改进，但无论是通过何种形式作出，都有可能发生他人假冒发出支付指令的情形。

为了确保电子支付中有关指令的真实性，避免错误，电子支付服务提供者会通过特定的安全程序对收到的信息加以验证。安全程序是指客户与银行约定所采取的程序，通过该程序验证的信息将被视为客户发出的信息。《电子支付指引》第 17 条规定了安全程序制度：“电子支付指令的发起行应建立必要的安全程序，对客户身份和电子支付指令进行确认，并形成日志文件等记录，保存至交易后5年。”

（一）安全程序的目的

一项支付指令可以由本人直接作出，也可以由本人授权的代理人作出。由经本人授权的代理人或者单位有权代表人作出的支付指令可认为是本人或者单位作出的支付指令。若代理人或者有权代表人并未获得授权，则电子支付服务提供者只能通过民法中的表见代理规则主张由用户本人承担责任。然而在实践中，电子支付服务提供者很难举证证明构成了表见代理。除此之外，还有其他类型的未经授权的支付指令的大量出现，加重了电子支付服务提供者在辨别身份方面的负担和责任。在此背景下，便产生了安全程序制度，电子支付服务提供者和用户可以通过安全程序来确认支付指令的真假。

（二）安全程序的设置条件

1. 安全程序的采用是接收银行提供的，且经客户同意的约定。

2. 安全程序采用的技术标准必须具备“商业上的合理性”。此标准的认定，并无具体的不变的准绳，而是当诉讼发生后，由法官自由裁量确定。所谓“商业上的合理性”，既要考虑技术上的安全，即追求技术上的高优性能；同时，又要兼顾所采用技术的成本。

3. 银行承诺遵守安全程序的作业流程，客户本人作出的非符合安全程序的指示，银行并无遵守的义务。

（三）安全程序的法律后果

1. 不得变更和撤销。《电子支付指引》第19条第2款规定：“发起行执行通过安全程序的电子支付指令后，客户不得要求变更或撤销电子支付指令。”

2. 视为经过客户授权。通过安全程序验证的指令，是有效的指令，无论该指令是否经过客户的授权，原则上客户均须受其拘束，银行不承担责任。《电子支付指引》第45条规定：“非资金所有人盗取他人存取工具发出电子支付指令，并且其身份认证和交易授权通过发起行的安全程序的，发起行应积极配合客户查找原因，尽量减少客户损失。”

三、电子支付中指令人、接收方和收款人的权利和义务

（一）指令人的权利和义务

1. 指令人的权利

指令人有权要求接收方按照支付指令的时间及时将确定的金额支付收款人，如果接收方没有按照指令履行义务，则指令人有权要求其承担违约责任，赔偿因此造成的损失。

2. 指令人的义务

（1）指令人向接收方发出支付指令后，自己就要受该指令的约束，承担从指定账户付款的义务。

（2）在需要的情况下，不仅接受核对签名，而且在符合商业惯例的情况下，还接受认证机构的认证。

（3）按照接收方的程序，检查指令有无错误和歧义，并有义务发出修正指令，修改错误或有歧义的支付指令。

（二）接收方的权利和义务

目前，法律规章没有规定第三方支付机构在作为支付指令的接收方时享有的权利和承担的义务，可以参照法律规章对银行作为接收方时的规定。

1. 接收方的权利

（1）要求付款人支付指令中所指令的资金，并承担因支付发生的费用。

（2）拒绝或要求指令人修正其发出的无法执行的、不符合规定程序和要求的指令。

（3）只要能证明由于指令人的过错而致使他人，包括指令人或前任雇员或其他与指令人有关系的当事人，假冒指令人通过了认证程序，就有权要求指令人承担指令引起的后果。

2. 接收方的义务

（1）按照支付指令完成货币资金的转移。

（2）就其本身或者后手的违约行为，向其前手和付款人承担法律责任。

（三）收款人的权利和义务

在电子资金划拨中，收款人的法律地位很特殊，虽然收款人是一方当事

人，但是他与指令人、接收方并不存在支付合同上的权利义务关系，因此收款人不能基于电子支付行为向指令人或者接收方主张权利，只能基于和付款人之间的基础法律关系向付款人主张权利、履行义务。

相关立法与规定

1.《电子支付指引（第一号）》

第16条　客户应按照其与发起行的协议规定，发起电子支付指令。

第18条　发起行应采取有效措施，在客户发出电子支付指令前，提示客户对指令的准确性和完整性进行确认。

第21条　发起行、接收行之间应按照协议规定及时发送、接收和执行电子支付指令，并回复确认。

第42条　因银行自身系统、内控制度或为其提供服务的第三方服务机构的原因，造成电子支付指令无法按约定时间传递、传递不完整或被篡改，并造成客户损失的，银行应按约定予以赔偿。

因第三方服务机构的原因造成客户损失的，银行应予赔偿，再根据与第三方服务机构的协议进行追偿。

第43条　接收行由于自身系统或内控制度等原因对电子支付指令未执行、未适当执行或迟延执行致使客户款项未准确入账的，应及时纠正。

2.《非金融机构支付服务管理办法》

第25条　支付机构应当在客户发起的支付指令中记载下列事项：

（一）付款人名称；

（二）确定的金额；

（三）收款人名称；

（四）付款人的开户银行名称或支付机构名称；

（五）收款人的开户银行名称或支付机构名称；

（六）支付指令的发起日期。

客户通过银行结算账户进行支付的，支付机构还应当记载相应的银行结算账号。客户通过非银行结算账户进行支付的，支付机构还应当记载客户有效身份证件上的名称和号码。

3.《非银行支付机构网络支付业务管理办法》

第10条 支付机构向客户开户银行发送支付指令，扣划客户银行账户资金的，支付机构和银行应当执行下列要求：

（一）支付机构应当事先或在首笔交易时自主识别客户身份并分别取得客户和银行的协议授权，同意其向客户的银行账户发起支付指令扣划资金；

（二）银行应当事先或在首笔交易时自主识别客户身份并与客户直接签订授权协议，明确约定扣款适用范围和交易验证方式，设立与客户风险承受能力相匹配的单笔和单日累计交易限额，承诺无条件全额承担此类交易的风险损失先行赔付责任；

（三）除单笔金额不超过200元的小额支付业务，公共事业缴费、税费缴纳、信用卡还款等收款人固定并且定期发生的支付业务，以及符合第三十七条规定的情形以外，支付机构不得代替银行进行交易验证。

第五十六条 【支付完成后的信息确认】

电子支付服务提供者完成电子支付后，应当及时准确地向用户提供符合约定方式的确认支付的信息。

条文主旨

本条是关于电子支付服务提供者的支付确认义务的规定。

条文释义

本条规定了电子支付完成后的确认义务。支付确认是电子支付服务提供者在完成电子支付后，及时准确地向用户提供支付结果或者符合约定方式的交易回单的行为，这是确保交易信息完整的重要环节。为电子支付服务提供者设定支付确认义务便于用户及时发现支付错误或者非授权交易，有利于防范风险、追查违法行为。商业银行和非金融支付机构应该拥有合格技术保证支付确认的要求，也可以委托第三方辅助服务机构，如电子认证服务机构完成支付确认环节。

支付信息的确认应当及时准确。首先，电子支付服务提供者在完成电子支付时，应当毫不迟延地通知用户已经完成电子支付，以便用户在确认支付信息无误后继续交易或者完成交易。其次，支付信息应当准确、真实、全面，包含付款人的名称和账户、收款人的名称和账户、转移的金额、到账时间等信息。

确认支付信息的方式应当符合电子支付服务提供者和用户的约定。通常，电子支付服务提供者会在格式合同中约定几种确认支付信息的方式，也可能在提供电子支付的过程中向用户提供几种可选择的确认方式，一旦双方确定了确认支付信息的方式，电子支付服务提供者就应当按照双方的约定提供确认支付信息。在电子支付中，确认支付信息的方式很多，有打印纸质凭条、打电话、发短信、发邮件、在电子支付服务提供者开发的应用程序（App）中发送通知等，较为常见的是发送短信和在应用程序中发送通知。

使电子支付服务提供者承担支付确认义务，有利于用户及时知晓支付信息和支付结果，及时发现支付错误或者非授权支付，从而防范风险，避免损失扩大，及时追查违法行为。

相关原理

一、电子支付服务提供者在电子支付中的权利

（一）接受或拒绝支付指令

在电子支付中，对于指令人的支付指令，电子支付服务提供者有权接受，也有权以合理的理由拒绝。当指令人发出的支付指令无法执行或者不符合规定程序和要求时，电子支付服务提供者有权拒绝支付指令，并且可以要求指令人修正支付指令再行支付。电子支付服务提供者决定接受还是拒绝支付命令，在一定程度上是一种判断支付人信用的过程。

（二）要求付款人付款

电子支付是货币资金转移的过程，电子支付服务提供者当然有权要求付款人按时支付指令中所确定的资金，有时还可要求付款人承担因支付而发生的费用。

（三）要求指令人承担不当指令引起的后果

指令人和付款人可能不是同一个人，在这种情况下，电子支付错误和未经授权进行电子支付的情形更易发生。如果指令人未经付款人的同意擅自使用付款人账户进行电子支付、错误操作，或者因指令人的原因致使他人假冒指令人通过了安全程序和认证程序，给付款人、电子支付服务提供者等其他主体造成损失的，只要能证明损失是由于指令人的过错，电子支付服务提供者就有权要求指令人承担指令引起的后果。

二、电子支付服务提供者在电子支付中的义务

（一）审查用户的支付指令

电子支付服务提供者有义务审查用户的支付指令是否合法、有效，审查支付方式是否正确。使电子支付服务提供者承担审查义务是为了保证发出支付指令用户身份的真实性，即确保支付指令的发出、修改和取消是用户亲自所为，确保支付指令及其所含信息在内容上和传送过程中不存在错误之处。

（二）按照支付指令完成货币资金的转移

电子支付服务提供者最基本的职责是按照支付指令转移货币资金，没有支付指令就不能进行电子支付。因而，除系统故障和其他不可抗力之外，电子支付服务提供者应当按照用户的指令完成资金支付，否则给用户造成损失的，应当向用户承担全部赔偿责任。也就是说，电子支付服务提供者如果能够证明未按照用户的支付指令完成资金支付是由于系统故障或者其所不能控制的其他情况，就可以免于承担赔偿责任。

（三）信息披露

由于电子支付的技术性和复杂性，电子支付服务提供者告知用户关于电子支付的必要信息及他们的权利义务是非常重要的。电子支付服务提供者在电子支付中有义务以通俗易懂的语言和适当的形式向用户披露电子支付的程序、后果、操作要领及系统风险。电子支付服务提供者所披露的信息应当包含用户在决定是否通过电子支付的方式转移其货币资金时所需要的基本信息。这些信息可以保证用户能够更好地理解其权利义务，从而选择适当的支付方式，还可以帮助用户在电子支付发生问题时更好地保护自己的利益。在

具体的电子支付过程中，电子支付服务提供者还应当详尽告知用户与其切身利益紧密相连的重要信息。电子支付服务提供者的信息公开和详尽告知义务的法律意义在于这些信息是用户向电子支付服务提供者投诉及电子支付服务提供者对投诉进行调查的依据，而且电子支付服务提供者向用户发送的表明其已向收款人进行电子资金划拨的交易收据和定期通知可以作为此划拨的证明，即电子支付已完成的初步证据。

（四）建立并遵守电子支付的安全程序

为了防止未经授权的人向电子支付服务提供者传送电子信息，通常的做法是电子支付服务提供者和用户约定建立安全程序。所谓安全程序，是指电子支付服务提供者和用户约定使用的登录密码、支付密码或其他有效的身份认证手段，如现阶段普遍使用的安全套接层协议程序和安全电子交易协议程序。安全程序原则的例外是如果用户能够举证证明电子支付指令不是其雇员或其代理人发出的，也不是从用户可以控制的其他来源发出的，即使支付指令经过了安全认证程序，用户也不需对该支付指令造成的损失负责。

（五）保留电子支付中的相关交易记录

国内外有关电子支付和电子货币的立法均将保留电子支付中的相关交易记录规定为电子支付服务提供者的一项基本义务。尽管资金在商业银行和非金融支付机构之间的转移是通过电子化的方式进行的，没有任何的痕迹，但是通过电子支付服务提供者对每一个步骤进行记录，交易可以在用户的账户中留下踪迹，从而便于用户对交易记录的查询，甚至有利于有关机构对犯罪活动进行追踪。

相关立法与规定

《电子支付指引（第一号）》

第21条　发起行、接收行之间应按照协议规定及时发送、接收和执行电子支付指令，并回复确认。

第五十七条 【非授权支付中的用户义务和责任分担】

用户应当妥善保管交易密码、电子签名数据等安全工具。用户发现安全工具遗失、被盗用或者未经授权的支付的，应当及时通知电子支付服务提供者。

未经授权的支付造成的损失，由电子支付服务提供者承担；电子支付服务提供者能够证明未经授权的支付是因用户的过错造成的，不承担责任。

电子支付服务提供者发现支付指令未经授权，或者收到用户支付指令未经授权的通知时，应当立即采取措施防止损失扩大。电子支付服务提供者未及时采取措施导致损失扩大的，对损失扩大部分承担责任。

条文主旨

本条是关于非授权支付中的用户义务和责任分担的规定。

条文释义

一、支付安全工具妥善保管义务

在涉及电子支付的法律法规中，都对电子支付服务提供者的安全保障义务进行了规定，而安全保障义务最直接的体现就是为用户提供安全工具。如：交易密码、电子签名数据、U盾等都是常见安全工具。电子支付提供者有提供安全工具的安全保障义务，同时用户也有对支付安全工具妥善保管的义务。

二、非授权支付

非授权支付是指因为用户的电子支付工具被盗、丢失等原因而发生的未经用户确认的电子支付。在非授权支付中，电子支付账户的实际使用人不是用户本人，也未得到用户的授权。非授权支付在当前电子支付纠纷中大量存在，现行法律缺乏明确的规定，导致处理标准、依据不一，因而结果也不一致。

首先，电子支付服务提供者应该与用户约定非授权支付中的赔偿责任和赔偿限额。用户得知非授权支付，超过合理期限未向电子支付服务提供者报告的，将承担全部或者部分损失。电子支付监管机构应该监督和指导电子支付服务提供者对用户赔偿限额制定合理的业务规则。

其次，用户一旦发现安全工具遗失、被盗用或者其他未授权支付，就应当及时通知电子支付服务提供者，以便于电子支付服务提供者及时采取措施。电子支付服务提供者在收到用户支付指令未经授权的通知或者自行发现支付指令未经授权时，应当立即采取措施防止损失扩大、调查处理。这是电子支付服务提供者安全保障义务的要求，若其未及时采取措施，导致损失扩大，则须对损失扩大部分承担责任。同时，用户、收款人和提供支付辅助服务的机构均有义务配合电子支付服务提供者的调查并提供相关证据。

最后，电子支付服务提供者对未授权支付发生的原因承担举证责任。从用户角度看，当未经授权的支付造成损失时，由于信息、技术不对等，用户很难证明自己没有过错或者电子支付服务提供者存在过错。因此，本条第3款明确了对于未经授权的支付造成损失的，采取过错推定原则，即电子支付服务提供者不能证明非授权支付是因用户的过错造成的，应当承担责任。此外，电子支付服务提供者不得仅依据电子支付的交易记录，证明支付已获得用户的授权。

溯其根本，电子支付服务提供者应该保障用户的信息安全，开发新技术、新方法，从内部控制支付和技术手段等方面采取措施，以减少非授权支付的发生，确保交易安全。

相关原理

非授权支付

非授权支付是指，非经付款人授权使用商业银行账户或者支付机构账户，发起支付指令在收付款人之间实现资金转移的行为，其交易情形主要为支付宝密码丢失导致的非授权交易，包括扫号①、社工②、手机丢失等，及

---

① 扫号是指用户在别的网站账号密码丢失后，被用来登录支付平台。由于用户在不同网站使用的是同一套账号和密码，所以导致支付平台密码丢失。

② 社工是指假冒公检法、熟人好友、假客服等，通过短信、聊天工具，骗走各类用户信息，然后盗取或更改用户密码。钓鱼和木马也有一定比例，钓鱼就是建设假网站，比如网址是 tiaobao. com，使用户误以为是淘宝，蒙骗用户输入账号、密码；而木马就是中毒。

银行端预留他人手机号导致的非授权交易。[1] 在一定情形下，非授权交易可以构成表见代理。例如，付款人出于某些原因授权他人使用其支付账户、密码等支付信息，代理其发出电子支付指令，若被授权人超越授权范围或者在授权终止后为电子支付行为，即属于非授权支付，此时交易结果由授权人承担法律后果或依据电子支付的特别法律规定处理。

在《电子商务法》出台以前，我国对非授权支付的立法主要是针对商业银行等金融机构提供的支付业务，采用过错责任的原则，即银行对于非授权支付造成的损失有过错才承担责任，对第三方支付机构非授权支付无直接立法规定。实践中，电子商务活动主体的权利义务大多由合同约定，一旦发生纠纷，法院援引《合同法》或者《侵权责任法》原理进行裁判。根据《合同法》相关规定，非授权支付导致用户遭受损失的，用户需要举证证明电子支付服务提供者的过错才能部分免责，但用户面临技术障碍，难以承担该举证责任；非因双方的过错造成的损失，双方对各自的损失自行承担责任，并互相协助向有过错的第三方（包括但不限于银行、电信、电力等）请求赔偿。《电子商务法》的出台，再次确认了对未经授权的支付造成损失采取过错推定原则，建立一套各方都能够接受的安全程序规则，意义重大。

相关立法与规定

《电子支付指引（第一号）》

第44条 客户应妥善保管、使用电子支付交易存取工具。有关电子支付业务资料、存取工具被盗或遗失，应按约定方式和程序及时通知银行。

第45条 非资金所有人盗取他人存取工具发出电子支付指令，并且其身份认证和交易授权通过发起行的安全程序的，发起行应积极配合客户查找原因，尽量减少客户损失。

第46条 客户发现自身未按规定操作，或由于自身其他原因造成电子支付指令未执行、未适当执行、延迟执行的，应在协议约定的时间内，按照

---

① 罗培新、吴韬：《非授权交易中第三方支付机构的法律责任》，载《华东政法大学学报》2017年第3期，第85页。

约定程序和方式通知银行。银行应积极调查并告知客户调查结果。

银行发现因客户原因造成电子支付指令未执行、未适当执行、延迟执行的，应主动通知客户改正或配合客户采取补救措施。

第47条　因不可抗力造成电子支付指令未执行、未适当执行、延迟执行的，银行应当采取积极措施防止损失扩大。

第四章　电子商务争议解决

第五十八条　【商品或服务的质量担保机制】

国家鼓励电子商务平台经营者建立有利于电子商务发展和消费者权益保护的商品、服务质量担保机制。

电子商务平台经营者与平台内经营者协议设立消费者权益保证金的，双方应当就消费者权益保证金的提取数额、管理、使用和退还办法等作出明确约定。

消费者要求电子商务平台经营者承担先行赔偿责任以及电子商务平台经营者赔偿后向平台内经营者的追偿，适用《中华人民共和国消费者权益保护法》的有关规定。

条文主旨

本条是关于商品或服务的质量担保机制、消费者权益保证金、先行赔偿责任的规定。

条文释义

一、立法理由

随着电子商务的日趋成熟，围绕电子商务的发展和消费者权益保护等方面的问题，逐渐成为行业和学界热议的话题。电子商务第三方交易平台实际上是电子交易集市，平台经营者作为交易集市的举办方不直接参与商品交易或提供服务，交易过程在虚拟网络环境中由平台内的经营者和消费者完成。电子商务交易模式在刺激经济发展的同时，平台内经营者实施侵害消费者利益和整体电子商务发展环境的事例不断发生，为协调电子商务发展进程中平台经营者、平台内经营者和消费者之间的利益，规范行业健康发展，实现维护电子商务各方利益的目的。本条鼓励电子商务平台经营者充分发挥主观能动性，在不违背法律规定和行业规范的前提下，在传统消费者权益保护机制的基础上对电子商务消费者权益保护机制进行探索，积极建立有利于促进电子商务事业发展和消费者权益保护的商品或者服务质量担保机制。商品或者服务质量担保机制的具体内容交由电子商务平台经营者自主决定。本条立足于理论研究和司法实践的前瞻性，规定消费者权益保证金和先行赔偿义务这两种表现形式的质量担保机制，平台经营者可在此基础上丰富和发展包括但不限于以上两种具体质量担保机制。质量担保机制建立的主要目的是协调各方利益的同时促进电子商务发展和实现消费者权益保护。

二、条文解读

在网络虚拟交易市场背景下，与传统线下交易相比，全新的交易市场环境促使平台经营者建立相应的商品或者服务质量担保机制进行引导，进而实现消费者权益保护和电子商务事业蓬勃发展的双重效能，该机制从不同的方面来实现消费者权益保护和电子商务事业蓬勃发展的双重目的。本条主要规定消费者权益保证金和先行赔偿责任两种商品或者服务质量担保机制。首先，基于电子商务交易模式的网络属性和信息不对称特点，为合理均衡平台内经营者和消费者在网络交易纠纷中的利益，及时高效保障消费者权益，平台经营者可以和平台内经营者约定消费者权益保证金。该保证金主要用于特定情况下对消费者权益的兜底保障，如经营者出卖假货后失踪等情形。为保证消费者权益保证金机制能够有效运营，本法规定平台经营者和平台内经营者应就消费者权益保证金的提取数额、管理、使用和退还等办法作出明确的约定，如签订详细的保证金保障服务协议。其次，《消费者权益保护法》（以下简称消法）在2013年进行修订时，规定了网络交易平台提供者的先行赔偿责任。网络交易平台和消费者之间存在着比较密切的利益关联。消费者之所以选择一家网络交易平台，往往基于该平台在过往交易过程中的地位、声誉。因此，本法规定在符合消法规定的先行赔偿条件时，平台经营者就消费者因购买商品或接受服务所受损失承担先行赔偿责任。

电子商务平台经营者建立的商品或者服务质量担保机制包括但不限于销

售商品或者提供服务的电子商务经营者法定质量担保义务，还涉及如商品材质标准、七天无理由退货规范、商品或服务信息的真实保障义务及评价规范等。同时，围绕该义务的主体、内容、责任等方面也应建立相应的配套机制。结合理论和实践中关于质量担保机制的研究和发展，在该机制建立的过程中，需要关注以下几个方面的问题。

（一）建立质量担保机制的主体

平台经营者往往深度参与交易过程，这种交易过程的参与给网络交易平台带来流量，产生流量经济，有的平台甚至有定价权。因此，平台经营者在推广开放平台过程中应诚信经营和恪守勤勉尽责的底线，在追求入驻商户数量的同时应严格把控质量。首先，无论是从平台自身长久永续发展的角度考量，还是从平台经营者从中获取利润的角度分析，平台经营者都有义务主动建立质量担保机制。其次，基于平台经营者在网络交易中的地位优势和政策引导作用，平台经营者完全有探索建立电子商务网络交易质量担保机制的能力。本条规定国家鼓励平台经营者在不违反国家法律规定的前提下，自行建立质量担保机制。

（二）建立质量担保机制的义务性质

根据本条规定，质量担保机制的建立并非是平台经营者的强行性法定义务，而是国家鼓励的行为。因此，即使消费者由于平台经营者未事先建立质量担保机制而受到经济损失，消费者也不能依据本条的规定请求平台经营者承担超过其过错以外的损害赔偿责任。换言之，本条不能单独作为消费者请求平台经营者就其在平台交易过程中所受损害承担赔偿责任的请求权基础。

（三）商品或者服务质量担保机制法定表现形式

1. 消费者权益保证金机制

消费者权益保证金机制，是指电子商务平台经营者为保障消费者权益，要求入驻在其平台的经营者提供资金保障服务，一旦平台内经营者出现违反合同约定等其他损害消费者权益的行为，平台经营者将直接以保证金弥补消费者的损失。消费者权益保证金在具体的交易合同中可以表现为一种履约保证金。2016 年商务部公布修正的《第三方电子商务交易平台服务规范》鼓励网络第三方交易平台和平台内经营者向消费者提供“卖家保证金”服务，并规定保证金用于消费者的交易损失赔偿。本条规定，就消费者权益保证金的提取数额、管理、使用和退还办法等方面的内容，电子商务平台经营者和平台内的经营者应作出明确约定。对此，我们可以从以下几个方面理解。

（1）消费者权益保证金制度的性质

首先，消费者权益保证金制度是指在网络交易的卖方违约时，若消费者因卖方违约受到经济损失，则直接使用该消费者权益保证金来弥补消费者损失的制度，其实质上是质量担保机制的组成部分。消费者权益保证金制度的建立既实现了对消费者权益保护的功能，又在整体上规范了电子商务交易的秩序。其次，从既有规范的用语看，消费者权益保证金制度并非对平台经营者的强行性规定，它是电子商务平台经营者和平台内经营者在协议基础上设立的，因此，只要不违反法律规定，并无建立该项制度的强制性义务。

（2）消费者权益保证金协议的内容

消费者权益保证金制度设立的初衷是更全面地保护消费者的合法权益，在网络交易中，不仅消费者合法权益需要得到保护，平台内经营者公平竞争的权利也应得到保护。电子商务平台经营者与平台内经营者应就消费者权益保证金的以下几个方面作出明确的约定。一是资金的提取数额，实践中不同的电子商务平台在资金数额方面有不同的规定，如以“淘宝”的一般经营种类为例，是1000元人民币；“有赞”规定入驻商户需缴存5000元保证金，当然具体数额应考虑多方面的因素，尤其是经营种类。资金的提取数额一般是在商户入驻平台时作为必要条款之一，需要获得其同意。二是资金的管理，保证金的目的是保障消费者的合法权益，因此保证金的日常管理应具备即用即取的条件，对保证金的具体管理方式，如信托、押金存储等模式则需要由平台经营者和平台内经营者作出明确的约定。三是资金的使用，保证金的使用前提一般是在消费者就其权益受到损害却又无法获得合理赔偿时，由平台经营者基于入驻商户的事前同意直接扣划使用，其中最常见的就是使用该资金先行赔付。在具体运行细节方面，实践中各电子商务平台对此有不同规定，如有的平台要求事先书面通知入驻商户，有的平台则自行划扣，事后再通知。四是资金的退还，在未发生网络交易纠纷的情况下，资金的所有权人是入驻商户，只要平台内经营者符合规定的退还保证金条件，则平台经营者应按照约定退还。具体退还条件实践中不同平台有不同规定，但一般都约定至申请退还之时无未处理纠纷。五是有关资金的其他内容，本条在规定上述四种保证金协议内容的同时，也将实践中其他有关消费者权益保证金的内容交由平台经营者和平台内经营者共同约定，其中的内容一般有保证金的缴存或补缴、保证金收益处分、保证金约定条款的解释方法等。需要注意的是，实践中一般都是平台经营者采取格式条款的模式，并将商户明确接受该保证金条款作为入驻平台的前提条件，因此对合同条款有争议的，应当按照通常理解予以解释。对合同条款有两种以上解释的，人民法院或者仲裁机构应当作出有利于商户的解释。

2. 先行赔偿责任机制

在网络交易中，平台内电子商务经营者与消费者之间的商事交易关系之外，还有电子商务平台经营者，因而在消费者因所提供的商品或服务受到损害的法律关系中，就可能存在加害人一方为多人的情形，即除了平台内经营者作为加害人之外，还存在提供商品或服务的交易平台，并且造成消费者损害的间接加害人。根据《消费者权益保护法》第 44 条①规定，在满足一定条件时，作为网络交易平台的电子商务经营者应对消费者因商品或服务的提供所遭受的损害承担先行赔偿责任。为准确理解适用先行赔偿制度，从网络交易角度需要特别关注以下几点。

（1）先行赔偿责任的法律基础

本条第 3 款并未突破《消费者权益保护法》第 44 条第 1 款的适用条件，因而平台经营者承担先行赔偿责任的情形一般是以下两种。一是平台经营者违反信息提供义务，即网络交易平台经营者不能提供销售者或者服务者的真实名称、地址和有效联系方式。因此，消费者以“网络交易平台提供者不

① 消费者通过网络交易平台购买商品或者接受服务，其合法权益受到损害的，可以向销售者或者服务者要求赔偿。网络交易平台提供者不能提供销售者或者服务者的真实名称、地址和有效联系方式的，消费者也可以向网络交易平台提供者要求赔偿；网络交易平台提供者作出更有利于消费者的承诺的，应当履行承诺。网络交易平台提供者赔偿后，有权向销售者或者服务者追偿。

能提供销售者或者服务者的真实名称、地址和有效联系方式”为由，要求网络交易平台提供承担先行赔偿责任时，法院应当审查网络交易平台提供者是否履行了《消费者权益保护法》对网络交易平台提供者设定的该项义务。二是平台经营者就先行赔付责任作出更优承诺。更优承诺是网络交易双方主体在市场交易活动中自发形成的良性规则，法律应当予以充分的尊重和承认。需要注意的是，本条第3款规定先行赔偿责任的适用应当遵守《消费者权益保护法》的规定，但其实《消费者权益保护法》就网络交易平台提供者作出更有利于消费者的承诺的，应当履行承诺。该“承诺”的内容并不限定在先行赔偿责任的范围，还有诸如退换货、质量担保条款、快递物流服务条款等，如果这些情形中也涉及先行赔偿的承诺，则网络交易平台仍应履行承诺，承担先行赔偿责任。

（2）先行赔偿责任的法理基础

首先，随着网络交易的发展，平台经营者已经深度参与网络交易全过程，平台经营者有条件也有能力知悉并掌握交易的全过程。平台经营者除了获取流量等经济收入外，还可以从中抽取佣金，或者从资金沉淀中获取利益。根据权利义务相一致的原则，平台经营者在获取网络交易双方交易过程中产生的附带利益的同时，有义务维护平台的交易秩序。其次，平台经营者无论是在自营业务还是在他营业务方面，对平台上的商品和服务提供者拥有一定的控制力。随着技术发展，特别是大数据的应用，智能比对技术的准确性越来越高，平台经营者坐拥资金和技术优势，事前审查越来越成为可能。如果由于平台经营者的过错无法提供卖方信息，则通过平台方执行先行赔偿责任更加便利。最后，平台经营者还可通过制定合理规则，要求卖家提供履约保证金以及约定违约责任等方式让其承担责任，所以，从维护消费者合法权益的角度出发，规定平台经营者的先行赔偿责任并不会过度加重平台经营者的最终责任。

相关原理

先行赔偿义务

（一）先行赔偿义务概述

先行赔偿制度主要应用于消费者权益保护领域，先行赔偿制度具有一定的灵活性，该制度发展至今呈现出以下趋势：一是适用领域逐渐延伸，在横向层面上，先行赔偿制度在消费领域的众多部门法中都广泛适用和研究，如交通事故强制责任保险中保险公司垫付抢救费用后向致害人追偿、证券领域因欺诈发行等重大违法行为对投资者的先行赔偿；纵向层面上，先行赔偿制度不仅适用于传统线下消费领域，还拓展至网络交易。二是法定先行赔偿义务和约定先行赔偿义务并存。就消费领域的先行赔偿义务而言，法定先行赔偿义务，是指《消费者权益保护法》第 44 条因违反信息提供义务而导致的先行赔偿责任，因此法定先行赔偿义务更多地表现为先行赔偿责任，是不履行信息提供义务导致的赔偿责任；约定先行赔偿义务，是指商场、市场和平台经营者与场所内和平台内的销售者或者服务者约定在特定情形中由商场、市场和平台经营者对消费者履行先行赔偿义务。

（二）法定先行赔偿责任

法定先行赔偿责任的适用条件是电子商务平台经营者对信息提供义务的违反，它是不履行信息提供义务时对消费者的救济措施，围绕着法定先行赔偿责任所产生的问题主要有以下几点。

1. 信息提供义务认定及其履行时间

（1）信息提供义务的认定

平台经营者承担法定先行赔偿责任的前提是网络交易平台经营者不能提供销售者或者服务者的真实名称、地址和有效联系方式。实践中对认定平台经营者履行了网络交易卖方信息提供义务的标准，主要有两种观点。一是在商户入驻平台之时，平台经营者一般对入驻商户的基本信息进行事前审核，在此情况下即使将来平台经营者未能提供卖方信息，也应认为其按照法律规定履行了必要的审查义务。二是判定网络交易平台是否应承担先行赔偿责任的关键因素是能否在纠纷发生后联系到经营者。如果联系不到经营者或者不能始终联系到经营者的，即使网络交易平台事先在商户入驻时已经进行信息审核，仍应当认为网络交易平台未履行或未全面履行信息审核义务，应当承担先行赔偿责任。

①诉讼法上的分析

消费者通过诉讼方式维护自身合法权益，必须满足《民事诉讼法》第119条①规定的起诉条件。“有明确的被告”是起诉的必要条件。在我国的司法实践中，只要被告的姓名或者名称、住所等信息具体明确，足以使被告与他人相区别的，即可以被认定为明确的被告。网络交易的虚拟性特点使得消费者往往很难获得经营者的基本信息，网络交易平台经营者对平台运营、经营者行为等有一定的控制力，其对经营者基本信息的掌握条件较为充分，因此，《消费者权益保护法》规定了网络交易平台对平台内经营者的真实身份、地址和有效联系方式的提供义务，目的是为了让消费者有明确的被告可以起诉。实践中，无论是B2C模式，还是C2C模式，平台经营者如果前期按照规定履行审核职责，收集基本信息一般没有难度。争议最多的问题是，当经营者信息变更后，平台经营者联系不到经营者或者不能始终联系到经营者的，平台的责任该如何认定。其实，只要平台能够提供基本信息进而明确被告，至于“诉讼时无法联系”“送达地址无人签收”等问题，按照民事诉讼法的规定，可采取公告等方式。因此，法院不能以诉讼进行时无法联系被告为由认定平台经营者未履行信息审核义务。

②平台经营者的审核权限与其信息提供义务相适应

根据现行的法律规定，网络平台经营者对平台内的经营者在入驻时应当履行基本信息的收集、审核义务。如根据《第三方电子商务交易平台服务规范》的规定，平台内经营者注册信息时，对于自然人而言，需要向平台经

---

① 《民事诉讼法》第119条：“起诉必须符合下列条件：
（一）原告是与本案有直接利害关系的公民、法人和其他组织；
（二）有明确的被告；
（三）有具体的诉讼请求和事实、理由；
（四）属于人民法院受理民事诉讼的范围和受诉人民法院管辖。”

营者提出申请，提交身份证明文件或营业执照、经营地址及联系方式等必要信息；对于法人和非法人组织而言，则需要向平台经营者提出申请，提交营业执照或其他获准经营的证明文件、经营地址及联系方式等必要信息。这些基本信息都足以构成未来销售者在起诉时法定的“有明确的被告”条件。基于法律不强人所难的原则，应当认为网络交易平台提供的信息范围不能高于其审查义务。既然平台经营者在其能力范围内只能依法承担上述有关主体基本信息的审核义务，那么其向消费者提供信息的义务范围也不应超出上述范围，即身份证明文件或营业执照、经营地址及联系方式等必要信息。

（2）信息提供义务履行时间

平台经营者履行信息提供义务的时间也会影响消费者行使权利，法律没有明确规定平台经营者提供平台内经营者基本信息的期限。实践中如何认定平台经营者及时履行了信息提供义务，主要有以下几种观点。一是当消费者和平台内经营者无法就网络交易纠纷达成一致处理意见，平台经营者在介入协助处理无果后，如果经消费者请求，平台经营者即应当提供涉及平台内经营者的，能够确定“明确的被告”的信息。二是如果消费者自始无法联系平台内经营者，则经消费者请求后，平台经营者在核实情况属实后应及时履行信息提供义务。三是只要平台在诉讼过程中能够提供平台内的经营者基本信息，就应认定平台经营者已经履行了信息提供义务。

虽然法律未明确规定平台经营者的履行信息提供义务的时间和期限，实践中对于该种情形的处理大多交由法院自由裁量，但结合先行赔偿等相关条款的立法目的，在处理该问题时应遵循以下几点原则。第一，平台只有在经消费者申请，经核实纠纷后才能提供信息。对于 C2C 模式的自然人店铺，有关自然人姓名、地址、联系方式和身份证号码等信息属于自然人的个人隐私权保护的内容，平台无权随意将其提供给他人，只有消费者提出申请并表明其将采取诉讼途径索赔，平台经核实后，确信消费者和平台内经营者确实发生纠纷，方可向消费者提供有关经营者的详细信息。对于 B2C 模式的法人和非法人组织，由于企业店铺本身就负有在平台页面展示经营许可证的义务，因此消费者只要登录店铺即可自行查阅，当然，如需要主体更加明确的身份信息，经消费者申请后，平台经营者有尽其所能提供信息的责任。第二，平台经营者因先行赔偿在被消费者起诉后履行信息提供义务的抗辩不成立，因为，先行赔偿制度的立法目的就是在平台经营者不能提供经营者信息的情况下，为了全面保障消费者的合法权益，允许消费者选择平台经营者作为追偿的对象。如果平台经营者经消费者请求后，无能力提供经营者的信息而被起诉，其后，平台经营者又在诉讼中抗辩其可以履行信息提供义务，这种抗辩如果成立将架空先行赔偿制度的立法目的。

由此可见，平台经营者应在消费者提出获取信息的申请后，在合理期限内审核纠纷的真实性后及时提供信息，至于该合理期限的长短应综合考虑多种因素，如平台进一步促进纠纷的协商解决，交易品种等方面的差异性灵活确定。网络平台经营者如果在该合理期限内提供经营者信息，则应认定其依法履行了信息提供义务，不再承担先行赔偿的责任。

2. 法定先行赔偿责任的诉讼类型

如果消费者通过诉讼途径解决消费纠纷的，在一定情况下，可以要求平台经营者提供入驻商户的基本信息。根据前文分析，具体诉讼的类型取决于平台经营者是否按期履行信息提供义务。第一，如果消费者以经营者为被告，要求经营者承担赔偿责任，符合民事诉讼法关于“明确的被告”规定的，人民法院应依法受理。如果在案件审理过程中，无法联系被告，则依照民事诉讼法关于公告等制度的规定处理。第二，消费者以经营者为被告，要求经营者承担赔偿责任，法院依照民事诉讼法关于“明确的被告”的规定不予受理案件的，消费者可以法院的不予受理裁定为由，起诉平台经营者，要求平台经营者承担先行赔偿的责任。第三，消费者直接以平台经营者不能提供经营者基本信息为由起诉平台经营者，要求其承担先行赔偿责任的，法院应依法受理，受理后再按照正常的处理流程判定消费者的请求是否成立，被告平台经营者的信息提供义务是否履行。如果经过审理，消费者未提供证据证明平台经营者不予提供经营者基本信息或者平台经营者所提供的经营者有关信息不符合民事诉讼立案规定的，人民法院应当驳回其诉讼请求。

（三）约定先行赔偿义务

约定先行赔偿义务，是指商场、市场和平台经营者与场所内的销售者或者服务者在双方自愿的基础上签订消费者投诉先行赔偿协议（条款），当出现侵害消费者合法权益的行为，而销售者或者服务者故意拖延处理或者无理拒绝赔付，以及因销售者或者服务者撤场等情况导致消费者无法获得赔偿时，由商场、市场和平台经营者向消费者进行先行赔偿。商场、市场和平台经营者向消费者进行先行赔偿后，可以依法或者依约定向有关销售者、服务者进行追偿。

约定先行赔偿义务的内容应以一定的方式能为消费者和销售者或服务者所得知，如在商场、平台以显眼的方式予以公示。该制度的内容由商场、市场和平台经营者与场所内的销售者或服务者在协商自愿的基础上达成。其内容一般包括先行赔偿的条件、流程、方式、范围等方面。

1. 申请先行赔偿的基本条件

消费者申请先行赔偿的具体条件一般在平台服务协议和交易规则中有所规定，一般而言，基本条件有以下几点。第一，满足《侵权责任法》关于产品侵权的构成要件或者违反消费者合同的约定，如服务或产品质量不符合法定或者约定并给消费者造成损害等。第二，符合诉讼法上关于损失赔偿的条件，如有发票等证明交易发生的证据。第三，举证方式，除适用《消费者权益保护法》第 23 条第 3 款①规定的举证倒置情形外，由消费者承担举证责任。第四，消费者主张维护自身合法权益的时效应当符合《消费者权益保护法》第 24 条②的有关规定。第五，销售者或者服务者故意拖延处理

① 《消费者权益保护法》第 23 条第 3 款规定：“经营者提供的机动车、计算机、电视机、电冰箱、空调器、洗衣机等耐用商品或者装饰装修等服务，消费者自接受商品或者服务之日起六个月内发现瑕疵，发生争议的，由经营者承担有关瑕疵的举证责任。”

② 《消费者权益保护法》第 24 条规定：“经营者提供的商品或者服务不符合质量要求的，消费者可以依照国家规定、当事人约定退货，或者要求经营者履行更换、修理等义务。没有国家规定和当事人约定的，消费者可以自收到商品之日起七日内退货；七日后符合法定解除合同条件的，消费者可以及时退货，不符合法定解除合同条件的，可以要求经营者履行更换、修理等义务。

依照前款规定进行退货、更换、修理的，经营者应当承担运输等必要费用。”

或者无理拒绝赔付，以及因销售者或者服务者撤场等情况导致消费者无法获得赔偿。

2. 申请先行赔偿的基本流程

消费者申请先行赔偿的具体流程因申请先行赔偿理由的不同会有所差异，结合实践中发生的具体事例，主要涉及以下几项流程。第一，自行协商，消费者与销售者或服务者就消费者所受损失的赔偿事宜协商解决，如果协商一致，则按照协商结果处理；如果协商不成，消费者可向商场、市场和平台经营者投诉。第二，商场、市场和平台经营者在接到消费者投诉后，应按照平台服务协议和交易规则积极介入交易纠纷，努力促使双方就赔偿事宜达成一致意见。第三，协商一致的，商场、市场和平台经营者应督促销售者和服务者，必要时采取一定的合法限制措施，如将销售者或服务者添加至经营许可黑名单等，促使销售者或服务者按照双方达成的方案履行义务。第四，协商不能达成一致意见，商场、市场和平台经营者可依据其平台服务协议和交易规则判定交易纠纷中的责任。如果认定消费者诉求成立或者部分成立，但销售者或者服务者故意拖延处理或者无理拒绝赔付，以及因销售者或者服务者撤场等情况导致消费者无法获得赔偿。商场、市场和平台经营者应采取可收悉的方式告知销售者或者服务者，将执行先行赔偿措施，按照约定先行赔偿消费者所受损害。

3. 申请先行赔偿的基本方式

商品或服务的属性以及协议等方面的不同，先行赔偿的方式有所不同，一般包括修理、重作、更换、退货、补足商品数量、退还货款和服务费用或者赔偿损失。

4. 申请先行赔偿的范围

因商品或者服务质量问题而引起的商品或者服务价值损失；消费合同中规定的违约金；因售后、安装等问题而给消费者引起的损失。

5. 申请先行赔偿的后果

先行赔偿制度构建的目的是更好地保障消费者的合法权益，并不改变原有的责任承担规则，因此，商场、市场和平台经营者在承担先行赔偿责任后，可依法、依约在先行赔偿的责任范围内，追究销售者或者服务者的责任，责任形式一般是金钱赔偿，但根据情形，具体方式会有所不同。

相关案例

一、法定先行赔偿责任

——单某与浙江淘宝网络有限公司网络服务合同纠纷案

浙江省高级人民法院在《单某与浙江淘宝网络有限公司网络服务合同纠纷申诉》的裁定书中认定，《消费者权益保护法》第44条第1款规定："消费者通过网络交易平台购买商品或者接受服务，其合法权益受到损害的，可以向销售者或者服务者要求赔偿。网络交易平台提供者不能提供销售者或者服务者的真实名称、地址和有效联系方式的，消费者也可以向网络交易平台提供者要求赔偿；网络交易平台提供者赔偿后，有权向销售者或者服务者追偿。"由此可见，网络服务提供者应当对利用其网络开展经营活动的经营者的身份进行审查与核实，在消费者与经营者发生争议时向消费者披露经营者的真实身份和经营资质，以便消费者通过合法的途径进行维权。本案中，单某以其在淘宝店铺上购买到伪劣手机后淘宝公司未按其要求提供该手机销售者的信息为由，起诉要求淘宝公司先行赔付其由此遭受的损失。本案业已查明，单某与涉案产品销售者发生争议后，在知晓淘宝公司信息披露流程的情形下，未按该流程提出申请；淘宝公司在介入该交易争议后，已按其规则支持了单某的退货退款申请，但单某未予退货；此后，淘宝公司又协调该销售者同意单某退一赔三的要求并将该结果告知单某，但单某仍然拒绝退货。综合上述事实，结合淘宝公司在一审诉讼中已经提供了该销售者的真实名称、地址、联系电话等信息的实际情况，足以认定本案中淘宝公司已经履行了作为网络交易平台提供者的义务，单某关于淘宝公司因不能提供销售者的真实信息，应当承担先行赔付责任的主张不能成立。

二、消费者权益保证金

——以杭州起码科技有限公司线下微商城平台为例

杭州起码科技有限公司线下微商城平台"有赞"于2018年7月4日发

布《保证金保障服务协议》，该协议第 4 条就保证金规则进行详细约定。

第 1.1.2 条规定："您需缴纳人民币 5000 元的保证金。"

第 2.1 条规定："您申请退出保证金保障服务计划时，其店铺需符合以下全部条件：2.1.1 没有未完结的交易；2.1.2 没有未完结的投诉案件；2.1.3 没有在投诉期限内（交易成功之日起 30 日内）的交易。"

第 3.3 条规定："如您的保证金不足以赔付时，您应自行支付额外的赔付金额。在您保证金不足时，有赞没有使用自有资金向消费者或者任何第三方支付赔偿金、补偿金或其他任何款项的义务，您仍应对消费者或者其他权利人承担赔付、补偿义务。您明确同意如您的保证金不足以赔付，且您未自行向消费者支付额外的赔付金额时，您不可撤销地委托有赞（但有赞并无此义务）代您向消费者进行赔付。此等情形下，有赞有权向您追偿赔付金，包括但不限于采用以下三种方式：3.3.1 要求您在有赞赔付发生后七（7）日内向有赞偿还与赔付金数额相同的资金，以补偿有赞所遭受的损失，并向消费者赔付您实际需赔付金额中的剩余未赔付的部分（如有），且在指定时间内补足保证金；3.3.2 将您已购有赞的产品或服务中未履行部分的费用用以抵付损失；3.3.3 将您在有赞平台网站所有账户下或您指定的账户下的款项（包括但不限任何预付款，应收款等）直接用以抵付有赞的损失。

如有赞的损失通过上述三种方式仍无法弥补的，则有赞有权单方面终止向您提供任何服务（包括但不限于有赞平台服务等），而且仍有权要求您承担剩余未赔偿部分的赔偿责任。"

相关立法与规定

我国已经生效和正在制定的其他法律中也涉及质量担保义务、消费者权益保证金、先行赔偿责任方面的规定，就电子商务市场经营行为的规范而言，不同法律规定的侧重点不同，但都对消费者权益从不同角度进行规定。

一、质量担保机制

1.《消费者权益保护法》

第 23 条　规定　经营者应当保证在正常使用商品或者接受服务的情况

下其提供的商品或者服务应当具有的质量、性能、用途和有效期限；但消费者在购买该商品或者接受该服务前已经知道其存在瑕疵，且存在该瑕疵不违反法律强制性规定的除外。

经营者以广告、产品说明、实物样品或者其他方式表明商品或者服务的质量状况的，应当保证其提供的商品或者服务的实际质量与表明的质量状况相符。

经营者提供的机动车、计算机、电视机、电冰箱、空调器、洗衣机等耐用商品或者装饰装修等服务，消费者自接受商品或者服务之日起六个月内发现瑕疵，发生争议的，由经营者承担有关瑕疵的举证责任。

第24条第1款 经营者提供的商品或者服务不符合质量要求的，消费者可以依照国家规定、当事人约定退货，或者要求经营者履行更换、修理等义务。没有国家规定和当事人约定的，消费者可以自收到商品之日起七日内退货；七日后符合法定解除合同条件的，消费者可以及时退货，不符合法定解除合同条件的，可以要求经营者履行更换、修理等义务。

第44条第1款 消费者通过网络交易平台购买商品或者接受服务，其合法权益受到损害的，可以向销售者或者服务者要求赔偿。网络交易平台提供者不能提供销售者或者服务者的真实名称、地址和有效联系方式的，消费者也可以向网络交易平台提供者要求赔偿；网络交易平台提供者作出更有利于消费者的承诺的，应当履行承诺。网络交易平台提供者赔偿后，有权向销售者或者服务者追偿。

2.《产品质量法》

第26条第1款 生产者应当对其生产的产品质量负责。

第34条 销售者应当采取措施，保持销售产品的质量。

3.《网络交易管理办法》

第24条第1款 第三方交易平台经营者应当与申请进入平台销售商品或者提供服务的经营者订立协议，明确双方在平台进入和退出、商品和服务质量安全保障、消费者权益保护等方面的权利、义务和责任。

第26条第1款 第三方交易平台经营者应当对通过平台销售商品或者

提供服务的经营者及其发布的商品和服务信息建立检查监控制度，发现有违反工商行政管理法律、法规、规章的行为的，应当向平台经营者所在地工商行政管理部门报告，并及时采取措施制止，必要时可以停止对其提供第三方交易平台服务。

二、消费者权益保证金

1.《网络交易管理办法》

第33条　鼓励第三方交易平台经营者设立消费者权益保证金。消费者权益保证金应当用于对消费者权益的保障，不得挪作他用，使用情况应当定期公开。

第三方交易平台经营者与平台内的经营者协议设立消费者权益保证金的，双方应当就消费者权益保证金提取数额、管理、使用和退还办法等作出明确约定。

2.《第三方电子商务交易平台服务规范》

6.5.4　鼓励网络第三方交易平台和平台经营者向消费者提供“卖家保证金”服务。保证金用于消费者的交易损失赔付。保证金的金额、使用方式应事先向当地工商行政主管部门备案并公示。

三、先行赔偿责任

1.《网络交易管理办法》

第23条第1款、第2款　第三方交易平台经营者应当对申请进入平台销售商品或者提供服务的法人、其他经济组织或者个体工商户的经营主体身份进行审查和登记，建立登记档案并定期核实更新，在其从事经营活动的主页面醒目位置公开营业执照登载的信息或者其营业执照的电子链接标识。

第三方交易平台经营者应当对尚不具备工商登记注册条件、申请进入平台销售商品或者提供服务的自然人的真实身份信息进行审查和登记，建立登记档案并定期核实更新，核发证明个人身份信息真实合法的标记，加载在其从事经营活动的主页面醒目位置。

第30条第1款　第三方交易平台经营者应当审查、记录、保存在其平台上发布的商品和服务信息内容及其发布时间。平台内经营者的营业执照或者个人真实身份信息记录保存时间从经营者在平台的登记注销之日起不少于两年，交易记录等其他信息记录备份保存时间从交易完成之日起不少于两年。

2.《网络交易平台经营者履行社会责任指引》

第19条第2款 发生侵害消费者合法权益的情形时，网络交易平台经营者应向消费者提供平台内经营者的真实名称、地址和有效联系方式；不能提供的，消费者可以向网络交易平台经营者要求赔偿。网络交易平台经营者赔偿后，有权向平台内经营者追偿。

第23条第1款 鼓励网络交易平台经营者建立健全先行赔付制度，一旦发生消费纠纷，消费者与平台内经营者协商无果的，由网络交易平台经营者先行赔偿，确保消费者安全放心消费。

第五十九条 【消费者投诉、举报机制】

电子商务经营者应当建立便捷、有效的投诉、举报机制，公开投诉、举报方式等信息，及时受理并处理投诉、举报。

条文主旨

本条是关于电子商务经营者建立消费者投诉、举报机制的规定。

条文释义

一、立法理由

在网络交易环境下，发生电子商务纠纷时，当事人可以向行政部门、行业协会、平台经营者等机构投诉和举报。一方是消费者的，消费者还可以向消费者协会投诉。大部分网络交易纠纷可以通过当事人之间的自行协商或者非政府第三方组织介入协商解决。在电子商务交易中，网络交易平台是一个虚拟的集中交易场所，平台上每天持续发生巨额交易，有交易就无法绝对地杜绝网络交易纠纷。为防止消费者因信息不对称而无法正当行使权利，电子商务经营者应主动建立并完善投诉、举报机制，这对于保障消费者权益，促进电子商务事业良性发展具有重大意义。因此，本法对电子商务经营者建立纠纷解决机制做了明确规定。为准确理解本条的立法意旨，需要注意以下几点。首先，正如本法第9条规定，电子商务经营者包括电子商务平台经营者、平台内经营者以及通过自建网站、其他网络服务销售商品或者提供服务的电子商务经营者三类主体，该三类主体都负有建立便捷而有效的投诉、举报机制，公开投诉、举报方式等信息，及时受理并处理投诉、举报的义务。其次，一般而言，消费者投诉和举报的受理主体是政府主管部门、行业协会或者平台经营者，本条将受理主体规定为电子商务经营者，但这并不影响消费者依据其他法律向政府主管部门、行业协会行使举报和投诉的权利。最后，为了实际落实投诉和举报机制，本条进一步要求电子商务经营者应当公示投诉和举报机制，并且及时公开受理和处理消费者的投诉和举报。

二、条文解读

（一）投诉、举报内涵

投诉和举报的含义有所不同。投诉，是指消费者为生活消费需要购买、使用商品或者接受服务，与经营者发生消费者权益争议，对属于市场监督管理部门、行业协会或消费者协会职责范围内的事项，通过向该机关反映消费争议，在该机关受理纠纷后根据事实，依照法律、法规和规章，公正合理地调解处理。举报，是指消费者在发现经营者涉嫌违法违规经营，且违法违规行为属于市场监督管理部门、行业协会或者消费者协会职责范围内的事项，通过向该机关反映经营者违法违规经营事实，在该机关受理纠纷后根据事实，依照法律、法规和章程，做出公正的处罚决定。其实，狭义上，受理投诉、举报的机关是市场监督管理部门，市场监督管理部门针对投诉做出的调解经司法确认，针对举报做出处罚，投诉、举报的处理结果才具有强制执行的法律效力。

（二）建立投诉和举报机制的主体

投诉和举报一般属于行政法领域的术语，这在我国现行施行的法律中多有体现，如《工商行政管理部门处理消费者投诉办法》《消费者权益保护法》规定就消费者权益争议向有关部门投诉。随着商业环境的转变，以行业协会为代表的第三方组织在一定程度上也能就消费者权益争议作出具有约束力的决定。因此，能够接受投诉和举报的主体范围也逐渐扩大。相较于其他法律法规，《电子商务法》将投诉和举报的受理主体扩大至电子商务经营者，有利于形成电子商务领域的行业自律。如前所述，电子商务经营者包含三类主体，各主体都在一定程度上承担建立并规范运行该种机制的义务。传统观念认为在网络交易的三方主体中，平台经营者全程参与交易流程，具备控制网络交易对象的能力。因此，最有能力也最具条件建立投诉、举报机制的主体是电子商务平台经营者。但实际上，整体网络交易市场的蓬勃发展，不仅取决于提供服务的第三方平台，如果通过自建网络、其他网络服务销售商品或者提供服务的电子商务经营者和平台经营者能建立和运营投诉、举报机制，将更有利于促进消费者权益争议的解决效率。

（三）建立投诉和举报机制的原则

传统诉讼解决纠纷的程序严格、时间较长，且最终还有执行难等问题，网络交易成为人们日常生活消费的常态，网络交易纠纷也呈现出交易量大、标的额小的特征。同时，与传统纠纷解决机制类似，任何一种纠纷解决方案只有确切落实才能实现其基本价值。因此，投诉和举报机制的建立应遵循便捷和效用两大原则。

1. 便捷原则

电子商务纠纷出现后，消费者希望通过投诉和举报维护其自身的合法权益，投诉和举报机制本身应当是能够使消费者主观上愿意去维权，客观上维权路径的进入又是较为方便。唯有投诉、举报机制客观上具有维权的便捷性，其在纠纷解决方面较传统诉讼机制才具有优越性和存在的价值。而在实践中，部分平台建立的投诉、举报机制程序繁琐，极大地阻碍了消费者的维权之路。因此，平台经营者在建立纠纷解决机制时，必须遵循便捷原则。

2. 效用原则

传统争议解决方式在实践中最大的诟病就是执行难问题，执行无果极大地损害了司法权威性。电子商务经营者建立的投诉、举报机制同样应关注执行问题。实践中，电子商务平台经营者建立的投诉和举报机制一般能够很好地发挥其权限范围内的作用，如对于侵害消费者权益的行为，平台经营者往往通过警告、划扣保证金、店铺信用降级等方式来惩罚经营者。自建网站经营的电子商务经营者，实践中建立投诉、举报机制相较不够成熟，因此效用原则是该类主体更应当关注的内容。自建网站的电子商务经营者和平台经营者开展自营业务时的模式相似，在平台经营者开展自营业务时，如何保证平台经营者内部各部门之间的相对独立性，确保投诉、举报机制发挥其应有的作用，也是应当注意的重要问题。

（四）公开投诉、举报机制

同法律制度相同，任何一种规范只有公开并采取一定方式为公众所知才能发挥其应有的制度价值。就公开的内容而言，法条采用概括加列举形式。首先，投诉、举报方式应当公开，这其中就包括口头、书面申请及其他方式。其次，投诉、举报的其他内容也应当公开，如投诉、举报的对象信息获取方式，投诉、举报的可能处理方案和后续方案也必须在一定阶段进行展示，投诉、举报的处理结果即使不公开也应采取一定方式告知投诉者、举报者。总之，一切有关消费者投诉和举报的行使条件、过程及结果等方面的信息都应当采取能被消费者知悉的方式予以公开。

（五）及时受理并处理投诉、举报

电子商务经营者建立的投诉、举报机制必须符合便捷原则，电子商务经营者也应按照便捷原则及时受理消费者的投诉、举报。类似于诉讼案件的受理条件，电子商务经营者建立的投诉、举报机制的受理门槛也应当放低，只要消费者提出投诉、举报，电子商务经营者采取形式审核后即应介入纠纷，受理案件。电子商务经营者不能在前期设置过高门槛，导致消费者投诉、举报无受理机会，更谈不上后续的处理。

实践中，有的消费者认为投诉、举报机制的反馈时间过于漫长而放弃维权，甚至有的电子商务经营者对于举报、投诉不进行任何回复，意图敷衍了事。本条规定电子商务经营者必须及时处理投诉和举报，作出处理意见。法条规定“应当”，说明及时受理并处理投诉、举报是电子商务经营者的强制性义务，如果违反该项义务，有关部门可以依法进行处罚或者强制电子商务经营者履行义务。

（六）投诉、举报效力

消费者因网络交易纠纷行使投诉权利，交易纠纷的本质仍是民事纠纷，无论是市场监督管理部门还是行业协会或者消费者协会，都只能引导经营者加强自律，鼓励经营者与消费者协商和解消费纠纷，或者在其职权范围内受理消费者投诉并进行调解处理。经调解达成协议的，当事人认为有必要的，可以按照有关规定共同向人民法院申请司法确认。消费者认为企业涉嫌违法违规经营可以行使举报权利。实践中，行业协会或者消费者协会对于此种举报一般是调查后告知市场监督管理部门，请求市场监督管理部门依法行使处罚职权。如果消费者直接向市场监督管理部门举报经营者，市场监督管理部门依据法律，经调查核实后，自行决定是否做出行政处罚的决定。

综上所述，本规定借鉴现实中的处理情况，要求电子商务经营者在投诉、举报机制完善方面承担义务。由于网络交易数量庞大，技术上也难以监管，消费者对网络交易行为进行投诉和举报的权利对于规范网络交易有积极的作用，依靠消费者监督建立的投诉、举报机制能更好地实现消费者权益保护的目的。

相关原理

消费者监督权

（一）消费者监督权概述

消费监督权是消费者重要权利之一，我国《消费者权益保护法》第15条第2款规定："消费者有权检举、控告侵害消费者权益的行为和国家机关及其工作人员在保护消费者权益工作中的违法失职行为，有权对保护消费者权益工作提出批评、建议。"监督权是保障性权利，《消费者权益保护法》是为了消费者利益而制定的法律，《消费者权益保护法》的实施关系到每一个消费者的利益。赋予消费者监督权对于消费者权益保障有重大意义。《消费者权益保护法》规定了消费者的监督权，监督权的内容颇为广泛，《电子商务法》从电子商务网络交易环境的特殊背景出发，着重强调消费者的投诉、举报权利。

（二）监督权的价值

在网络交易中，电子商务经营者相对于消费者处于比较强势的地位，对于处在弱势地位的电子商务消费者，承继传统消费者立法，当然应该赋予其监督权。在传统交易模式下，消费者的监督权的实现途径较为明确，但是在网络交易中，消费者在整个交易过程中可能甚至完全不了解电子商务经营者的资质等内容，因此《电子商务法》规定电子商务平台应当为消费者行使监督权建立必要的机制。消费者的监督权主要是投诉和举报两项，至于建议、批评这些权利更多的是宣言性权利，故《电子商务法》将重心放在落实消费者的投诉和举报机制上，这对于规范网络交易有积极的作用。由于网络交易数量庞大，技术上也难以监管，广大消费者积极主动行使监督权有利于消费者保护工作的整体发展。

（三）电子商务消费者监督权行使方式

《电子商务法》规定消费者享有投诉和举报权利，但这并不影响消费者依据其他法律享有监督权的其他内容。在网络交易环境下，消费者要想行使投诉和举报等监督权，可以通过以下几种方式：一是全面地了解电子商务经营者的基本信息；二是注意索要交易凭证，保留交易记录，强化证据保存的意识，只在电子商务网站认可的交易即时通信工具中与经营者进行沟通交流，以防纠纷出现后经营者矢口否认的情况，这对于事后投诉、举报非常重要；三是要有积极的维权意识，行使监督权，维护自身权益。

《电子商务法》本条规范的主体是电子商务经营者，但在我国其他法律规定中对政府部门和消费者协会等组织在消费者权益保障的投诉和举报机制方面做了相应的规定，这就涉及对消费者权益的行政保护。

相关案例

北京当当网信息技术有限公司关于客户投诉错漏开发票的处理机制

北京当当网信息技术有限公司（当当网）《入驻商户管理规则》第41条对于客户投诉错漏开发票规定：

1. 一般投诉：商家需在当当网通知后3小时内向顾客补寄发票，并在36小时内向当当网提供补寄发票的快递运单号，且在当当网通知后60小时内有可查询的快递公司揽件跟踪信息（以快递公司系统记录的时间为准）或告知与顾客协商的发票最快开具时间。商家不得使用平信或挂号方式邮寄，补寄发票产生的运费由商家承担。

2. 严重投诉：顾客严重投诉、工商、消协、媒体、微博等特殊投诉，商家需在当当网通知后1小时内向顾客补寄发票，并在36小时内向当当网提供补寄发票的快递运单号，且在当当通知后60小时内有可查询的快递公司揽件跟踪信息（以快递公司系统记录的时间为准）或告知与顾客协商的发票最快开具时间。商家不得使用平信或挂号方式邮寄，补寄发票产生的运费由商家承担。

相关立法与规定

《消费者权益保护法》

第15条 消费者享有对商品和服务以及保护消费者权益工作进行监督的权利。

消费者有权检举、控告侵害消费者权益的行为和国家机关及其工作人员在保护消费者权益工作中的违法失职行为，有权对保护消费者权益工作提出批评、建议。

第37条 消费者协会履行下列公益性职责：

……

（五）受理消费者的投诉，并对投诉事项进行调查、调解；

……

《侵害消费者权益行为处罚办法》

第12条 ……

（三）排除或者限制消费者依法投诉、举报、提起诉讼的权利；

……

《工商行政管理部门处理消费者投诉办法》

第4条 工商行政管理部门在其职权范围内受理的消费者投诉属于民事争议的，实行调解制度。

第5条 工商行政管理部门应当引导经营者加强自律，鼓励经营者与消费者协商和解消费纠纷。

《第三方电子商务交易平台服务规范》

规定平台经营者公示信息内容应包括：监管部门或消费者投诉机构的联系方式。

消费者协会和相关组织通过在线投诉机制受理的网上交易争议投诉，平台经营者应及时配合处理与反馈。

第六十条 【网络交易争议解决方式】

电子商务争议可以通过协商和解，请求消费者组织、行业协会或者其他依法成立的调解组织调解，向有关部门投诉，提请仲裁，或者提起诉讼等方式解决。

条文主旨

本条是关于网络交易争议解决方式的规定。

条文释义

一、立法理由

构建电子商务的争议解决制度，应遵循民商事纠纷解决的一般制度与网络交易的特殊规定，构建多元化的纠纷解决机制。从性质上划分，电子商务纠纷解决途径应包括诉讼和非诉讼两大类，诉讼方式属于国家司法救济，其程序和方式由《民事诉讼法》规定，基本上是线下方式，除部分环节外，当事人一般不得选择线上方式。非诉讼方式不属于国家司法救济，由当事人自由选择。基于多元化原则以及高效原则，应当允许不同的解决方式以及相应的线下或在线方式，结合灵活的同意方式，同时应坚持技术中立和功能等同原则。选择线下方式的，不排除在线传输信息手段，选择在线争议解决方式的，不排除线下信息传输技术。此外，结合国内外实践，在线争议解决机构以及第三方交易平台除了有权进行调解外，还可对争议作出处理决定。

网络交易活动的普遍性和交易主体的非直接接触性使得双方关于交易事项的真实意思难以明确表达和接受，因此，这种交易模式更加容易发生纠纷。电子商务网络交易涉及的交易量较大，争议范围较广。为实现及时处理纠纷，达到定纷止争的作用，在坚持传统诉讼、仲裁方式解决电子商务交易纠纷的同时，应充分发挥消费者协会等民间组织的作用。

本条关于《电子商务法》的争议解决制度，内容基本是《民事诉讼法》《仲裁法》《人民调解法》等已有的争议解决方式。尽管电子商务的诉讼或仲裁存在特殊性，但其仍然以普通的诉讼或者仲裁制度为基础。电子商务纠纷解决的诉讼、仲裁、调解等，很多问题都可适用《民事诉讼法》《仲裁法》的规定，基于立法成本以及制度协调的考虑，没有必要在电子商务法中重复规定，直接做出概括性规定。除个别条款需要考虑电子商务的特殊环境，其余都应适用《民事诉讼法》《仲裁法》《人民调解法》等法律的争议解决制度。

二、条文解读

（一）选择争议解决方式的权利

从国内外实践看，电子商务纠纷适用于所有的纠纷解决方式，即诉讼、仲裁、调解、和解。这是因为电子商务纠纷也属于民商事纠纷，产生于平等主体之间。非诉讼方式不属于国家司法救济，基于自愿原则，是否选择某种解决方式、选择何种方式解决争议，只能由当事人自主选择决定。至于同意的方式，基于高效原则，应当允许灵活的方式。

（二）具体争议解决方式

本条规定网络交易发生争议，交易双方可以通过协商和解方式解决争议。这种争议解决方式只涉及网络交易主体双方，也是实践中当事人双方最优先选择的解决方式。调解是第三方介入当事人之间的网络交易争议，参与调解的主体主要是消费者协会、商业协会等组织。同时，如果消费者可以向行政主管部门投诉，行政主管部门可以采取依法调解等方式，也可以依法确定双方的责任承担问题。当上述方法都无法解决争议之时，网络交易争议的当事人可以向人民法院提起诉讼，由法院通过调解或者审判等方式解决争议。除了以上争议解决方式外，本条规范为适应实践中不断出现的新的争端解决机制，法条用“等”字给其他争端解决机制留下适用的空间。

1. 电子商务纠纷的和解

和解是依靠当事人双方自我协商能力解决纠纷的一种方式，属于私力解决机制的范畴。和解，是指当事人双方在平等的基础上相互协商、互谅互让，进而对纠纷的解决达成协议的活动。和解贯穿于纠纷解决机制的全过程，在纠纷解决的任何一阶段都有可能因和解而终止其他纠纷解决方式。网络交易的特点之一是交易记录的公开化，任何人都可以通过平台浏览交易双方公开的交易记录。一般而言，平台经营者根据交易规则通过网络平台会赋予网络交易双方互相评价的权利，如好评、差评等，并且根据评分对交易双方的信誉进行排名打分。这些公开的评价体系的建立，有利于促进交易双方采取和解的方式解决纠纷。由于和解协议虽具有法律效力，但不具有强制申请执行的效力，因此，如果和解后，一方当事人反悔的，则可以选择其他的纠纷解决方式，如依法申请仲裁或提起诉讼等。

2. 电子商务纠纷的调解

调解是依靠社会力量解决纠纷的一种方式。所谓调解，是指由第三者出面斡旋，通过教育疏导，当事人自愿进行协商，互相让步，促成各方达成协议、解决纠纷的方法。调解必须遵循以下三项原则：一是自愿原则，一方面程序要自愿，即当事人自愿决定是否接受调解；另一方面实体要自愿，即当事人自愿形成与选择调解方案。二是合法原则，一方面程序要合法，即不得因调解违反程序性规定；另一方面实体合法，即协议内容不违反法律的禁止性规定。三是事实清楚、分清是非原则，即对电子商务纠纷进行调解，应当在事实清楚、是非分明的基础上进行。和诉讼相比，调解注重分析双方的共同利益，而诉讼往往看重双方的不同利益，因此，调解在纠纷的彻底解决方面，表现得更有效。但调解达成的协议无强制力，无论何种调解，当事人可随时退出调解程序，而仲裁或诉讼在纠纷的解决方面具有终局性。

（1）消费者组织

消费者组织，是指依法成立的对商品或服务实行社会监督，从而保护消费者合法权益的社会团体的总称，在我国，消费者组织是指“消费者协会”。《消费者权益保护法》明确规定消费者和经营者发生消费者权益争议的，可以请求消费者协会调解。消费者协会虽是消费权益保护组织，但为了促成调解协议的形成，消费者协会在调解过程中必须依法调解，不得偏袒任何一方。

（2）行业调解组织

我国学界对于行业调解的含义未做出明确定义。根据2011年5月12日《司法部关于加强行业性专业性人民调解委员会建设的意见》（以下简称《意见》），该《意见》充分认识加强行业性、专业性人民调解委员会建设的重要性；社会团体或者其他组织设立行业性、专业性人民调解委员会的基本要求；积极推动行业性、专业性人民调解委员会建设；加强专业化、社会化人民调解员队伍建设；健全完善行业性、专业性人民调解委员会保障机制；加强行业性、专业性人民调解委员会业务建设；加强对行业性、专业性人民调解委员会建设的指导等几大部分。由此可见，所谓的行业调解组织，可以理解为“人民调解和仲裁调解”的行业化、专业化，属于非营利性的调解组织。目前，国内已成立一定数量行业调解组织，如北京市医疗纠纷人民调解委员会、浦东新区道路交通事故民事损害赔偿纠纷人民调解委员会。

（3）其他调解组织

经双方当事人同意，其他依法成立的调解组织也可以对电子商务纠纷进行调解处理。其他调解组织主要是指商事调解组织，所谓商事调解组织，世界范围内主要有两大类：一是商会（联合会、委员会、协会）。这类组织往往是综合性的，商事调解属于商会提供的众多服务项目之一。我国国内的该类机构如中国国际贸易促进委员会/中国国际商会（其下设有调解中心）。二是仲裁委员会（仲裁协会）这类组织是单一的仲裁服务商，充分利用自身的人才优势、业务优势，在仲裁业务之外提供多元化纠纷解决机制——调解，如北京仲裁委员会。商事调解规则是商事调解组织制定的，调解规则是调解中心调解时必须遵守的规则。规则的效力必须符合以下几点：不违背国家法律法规；成立登记时经主管部门审核；调解前必须告知争议当事人调解规则的内容。

3. 电子商务纠纷的投诉

如前文所述，消费者因网络交易与经营者发生纠纷，可以将该事实告知有关部门，请求有关部门依法处理。《消费者权益保护法》规定，消费者和经营者发生消费者权益争议的，可以通过向有关行政部门投诉。本条使用的“有关部门”，一般是指市场监督管理部门，但根据《消费者权益保护法》的规定，消费者协会负有履行受理消费者的投诉，并对投诉事项进行调查、调解的职责。依据《工商行政管理部门处理消费者投诉办法》的规定，市场监督管理部门对受理的消费者投诉，一般有三种处理方法。一是对其依职权受理的民事争议，实行调解制度。二是引导经营者加强自律，鼓励经营者与消费者协商解决交易纠纷。三是发现经营者有违法行为的，或者消费者举报经营者有违法行为的，依照《工商行政管理机关行政处罚程序规定》另案处理。当然，消费者协会对于受理的消费者投诉，也应按照规定进行调解。行政调解具有高效、权威的特点，在我国其他法律中有相关规定。例如，根据《商标法》第60条的规定，对商标侵权纠纷可以请求工商行政管理部门处理并进行调解。

4. 电子商务纠纷的仲裁

电子商务纠纷的仲裁，是指争议的双方当事人自愿将争议提交具有一定权威性的由仲裁员组成的非司法机构的仲裁庭进行裁决，并受该裁判约束的一种制度。与调解相比，仲裁裁决效力更高，并且往往可以节约时间；与诉讼相比，当事人享有更大的自主性，解决纠纷的程序简便。仲裁与调解并非是完全分离的，在仲裁程序中，仲裁机构完全可以在当事人一致同意的情况下，对纠纷进行调解。

仲裁中主要涉及仲裁管辖、在线仲裁的问题。仲裁管辖是典型的协议管辖，仲裁管辖依据当事人之间的仲裁协议确定，如果仲裁协议就管辖的仲裁机构没有约定或者约定不明的，应该重新约定；如果不能重新约定的，视为未达成仲裁协议。在线仲裁在域外已有实践经验可以借鉴，根据联合国国际贸易法委员会的定义："在线仲裁是一种以电子通信方法进行大部分甚至全部仲裁聆讯的仲裁。"在我国，一些仲裁机构开展了网上仲裁业务。如中国国际经济贸易仲裁委员会网上争议解决中心，其前身是2000年12月成立的贸仲委域名争议解决中心。2009年制定了《中国经济贸易仲裁委员会网上仲裁规则》，适用于解决电子商务争议，也可适用于解决当事人约定适用本规则的其他经济贸易争议。在理论中对于在线仲裁协议的效力、在线仲裁裁决是否有强制执行力、在线仲裁是否排除管辖存在争议，国际上对于在线仲裁的强制执行力也并无一致的做法，且大多持谨慎态度。但其实，法定仲裁机构的网上仲裁在本质上仍然属于仲裁，它是传统仲裁在网络环境中的一种全新应用，因此，应当在一定条件下承认其与线下仲裁具有相同的效力与性质。

5. 电子商务纠纷的诉讼

诉讼是解决电子商务纠纷的最后手段。诉讼的本质，在于凭借国家司法权力使得不确定的争议得到终局的解决。诉讼是最具权威的纠纷解决机制。但诉讼也有弊端，如诉讼无法彻底消除双方的对抗，程序烦琐、效率低下等。法院的裁判一旦生效即终局地解决争议，诉讼裁判具有强制执行的效力，一方不履行的，另一方可以向法院申请强制执行。诉讼进程中，当事人双方同意，法院也可以进行诉讼调解，调解达成调解协议或调解书，法院主持下的调解协议或调解书一旦生效，也具有强制执行的效力。

相关原理

一、网络交易在线争议解决机制

目前，实践中各网络交易平台根据自身业务类型逐步探索出适合自己的交易纠纷解决及其配套机制，平台经营者从提升用户产品体验的角度出发，也在不断优化自身的纠纷解决机制。比如，淘宝网的内部争议解决机制具有以下几个特点：一是维权途径只针对在淘宝网发生的在线纠纷；二是维权的处理流程为：发起退款/维权/未与卖家协商达成一致意见/申请客服介入/淘宝客服在7个工作日帮助介入核实，15个工作日给出处理意见；三是淘宝客服介入后，双方应针对各自的主张进行举证；四是为了保障交易安全、防止纠纷发生，淘宝网推出了“消费者保障计划”，作为纠纷解决的配套机制。

鉴于电子商务纠纷需要一种高效、中立、公平的纠纷解决机制，便于用户通过该种纠纷解决方式保护自己的权益，解决纠纷。于是，替代性争议解决办法（Alternative Dispute Resolution，简称ADR）被引入网络，产生了在线ADR，即电子商务在线纠纷解决机制（Online Dispute Resolution，简称ODR）这种解决网络交易纠纷新途径。一方面，ODR是从调解、仲裁等替代性争议解决办法（ADR）程序融合网络技术而成的新型争议解决机制，其在争议解决方面拥有和ADR一样的优势，如高效、节约成本、促进维权等。另一方面，从实践层面观察，如果将ODR的外延限定为在线ADR又过于狭隘，其实在线纠纷解决机制对应的概念是线下纠纷解决机制，包括传统诉讼在内的纠纷解决机制都有完全采用网络进行的可能性，应当将ODR的外延拓展到传统诉讼方式。因此，所谓广义的DOR，是指包括各种形式的ADR和法院诉讼程序，前述程序应将对互联网、网站、电子邮件等信息技术的运用作为争议解决程序的组成部分。由此可见，可以将在线争议解决机制（ODR）归纳为以下三种，一是在线调解，二是在线仲裁，三是法院ODR。

（一）在线调解

网络交易的双方当事人在协商无法达成和解协议的情况下便会进行在线

调解。此处在线调解不包括法院调解，而是指网络交易当事人向第三方争议解决机构申请的调解，如仲裁机构、调解委员会以及其他争议解决平台。与线下调解不同的是，在沟通方式上，在线调解主要基于书面通信进行；时间上，在线调解可以迅速地解决争议；空间上，在线调解管辖范围更大。而在线调解缺乏面对面的交流，虽然可以通过视频会议，但是这种沟通方式与面对面的交流相比，其对于纠纷的解决缺乏一定的情绪支持。如果调解成功，则第三方调解机构会起草和解协议，该种和解协议的效力由双方当事人约定；而在另一些国家（如荷兰），这种和解协议一经签订就自动具有法律效力。有观点认为，我国在线调解达成的和解协议比传统的调解协议更难得到履行，这种观点主要是基于我国离线调解可能是由司法机构或准司法机构主持或存在司法确认程序的判断，但其实，基于在线调解如何能和平台经营者的制度设计结合起来，其执行力度肯定会加强，如商家拒绝按照和解协议履行，则通过公示降低商家信誉等方式促进执行。执行问题不应该成为在线调解的阻碍。

（二）在线仲裁

所谓仲裁，是指发生争议的双方当事人，根据其在争议发生前或者争议发生后所达成的协议，自愿将该争议提交中立的第三者进行裁判的争端解决制度和方式。在线仲裁本质上仍是仲裁程序，是一种以电子通信方法进行大部分甚至全部仲裁聆讯的仲裁。在我国，一些仲裁机构已经开展网上仲裁业务。中国国际经济贸易仲裁委员会于2000年成立贸仲网上争议解决中心。贸仲委域名争议解决中心成立于2000年12月，于2005年7月同时启用“贸仲委网上争议解决中心”名称，并于2007年8月在保留“贸仲委域名争议解决中心”名称的同时正式以“贸仲委网上争议解决中心”名称对外开展工作，这是我国首次出现以互联网为依托在线解决纠纷的网站。贸仲委网上争议解决中心自成立以来，不断扩大纠纷解决的范围，从最初由中国互联网络信息中心授权解决中国域名争议，到以亚洲域名争议解决中心北京秘书处名义解决通用顶级域名争议，中心积累了丰富的网上争议解决的经验，将传统的仲裁程序应用于网络环境下。2009年贸仲委制定《中国国际经济贸易仲裁委员会网上仲裁规则》规定："本规则适用于解决电子商务争议，也可适用于解决当事人约定适用本规则的其他经济贸易争议。"

（三）法院 ODR

法院 ODR，是指法院的主要或绝大部分争议解决过程是利用网络信息技术完成，主要包括网上提交诉状、证据材料、授权委托手续、填写送达地址确认书、网上庭审以及网上调解等一系列动态的争议解决过程。实践中，主要有法院在线诉讼和法院在线调解两种形式。

1. 法院在线诉讼是解决电子商务纠纷的最后救济手段，属于典型的公力救济解决机制。网络在线诉讼的诉讼流程严格按照《民事诉讼法》的有关规定进行。针对网上在线诉讼，实践中已有一定的探索。2017 年 6 月 26 日上午，中央全面深化改革领导小组第三十六次会议召开，会议审议通过了《关于设立杭州互联网法院的方案》。2017 年 8 月 18 日杭州互联网法院挂牌成立，这是全国第一家集中审理涉网案件的试点法院。贯彻"网上案件网上审"的审理思维，将涉及网络的案件从现有审判体系中剥离出来，充分依托互联网技术，完成起诉、立案、举证、开庭、裁判、执行全流程在线化，实现便民诉讼，节约司法资源。融合机制创新与网络解纷，构建前置性指导化解、ODR、第三方调解、诉讼等多层次、多元化的涉网纠纷解决体系，专业、高效、便捷地处理涉网纠纷。

2. 法院在线调解，该种争议解决方式是法院在遵循《民事诉讼法》关于调解的规定的基础上，通过网络信息技术进行在线调解，该种调解方式产生的调解书与判决书一样，具有同等的法律效力。

二、网络交易争议解决方式的衔接

由于诉讼解决纠纷的程序严格、时间较长，且最终会面临执行难等问题，实践中不少纠纷当事人会寻求非诉讼争端解决方式。但是正如前文所述，非诉讼争端解决方式尽管快捷，但和解、调解协议并没有强制执行力。如果纠纷当事人不自觉履行和解、调解协议，再进行诉讼，这将浪费人力、物力，增加纠纷解决的成本。因此，有必要建立相应的诉讼与非诉讼争端解决方式对接机制。

2009 年公布了《最高人民法院关于建立健全诉讼与非诉讼相衔接的矛盾纠纷解决机制的若干意见》（以下简称《意见》），该《意见》对立案前行政机关、社会组织调解与诉讼的衔接、仲裁与诉讼的衔接及立案后行政机关、社会组织调解与诉讼的衔接等方面的衔接机制进行了规范，并扩大了赋予合同效力的调解协议的范围，鼓励行政调处、人民调解、商事调解、行业调解发展，促进构建起一套科学、系统、完整的诉讼与非诉讼相衔接的矛盾纠纷调处机制。在司法实践和理论上一般认为，争议解决方式的衔接制度主要包括以下几点内容：一是当事人选择其他非诉讼方式解决争议的，一方或双方有权放弃该种争议解决方式，向人民法院提起诉讼。二是当事人选择其他非诉讼方式解决争议，通过依法成立的调解机构达成调解协议或自行达成和解协议的，就调解协议或和解协议提起诉讼、调解协议效力的司法确认及强制执行，参照适用《人民调解法》和《民事诉讼法》的相关规定。三是当事人选择电子商务平台经营者在作为争议解决的主持人，当事人对平台经营者就纠纷做出的责任认定和处理决定持有异议的，可以向人民法院提起诉讼。当事人如果共同请求人民法院对该处理决定进行确认效力的，则可以请求人民法院强制执行该决定。

诉讼与非诉讼争端解决方式因参与主体的不同，处理结果的对接机制也非随意操作，只有满足一定条件才可以通过司法确认的形式强制执行非诉讼争端解决的处理结果。首先，争端当事人自愿共同接受调解和和解协议的司法确认，这是司法确认的前提条件。其次，调解和和解不一定要完全符合法律的规定，只要不违反法律的强制性规定即可，但是，调解协议的司法确认受到管辖权和法院受案范围的限制，当事人只有向具有管辖权的法院申请司法确认协议的效力。因此，只能通过配套制度完善“诉调对接”机制，而不能通过强制手段推行该对接机制。

三、电子商务纠纷的管辖

（一）网络交易环境下管辖权问题分析

行政机关、司法机关或仲裁机关享有对网络交易当事人或者网络交易行为的管辖权，是进行管辖和规范的前提。网络空间是一个没有疆域的、全球化活动空间，在网络交易的当事人不在同一区域，当事人突破传统地域管辖的限制，在网上从事电子商务交易行为，其管辖机构如何确定。网络空间具有虚拟性和相对自由性，在此种背景下，传统以地理位置为标准的管辖原则受到挑战。

（二）行政管辖

电子商务经营者的行为本质上仍是商业行为，该行为和传统商事行为一样，需要受到行政机关的监管。2014 年 1 月，原国家工商总局发布了《网络交易管理办法》，通过专章规定网络商品交易及有关服务监督管理，其对于管辖权的规定主要有以下几点：

1. 根据电子商务经营者种类的不同确定监管主体。第41 条第1 款规定：“网络商品交易及有关服务违法行为由发生违法行为的经营者住所所在地县级以上工商行政管理部门管辖。对于其中通过第三方交易平台开展经营活动的经营者，其违法行为由第三方交易平台经营者住所所在地县级以上工商行政管理部门管辖。第三方交易平台经营者住所所在地县级以上工商行政管理部门管辖异地违法行为人有困难的，可以将违法行为人的违法情况移交违法行为人所在地县级以上工商行政管理部门处理。”当然，这一管辖带来的问题是，第三方交易平台所在地区工商行政管理机关的工作量非常大，并且对于某些跨地域的纠纷也没有能力去管辖。

2. 新增指定管辖的规定。第 41 条第 2 款规定：“两个以上工商行政管理部门因网络商品交易及有关服务违法行为的管辖权发生争议的，应当报请共同的上一级工商行政管理部门指定管辖。”

3. 新增提级管辖的规定。第 41 条第 3 款规定：“对于全国范围内有重大影响、严重侵害消费者权益、引发群体投诉或者案情复杂的网络商品交易及有关服务违法行为，由国家工商行政管理总局负责查处或者指定省级工商行政管理局负责查处。”

4. 明确对网络消费者投诉的管辖。第 42 条规定：“网络商品交易及有关服务活动中的消费者向工商行政管理部门投诉的，依照《工商行政管理部门处理消费者投诉办法》处理。”2014 年 2 月发布的《工商行政管理部门处理消费者投诉办法》第 6 条规定：“消费者投诉由经营者所在地或者经营行为发生地的县（市）、区工商行政管理部门管辖。消费者因网络交易发生消费者权益争议的，可以向经营者所在地工商行政管理部门投诉，也可以向第三方交易平台所在地工商行政管理部门投诉。”

（三）司法管辖

各国法律对管辖权的规定不尽相同，根据我国《民事诉讼法》及其司法解释的规定，诉讼管辖的依据主要有以下三个基础：地域基础；当事人国籍基础；当事人意志基础。从互联网的特性来看，网络使得传统以地域为界的管辖陷入适用困境。

1. 网络交易合同诉讼管辖权的确定

（1）当事人协议管辖

根据我国《民事诉讼法》第 34 条关于协议管辖的规定，合同或者其他财产权益纠纷的当事人可以书面协议选择被告住所地、合同履行地、合同签订地、原告住所地、标的物所在地等与争议有实际联系的地点的人民法院管辖，但不得违反本法对级别管辖和专属管辖的规定。电子交易同样也应适用该条所确立的协议管辖原则。同时，根据《中华人民共和国民事诉讼法》司法解释（以下简称《民事诉讼法》司法解释）第 30 条的规定，如果约定了两个以上与争议有实际联系的地点的人民法院管辖，原告可以向其中一个人民法院起诉。

（2）当事人未协议管辖

如果当事人对于管辖法院的约定条款无效或者没有选择管辖法院时，按照《民事诉讼法》第 23 条之规定，因合同纠纷提起的诉讼，由被告住所地或者合同履行地人民法院管辖。由此可见，此时管辖法院一是“被告住所地”；二是“合同履行地法院”。与传统的线下交易不同的是，线下交易的当事人住所地一般都在一定区域内，但是网络交易当事人的住所地往往相隔甚远。而且，在网络交易中，更多的纠纷是消费者起诉平台内的经营者，此时如果选择被告住所地作为管辖法院将对消费者行使权利产生较大成本。所以，多数情况下，消费者选择“合同履行地”作为管辖法院。

合同履行地的判定标准因合同交易标的等因素有所差异，根据《民事诉讼法》司法解释第20条的规定，以信息网络方式订立的买卖合同，通过信息网络交付标的的，以买受人住所地为合同履行地；通过其他方式交付标的的，收货地为合同履行地。合同对履行地有约定的，从其约定。由此可见，网络交易中，管辖法院的确定有以下几种方式：第一，如果合同标的是虚拟物品并通过信息网络交付，则消费者住所地为合同履行地，即消费者住所地法院有管辖权。第二，如果合同标的是实物，而且通过快递等传统方式交付的，则收货地是合同履行地，现实中一般是以商家送货上门或消费者就近快递点提货，故收货地通常是消费者住所地，即消费者住所地法院有管辖权。

实践中，电子商务平台经营者一般会采用格式合同的形式对管辖权问题进行约定。同时，依据《民事诉讼法》司法解释第31条之规定，经营者使用格式条款与消费者订立管辖协议，未采取合理方式提请消费者注意，消费者主张管辖协议无效的，人民法院应予支持。如果消费者据此主张电子商务平台经营者关于管辖法院的约定条款无效并得到法院支持，则应依据当事人没有约定管辖法院的情形，来确定管辖法院。

2. 网络交易侵权诉讼管辖权的确定

电子商务网络交易中也会发生侵权问题，如因产品缺陷造成的消费者人身损害。根据《民事诉讼法》第28条之规定，因侵权行为提起的诉讼，由侵权行为地或者被告住所地人民法院管辖。网络交易侵权的管辖法院也有两种：一是“侵权行为地”法院；二是“被告住所地”法院。在网络交易中，多数情况是消费者起诉平台内的经营者，就“被告住所地”法院而言，现实中地理距离很远，这对于消费者维护自身合法权益成本太大。所以“侵权行为地”法院在多数情形中对消费者有利。问题的关键是，在网络交易环境中，如何认定“侵权行为地”。根据《民事诉讼法》司法解释第24条之规定，侵权行为地，包括侵权行为实施地、侵权结果发生地。其第25条进一步规定，信息网络侵权行为实施地包括实施被诉侵权行为的计算机等信息设备所在地，侵权结果发生地包括被侵权人住所地。即对于网络交易侵权而言，“实施被诉侵权行为的计算机等信息设备所在地”法院和“被侵权人住所地”这两个地方的法院都有管辖权。

其实，根据侵权行为种类的不同，在侵权行为地的认定上会有所不同。如《最高人民法院关于审理侵害信息网络传播权民事纠纷案件适用法律若干问题的规定》第15条规定，侵权行为地包括实施被诉侵权行为的网络服务器、计算机终端等设备所在地。侵权行为地和被告住所地均难以确定或者在境外的，原告发现侵权内容的计算机终端等设备所在地可以视为侵权行为地。《最高人民法院关于审理涉及计算机网络域名民事纠纷案件适用法律若干问题的解释》第2条第1款规定，涉及域名的侵权纠纷案件，由侵权行为地或者被告住所地的中级人民法院管辖。对难以确定侵权行为地和被告住所地的，原告发现该域名的计算机终端等设备所在地可以视为侵权行为地。

四、域外电子商务争端解决制度

就电子商务争议解决机制，欧盟、美国等一些国家进行了积极的探索。欧盟以直接立法的形式，修改了《布鲁塞尔公约》关于消费者管辖权的规定，使之明确适用于电子商务环境。在执行方面，欧盟为了避免司法执行，一些在线争议解决服务设计了有效的自我执行机制。美国则以判例的形式，逐步探索在互联网交易环境下如何发展传统的州际私法管辖权规则，在最低联系标准和长臂管辖的基础上，出于对互联网特性的考虑，根据被告在网上从事商业活动的性质与客户进行信息交流的互动水平，创立了“按比例增减法”。日本在正度经济产业省的委托下，由电子商务协会创设了互联网交易纠纷咨询室。纠纷咨询室的主要职责是为当事人之间的网络交易纠纷提供争议解决的支持，如制度规则咨询、调解、建议、仲裁等，专业的机构提供专业的制度解决机制，这种运行模式有利于健康发展的电子商务环境的形成，同时纠纷处理案例的集中化分析促进了纠纷解决机制的进一步完善，且缓解法院的诉讼压力，切实解决实践中出现的问题。

目前各国都在探索电子商务领域中争议解决机制的发展，虽然各国电子商务纠纷集中点会有所差异，但从他国的制度设计中能带给我们以下几点启示。第一，选取纠纷解决方式的观念要更新，目前我国纠纷解决的主要途径是诉讼和仲裁，而对于其他种类的争议解决机制，消费者对其缺乏足够的认知，了解甚少，因此，必须加强对其他争议解决机制的宣传。第二，制度保障是获得长久永续发展的必要条件，在制度构建过程中，应借鉴其他国家的先进经验和技术，要在电子商务中加强诚信建设，构建良好的电子商务诚信监管体制。第三，对纠纷解决机制的处理结果执行问题，不仅仅传统诉讼、仲裁的处理结果有执行难的问题，其他争议解决机制也面临处理结果执行难的问题，因此，应加强非诉讼争议解决机制和诉讼争议解决机制的衔接问题。

相关案例

电子商务经营者特价促销以“重大误解”强行撤单败诉

2011年8月9日，当当网推出“当当亲子团好书好礼72小时抢购”活动。为此，很多网友从当天零时开始就守在电脑前跃跃欲试。但在许多消费者成功下单后，却即刻传出了当当网单方面取消订单的消息。当当网客服第一时间给出的解释是，系统更新不及时，导致缺货只能撤单。但网友随后发现，当当网很快恢复了原价售卖，并非真缺货。2011年8月22日，众多消费者将当当网投诉到东城工商分局。消费者更是将当当网诉至法院索赔，并要求交还他们订购的图书。2011年12月5日，东城法院一审确认前两笔合同未成立，而第三笔成交订单，当当网在特价促销的情景下“重大误解”的主张不成立，应按照双方成交的合同，向消费者发货，并赔偿其公证费用。一审判决后，当当网不服提起上诉，2012年7月3日，二审法院驳回上诉，维持原判。

相关立法与规定

1. **《消费者权益保护法》**

第39条　消费者和经营者发生消费者权益争议的，可以通过下列途径解决：

（一）与经营者协商和解；

（二）请求消费者协会或者依法成立的其他调解组织调解；

（三）向有关行政部门投诉；

（四）根据与经营者达成的仲裁协议提请仲裁机构仲裁；

（五）向人民法院提起诉讼。

2.《消费者权益保护法实施条例》

第54条第1款和第2款 有关行政部门受理消费者投诉后，按照下列方式处理并告知消费者：

（一）当事人同意调解的，组织调解；

（二）督促指导经营者主动与消费者协商和解；五个工作日内经营者不能与消费者协商和解的且当事人同意调解的，应当组织调解；

（三）依法委托消费者协会、人民调解委员会或者依法成立的其他消费者组织调解。

有关行政部门处理其职权范围内受理的消费者投诉，进行调解的，应当在受理消费者投诉之日起六十日内终结调解；调解不成的应当终止调解。

3.《产品质量法》

第47条 因产品质量发生民事纠纷时，当事人可以通过协商或者调解解决。当事人不愿通过协商、调解解决或者协商、调解不成的，可以根据当事人各方的协议向仲裁机构申请仲裁；当事人各方没有达成仲裁协议或者仲裁协议无效的，可以直接向人民法院起诉。

4.《民事诉讼法》

第23条 因合同纠纷提起的诉讼，由被告住所地或者合同履行地人民法院管辖。

第28条 因侵权行为提起的诉讼，由侵权行为地或者被告住所地人民法院管辖。

第34条 合同或者其他财产权益纠纷的当事人可以书面协议选择被告住所地、合同履行地、合同签订地、原告住所地、标的物所在地等与争议有实际联系的地点的人民法院管辖，但不得违反本法对级别管辖和专属管辖的规定。

5.《最高人民法院关于适用〈中华人民共和国民事诉讼法〉的解释》

第24条 民事诉讼法第二十八条规定的侵权行为地，包括侵权行为实施地、侵权结果发生地。

第 25 条 信息网络侵权行为实施地包括实施被诉侵权行为的计算机等信息设备所在地，侵权结果发生地包括被侵权人住所地。

《最高人民法院关于审理侵害信息网络传播权民事纠纷案件适用法律若干问题的规定》

第 15 条 侵害信息网络传播权民事纠纷案件由侵权行为地或者被告住所地人民法院管辖。侵权行为地包括实施被诉侵权行为的网络服务器、计算机终端等设备所在地。侵权行为地和被告住所地均难以确定或者在境外的，原告发现侵权内容的计算机终端等设备所在地可以视为侵权行为地。

6. **《最高人民法院关于审理涉及计算机网络域名民事纠纷案件适用法律若干问题的解释》**

第 2 条第 1 款 涉及域名的侵权纠纷案件，由侵权行为地或者被告住所地的中级人民法院管辖。对难以确定侵权行为地和被告住所地的，原告发现该域名的计算机终端等设备所在地可以视为侵权行为地。

第六十一条 【平台经营者协助消费者维权的义务】

消费者在电子商务平台购买商品或者接受服务，与平台内经营者发生争议时，电子商务平台经营者应当积极协助消费者维护合法权益。

条文主旨

本条规定的是平台经营者协助消费者维护合法权益的义务。

条文释义

一、立法理由

虽然电子商务平台既不是消费者权益保护的主要责任人，也不是电子商务的合同当事人，但是电子商务平台在提供服务的过程中，不仅从中受益，而且平台经营者拥有技术或经营、管理上的优势，可以更好地协调与处理网络交易纠纷。由于信息的虚拟化和信息的不对称性，在网络交易中，消费者的权益不仅容易受到平台内经营者的侵犯，而且在受到侵犯时无法有效地维护自身的合法权益。因此，本条结合实践中平台经营者惯常实践模式，明确规定当消费者与其平台内经营者之间发生纠纷时，平台经营者应积极协助消费者维护其合法权益。

二、条文解读

（一）协助义务内容

平台经营者的协助义务内容按照消费者和经营者在网络交易中阶段的不同会有所不同，根据本条，平台经营者协助消费者维护合法权益的条件是：第一，消费者是通过该平台购买商品或者接受服务；第二，消费者因购买商品或者接受服务与平台内经营者发生争议。在此阶段平台的协助义务主要有以下几项：第一，如果消费者请求平台经营者依法依约介入调解处理，则平台经营者应按照规定和约定，通过事先签订的服务协议或者交易规则中的争议解决机制处理本次网络交易纠纷。第二，如果消费者希望采取其他救济方式，如诉讼、仲裁等，则平台经营者应如实提供平台内经营者的身份信息和交易记录信息，配合诉讼或仲裁机构实现裁判结果的执行等方面工作。第三，当消费者向有关部门，如市场监督管理局、消费者协会等举报、投诉平台内经营者，有关部门在调查和处理投诉、举报事项时，平台经营者应依法提供真实的有利于反映经营实况的信息，配合有关部门解决消费者纠纷。第四，在法院诉讼过程中，平台经营者应依法、依约提供有利于法院查清案件真实情况的信息，不得偏袒交易的任何一方，协助法院送达裁判文书等工作。第五，建立一整套的纠纷解决机制，从事前、事中、事后等各个阶段，协助消费者维护自身合法权益的同时，应保证争议处理结果能得到切实执行。以上的罗列只是对现实中平台经营者一般性义务的总结，实践中在各种具体情形下，平台经营者的义务虽有所不同，但都是从中立的角度，协助消费者维护自身合法权益，并非偏袒消费者一方。

（二）协助义务的性质

当消费者和平台内的经营者发生网络交易纠纷时，根据本条，平台经营者的积极协助义务是法定强制性义务。平台经营者的积极协助义务不得在当事人之间签订的合同中被免除，协议中有关平台经营者的积极协助义务只能被细化，不得被不当削减。并且平台经营者在协助消费者维护合法权益时，应采取积极主动的态度和措施，而非消极被动，并非一定要消费者反复请求才履行义务，而应从消费者合法权益和及时解决纠纷的角度，在适当的时机采取积极有效的措施。

相关案例

广东省高级人民法院对网络交易中“明确的被告”的认定

广东省高级人民法院在“时仲波侵害外观设计专利权纠纷”二审民事裁定书中对一审原告是否提供详细信息以符合“明确的被告”，法院认为：时仲波在起诉状中列写的被告邹江传等10人的信息除姓名外，无出生日期、住所等具体信息，不能确定明确的被告。对此，已告知时仲波在限期内予以补正，但其补正的被告信息为浙江淘宝网络有限公司（以下简称淘宝公司）单方制作，在无身份证复印件等权威机构出具的身份信息资料予以佐证的情况下，无法确定被告姓名及身份证号的真实性，并且时仲波提交的补正材料中未显示被告的明确住所信息，不足以认定为有明确的被告。因此，时仲波的起诉不符合法律规定的起诉条件，依法应驳回起诉。依照《中华人民共和国民事诉讼法》第119条第（2）项、第154条第1款第（3）项以及《最高人民法院关于适用〈中华人民共和国民事诉讼法〉的解释》第208条第3款、第209条之规定，裁定驳回时仲波的起诉。

相关立法与规定

1.《网络交易管理办法》

第28条　第三方交易平台经营者应当建立消费纠纷和解和消费维权自律制度。消费者在平台内购买商品或者接受服务，发生消费纠纷或者其合法权益受到损害时，消费者要求平台调解的，平台应当调解；消费者通过其他渠道维权的，平台应当向消费者提供经营者的真实的网站登记信息，积极协助消费者维护自身合法权益。

2. **《网络购物服务规范》**

6.1.7 交易纠纷处理规定：网络购物交易双方都应保存好与交易相关的原始记录，以备发生纠纷时核对。

网络购物交易方发生纠纷时，网络购物平台提供商和网络支付平台提供商等应积极协助权益被侵害者与有关交易方进行纠纷协调解决。

6.2.9 交易纠纷处理规定：网络购物平台提供商应提供必要的网上纠纷处理机制和申诉渠道，当交易关联方合法权益受到侵害时，网络购物平台提供商应积极协助权益被侵害方进行信息取证。

网络购物交易方发生纠纷时，网络购物平台提供商等应积极协助权益被侵害方与有关交易方进行纠纷协调解决，有效保证各参与交易方的利益不被侵害。

3. **《第三方电子商务交易平台服务规范》**

消费者在网络交易平台购买商品或者接受服务，发生消费纠纷或者其合法权益受到损害的，平台经营者应当向消费者提供站内经营者的真实的网站登记信息，积极协助消费者维护自身合法权益。

第六十二条 【原始合同和交易记录的提供义务】

在电子商务争议处理中，电子商务经营者应当提供原始合同和交易记录。因电子商务经营者丢失、伪造、篡改、销毁、隐匿或者拒绝提供前述资料，致使人民法院、仲裁机构或者有关机关无法查明事实的，电子商务经营者应当承担相应的法律责任。

条文主旨

本条规定的是电子商务经营者提供原始合同和交易记录的义务及不履行该义务的后果。

条文释义

一、立法理由

在电子商务活动中，消费者在平台内购买商品或接受服务，与平台内经营者签订电子合同。无论将来是发生合同纠纷还是侵权纠纷，为了还原交易的真实情况，需要提前采取措施记录交易过程。对于消费者而言，其不具备建立数据保存和交易记录的能力，而对于电子商务经营者而言，不管是网络交易的相对方，还是平台经营者，都有能力建立保存该种证据的系统。因此，本条规定了电子商务经营者对网络交易的原始合同和交易记录的提供义务，如果不能提供并因此导致涉案真实情况无法被查清的，电子商务经营者应当承担相应的法律责任。

二、条文解读

（一）信息提供义务的主体

2014年，原国家工商行政管理总局发布的《网络交易管理办法》明确了关于电子化交易信息妥善保管义务的规定，但有关规定仅仅要求电子商务平台经营者承担相关的义务，对其他主体未提出要求。但事实上，除平台经营者以外的一般经营者才是网络交易的直接当事人，其对交易的原始合同和交易记录的保存能力也强于消费费者。因此，本次立法同时对电子商务经营者的三类主体附加信息提供义务，有助于消费者更好地维护自身的合法权益，也有助于电子商务经营者进一步完善有关信息保存的机制，推动网络交易纠纷的顺利解决。

（二）信息提供义务的内容

1. 原始合同妥善保管及如实提交义务

网络交易原始合同对于消费者知悉详细的消费过程，维护自身合法权益具有重要的作用。传统交易环境中，交易合同以纸质文件形式存在，且该类文件一般有签字生效的约定，故容易获取其去向。而电子商务网络交易的发展实现了一系列的无纸化和信息化操作，传统线下交易模式中的纸质合同被电子化。电子化合同相较于传统纸质合同易于保存和查找，但是也具有更加容易灭失的风险。一旦发生消费者权益争议，这些原始合同对于案件事实的证明是至关重要的。因此，电子商务经营者应当对无纸化原始合同的完整性、安全性和真实性负责。当发生消费者权益争议时，这些原始合同是查清案件事实的重要证据材料，电子商务经营者应当如实提供相应的合同，否则将有可能承担不利的后果。

2. 交易记录妥善保管及如实提交义务

传统线下交易中，当事人一般很少采取措施保存交易记录。就网络交易而言，交易记录有助于查明交易的真实信息，避免因无迹可寻导致关于交易是否实际发生产生争议。保证交易记录的完整性和真实性是电子商务经营者应当承担的主要义务，否则可能会承担因事实不清而产生的不利后果。

（三）违反义务的表现形态

电子商务经营者违反原始合同和交易记录的提供义务的表现形式多种多样，本法主要规定了以下几种情形。（1）丢失、伪造、篡改、销毁、隐匿原始合同或者交易记录，该种情形中不考虑电子商务经营者主观态度如何，只要查明电子商务经营者客观上对原始合同或交易记录行使前述行为并导致案件事实无法查清的，即应承担责任。（2）拒绝提供，是指电子商务经营者客观上保管着原始合同或者交易记录，但是基于其他目的性考虑，拒绝向有关部门提供材料。

（四）责任的内容

电子商务经营者违反义务不提供原始合同和交易记录，导致案件事实无法查清的，需要承担责任。但是关于电子商务经营者应当承担的责任的性质，需要注意以下几点：

1. 责任的独立性

电子商务经营者违反原始合同和交易记录的提供义务导致案件事实无法查明，这是电子商务法针对网络交易对电子商务经营者新增的一项义务，电子商务经营者承担责任的前提也是违反本条规定的行为义务，行为人违反义务承担的责任具有法定独立性。该种法律责任与电子商务经营者违反合同义务、行政法规、规章应承担的赔偿责任、先行赔偿责任或者其他行政责任是具有独立性的。

2. 责任的豁免

电子商务经营者承担保管和提供义务是基本原则，但如果当事人或者有关部门通过其他途径查清案件事实，在这种情况下，即使电子商务经营者没有履行材料提供义务也不承担本条规定的相应的法律责任。但不排除电子商务经营者会依据其他法律承担一定的法律责任。

相关立法与规定

1. 《网络交易管理办法》

第30条　第三方交易平台经营者应当审查、记录、保存在其平台上发布的商品和服务信息内容及其发布时间。平台内经营者的营业执照或者个人真实身份信息记录保存时间从经营者在平台的登记注销之日起不少于两年，交易记录等其他信息记录备份保存时间从交易完成之日起不少于两年。

第三方交易平台经营者应当采取电子签名、数据备份、故障恢复等技术手段确保网络交易数据和资料的完整性和安全性，并应当保证原始数据的真实性。

2. 《商务部关于网上交易的指导意见》

第三（一）8规定　交易各方可以自行保存各类交易记录，以作为纠纷处理时的证据。大宗商品、贵重商品与重要服务的交易，可以生成必要的书面文件或采取其它合理措施留存交易记录。

3. 《网络商品交易及有关服务行为管理暂行办法》

第29条　提供网络交易平台服务的经营者应当审查、记录、保存在其平台上发布的网络商品交易及有关服务信息内容及其发布时间。经营者营业执照或者个人真实身份信息记录保存时间从经营者在网络交易平台的登记注销之日起不少于两年，交易记录等其他信息记录备份保存时间从交易完成之日起不少于两年。

提供网络交易平台服务的经营者应当采取数据备份、故障恢复等技术手段确保网络交易数据和资料的完整性和安全性，并应当保证原始数据的真实性。

第六十三条　【在线争议解决机制】

电子商务平台经营者可以建立争议在线解决机制，制定并公示争议解决规则，根据自愿原则，公平、公正地解决当事人的争议。

条文主旨

本条是关于电子商务平台经营者建立在线争议解决机制处理当事人争议的规定。

条文释义

一、立法理由

我国电子商务经过长期发展，目前已经进入高速、稳定发展时期。人们购买商品或接受服务逐渐从“线下”的实体店转向“线上”的电子商务平台，此种交易模式是实体交易与互联网技术的融合，具有当事人双方交易信息的不对称性、当事人住所距离遥远、交易标的额较小、交易量较大等特征。发生纠纷后，如果采用传统的自行协商、调解、仲裁、诉讼等争议解决机制，则可能产生争议解决成本高昂、管辖难确定等问题。为此，电子商务平台经营者陆续建立起平台内部的在线交易争议解决机制，消费者通过“线上”的投诉、举报、申请，电子商务平台经营者居中公正处理电子商务平台内的经营者与消费者之间的争议。

我国专业性的在线争议解决机构处于理论探讨阶段，实践发展较为缓慢。在电子商务交易纠纷中常见的解决方式是由电子商务平台经营者在线处理，如淘宝的《淘宝平台争议处理规则》、eBay的在线纠纷解决中心等，该种模式适应了电子商务快速发展的要求。在制度层面上，已经有相关的政府部门规章对电子商务平台经营者建立纠纷解决机制作出规定，《电子商务法》结合国内外立法实践在本条中规定电子商务平台经营者可以建立网络交易在线解决机制。基于共治原则以及电子商务平台经营者的属性和功能，鼓励、支持平台经营者作为市场举办方承担处理当事人纠纷的职责，有利于电子商务经济的可持续健康发展。

二、条文解读

（一）在线争议解决的主体

电子商务平台经营者建立的在线争议解决机制一般涉及三方主体，电子商务平台经营者、消费者和电子商务平台内经营者。在主体制度方面，我们需要注意以下两点。

1.《电子商务法》规定电子商务平台经营者可以建立争议在线解决机制，“可以”这一法律术语表明建立争议在线解决机制不是强制性义务，因此，即使平台经营者未建立争议在线解决机制，消费者及电子商务平台内经营者也无权要求平台经营者在线解决争议。由此可见，我们可以将平台经营者建立争议在线解决机制看作是一项服务而非强制性义务。

2. 电子商务网络交易中，网络的虚拟性导致交易双方当事人信息不对称性，正如本法第61条规定，消费者在电子商务平台购买商品或者接受服务，与平台内经营者发生争议时，电子商务平台经营者应当积极协助消费者维护合法权益。因此，电子商务平台经营者即使不建立争议在线解决机制，也应当积极协助消费者维护合法权益，如积极提供平台内的经营者信息，畅通消费者与平台内经营者之间的沟通渠道。这些义务都是法律对平台经营者的强制性规定。

（二）在线争议解决的方式

电子商务平台经营者的争议在线解决机制是建立在替代性争议解决方式的基础上的，就电子商务平台经营者的争议在线解决机制而言，其争议解决方式主要是在线调解和在线决定。

1. 在线调解，当在线和解无法达成和解协议时，当事人往往会寻求在线调解，就电子商务平台经营者建立的争议在线解决机制而言，所谓在线调解，是指一方当事人向在线调解中心提出申请，然后由调解中心联系双方当事人，并由中心指定的调解员负责调解当事人之间的纠纷，整个调解过程采用电子邮件、聊天室、视频会议等方式进行。与线下调解相比，共同之处在于调解的前提是当事人同意调解，二者最大的区别在于交流方式的不同。

2. 在线决定，如果当事人同意电子商务平台经营者根据其争议解决规则对纠纷直接作出决定、或者调解不成作出决定的，则平台经营者有权在相应情况下就争议作出处理决定。此时平台经营者可以单方做出认定并作出相应的处罚措施，如对消费者不予退款或者对平台内经营者予以警告等。

（三）在线争议解决的依据

纠纷的解决以遵循一定规则为前提，网络交易纠纷由电子商务平台经营者在线解决的前提是平台经营者制定并公开该争议解决规则。因此，对争议解决规则，应从以下两个方面理解。

1. 通过平台解决争议是市场自治的体现，在消费者享有自主选择权的同时，解决争议的具体规则应由电子商务平台经营者制定，法律无法也不应进行刚性的统一规定。

2. 平台经营者制定的争议解决规则只是单方产物，只有满足程序和内容合法的前提下才能对交易双方产生约束。第一，程序合法性是指平台经营者制定的争议解决规则必须公示，并且修改交易规则之后也必须及时公示，公示制度保证平台经营者的交易双方当事人对于平台规则的制定和修改享有知情权。第二，内容合法性是指交易规则的内容不得违反法律、行政法规的强制性规定，否则无效。

（四）在线争议解决的原则

电子商务平台经营者建立的争议在线解决机制是一种替代性争议解决制度，因此其必须遵循双方当事人的自愿原则方可实施该制度。同时，在争议解决过程中，平台经营者充当“裁判者”的角色，故公平、公正原则是保证彻底处理纠纷的必要条件。

1. 就自愿原则而言，自愿原则涉及程序上的自愿和内容上的自愿。第一，程序的自愿性。平台经营者建立的在线争议解决机制具有民间性、自愿性的特点，应允许当事人选择不同的争议解决规则，也允许双方或一方退出在线争议解决程序，平台经营者不可以强制要求平台内的消费纠纷必须交由平台经营者解决。实践中，主要存在三种做法，一是，电子商务平台经营者事先提示用户（包括消费者和平台内的经营者）纠纷发生后必须接受平台的介入并配合调解，只有消费者同意该条件，才能进入平台进行网络交易。

二是，在用户进入电子商务平台之时，提供选项，由用户自主决定是否接受争议解决机制。三是，在纠纷发生后，消费者同意平台经营者的介入进行调解，并同意受调解协议的约束。第二，内容的自愿性，是指网络交易双方当事人自愿形成与选择调解方案，平台经营者不能“强调硬捏”，也不能把自己的调解方案强加于当事人。

2. 在线争议解决机构具有中立性的特点，中立、公正、独立处理纠纷是平台经营者解决纠纷的应有之义。虽然理论上对平台经营者在处理争议中的正当性、中立性、合法性存在质疑，实践中，一般消费者往往会认为电子商务平台经营者与平台内经营者之间由于存在利害关系，是同一利益主体。同时，由于平台经营者缺乏公正性、专业性等，因此，在发生网络交易纠纷后，消费者往往会选择诉讼、仲裁或行政调解等方式解决争议。但是，平台经营者在处理网络交易纠纷中发挥的巨大作用是不争的事实。由本法第 37 条的规定可得知，电子商务平台经营者也会在其平台上开展自营业务，此时一旦因自营业务与消费者发生争议，理论上认为对于与其存在利害关系的网络交易纠纷，就不具有单方做出认定并作出相应的处罚的权力和正当性，但实践中对上述两种情形并未做出明确区分，本次立法也未加以规定。

当然，电子商务争议在线解决机制主要是为了给当事人提供多种解决途径，我们应当尊重当事人的选择，保护当事人的实体权利。

（五）在线争议解决与司法救济

平台经营者建立的争议解决机制带有一定的内部自律性质，关于这种救济机制与司法救济的关系，应至少注意以下两点：

1. 处理结果的执行

不同于司法机关仲裁机构，平台经营者是当事人通过一定方式同意其处理争议的第三方。一般情况下，平台经营者作出的决定或者和解协议没有强制履行力，但是为了保证通过平台经营者处理争议所达成的调解协议或者作出的决定能够得到当事人的履行，需要规定履行调解协议或处理决定的约束措施。实践中平台经营者已经形成了一套比较完整的电子商务网络社区约束措施，如商品或店铺搜索降权、商品下架、店铺监督、扣分处罚等约束监督措施以及信用评价、信息披露等。

2. 平台在线处理与诉讼关系

平台经营者不是司法机关和法定仲裁机构，所以此种争议解决方式不应当排除司法管辖的效力。在我国，部分平台经营者的争议解决规则中规定当事人对处理结果不服的，可以提起诉讼，对此模式应当予以认可。实践中，平台经营者一般在规则中规定，平台经营者并非司法机关，不对做出的争议处理结果承担任何责任。有观点认为该种规定显然淡化了平台经营者的责任，平台经营者只有权力没有义务。本书认为，在认可平台服务提供者解决纠纷义务的同时，若要求其承担处理决定错误的法律风险，对其过苛，反而不利于其主动去处理纠纷，不利于电子商务的发展。因此，除平台经营者有故意或重大过失的外，不应对其科以处理错误的责任追究制度，只要求其根据法院生效判决对处理结果做出相应调整即可。

相关案例

一、浙江省“在线矛盾纠纷多元化的平台”

据《澎湃新闻》报道，2018年1月9日上午，“在线矛盾纠纷多元化解平台（ODR）”上线运行工作会议在浙江省高级人民法院举行，就此推广平台的实际应用。作为全国首个、也是目前唯一一个纠纷化解网络一体化平台，其依托互联网技术、人工智能和大数据，将线下的纠纷解决模式搬到线上，将在线咨询、评估、调解、仲裁、诉讼五大功能有机结合。通过线上汇集近万名调解人员，向在线调解、在线仲裁、在线诉讼层层递进，使矛盾纠纷不断被过滤和分流，形成漏斗形的矛盾纠纷解决模式，最大程度先行化解纠纷，减少进入诉讼程序的案件。

二、杭州市中级人民法院等四家法院专设电子商务网上法庭

根据《浙江省高级人民法院关于同意杭州市中级人民法院等四家法院专设电子商务网上法庭的批复》（浙高法〔2015〕50号）：同意专设杭州市中级人民法院电子商务网上法庭、杭州市西湖区人民法院电子商务网上法

庭、杭州市滨江区人民法院电子商务网上法庭，以及杭州市余杭区人民法院电子商务网上法庭。“浙江法院电子商务网上法庭”以网络服务平台为依托，把诉讼的每一个环节都搬到网络，起诉、立案、举证、开庭、裁判都可在线上完成，使电子商务纠纷可以更加快捷地得到处理，提高审判效率，节约司法资源。

三、eBay 在线纠纷解决中心的设计理念与机制

eBay 成立于 1995 年，是一家提供 C2C 在线销售服务的跨国电子商务公司，也是全球最大的电子商务平台之一。在快速增长的解决纠纷需求之下，eBay 根据互联网平台纠纷的特点，于 2010 年创建了 eBay 在线纠纷解决中心，为客户提供便捷、高效的在线解决服务。近年来，该中心每年处理至少 6000 万件纠纷，预计今年将突破 1 亿件。eBay 在线纠纷解决中心的成功在于：第一，eBay 本身不参与交易活动，可以保证其纠纷解决过程中天然的公正和中立。第二，eBay 平台属性让它可以全面掌握双方的用户信息和交易信息，从开始交易到最终纠纷化解都与当事人保持良好的沟通。同时，它还能通过自动追踪系统预防纠纷产生以及矛盾升级。第三，eBay 旗下的 PayPal 是 eBay 的第三方交易平台，为交易安全保驾护航；此外，PayPal 也可以强制划款，确保纠纷解决结果顺利执行。（赵蕾 黄鹂《人民法院报》）

相关立法与规定

1. **《网络交易管理办法》**

第 28 条　第三方交易平台经营者应当建立消费纠纷和解和消费维权自律制度。消费者在平台内购买商品或者接受服务，发生消费纠纷或者其合法权益受到损害时，消费者要求平台调解的，平台应当调解；消费者通过其他渠道维权的，平台应当向消费者提供经营者的真实的网站登记信息，积极协助消费者维护自身合法权益。

2. **《第三方电子商务交易平台服务规范》**

第 4.3　鼓励依法设立和经营第三方交易平台，鼓励构建有利平台发展的技术支撑体系。鼓励平台经营者、行业协会和相关组织探索电子商务信用

评价体系、交易安全制度，以及便捷的小额争议解决机制，保障交易的公平与安全。

第5.6 平台经营者应提供规范化的网上交易服务，建立和完善各项规章制度，包括但不限于下列制度：……（8）争议解决机制……

3.《网络零售第三方平台交易规则制定程序规定（试行）》

第7条 网络零售第三方平台经营者制定或修改的交易规则，应当在网站主页面醒目位置公开征求意见，并应采取合理措施确保交易规则的利益相关方及时、充分知晓并表达意见，通过合理方式公开收到的意见及答复处理意见，征求意见的时间不得少于七日。

4.《中国国际经济贸易仲裁委员会仲裁规则（2015版）》

第55条 关于裁决的履行规定：（一）当事人应依照裁决书写明的期限履行仲裁裁决；裁决书未写明履行期限的，应立即履行。

（二）一方当事人不履行裁决的，另一方当事人可以依法向有管辖权的法院申请执行。

《中国广州仲裁委员会小额网购纠纷网络仲裁专门规则》

第3条 关于达成网络仲裁条款规定：消费者、销售者、网络交易平台提供者在服务协议中达成选择本会进行网络仲裁条款，或者在发生纠纷后通过在本会网络仲裁平台注册并签署网络仲裁条款的，视为选择适用本专门规则进行仲裁。

第五章　电子商务促进

第六十四条　【电子商务的发展规划与产业政策】

国务院和省、自治区、直辖市人民政府应当将电子商务发展纳入国民经济和社会发展规划，制定科学合理的产业政策，促进电子商务创新发展。

条文主旨

本条是关于将电子商务发展纳入发展规划与制定产业政策的规定。

条文释义

本章规定了国家促进电子商务发展的各项措施，体现了《电子商务法》促进法的性质。正在发展壮大的过程中的电子商务需要国家的支持和法律的保障。为肯定、鼓励和支持电子商务的发展，本章条款将促进其发展的政策性措施以法律的形式确立下来，赋予其法律的效力，为电子商务的长远发展提供保障。其中，本条规定的是通过纳入国民经济和社会发展规划，制定科学合理的产业政策，促进电子商务的创新发展。创新是引领发展的第一动力，促进电子商务创新发展，是保障电子商务领域持续、稳定、强健、优势发展的战略性考量。为实现这一目标，本条规定了以下两个措施：

一、纳入国民经济和社会发展规划

国民经济和社会发展规划是国家加强和改善宏观调控的重要手段，也是政府履行经济调节、市场监管、社会管理和公共服务职责的重要依据。根据《国务院关于加强国民经济和社会发展规划编制工作的若干意见》，国民经济和社会发展规划按行政层级可分为国家级规划、省（区、市）级规划、市县级规划，本条规定了国家级和省级政府（包括自治区、直辖市政府）

将电子商务发展纳入规划的义务。

将电子商务发展纳入国民经济和社会发展规划是客观经济发展的需要。电子商务虽然发展历程较短，但发展速度非常之快，广泛渗透到生产、流通、消费及民生等领域，在培育新业态、创造新需求、拓展新市场、促进传统产业转型升级、推动公共服务创新等方面发挥着重要作用，成为国民经济和社会发展新动力。根据中国电子商务协会发布的《中国电子商务发展报告（2016—2017)》，2016 年，我国电子商务交易额 26.1 万亿元人民币，其中实物商品网上零售额 41944 亿元，同比增长 25.6%，占社会消费品零售总额的 12.6%，约占全球电子商务零售市场规模的 39.2%；跨境电子商务交易额约 5.85 万亿元，同比增长 28.2%。电子商务及相关产业直接和间接带动就业人数已达 3700 万。商务部、中央网信办、发展改革委三部门联合发布的《电子商务“十三五”发展规划》则确立了 2020 年电子商务交易额 40 万亿元、网络零售总额 10 万亿元和相关从业者 5000 万人三个发展指标。

电子商务发展迅速，对国民经济和社会生活产生了深远影响，未来也将继续在国民经济发展中发挥重要作用。将电子商务发展纳入国民经济和社会发展规划，可以从宏观层面引导电子商务的创新发展，调整发展中出现的问题，给予电子商务创新发展配套的政策支持和制度建设，促进电子商务发展新业态、创新新模式、研发新技术，从而创造新需求、拓展新市场、促进传统产业转型升级，推动经济发展。

根据《电子商务“十三五”发展规划》，推动电子商务列入各地区国民经济和社会发展规划，要注意与各地实际情况结合，按照国家有关政策精神出台本行业、本区域的电子商务发展规划，做好电子商务发展规划与其他规划的衔接与协同。

二、制定科学合理的产业政策

产业政策是指政府为了实现一定的经济和社会目标而对产业的形成和发展进行干预的各种政策的总和。相较于国民经济和社会发展规划，产业政策更为详细具体，具有更强的针对性。目前我国多地都制定了电子商务产业扶持政策，服务电子商务活动的需要，通过行政引导手段引导电子商务发展创新。如资助一定数额的发展资金、给予土地或税收优惠、组织技术培训等措施鼓励电商企业扩大产业投资、引进新项目、提升技术创新力。除了扶持政策以外，产业政策还包括监管政策。电子商务作为正处于发展阶段的新兴产业，需要较为自由的发展空间，行政监管应遵循最小干预原则，侧重于行业标准和行业规范的制定以及电子商务违法行为的事后惩处，而非事前的许可。

相关原理

政策法律化与法律政策化

经济法具有政策性的特点，这种政策性主要表现为政策的法律化和法律的政策化。政策法律化，主要表现为我国的经济发展规划，从性质上属于国家经济发展的长期计划，是制定有关法律或采取相关措施的依据。法律的政策化的最大特点是法律条文多属于非规范性条文，调整的方法主要是倡导性方法而非强制性方法，经济扶持法或者促进法中法律政策化特点非常明显，其本质是经济干预的法治化。[①]

本章采用倡导性方法规定了国家在促进电子商务长远发展中的政策，既体现了政策法律化，又充分展示了法律政策化的特点，使得法律的稳定性与政策的灵活性结合起来，一方面通过法律的稳定性将典型的经济关系、调整方向固定下来；另一方面利用政策的灵活性适应不同状况下的管理需要。尽管本章规定国家在电子商务促进中应当将其纳入发展规划、完善电子商务基础设施和配套制度建设、促进各产业融合、促进农村电子商务发展、维护电子商务交易安全等，但所述规定本质上是原则性规定，是可以根据具体情况掌握和落实的政策。

第六十五条 【电子商务的绿色发展】

国务院和县级以上地方人民政府及其有关部门应当采取措施，支持、推动绿色包装、仓储、运输，促进电子商务绿色发展。

---

① 刘继峰主编：《经济法》，高等教育出版社2011年版，第25页。

条文主旨

本条是关于国家促进电子商务绿色发展的规定。

条文释义

随着电子商务的迅速发展，在电子商务交易量与日俱增的同时，电子商务造成的资源浪费、环境污染问题也日趋严重，尤其是在包装、仓储、物流等领域尤为明显，因此，本条规定了国家促进电子商务的绿色发展。

国务院办公厅《关于推进电子商务与快递物流协同发展的意见》中明确指出，应当“强化绿色理念，发展绿色生态链”。

首先，促进资源集约。鼓励电子商务企业与快递物流企业开展供应链绿色流程再造，提高资源复用率，降低企业成本。加强能源管理，建立绿色节能低碳运营管理流程和机制，在仓库、分拨中心、数据中心、管理中心等场所推广应用节水、节电、节能等新技术新设备，提高能源利用效率。

其次，推广绿色包装。制定实施电子商务绿色包装、减量包装标准，推广应用绿色包装技术和材料，推进快递物流包装物减量化。开展绿色包装试点示范，培育绿色发展典型企业，加强政策支持和宣传推广。鼓励电子商务平台开展绿色消费活动，提供绿色包装物选择，依不同包装物分类定价，建立积分反馈、绿色信用等机制引导消费者使用绿色包装或减量包装。探索包装回收和循环利用，建立包装生产者、使用者和消费者等多方协同回收利用体系。建立健全快递包装生产者责任延伸制度。

此外，推动绿色运输与配送。加快调整运输结构，逐步提高铁路等清洁运输方式在快递物流领域的应用比例。鼓励企业综合运用电子商务交易、物流配送等信息，优化调度，减少车辆空载和在途时间。鼓励快递物流领域加快推广使用新能源汽车和满足更高排放标准的燃油汽车，逐步提高新能源汽车使用比例。

第六十六条 【电子商务的配套设施建设】

国家推动电子商务基础设施和物流网络建设，完善电子商务统计制度，加强电子商务标准体系建设。

条文主旨

本条是关于国家促进电子商务基础设施和配套体系建设的规定。

条文释义

国家推动电子商务基础设施建设，为电子商务的发展提供基石。根据商务部、中央网信办和发展改革委联合发布的《电子商务“十三五”发展规划》，电子商务基础设施的建设主要是信息基础设施的建设，包括电子商务综合管理平台建设行动、电子商务公共信息服务平台建设行动、电子商务商业信息服务平台发展行动。电子商务综合管理平台建设主要指优化政务信息系统，推动政务信息系统互联和公共数据共享，依托互联网技术支撑相关行政管理部门依法实施有效监管，提高电子商务综合管理水平和服务效率。电子商务公共信息服务平台建设主要指加强电子商务经济宏观统计监测平台建设以及电子商务可信交易保障公共服务平台建设。整合政府部门及企事业单位信息资源，建设电子商务市场主体、客体信息库和共享服务平台，推进电子商务信用信息公示发展电子商务征信服务。电子商务商业信息服务平台主要指支持电子商务交易平台研发数据产品，鼓励信息服务机构采集和分析电子商务相关产业领域市场信息，形成多种类型的在线智库产品，服务政府及企业电子商务决策。

电子商务的发展离不开完备的物流网络，国家推动物流网络的建设。根据《电子商务“十三五”发展规划》，政府支持社会化、信息化、智能化、国际化电子商务物流体系及平台建设。鼓励企业整合社会存量资源，大力发展分布式区域物流配送中心，积极探索城市共同配送、众包物流、社区自提等电子商务物流新模式。鼓励骨干快递企业拓展服务领域，健全仓储、冷链、运输、供应链管理等能力，加快向综合性快递物流运营商转型。支持应用新技术，实现库存前置、供应链协同，探索智能化仓储物流配送服务。围绕跨境电子商务对物流服务的迫切需求，加强国际港口、公路、铁路、水路等基础设施及物流资源的互联互通，打造国际电子商务物流协作体系。同时，逐步完善电子商务物流标准体系。加强重点标准制修订工作，鼓励实现物流公共数据平台供应链数据的标准化处理，探索物流数据开发、管理，推动建立统一标准机制。促进仓储、车辆、托盘、包装等物流设施设备的标准衔接。推广电子商务物流标准规范，指导行业协会开展贯标工作，进一步提高电子商务物流服务水平。

国家推动完善电子商务统计制度。完备的统计制度不仅可以为政府制定电子商务产业政策、电子商务企业决策提供信息，也是国家管理电子商务企业，监控电子商务企业发展状况的重要依据。根据《国务院关于大力发展电子商务加快培育经济新动力的意见》，国家统计局、商务部应推动建立完善电子商务统计制度，扩大电子商务统计的覆盖面，增强统计的及时性、真实性。

加强电子商务标准体系建设。标准化是推动电子商务发展的重要杠杆，只有电子商务标准先行，才能真正促进我国电子商务的快速发展。在电子商务标准化的过程中，除了要制定电子商务本身的业务标准之外，为了实现电子商务活动的良好运行，必须建立现代物流、信用服务、在线支付、安全认证等一系列支撑体系的标准。同时，为了保障电子商务的良性发展，还必须制定监督管理类标准，具体包括电子商务服务质量、发展评价和标准符合性测试等方面的内容。此外，还有一些基础技术类标准（比如 SOA、Web Services 等软件技术架构、描述技术、自动识别与标识技术以及网络协议等标准）也是必须的。因此，电子商务标准可分为基础技术标准、业务标准、支撑体系标准和监督管理标准四大类别。早在 20 世纪 90 年代，我国就已经开始电子商务标准化研究工作，21 世纪初，国家科技部、原国家质量技术监督局建立了我国基于 XML 的电子商务标准化的框架性、方法性的系列标准 GB/T 19256。同时为了有效实施 GB/T 19256 系列标准，在其指导下，确立了与之相对应并以目录系形式表达的一系列数据、文档格式、业务过程构件标准以及相关的专用代码表标准——GB/T 20538 系列标准。“十一五”期间，研制了 20 余项与电子商务相关的标准，涉及电子商务信息描述、平台评级、企业信用等方面。目前，我国已经较完整地建立了国家电子商务标准体系，并制修订电子商务国家标准140多项。但是与发达国家相比较，目前国内电子商务标准化工作还相对滞后，标准体系还不够完善、标准制定与市场需求之间的协调性和配套性不够、标准缺失或不足等诸多问题依然存在。因此，尚需通过国家统筹规划，加强电子商务标准体系建设。

第六十七条 【电子商务的应用与产业融合】

国家推动电子商务在国民经济各个领域的应用，支持电子商务与各产业融合发展。

条文主旨

本条是关于国家促进电子商务与各产业融合发展的规定。

条文释义

《电子商务法》第4条规定了国家平等对待线上线下商务活动，促进线上线下商务活动融合的原则，本条则进一步明确了电子商务与国民经济各个领域、各产业的融合发展。

电子商务具有中间环节少、便捷、快速、信息数据等优势，将电子商务的优势与传统国民经济产业相结合可以充分提高资源配置的效率和水平，激发创新活力，培育新型业态。事实上，在全球新一轮科技革命和产业变革中，互联网与各领域的融合发展已成为不可阻挡的时代潮流，正对各国经济社会发展产生着战略性和全局性的影响。

根据《国务院关于积极推进“互联网+”行动的指导意见》，应大力发展行业电子商务。鼓励能源、化工、钢铁、电子、轻纺、医药等行业企业，积极利用电子商务平台优化采购、分销体系，提升企业经营效率。推动各类专业市场线上转型，引导传统商贸流通企业与电子商务企业整合资源，积极向供应链协同平台转型。鼓励生产制造企业面向个性化、定制化消费需求深化电子商务应用，支持设备制造企业利用电子商务平台开展融资租赁服务，鼓励中小微企业扩大电子商务应用，按照市场化、专业化方向，大力推广电子招标投标。

根据《电子商务“十三五”发展规划》，“十三五”期间国家将促进电子商务经营模式融入传统经济领域，开创线上线下互动融合的协调发展局面，形成网络化产业，全面带动传统产业转型升级。在农业方面，政府推动完善基础设施，打通双向流通渠道，促进农林产品、农林地区加工品进城，方便农资和消费品下乡，形成服务于现代农业发展的新型农村电子商务体系。同时，加快农林产品商品化、品牌化进程，探索订单农业，加速发展精准农业，形成基于互联网的新型农业生产方式。依托电子商务发展休闲农业、乡村旅游，积极开发农林生态、乡土文化资源价值，促进一、二、三产业融合发展。在制造业方面，支持制造企业与电子商务企业全面合作，整合线上线下交易资源，拓展销售渠道，打造制造、营销、物流等高效协同的生产流通一体化新业态。支持鼓励物流企业建立行业在线采购、销售、服务平台，探索生产及服务资源的平台化，积极培育工业电子商务新业态。发挥网络消费及采购需求的拉动作用，促进产品质量与设计水平提升，发展基于柔性制造的网络化定制服务。在商贸流通方面，加快商贸流通业创新发展。创新流通企业经营模式，拓展供应链综合服务增值空间，开创以交易为核心、多种交付服务为支撑的 B2B 电子商务创新发展局面。利用新技术加快形成多种消费场景，促进线上线下深度融合发展，推动商贸流通业进入数字化、智慧型发展阶段。

根据《国务院办公厅关于推动实体零售创新转型的意见》（国办发〔2016〕78 号），国家将建立适应融合发展的标准规范、竞争规则，引导实体零售企业逐步提高信息化水平，将线下物流、服务、体验等优势与线上商流、资金流、信息流融合，拓展智能化、网络化的全渠道布局。鼓励线上线下优势企业通过战略合作、交叉持股、并购重组等多种形式整合市场资源，培育线上线下融合发展的新型市场主体。建立社会化、市场化的数据应用机制，鼓励电子商务平台向实体零售企业有条件地开放数据资源，提高资源配置效率和经营决策水平。

第六十八条　【农村电子商务发展】

国家促进农业生产、加工、流通等环节的互联网技术应用，鼓励各类社会资源加强合作，促进农村电子商务发展，发挥电子商务在精准扶贫中的作用。

条文主旨

本条是关于国家促进农村电子商务发展的规定。

条文释义

农村电子商务是指通过互联网等信息网络进行农村商务活动，对转变农业发展方式，促进农村消费，扩大农村内需，推动农业升级、农村发展、农民增收有着重要意义。近年来，我国农村电子商务发展迅猛，在推动农业发展中发挥着越来越重要的作用。根据阿里研究院和西南财经大学中国家庭金融调查与研究中心发布的《农村网商发展研究报告2016》，2016年，我国农村网络零售额达8945.4亿元；农产品网络零售额达1588.7亿元；农村网店达832万家，占全网25.8%，带动就业人数超过2000万人；农村网络零售单品数（SKU）达到2.93亿个，占全网20.3%；全国有网商村庄比重为17%。因此，本条规定了国家促进农村电子商务发展的基本原则，为农村电子商务发展的战略方向、规则制定、政策实施提供了法律依据。

国家促进农业生产、加工、流通等环节的互联网技术应用。根据《国务院办公厅关于促进农村电子商务加快发展的指导意见》，商务部、中央网信办和发展改革委联合发布的《电子商务“十三五”发展规划》以及商务部《农村电子商务服务规范》和《农村电子商务工作指引》，加强互联网技术在生产、加工、流通等环节的应用和推广。加强运用电子商务大数据引导农业生产，促进农业发展方式转变。加快农林产品商品化、品牌化进程，探索订单农业，加速发展精准农业，形成基于互联网的新型农业生产方式。同时，拓宽农产品、民俗产品、乡村旅游等市场，在促进工业品、农业生产资料下乡的同时，为农产品进城拓展更大空间。

此外，电子商务配套体系的建设是促进农村电子商务发展的基石。依据上述改革文件，就物流体系而言，应加强交通运输、商贸流通、农业、供销、邮政等部门和单位及电商、快递企业对相关农村物流服务网络和设施的共享衔接，加快完善县乡村农村物流体系，鼓励多站合一、服务同网。鼓励传统农村商贸企业建设乡镇商贸中心和配送中心，发挥好邮政普遍服务的优势，发展第三方配送和共同配送，重点支持老少边穷地区物流设施建设，提高流通效率。加强农产品产地集配和冷链等设施建设。此外，加强互联网基础设施建设。完善电信普遍服务补偿机制，加快农村信息基础设施建设和宽带普及。促进宽带网络提速降费，结合农村电子商务发展，持续提高农村宽带普及率。以建制村通硬化路为重点加快农村公路建设，推进城乡客运一体化，推动有条件的地区实施农村客运线路公交化改造。鼓励村级电子商务服务点、助农取款服务点相互依托建设，实现优势互补、资源整合，提高利用效率。同时，加大金融支付力度。支持银行业金融机构和支付机构研发适合农村特点的网上支付、手机支付、供应链贷款等金融产品，加强风险控制，保障客户信息和资金安全。加大对电子商务创业农民尤其是青年农民的授信和贷款支持。简化农村网商小额短期贷款手续。符合条件的农村网商，可按规定享受创业担保贷款及贴息政策。

国家鼓励各类社会资源加强合作。农村电子商务的发展不能仅仅依靠政府，应充分调动各类社会资源，共同促进电子商务的发展。根据 2018 年中央一号文件《中共中央、国务院关于实施乡村振兴战略的意见》，国家鼓励各类社会资源大力建设具有广泛性的促进农村电子商务发展的基础设施，鼓励支持各类市场主体创新发展基于互联网的新型农业产业模式，深入实施电子商务进农村综合示范，加快推进农村流通现代化。实践中，许多电商企业、物流企业都已针对农村电子商务的特点，创新电子商务在农村范围内的发展模式，完善农村电子商务的基础设施，有效推动了农村电子商务的发展。

发挥电子商务在精准扶贫中的作用。“电商扶贫”是“互联网 +”战略背景下扶贫开发工作的一项创新举措，被国务院扶贫办列为精准扶贫十大工程之一。电商扶贫在精准扶贫中能够发挥多方面的作用，从长远发展看，能够改善农村基础条件，促进农村公路、农贸市场、通讯基站等基础设施的建设；从产业发展看，能够推动农业产业升级，农村电商的发展，能实现“互联网+农户”“互联网+合作社”“互联网+农村龙头企业”的组织生产方式转变，推动农业规模化生产、集团化经营，引导和带动农业产业链条发展升级；从经济效益看，能够激发农村市场活力，释放农村产权制度改革催生的强大发展动力，拓宽在农村地区实施供给侧结构性改革的内涵与外延，解决农村大量需要的工业品下乡和优质农副产品进城问题；从社会效益看，能够拓宽创业就业空间，解决农村贫困人口的就业问题。因此，应当将促进电子商务发展的目标与农村精准扶贫的任务相统一，以电商带扶贫，以扶贫促电商。

第六十九条　【电子商务数据】

国家维护电子商务交易安全，保护电子商务用户信息，鼓励电子商务数据开发应用，保障电子商务数据依法有序自由流动。

国家采取措施推动建立公共数据共享机制，促进电子商务经营者依法利用公共数据。

条文主旨

本条是关于国家维护电子商务交易安全及建立公共数据共享机制的规定。

条文释义

保障交易安全是商法的基本原则之一，在《电子商务法》领域更是如此。电子商务活动突破了时间和空间的限制，改变了传统面对面的直接交易模式，具有便捷、高效等优势，但同时其虚拟的环境也产生了了更大的交易风险。因此，本条规定了国家维护电子商务交易安全的基本原则，以充分保障电子商务的发展。

国家保护电子商务用户信息。《网络安全法》第76条第（5）项规定：

“个人信息，是指以电子或者其他方式记录的能够单独或者与其他信息结合识别自然人个人身份的各种信息，包括但不限于自然人的姓名、出生日期、身份证件号码、个人生物识别信息、住址、电话号码等。”本条所指的“用户信息”，不仅包括《网络安全法》所指的个人信息，还应包括法人的各种相关信息，以及用户在交易中形成的有关信息。国家保护电子商务用户安全，保护电子商务信息安全，保障主体的身份信息安全和交易信息不被非法窃取和泄露，保证用户信息被合法地使用，是促进电子商务发展的必然要求，这是因为，正如本法第1条规定的，《电子商务法》所追求的促进发展是促进电子商务“持续健康发展”。其中，“健康”要求在促进发展的同时，应当保障各方的合法权益，消除不合理的风险，制止与惩罚违法违规行为；“持续”要求在促进发展时，应当进行长远的利益考量，避免盲目短视的发展。由此看来，一个用户信息安全得不到保障的电子商务行业，不仅直接违背“健康”的要求，而且从长期上看也将对电子商务的发展产生负面影响，从而违背“持续”的要求。因此，保护电子商务用户信息安全是促进电子商务发展的应有之义。

国家鼓励电子商务数据开发应用，保障电子商务数据依法有序自由流动。电子商务数据是由电子商务活动派生出来并对电子商务起到支撑作用的信息存贮介质，是从事电子商务活动的经济单位的现实商业活动在虚拟世界中的全面表现和记录，它不仅反映出电子商务的全部内容，使电子商务活动数字化、完整化、有序化、科学化、开放化、高效化、便捷化、普遍化，而且它的健康与否也直接关系到商业活动的健康与成长。随着大数据时代的到来，电子商务数据能否充分进行开发和应用，能否合法有序流动，直接关系到交易效率能否有效提高、交易成本能否有效降低，交易的安全性、可靠性能否得到有效保障，因此国家鼓励电子商务数据开发应用，保障其依法有序自由流动。推动数据资源应用。国务院《“十三五”国家信息化规划》特别指出，支持各类市场主体、主流媒体利用数据资源创新媒体制作方式，深化大数据在生产制造、经营管理、售后服务等各环节创新应用，支撑技术、产品和商业模式创新，推动大数据与传统产业协同发展。

国家采取措施推动建立公共数据共享机制，促进电子商务经营者依法利用公共数据。公共数据是指政府在行政管理过程中所收集以及产生的信息，建立公共数据共享机制，一方面可以降低电子商务经营者及相关参与者自行收集相关信息的成本；另一方面依托政府力量形成的公共数据更具有可靠性，有助于了解交易主体双方的身份、信誉等信息，促进交易的进行，提高交易效率，保障交易安全。因此，本条规定了电子商务领域的公共数据共享与数据利用。《中华人民共和国国民经济和社会发展第十三个五年规划纲要》明确指出，要加快建设国家政府数据统一开放平台，推动政府信息系统和公共数据互联开放共享。制定政府数据共享开放目录，依法推进数据资源向社会开放。统筹布局建设国家大数据平台、数据中心等基础设施。研究制定数据开放、保护等法律法规，制定政府信息资源管理办法。根据工业和信息化部发布的《2018 年大数据产业发展试点示范项目实施方案》，将建立大数据资源整合共享开放平台试点示范项目，建立公共数据共享开放平台。支持数据资源丰富的科研机构、行业协会、社会组织、重点企业等单位建立公共数据共享开放平台，实现行业公共数据资源的有效整合和开放，向社会提供数据资源、计算能力、开发环境等基础资源以及基于数据的政策咨询、技术支持、创业孵化等服务。

相关立法与规定

1.《网络安全法》

第 18 条 国家鼓励开发网络数据安全保护和利用技术，促进公共数据资源开放，推动技术创新和经济社会发展。

国家支持创新网络安全管理方式，运用网络新技术，提升网络安全保护水平。

第 41 条 网络运营者收集、使用个人信息，应当遵循合法、正当、必要的原则，公开收集、使用规则，明示收集、使用信息的目的、方式和范围，并经被收集者同意。

网络运营者不得收集与其提供的服务无关的个人信息，不得违反法律、行政法规的规定和双方的约定收集、使用个人信息，并应当依照法律、行政法规的规定和与用户的约定，处理其保存的个人信息。

第42条 网络运营者不得泄露、篡改、毁损其收集的个人信息；未经被收集者同意，不得向他人提供个人信息。但是，经过处理无法识别特定个人且不能复原的除外。

网络运营者应当采取技术措施和其他必要措施，确保其收集的个人信息安全，防止信息泄露、毁损、丢失。在发生或者可能发生个人信息泄露、毁损、丢失的情况时，应当立即采取补救措施，按照规定及时告知用户并向有关主管部门报告。

第43条 个人发现网络运营者违反法律、行政法规的规定或者双方的约定收集、使用其个人信息的，有权要求网络运营者删除其个人信息；发现网络运营者收集、存储的其个人信息有错误的，有权要求网络运营者予以更正。网络运营者应当采取措施予以删除或者更正。

第44条 任何个人和组织不得窃取或者以其他非法方式获取个人信息，不得非法出售或者非法向他人提供个人信息。

第45条 依法负有网络安全监督管理职责的部门及其工作人员，必须对在履行职责中知悉的个人信息、隐私和商业秘密严格保密，不得泄露、出售或者非法向他人提供。

第76条 本法下列用语的含义：

（一）网络，是指由计算机或者其他信息终端及相关设备组成的按照一定的规则和程序对信息进行收集、存储、传输、交换、处理的系统。

（二）网络安全，是指通过采取必要措施，防范对网络的攻击、侵入、干扰、破坏和非法使用以及意外事故，使网络处于稳定可靠运行的状态，以及保障网络数据的完整性、保密性、可用性的能力。

（三）网络运营者，是指网络的所有者、管理者和网络服务提供者。

（四）网络数据，是指通过网络收集、存储、传输、处理和产生的各种电子数据。

（五）个人信息，是指以电子或者其他方式记录的能够单独或者与其他信息结合识别自然人个人身份的各种信息，包括但不限于自然人的姓名、出生日期、身份证件号码、个人生物识别信息、住址、电话号码等。

2.《电信和互联网用户个人信息保护规定》

第5条　电信业务经营者、互联网信息服务提供者在提供服务的过程中收集、使用用户个人信息，应当遵循合法、正当、必要的原则。

第6条　电信业务经营者、互联网信息服务提供者对其在提供服务过程中收集、使用的用户个人信息的安全负责。

第7条　国家鼓励电信和互联网行业开展用户个人信息保护自律工作。

3. 国家工商行政管理总局《网络交易管理办法》

第18条　网络商品经营者、有关服务经营者在经营活动中收集、使用消费者或者经营者信息，应当遵循合法、正当、必要的原则，明示收集、使用信息的目的、方式和范围，并经被收集者同意。网络商品经营者、有关服务经营者收集、使用消费者或者经营者信息，应当公开其收集、使用规则，不得违反法律、法规的规定和双方的约定收集、使用信息。

网络商品经营者、有关服务经营者及其工作人员对收集的消费者个人信息或者经营者商业秘密的数据信息必须严格保密，不得泄露、出售或者非法向他人提供。

网络商品经营者、有关服务经营者应当采取技术措施和其他必要措施，确保信息安全，防止信息泄露、丢失。在发生或者可能发生信息泄露、丢失的情况时，应当立即采取补救措施。

网络商品经营者、有关服务经营者未经消费者同意或者请求，或者消费者明确表示拒绝的，不得向其发送商业性电子信息。

4.《规范互联网信息服务市场秩序若干规定》

第11条　未经用户同意，互联网信息服务提供者不得收集与用户相关、能够单独或者与其他信息结合识别用户的信息（以下简称“用户个人信息”），不得将用户个人信息提供给他人，但是法律、行政法规另有规定的除外。

互联网信息服务提供者经用户同意收集用户个人信息的，应当明确告知用户收集和处理用户个人信息的方式、内容和用途，不得收集其提供服务所必需以外的信息，不得将用户个人信息用于其提供服务之外的目的。

第七十条　【电子商务信用评价机构与服务】

国家支持依法设立的信用评价机构开展电子商务信用评价，向社会提供电子商务信用评价服务。

条文主旨

本条是关于信用评价机构依法设立并开展信用评价的规定。

条文释义

在电子商务交易中，交易双方主要通过线上联系，缺乏线下联系，对于交易方的了解实为有限，而信用评价能够有效反映交易双方的诚信状况，是进行交易活动和解决纠纷的重要参考依据，故有序的信用评价和信用公开体系在电子商务环节尤为重要。因此，本条规定了国家支持依法设立的信用评价机构开展电子商务信用评价，向社会提供电子商务信用评价服务。

所谓信用评价机构，是依照国家相关法律法规设立的，由专门的经济、法律、财务等专家组成的，从事信用评价服务的中介机构。不同于国家有关部门对于企业信用的评价，信用评价机构的权威性、科学性来自于组成人员的专业性、论证方案的合理性、评价机构的独立性等因素。比如，信用评级机构就是信用评价机构中的一种类型，主要从事对证券发行人、证券信用的等级评价。

本法第 39 条规定了电子商务平台经营者建立健全信用评价制度的义务，本条则是关于除电子商务平台经营者自身外的信用评价机构开展信用评价的规定。信用评价机构向社会提供信用评价服务，其评价对象范围更广，涵盖电子商务经营活动的一切参与者，包括但不限于本法第 9 条规定的自建网站经营的电子商务经营者、电子商务平台经营者、平台内经营者，以及为电子商务活动提供服务和支撑的支付机构、物流机构等。

相较于第 39 条，本条并未规定信用评价机构在开展信用评价时的具体要求，而是作出了信用评价机构应当依法设立，并且向社会提供信用评价服务的一般性规定。国家质量监督检验检疫总局、国家标准化管理委员会发布的《信用中介组织评价服务规范—信用评级机构》则对信用评级机构评级服务的基本原则、组织、从业人员、信用评级程序、信用评级数据和信息的管理进行了规定，至于电子商务领域信用评价机构的其他问题，则有待相关部门制定具体的规则对其进行规范。

相关原理

商事信用评价原理

现代经济是信用经济。商事信用的实质是一种评价，因此依据什么样的标准所做的商事信用评价决定了信用评价的高低等级。而商事信用评价模式现在主要分为两种：由行政主管部门所做的信用评价和信用评价机构所做的信用评价。依据《交通运输部：公路设计企业信用评价规则（试行）》《国家税务总局：纳税信用管理办法（试行）》《企业环境信用评价办法（试行）》的通知》的相关规定，我国目前商事信用评价有评价指标得分和直接判级方式两种外在方式；评价的主要依据也可划分为两种类型：（1）在行政部门登记、公示的商人信用信息所形成的评价；（2）商人外部商行为、内部管理行为所形成的信用评价。两者在内容上可能会存在交叉，但是因为每次信息收集都是一次性的，每次一次性收集的信用信息最后才可整合为信用评价，因此每一次的信用信息收集、整理、加工、服务到评价的过程都是独立的，而且每一次的信用信息的收集、整理、加工、服务活动会影响到信用整体评价，因此可以将商事信用评价的依据划分在行政部门登记、公示的商人信用信息所形式的评价和商人外部商行为、内部管理行为两类。

商事信用评价的效力，并不是指其绝对性或对抗性，而是在一般商事领域，各种商事信用信息的效力相互兼容，共同构成对于商事主体的信用评价的参考要素。而在涉及国计民生的商事领域，考虑到此商事领域可能会涉及社会公共利益或国家利益，商事信用评价有其特殊性，因此，应是以行政主管部门的信用评价为主，以商业性信用评价机构的信用评价为次要的参考因素，也即行政主管部门的信用评价具有优先性。虽然商事信用评价通过商事公示对外可具有对抗效力，但是，此对抗效力并不是绝对的，当商事主体对商事评价有异议时，只要商事主体提出明确的证据，证明商事评价具有瑕疵，商事评价就可以撤销。赋予商事主体或其他有利害关系的主体提出异议或要求听证的权利，是十分必要的，如此，在异议成立时，商事主体或其他有利害关系的主体主张更改商事评价或撤销商事评价的请求就能够成立，此亦系商事信用评价的效力之一。

相关立法与规定

1.《国务院关于大力推进信息化发展和切实保障信息安全的若干意见》

七、加快能力建设，提升网络与信息安全保障水平

……

（二）加强网络信用体系建设和密码保障……制定电子商务信用评价规范，建立互联网网站、电子商务交易平台诚信评价机制，支持符合条件的第三方机构开展信用评价服务……

2.《国家发展改革委、人民银行、中央网信办等关于全面加强电子商务领域诚信建设的指导意见》

（十二）加强第三方大数据监测评价。鼓励社会信用评价机构对电子商务平台定期进行信用状况评估，监测失信行为信息……

3.《国务院关于“先照后证”改革后加强事中事后监管的意见》

（十五）鼓励社会监督……积极构建第三方评估机制，培育、发展社会信用评价机构，支持开展信用评级，提供客观公正的市场主体资信信息……

第七十一条　【电子商务的跨境发展】

国家促进跨境电子商务发展，建立健全适应跨境电子商务特点的海关、税收、进出境检验检疫、支付结算等管理制度，提高跨境电子商务各环节便利化水平，支持跨境电子商务平台经营者等为跨境电子商务提供仓储物流、报关、报检等服务。

国家支持小型微型企业从事跨境电子商务。

条文主旨

本条是关于国家促进跨境电子商务发展及支持小微企业从事跨境电子商务的规定。

条文释义

跨境电子商务是指不同国家的交易主体，通过电子商务平台达成交易、进行支付结算，并通过跨境物流送达商品、完成交易的一种国际贸易活动。近年来，我国跨境电子商务快速发展，已经形成了一定的交易规模，根据中国电子商务协会对外发布的《中国电子商务发展报告（2016—2017）》，2016年跨境电子商务交易额约5.85万亿元，同比增长28.2%，跨境电子商务在我国经济发展中发挥着越来越重要的作用。支持跨境电子商务发展，有利于用“互联网+外贸”实现优进优出，发挥我国制造业大国优势，扩大海外营销渠道，合理增加进口，扩大国内消费，促进企业和外贸转型升级；有利于增加就业，推进大众创业、万众创新，打造新的经济增长点；有利于加快实施共建“一带一路”等国家战略，推动开放型经济发展升级。因此本条对国家支持跨境电子商务发展作出了规定。

同时，跨境电子商务涉及《海关法》《对外贸易法》、进出口商品质检等多方面法律的规定，这些法律制度具有较强的专业性、技术性和政策性，其自成体系，有相对独立的行政管理制度，主要应由专门的法律制度或下位法进行调整，不宜在《电子商务法》中过细规定，因此，本条仅对跨境电子商务涉及的特殊问题进行了概括性、原则性规定。

国家促进建立健全适应跨境电子商务特点的海关、税收、进出境检验检疫、支付结算等管理制度，提高跨境电子商务各环节便利化水平。相较于传统的跨境商务活动，跨境电子商务活动对时效性有更高的要求，因此，本条第1款明确规定国家应建立健全适应跨境电子商务特点的管理制度，提高电子商务活动在跨境时各环节的便利化水平。

根据《国务院办公厅关于促进跨境电子商务健康快速发展的指导意

见》，就海关制度而言，在总结前期试点工作基础上，进一步完善跨境电子商务进出境货物、物品管理模式，优化跨境电子商务海关进出口通关作业流程。研究跨境电子商务出口商品简化归类的可行性，完善跨境电子商务统计制度。对跨境电子商务进出口商品实施集中申报、集中查验、集中放行等便利措施。

就税收政策而言，继续落实现行跨境电子商务零售出口货物增值税、消费税退税或免税政策。关于跨境电子商务零售进口税收政策，由财政部按照有利于拉动国内消费、公平竞争、促进发展和加强进口税收管理的原则，会同海关总署、税务总局另行制定。在完善检疫监管方面，加强跨境电子商务质量安全监管，对跨境电子商务经营主体及商品实施备案管理制度，突出经营企业质量安全主体责任，开展商品质量安全风险监管。进境商品应当符合我国法律法规和标准要求，对违反生物安全和其他相关规定的行为要依法查处。完善电子商务支付结算管理。稳妥推进支付机构跨境外汇支付业务试点。在支付结算方面，鼓励境内银行、支付机构依法合规开展跨境电子支付业务，满足境内外企业及个人跨境电子支付需要。推动跨境电子商务活动中使用人民币计价结算。支持境内银行卡清算机构拓展境外业务。加强对电子商务大额在线交易的监测，防范金融风险。加强跨境支付国内与国际监管合作，推动建立合作监管机制和信息共享机制。此外，该指导意见还明确指出，要对跨境电子商务提供积极财政金融支持。鼓励传统制造和商贸流通企业利用跨境电子商务平台开拓国际市场。利用现有财政政策，对符合条件的跨境电子商务企业走出去重点项目给予必要的资金支持。为跨境电子商务提供适合的信用保险服务。向跨境电子商务外贸综合服务企业提供有效的融资、保险支持。

国家支持跨境电子商务平台经营者等为跨境电子商务提供仓储物流、报关、报检等服务。目前我国的跨境物流服务存在着物流速度慢、周期长、清关慢、转运环节多等问题，严重影响了消费者的购物体验，制约了我国跨境电子商务的长远发展。而由跨境电子商务平台经营者或其他第三方企业为平台内经营者统一提供仓储、物流、报关、报检等配套服务，有利于提高跨境流通的效率，节省跨境流通的时间和金钱成本，提升消费者的购物体验。例如，根据2015年5月商务部发布的《“互联网+流通”行动》，计划运用市场化机制，推动建设100个电子商务海外仓。建设海外仓，由跨境电商企业在境外建设或租赁的境外仓库，企业按照一般贸易方式，将商品批量出口到境外仓库，拿到订单后，再将商品送达境外的客户及消费者。该种模式减少了转运流程，并且按照正常清关流程进口，降低了清关障碍，缩短了物流周期。

同时，“电子商务平台经营者等”意味着国家并未将配套服务的提供者限定于电子商务平台经营者，根据《国务院办公厅关于促进跨境电子商务健康快速发展的指导意见》，鼓励外贸综合服务企业为跨境电子商务企业提供通关、物流、仓储、融资等全方位服务。支持企业建立全球物流供应链和境外物流服务体系。

国家支持小型微型企业从事跨境电子商务。根据国家工商行政管理总局在2014年3月发布的《全国小型微型企业发展情况报告》，截至2013年年底，全国小型微型企业共有1169.87万户，占到企业总数的76.57%。据统计，我国中小企业创造的最终产品和服务价值相当于国内生产总值（GDP）总量的60%，纳税占国家税收总额的50%，完成了65%的发明专利和80%以上的新产品开发。支持小型微型企业发展就意味着创造社会就业岗位，意味着使小型微型企业在解决民生问题、推进经济增长方面发挥更大的作用。目前我国的跨境电子商务以网络零售为主，呈现出多批次、小批量的特点，这正迎合了小型微型企业组织结构简单、经营灵活、成本低廉的运营模式，支持小型微型企业发展跨境电子商务，有利于将小型微型企业的优势与跨境电子商务相结合，培育新的经济增长点。因此，本条规定了国家支持小型微型企业从事跨境电子商务。

第七十二条　【电子商务跨境服务和监管】

国家进出口管理部门应当推进跨境电子商务海关申报、纳税、检验检疫等环节的综合服务和监管体系建设，优化监管流程，推动实现信息共享、监管互认、执法互助，提高跨境电子商务服务和监管效率。跨境电子商务经营者可以凭电子单证向国家进出口管理部门办理有关手续。

条文主旨

本条是关于跨境电子商务通关流程和通关电子单证的规定。

条文释义

国家推进电子商务综合服务和监管体系的建设，优化监管流程。一方面有利于简化跨境电子商务的通关程序，提升跨境电子商务的通关效率，降低跨境电子商务的通关成本；另一方面通关实现信息共享、监管互认、执法互助可以使监管机构更好、更快、更全面地对跨境电子商务进行监督管理，提升行政管理的水平和效率。当前，“单一窗口”建设是完善监管体系、优化监管模式的有效措施。2015 年 9 月 4 日，我国接受的世界贸易组织《贸易便利化协定》议定书第 10 章第 4 款明确要求：各成员国应努力建立或维持“单一窗口”，以简化通关手续，促进贸易便利化。根据联合国贸易便利化与电子商务中心（UN/CEFACT）2005 年发布的《建设单一窗口的建议和指南：提高企业与政府间信息交换效率》，所谓单一窗口，是指一项设施，供进行贸易和运输的当事人一次性提交标准化的信息和文件，便可满足进口、出口和转运的所有管理规定。如属电子信息，则单个数据只需提交一次。

跨境电子商务经营者可以凭电子单证向国家进出口管理部门办理有关手续。目前我国正在逐步推进跨境电子商务海关申报、纳税、检验检疫等环节的电子化。根据海关总署公告 2016 年第 26 号《关于跨境电子商务零售进出口商品有关监管事宜的公告》，跨境电子商务零售进口商品申报前，电子商务企业或电子商务交易平台企业、支付企业、物流企业应当分别通过跨境电子商务通关服务平台（以下简称服务平台）如实向海关传输交易、支付、物流等电子信息。同时，除特殊情况外，申报清单、海关进（出）口货物报关单应当采取通关无纸化作业方式进行申报。根据海关总署公告2016年第57号《关于跨境电子商务进口统一版信息化系统企业接入事宜的公告》及其所附的《跨境电子商务进口统一版信息化系统客户端软件使用手册》，统一版信息化系统客户端软件辅助跨境电商相关企业按照《跨境电子商务进口统一版信息化系统企业对接报文规范（试行）》与跨境电子商务进口统一版信息化系统进行数据传输，实现订单、运单、支付单、清单等单证信息自动化处理或通过EXCEL格式文件半自动化处理。根据质检总局公告2017年第89号《关于简化检验检疫程序提高通关效率的公告》，出入境检验检疫机构应充分发挥国际贸易“单一窗口”和中国电子检验检疫系统（e－CIQ）的作用，大力推进从受理报检到签证放行全流程无纸化。

相关立法与规定

1.《中华人民共和国国民经济和社会发展第十三个五年规划纲要》

第五十章　第一节

……创新外资监管服务方式。建立便利跨境电子商务等新型贸易方式的体制，全面推进国际贸易单一窗口、一站式作业、一体化通关和政府信息共享共用、口岸风险联防联控……

2.《国务院办公厅关于进一步推进物流降本增效促进实体经济发展的意见》

（五）深化货运通关改革。2017年年内实现全国通关一体化，将货物通关时间压缩三分之一。加快制定和推广国际贸易“单一窗口”标准版，实现一点接入、共享共用、免费申报。

3.《国家质量监督检验检疫总局关于推进“单一窗口”建设的意见》

（一）进出口货物申报。

进出口企业或其代理人通过“单一窗口”一次性提交与贸易有关的所有信息和文件，满足所有与进口、出口和过境有关的监管规定；“单一窗口”对申报数据进行校验，按照检验检疫机构的要求生成申报表单，发送到检验检疫机构的信息平台；检验检疫机构的处理状态（结果）通过“单一窗口”反馈申报人。

通过“单一窗口”实现进出口货物（包括包装）申报和监管信息共享。在依法实施进口货物全申报的基础上，实现出口货物基本信息全掌握。建立对申报信息修改的反馈机制，确保监管部门间申报数据一致性。推动监管部门间共享监管信息，口岸经营单位根据监管部门的指令配合监管放行，申报人可根据授权查询监管部门的监管状态和执法结果信息。

第七十三条　【电子商务跨境合作与争议解决机制】

国家推动建立与不同国家、地区之间跨境电子商务的交流合作，参与电子商务国际规则的制定，促进电子签名、电子身份等国际互认。

国家推动建立与不同国家、地区之间的跨境电子商务争议解决机制。

条文主旨

本条是关于跨境电子商务国际合作与争议解决机制的规定。

条文释义

在全球化的大背景下，跨越国界电子商务成为新的发展趋势，特别是在“一带一路”的发展战略下，我国与沿线国家、地区之间的经济交往更加深入，为跨境电子商务的发展提供了新的机遇。跨境电子商务的蓬勃发展需要完备的法律制度保驾护航，因此，本条第 1 款规定国家推动建立与不同国家、地区间跨境电子商务的交流合作，参与电子商务国际规则的制定，促进电子签名、电子身份等国际互认。

根据《电子商务“十三五”发展规划》，要积极利用现有多双边及区域国际交流机制，发挥主动引领作用，深入推进国际电子商务规则谈判和政策协同，营造有利于电子商务发展的国际环境。务实开展电子商务国际交流合作，在“一带一路”和主要贸易伙伴国家或地区等重点范围积极搭建双边电子商务合作机制体系，推进“网上丝绸之路”经济合作试验区建设，倡导各方加强电子商务领域合作，推广中国在相关领域的成功做法和经验。引导电子商务企业、研究机构和行业组织参与国际电子商务产业合作与交流，支持设立国际性电子商务合作机构。

推动建立电子商务跨境争议解决机制。从未来全球数字经济的发展趋势以及国际经贸规则的谈判情况看，未来五年，将是国际电子商务规则发展和规则形成的时期，也正是《电子商务“十三五”发展规划》所指出的我国要“发挥主动引领作用”的关键时期。国际电子商务规则大致包含三个方面的内容，一是促进货物贸易领域电子商务发展的规则，如无纸化贸易、电子签名和电子认证等；二是数字产品贸易的相关规则，如数字产品非歧视待遇等；三是关于数据的最新规则，如个人数据保护，跨境数据流动，计算设施非本地化等。

鉴于我国电子商务产业和跨境电子商务的发展已经处于世界领先地位，我国应首先大力推进货物贸易领域的电子商务规则，如建立跨境电商零售商品海关税收征管体系；建立“单一窗口”数字口岸；加强无纸化贸易等，促进跨境电子商务的便利化，推进我国电子商务企业的跨境贸易。

在数字产品的规则方面，虽然我国的数字内容产业正在蓬勃发展，而且相应的版权保护规则等也逐步完善，但是鉴于数字产品与在线软件服务、视听服务、新闻服务等服务贸易的提供紧密相关，而这些服务贸易往往设有市场准入的限制，因此对于数字产品的规则应与服务贸易规则结合去考虑。

在关于数据的规则方面，目前国内的立法已经针对关键信息基础设施领域的个人数据和重要数据，建立了以境内存储为原则，以跨境传输为例外的规则。因此，未来在国际谈判领域，我国要引领建立评估基础上的规则体系，促进商业数据的跨境流动。

在积极参与制定国际电子商务规则的同时，《电子商务“十三五”发展规划》也提出“深入推进国际电子商务规则谈判和政策协同”要成为国际贸易规则领域的主导者，一个重要的标志就是能够成功地将国内法转化为国际规则。

相关立法与规定

商务部《“互联网+流通”行动计划》

2. 参与和主导电子商务国际规则制定。

积极发起或参与多双边或区域电子商务规则的谈判和交流合作，力争国际电子商务规则制定的主动权和跨境电子商务发展的话语权。落实APEC电子商务创新发展倡议和中韩自贸协定电子商务条款，开展中日韩、区域全面经济伙伴关系等自贸协定电子商务议题谈判，积极参与世贸组织电子商务工作计划相关讨论，推进金砖国家、上合组织及两岸电子商务交流合作机制。推进“中国-东盟信息港”建设。利用援外资金和丝路基金、亚投行资金支持“一带一路”国家和地区间的跨境电子商务基础设施建设，促进电子商务多双边合作。

第六章　法律责任

第七十四条　【电子商务经营者的民事责任】

电子商务经营者销售商品或者提供服务，不履行合同义务或者履行合同义务不符合约定，或者造成他人损害的，依法承担民事责任。

条文主旨

本条是关于电子商务经营者在销售商品或者提供服务中可能承担的民事责任的一般性规定。

条文释义

本条是关于电子商务经营者可能承担的民事责任的全面性、一般性规定。其规定的民事责任可以分为以下两种类型：第一，违约责任，即电子商务经营者销售商品或者提供服务过程中不履行合同或者履行合同义务不符合规定而应依法承担的民事责任；第二，侵权责任，即电子商务经营者销售商品或者提供服务过程中，损害他人权益，造成他人损害而应依法承担的民事责任。其中，第二种民事责任又具体包括两种类型：一是纯粹的侵权责任，即电子商务经营者从事侵权行为，造成他人损害所引起的侵权责任。例如，电子商务经营者销售带有假冒商标的商品，侵犯他人商标权时所应承担的侵权责任；二是加害给付行为所产生的侵权责任，即因电子商务经营者的不当履行而造成他人人身、财产损失时所应承担的侵权责任与违约责任的竞合。

需要说明的是，本条所包括的民事责任类型在其他部门法中已有相关规定，例如《合同法》中规定了违约责任，《侵权责任法》中规定了一般侵权行为产生的侵权责任和加害给付行为导致的违约责任和侵权责任的竞合责任。《电子商务法》对于本条的规定仅是对电子商务领域内产生的上述责任进行了整合的重申，体现了本法与其他民事部门法相互衔接的特点。

一、不履行合同义务或履行合同义务不符合约定所应承担的民事责任

电子商务经营者销售商品或者提供服务，不履行合同义务或者履行合同义务不符合约定时，应向合同相对人承担继续履行、采取补救措施、赔偿损失、支付违约金等违约责任。理论上，电子商务经营者的违约形态主要包括①：

1. 预期违约。预期违约是指在合同履行期限到来之前，电子商务经营者虽无正当理由但明确表示其在履行期届满后将不履行合同，或者以其行为表明其在履行期届满后将不可能履行合同的行为。预期违约包括明示预期违约和默示预期违约两种形态：明示预期违约是指电子商务经营者在履行期限到来前明确表示其将不履行合同的行为。例如，网店经营者在发货期限到来前明确告知消费者其拒绝发货。默示预期违约是指电子商务经营者在履行期到来前以其行为表明其在履行期限届满后不可能履行合同的行为。例如，有确切证据证明网店经营者在履行期到来前存在转移财产、抽逃资金，以逃避债务的情形，且网店经营者不愿提供必要的担保。

2. 实际违约。实际违约是指履行期到来之后，电子商务经营者不履行或不完全履行合同义务的违约行为。实际违约包括两种具体情况：

（1）不履行，即电子商务经营者因某种事由而导致履行不能，或者无正当理由拒绝履行。不履行又包括拒绝履行和履行不能两种情况：一是拒绝履行，即履行期到来之后届满之前，电子商务经营者无正当理由拒绝履行合同义务的行为。例如作为出售方的电子商务经营者在履行期到来之后拒绝发货或作为承运人的电子商务经营者在履行期到来之后拒绝承运；二是履行不能，即履行期限届至时电子商务经营者在客观上没有履行能力的情形。例如

---

① 参考马骏驹，余延满著：《民法原论》，法律出版社2010年9月版，第619～625页。理论上，违约形态的划分具有多种观点。例如，江平教授、韩世远教授均将违约形态分为积极不履行债权和消极不履行债权两种形态，其中积极不履行债权包括瑕疵给付和加害给付两种情况，消极不履行债权包括拒绝给付、给付不能、迟延给付三种情况。

网商经营者出售某一特定物，但履行期限届至时该特定物灭失，故无法履行合同约定的交付义务。

（2）不完全履行，即电子商务经营者虽然履行了债务，但其履行不符合合同的约定。不完全履行包括迟延履行、不适当履行、其他不完全履行三种具体情况。其中，迟延履行是指电子商务经营者在履行期届满后能够履行而未按时履行。例如网商经营者延期发货；不适当履行是指电子商务经营者虽然履行了义务，但其履行有瑕疵或给合同相对方造成损害的情形。其具体又包括瑕疵给付和加害给付两种情况；其他不完全履行行为是指除迟延履行、不适当履行以外的不完全履行行为。其具体又包括部分履行、履行方法不当、履行地点不当等情况。

二、造成他人损害所应承担的民事责任

电子商务经营者销售商品或者提供服务，造成他人损害的，应承担侵权责任。本条若表述为"侵害他人民事权益，造成他人损害的，依法承担民事责任"，则可能更符合立法者的原意，但即便目前立法未作此表述，在司法适用中也应作此理解。造成他人损害所应承担的侵权责任包括两种类型：

1. 纯粹的侵权责任。纯粹的侵权责任是指电子商务经营者销售商品或者提供服务，侵害他人民事权益，造成他人损害时，应向被侵权人承担的停止侵害、消除影响、赔礼道歉、赔偿损失等侵权责任。需要说明的是，此处的侵害他人民事权益的行为并不包括加害给付行为，此处所产生的民事责任也仅指纯粹的侵权责任，并不包括加害给付所产生的侵权责任与违约责任的竞合责任。电子商务领域内，电子商务经营者纯粹侵权责任的侵害对象主要包括他人的知识产权、人格权、个人信息权等民事权益。典型的例证为平台经营者未经消费者同意，使用或出售消费者个人数据或信息时所应向消费者承担的侵权责任。

2. 加害给付行为所产生的侵权责任与违约责任的竞合责任。加害给付行为所产生的竞合的责任是指电子商务经营者因不适当的履行行为，造成他人人身、财产利益受到损害时，应依照《合同法》向受损害方承担的违约责任或依照《侵权责任法》向受损害方承担的侵权责任。

需要说明的是，《电子商务法》仅是明确了电子商务经营者作为加害给付行为主体时所产生的民事责任。司法适用中，对于电子商务经营者的行为是否构成加害给付行为的认定，标准在于其是否符合加害给付行为的构成要件。根据民法原理，加害给付行为的构成要件包括：其一，电子商务经营者存在不适当的履行行为；其二，电子商务经营者的不适当履行行为造成了受损害方履行利益以外的其他损害。例如，当网上经营者出售不合格食品，致消费者食用后出现身体不适，其健康权受到损害，则该网上经营者的行为构成加害给付行为。消费者可请求其依法承担违约责任或侵权责任。

相关原理

一、一般侵权行为的构成要件

通说认为，一般侵权行为的构成要件有五：①须有加害行为；②须侵害他人之权利或权益；③须致生损害；④须有责任能力；⑤须有故意或过失。前三者为该行为的状态及其造成结果的问题，属于客观要件；后两者乃行为人本身主观方面的问题，属于主观要件。[①]

在认定侵权行为时，应首先检查认定加害行为，即侵害他人权利的行为，其要件因素包括加害行为、侵害权利或权益与因果关系。行为与侵害权利或权益之间的因果关系成为责任成立因果关系，侵害权利或权益与损害结果之间的因果关系，称为责任范围因果关系。

其次是故意或过失的状态以及责任能力的问题。侵害行为不具备客观要件时，无进一步检讨故意或过失的必要。

二、加害给付与产品责任

电子商务经营者销售商品或者提供服务，但因销售的商品或者提供服务存在质量瑕疵，而导致用户的固有利益受到损失。此情形下，电子商务经营者销售瑕疵商品或提供瑕疵服务就是加害给付。既是债务给付的障碍，也构成产品责任侵权。依据《合同法》第 122 条，发生了违约与侵权损害赔偿

① 参见王泽鉴：《侵权行为》，北京大学出版社 2009 年版，第 86 页。

的请求权的竞合。

根据德国债法学理，一般将给付障碍分为如下几类：①给付不能；②给付迟延；③不良给付；④保护义务违反；⑤债权人受领迟延。其中，给付不能、给付迟延显然是导致债权人所需的给付未按预期实现，故而损害赔偿请求权只在于满足债权人的履行利益。履行利益是债务人提供有效的给付而给债权人带来有价值的好处，包括预期可得收益。不良给付是指债务人虽按时作出给付，但并非如约定的那样提供给付。因不良给付给债权人造成履行利益的损失，得请求代替给付之损害赔偿，通常各国（地区）民法典在具体合同类型中有瑕疵担保责任的特别规定，德国民法上称此为“瑕疵损害”。此外，不良给付如果造成超过履行利益以外的损害，即债权人的固有利益损失，称为“瑕疵结果损害”（德国），或“加害给付”（我国台湾地区），债权人可依违约或侵权责任请求损害赔偿。虽然，我国《合同法》没有明确规定“加害给付”，但《合同法》第107规定，当事人一方不履行合同义务或者履行合同义务不符合约定的，应当继续履行、采取补救措施或者赔偿损失等违约责任。这就决定了我国合同法以“义务不履行或者履行合同不符合约定”作为中心构筑违约责任的体系，这就为将加害给付导致的固有利益损害纳入合同法保护提供了可能。

《侵权责任法》第42条规定：“因销售者的过错使产品存在缺陷，造成他人损害的，销售者应当承担侵权责任。销售者不能指明缺陷产品的生产者，也不能指明缺陷产品的供货者的，销售者应当承担侵权责任。”由此可见，销售者作为媒介生产者和消费者之间的桥梁，对产品缺陷致人损害亦须承担侵权责任。且根据《侵权责任法》第43条第1款：“产品存在缺陷造成损害的，被侵权人可以向产品的生产者请求赔偿，也可以向产品的销售者请求赔偿。”销售者应承担无过错责任。但根据《侵权责任法》第43条第2款的规定，其承担责任后，可因生产者之过错向其追偿。

就产品责任侵权的赔偿范围而言，依据《产品质量法》第44条第2款规定：“因产品存在缺陷造成受害人财产损失的，侵害人应当恢复原状或者折价赔偿。受害人因此遭受其他重大损失的，侵害人应当赔偿损失。”“其他重大损失”大概相当于“所失利益”。所失利益包括两类：一是依据通常情形可以预期的利益，它是指按照事物的自然趋势，本来可以取得，但因为损害原因事实却没有取得的利益；二是依据特别的情事而可以预期的利益，它是指依据通常情形未必能够取得的利益，但因为存在特殊的情况而可能取得，却因损害原因事实而没有取得的利益。①

相关案例

阮某婕与纽海电子商务（上海）有限公司网络购物合同纠纷等六案②

消费者网上订购低价收藏金条，订购成功并支付款项后，网络交易平台以系统出问题为由取消订单，消费者不服，将网络交易平台“1号店”告上法庭。上海市浦东新区人民法院对六起网络购物合同纠纷案分别作出一审判决，驳回鲁先生等六原告要求被告“1号店”交付实物或者赔偿可得利益损失的诉讼请求；被告“1号店”分别赔偿鲁先生等六原告直接损失2196元至4461元不等。

浦东法院审理认为，网络购物合同尚未成立，被告应当承担缔约过失的先行赔付责任，或者承担提供网络交易平台服务瑕疵的赔偿责任。原告承认曾经点击过服务协议，即使原告未阅读即点击也是对自己权利的放弃，该服务协议的有效条款对原、被告双方均具有约束力，双方应当按照约定全面履行自己的义务。根据服务协议的约定，“只有当商家通过1号店网站向用户发出电子邮件通知确认商品已发出，或商家已将商品发送至用户指定地址时，才构成商家对该订单的承诺”，因被告或者旗舰店未作出有效承诺，故该网络购物合同尚未成立。缔约过失责任是指在合同订立过程中，一方当事

---

① 参见高圣平：《论产品责任损害赔偿范围——以〈侵权责任法〉、〈产品质量法〉相关规定为分析对象》，《华东政法大学学报》2010年第3期，第110页。

② 上海市浦东新区人民法院（2014）浦民一（民）初字第9179号、（2014）浦民一（民）初字第9048号、（2014）浦民一（民）初字第9378号、（2014）浦民一（民）初字第9382号、（2014）浦民一（民）初字第9242号、（2014）浦民一（民）初字第9381号民事判决书。

人因违背相应的依据诚实信用原则应负的义务，导致另一方当事人的信赖利益受到损失，从而承担的损害赔偿责任。缔约过失责任违反的是依诚实信用原则产生的先合同义务，具体包括协力、通知、说明、忠实、保密等附随义务。本案中，原告所下订单的交易对象为旗舰店，假设系旗舰店发出的商品信息，已构成要约邀请，在原告完全按照要约邀请下单即发出要约后，旗舰店又取消订单拒绝承诺，违反了诚实信用原则，构成缔约过失，应当向原告承担缔约过失的责任。因审理中被告明确表示拒绝向原告披露旗舰店的真实名称、地址和有效联系方式，按照《中华人民共和国消费者权益保护法》第四十四条第一款的相关规定，旗舰店的缔约过失责任应由被告先行赔付。又因审理中被告自认该商品信息系因被告自身系统升级发生故障导致已下架商品以低价格上架，致使原告下单，对此被告未举证证明；即使被告所述属实，被告也未尽到合理的注意义务，应当承担相应的提供网络交易平台服务瑕疵的赔偿责任。

相关立法与规定

1.《消费者权益保护法》

第41条 经营者提供商品或者服务，造成消费者或者其他受害人人身伤害的，应当支付医疗费、治疗期间的护理费、因误工减少的收入等费用，造成残疾的，还应当支付残疾者生活自助具费、生活补助费、残疾赔偿金以及其扶养的人所必需的生活费等费用；构成犯罪的，依法追究刑事责任。

第42条 经营者提供商品或者服务，造成消费者或者其他受害人死亡的，应当支付丧葬费、死亡赔偿金以及由死者生前扶养的人所必需的生活费等费用；构成犯罪的，依法追究刑事责任。

第44条 经营者提供商品或者服务，造成消费者财产损害的，应当按照消费者的要求，以修理、重作、更换、退货、补足商品数量、退还货款和服务费用或者赔偿损失等方式承担民事责任。消费者与经营者另有约定的，按照约定履行。

第48条 经营者提供商品或者服务有下列情形之一的，除本法另有规定外，应当依照其他有关法律、法规的规定，承担民事责任：

（一）商品或者服务存在缺陷的；

（二）不具备商品应当具备的使用性能而出售时未作说明的；

（三）不符合在商品或者其包装上注明采用的商品标准的；

（四）不符合商品说明、实物样品等方式表明的质量状况的；

（五）生产国家明令淘汰的商品或者销售失效、变质的商品的；

（六）销售的商品数量不足的；

（七）服务的内容和费用违反约定的；

（八）对消费者提出的修理、重作、更换、退货、补足商品数量、退还货款和服务费用或者赔偿损失的要求，故意拖延或者无理拒绝的；

（九）法律、法规规定的其他损害消费者权益的情形。

经营者对消费者未尽到安全保障义务，造成消费者损害的，应当承担侵权责任。

2.《产品质量法》

第41条 因产品存在缺陷造成人身、缺陷产品以外的其他财产（以下简称他人财产）损害的，生产者应当承担赔偿责任。

生产者能够证明有下列情形之一的，不承担赔偿责任：

（一）未将产品投入流通的；

（二）产品投入流通时，引起损害的缺陷尚不存在的；

（三）将产品投入流通时的科学技术水平尚不能发现缺陷的存在的。

第42条 由于销售者的过错使产品存在缺陷，造成人身、他人财产损害的，销售者应当承担赔偿责任。销售者不能指明缺陷产品的生产者也不能指明缺陷产品的供货者的，销售者应当承担赔偿责任。

第七十五条　【电子商务经营者违法经营的法律责任】

电子商务经营者违反本法第十二条、第十三条规定，未取得相关行政许可从事经营活动，或者销售、提供法律、行政法规禁止交易的商品、服务，或者不履行本法第二十五条规定的信息提供义务，电子商务平台经营者违反本法第四十六条规定，采取集中交易方式进行交易，或者进行标准化合约交易的，依照有关法律、行政法规的规定处罚。

条文主旨

本条是对电子商务经营者违法经营、违反信息提供义务、违法交易的法律责任的规定。

条文释义

此条与《电子商务法》第12条、第13条、第25条和第46条相对应，规定了电子商务经营者违反《电子商务法》此四条的规定时所应当承担的法律责任。《电子商务法》第12条规定电子商务经营者应当取得行政许可的义务；第13条规定电子商务经营者不得违法经营的义务；第25条规定电子商务经营者的信息提供义务；第46条规定平台经营者不得集中竞价、标准化合约交易的义务。对于这四条规范的含义与适用情形已经在前书详述。

电子商务经营者违反《电子商务法》第12条、第13条、第25条、第46条的规定可能承担民事责任、行政责任和刑事责任。本条并没有具体规定处罚的主体、处罚的程序与处罚的方式，而是规定依照相关法律、行政法规的规定处罚。在我国现行法律体制下，处罚分为刑事处罚与行政处罚。

1. 刑事处罚。虽然通常情况下的商事经营往往不会为刑法所规制，但在特定情形下，如果经营的违法程度极为严重，会对市场秩序和公民安全产生重大的影响，因此，《刑法》亦对违法经营有所规制。例如，《刑法》第140条规定了生产、销售伪劣产品罪：生产者、销售者在产品中掺杂、掺假，以假充真，以次充好或者以不合格产品冒充合格产品，销售金额五万元以上不满二十万元的，处二年以下有期徒刑或者拘役，并处或者单处销售金额百分之五十以上二倍以下罚金。

2. 行政处罚。通常民事主体之间因法律行为而产生的纠纷不涉及行政监管，但是在商事领域，经营者不仅仅是简单的民事法律关系的主体，其更是一个市场主体，如果不受到一定的监管，则会导致市场秩序的破坏，因此，行政部门往往会对市场进行监管，对违法经营者进行行政处罚。例如，《产品质量法》第50条规定，在产品中掺杂、掺假，以假充真，以次充好，或者以不合格产品冒充合格产品的，责令停止生产、销售，没收违法生产、销售的产品，并处违法生产、销售产品货值金额百分之五十以上三倍以下的罚款；有违法所得的，并处没收违法所得；情节严重的，吊销营业执照；构成犯罪的，依法追究刑事责任。

相关立法与规定

1.《消费者权益保护法》

第56条 经营者有下列情形之一，除承担相应的民事责任外，其他有关法律、法规对处罚机关和处罚方式有规定的，依照法律、法规的规定执行；法律、法规未作规定的，由工商行政管理部门或者其他有关行政部门责令改正，可以根据情节单处或者并处警告、没收违法所得、处以违法所得一倍以上十倍以下的罚款，没有违法所得的，处以五十万元以下的罚款；情节严重的，责令停业整顿、吊销营业执照：

（一）提供的商品或者服务不符合保障人身、财产安全要求的；

（二）在商品中掺杂、掺假，以假充真，以次充好，或者以不合格商品冒充合格商品的；

（三）生产国家明令淘汰的商品或者销售失效、变质的商品的；

（四）伪造商品的产地，伪造或者冒用他人的厂名、厂址，篡改生产日期，伪造或者冒用认证标志等质量标志的；

（五）销售的商品应当检验、检疫而未检验、检疫或者伪造检验、检疫结果的；

（六）对商品或者服务作虚假或者引人误解的宣传的；

（七）拒绝或者拖延有关行政部门责令对缺陷商品或者服务采取停止销售、警示、召回、无害化处理、销毁、停止生产或者服务等措施的；

（八）对消费者提出的修理、重作、更换、退货、补足商品数量、退还货款和服务费用或者赔偿损失的要求，故意拖延或者无理拒绝的；

（九）侵害消费者人格尊严、侵犯消费者人身自由或者侵害消费者个人信息依法得到保护的权利的；

（十）法律、法规规定的对损害消费者权益应当予以处罚的其他情形。

经营者有前款规定情形的，除依照法律、法规规定予以处罚外，处罚机关应当记入信用档案，向社会公布。

2.《产品质量法》

第49条　生产、销售不符合保障人体健康和人身、财产安全的国家标准、行业标准的产品的，责令停止生产、销售，没收违法生产、销售的产品，并处违法生产、销售产品（包括已售出和未售出的产品，下同）货值金额等值以上三倍以下的罚款；有违法所得的，并处没收违法所得；情节严重的，吊销营业执照；构成犯罪的，依法追究刑事责任。

第50条　在产品中掺杂、掺假，以假充真，以次充好，或者以不合格产品冒充合格产品的，责令停止生产、销售，没收违法生产、销售的产品，并处违法生产、销售产品货值金额百分之五十以上三倍以下的罚款；有违法所得的，并处没收违法所得；情节严重的，吊销营业执照；构成犯罪的，依法追究刑事责任。

3.《电子商务法》

第12条　电子商务经营者从事经营活动，依法需要取得相关行政许可的，应当依法取得行政许可。

第13条　电子商务经营者销售的商品或者提供的服务应当符合保障人身、财产安全的要求和环境保护要求，不得销售或者提供法律、行政法规禁止交易的商品或者服务。

第25条　有关主管部门依照法律、行政法规的规定要求电子商务经营者提供有关电子商务数据信息的，电子商务经营者应当提供。有关主管部门应当采取必要措施保护电子商务经营者提供的数据信息的安全，并对其中的个人信息、隐私和商业秘密严格保密，不得泄露、出售或者非法向他人提供。

第46条 除本法第九条第二款规定的服务外，电子商务平台经营者可以按照平台服务协议和交易规则，为经营者之间的电子商务提供仓储、物流、支付结算、交收等服务。电子商务平台经营者为经营者之间的电子商务提供服务，应当遵守法律、行政法规和国家有关规定，不得采取集中竞价、做市商等集中交易方式进行交易，不得进行标准化合约交易。

第七十六条 【电子商务经营者违反公示义务的法律责任】

电子商务经营者违反本法规定，有下列行为之一的，由市场监督管理部门责令限期改正，可以处一万元以下的罚款，对其中的电子商务平台经营者，依照本法第八十一条第一款的规定处罚：

（一）未在首页显著位置公示营业执照信息、行政许可信息、属于不需要办理市场主体登记情形等信息，或者上述信息的链接标识的；

（二）未在首页显著位置持续公示终止电子商务的有关信息的；

（三）未明示用户信息查询、更正、删除以及用户注销的方式、程序，或者对用户信息查询、更正、删除以及用户注销设置不合理条件的。

电子商务平台经营者对违反前款规定的平台内经营者未采取必要措施的，由市场监督管理部门责令限期改正，可以处二万元以上十万元以下的罚款。

条文主旨

本条是对电子商务经营者违反信息公示义务的法律责任的规定。

条文释义

一、承担责任的情形

本条规定三种承担法律责任的行为模式：第1项和第2项违反了电子商务经营者的经营信息公示义务。电子商务经营者的经营信息公示义务规定在《电子商务法》第15条、第16条，第15条规定，电子商务经营者应当在其首页显著位置，持续公示营业执照信息和与其经营业务有关的行政许可信息、属于依照本法第10条规定的不需要办理市场主体登记情形等信息，或者上述信息的链接标识。前款规定的信息发生变更的，电子商务经营者应当及时更新公示信息。第16条规定，电子商务经营者自行终止从事电子商务的，应当提前三十日在首页显著位置持续公示有关信息。

第3项是对电子商务经营者违反对用户信息查询、更正、删除以及用户注销的相关义务的规定。《电子商务法》第24条规定，电子商务经营者应当明示用户信息查询、更正、删除以及用户注销的方式、程序，不得对用户信息查询、更正、删除以及用户注销设置不合理条件。电子商务经营者收到用户信息查询或者更正、删除的申请的，应当在核实身份后及时提供查询或者更正、删除用户信息。用户注销的，电子商务经营者应当立即删除该用户的信息；依照法律、行政法规的规定或者双方约定保存的，依照其规定。三款的情形前文已经详述，在此不再赘述。

二、责任承担的形式

违反《电子商务法》第15条、第16条、第24条的规定，可能产生民事责任、行政责任和刑事责任，本条规定的是行政责任。

对于非平台经营者，若有本条规定的情形，则责令其限期改正，可以处一万元以下的罚款。该期限应当为经营者所知晓，经营者应当在技术上能够实现的最短时间内改正。

而对于平台经营者，由于《电子商务法》第81条有针对性的规定，依照第81条的规定处罚。

同时，由于电子商务平台经营者对平台内经营者负有监管义务，若电子商务平台经营者对违反前款规定的平台内经营者未采取必要措施的，责令限期改正，可以处二万元以上十万元以下的罚款。所谓必要措施，即指电子商务平台经营者应当对平台内经营者的违法行为告知并加以技术上的控制。

相关立法与规定

1.《电子商务法》

第15条 电子商务经营者应当在其首页显著位置，持续公示营业执照信息、与其经营业务有关的行政许可信息、属于依照本法第十条规定的不需要办理市场主体登记情形等信息，或者上述信息的链接标识。

前款规定的信息发生变更的，电子商务经营者应当及时更新公示信息。

第16条 电子商务经营者自行终止从事电子商务的，应当提前三十日在首页显著位置持续公示有关信息。

第24条 电子商务经营者应当明示用户信息查询、更正、删除以及用户注销的方式、程序，不得对用户信息查询、更正、删除以及用户注销设置不合理条件。

电子商务经营者收到用户信息查询或者更正、删除的申请的，应当在核实身份后及时提供查询或者更正、删除用户信息。用户注销的，电子商务经营者应当立即删除该用户的信息；依照法律、行政法规的规定或者双方约定保存的，依照其规定。

2.《网络安全法》

第59条 网络运营者不履行本法第二十一条、第二十五条规定的网络安全保护义务的，由有关主管部门责令改正，给予警告；拒不改正或者导致危害网络安全等后果的，处一万元以上十万元以下罚款，对直接负责的主管人员处五千元以上五万元以下罚款。

关键信息基础设施的运营者不履行本法第三十三条、第三十四条、第三十六条、第三十八条规定的网络安全保护义务的，由有关主管部门责令改正，给予警告；拒不改正或者导致危害网络安全等后果的，处十万元以上一百万元以下罚款，对直接负责的主管人员处一万元以上十万元以下罚款。

第60条　违反本法第二十二条第一款、第二款和第四十八条第一款规定，有下列行为之一的，由有关主管部门责令改正，给予警告；拒不改正或者导致危害网络安全等后果的，处五万元以上五十万元以下罚款，对直接负责的主管人员处一万元以上十万元以下罚款：

（一）设置恶意程序的；

（二）对其产品、服务存在的安全缺陷、漏洞等风险未立即采取补救措施，或者未按照规定及时告知用户并向有关主管部门报告的；

（三）擅自终止为其产品、服务提供安全维护的。

第七十七条　【电子商务经营者违法推销与搭售的法律责任】

电子商务经营者违反本法第十八条第一款规定提供搜索结果，或者违反本法第十九条规定搭售商品、服务的，由市场监督管理部门责令限期改正，没收违法所得，可以并处五万元以上二十万元以下的罚款；情节严重的，并处二十万元以上五十万元以下的罚款。

条文主旨

本条是对电子商务经营者在提供搜索结果、搭售时违反法定义务所应承担的法律责任的规定。

条文释义

一、电子商务经营者承担责任的情形

本条是对电子商务经营者在提供搜索结果、搭售商品、服务时违反法定义务所应当承担的法律责任的规定。该法定义务规定在《电子商务法》第18条第1款和第19条，电子商务经营者根据消费者的兴趣爱好、消费习惯等特征向其提供商品或服务的搜索结果的，应当同时向该消费者提供不针对其个人特征的选项，尊重和平等保护消费者合法权益。电子商务经营者搭售商品或者服务，应当以显著方式提请消费者注意，不得将搭售商品或者服务作为默认同意的选项。

电子商务经营者在推销时应当提供不针对消费者个人特征的选项，并且尊重和平等保护消费者的合法权益。

电子商务经营者在搭售时应当尽到两项义务：一是以显著方式提醒消费者注意。二是不得将搭售商品或者服务作为默认同意的选项。前书已经对本条进行了阐释，在此不再赘述。

二、电子商务经营者违反义务时责任承担的方式

电子商务经营者违反推销、搭售义务时可能产生民事责任、行政责任和刑事责任，本条主要规定的是行政责任，分别为责令限期改正、没收违法所得和罚款。

1. 责令限期改正。相关部门可以责令电子商务经营者在合理的期限内改正自己的行为，若电子商务经营者在合理期限内改正，则可能不承担后续的责任。

2. 没收违法所得。行政机关可以没收电子商务经营者因为违法的推销和搭售所产生的违法所得。

3. 罚款。由于法条的表述是“并处”，因此，罚款并不能作为单独的处罚方式，只能和责令限期改正或没收违法所得一并实行。相关部门可以责令电子商务者限期改正或者没收违法所得，并处五万元以上二十万元以下的罚款；情节严重的，并处二十万元以上五十万元以下的罚款。

相关立法与规定

1. **《电子商务法》**

第 18 条 电子商务经营者根据消费者的兴趣爱好、消费习惯等特征向其提供商品或者服务的搜索结果的，应当同时向该消费者提供不针对其个人特征的选项，尊重和平等保护消费者合法权益。

电子商务经营者向消费者发送广告的，应当遵守《中华人民共和国广告法》的有关规定。

2. **《消费者权益保护法》**

第 9 条 消费者享有自主选择商品或者服务的权利。

消费者有权自主选择提供商品或者服务的经营者，自主选择商品品种或者服务方式，自主决定购买或者不购买任何一种商品、接受或者不接受任何一项服务。

消费者在自主选择商品或者服务时，有权进行比较、鉴别和挑选。

第10条　消费者享有公平交易的权利。

消费者在购买商品或者接受服务时，有权获得质量保障、价格合理、计量正确等公平交易条件，有权拒绝经营者的强制交易行为。

第七十八条　【电子商务经营者违反押金退还义务的法律责任】

电子商务经营者违反本法第二十一条规定，未向消费者明示押金退还的方式、程序，对押金退还设置不合理条件，或者不及时退还押金的，由有关主管部门责令限期改正，可以处五万元以上二十万元以下的罚款；情节严重的，处二十万元以上五十万元以下的罚款。

条文主旨

本条是对电子商务经营者退还押金时违反法定义务所产生的法律责任的规定。

条文释义

一、电子商务经营者承担责任的情形

本条是对电子商务经营者退还押金时违反法定义务所产生的法律责任的规定，该法定义务规定在《电子商务法》第21条，电子商务经营者按照约定向消费者收取押金的，应当明示押金退还的方式、程序，不得对押金退还设置不合理条件。消费者申请退还押金，符合押金退还条件的，电子商务经营者应当及时退还。

电子商务经营者在收取押金时应当尽到以下义务：1. 按照约定的方式收取；2. 明示押金退还的方式和程序；3. 不得对押金退还设置不合理的条件。在退还押金时，一旦符合退还条件，应当及时退还，不得以任何理由延

迟或者拒绝退还。前文已经阐述，在此不再赘述。

二、电子商务经营者违反义务时责任承担的方式

电子商务经营者违反押金退还义务时可能产生民事责任、行政责任和刑事责任，本条主要规定的是行政责任，分别为责令限期改正和罚款。

1. 责令限期改正。相关部门可以责令电子商务经营者在合理的期限内改正自己的行为，若电子商务经营者在合理期限内改正，则可能不产生后续的责任。

2. 罚款。由于法条的表述是“可以处”，因此，罚款可以作为单独的处罚方式。相关部门可以责令可以处五万元以上二十万元以下的罚款；情节严重的，处二十万元以上五十万元以下的罚款。

第七十九条　【电子商务经营者侵害个人信息权利的法律责任】

电子商务经营者违反法律、行政法规有关个人信息保护的规定，或者不履行本法第三十条和有关法律、行政法规规定的网络安全保障义务的，依照《中华人民共和国网络安全法》等法律、行政法规的规定处罚。

条文主旨

本条是对电子商务经营者违反个人信息保护义务，或者不履行保障交易系统安全、稳定运行和网络安全义务的法律责任的规定。

条文释义

本条规定了电子商务经营者违反网络安全方面的义务时应当承担的法律责任，涉及个人信息保护和交易系统及网络安全保障义务两方面。首先，本条与《电子商务法》第 23 条和第 30 条相互衔接，第 23 条规定，电子商务经营者收集、使用其用户的个人信息，应当遵守法律、行政法规有关个人信息保护的规定。第 30 条规定，电子商务平台经营者应当采取技术措施和其他必要措施保证其网络安全、稳定运行，防范网络违法犯罪活动，有效应对网络安全事件，保障电子商务交易安全。电子商务平台经营者应当制定网络安全事件应急预案，发生网络安全事件时，应当立即启动应急预案，采取相应的补救措施，并向有关主管部门报告。其次，本条又和其他法律、行政法规规定的网络安全保障义务相对应，电子商务经营者违反《电子商务法》关于保障个人信息保护和交易系统安全、稳定义务的，应承担相应责任，违反其他法律、行政法规有关网络安全保障义务的也应承担相应责任。至于违反上述义务所应承担的具体责任类型，依据法条规定，亦依照《网络安全法》的法律责任部分。

电子商务经营者不得违反法律、行政法规有关个人信息保护的规定。所谓个人信息，是指能够单独或通过和其他信息结合识别特定个人身份的信息或信息集合，包括姓名、性别、职业、出生日期、身份证号码、地址信息、个人特征信息、电话号码、账号、密码、电子邮件地址等。对违反个人信息保护规则的电子商务经营者而言，根据《网络安全法》第 64 条的规定，网络运营者、网络产品或者服务的提供者侵害个人信息依法得到保护的权利的，由有关主管部门责令改正，可以根据情节单处或者并处警告、没收违法所得、处违法所得一倍以上十倍以下罚款，没有违法所得的，处一百万元以下罚款，对直接负责的主管人员和其他直接责任人员处一万元以上十万元以下罚款；情节严重的，并可以责令暂停相关业务、停业整顿、关闭网站、吊销相关业务许可证或者吊销营业执照。窃取或者以其他非法方式获取、非法出售或者非法向他人提供个人信息，尚不构成犯罪的，由公安机关没收违法所得，并处违法所得一倍以上十倍以下罚款，没有违法所得的，处一百万元以下罚款。

电子商务平台经营者负有保障交易系统安全、稳定运行的义务，根据《网络安全法》第 68 条的规定，对法律、行政法规禁止发布或者传输的信息未停止传输、采取消除等处置措施、保存有关记录的，由有关主管部门责令改正，给予警告，没收违法所得；拒不改正或者情节严重的，处十万元以上五十万元以下罚款，并可以责令暂停相关业务、停业整顿、关闭网站、吊销相关业务许可证或者吊销营业执照，对直接负责的主管人员和其他直接责任人员处一万元以上十万元以下罚款。

对于违反网络安全义务的电子商务经营者而言，根据《网络安全法》第59条的规定，网络运营者不履行网络安全保护义务的，由有关主管部门责令改正，给予警告；拒不改正或者导致危害网络安全等后果的，处一万元以上十万元以下罚款，对直接负责的主管人员处五千元以上五万元以下罚款。关键信息基础设施的运营者不履行网络安全保护义务的，由有关主管部门责令改正，给予警告；拒不改正或者导致危害网络安全等后果的，处十万元以上一百万元以下罚款，对直接负责的主管人员处一万元以上十万元以下罚款。

相关立法与规定

1.《电子商务法》

第23条 电子商务经营者收集、使用其用户的个人信息，应当遵守法律、行政法规有关个人信息保护的规定。

2.《网络安全法》

第59条 网络运营者不履行本法第二十一条、第二十五条规定的网络安全保护义务的，由有关主管部门责令改正，给予警告；拒不改正或者导致危害网络安全等后果的，处一万元以上十万元以下罚款，对直接负责的主管人员处五千元以上五万元以下罚款。

关键信息基础设施的运营者不履行本法第三十三条、第三十四条、第三十六条、第三十八条规定的网络安全保护义务的，由有关主管部门责令改正，给予警告；拒不改正或者导致危害网络安全等后果的，处十万元以上一百万元以下罚款，对直接负责的主管人员处一万元以上十万元以下罚款。

第63条 违反本法第二十七条规定，从事危害网络安全的活动，或者提供专门用于从事危害网络安全活动的程序、工具，或者为他人从事危害网络安全的活动提供技术支持、广告推广、支付结算等帮助，尚不构成犯罪的，由公安机关没收违法所得，处五日以下拘留，可以并处五万元以上五十万元以下罚款；情节较重的，处五日以上十五日以下拘留，可以并处十万元以上一百万元以下罚款。

单位有前款行为的，由公安机关没收违法所得，处十万元以上一百万元以下罚款，并对直接负责的主管人员和其他直接责任人员依照前款规定处罚。

违反本法第二十七条规定，受到治安管理处罚的人员，五年内不得从事网络安全管理和网络运营关键岗位的工作；受到刑事处罚的人员，终身不得从事网络安全管理和网络运营关键岗位的工作。

第64条　网络运营者、网络产品或者服务的提供者违反本法第二十二条第三款、第四十一条至第四十三条规定，侵害个人信息依法得到保护的权利的，由有关主管部门责令改正，可以根据情节单处或者并处警告、没收违法所得、处违法所得一倍以上十倍以下罚款，没有违法所得的，处一百万元以下罚款，对直接负责的主管人员和其他直接责任人员处一万元以上十万元以下罚款；情节严重的，并可以责令暂停相关业务、停业整顿、关闭网站、吊销相关业务许可证或者吊销营业执照。

违反本法第四十四条规定，窃取或者以其他非法方式获取、非法出售或者非法向他人提供个人信息，尚不构成犯罪的，由公安机关没收违法所得，并处违法所得一倍以上十倍以下罚款，没有违法所得的，处一百万元以下罚款。

第八十条　【平台经营者违反协助监管和信息保存义务的行政责任】

电子商务平台经营者有下列行为之一的，由有关主管部门责令限期改正；逾期不改正的，处二万元以上十万元以下的罚款；情节严重的，责令停业整顿，并处十万元以上五十万元以下的罚款：

（一）不履行本法第二十七条规定的核验、登记义务的；

（二）不按照本法第二十八条规定向市场监督管理部门、税务部门报送有关信息的；

（三）不按照本法第二十九条规定对违法情形采取必要的处置措施，或者未向有关主管部门报告的；

（四）不履行本法第三十一条规定的商品和服务信息、交易信息保存义务的。

法律、行政法规对前款规定的违法行为的处罚另有规定的，依照其规定。

条文主旨

本条规定了平台经营者违反平台内经营者身份信息核验与登记义务、协助监管义务以及交易信息保存义务的行政法律责任。

条文释义

本条款是关于平台经营者不履行平台内经营者身份核验、登记义务，违反向市场监督管理部门报送有关信息、为经营者登记提供便利、为特定违法的经营者采取必要的处置措施等协助监管义务，未履行商品和服务及交易信息保存义务所应承担的法律责任。

一、本条规定的法律责任的性质与种类

依照责任种类的划分，本条款规定的是违法平台的行政责任。具体处罚措施包括责令限期改正、停业整顿、缴纳罚款。责令限期改正与责令停业整顿及罚款是递进关系，即只有在责令限期改正不履行的情况下，才会责令停业整顿及罚款。而责令停业整顿与罚款是并处关系，即责令停业整顿必然伴随罚款。

1. 责令限期改正

限期改正又称责令改正，是指行政主体责令违法行为人停止并纠正违法行为，以保障社会秩序的稳定的措施。限期改正具有时效性和暂时性的特点，目的在于防止出现损失或者避免损失扩大，也是本条款规定中最轻的措施。

值得注意的是，“限期责令改正”这一措施并不属于《行政法处罚法》《行政强制法》规定的行政强制措施与行政处罚措施，反而常见于行政机关内部的纠偏程序。如《行政强制法》第六章“法律责任”，规定“行政机关实施行政处罚，有下列情形之一的，由上级行政机关或者有关部门责令改

正”。《行政处罚法》中也是如此。《电子商务法》将“责令改正”这种适用于机关内部的法律责任引入平台监管领域，也是考虑到了平台电子商务监管领域具有的特殊地位，准许其限期改正，及时纠偏。同时，为防止平台责任过轻，怠于整改，本条同时规定了停业整顿和罚款两项后续行政处罚措施，以保障法律的威慑性。

2. 停业整顿

停业整顿的含义包含两个方面：一方面，停业整顿是禁止从事经营行为的限权性措施，是对之前授予平台准许其从事电子商务经营业务的行政许可的限制。这种措施具有暂时性与可复原性，并非对平台经营资格的彻底否定。另一方面，停业整顿的目的在于督促平台改正违法违规行为，避免损失的扩大，以实现维护电子商务领域管理秩序的最终目的。结合上述分析，可以得出停业整顿并非针对平台作出的终局处罚措施的结论，结合其暂时性、手段性与可复原性的特质，应该认定停业整顿属于行政强制措施的一种。

从立法实践上讲，在发改委等部门制定的行政法规中，规定采取停业整顿的方式来处置具有价格违法行为的市场主体。《电子商务法》将这一措施引入，符合实践的需要。

3. 缴纳罚款

罚款是指行政主体利用行政权力强制违法违规的当事人缴纳一定数量的货币，对违法行为进行处罚。罚款是典型的行政处罚措施，属于财产罚的一种，可以与其他处罚措施并处，也可以单独适用。《电子商务法》引入这一措施，是对预期未改正的违规平台的处罚。

值得注意的是，本条规定罚款与“停业整顿”并处，两种措施的设立目的不同，上文已述，停业整顿属于行政强制措施，其目的避免损失的扩大，而罚款才起到处罚目的。这也是本条款规定适用的唯一行政处罚措施。

二、平台行政责任与民事责任的关系

平台的违法违规行为除导致行政责任外，还可能同时导致民事责任甚至刑事责任。例如，平台不履行平台内经营者身份核验与登记义务，致使平台无法向维权消费者提供平台内经营者的真实名称、地址和有效联系方式等信息的，如果消费者起诉平台，要求承担赔偿责任，那么平台在依据本法条承担行政责任的同时，还应当承担民事赔偿责任。

三、平台行政责任与平台刑事责任的关系

电子商务平台虽然以网络空间作为经营活动的主要场所，但是其主体身份并没有实质改变，应与普通企业法人承担相同的法律责任。因此，电子商务平台适用我国《刑法》关于单位犯罪的有关规定。在行政责任、民事责任与刑事责任产生竞合时，依照《刑法》第36条，适用赔偿经济损失与民事责任优先原则，如果平台被判处罚金，其财产不足以全部支付的，或者被判处没收财产时，应当先承担对被害人的民事赔偿责任。

相关立法与规定

1.《杭州市网络交易管理暂行办法》

第46条 违反本办法第八条第一款、第二款规定，未提交工商登记信息或者自然人身份证明、经营地址、联系方式等信息，第三方网络交易平台经营者为网络交易经营者提供平台服务的，由市场监督管理部门责令平台经营者限期改正，并可处以1万元以上3万元以下罚款。

违反本办法第十八条规定，第三方网络交易平台经营者未对进入平台从事经营的网络交易经营者的主体资格进行审查或者建立档案的，由市场监督管理部门责令平台经营者限期改正，并可处以5000元以上2万元以下罚款；明知网络交易经营者提供虚假或者失效的主体资格信息，而为其提供平台服务的，由市场监督管理部门责令改正，并处以2万元以上3万元以下罚款。

2.《网络交易管理办法》

第50条 违反本办法第七条第二款①、第二十三条、第二十五条②、第

---

① 《网络交易管理办法》第7条第2款规定："从事网络商品交易的自然人，应当通过第三方交易平台开展经营活动，并向第三方交易平台提交其姓名、地址、有效身份证明、有效联系方式等真实身份信息。具备登记注册条件的，依法办理工商登记。"

② 《网络交易管理办法》第25条第1款规定："第三方交易平台经营者应当建立平台内交易规则、交易安全保障、消费者权益保护、不良信息处理等管理制度。各项管理制度应当在其网站显示，并从技术上保证用户能够便利、完整地阅览和保存。"

二十六条第二款、第二十九条、第三十条①、第三十四条、第三十五条、第三十六条、第三十八条规定的，予以警告，责令改正，拒不改正的，处以一万元以上三万元以下的罚款。

第八十一条　【平台经营者违反公示义务和侵害消费者评价权的行政责任】

电子商务平台经营者违反本法规定，有下列行为之一的，由市场监督管理部门责令限期改正，可以处二万元以上十万元以下的罚款；情节严重的，处十万元以上五十万元以下的罚款：

（一）未在首页显著位置持续公示平台服务协议、交易规则信息或者上述信息的链接标识的；

（二）修改交易规则未在首页显著位置公开征求意见，未按照规定的时间提前公示修改内容，或者阻止平台内经营者退出的；

（三）未以显著方式区分标记自营业务和平台内经营者开展的业务的；

（四）未为消费者提供对平台内销售的商品或者提供的服务进行评价的途径，或者擅自删除消费者的评价的。

电子商务平台经营者违反本法第四十条规定，对竞价排名的商品或者服务未显著标明“广告”的，依照《中华人民共和国广告法》的规定处罚。

条文主旨

本条规定了平台经营者违反平台服务协议与交易规则及其修改的公示义

① 《网络交易管理办法》第30条规定：“第三方交易平台经营者应当审查、记录、保存在其平台上发布的商品和服务信息内容及其发布时间。平台内经营者的营业执照或者个人真实身份信息记录保存时间从经营者在平台的登记注销之日起不少于两年，交易记录等其他信息记录备份保存时间从交易完成之日起不少于两年。第三方交易平台经营者应当采取电子签名、数据备份、故障恢复等技术手段确保网络交易数据和资料的完整性和安全性，并应当保证原始数据的真实性。”

务、自营业务区分义务、商业广告公示义务、阻止平台内经营者退出以及侵犯消费者评价权的行政法律责任。

条文释义

本条款是关于电子商务平台经营者不履行公示平台服务信息和交易规则及其修改信息，阻止平台内经营者退出，未采取显著方式区分平台自营业务与其他经营者业务，未建立评价系统或擅自删除消费者评论，以及未标明“广告”误导消费者的法律责任。

一、法律责任的类型

本条款规定的惩罚方式包括限期改正和罚款两种。从类型上看同样属于行政法律责任。

关于处置措施的内容介绍，参照第 80 条“条文释义”部分。

二、本法条各款内容之间的内在联系

本条列举了平台经营者的五种违法情形。从内容上看，大致可以分为以下两类。其一，平台侵犯消费者知情权、评价权、监督权的具体情形。包括第 1 款第 1 项、第 2 项前半部分、第 3 项、第 4 款以及第 2 款。其二，平台侵犯平台内经营者自主经营权的情形。主要体现在第 1 款第 2 项后一部分。整体上看，《电子商务法》对于保障消费者合法权益投入了大量精力，对平台内经营者权益的维护，虽然已经纳入立法者视线，但是从现行立法成果上看，还存在进步的空间。

（三）监管主体

本条款规定，由“市场监督管理部门”责令违规平台限期整改。此处的市场监督管理部门是指 2018 年 4 月挂牌成立的中华人民共和国国家市场监督管理总局及其下属机构。国家市场监督管理总局整合了原国家工商行政管理总局、国家质量监督检验检疫总局、国家食品药品监督管理总局、国家发展和改革委员会的价格监督检查与反垄断执法机构、商务部的经营者集中反垄断执法以及国务院反垄断委员会办公室等多个国家机构的职责，具体包括：市场综合监督管理，统一登记市场主体并建立信息公示和共享机制，组

织市场监管综合执法工作，承担反垄断统一执法，规范和维护市场秩序，组织实施质量强国战略，负责工业产品质量安全、食品安全、特种设备安全监管，统一管理计量标准、检验检测、认证认可工作。本条款规定的内容属于市场监督管理总局的职责范畴，这一规定体现出《电子商务法》与国务院机构改革的衔接，避免实践中可能出现的职责不明与监管缺位。

相关立法与规定

1.《消费者权益保护法》

第15条　消费者享有对商品和服务以及保护消费者权益工作进行监督的权利。

消费者有权检举、控告侵害消费者权益的行为和国家机关及其工作人员在保护消费者权益工作中的违法失职行为，有权对保护消费者权益工作提出批评、建议。

2.《网络交易管理办法》

第50条　违反本办法第七条第二款、第二十三条、第二十五条、第二十六条第二款、第二十九条①、第三十条、第三十四条、第三十五条、第三十六条②、第三十八条规定的，予以警告，责令改正，拒不改正的，处以一万元以上三万元以下的罚款。

3.《反不正当竞争法》

第18条　经营者违反本法第六条规定实施混淆行为的，由监督检查部门责令停止违法行为，没收违法商品。违法经营额五万元以上的，可以并处违法经营额五倍以下的罚款；没有违法经营额或者违法经营额不足五万元的，可以并处二十五万元以下的罚款。情节严重的，吊销营业执照。

---

① 《网络交易管理办法》第29条规定："第三方交易平台经营者在平台上开展商品或者服务自营业务的，应当以显著方式对自营部分和平台内其他经营者经营部分进行区分和标记，避免消费者产生误解。"

② 《网络交易管理办法》第36条规定："第三十六条　为网络商品交易提供信用评价服务的有关服务经营者，应当通过合法途径采集信用信息，坚持中立、公正、客观原则，不得任意调整用户的信用级别或者相关信息，不得将收集的信用信息用于任何非法用途。"

经营者登记的企业名称违反本法第六条规定的，应当及时办理名称变更登记；名称变更前，由原企业登记机关以统一社会信用代码代替其名称。

第19条 经营者违反本法第七条规定贿赂他人的，由监督检查部门没收违法所得，处十万元以上三百万元以下的罚款。情节严重的，吊销营业执照。

第20条 经营者违反本法第八条规定对其商品作虚假或者引人误解的商业宣传，或者通过组织虚假交易等方式帮助其他经营者进行虚假或者引人误解的商业宣传的，由监督检查部门责令停止违法行为，处二十万元以上一百万元以下的罚款；情节严重的，处一百万元以上二百万元以下的罚款，可以吊销营业执照。

经营者违反本法第八条规定，属于发布虚假广告的，依照《中华人民共和国广告法》的规定处罚。

第24条 经营者违反本法第十二条①规定妨碍、破坏其他经营者合法提供的网络产品或者服务正常运行的，由监督检查部门责令停止违法行为，处十万元以上五十万元以下的罚款；情节严重的，处五十万元以上三百万元以下的罚款。

第八十二条 【平台经营者侵害平台内经营者合法权益的行政责任】

电子商务平台经营者违反本法第三十五条规定，对平台内经营者在平台内的交易、交易价格或者与其他经营者的交易等进行不合理限制或者附加不合理条件，或者向平台内经营者收取不合理费用

---

① 《反不正当竞争法》第12条规定："经营者利用网络从事生产经营活动，应当遵守本法的各项规定。

经营者不得利用技术手段，通过影响用户选择或者其他方式，实施下列妨碍、破坏其他经营者合法提供的网络产品或者服务正常运行的行为：

（一）未经其他经营者同意，在其合法提供的网络产品或者服务中，插入链接、强制进行目标跳转；

（二）误导、欺骗、强迫用户修改、关闭、卸载其他经营者合法提供的网络产品或者服务；

（三）恶意对其他经营者合法提供的网络产品或者服务实施不兼容；

（四）其他妨碍、破坏其他经营者合法提供的网络产品或者服务正常运行的行为。"

的，由市场监督管理部门责令限期改正，可以处五万元以上五十万元以下的罚款；情节严重的，处五十万元以上二百万元以下的罚款。

条文主旨

本条规定了平台经营者利用平台服务协议、交易规则或技术手段限制平台内经营者交易自由以及向平台内经营者收取不合理费用的行政法律责任。

条文释义

本条是《电子商务法》保障平台内经营者合法权益的重要体现。

一、法律责任的类型

本条款规定的惩罚方式包括限期改正和罚款两种。从类型上看属于行政法律责任。

关于措施的具体介绍参见第 80 条“条文释义”部分，值得注意的是本条规定的罚款金额与第 80 条、第 81 条相比更高，将一般违法情况的数额由“二万元以上十万元以下”升至“五万元以上五十万元以下”，将严重违法情况的数额由“十万元以上五十万元以下”提升至“五十万元以上二百万元以下”。罚款数额的提升意味着违法成本的增加。严厉打击平台经营者侵害内部经营者权利、限制平台内部交易自由的违法情形，体现出国家建立公平有序的电子商务交易市场的决心。

二、关于平台内经营者权利保护的问题

本条本质上属于保障平台内经营者权利的条款。电子商务作为“互联网＋”时代最具代表性的产业新型态，从根本上改变了商品、服务交易方式，也给《合同法》《反不正当竞争法》等传统民商法、经济法领域提出了新的要求。不同于传统交易活动，电子商务的参与者变为网络平台、平台内经营者和消费者三方，彼此之间的权利义务关系更为复杂，法律纠纷也日益增多。其中，网络平台处于交易优势地位，消费者的权利又有《消费者权益保护法》《合同法》等法律和《网络购物服务规范》《网络交易管理办法》等行政法规的保护，在法律保护层面，平台内经营者处于相对弱势地

位，其合法权益，例如公平竞争权、知情权等，尚缺乏法律的保护。《电子商务法》的规定涉及保障内部经营者交易自由、保障内部经营者知情权等问题。该条以电商平台为核心，从监管者的角度为平台经营者创设了义务，规定了行政与民事责任。但值得注意的是，《电子商务法》并未系统规定电子商务三方主体（平台经营者、内部经营者、消费者）之间的权利义务体系与互动关系，尤其是平台内经营者的权利体系，目前存在立法空白。这一问题，有待立法者和学界进行进一步思考与研究。

第八十三条　【平台经营者未尽义务侵害消费者合法权益的行政责任】

电子商务平台经营者违反本法第三十八条规定，对平台内经营者侵害消费者合法权益行为未采取必要措施，或者对平台内经营者未尽到资质资格审核义务，或者对消费者未尽到安全保障义务的，由市场监督管理部门责令限期改正，可以处五万元以上五十万元以下的罚款；情节严重的，责令停业整顿，并处五十万元以上二百万元以下的罚款。

条文主旨

本条规定了电子商务平台经营者违反对平台内经营者采取必要措施、审核其资质资格的义务和保障消费者安全的义务的行政责任。

条文释义

本条款规定了平台经营者违法本法第38条消费者保护义务的行政责任，体现出立法者在电子商务领域侧重保护消费者权益的价值取向。主要内容有如下几点：

一、法律责任的性质分析

本条规定的惩罚方式包括限期改正和罚款两种。从性质上看属于行政法律责任。

关于措施的具体介绍参见第80条“条文释义”部分。值得注意的是法条采数额更大的罚金标准，一般违法情况的数额为“五万元以上五十万元以下”，严重违法情况的数额为“五十万元以上二百万元以下”与第 82 条规定的处罚标准保持一致。

结合条款内容可以看出立法机关督促电子商务平台经营者采取有效措施保障消费者合法权益，尤其是保障生命健康安全不受侵害，体现出国家建立安全有序电子商务环境的决心。

二、本条与本法第 38 条的适用问题

当出现条款中规定的电子商务经营者“对平台内经营者侵犯消费者合法权益行为未采取必要措施”、“对平台内经营者未尽到资质资格审核义务”或者“对消费者未尽到安全保障义务的”的情况时，会导致以下两种结果：

1. 已实际损害了消费者合法权益

这种情况下，平台经营者的行为同时违反了本条规定和本法第 38 条规定，应同时承担民事责任与行政责任，即平台经营者除承担本条规定的“限期改正”与“罚款”的行政责任外，还要根据法院的判决与直接侵权的平台内经营者承担连带责任或相应的民事责任。

2. 尚未侵害消费者合法权益

这种情况下，因为没有产生实际损害后果，平台经营者的行为不符合本法第 38 条规定，因而无需承担民事侵权责任，平台经营者仅应根据本条规定，承担“限期改正”和“罚款”的行政责任。

第八十四条　【平台经营者对侵犯知识产权未采取必要措施的行政责任】

电子商务平台经营者违反本法第四十二条、第四十五条规定，对平台内经营者实施侵犯知识产权行为未依法采取必要措施的，由有关知识产权行政部门责令限期改正；逾期不改正的，处五万元以上五十万元以下的罚款；情节严重的，处五十万元以上二百万元以下的罚款。

条文主旨

本条规定的是电子商务平台经营者未及时对侵犯知识产权的行为采取必要措施的行政责任。

条文释义

一、立法理由

电子商务活动中的侵犯知识产权行为主要集中在抢注、冒用他人商标、将他人商标抢注为域名、在网页链接中的商标侵权行为以及侵犯著作权等方面，这些侵权行为只是借助电子商务这一新型载体出现，虽然现有的商标权、著作权、专利权法和其他辅助法律对这类行为仍能起到规制作用，但是在电子商务领域，侵犯知识产权的现象极其容易发生，直接影响着电子商务的健康发展，对此有必要做单独的规定。

二、内容解析

平台经营者是平台的直接管理者和控制者，最有能力也最能及时地对平台内出现的违法经营行为进行有效控制。况且平台经营者在享受平台带来利益的同时，也应当承担社会责任，控制平台内活动对社会可能造成的不良影响。因此，法律赋予了平台经营者保护知识产权，建立一般性规则的义务，对平台提出了特别要求。此外本法第 42 条、第 45 条还对平台的特别义务进行了规定。第 42 条规定了收到通知之后及时采取必要措施制止可能出现的侵权行为的义务。第 45 条规定了在平台经营者对知识产权侵权行为知情的情况下，平台应主动采取必要措施的义务。

但是在之前的规定中，平台经营者违反法定义务所承担的仅仅是民事责任。考虑到平台经营者的重要地位和管理能力，需要对其违法行为规定额外的责任以督促其合法经营、加强对平台内经营主体的监管，因此本条对没有尽到法律义务的行政责任进行了规定。当其知悉平台内经营者侵犯他人知识产权时必须及时采取必要措施，否则应当承担行政责任。但是这并不意味着平台经营者仅承担行政责任即可，除此之外还有民事责任，构成共同犯罪甚至还要承担刑事责任。本条只是对其中一种类型的责任进行了规定。

当没有采取必要措施时，平台经营者可能承担三种不同程度的行政责任。最轻的是有关部门责令其限期改正。在逾期不整改的情况下，有关部门可以根据情节的严重程度，对平台经营者进行罚款处罚，通过财产罚的方式震慑违法活动，防止侵权行为的再次发生。依据本条规定，做出处罚决定的是相关的知识产权部门，但是并不排除其他相关部门如工商局等，依据其他法律采取相应的措施。

相关立法与规定

《互联网著作权行政保护办法》

第11条　互联网信息服务提供者明知互联网内容提供者通过互联网实施侵犯他人著作权的行为，或者虽不明知，但接到著作权人通知后未采取措施移除相关内容，同时损害社会公共利益的，著作权行政管理部门可以根据《中华人民共和国著作权法》第四十七条的规定责令停止侵权行为，并给予下列行政处罚：

（一）没收违法所得；

（二）处以非法经营额3倍以下的罚款；非法经营额难以计算的，可以处10万元以下的罚款。

第八十五条　【电子商务经营者违法行为的行政责任】

电子商务经营者违反本法规定，销售的商品或者提供的服务不符合保障人身、财产安全的要求，实施虚假或者引人误解的商业宣传等不正当竞争行为，滥用市场支配地位，或者实施侵犯知识产权、侵害消费者权益等行为的，依照有关法律的规定处罚。

条文主旨

本条是关于电子商务经营者实施违法行为承担行政责任的准用性规范。

条文释义

本法是规范电子商务经营领域的特别法，为电子商务经营活动提供了法律原则和法律规则，本法第6条、第14条、第18条至第22条对电子商务经营者保护消费者权益、不得实施不正当竞争行为和滥用市场支配地位行为、尊重知识产权等事项进行了规定。但是，一个完整的法律规则，应当由假定条件、行为模式和法律后果三部分构成，上述条款，均是电子商务经营者开展经营活动所提供的假定条件和行为模式，并没有规定实施这些违法行为的法律后果，违法行为的法律后果，包括民事法律后果、行政法律后果和刑事法律后果，本条的内容，就是关于电子商务经营者实施上述违法行为，可能引起的行政法律后果的规定，即有权机关可依照本条规定并准用其他相关行政法律法规对其进行行政处罚。本条的规定与本法前述条文，共同构成了完整的法律规则。

本法所规定的不正当竞争行为、滥用市场支配地位行为、提供缺陷产品行为等违法行为，同时也是《产品质量法》《反不正当竞争法》《消费者权益保护法》《商标法》《专利法》等法律的规制对象，为保持立法的统一性，立法者允许电子商务经营活动中的违法行为准用其他法律对上述行为规定行政法律后果的条文，授权相关行政管理机关依照本条及准用其他法律的法律后果条文对电子商务经营者进行行政处罚，主要包括以下几方面：

1. 本法第14条规定电子商务经营者销售的商品或者提供的服务应当符合保障人身、财产安全的要求，不得销售或者提供法律、行政法规禁止交易的商品或者服务的义务，电子商务经营者不履行上述法定义务，无论是否造成严重后果还是其他损害，有权机关均可以根据《消费者权益保护法》和《产品质量法》的规定，要求其承担责令改正、警告、没收违法所得、罚款、责令停业整顿、吊销营业执照等行政法律责任①。

2. 电子商务经营者实施虚假或引人误解的商业宣传等不正当竞争行为

---

① 《消费者权益保护法》第56条："经营者有下列情形之一，除承担相应的民事责任外，其他有关法律、法规对处罚机关和处罚方式有规定的，依照法律、法规的规定执行；法律、法规未作规定的，由工商行政管理部门或者其他有关行政部门责令改正，可以根据情节单处或者并处警告、没收违法所得、处以违法所得一倍以上十倍以下的罚款，没有违法所得的，处以五十万元以下的罚款；情节严重的，责令停业整顿、吊销营业执照：（一）提供的商品或者服务不符合保障人身、财产安全要求的……"

《产品质量法》第49条："生产、销售不符合保障人体健康和人身、财产安全的国家标准、行业标准的产品的，责令停止生产、销售，没收违法生产、销售的产品，并处违法生产、销售产品（包括已售出和未售出的产品，下同）货值金额等值以上三倍以下的罚款；有违法所得的，并处没收违法所得；情节严重的，吊销营业执照；构成犯罪的，依法追究刑事责任。"

的，应当准用《反不正当竞争法》的相关规定。虚假宣传，是指经营者为获取市场竞争优势和不正当利益，对商品或提供的服务进行虚假宣传和引人误解的宣传的行为①，我国《反不正当竞争法》第8条②规定了虚假宣传行为的主要表现形式，电子商务活动中的虚假宣传形式与该法基本一致。实践中虚假宣传的类型较多，除了《反不正当竞争法》规定的对商品的事实、功能、质量、销售情况、用户评价、曾获荣誉等情况进行隐瞒事实、伪造真相的虚假表述外，最高人民法院的相关司法解释③还列举了三种主要类型：

（1）对商品做片面的宣传或者对比的。实践中一些经营者将与竞争对手的商品信息作不对称的宣传或者对比，其目的和结果往往是不正当地贬低他人商品而抬高自己的商品，误导购买者。独立地看，其所作的宣传是真实的，但却引人误解，诱导消费者产生自己的产品总体优于所对比产品的错误印象，在电子商务领域尤其是C2C交易中④，对比宣传尤为常见，我国法律并不禁止对比宣传，但对比宣传提供的商品信息应当全面和充分，因片面地对比宣传使消费者产生错误认识的，可以认为是引人误解的虚假宣传行为。⑤

（2）将科学上未定论的观点、现象等当作定论的事实用作商品宣传的。将科学上未定论的观点、现象等当作定论的事实用于商品宣传，即使这些观点、现象等确实存在，但因在商品宣传中使相关公众将未定论的东西误认为定论的东西，从而对商品质量等产生误解，也应当认定为虚假宣传。

（3）以歧义性语言等方式宣传的。经营者故意以模棱两可、含糊其辞的语言进行产品说明和公开宣传，足以使相关公众产生误解的，也应当认定

---

① 李昌麒：《经济法学》，法律出版社2016年版，第245页。

② 《反不正当竞争法》第8条："经营者不得对其商品的性能、功能、质量、销售状况、用户评价、曾获荣誉等作虚假或者引人误解的商业宣传，欺骗、误导消费者。

经营者不得通过组织虚假交易等方式，帮助其他经营者进行虚假或者引人误解的商业宣传。"

③ 《最高人民法院关于审理不正当竞争民事案件应用法律若干问题的解释》第8条，该司法解释虽是审理民事案件的解释，但是对于行政案件中无相关规定认定行为性质的，根据行政法的相关原则，可资借鉴。

④ C2C：Customer to Customer，指消费者个人间的电子商务行为，我国电子商务市场存在大量以网络交易为业的职业个人卖家。

⑤ 林文：《反不正当竞争法律制度与实务技能》，法律出版社2014年版，第415页。

为虚假宣传。

对于电子商务经营者实施虚假宣传行为的，可以根据《反不正当竞争法》和《广告法》责令其停止发布广告、消除影响，并处以罚款、吊销营业执照的行政处罚①。

3. 电子商务经营者滥用市场支配地位的，可以准用《反垄断法》的相关规定。滥用市场支配地位，是指处于市场支配地位的经营者所实施的，能够影响市场经济结构，破坏市场竞争秩序的行为和措施。该行为主要包括四个要件，主体要件是经营者在相关市场必须具有支配地位，客观要件是具有滥用市场支配地位的行为，主观要件是"排除、限制竞争"，客体要件是被侵害的市场经济中公平的竞争关系。

经营者在相关市场具有支配地位是滥用市场支配地位的前提条件和基本要件。相关市场，是指经营者从事经营活动、开展市场竞争，总是围绕某种产品或服务，在一定的时间范围和地域范围内开展，这个商品与服务的行业范围和地域范围即该经营者的相关市场②。《反垄断法》第 19 条③从市场份

---

① 《反不正当竞争法》第 20 条："经营者违反本法第八条规定对其商品作虚假或者引人误解的商业宣传，或者通过组织虚假交易等方式帮助其他经营者进行虚假或者引人误解的商业宣传的，由监督检查部门责令停止违法行为，处二十万元以上一百万元以下的罚款；情节严重的，处一百万元以上二百万元以下的罚款，可以吊销营业执照。经营者违反本法第八条规定，属于发布虚假广告的，依照《中华人民共和国广告法》的规定处罚。"

《广告法》第 55 条第 1 款："违反本法规定，发布虚假广告的，由工商行政管理部门责令停止发布广告，责令广告主在相应范围内消除影响，处广告费用三倍以上五倍以下的罚款，广告费用无法计算或者明显偏低的，处二十万元以上一百万元以下的罚款；两年内有三次以上违法行为或者有其他严重情节的，处广告费用五倍以上十倍以下的罚款，广告费用无法计算或者明显偏低的，处一百万元以上二百万元以下的罚款，可以吊销营业执照，并由广告审查机关撤销广告审查批准文件、一年内不受理其广告审查申请。"

② 戴龙：《滥用市场支配地位的规制研究》，中国人民大学出版社 2012 年版，第 60 页。

③ 《反垄断法》第 19 条："有下列情形之一的，可以推定经营者具有市场支配地位：（一）一个经营者在相关市场的市场份额达到二分之一的；（二）两个经营者在相关市场的市场份额合计达到三分之二的；（三）三个经营者在相关市场的市场份额合计达到四分之三的。有前款第二项、第三项规定的情形，其中有的经营者市场份额不足十分之一的，不应当推定该经营者具有市场支配地位。

被推定具有市场支配地位的经营者，有证据证明不具有市场支配地位的，不应当认定其具有市场支配地位。"

额角度对经营者在相关市场具有支配地位的推定作出了具体规定，尽管市场份额也是判断经营者市场地位的首要因素[①]，但应当认识到，除市场份额外，判断经营者是否具有市场支配地位还应当考虑经营者控制销售市场和原材料采购市场的能力、经营者的财力和技术条件、其他经营者对该经营者在交易上的依赖程度、其他经营者进入相关市场的难易程度等因素。滥用市场支配地位的行为主要有六种表现形式：①垄断价格，即利用垄断地位以不合理的高价销售商品或以不合理的低价购买商品。②拒绝交易，即没有正当理由，拒绝与相对人进行交易。③强制交易与独家交易，即强制交易相对人与其进行交易和要求经销商在特定范围内只销售其所提供的商品或服务，不得经营其他经营者提供的商品或服务。④搭售或附加不合理的条件，即在交易中强行搭配销售相对方不需要的另一种商品或服务的行为或强令相对方接受附加的其他与交易行为无关的条件。⑤差别待遇，即对交易条件相同的交易对象提供不同的价格或其他交易条件，从而使部分交易对象处于不平等的竞争地位。⑥掠夺性定价，即经营者以排挤竞争对手为目的，利用其竞争优势所采取的以低于成本的价格销售商品或提供服务。

电子商务经营者实施上述滥用市场支配地位的垄断行为的，可以根据《反垄断法》第 47 条的规定责令其停止违法行为，并处以没收违法所得和罚款的行政处罚。[②]

4. 电子商务经营者侵犯知识产权的，可以准用《商标法》《专利法》《著作权法》的相关规定。知识产权，是智力创造成果的完成人、所有人或工商业经营活动中工商标志所有人对于创造性智力成果和工商业标记依法享有的权利的统称[③]，参照世界贸易组织（WTO）《与贸易有关的知识产权协议》的划分，知识产权主要包括著作权及邻接权、商标权、地理标记权、

---

① 戴龙：《滥用市场支配地位的规制研究》，中国人民大学出版社 2012 年版，第 174 页。

② 《反垄断法》第 47 条："经营者违反本法规定，滥用市场支配地位的，由反垄断执法机构责令停止违法行为，没收违法所得，并处上一年度销售额百分之一以上百分之十以下的罚款。"

③ 刘春田：《知识产权法》，中国人民大学出版社 2002 年版，第 6 页。冯晓青、杨利华：《知识产权法学》，中国大百科全书出版社 2008 年版，第 4 页。

工业品外观设计权、专利权、集成电路布图设计权和未公开信息专有权。知识产权侵权行为是引发知识产权纠纷的主要原因，一般表现为未经知识产权人同意，也没有法律的特别授权依据，使用、尤其是经营性地使用他人知识产品的行为[①]，作为例外的是，制作、出售冒名作品虽是对他人姓名权的侵害，但我国《著作权法》仍将其作为可以承担行政责任的著作权侵权行为。

侵犯知识产权的行政责任，包括知识产权侵权人的行政责任和权利人滥用权利导致的行政责任等。本条中电子商务经营活动中的行政责任是指知识产权侵权人的行政责任，即知识产权的侵权行为人应当承担行政法律责任。对侵犯知识产权的行为规定行政责任，既是已加入的国际条约的要求[②]，也是维护权利人权利的有力手段，同时又是维护社会公共利益的需要。

随着技术进步和自然科学发展，知识产权类型不断增加，立法尚需跟进，且植物新品种权、集成电路布图设计权、域名权等其他知识产权内容复杂、专业性较高，不宜在此讨论，因此这里仅分析三种主要知识产权侵权行为的行政责任：

①经营者实施侵犯著作权及邻接权行为，同时侵犯公众利益的，有权机关可以责令其停止侵权行为，并承担没收违法所得、没收销毁侵权复制品、没收主要用于制作侵权复制品的材料、工具、设备管理以及罚款的行政责任。

② 经营者实施侵犯专利权行为的，专利权人或者利害关系人可以请求管理专利工作的部门处理普通的专利侵权。一般的专利侵权行为，如未经权利人许可实施其专利、许可制造、出售专门用于专利产品的关键部件或专门用于实施专利方法的设备或材料等行为的，有权机关仅能责令侵权人停止侵权行为，不得科以行政处罚。而在假冒专利的情况下，行为人除依法承担民

① 冯晓青：《知识产权法》，中国政法大学出版社 2015 年版，第 20 页。

② 世界贸易组织《TRIPS 协定》第三部分的知识产权执第一节总义务第 41 条规定："成员应保证本部分所规定的执法程序依照其国内法可以行之有效，以便能够采取有效措施制止任何侵犯本协议所包含的知识产权行为，包括及时的防止侵权的救济，以及阻止进一步侵权的救济。这些程序的应用应避免造成合法贸易的障碍，同时应能够为防止有关程序的滥用提供保障。"

事责任外，还要承担没收违法所得、罚款等行政责任。

③商标侵权行为，是指他人出于商业目的，未经商标专用权人的许可擅自使用他人已经注册的商标，或者把他人注册商标的主要部分用作自己的商标，并使用在相同或类似的商品上从而产生商标混同以欺骗消费者的行为。① 由此可见，我国商标侵权认定的主要原则是“混淆理论”，只要可能造成消费者误认，侵权便成立。商标侵权的主要行为类型有使用侵权、销售侵权、制造、销售商标标识侵权和更换商标标识侵权，因为上述侵权行为引起纠纷的，当事人可以请求工商行政管理部门处理。工商管理部门可以责令行为人停止侵权行为，也可以要求行为人承担没收、销毁侵权商品，没收、销毁主要用于制造侵权商品，伪造注册商标标识的工具，罚款等行政责任。

5. 电子商务经营者实施的其他侵害消费者权益的行为，主要是指《消费者权益保护法》第56条项下除经营者提供不符合人身、财产安全的缺陷商品情形外的其他情形②，经营者实施该行为，工商机关同样可以根据《消费者权益保护法》的规定责令其改正，并对其科以警告、没收违法所得、罚款、责令停业整顿和吊销营业执照的行政处罚。

---

① 张平：《知识产权法》，北京大学出版社2015年版，第227页。

② 《消费者权益保护法》第56条第1款第（2）至（9）项：经营者有下列情形之一，除承担相应的民事责任外，其他有关法律、法规对处罚机关和处罚方式有规定的，依照法律、法规的规定执行；法律、法规未作规定的，由工商行政管理部门或者其他有关行政部门责令改正，可以根据情节单处或者并处警告、没收违法所得、处以违法所得一倍以上十倍以下的罚款，没有违法所得的，处以五十万元以下的罚款；情节严重的，责令停业整顿、吊销营业执照：（二）在商品中掺杂、掺假，以假充真，以次充好，或者以不合格商品冒充合格商品的；（三）生产国家明令淘汰的商品或者销售失效、变质的商品的；（四）伪造商品的产地，伪造或者冒用他人的厂名、厂址，篡改生产日期，伪造或者冒用认证标志等质量标志的；（五）销售的商品应当检验、检疫而未检验、检疫或者伪造检验、检疫结果的；（六）对商品或者服务作虚假或者引人误解的宣传的；（七）拒绝或者拖延有关行政部门责令对缺陷商品或者服务采取停止销售、警示、召回、无害化处理、销毁、停止生产或者服务等措施的；（八）对消费者提出的修理、重作、更换、退货、补足商品数量、退还货款和服务费用或者赔偿损失的要求，故意拖延或者无理拒绝的；（九）侵害消费者人格尊严、侵犯消费者人身自由或者侵害消费者个人信息依法得到保护的权利的；

相关原理

一、立法技术中的法律条文与法律规则

现代国家的规范性法律文件以条文为基本的构成单位，从其表述的内容来看，法律条文可以分为规范性条文和非规范性条文。规范性条文是指直接表述法律规范的条文，非规范性条文是指不直接规定法律规范，而规定某些法律技术内容的条文。这些非规范性条文不可能是独立存在的，它们总是附属于规范性法律文件中的规范性法律条文。由此看出，应当把法律规则和法律条文区别开来。法律规则是法律条文的内容，法律条文是法律规则的表现形式，并不是所有的法律条文都直接规定法律规则的，也不是每一个条文都完整地表述一个规则或只表述一个法律规则。法律规则由假定条件、行为模式和法律后果三个部分构成，按照条文构成的规则内容是否完整包含三种要素来衡量的确定性的不同，可以把法律规则分为确定性规则、委任性规则和准用性规则。确定性规则是条文完整包含规则三要素，内容本已明确肯定，无须再援引或参照其他规则来确定其内容的法律规则。委任性规则是指内容尚未确定，而只规定某种概括性指示，但授权相应的国家机关通过相应的途径或程序加以确定的法律规则。而准用性规则是内容本身没有规定人们具体的行为模式和法律后果，而是援引或参照其他相应内容规定的规则。准用性规范在许多法律条文中均有出现，其可以简化法律条文、加强法律规范之间的联系与融洽，避免重复立法。

二、私权的行政保护

本条的立法目的在于维护电子商务活动中消费者、知识产权权利人的正当权益，维护市场秩序和公平竞争，并对违法行为科以行政责任。本条内容所保护的权益，本质上是民事权利或利益，其实是在电子商务领域，建立一套行政权介入以解决民事纠纷的规则。民事权利在受到侵犯之后，本应由权利人自行决定是否寻求司法权的介入以解决民事纠纷。行政权一般而言指向对社会公共事务的管理，对私权和私人生活的干涉不大。知识产权、消费者的财产权、人身权和商事领域的公平竞争权系属私权，从法理上而论，行政

权对上述侵权行为亦无由过问，各国的法律实践中原则上也是实行司法保护。众所周知，我国知识产权领域长期以来一直实行行政法保护和司法保护的“双轨制”，但是行政保护不仅存在于知识产权领域，就整个私权领域而言，将行政介入作为私权保护的手段、侵害私权行为可以被科以行政责任的制度设计也被我国法律所接受，其原因在于，行政保护的价值取向首先是公共利益的维护，很多侵犯私权的行为，也间接地侵害了公共秩序和社会价值，行政保护的公共利益并不是与个体利益无关，公共利益与个人利益并非全然对立的命题，保障个人利益也属于维护公共利益的一部分，有些情况下，公共利益的实现必须通过保护私权利益实现，知识产权的行政保护具有这种特征，其他私权同样具有这种特征；另外，行政保护更讲求效率，措施直接迅速，程序也相对简单，有利于提高私权保护效率，尤其是在电子商务强调高效、迅捷的环境下，有必要将行政保护尤其是行政强制手段的运用作为消费者、其他市场竞争者保护的有效手段。

相关案例

冀州区人民法院审结一涉电商行政处罚案件

原告谷某在2016年4月注册某医疗器械专营店的天猫店铺，并于2017年3月开始经销重庆鑫亿医疗器械有限责任公司生产的TDP特定电磁波治疗器，且在店铺网页宣称“鑫亿烤灯远红外治疗器红外线理疗仪TDP家用神灯产品，功能主治：风湿、内风湿、关节炎、骨质增生、颈椎病、肩周炎、腰椎间盘突出、腰肌劳损、痛经、肠胃炎；适用范围：妇产科、神经科、美容、皮肤科、内科、外科、儿科、男性科。

后经审理查明该产品的医疗器械注册登记表载明“产品适用范围：适用于骨关节炎、软组织损伤的治疗”。2017年9月14日，衡水市冀州区食品和市场监督管理局以原告在明知所售产品适用范围仅为骨关节炎、软组织损伤的治疗的情况下，未将宣传图片作任何修改，擅自扩大适用范围，直接在自己的店铺进行宣传，误导消费者，依照《中华人民共和国反不正当竞争法》的规定，对原告作出责令立即改正违法行为并处罚款10000元行政处罚。原告不服，提起诉讼。

原告认为：虽然医疗器械注册登记表载明“产品适用范围：适用于骨关节炎、软组织损伤的治疗”，但该产品在实际治疗中，对其他症状也有一定疗效，并未扩大宣传；该起案件因为职业打假人投诉，并未对同行业经营者造成侵害，适用《反不正当竞争法》属于适用法律错误；原告在接到工商通知后及时把产品下架，主动消除或者减轻违法行为的危害后果，应该依法从轻或者减轻行政处罚。

冀州区人民法院经审理认为，虽然该案因职业打假人投诉引发，但经查原告确实存在故意虚假宣传的情形，符合《反不正当竞争法》的规定，不论是否对消费者造成侵害，都应予以处罚。处罚决定证据确凿，适用法律法规正确，符合法定程序，且处罚幅度恰当。原告诉称处罚因职业打假人举报引起且处罚过重的理由均不成立，依法判决驳回原告诉讼请求。该判决现已发生法律效力。

相关立法与规定

1.《产品质量法》

第49条 生产、销售不符合保障人体健康和人身、财产安全的国家标准、行业标准的产品的，责令停止生产、销售，没收违法生产、销售的产品，并处违法生产、销售产品（包括已售出和未售出的产品，下同）货值金额等值以上三倍以下的罚款；有违法所得的，并处没收违法所得；情节严重的，吊销营业执照；构成犯罪的，依法追究刑事责任。

第50条 在产品中掺杂、掺假，以假充真，以次充好，或者以不合格产品冒充合格产品的，责令停止生产、销售，没收违法生产、销售的产品，并处违法生产、销售产品货值金额百分之五十以上三倍以下的罚款；有违法所得的，并处没收违法所得；情节严重的，吊销营业执照；构成犯罪的，依法追究刑事责任。

第51条 生产国家明令淘汰的产品的，销售国家明令淘汰并停止销售的产品的，责令停止生产、销售，没收违法生产、销售的产品，并处违法生产、销售产品货值金额等值以下的罚款；有违法所得的，并处没收违法所得；情节严重的，吊销营业执照。

第52条　销售失效、变质的产品的，责令停止销售，没收违法销售的产品，并处违法销售产品货值金额二倍以下的罚款；有违法所得的，并处没收违法所得；情节严重的，吊销营业执照；构成犯罪的，依法追究刑事责任。

第53条　伪造产品产地的，伪造或者冒用他人厂名、厂址的，伪造或者冒用认证标志等质量标志的，责令改正，没收违法生产、销售的产品，并处违法生产、销售产品货值金额等值以下的罚款；有违法所得的，并处没收违法所得；情节严重的，吊销营业执照。

第54条　产品标识不符合本法第二十七条规定的，责令改正；有包装的产品标识不符合本法第二十七条第（四）项、第（五）项规定，情节严重的，责令停止生产、销售，并处违法生产、销售产品货值金额百分之三十以下的罚款；有违法所得的，并处没收违法所得。

第55条　销售者销售本法第四十九条至第五十三条规定禁止销售的产品，有充分证据证明其不知道该产品为禁止销售的产品并如实说明其进货来源的，可以从轻或者减轻处罚。

2.《**商标法**》

第60条　有本法第五十七条所列侵犯注册商标专用权行为之一，引起纠纷的，由当事人协商解决；不愿协商或者协商不成的，商标注册人或者利害关系人可以向人民法院起诉，也可以请求工商行政管理部门处理。

工商行政管理部门处理时，认定侵权行为成立的，责令立即停止侵权行为，没收、销毁侵权商品和主要用于制造侵权商品、伪造注册商标标识的工具，违法经营额五万元以上的，可以处违法经营额五倍以下的罚款，没有违法经营额或者违法经营额不足五万元的，可以处二十五万元以下的罚款。对五年内实施两次以上商标侵权行为或者有其他严重情节的，应当从重处罚。销售不知道是侵犯注册商标专用权的商品，能证明该商品是自己合法取得并说明提供者的，由工商行政管理部门责令停止销售。

3.《专利法》

第63条 假冒专利的，除依法承担民事责任外，由管理专利工作的部门责令改正并予公告，没收违法所得，可以并处违法所得四倍以下的罚款；没有违法所得的，可以处二十万元以下的罚款；构成犯罪的，依法追究刑事责任。

4.《反不正当竞争法》

第18条 经营者违反本法第六条规定实施混淆行为的，由监督检查部门责令停止违法行为，没收违法商品。违法经营额五万元以上的，可以并处违法经营额五倍以下的罚款；没有违法经营额或者违法经营额不足五万元的，可以并处二十五万元以下的罚款。情节严重的，吊销营业执照。

经营者登记的企业名称违反本法第六条规定的，应当及时办理名称变更登记；名称变更前，由原企业登记机关以统一社会信用代码代替其名称。

第19条 经营者违反本法第七条规定贿赂他人的，由监督检查部门没收违法所得，处十万元以上三百万元以下的罚款。情节严重的，吊销营业执照。

第20条 经营者违反本法第八条规定对其商品作虚假或者引人误解的商业宣传，或者通过组织虚假交易等方式帮助其他经营者进行虚假或者引人误解的商业宣传的，由监督检查部门责令停止违法行为，处二十万元以上一百万元以下的罚款；情节严重的，处一百万元以上二百万元以下的罚款，可以吊销营业执照。

经营者违反本法第八条规定，属于发布虚假广告的，依照《中华人民共和国广告法》的规定处罚。

第21条 经营者违反本法第九条规定侵犯商业秘密的，由监督检查部门责令停止违法行为，处十万元以上五十万元以下的罚款；情节严重的，处五十万元以上三百万元以下的罚款。

第22条 经营者违反本法第十条规定进行有奖销售的，由监督检查部门责令停止违法行为，处五万元以上五十万元以下的罚款。

第23条 经营者违反本法第十一条规定损害竞争对手商业信誉、商品声誉的，由监督检查部门责令停止违法行为、消除影响，处十万元以上五十万元以下的罚款；情节严重的，处五十万元以上三百万元以下的罚款。

第24条　经营者违反本法第十二条规定妨碍、破坏其他经营者合法提供的网络产品或者服务正常运行的，由监督检查部门责令停止违法行为，处十万元以上五十万元以下的罚款；情节严重的，处五十万元以上三百万元以下的罚款。

5.《著作权法》

第48条　有下列侵权行为的，应当根据情况，承担停止侵害、消除影响、赔礼道歉、赔偿损失等民事责任；同时损害公共利益的，可以由著作权行政管理部门责令停止侵权行为，没收违法所得，没收、销毁侵权复制品，并可处以罚款；情节严重的，著作权行政管理部门还可以没收主要用于制作侵权复制品的材料、工具、设备等；构成犯罪的，依法追究刑事责任：

（一）未经著作权人许可，复制、发行、表演、放映、广播、汇编、通过信息网络向公众传播其作品的，本法另有规定的除外；

（二）出版他人享有专有出版权的图书的；

（三）未经表演者许可，复制、发行录有其表演的录音录像制品，或者通过信息网络向公众传播其表演的，本法另有规定的除外；

（四）未经录音录像制作者许可，复制、发行、通过信息网络向公众传播其制作的录音录像制品的，本法另有规定的除外；

（五）未经许可，播放或者复制广播、电视的，本法另有规定的除外；

（六）未经著作权人或者与著作权有关的权利人许可，故意避开或者破坏权利人为其作品、录音录像制品等采取的保护著作权或者与著作权有关的权利的技术措施的，法律、行政法规另有规定的除外；

（七）未经著作权人或者与著作权有关的权利人许可，故意删除或者改变作品、录音录像制品等的权利管理电子信息的，法律、行政法规另有规定的除外；

（八）制作、出售假冒他人署名的作品的。

6.《消费者权益保护法》

第56条　经营者有下列情形之一，除承担相应的民事责任外，其他有关法律、法规对处罚机关和处罚方式有规定的，依照法律、法规的规定执行；法律、法规未作规定的，由工商行政管理部门或者其他有关行政部门责令改正，可以根据情节单处或者并处警告、没收违法所得、处以违法所得一倍以上十倍以下的罚款，没有违法所得的，处以五十万元以下的罚款；情节严重的，责令停业整顿、吊销营业执照：

（一）提供的商品或者服务不符合保障人身、财产安全要求的；

（二）在商品中掺杂、掺假，以假充真，以次充好，或者以不合格商品冒充合格商品的；

（三）生产国家明令淘汰的商品或者销售失效、变质的商品的；

（四）伪造商品的产地，伪造或者冒用他人的厂名、厂址，篡改生产日期，伪造或者冒用认证标志等质量标志的；

（五）销售的商品应当检验、检疫而未检验、检疫或者伪造检验、检疫结果的；

（六）对商品或者服务作虚假或者引人误解的宣传的；

（七）拒绝或者拖延有关行政部门责令对缺陷商品或者服务采取停止销售、警示、召回、无害化处理、销毁、停止生产或者服务等措施的；

（八）对消费者提出的修理、重作、更换、退货、补足商品数量、退还货款和服务费用或者赔偿损失的要求，故意拖延或者无理拒绝的；

（九）侵害消费者人格尊严、侵犯消费者人身自由或者侵害消费者个人信息依法得到保护的权利的；

（十）法律、法规规定的对损害消费者权益应当予以处罚的其他情形。

经营者有前款规定情形的，除依照法律、法规规定予以处罚外，处罚机关应当记入信用档案，向社会公布。

第八十六条　【电子商务经营者违法行为的入档和公示】

电子商务经营者有本法规定的违法行为的，依照有关法律、行政法规的规定记入信用档案，并予以公示。

条文主旨

本条是关于电子商务经营者违法行为入档和公示的规定。

条文释义

信用档案，是档案人整体信用状况的真实体现，是其获得信任的绿色通行证。商事主体信用档案是征信机构对商事主体信用信息采集、整理、保存、加工而提供的信用记录和信用报告。商事主体信用档案是其交易相对方的指南和交易决策的重要参考，是安全消费、公平交易（信贷、借贷、赊销、劳务等商务活动）的重要社会保障体系。因为电子商务交易主体没有面对面地接触，消费者无法实地考察电子商务经营者的信用状况，而电子商务经营者是更可能有不诚信行为的一方，所以建立并完善电子商务经营者的信用档案建设尤为重要。

电子商务经营者信用档案记载的信息分为政府监管信息、银行信贷信息、行业评价信息、媒体评价信息、运营信息、市场反馈信息。其中，政府监管信息包括电子商务经营者基本资质、质量检查信息、行政许可、认定、行政奖罚信息、商标/专利/著作权信息、人民法院判决；银行信贷信息包括中国人民银行信贷评价信息、商业银行信贷评价信息、小额贷款公司及民间借贷评价信息；行业评价信息包括行业协会（社团组织）评价信息、水、电、气、通讯等公共事业单位评价信息；运营信息包括财务信息、管理体系评估信息；市场反馈信息包括消费者、交易对方、合作伙伴、员工等不同身份的实名评价信息。

本条所称“信用档案”不是指某一具体的征信机构所做的特定信用档案，而是泛指社会上已存在的各种具有公信力的信用档案，与电子商务有关的信用制度涉及生产领域信用、金融领域信用、价格领域信用、中介服务业信用等领域。本书对这些领域的信用内容进行梳理，以期确定一般的电子商务信用制度的内容。在征信系统的设立和维护上，生产领域信用建设强调推动建立质量信用征信系统、流通领域信用建设强调推动建立商贸流通领域信用信息征集共享制度；在失信惩戒上，生产领域信用建设强调完善安全生产不良信用记录及安全生产失信行为惩戒制度、披露失信黑名单，价格领域信用建设强调对典型案例予以公开曝光；在行业信用建设上，流通领域信用建设强调批发零售、商贸物流、住宿餐饮及居民服务行业信用建设，开展信用分类管理，价格领域信用建设强调督促经营者加强内部价格管理，根据经营者条件建立健全内部价格管理制度。建立交易信用评估制度，推动电子商务与线下交易信用评价；在信用服务市场上，电子商务领域信用建设推动信用调查、信用评估、信用担保、信用保险、信用支付、商账管理等第三方信用服务；在信用信息制度上，生产领域信用建设强调建立产品质量信用信息异地和部门间共享制度，金融领域信用建设进一步扩大信用记录的覆盖面，税务领域信用建设建立跨部门信用信息共享机制，工程建设领域信用建设强调建立全面设立项目信息和信用信息公开共享专栏，政府采购信用建设实现信用信息的统一发布和共享，招标投标信用建设扩大招标投标信用信息公开和共享范围。

相关原理

现代社会是信用社会，现代经济是信用经济，毫无疑问，信用已成为影响资源配置的要素之一，因此，信用制度的建立与完善将影响市场经济的发展。而在商事制度的顶层设计中，商事信用制度是商事制度的重要组成部分，因此商事信用制度的建立和完善须遵循商事制度发展的基本步调，其发展与完善应与商事制度的基本原则、目的相契合。必须指出的是，因商事制度的运行系以营商自由原则、公平竞争原则、便捷效率原则、交易安全原则、适度监管原则为基本原则的，商事信用的发展与完善虽不能完全体现这五大原则，但是能体现公平竞争原则。商事信用强调的是企业在经营过程中的信用与信誉，正常的信用评价应是对企业经营水平、竞争能力的综合评价。其中，《反不正当竞争法》等部门法不允许企业通过不正当竞争手段进行不法经营从而获取较高的商事信用评价，企业经过公平竞争而获得较高的信用评价应是商事信用制度的应有之义。另外，商事信用制度是商法通则立法的内核和重心，因此，推动商事信用制度的建立和发展有助于填充商法通则的内核和建立其架构，从而有利于进一步完善商事制度体系，促进经济发展。

一、商事信用的概念

商事信用制度既是从外国引进的“舶来品”，也是本国的“库存商品”。论及商事信用，可能大家普遍都不知道其具体内容，但一说及其相似概念“信誉”“名誉”“商誉”，可能就对商事信用的概念有所清晰。但是，只满足于商事信用的模糊含义并不有利于商事信用的建立，因此，商事信用仍是需要清楚明晰的概念。本书所述的商事信用既区别于商事信用权，也区别于具体的商事信用制度，是指一般商事信用制度，而这一般商事信用制度是指商事信用权设立、变更、消灭等行为以及过程的制度，形象来说，它是商事信用权的运行机制。

二、商事信用制度的体系化

商事信用制度所涵盖范围广泛，实难以全部涉猎，本书着重强调建立的商事信用制度的体系包括商事信用权的建立、商事信用评估制度以及失信惩戒与信用激励制度。

首先，虽商法领域暂无出台商法通则或商法总则，但是，《民法总则》开章明义地在第2条表明民法的调整对象：“民法调整平等主体的自然人、法人和非法人组织之间的人身关系和财产关系。”即平等主体的法律关系，此时赋予平等主体权利则有重大意义，民事主体不仅可以享有其权利，也可防止其他民事主体侵犯甚至在侵犯后，通过保护权利获得救济，同时其他民事主体也负有不侵犯他人民事权利的不作为义务，因此赋权能有助于维护平等主体的利益，如此，商事信用权的建立应是商事信用制度的基础和保障，贯穿于商事信用制度始终，切身地为商事主体设立保护盾。

其次，必须指出的是，商事信用权不同于一般的民事权利，或更具体地说，与所有权等权利有所差别，其权能界限比较模糊难以清楚界定，因此，有学者认为，商事信用权是指“商事主体在商事活动过程中所具有的客观偿债能力和主观履约意愿在社会上获得的综合评价”的权利，因此，要想清楚界定商事信用权的内涵与外延，须借助信用评价制度；而本部分的信用评价制度应是正面的评价，通过不同模型和指标度量商事主体的信用，不限于政府所限定的评价机制，因此信用评价制度的改革动向应是市场主导和政府主导相互结合，充分发挥党的十八届三中全会《决定》所指出的“使市场在资源配置中起决定性作用”，激活信用评价市场。

最后，失信惩戒和信用激励也是与商事信用权、信用评价制度一脉相承，不可分割的，失信惩戒是保护商事信用权的手段，来自政府的法强制力，须更进一步地说，失信惩戒是信用评价制度的负面评价，与正面信用评价制度形成鲜明对比，但商事信用制度因其处于商法领域，须激发商事主体自发地维护自身和他人信用，因此信用激励既有利于保护商事主体的商事信用权，也有利于商事主体维护自身信用后获取良好的信用评价。

商事信用权的建立、商事信用评估制度以及失信惩戒与信用激励制度三者环环相扣，不可或缺，共同组成了商事信用制度。

三、商事信用制度的形成与发展

在研究“商事信用权的建立”“商事信用评估制度”“失信惩戒与信用激励制度”的前提下，应深入了解我国对于商事信用的相关立法以及商事制度。须说明的是，商事信用在我国尚未明确规定，但是商事信用并非空穴来风，其建立是有坚实的法律基础的。其中，在许多法律法规中都规定商事信用的相关内容，不仅如此，在信誉、名誉等与信用有着千丝万缕的法律用语也可发掘出信用的应有之义。另外，在现代商业社会中，商事信用已成为商事经济中必不可少的部分，商事信用不仅影响着商事主体的经营活动，更有甚者，它甚至能成为商事主体的经营内容，通过建立企业信用信息数据库或建立黑名单、红名单的方式建立衡量企业信用的标准，由此可见，商事信用的相关制度的建立既是必要也是可行的。

（一）《民法总则》第110条为商事信用权的建立提供法律依据

从《民法总则》第110条，“法人、非法人组织享有名称权、名誉权、荣誉权等权利”中的“等”是可以解读出信用权的，当然，信用权在商法领域自然则成为商事信用权了，对于“等”的解释体现立法目的说的法解释方法，基于此，可以较为肯定地说，我国的立法制度应是承认商事信用权的。

（二）具体领域中商事信用内容的总结与归纳

对信用的重要政策文件进行研究，希望可以从政策文件找出信用制度建立和发展的“蛛丝马迹”。《国务院关于社会信用体系建设规划纲要(2014—2020年)》是关于商事信用体系建构的纲领性政策文件。该文件有利于提高全社会的诚信意识和信用水平。在第三项“指导思想和目标原则”中“全面推动社会信用体系建设，必须坚持以邓小平理论”“三个代表”重要思想、科学发展观为指导，按照党的十八大、十八届三中全会和“十二五”规划纲要精神，以健全信用法律法规和标准体系、形成覆盖全社会的征信系统为基础，以推进政务诚信、商务诚信、社会诚信和司法公信建设为主要内容，以推进诚信文化建设、建立守信激励和失信惩戒机制为重点，以推进行业信用建设、地方信用建设和信用服务市场发展为支撑，以提高全社会诚信意识和信用水平、改善经济社会运行环境为目的，以人为本，在全社会广泛形成守信光荣、失信可耻的浓厚氛围，使诚实守信成为全民的自觉行为规范。从《国务院关于社会信用体系建设规划纲要（2014—2020年)》可归纳出社会信用体系建设包括信用法律法规和标准体系、征信系统，重点是诚信文化建设、建立守信激励和失信惩戒机制，推进行业信用建设、地方信用建设和信用服务市场发展为支撑。

（三）信用信息体制的建立与发展

1. 信用信息体制的基本建立

《企业信息公示暂行条例》标志着信用信息体制的基本建立。《企业信息公示暂行条例》第1条的规定指明了该条例的立法目的：“为了保障公平竞争，促进企业诚信自律，规范企业信息公示，强化企业信用约束，维护交易安全，提高政府监管效能，扩大社会监督，制定本条例。”该条例基本建立了信用信息体制，以工商部门的信息登记和其他部门对企业的其他信息公示的方式，形成了商事主体的信用准入机制，包括注册登记、备案信息、行政许可准予等信息。其次信用系统的建立也是基本形成了对企业的信用监督体制，不仅有利于政府部门监督，而且还可以让社会大众监督，加强了事中和事后监督。

2. 信用信息体制的优化升级

2016年8月8日，《政府部门涉企信息统一归集公示工作实施方案》

（以下简称《实施方案》）颁布，落实了《国务院关于促进市场公平竞争维护市场正常秩序的若干意见》《国务院关于"先照后证"改革后加强事中事后监管的意见》等文件精神，构建以信息归集共享为基础、以信息公示为手段、以信用监管为核心的新型监管制度。建设好国家企业信用信息公示系统，特别是进一步强化公司登记制度改革以后确立的商事主体准入"宽进严管"监管规则，完善了商事主体事中、事后监管体系。还须指出的是，各部门共同合作，有效监督商事主体，有利于实现企业信用信息一体化，促进商事主体诚信经营，提高商事信用。

（四）规范征信系统的相关法规规章的出台

早在党的十六届三中全会就已明确提出，信用服务市场实行"特许经营、商业运作"。国务院先后颁布《政府信息公开条例》《征信业管理条例》《企业信用信息公示暂行条例》。随后，中国人民银行在《征信业管理条例》的基础上，制定了《征信机构管理办法》《征信机构监管指引》等部门规章。上述条例和规章，构成了我国征信市场发展的法治依据。

《征信业管理条例》是我国第一部在全国范围内统一适用的以征信为内容的行政法规，立法层次较高，立法结构安排合理，立法内容比较完善，是我国征信业发展的一座里程碑，意义重大，影响深远。《条例》实施后，在依法加强征信业监督管理，规范信息采集、使用行为，维护信息主体合法权益，促进征信业健康发展，推进社会信用体系建设等方面必将发挥重要作用。但《条例》存在信用评级未纳入调整范围以及目前征信业监管部门与征信中心在省级分支机构依然是"两块牌子，一套人马"，既当"裁判员"又当"运动员"，监管和自营混在一起的问题，因此在商法通则中对于征信机构的规定，应规定信用评级的内容以及应将征信中心的分支机构与征信业监管部门分开。

（五）商事信用的评价机制在具体行政规章中的体现

我国现行立法没有关于商事信用的评价机制，根据国际商事信用评价机制，信用评价所依据的标准可以有所差异，但是影响因子应限定在一定范围内，这样才能确保不同信用评价体系和评价模型内，同一企业的评价结果不会相差较远。

虽然没有统一的指导性的商事信用评价机制，但可以根据交通运输部制定的《公路设计企业信用评价规则（试行）》、海关总署发布的《海关企业信用管理暂行办法》、国家税务总局发布的《纳税信用管理办法（试行）》等文件进行参考。其中，《公路设计企业信用评价规则（试行）》设计信用评价标准可供其他信用评价机制的参考："交通运输主管部门及其公路管理、质量监督、造价管理等机构评审、督查、检查结果或奖罚通报、决定""招标人、项目建设管理单位管理工作中的正式文件""举报、投诉或质量、安全事故调查处理结果""司法机关做出的司法认定及审计部门的审计意见""其他可以认定不良信用行为的有关资料。"这是具体领域的信用评价标准。作为商法通则应当规定的信用评价的内容，应当将其抽象化，商法通则不应作出具体的规定。所以，商法通则应对信用评价的规定如下：商事监管机关应根据自己职权对商事主体征集信用信息和商事评价，行业协会、社会服务机构应根据市场的需要，依法获取信息对商事主体征集信用信息、评价或评级。这样，就可以以一般的商事信用评价规定指导具体商事信用评价机制的建立和发展。

（六）信息共享与联合惩戒机制的建立

信用信息的共享机制可见于黑名单中的信息交换共享机制。这也是《国务院关于促进市场公平竞争维护市场正常秩序的若干意见》（以下简称《规定》）和《国务院关于"先照后证"改革后加强事中事后监管的意见》（以下简称《意见》）规定需要完成的主要任务。

《规定》规定加快市场主体信用信息平台建设，完善市场主体信用信息记录，建立信用信息档案和交换共享机制。逐步建立包括金融、工商登记、税收缴纳、社保缴费、交通违章、统计等所有信用信息类别、覆盖全部信用主体的全国统一信用信息网络平台。推进信用标准化建设，建立以公民身份号码和组织机构代码为基础的统一社会信用代码制度，完善信用信息征集、存储、共享与应用等环节的制度，推动地方、行业信用信息系统建设及互联互通，构建市场主体信用信息公示系统，强化对市场主体的信用监管。

《意见》规定，2016 年年底前，地方政府要初步实现工商部门、审批部门、行业主管部门及其他部门之间的信息实时传递和无障碍交换。区分涉密信息和非涉密信息，依法实施对企业信息在采集、共享、使用等环节的分类管理，依法予以公示，并将有关信息记于相对应企业名下。通过构建双向告知机制、数据比对机制，把握监管风险点，将证照衔接、监管联动、执法协作等方面的制度措施有机贯通，支撑事中、事后监管。各部门要建立健全与同级人民法院、人民检察院等司法机关之间的信息共享和协调合作机制，有效形成工作合力。

上述国务院的文件是黑名单中的信息交换共享机制建立的主要依据，同时也为黑名单统一公示平台的建设设定了方向和目标。《规定》和《意见》规定的“全国统一信用信息网络平台”和“信息互联共享机制”覆盖的范围要大于黑名单的统一公示平台。前者覆盖了企业融资、工商登记、税收缴纳、社保缴费、交通违章、统计等方面的信息，涉及企业信用记录的方方面面。而黑名单统一公示平台中公示的仅仅是哪些企业被某个政府部门列入了一个具体的黑名单。应该说，黑名单统一公示平台仅仅是前者的一个组成部分而已。因此，黑名单中的信息交换共享机制应作为信用信息的共享机制的重要组成部分而予以重视。

联合惩戒的机制可见于《失信企业协同监管和联合惩戒合作备忘录》等政策文件。工商总局与 37 个中央部门签署了《失信企业协同监管和联合惩戒合作备忘录》，推动全国 25 个省、市、自治区建立了部门间联合惩戒机制；发改委、税务总局等 20 部委签署了关于对重大税收违法案件当事人实施联合惩戒措施的合作备忘录。同时，国家发展改革委和国家工商总局联合召开的媒体通气会上，对《失信企业协同监管和联合惩戒合作备忘录》有如下解读：“根据现行法律法规、部门规章，对严重违法失信企业实施协同监管、信息共享与联合惩戒的情况，进行了汇总、梳理，共整合形成了 90 项具体措施。”除以上内容外，还有相关惩罚的协助措施文件，内容较多，不便一一列举，但是可以看出，各部门对于失信商事组织的打击与惩戒力度是非常大的，失信惩戒作为信用体系的一部分应该在商事信用部分有所体现。

须明确的是，国务院于2014年6月发布的《社会信用体系建设规划纲要（2014—2020)》，将构建守信激励和失信惩戒机制作为社会信用体系建设的三大基础性措施之一。建立失信联合惩戒机制是《社会信用体系建设规划纲要（2014—2020)》《规定》和《意见》规定的强化信用约束的主要手段，也是建设和完善社会信用体系的主要任务。建立失信联合惩戒机制是国务院在建设信用社会、维护正常社会秩序和加强事中、事后监管的高度规划的制度，具有全局性，对各级行政机关具有刚性约束，是必须完成的任务。

目前，已经有很多法律、行政法规、部门规章和地方性规章规定了联合惩戒的措施。迄今为止，各部门共签署了4个在不同领域内实施联合惩戒措施的合作备忘录。这些合作备忘录中规定的联合惩戒措施基本上涵盖了对任何失信人能够采取的所有措施，并且都有相应的法律法规、部门规章作为根据（在每个合作备忘录规定的联合惩戒措施后，都有关于该措施实施依据的说明)。实际操作中，各项联合惩戒措施的具体实施需要各个负责部门在法律法规、部门规章规定的范围之内单独作出决定，缺少信息交换和共享机制，缺乏联合惩戒的机制，事实上使联合惩戒没有得到很好的执行，使大量存在的联合惩戒条款变成了“僵尸条款”。

相关立法与规定

《企业信息公示暂行条例》

第1条 为了保障公平竞争，促进企业诚信自律，规范企业信息公示，强化企业信用约束，维护交易安全，提高政府监管效能，扩大社会监督，制定本条例。

《政府信息公开条例》(略)

《征信业管理条例》(略)

《征信机构管理办法》(略)

《失信企业协同监管和联合惩戒合作备忘录》(略)

第八十七条 【电子商务监督管理人员的法律责任】

依法负有电子商务监督管理职责的部门的工作人员，玩忽职守、滥用职权、徇私舞弊，或者泄露、出售或者非法向他人提供在履行职责中所知悉的个人信息、隐私和商业秘密的，依法追究法律责任。

条文主旨

本条是关于依法负有电子商务监督管理职责的部门的工作人员法律责任的规定。

条文释义

依法负有电子商务监督管理职责的部门的工作人员是指监督管理电子商务的行政部门的工作人员，如工商局、税务局、中国人民银行等部门的工作人员。该类人员在工作过程中，滥用职权、玩忽职守的，利用职务之便泄露、出售或者非法向他人提供个人信息、隐私和商业秘密的，应当根据其行为的恶劣程度和法律之规定，承担民事责任、行政责任或者刑事责任。

相关立法与规定

1. **《刑法》**

第219条 有下列侵犯商业秘密行为之一，给商业秘密的权利人造成重大损失的，处三年以下有期徒刑或者拘役，并处或者单处罚金；造成特别严重后果的，处三年以上七年以下有期徒刑，并处罚金：

（一）以盗窃、利诱、胁迫或者其他不正当手段获取权利人的商业秘密的；

（二）披露、使用或者允许他人使用以前项手段获取的权利人的商业秘密的；

（三）违反约定或者违反权利人有关保守商业秘密的要求，披露、使用或者允许他人使用其所掌握的商业秘密的。

明知或者应知前款所列行为，获取、使用或者披露他人的商业秘密的，以侵犯商业秘密论。

本条所称商业秘密，是指不为公众所知悉，能为权利人带来经济利益，具有实用性并经权利人采取保密措施的技术信息和经营信息。

本条所称权利人，是指商业秘密的所有人和经商业秘密所有人许可的商业秘密使用人。

第397条　国家机关工作人员滥用职权或者玩忽职守，致使公共财产、国家和人民利益遭受重大损失的，处三年以下有期徒刑或者拘役；情节特别严重的，处三年以上七年以下有期徒刑。本法另有规定的，依照规定。

国家机关工作人员徇私舞弊，犯前款罪的，处五年以下有期徒刑或者拘役；情节特别严重的，处五年以上十年以下有期徒刑。本法另有规定的，依照规定。

2.《网络安全法》

第73条　网信部门和有关部门违反本法第三十条规定，将在履行网络安全保护职责中获取的信息用于其他用途的，对直接负责的主管人员和其他直接责任人员依法给予处分。

网信部门和有关部门的工作人员玩忽职守、滥用职权、徇私舞弊，尚不构成犯罪的，依法给予处分。

第八十八条　【违反治安管理行为的行政责任和刑事责任】

违反本法规定，构成违反治安管理行为的，依法给予治安管理处罚；构成犯罪的，依法追究刑事责任。

条文主旨

本条是关于违反治安管理行为的行政责任、刑事责任的规定。

条文释义

违反治安管理的行为是指扰乱公共秩序，妨害公共安全，侵犯人身权利、财产权利，妨害社会管理，具有社会危害性，尚不够刑事处罚的行为。

违反治安管理的，由公安给予处理和惩罚。违反治安管理行为的客体是指《治安管理处罚法》所保护的，而为违反治安管理行为所侵害的社会关系。

在电子商务活动中，行为主体构成违反治安管理的行为必须同时具备以下三个条件：

第一，违反治安管理的行为必须具备一定的社会危害性，对国家、社会和公民的合法权益造成危害。有两条标准：一是对社会有无危害；二是危害程度的大小。

第二，违反治安管理的行为必须情节轻微，尚不够刑事处罚。行为对社会造成轻微的危害是违反治安管理行为的本质特征。

第三，违反治安管理的行为必须是依照《治安管理处罚法》规定应当受到治安处罚的行为。如果一行为虽然违法，对社会也造成一定的危害后果，但不是治安管理处罚条例规定应当受到处罚的行为，就不能认定违反治安管理的行为。

相关立法与规定

《治安管理处罚法》

第二节　妨害公共安全的行为和处罚

第 30 条　违反国家规定，制造、买卖、储存、运输、邮寄、携带、使用、提供、处置爆炸性、毒害性、放射性、腐蚀性物质或者传染病病原体等危险物质的，处十日以上十五日以下拘留；情节较轻的，处五日以上十日以下拘留。

第 46 条　强买强卖商品，强迫他人提供服务或者强迫他人接受服务的，处五日以上十日以下拘留，并处二百元以上五百元以下罚款；情节较轻的，处五日以下拘留或者五百元以下罚款。

第 47 条　煽动民族仇恨、民族歧视，或者在出版物、计算机信息网络中刊载民族歧视、侮辱内容的，处十日以上十五日以下拘留，可以并处一千元以下罚款。

第 50 条　有下列行为之一的，处警告或者二百元以下罚款；情节严重的，处五日以上十日以下拘留，可以并处五百元以下罚款：

（一）拒不执行人民政府在紧急状态情况下依法发布的决定、命令的；

（二）阻碍国家机关工作人员依法执行职务的；

（三）阻碍执行紧急任务的消防车、救护车、工程抢险车、警车等车辆通行的；

（四）强行冲闯公安机关设置的警戒带、警戒区的。

阻碍人民警察依法执行职务的，从重处罚。

第52条　有下列行为之一的，处十日以上十五日以下拘留，可以并处一千元以下罚款；情节较轻的，处五日以上十日以下拘留，可以并处五百元以下罚款：

（一）伪造、变造或者买卖国家机关、人民团体、企业、事业单位或者其他组织的公文、证件、证明文件、印章的；

（二）买卖或者使用伪造、变造的国家机关、人民团体、企业、事业单位或者其他组织的公文、证件、证明文件的；

（三）伪造、变造、倒卖车票、船票、航空客票、文艺演出票、体育比赛入场券或者其他有价票证、凭证的；

（四）伪造、变造船舶户牌，买卖或者使用伪造、变造的船舶户牌，或者涂改船舶发动机号码的。

第68条　制作、运输、复制、出售、出租淫秽的书刊、图片、影片、音像制品等淫秽物品或者利用计算机信息网络、电话以及其他通讯工具传播淫秽信息的，处十日以上十五日以下拘留，可以并处三千元以下罚款；情节较轻的，处五日以下拘留或者五百元以下罚款。

第70条　以营利为目的，为赌博提供条件的，或者参与赌博赌资较大的，处五日以下拘留或者五百元以下罚款；情节严重的，处十日以上十五日以下拘留，并处五百元以上三千元以下罚款。

第七章 附 则

第八十九条 【本法施行日期】

本法自 2019 年 1 月 1 日起施行。

图书在版编目（CIP）数据

中华人民共和国电子商务法释义与原理 / 赵旭东主编.
—北京：中国法制出版社，2018.9（2018.11重印）
ISBN 978-7-5093-9723-7

Ⅰ.①中… Ⅱ.①赵… Ⅲ.①电子商务-法规-法律解释-中国 Ⅳ.①D922.294.5

中国版本图书馆 CIP 数据核字（2018）第 201840 号

策划/责任编辑 陈兴（cx_legal@163.com）　　封面设计：李 宁

中华人民共和国电子商务法释义与原理

ZHONGHUA RENMIN GONGHEGUO DIANZI SHANGWUFA SHIYI YU YUANLI

主编/赵旭东
经销/新华书店
印刷/三河市紫恒印装有限公司
开本/730 毫米×1030 毫米 16 开　　印张/38.25 字数/487 千
版次/2018 年 9 月第 1 版　　2018 年 11 月第 2 次印刷

中国法制出版社出版
书号 ISBN 978-7-5093-9723-7　　定价：96.00 元

北京西单横二条 2 号
邮政编码 100031　　传真：010-66031119
网址：http://www.zgfzs.com　　**编辑部电话：010-66010405**
市场营销部电话：010-66033393　　**邮购部电话：010-66033288**

（如有印装质量问题，请与本社印务部联系调换。电话：010-66032926）